Vom Eigensicherungsrecht
zur Eigensicherungspflicht

Europäische Hochschulschriften

European University Studies

Publications Universitaires Européennes

Reihe II **Rechtswissenschaft**

Series II Law

Série II Droit

Band/ Volume **6002**

Magali Böger

Vom Eigensicherungsrecht zur Eigensicherungspflicht

Zum Wandel der Eigensicherungspflicht infolge des Resilienzgedankens mit besonderem Fokus auf das Telekommunikationsrecht

PETER LANG

Bibliografische Information der Deutschen Nationalbibliothek
Die Deutsche Nationalbibliothek verzeichnet diese Publikation in der Deutschen Nationalbibliografie; detaillierte bibliografische Daten sind im Internet über http://dnb.d-nb.de abrufbar.

Zugl.: Bielefeld, Univ., Diss.,2017

D 361
ISSN 0531-7312
ISBN 978-3-631-74756-8 (Print)
E-ISBN 978-3-631-75465-8 (E-PDF)
E-ISBN 978-3-631-75466-5 (EPUB)
E-ISBN 978-3-631-75467-2 (MOBI)
DOI 10.3726/b13980

Peter Lang – Berlin · Bern · Bruxelles · New York · Oxford · Warszawa · Wien

Diese Publikation wurde begutachtet.

www.peterlang.com

Vorwort

Eigensicherungspflichten entwickeln sich stets weiter. Hintergrund dessen ist die Zunahme und qualitative Veränderung von Bedrohungen. Zu dem Rechtsgüterschutz tritt der Funktionsschutz hinzu. Die Erweiterung der Eigensicherungspflicht ist dabei eine Konsequenz aus dem Gedanken der Resilienz.

Diese Arbeit verfasste ich während meiner Zeit als wissenschaftliche Mitarbeiterin am Lehrstuhl für Öffentliches Recht, Staatslehre und Verfassungsgeschichte. Sie entstand begleitend zu meiner redaktionellen Mitarbeit in dem vom Bundesministerium für Bildung und Forschung geförderten Projekt „das Recht der Zivilen Sicherheit“. Im Rahmen dessen wurde das „Rechtshandbuch Zivile Sicherheit“ veröffentlicht. Die Dissertation lag der Universität Bielefeld im April 2017 vor, weshalb spätere Änderungen oder neue Literatur nur vereinzelt berücksichtigt werden konnten.

Meinem Doktorvater, Herrn Prof. Dr. C. Gusy, danke ich für seine großartige Unterstützung sowie Förderung während meiner Zeit am Lehrstuhl sowie für die Erstellung des Erstgutachtens. Herrn Prof. Dr. S. Barton danke ich für die Erstellung des Zweitgutachtens. Bedanken möchte ich mich auch bei Herrn Prof. Dr. L. Eidam für die Mitwirkung in der Prüfungskommission. Weiterhin danke ich Herrn Prof. Dr. A. Fisahn für die Übernahme des Vorsitzes bei dem Prüfungsgespräch.

Außerdem danke ich den Mitherausgebern des Rechtshandbuchs Zivile Sicherheit, Herrn Prof. Dr. D. Kugelmann sowie Herrn Prof. Dr. T. Würtenberger, von denen ich während meiner Mitarbeit im Projekt viel lernen durfte. Ebenso danke ich meiner Projektpartnerin Frau A. Buchmann für die gute Zusammenarbeit.

Mein Dank gilt auch an das Lehrstuhl-Team, das mir während meiner Zeit am Lehrstuhl stets zur Seite gestanden hat. Ganz besonders bedanke ich mich bei Frau Dr. K. Jung, Dr. L. Schulte sowie Dr. C. Ebeling für die zahlreichen konstruktiven, hilfreichen, aufmunternden und unterhaltsamen Gespräche!

Für ihre große Hilfe bei den Abschlusskorrekturen danke ich Frau N. Reymond, Herrn L. Reymond sowie Frau C. Hamacher. Mit viel Zeitaufwand und Mühe halfen Sie mir bei der Korrekturlektüre der Arbeit. Überdies danke ich meinen Eltern und Freunden für den Rückhalt während dieser Zeit.

Mein größter Dank gilt meinem Mann Julius, dem ich diese Arbeit widme. Ohne dessen liebevolle und unermüdliche Unterstützung sowie Geduld wäre die Erstellung dieser Arbeit nicht möglich gewesen.

Den Mitarbeitern des Verlages danke ich für die Veröffentlichung der Arbeit.

Bielefeld, den 15.12.2017 Magali Böger

Inhaltsverzeichnis

Einleitung[1]

Dem Grundgesetz liegt die Idee zugrunde, dass grundsätzlich jeder für sich selbst und in einem begrenzten Umfang für Dritte verantwortlich ist.[2] Denn eine an Freiheitsgrundrechten orientierte Verfassung wie das Grundgesetz setzt Risikovorsorge und Eigensicherung durch den Bürger voraus.[3] Gleichzeitig ist auch der Staat zur Sicherheitsherstellung bzw. -gewährleistung sowie Infrastruktursicherung verpflichtet.[4] Doch wo verläuft die Grenze zwischen den Verantwortungsbereichen?[5] Dieser Arbeit liegt die These zugrunde, dass Eigensicherung lediglich als Obliegenheit des Bürgers zu denken ist, da eine durchsetzbare Pflicht zur Risikovorsorge nicht aus der Verfassung gezogen werden kann.[6] Deshalb bedarf es eines Rechtsgrunds für die Eigensicherungspflicht,[7] den es im Rahmen dieser Dissertation zu untersuchen gilt. Als Fallbeispiel werden Eigensicherungspflichten im Hinblick auf Kritische Infrastrukturen gewählt, da sie sowohl durch die Einführung des IT-Sicherheitsgesetzes[8] als auch aufgrund jüngster Entwicklungen des Sicherheitsrechts[9] in den Mittelpunkt von Diskussionen geraten sind. Sie demonstrieren, dass Eigensicherungspflichten vermehrt dort auferlegt werden, wo unternehmerischen Tätigkeiten nachgegangen

1 Die Literatur wurde bis zum 28.02.2017 berücksichtigt.

2 *Heun*, in: Yamanaka u. a. (Hg.), Präventive Tendenzen in Staat und Gesellschaft zwischen Sicherheit und Freiheit, S. 21 (30).

3 *Heun*, in: Yamanaka u. a. (Hg.), Präventive Tendenzen in Staat und Gesellschaft zwischen Sicherheit und Freiheit, S. 21 (30); *Wolff*, in: Gusy u. a. (Hg.), Rechtshandbuch Zivile Sicherheit, Kap. 32 Rn. 65; *Würtenberger*, in: Gusy u. a. (Hg.), Rechtshandbuch Zivile Sicherheit, Kap. 30 Rn. 43.

4 *Engels*, in: Gusy u. a. (Hg.), Rechtshandbuch Zivile Sicherheit, Kap. 14 Rn. 2; *Gusy*, in: ders. u. a. (Hg.), Rechtshandbuch Zivile Sicherheit, Kap. 3 Rn. 18; *Würtenberger*, in: Gusy u. a. (Hg.), Rechtshandbuch Zivile Sicherheit, Kap. 30 Rn. 4, 23.

5 *Gusy*, in: ders. u. a. (Hg.), Rechtshandbuch Zivile Sicherheit, Kap. 3 Rn. 18. Zu dieser kaum trennbaren Verantwortungs- und Aufgabenverteilung z. B. *Kreissl*, in: Zoche u. a. (Hg.), Zivile Sicherheit, S. 267 (269). Bzgl. Cybersicherheit *Kaufmann*, in: Gusy u. a. (Hg.), Rechtshandbuch Zivile Sicherheit, Kap. 1 Rn. 11. Verallgemeinert für die Zivile Sicherheit durch *Wiater*, in: Gusy u. a. (Hg.), Rechtshandbuch Zivile Sicherheit, Kap. 12 Rn. 19.

6 *Schmidt-Preuß*, VVDStRL 56 (1997), S. 160 (166 f.); *Würtenberger*, in: Gusy u. a. (Hg.), Rechtshandbuch Zivile Sicherheit, Kap. 30 Rn. 43.

7 *Heun*, in: Yamanaka u. a. (Hg.), Präventive Tendenzen in Staat und Gesellschaft zwischen Sicherheit und Freiheit, S. 21 (28, 30).

8 BGBl. I 2015, S. 1324. Dazu u. a. *Hornung*, NJW 2015, 3334; *Wiater*, in: Gusy u. a. (Hg.), Rechtshandbuch Zivile Sicherheit, Kap. 12 Rn. 29 ff.

9 So z. B. das BMBF-Forschungsprojekt zur Zivilen Sicherheit, vgl. https://www.bmbf.de/de/sicherheitsforschung-forschung-fuer-die-zivile-sicherheit-150.html, Zugriff am 28.02.2017.

wird:[10] Mehr als 80 % der Infrastrukturen werden in Deutschland durch Private betrieben, sodass sich ein Zusammenhang zwischen dem politischen Gebrauch des Wortes Privater und Unternehmer aufdrängt,[11] so zumindest noch im Augenblick. Es ist jedoch zu betonen, dass auch an anderer Stelle Eigensicherungspflichten in Erscheinung treten, nämlich Eigensicherungspflichten, die jeden einzelnen Bürger, unabhängig von einer wirtschaftlichen Tätigkeit, treffen können, z. B. die Sicherung von Waffen (§ 36 WaffG),[12] von Kraftfahrzeugen (§ 14 Abs. 2 StVO),[13] von Mietwohnungen vor Wohnungseinbruchsdiebstählen (§ 535 BGB)[14] etc. Diese sind allerdings seltener und nur gebietsspezifisch vorzufinden. Deshalb wird der Rechtsgrund anhand von Fällen untersucht, die schon zur gängigen Praxis gehören, namentlich Eigensicherungspflichten im Rahmen der Ausübung einer unternehmerischen Tätigkeit. Dies schließt eine spätere Übertragung des für Unternehmer festgestellten Rechtsgrunds auf Eigensicherungspflichten zulasten des einzelnen Bürgers nicht von vornherein aus.

Ein besonderer Fokus wird auf das Telekommunikationsrecht gelegt, da sich am Maßstab des § 109 TKG[15] alle wesentlichen Entwicklungen von Eigensicherungspflichten anhand einer Vorschrift beschreiben lassen. Besonders auffällig ist dabei, dass § 109 TKG nicht neu ist. Die Eigensicherungspflicht ließ sich in leicht abgewandelter Form bereits seiner Vorgängervorschrift, dem § 87 TKG 1996,[16] entnehmen. Die Vorschrift fungierte damit bei der Einführung anderer Eigensicherungspflichten als Vorbild, so z. B. für den neu in Kraft getretenen § 8a BSIG.[17] Während § 109 Abs. 1 TKG den klassischen Eigensicherungspflichten zum Schutz von Rechtsgütern am nächsten kommt,[18] lässt sich mit Hilfe des § 109 Abs. 2 TKG wiederum die Fortentwicklung des Rechtsgüterschutzes zum Funktionsschutz nachvollziehen.[19] Überdies ist seit Inkrafttreten des § 109 TKG nunmehr jeder Diensteanbieter, der die Vorgaben des § 3 Nr. 6 TKG erfüllt, Adressat einer Eigensicherungspflicht,[20] sodass § 109

---

10 *Wiater*, in: Gusy u. a. (Hg.), Rechtshandbuch Zivile Sicherheit, Kap. 12 Rn. 9.

11 *Wiater*, Sicherheitspolitik zwischen Staat und Markt, S. 273; *Wiater*, in: Gusy u. a. (Hg.), Rechtshandbuch Zivile Sicherheit, Kap. 12 Rn. 13.

12 *Groh*, JöR 62 (2014), 235; *König/Papshart*, WaffenG, 2. Aufl., § 36.

13 *Denninger*, in: Lisken/Denninger (Hg.), HdB des Polizeirechts, 5. Aufl., D Rn. 85, 108; *Lange*, Zweckveranlassung, S. 29.

14 BGH NJW 2009, 142; WM 2001, 1346; ZMR 1953, 337; OLG Hamburg NJW-RR 1988, 1481; *Eisenschmid*, in: Schmidt-Futterer (Hg.), BGB, 12. Aufl., § 535 Rn. 102; *Emmerich*, in: Staudinger (Hg.), BGB (2014), § 535, Inhalt und Hauptpflichten des Mietvertrags Rn. 26, 29; *Schickedanz*, ZMR 2011, 11; *Teichmann*, in: Stürner (Hg.), Jauernig, BGB, 16. Aufl., § 535 Rn. 13.

15 BGBl. I 2004, S. 1190, zuletzt geändert durch BGBl. I 2015, S. 1324.

16 BGBl. I 1996, S. 1143.

17 BGBl. I 2015, S. 1324.

18 *Eckhardt*, in: Geppert/Schütz (Hg.), TKG, Beck-OK, 4. Aufl., § 109 Rn. 13.

19 *Gusy*, in: ders. u. a. (Hg.), Rechtshandbuch Zivile Sicherheit, Kap. 3 Rn. 26.

20 *Eckhardt*, in: Geppert/Schütz (Hg.), TKG, Beck-OK, 4. Aufl., § 109 Rn. 14.

TKG ebenso stellvertretend für alle anderen Pflichten, die aufgrund einer erheblichen Erweiterung des Adressatenkreises kritisch zu begutachten sind, untersucht werden kann. Ergänzend werden Eigensicherungspflichten der Betreiber anderer Kritischer Infrastrukturen, insbesondere die des Luftsicherheitsgesetzes (§§ 8 f. LuftSiG)[21] sowie des Atomgesetzes (§ 7 Abs. 2 Nr. 5 AtG)[22] für die Untersuchung des Rechtsgrunds und der Reichweite von Eigensicherungspflichten herangezogen, denn diese öffentlich-rechtlichen Pflichten dienen als erste ihrer Art anderen Eigensicherungspflichten als Leitidee.[23] Bei ihnen ist die Dogmatik weiter fortentwickelt, sodass es hilfreich ist, sich ihrer Ansätze zu bedienen.

Zunächst wird – nach einer kurzen Skizzierung der Problemstellung dieser Arbeit sowie Einführung in die wesentlichen Begrifflichkeiten – die Schutzfähigkeit Kritischer Infrastrukturen in der Vergangenheit beschrieben (*Kapitel 1*). Denn nur, wenn klar ist, wie der Schutz solcher Infrastrukturen in der Vergangenheit bewerkstelligt wurde, können der Bedarf und die Gründe für Eigensicherungspflichten hinreichend veranschaulicht werden. Die rechtliche Entwicklung von dem ursprünglichen Recht zur Eigensicherung zur Eigensicherungspflicht wird in *Kapitel 2* behandelt. Die weitere Untersuchung widmet sich dem Verhältnis zwischen dem Eigensicherungsverpflichteten und dem Staat (*Kapitel 3*). In diesem Teil stehen insbesondere das Grundrecht auf Schutz des Adressaten der Eigensicherungspflicht sowie die Verfassungsmäßigkeit einer solchen Pflicht im Vordergrund. Durch diese Aspekte gesetzte Kriterien ermöglichen erste Aussagen zur möglichen Reichweite von Eigensicherungspflichten, jedoch beschränkt auf dieses bilaterale Verhältnis. In *Kapitel 4* ist das Verhältnis zwischen dem Staat und Dritten Gegenstand der Untersuchung. Im Rahmen dessen lassen sich Eigensicherungspflichten am Maßstab der verwaltungsrechtlichen Dogmatik überprüfen. Sind die Beziehungen dieses Dreiecksverhältnisses rechtlich gefasst, besteht schließlich die Grundlage dafür, auf den eigentlichen Rechtsgrund für die Auferlegung einer Eigensicherungspflicht einzugehen (*Kapitel 5*). Danach werden die Eigenarten und Reichweite der telekommunikationsrechtlichen Eigensicherungspflicht begutachtet (*Kapitel 6*). Schließlich werden die Parallelen und Wechselwirkungen zwischen Eigensicherungspflicht und neuem Sicherheitsbegriff aufgezeigt (*Kapitel 7*). Abschließend werden die Ergebnisse dieser Arbeit zusammengefasst (*Schluss*).

---

21 BGBl. I 2005, S. 78, zuletzt geändert durch BGBl. I 2017, S. 298.

22 BGBl. I 1985, S. 1565, neugefasst durch Gesetz v. 27.01.2017, BGBl. I, S. 114.

23 Zur Vorbildfunktion des Luftverkehrs *Zintel*, in: Daase u.a. (Hg.), Verunsicherte Gesellschaft-Überforderter Staat, S. 93 (93).

Kapitel 1 – Untersuchungsrahmen

A. Problemstellung

Zunehmend werden Eigensicherungspflichten insbesondere Betreibern Kritischer Infrastrukturen auferlegt.[24] Immer wieder wird allerdings diskutiert, wer mit einer Eigensicherungspflicht belastet werden und wie weit diese tatsächlich reichen soll bzw. darf.[25] Deshalb beschäftigt sich diese Arbeit insbesondere mit der Untersuchung des Rechtsgrunds für Eigensicherungspflichten und zwar auf der Grundlage der in den Kapiteln 3 und 4 beschriebenen Dreieckskonstellation. Darauf aufbauend wird der Versuch unternommen, abstrakte Kriterien für die Auferlegung und Reichweite von Eigensicherungspflichten herauszuarbeiten.

I. Begrifflichkeiten

Gegenstand dieser Arbeit sind Eigensicherungspflichten im Hinblick auf Kritische Infrastrukturen mit besonderem Fokus auf das Telekommunikationsrecht. Der Begriff der Eigensicherung geht auf das Jahr 1972 zurück.[26] Eigensicherungspflichten werden nach allgemeiner Auffassung als gesetzlich definierte präventive[27] Pflichten des Privaten zur Sicherung eines Rechtsguts gegen Einwirkungen von außen[28] zum Schutz des eigenen, aber auch von Rechtsgütern Dritter bzw. der Allgemeinheit,[29] beschrieben.[30] Ob diese Umschreibung heute noch überzeugt, wird sich im Rahmen

---

24 Jüngst z. B. durch das IT-Sicherheitsgesetz, BGBl. I 2015, S. 1324.

25 § 8a BSIG richtet sich z. B. an Betreiber Kritischer Infrastrukturen. Welche Unternehmen indessen tatsächlich als Kritische Infrastruktur zu behandeln sind, erfolgt aufgrund der Unsicherheit der Begrifflichkeit durch eine gesonderte Verordnung gemäß § 10 BSIG (BGBl. I 2015, S. 1324). Die Verordnung zur Bestimmung Kritischer Infrastrukturen nach dem BSIG ist seit dem 23.04.2016 in Kraft, vgl. BGBl. I 2016, S. 958. Zur Frage der Reichweite, verallgemeinert für Privatisierung in Sicherheitsangelegenheiten *Wolff*, in: Gusy u. a. (Hg.), Rechtshandbuch Zivile Sicherheit, Kap. 32 Rn. 71.

26 *Krüger*, DÖV 1977, 263 (263); *Ossenbühl*, Eigensicherung und hoheitliche Gefahrenabwehr, S. 25.

27 *Schnekenburger*, Rechtsstellung und Aufgaben des Privaten Sicherheitsgewerbes, S. 89.

28 *Ossenbühl*, Eigensicherung und hoheitliche Gefahrenabwehr, S. 25; *Möstl*, Die staatliche Garantie für die öffentliche Sicherheit und Ordnung, S. 335, 341; *Schneider*, Die Abwehr äußerer Gefahren im Luftverkehr, S. 88; *Schoch*, Besonderes Verwaltungsrecht, 15. Aufl., I.2. Rn. 31.

29 *Huber*, ZUR 2004, 1 (4); *Möstl*, Die staatliche Garantie für die öffentliche Sicherheit und Ordnung, S. 341; *Waechter*, in: Kluth u. a. (Hg.), FS f. Stober, S. 685 (685 ff., 699)

30 Allgemein dazu, dass die Eigensicherung der Aufrechterhaltung der öffentlichen Sicherheit und Ordnung diene, bereits *Schiller/Drettmann*, DVBl. 1977, 956 (958).

der Analyse zeigen. Schon bei einer Betrachtung des im Mittelpunkt dieser Untersuchung stehenden § 109 TKG fällt nämlich auf, dass dieser ursachenunabhängig und gerade nicht ausschließlich auf die klassische Abwendung vorsätzlicher Angriffe Dritter angelegt ist.[31] Es wird inzwischen zum Teil gefordert, auf das Kriterium der Gefahr von außen zu verzichten, da in der Praxis eine klare Trennung zwischen Betriebs- und Eigensicherung schlichtweg unmöglich sei.[32]

Ebenso offen ist der Begriff der Kritischen Infrastruktur.[33] Infrastrukturschutz gilt erst seit den 1990er Jahren als politisches Ziel,[34] wurde aber bereits vorher unter dem Begriff der Daseinsvorsorge verfolgt.[35] Allgemein verbreitet ist die Definition des BMI (Bundesministerium des Innern), wonach als „Kritische Infrastrukturen [...] Organisationen und Einrichtungen mit wichtiger Bedeutung für das staatliche Gemeinwesen, bei deren Ausfall oder Beeinträchtigung nachhaltig wirkende Versorgungsengpässe, erhebliche Störungen der öffentlichen Sicherheit oder andere dramatische Folgen eintreten würden"[36] zusammengefasst werden.[37] Diese Definition lässt erkennen, welche Infrastrukturen ihrem Zweck nach erfasst sein sollen. Eine klare Konturenziehung lässt sie jedoch nicht zu. Insbesondere, welche Infrastruktur ihrer Relevanz oder Größe nach tatsächlich erfasst sein soll, bleibt ungeklärt.[38] Deshalb wurde, nachdem durch das IT-Sicherheitsgesetz die Betreiber Kritischer Infrastrukturen zur Wahrnehmung von Eigensicherungspflichten verpflichtet wurden (§ 8a BSIG),[39] aber im Gesetz selbst nicht genau definiert ist, an wen die Pflichten tatsächlich adressiert sind, eine Verordnung zu ihrer Bestimmung erlassen.[40]

---

31 *Eckhardt*, in: Geppert/Schütz (Hg.), TKG, Beck-OK, 4. Aufl., § 109 Rn. 41 f.

32 *Beutel*, Wirtschaftlich vorteilhafte Gefahrenverursachung, S. 87 ff.

33 Ausführlich *Dunn Cavelty*, in: Siedschlag (Hg.), Jahrbuch für europäische Sicherheitspolitik 2009/2010, S. 85 (85); *Engels*, in: Gusy u. a. (Hg.), Rechtshandbuch Zivile Sicherheit, Kap. 14 Rn. 3 ff.; *Kaufmann*, in: Hempel u. a. (Hg.), Sichtbarkeitsregime, S. 101 (104 ff.).

34 *Kaufmann*, in: Hempel u. a. (Hg.), Sichtbarkeitsregime, S. 101 (104).

35 *Wiater*, in: Gusy u. a. (Hg.), Rechtshandbuch Zivile Sicherheit, Kap. 12 Rn. 11. Zur Daseinsvorsorge *Neu*, in: dies. (Hg.), Daseinsvorsorge, S. 9 (9 ff.); *Rüfner*, in: Isensee/Kirchhof (Hg.), HdBStR IV, 3. Aufl., § 96. Zu den Bereichen, die unter den Begriff der Kritischen Infrastruktur fallen sollen *Kaufmann*, in: Hempel u. a. (Hg.), Sichtbarkeitsregime, S. 101 (106). Dies sind u. a. die Telekommunikation, Wasser- und Stromversorgung, Verkehrswesen etc., die als klassische Leistungen der Daseinsvorsorge begriffen werden, vgl. *Neu*, in: dies. (Hg.), Daseinsvorsorge, S. 9 (10).

36 *BMI*, Nationale Strategie zum Schutz Kritischer Infrastrukturen, S. 3, online abrufbar unter https://www.bmi.bund.de/SharedDocs/Downloads/DE/Broschueren/2009/kritis.pdf?__blob=publicationFile, Zugriff am 03.02.2017. Auf diese Definition verweisend z. B. *Engels*, in: Gusy u. a. (Hg.), Rechtshandbuch Zivile Sicherheit, Kap. 14 Rn. 3.

37 Umfassende Darstellung auch bei *Wiater*, Sicherheitspolitik zwischen Staat und Markt, S. 19 ff.

38 *Engels*, in: Gusy u. a. (Hg.), Rechtshandbuch Zivile Sicherheit, Kap. 14 Rn. 5.

39 Vgl. § 10 BSIG, BGBl. I 2015, S. 1324. Verweis auf die VO auch durch *Engels*, in: Gusy u. a. (Hg.), Rechtshandbuch Zivile Sicherheit, Kap. 14 Rn. 5.

40 BGBl. I 2016, S. 958.

Im Rahmen dieser Untersuchung stehen nicht die Infrastrukturen nach dem BSIG, sondern die Kritische Infrastruktur „*Telekommunikation*" aus Sicht des TKG im Vordergrund.[41] Ihre Kritikalität ergibt sich aus ihrer Eigenschaft als technische Basisinfrastruktur.[42] Von ihr sind Infrastrukturen zur Erbringung lebensnotwendiger Dienstleistungen abhängig, weshalb die Telekommunikationsinfrastruktur besonders schutzbedürftig ist.[43] § 109 Abs. 2 TKG bezweckt zum einen den Schutz öffentlicher Telekommunikationsnetze (§ 3 Nr. 16a TKG).[44] Zum anderen sind öffentlich zugängliche Telekommunikationsdienste (§ 3 Nr. 17a TKG) geschützt.[45] Ein Telekommunikationsnetz ist die Gesamtheit von Übertragungssystemen zur Übertragung von Signalen über Kabel, Funk, optische und andere elektromagnetische Einrichtungen (§ 3 Nr. 27 TKG).[46] Telekommunikationsdienste sind „in der Regel gegen Entgelt erbrachte Dienste, die ganz oder überwiegend in der Übertragung von Signalen über Telekommunikationsnetze bestehen, einschließlich Übertragungsdienste in Rundfunknetzen" (§ 3 Nr. 24 TKG).

Die Abgrenzung der Verantwortungssphären zwischen Staat und Privaten ist Objekt der Idee Ziviler Sicherheit, die bereits Gegenstand zahlreicher Forschungsprojekte geworden ist.[47] Der zurzeit noch mit unscharfen Konturen versehene Begriff der Zivilen Sicherheit ist als Abgrenzung zur militärischen Sicherheit zu verstehen und meint mittelbezogen daher alle nichtmilitärischen Instrumente zur Herstellung von Sicherheit.[48] Zivile Sicherheit ist von dem Gedanken geleitet, dass es gar nicht erst zu einem Schadenseintritt kommen darf[49] und konzentriert sich daher – die Vor-

---

41 *BMI*, Sektoren und Brancheneinteilung Kritischer Infrastrukturen, online abrufbar unter https://www.bbk.bund.de/SharedDocs/Downloads/BBK/DE/Downloads/Kritis/neue_Sektoreneinteilung.pdf?__blob=publicationFile, Zugriff am 06.03.2018. S.a. *Wiater*, Sicherheitspolitik zwischen Staat und Markt, S. 21 m.w.N.

42 *BMI*, Nationale Strategie zum Schutz Kritischer Infrastrukturen, S. 5.

43 *BMI*, Nationale Strategie zum Schutz Kritischer Infrastrukturen, S. 5; *Wiater*, Sicherheitspolitik zwischen Staat und Markt, S. 22 ff.

44 *Eckhardt*, in: Geppert/Schütz (Hg.), TKG, Beck-OK, 4. Aufl., § 109 Rn. 35 ff.; *Mozek*, in: Säcker (Hg.), TKG, 3. Aufl., § 109 Rn. 19.

45 *Eckhardt*, in: Geppert/Schütz (Hg.), TKG, Beck-OK, 4. Aufl., § 109 Rn. 35 ff.; *Mozek*, in: Säcker (Hg.), TKG, 3. Aufl., § 109 Rn. 19.

46 Die vollständige Definition nach § 3 Nr. 27 TKG lautet: „Ein „Telekommunikationsnetz" [ist] die Gesamtheit von Übertragungssystemen und gegebenenfalls Vermittlungs- und Leitwegeinrichtungen sowie anderweitigen Ressourcen, einschließlich der nicht aktiven Netzbestandteile, die die Übertragung von Signalen über Kabel, Funk, optische und andere elektromagnetische Einrichtungen ermöglichen, einschließlich Satellitennetzen, festen, leitungs- und paketvermittelten Netzen, einschließlich des Internets, und mobilen terrestrischen Netzen, Stromleitungssystemen, soweit sie zur Signalübertragung genutzt werden, Netzen für Hör- und Fernsehfunk sowie Kabelfernsehnetzen, unabhängig von der Art der übertragenen Information".

47 *Wiater*, in: Gusy u. a. (Hg.), Rechtshandbuch Zivile Sicherheit, Kap. 12 Rn. 13, 19.

48 *Gusy*, in: ders. u. a. (Hg.), Rechtshandbuch Zivile Sicherheit, Kap. 3 Rn. 12.

49 *Gusy*, in: ders. u. a. (Hg.), Rechtshandbuch Zivile Sicherheit, Kap. 3 Rn. 3.

stellung zugrunde legend, die eigentliche Bedrohung für eine moderne Gesellschaft liege gerade in der Verletzlichkeit Kritischer Infrastrukturen –[50] auf die Funktionsfähigkeit lebenswichtiger Infrastrukturen.[51] Dieser Perspektivenwechsel hat zur Konsequenz, dass Zivile Sicherheit safety (betriebliche)[52] und security (öffentliche)[53] Aufgaben zum Inhalt hat,[54] was wiederum bedeutet, dass die Herstellung von safety und security in eine Hand gelegt werden sollen mit dem Ergebnis, die Aufgaben ressourcenschonend zu verteilen.

Die Untersuchung von Eigensicherungspflichten unter Einbeziehung neuerer Sicherheitsdiskurse wie das der Zivilen Sicherheit und mit Blick auf den Schutz Kritischer Infrastrukturen führt zwangsweise zu der abschließenden Frage, inwieweit eine resiliente Gesellschaft besteht,[55] denn Zivile Sicherheit bedeutet die Schaffung von Resilienz.[56] Als Resilienz kann die Widerstandsfähigkeit eines Systems z. B. der Gesellschaft gegen Störungen verstanden werden.[57] Sie erfasst sowohl den Schutz vor Störungen als auch die Rückführung in den Zustand der Normalität.[58] Eines ihrer wesentlichen Merkmale ist die Aktivierung des Bürgers zur Übernahme von Verantwortung.[59]

II. Schutzfähigkeit Kritischer Infrastrukturen in der Vergangenheit

Grundlegend für das Verständnis der Entwicklung von Eigensicherungspflichten ist, wie Kritische Infrastrukturen in der Vergangenheit geschützt wurden, denn nur so lässt sich veranschaulichen, dass die Einbeziehung Privater zum Schutz von Infrastrukturen nicht neu ist.[60] Da die Entwicklung der Verkehrsinfrastrukturen den

---

50 *Kaufmann*, in: Hempel u. a. (Hg.), Sichtbarkeitsregime, S. 101 (107 ff.).
51 *Gusy*, in: ders. u. a. (Hg.), Rechtshandbuch Zivile Sicherheit, Kap. 3 Rn. 12.
52 *Bonss*, in: Zoche u. a. (Hg.), Zivile Sicherheit, S. 43 (45).
53 *Bonss*, in: Zoche u. a. (Hg.), Zivile Sicherheit, S. 43 (45).
54 *Kaufmann*, in: Gusy u. a. (Hg.), Rechtshandbuch Zivile Sicherheit, Kap. 1 Rn. 4.
55 Speziell zur Resilienz Kritischer Infrastrukturen *Wiater*, in: Gusy u. a. (Hg.), Rechtshandbuch Zivile Sicherheit, Kap. 12 Rn. 7.
56 *Gusy*, in: ders. u. a. (Hg.), Rechtshandbuch Zivile Sicherheit, Kap. 3 Rn. 12.
57 *Gusy*, in: Heckmann u. a. (Hg.), FS f. Würtenberger, S. 995 (995 f.); *Kaufmann*, in: Hempel u. a. (Hg.), Sichtbarkeitsregime, S. 101 (117 ff.); *Kaufmann*, in: Daase u. a. (Hg.), Sicherheitskultur, S. 109 (114); *Münkler/Wassermann*, in: Gerhold/Schiller (Hg.), Perspektiven der Sicherheitsforschung, S. 77 (80); *Thoma* u. a., in: Gerhold u. a. (Hg.), Perspektiven der Sicherheitsforschung, S. 155 (156); *Trachsler*, CSS Analysen (60) 2009, 1 (1); *Würtenberger*, in: Baumeister u. a. (Hg.), FS f. Schenke, S. 561 (561). Allgemein: *Würtenberger*, in: Gusy u. a. (Hg.), Rechtshandbuch Zivile Sicherheit, Kap. 30 Rn. 8 ff. Der Begriff „Resilienz“ stammt aus der Ökologie, vgl. *Voss*, in: Siedschlag (Hg.), Jahrbuch für europäische Sicherheitspolitik 2009/2010, S. 67 (69 f.).
58 *Würtenberger*, in: Gusy u. a. (Hg.), Rechtshandbuch Zivile Sicherheit, Kap. 30 Rn. 9.
59 *Kaufmann*, in: Daase u. a. (Hg.), Sicherheitskultur, S. 109 (124).
60 *Wiater*, in: Gusy u. a. (Hg.), Rechtshandbuch Zivile Sicherheit, Kap. 12 Rn. 11.

Regulierungsprozess für andere Infrastrukturen z. B. die der Telekommunikationsinfrastruktur prägte, wird ihre Schutzfähigkeit in der Vergangenheit resümiert.

1. Luftverkehr

Der Luftverkehr unterliegt schon seit 1871[61] repressivem Schutz durch die §§ 315, 315a StGB.[62] Doch repressiver Schutz reichte infolge einer verschärften Bedrohungslage durch kriminelle Angriffe auf die Zivilluftfahrt nicht aus.[63] Der präventive Schutz dieser Verkehrsinfrastruktur kam hinzu: Nach dem ersten Luftverkehrsgesetz (LuftVG) vom 18.07.1922[64] war es Aufgabe der Luftpolizei, Maßnahmen zur Aufrechterhaltung der öffentlichen Sicherheit oder Ordnung im Zusammenhang mit der Luftfahrt zu ergreifen.[65] Zur Ausführung des Luftverkehrsgesetzes wurde im Jahre 1930 eine Verordnung erlassen.[66] Im Rahmen der Entwürfe dieser Verordnung wurde bereits erwogen, den Flughafenunternehmer mit zahlreichen weitergehenden Rechten auszustatten, was jedoch letztlich nicht übernommen wurde, da es mit der Übertragung von Hoheitsrechten einherging und diese Rechteeinräumung nicht im LuftVG verankert war.[67]

Die Verordnung (LuftVO) erlangte dennoch überragende Relevanz für den Infrastrukturschutz: § 42 LuftVO forderte die Genehmigung der Benutzungsordnung des Flughafens durch den Staat, wodurch zum einen dem Privaten zahlreiche Pflichten und Auflagen für den Betrieb des Flughafens auferlegt werden konnten und zum anderen die Beziehungen zwischen Unternehmer und Dritten reglementiert wurden.[68] Der Flughafenunternehmer ist insofern durch die Anknüpfung der Benutzungsordnung an die Genehmigungserteilung bereits 1930 Adressat eines untrennbaren Konstrukts von Rechten und zugleich Pflichten geworden.[69] Zunehmend wurden solche Hausordnungen erlassen.[70] Der Karlsruher Benutzungsordnung von 1927 ist eindeutig zu entnehmen, dass der Flughafenunternehmer sogar die Gewalt für die Durchsetzung der Benutzungsordnung zustand.[71] Hilfsweise kam die Polizei

---

61 RGBl. 1871, S. 127.

62 *Giemulla*, in: ders./van Schyndel (Hg.), Luftsicherheitsgesetz, Abschnitt 1 Allg. Rn. 17. Hierzu *Schmid*, NZV 1988, 125.

63 *Giemulla*, in: ders./van Schyndel (Hg.), Luftsicherheitsgesetz, Abschnitt 1 Allg. Rn. 18.

64 RGBl. I 1922, S. 681.

65 *Rist*, Die Abwehr von äußeren, nicht betriebsbedingten Gefahren der Luftfahrt durch die Luftaufsicht, S. 7.

66 RGBl. I 1930, S. 363.

67 *Rist*, Die Abwehr von äußeren, nicht betriebsbedingten Gefahren der Luftfahrt durch die Luftaufsicht, S. 8; *v. Unruh*, Flughafenrecht, S. 60.

68 *V. Unruh*, Flughafenrecht, S. 58 f. Aufgrund dessen werden Pflichten aus der Benutzungsordnung als „mittelbar staatliche Regelung[en]“ angeprangert, vgl. ebd., S. 121.

69 *V. Unruh*, Flughafenrecht, S. 56 f.

70 *V. Unruh*, Flughafenrecht, S. 60, 109.

71 Abschnittsweise abgedruckt bei *v. Unruh*, Flughafenrecht, S. 109 Rn. 179.

zum Einsatz.[72] Die Sicherheitsvorkehrungen erfolgten aufgrund von Eigentum und Besitz, die das Hausrecht konkretisierten, oder Vertrag.[73] Erst nach dem Runderlass des preußischen Ministers für Handel und Gewerbe und des Innern im Jahre 1926 wurde die Übernahme dieser Aufgabe durch den Staat verlangt.[74]

Für die rechtliche Würdigung relevant ist – die Zeit des Nationalsozialismus außen vor gelassen – erst wieder das Luftverkehrsgesetz vom 04.11.1968,[75] das auf das Luftverkehrsgesetz vom 05.12.1958[76] zurückgeht.[77] Nach § 29 Abs. 1 LuftVG war die Abwehr von Gefahren für die öffentliche Sicherheit des Luftverkehrs sowie für die öffentliche Sicherheit oder Ordnung durch die Luftfahrt Aufgabe der Luftfahrtbehörden.[78] Schon zu diesem Zeitpunkt stand zur Diskussion, ob von dieser Vorschrift auch die Gefahrenabwehr für den Luftverkehr oder nur die Gefahrenabwehr von demselben erfasst sein sollte.[79] Insbesondere, weil Gefahren durch und für die Luftfahrt rein praktisch nicht immer auseinandergehalten werden können, erfasste § 29 Abs. 1 Luftverkehrsgesetz beide Gefahrenursachen.[80] Problematisch war außerdem, dass § 29 Abs. 1 S. 2 LuftVG nicht zum Erlass der erforderlichen Maßnahmen, sondern ausschließlich zum Erlass von Verfügungen berechtigte.[81] Die Verfügungen wurden – Angaben in Gesetzesbegründungen zufolge – vom Flughafenpersonal ohne ausdrückliche Beleihung durchgesetzt.[82]

Fluggast- und Gepäckkontrollen wurden zu diesem Zeitpunkt zwar durchgeführt.[83] Streitig war hingegen, auf welche rechtliche Grundlage sie gestützt werden konnten.[84] Weder § 29 LuftVG noch die StPO oder die Polizeigesetze lieferten

72 *V. Unruh*, Flughafenrecht, S. 109 insbes. Fn. 179.
73 Kritisch *v. Unruh*, Flughafenrecht, S. 108.
74 Runderlass v. 05.06.1926, Zeitschrift für das gesamte Luftrecht I, Beilage S. 138 f. *v. Unruh*, Flughafenrecht, S. 110.
75 BGBl. I 1968, S. 1113.
76 BGBl. I 1958, S. 899.
77 *Rist*, Die Abwehr von äußeren, nicht betriebsbedingten Gefahren der Luftfahrt durch die Luftaufsicht, S. 19.
78 Vgl. *Hofmann/Grabherr*, Luftverkehrsgesetz, § 29 Rn. 3; *Rist*, Die Abwehr von äußeren, nicht betriebsbedingten Gefahren der Luftfahrt durch die Luftaufsicht, S. 35.
79 Ausführlich *Rist*, Die Abwehr von äußeren, nicht betriebsbedingten Gefahren der Luftfahrt durch die Luftaufsicht, S. 36 ff.
80 *Rist*, Die Abwehr von äußeren, nicht betriebsbedingten Gefahren der Luftfahrt durch die Luftaufsicht, S. 38.
81 *Hofmann/Grabherr*, Luftverkehrsgesetz, § 29 Rn. 9 ff.; *Meyer*, ZLW (22) 1973, 169 (171); *Rist*, Die Abwehr von äußeren, nicht betriebsbedingten Gefahren der Luftfahrt durch die Luftaufsicht, S. 50 ff.
82 BT-Drs. VI/3317. Krit. *Rist*, Die Abwehr von äußeren, nicht betriebsbedingten Gefahren der Luftfahrt durch die Luftaufsicht, S. 87.
83 *Rist*, Die Abwehr von äußeren, nicht betriebsbedingten Gefahren der Luftfahrt durch die Luftaufsicht, S. 95 f., 106 f.
84 Hierzu s. *Meyer*, ZLW (22) 1973, 169.

taugliche Rechtsgrundlagen.[85] Die einzige mögliche rechtliche Konstruktion zur Durchführung dieser Maßnahmen beruhte auf den Beförderungsbedingungen der Luftfahrtunternehmen, also von privater und nicht von staatlicher Seite.[86]

Die Flughafenunternehmer wurden dazu verpflichtet, Maßnahmen nach § 29a LuftVG, der auf dem zuvor erlassenen § 9 BFSG (Gesetz über die Bundesanstalt für Flugsicherung)[87] beruhte, zu ergreifen, wozu die Bereitstellung von Räumen für die Luftaufsicht gehörte.[88] Ihre Selbstkosten wurden regelmäßig vergütet.[89] Eine Vergütung der Selbstkosten schied indessen aus, wenn der Flughafen nicht dem allgemeinen Verkehr diente.[90] Diese Regelung war somit schon zu diesem frühen Zeitpunkt davon geleitet, dass derjenige, der im Interesse der Allgemeinheit eine Infrastruktur betreibt, nicht alleine für sämtliche Kosten aufzukommen hat.[91] § 29a LuftVG umfasste insbesondere Maßnahmen, welche die Durchsetzung anderer auf dem Flugplatz geltenden Vorschriften ermöglichte.[92] Nicht davon erfasst waren hingegen eigene Gefahrenabwehrmaßnahmen der Unternehmer.[93] Daneben stand die Betriebssicherungspflicht des § 45 Luftverkehrs-Zulassungs-Ordnung (LuftVZO), die sich bis heute durchgesetzt hat.[94] Obwohl § 45 LuftVZO auf die Erhaltung des Flughafens in einem betriebssicheren Zustand gerichtet ist und gerade keine betriebsfremden Einwirkungen durch Dritte erfasst sein sollen,[95] wurden in der Vergangenheit auf ihrer Grundlage auch Maßnahmen zu Abwehr äußerer Gefahren auferlegt.[96]

Die Sicherheit des Luftverkehrs wurde vor Erlass ausdrücklicher Eigensicherungspflichten ohne einschlägige Ermächtigungsgrundlagen des Staates für Vorfeldmaßnahmen und ohne klare Zuständigkeits- und Aufgabenverteilung zwischen dem Staat und Privaten hergestellt. Unbestreitbar war allerdings schon von den Anfängen dieser

85 *Rist*, Die Abwehr von äußeren, nicht betriebsbedingten Gefahren der Luftfahrt durch die Luftaufsicht, S. 96 ff., 107 ff.

86 *Rist*, Die Abwehr von äußeren, nicht betriebsbedingten Gefahren der Luftfahrt durch die Luftaufsicht, S. 101 ff., 108 f.; *Schwenk/Giemulla*, HdB des Luftverkehrsrechts, 4. Aufl., Kap. 18 Rn. 28. Die IATA (International Air Transport Association)-Beförderungsbedingungen sind in der ZLW (20) 1971, 233 abgedruckt.

87 BGBl. I 1953, S. 70.

88 *Rist*, Die Abwehr von äußeren, nicht betriebsbedingten Gefahren der Luftfahrt durch die Luftaufsicht, S. 67. Ausführlich zu § 29a LuftVG *Hofmann/Grabherr*, Luftverkehrsgesetz, § 29a.

89 *Hofmann/Grabherr*, Luftverkehrsgesetz, § 29a Rn. 8.

90 *Hofmann/Grabherr*, Luftverkehrsgesetz, § 29a Rn. 9.

91 *Hofmann/Grabherr*, Luftverkehrsgesetz, § 29a Rn. 1.

92 *Hofmann/Grabherr*, Luftverkehrsgesetz, § 29 Rn. 8, § 29a Rn. 4.

93 *Rist*, Die Abwehr von äußeren, nicht betriebsbedingten Gefahren der Luftfahrt durch die Luftaufsicht, S. 69 ff.

94 *Rist*, Die Abwehr von äußeren, nicht betriebsbedingten Gefahren der Luftfahrt durch die Luftaufsicht, S. 69.

95 *Giemulla*, in: ders./van Schyndel (Hg.), Luftsicherheitsgesetz, § 8 Rn. 3.

96 *Rist*, Die Abwehr von äußeren, nicht betriebsbedingten Gefahren der Luftfahrt durch die Luftaufsicht, S. 69.

Verkehrsinfrastruktur an, dass die Sicherheitsmaßnahmen nur unter Einbeziehung von Privaten tatsächlich durchführbar waren. Die behördliche Ermächtigungsgrundlage für Personen- und Gepäckkontrollen wurde erst mit den ersten Eigensicherungspflichten gemäß §§ 19b, 20a LuftVG im Jahre 1980[97] eingeführt.[98]

2. *Eisenbahn*

Von besonderer Bedeutung für die Darstellung des Schutzes Kritischer Infrastrukturen ist ebenso das Eisenbahnnetz, dessen Schutz schon von Beginn an nicht nur repressiv gemäß § 315 ff. StGB,[99] sondern ebenso präventiv hergestellt wurde.[100] Die größtenteils in privater Verantwortung errichteten Eisenbahnschienen[101] sollten nach dem preußischen Eisenbahngesetz von 1838[102] auch anderen privaten Betreibern zur Verfügung stehen.[103] Aufgrund der Monopolstellung von Verkehrswegen und zugleich der Abhängigkeit der Öffentlichkeit von diesen Verkehrsnetzen[104] wurden die privaten Betreiber strengen Regelungen, namentlich Betriebspflichten,[105] Transportpflichten und Preiskontrollen,[106] unterworfen.[107] Später wurden die Eisenbahnen verstaatlicht.[108] Nicht davon erfasst waren die nichtstaatlichen Kleinbahnen.[109] Kleinbahnen sind innerstaatliche Straßenbahnen sowie Gemeinden verbindende Lokalbahnen.[110] Die Genehmigung einer solchen Kleinbahn wurde,

---

97 BGBl. I 1980, S. 1729.

98 *Baumann*, in: Ehlers u. a. (Hg.), Besonderes Verwaltungsrecht, Bd. 1, 3. Aufl., § 26 Rn. 15; *Giemulla*, in: ders./van Schyndel (Hg.), Luftsicherheitsgesetz, Abschnitt 1 Allg. Rn. 22. Zusammenfassung der aktuellen Regelungen bei *Engels*, in: Gusy u. a. (Hg.), Rechtshandbuch Zivile Sicherheit, Kap. 14 Rn. 45 ff.; *Nolte*, ebd., Kap. 18 Rn. 10, 13.

99 Vgl. *Finger*, Eisenbahngesetze, 5. Aufl., S. 11 ff.

100 Überblick zu der aktuellen Rechtslage bei *Engels*, in: Gusy u. a. (Hg.), Rechtshandbuch Zivile Sicherheit, Kap. 14 Rn. 41 f.; *Nolte*, ebd., Kap. 18 Rn. 11.

101 *Uerpmann-Wittzack*, in: Isensee/Kirchhof (Hg.), HdBStR IV, 3. Aufl., § 89 Rn. 41.

102 03.11.1838, GS, S. 505.

103 *Rüfner*, in: Isensee/Kirchhof (Hg.), HdBStR IV, 3. Aufl., § 96 Rn. 23.

104 *Uerpmann-Wittzack*, in: Isensee/Kirchhof (Hg.), HdBStR IV, 3. Aufl., § 89 Rn. 3, 1.

105 Insbes. unter der Reichsverfassung (Art. 44), BGBl. (des deutschen Bundes) 1871, S. 63. S.a. *Endemann*, Das Recht der Eisenbahnen nach den Bestimmungen des Deutschen Reichs und Preussens, S. 421 ff.

106 *Eger*, HdB des preußischen Eisenbahnrechts, Bd. 2, S. 214 ff. zur Einführung der Regulierung der Transportpreise.

107 *Rüfner*, in: Isensee/Kirchhof (Hg.), HdBStR IV, 3. Aufl., § 96 Rn. 23.

108 *Bäumer*, Die Museums-Eisenbahn (4) 1989, 23 (23); *Rüfner*, in: Isensee/Kirchhof (Hg.), HdBStR IV, 3. Aufl., § 96 Rn. 23; *Uerpmann-Wittzack*, in: Isensee/Kirchhof (Hg.), HdBStR IV, 3. Aufl., § 89 Rn. 41.

109 *Collin*, in: Eisenbahn zwischen Markt und Staat in Vergangenheit und Gegenwart, S. 123 (123 f.).

110 *Collin*, in: Eisenbahn zwischen Markt und Staat in Vergangenheit und Gegenwart, S. 123 (123 f.).

obwohl sie sich in privater Hand befand, nur erteilt, wenn die Voraussetzungen des § 4 Kleinbahngesetzes erfüllt waren.[111] Dieser wies jedenfalls teilweise Elemente der Infrastruktursicherung auf und kam in seiner Formulierung den heutigen Eigensicherungspflichten sehr nahe.[112] Doch auch nach der Verstaatlichung der Eisenbahnen waren, unabhängig davon, dass sich die Vorschriften an einen öffentlichen und eben nicht mehr privaten Betreiber richteten, zahlreiche den Eigensicherungspflichten ähnelnde gesetzliche Formulierungen zur Infrastruktursicherung auffindbar. § 24 des Preußischen Eisenbahngesetzes von 1838 verpflichtete den Betreiber, die Bahn sowie die Transportanlagen dauerhaft in einem Zustand, der die Beförderung in einer dem Zweck des Unternehmens entsprechenden Weise ermöglichte, wozu z. B. die Bildung von wirtschaftlichen Fonds für die Erneuerung der Anlagen gehörte, zu erhalten.[113] In dieser Pflicht sind Elemente der Betriebs- mit solchen der Infrastruktursicherung vereint.[114] Weiterhin trafen die Eisenbahnunternehmen über Tarifpflichten[115] hinaus Transportpflichten.[116] Die öffentlich-rechtliche Transportpflicht wurde zugleich in das Privatrecht transkribiert, sodass jedermann ein privatrechtlicher Anspruch auf Beförderung zustand.[117] Ein Ausschluss von der Transportpflicht war u. a. möglich, wenn der Reisende an einer Krankheit litt oder aus anderen Gründen anderen Gästen lästig wurde bzw. sich der festgesetzten

---

111 GS 1892, S. 225.

112 Abgedruckt bei *Bäumer*, Die Museums-Eisenbahn (4) 1989, 23 (30) sowie *Collin*, in: Eisenbahn zwischen Markt und Staat in Vergangenheit und Gegenwart, S. 123 (130).

113 GS 1838, S. 505. S. *Eger*, HdB des Preußischen Eisenbahnrechts, Bd. 2, S. 16; *Endemann*, Das Recht der Eisenbahnen nach den Bestimmungen des Deutschen Reichs und Preussens, S. 412 f. Für die wenigen nicht verstaatlichten Bahnen wurde diese Pflicht wiederum auch zum Gegenstand des Konzessionsvertrages gemacht, *Eger*, ebd., S. 16, obwohl die Gesetzesbestimmungen dieses Gesetzes ohnehin Konzessionsbedingungen waren, s. *Endemann*, ebd., S. 269, 413.

114 Die Pflicht ist darauf gerichtet, dass von der Bahninfrastruktur keine Gefahren ausgehen. Es ist indessen nicht ersichtlich, dass daraus eine Pflicht zur Ergreifung von Sicherheitsvorkehrungen gegen vorsätzliche Angriffe Dritter abzuleiten wäre, vgl. die Beispiele bei *Endemann*, Das Recht der Eisenbahnen nach den Bestimmungen des Deutschen Reichs und Preussens, S. 412 ff. Allerdings ist die Abwendung äußerer Einwirkungen z. B. durch den Bau von Zäunen und die Bewachung der Infrastruktur inbegriffen, s. ebd., S. 415 f.

115 *Eger*, HdB des Preußischen Eisenbahnrechts, Bd. 2, S. 280 ff. Die Tarifpflicht ist die damalige zusammenfassende Bezeichnung für die Beschränkungen in der Festsetzung der Transportpreise.

116 RGBl. II 1938, S. 663, vgl. *Finger*, Eisenbahngesetze, 5. Aufl., S. 106 f. Ausführlich zu den Transportpflichten *Eger*, HdB des Preußischen Eisenbahnrechts, Bd. 2, S. 273 ff.

117 *Eger*, HdB des Preußischen Eisenbahnrechts, Bd. 2, S. 275 f.; *Endemann*, Das Recht der Eisenbahnen nach den Bestimmungen des Deutschen Reichs und Preussens, S. 673.

Ordnung widersetzte.[118] Dem Unternehmen diente der Vertrag mit dem Reisenden trotz des Bestehens der Transportpflicht als Instrument zur Aufrechterhaltung von Sicherheit und Ordnung, insbesondere im Bereich der Vorfeldgefahrenabwehr. Die anhaltende Versorgung der Allgemeinheit mit der Eisenbahninfrastruktur wurde darüber hinaus durch Pflichten zur Einführung einheitlicher Transportbedingungen und -einrichtungen, wozu auch technische Betriebs- und Sicherheitseinrichtungen gehörten, erreicht.[119]

Verschärft wurde dies in der weiteren Entwicklung der Eisenbahnen durch eine in Artikel 43 der Verfassung des Deutschen Reiches von 1871 verankerten staatlichen Aufsichts- und Durchsetzungspflicht, wonach das „Reich [...] dafür Sorge zu tragen [hatte], daß die Eisenbahnverwaltungen die Bahnen jederzeit in einem die nöthige Sicherheit gewährenden baulichen Zustande erhalten und dieselben mit Betriebsmaterial so ausrüsten, wie das Verkehrsbedürfniß es erheischt".[120] Mit den Eisenbahnverwaltungen waren sowohl die staatlichen als auch die übrig gebliebenen privaten Bahnbetreiber gemeint.[121]

Nach dem Übergang zur Bundesrepublik Deutschland gehörte die Aufrechterhaltung der öffentlichen Sicherheit und Ordnung zum einen zu den Aufgaben der Bahnpolizei: Sie hatte die erforderlichen Maßnahmen zu treffen, um Gefahren von den Anlagen, dem Betrieb der Bahn sowie ihren Benutzern abzuwenden (§ 55 Abs. 1 Nr. 1 EBO).[122] Genauso hatte sie aber auch Vorkehrungen zu ergreifen, um Gefahren von der Allgemeinheit oder dem einzelnen, die beim Betrieb der Bahn oder von den Bahnanlagen ausgingen (§ 55 Abs. 1 Nr. 2 EBO), abzuwehren.[123] Ihre Aufgabe bestand also sowohl in der Abwendung von Gefahren für die Eisenbahninfrastruktur als auch von Gefahren, die von der Eisenbahninfrastruktur ausgingen, soweit sie einen räumlichen Zusammenhang zur Bahn aufwiesen.[124] Voraussetzung für ein polizeiliches Einschreiten war indessen auch im Eisenbahnrecht das Vorliegen einer konkreten Gefahr.[125]

Dem Allgemeinen Eisenbahngesetz von 1951[126] war zum anderen die Pflicht der öffentlichen Eisenbahnen zu entnehmen, das Netz auszubauen und zum Wohle

118 *Endemann*, Das Recht der Eisenbahnen nach den Bestimmungen des Deutschen Reichs und Preussens, S. 444 f.

119 *Eger*, HdB des Preußischen Eisenbahnrechts, Bd. 2, S. 334 ff., 339 ff. Die sich weiterhin in privater Hand befindlichen Eisenbahnen wurden ebenso besonderen Pflichten unter Einschränkung der Vertragsfreiheit unterworfen, vgl. ebd., S. 366 ff.

120 BGBl. (des deutschen Bundes) 1871, S. 63.

121 *Endemann*, Das Recht der Eisenbahnen nach den Bestimmungen des Deutschen Reichs und Preussens, S. 413.

122 Eisenbahn Bau- und Betriebsordnung vom 08.05.1967, BGBl. II, S. 1563.

123 *Finger*, Eisenbahngesetze, 5. Aufl., S. 290.

124 *Finger*, Eisenbahngesetze, 5. Aufl., S. 290; *Rist*, Die Abwehr von äußeren, nicht betriebsbedingten Gefahren der Luftfahrt durch die Luftaufsicht, S. 43 f.

125 *Finger*, Eisenbahngesetze, 5. Aufl., S. 290.

126 BGBl. I 1951, S. 225.

der Allgemeinheit zu ergänzen (§ 4 AEG).[127] Hinzu tritt die Pflicht zur sicheren Betriebsführung der Deutschen Bundesbahn, die ab 1961 § 4 Bundesbahngesetz (BbG)[128] zugrunde lag und welche, losgelöst von einer konkreten Gefahr, sowohl die Einhaltung von Sicherheitsvorkehrungen zur Erhaltung der Bahn in einem betriebssicheren Zustand als auch eine Pflicht zur Erhaltung bzw. Erneuerung der Infrastruktur beinhaltete.[129]

Sowohl die Transportpflichten für private Betreiber als auch die Aufgabenerfüllung durch die öffentliche Hand selbst stellen Modalitäten der Daseinsvorsorge dar.[130] Die Gestaltung der Rahmenbedingungen für die Erbringung einer Versorgungsleistung gehört nämlich zu den grundlegenden Elementen der Daseinsvorsorge.[131] Während die Auferlegung von Pflichten für private Betreiber eine klassische Form der Erfüllung der Daseinsvorsorgeaufgabe durch Regulierung darstellt,[132] kam der Staat durch die Einrichtung öffentlicher Unternehmen ebenso seiner Daseinsvorsorgeaufgabe nach. Die Statuierung gesetzlicher Regelungen auch für staatliche Unternehmen ist damit zu erklären, dass ein natürliches Monopol für Verkehrsinfrastrukturen besteht.[133] Nur durch dessen Regulierung bleibt eine preiswerte und flächendeckende Versorgung gewährleistet.[134]

3. *Zwischenfazit*

Insoweit enthielt der Schutz Kritischer Infrastrukturen in der Vergangenheit zwei Elemente, die nunmehr in einer Eigensicherungspflicht vereint sind: Zum einen gab es Regelungen, die auf den ständigen Schutz der Verkehrsinfrastruktur abzielten.[135] Zum anderen wurden Schutzmaßnahmen nicht ausschließlich vom Staat, sondern im Rahmen einer Wechselwirkung zwischen dem Staat und Privaten erbracht.[136]

III. Stand der Wissenschaft

Während mittlerweile die grundsätzliche verfassungsrechtliche Zulässigkeit der Belastung mit Eigensicherungspflichten geklärt sein dürfte,[137] bestehen nach dem

127 *Finger*, Eisenbahngesetze, 5. Aufl., S. 5 f.

128 BbG, BGBl. I 1951, S. 955, Pflicht in der Fassung v. 01.08.1961, BGBl. I 1961, S. 1161. S.a. *Finger*, Eisenbahngesetze, 5. Aufl., S. 306 ff.

129 *Finger*, Eisenbahngesetze, 5. Aufl., S. 309.

130 *Rüfner*, in: Isensee/Kirchhof (Hg.), HdBStR IV, 3. Aufl., § 96 Rn. 22 ff.

131 *Rüfner*, in: Isensee/Kirchhof (Hg.), HdBStR IV, 3. Aufl., § 96 Rn. 23; *Wiater*, in: Gusy u. a. (Hg.), Rechtshandbuch Zivile Sicherheit, Kap. 12 Rn. 11.

132 *Rüfner*, in: Isensee/Kirchhof (Hg.), HdBStR IV, 3. Aufl., § 96 Rn. 23.

133 *Rüfner*, in: Isensee/Kirchhof (Hg.), HdBStR IV, 3. Aufl., § 96 Rn. 32.

134 *Rüfner*, in: Isensee/Kirchhof (Hg.), HdBStR IV, 3. Aufl., § 96 Rn. 23.

135 *Wiater*, in: Gusy u. a. (Hg.), Rechtshandbuch Zivile Sicherheit, Kap. 12 Rn. 11.

136 *Wiater*, in: Gusy u. a. (Hg.), Rechtshandbuch Zivile Sicherheit, Kap. 12 Rn. 11.

137 BVerwGE 81, 185; BVerwG DVBl. 1986, 360; VGH Mannheim, Urt. v. 19.07.2005–8 S 775/05, BeckRS 2006, 22807; OVG Lüneburg NVwZ-RR 2006, 33; OVG Bre-

gegenwärtigen Stand der Forschung noch dahin gehende Lücken, weshalb Eigensicherungspflichten auferlegt werden und wie weit sie reichen sollen bzw. dürfen.[138] So ist beispielsweise auch nach dem Inkrafttreten des IT-Sicherheitsgesetzes nach wie vor unklar, inwieweit die Betreiber der Kritischen Infrastrukturen tatsächlich in Anspruch genommen werden können bzw. dürfen.[139] Jüngst wurden Ansätze eines Rechtsgrunds formuliert, wonach „Ideen der Zweckveranlassung, der Risikosetzung, der Fähigkeit zum Risikomanagement, der Vorteilszurechnung und der Folgenanlastung zusammen"[140] träfen. Insbesondere die Ideen der „Risikoerhöhung"[141] sowie des „Kosten-Nutzen-Prinzips"[142] wurden in der Vergangenheit wiederholt als mögliche Ansätze erwogen.[143]

---

men, Urt. v. 31.10.2006–1 D 41/06, BeckRS 2007, 23685; VG Düsseldorf, Urt. v. 08.12.2010–10 K 8598/08, BeckRS 2012, 49305; VG Köln NVwZ 1993, 806; Z.B. *Czaja*, Eigensicherungspflichten von Verkehrsflughäfen, S. 95 ff.; *Ehlers*, in: Leßmann u. a. (Hg.), FS f. Lukes, S. 337 (346 ff.); *Erbguth*, DVBl. 2007, 1202 (1205 ff.); im Grds. auch *Leidinger*, DVBl. 2004, 95 (102); *Möstl*, Die staatliche Garantie für die öffentliche Sicherheit und Ordnung, S. 344 f.; *Otten*, Eigensicherung, S. 151 ff.; *Schiller/Drettmann*, DVBl. 1977, 956 (958 ff.); *Schnekenburger*, Rechtsstellung und Aufgaben des Privaten Sicherheitsgewerbes, S. 89 ff.; *Schneider*, Die Abwehr äußerer Gefahren im Luftverkehr, S. 96 ff.; *Sorge*, Kostentragung für den Schutz vor Anschlägen, S. 74 ff. A.A. z. B. *Ossenbühl*, Eigensicherung und hoheitliche Gefahrenabwehr, S. 15 ff. im Hinblick auf die Pflicht aus § 19b Abs. 1 Nr. 4 LuftVG (a.F.), die er allerdings nicht mehr als Eigensicherungspflicht, sondern als reine Indienstnahme begreift, vgl. ebd., S. 21 ff., insbes. S. 27. Krit. *Bracher*, Gefahrenabwehr durch Private, S. 154 ff.

138 Im Hinblick auf Privatisierung allgemein *Wolff*, in: Gusy u. a. (Hg.), Rechtshandbuch Zivile Sicherheit, Kap. 32 Rn. 71.

139 *Wolff*, in: Gusy u. a. (Hg.), Rechtshandbuch Zivile Sicherheit, Kap. 32 Rn. 48.

140 *Gusy*, in: ders. u. a. (Hg.), Rechtshandbuch Zivile Sicherheit, Kap. 3 Rn. 25.

141 *Erbguth*, DVBl. 2007, 1202 (1210); *Gusy*, VVDStRL 63 (2004), S. 151 (172 f.); *Koch* im Rahmen einer Diskussion, s. *John*, in: Koch u. a. (Hg.), 12. Deutsches Atomrechtssymposium, S. 245 (249); *Möstl*, Die staatliche Garantie für die öffentliche Sicherheit und Ordnung, S. 345; *Schnekenburger*, Rechtsstellung und Aufgaben des Privaten Sicherheitsgewerbes, S. 89. Vom Grundsatz her auch *Krüger*, DÖV 1977, 263 (266); *Schiller/Drettmann*, DVBl. 1977, 956 (961); *Waechter*, in: Jachmann/Stober (Hg.), Finanzierung der inneren Sicherheit unter Berücksichtigung des Sicherheitsgewerbes, S. 65 (78 ff.); *Wolff*, in: Gusy u. a. (Hg.), Rechtshandbuch Zivile Sicherheit, Kap. 32 Rn. 47. Allgemein in Bezug auf Zivile Sicherheit ebd., Kap. 32 Rn. 74.

142 *Schnekenburger*, Rechtsstellung und Aufgaben des Privaten Sicherheitsgewerbes, S. 89; *Waechter*, in: Jachmann/Stober (Hg.), Finanzierung der inneren Sicherheit unter Berücksichtigung des Sicherheitsgewerbes, S. 65 (78 ff.); *Wolff*, in: Gusy u. a. (Hg.), Rechtshandbuch Zivile Sicherheit, Kap. 32 Rn. 47.

143 Zum Rückgriff auf Zurechnungsgründe des Zivilrechts hat sich insbesondere *Waechter* ausgesprochen, in: Jachmann/Stober (Hg.), Finanzierung der inneren Sicherheit unter Berücksichtigung des Sicherheitsgewerbes, S. 65 (73).

B. Methodisches Vorgehen

In dem Abschnitt „vom Eigensicherungsrecht zur Eigensicherungspflicht" wird die Entwicklung von Eigensicherungspflichten ermittelt. Im Anschluss werden die einzelnen Eigensicherungsrechte des Privaten im Hinblick auf ihre Tauglichkeit zum Schutz bestimmter Rechtsgüter im Rahmen einer Eigensicherungspflicht geprüft. Für die Darstellung der verschiedenen Rechtsbeziehungen bei Eigensicherungspflichten, namentlich die des Eigensicherungsverpflichteten und des Staates sowie die Dritter und des Staates, werden verschiedene Eigensicherungspflichten miteinander verglichen, um ihre Reichweite zu bestimmen und anschließend der Versuch unternommen, sie in die bereits bestehende Grundrechtsdogmatik einzuarbeiten. Während für das erste Verhältnis primär die Abwehrrechte maßgeblich sind, stehen bei letzterem die Schutzpflichten im Vordergrund. Dabei wird immer wieder durch die Auslegung einzelner Eigensicherungspflichten ermittelt, was der Gesetzgeber tatsächlich durch die Vorschriften bezweckt haben könnte. Hierfür werden Dokumente des Bundestages, insbesondere Gesetzesbegründungen, die für die Auslegung grundlegend sind, herangezogen.[144] Bei der Herausarbeitung des Rechtsgrunds geht es gerade nicht um die Neuerfindung eines Grundes für Eigensicherungspflichten.[145] Denn die Zurechnungsgründe für die Begründung einer bestimmten Verantwortlichkeit weisen in den verschiedenen Rechtsgebieten erhebliche Gemeinsamkeiten auf.[146] Verantwortlichkeiten können durch andere Rechtsgebiete auch beeinflusst sein.[147] Deshalb werden gebietsübergreifend Parallelen zwischen verschiedenen Rechtsinstrumenten gesucht. Sind genügend Gemeinsamkeiten erkennbar, wird der Rechtsgrund auf seine Übertragbarkeit für Eigensicherungspflichten hin untersucht. Ist die dogmatische Untersuchung abgeschlossen, werden die Ergebnisse anhand der Kritischen Infrastruktur Telekommunikation veranschaulicht und in das Forschungsfeld „Resilienz" eingebettet.

---

144 *Zippelius*, Methodenlehre, S. 41 f.

145 Dies ist in der Sicherheitsforschung regelmäßig nicht der Fall, vgl. *Gusy*, in: ders. u. a. (Hg.), Rechtshandbuch Zivile Sicherheit, Kap. 3 Rn. 2.

146 *Waechter*, Verwaltungsrecht im Gewährleistungsstaat, S. 136.

147 *Wolff*, in: Gusy u. a. (Hg.), Rechtshandbuch Zivile Sicherheit, Kap. 32 Rn. 34.

Kapitel 2 – Vom Eigensicherungsrecht zur Eigensicherungspflicht

Die Möglichkeit, sich auf verfassungsrechtlich vorausgesetzte Gewaltgestattungen berufen zu dürfen in Verbindung mit dem Recht, sonstige organisatorische oder technische Maßnahmen ohne Gewaltanwendung zum Selbst- und Drittschutz zu treffen, werden begrifflich als sog. *Eigensicherungsrecht* resümiert.

Dem Privaten werden zur Erfüllung seiner Eigensicherungspflicht keine hoheitlichen Befugnisse eingeräumt.[148] Stattdessen muss sich dieser ausschließlich seiner privaten Rechte, der sog. „Jedermannsrechte", bedienen.[149] Der Gesetzgeber macht sich insofern das *Eigensicherungsrecht* des Privaten zu Nutze, indem er ihn zur Wahrnehmung dieses – bis dato – „Rechtes" verpflichtet. Das *Eigensicherungsrecht* wandelt sich durch die gesetzliche Regelung in eine *Eigensicherungspflicht* um.

A. Recht auf Eigensicherung

Der Eigensicherungspflicht ist also ein Eigensicherungsrecht vorgelagert, welches es näher zu konturieren gilt. Unbeschränkt ist das Recht des Einzelnen, Maßnahmen zur Eigensicherung zu ergreifen, soweit sie nicht mit einem Eingriff in die Rechte eines Dritten oder mit der Anwendung körperlicher Gewalt gegen diesen Dritten verbunden sind.[150] Aufgrund der Schwere denkbarer Angriffe werden technische und organisatorische Vorkehrungen zur Wahrnehmung des *Eigensicherungsrechts* jedoch nicht in jedem Fall ausreichen.[151] Vielmehr ist es bei der Sicherung höchst gefährlicher und sensibler Anlagen nicht ausgeschlossen, dass zu den technischen und organisatorischen Schutzvorkehrungen und über die Arbeitnehmerauswahl und -kontrolle hinaus[152] auch der Einsatz physischer Kraft, wenn nicht sogar die

148 *Ossenbühl*, NVwZ 2002, 290 (292).

149 BVerwGE 81, 185 (188) = DVBl. 1989, 517 (517); OVG Lüneburg NVwZ-RR 2006, 33 (33 f.). Aktueller VG Düsseldorf NWVBl. 2012, 280 (283); *Huber*, Wahrnehmung von Aufgaben im Bereich der Gefahrenabwehr durch das Sicherheits- und Bewachungsgewerbe, S. 53; *Lukes*, ET 1975, 23 (25 ff.); *Nitz*, Private und öffentliche Sicherheit, S. 87; *Ossenbühl*, NVwZ 2002, 290 (292); *Otten*, Eigensicherung, S. 21. Zu den sog. Jedermannsrechten gehören jedenfalls die §§ 32, 34 StGB, §§ 227, 229, 859, 860 BGB, § 127 StPO usw. Vgl. *Ehlers*, in: Leßmann u. a. (Hg.), FS f. Lukes, S. 337 (352).

150 *Ehlers*, in: Leßmann u. a. (Hg.), FS f. Lukes, S. 337 (350 f.).

151 *Bracher*, Gefahrenabwehr durch Private, S. 149.

152 Zum Eigensicherungsrecht *Ehlers*, in: Leßmann u. a. (Hg.), FS f. Lukes, S. 337 (349 ff.); *Gusy/Eichenhofer*, in: Gusy u. a. (Hg.), Rechtshandbuch Zivile Sicherheit, Kap. 10 Rn. 7.

Bewaffnung des Personals, gehört.[153] Ebenso geht des Öfteren mit einer Eigensicherungsmaßnahme die Verkürzung der Rechte Dritter einher, so z.B. wenn der Flughafenbetreiber nach § 8 Abs. 1 S. 1 Nr. 5 LuftSiG dazu verpflichtet ist, Mitarbeiter zu durchsuchen, wodurch deren Allgemeines Persönlichkeitsrecht (Artikel 2 Abs. 1 iVm Artikel 1 Abs. 1 GG) berührt ist.[154]

Der Einsatz physischer Gewalt durch Private ist indessen nicht der Regelfall, sondern stellt eine Durchbrechung des Normalen dar.[155] Zu erklären ist dies damit, dass der Staat – als Gegenleistung zu seiner Ausstattung mit dem Gewaltmonopol – für die Sicherheit seiner Bürger zu sorgen hat.[156] Der Staat ist allerdings mangels hinreichender personeller und finanzieller Ressourcen nicht dazu fähig, den Rechtsgüterschutz vollständig eigenhändig zu erbringen, sodass er teilweise auf die Inanspruchnahme nichtstaatlicher Ressourcen angewiesen ist.[157] Ein Verstoß gegen das Gewaltmonopol läge vor, wenn jegliche Ausübung physischer Gewalt dem Staat vorbehalten wäre. Das Gewaltmonopol stellt jedoch nur zwei Voraussetzungen auf: Zum einen muss dem Staat die Entscheidung über die Legitimität und Illegitimität der Gewalt vorbehalten sein.[158] Zum anderen bedingt es die Durchsetzbarkeit dieser Entscheidung.[159] Daraus folgt für das Eigensicherungsrecht, dass eine Gewaltgestattung für eine private Gewaltanwendung existieren muss.[160] Diese Gewaltgestattung erstreckt sich auch auf die hypothetische Betroffenheit der Rechte Dritter. Werden hingegen – ohne dass eine gesetzliche Gewaltgestattung vorliegt – Rechte Dritter auf andere Weise als durch die Anwendung von Gewalt berührt, beruht das Handeln des Privaten zumeist auf einer vertraglichen Regelung mit dem Betroffenen.[161]

---

153 So wurde entschieden, dass zu den erforderlichen Maßnahmen nach § 7 Abs. 2 Nr. 5 AtG auch die Aufstellung eines bewaffneten Werkschutzes zählen kann, vgl. BVerwGE 81, 185 = DVBl. 1989, 517 = NVwZ 1989, 864.

154 Anhand des Beispiels des Persönlichkeitsrechts *Ehlers*, in: Leßmann u. a. (Hg.), FS f. Lukes, S. 337 (350).

155 *Gusy*, StWStP 1994, 187 (192); *Merten*, Rechtsstaat und Gewaltmonopol, S. 56.

156 *Isensee*, in: Franßen u. a. (Hg.), FS f. Sendler, S. 39 (48).

157 *Bracher*, Gefahrenabwehr durch Private, S. 147; *Braun*, Die Finanzierung polizeilicher Aufgabenwahrnehmung, S. 336; *Götz*, in: Isensee/Kirchhof (Hg.), HdBStR III, 2. Aufl., § 79 Rn. 32; angedeutet auch von *dems.*, in: ebd., HdBStR IV, 3. Aufl., § 85 Rn. 1; *Gramm*, Privatisierung und notwendige Staatsaufgaben, S. 455; *Gusy*, DÖV 1996, 573 (573); *Honigl*, Tätigwerden von Privaten, S. 82.

158 *Bracher*, Gefahrenabwehr durch Private, S. 110; *Gusy*, DÖV 1996, 573 (576); *Nitz*, Private und öffentliche Sicherheit, S. 314.

159 *Bracher*, Gefahrenabwehr durch Private, S. 110; *Gusy*, DÖV 1996, 573 (576); *Nitz*, Private und öffentliche Sicherheit, S. 314.

160 *Merten*, Rechtsstaat und Gewaltmonopol, S. 56.

161 *Ehlers*, in: Leßmann u. a. (Hg.), FS f. Lukes, S. 337 (349).

B. Grundrechtsannex: Eigenhändige Ausübung des Eigensicherungsrechts?

I. Recht, sich eines Dritten zu bedienen

Doch darf sich der Eigensicherungsberechtigte zur Wahrnehmung seines Eigensicherungsrechts auch eines Dritten bedienen? Oder anders formuliert: Ist mit dem Eigensicherungsrecht die Bedingung verbunden, dass die Wahrnehmung von Notrechten bzw. Selbsthilferechten ausschließlich an die eigenhändige Ausübung durch den Berechtigten geknüpft ist? Dieser Aspekt gewinnt dann an Relevanz, wenn der Eigensicherungsberechtigte nicht dazu in der Lage oder willens ist, sein Recht eigenhändig auszuüben.[162] So ein prägnantes Beispiel mit Blick auf die Einrichtung technischer Schutzmaßnahmen bei dem Schutz Kritischer Infrastrukturen: In Anbetracht der zunehmenden Technisierung und Komplexität der Systeme wird bei vielen Produkten und Erzeugnissen der Sicherheitstechnik ein hohes Maß an Systemverständnis vorausgesetzt.[163] Oftmals wird der Unternehmer als Anlagenbetreiber oder Diensteanbieter zwar mit den groben Vorgängen in seinem Unternehmen vertraut sein, nicht jedoch mit der gesamten Komplexität der Materie.[164] So gibt es nicht umsonst speziell ausgebildete Fachkräfte beispielsweise für die IT.[165] Der Betreiber einer Anlage oder ein Diensteanbieter ist jedenfalls nicht besonders dafür ausgebildet, technische Selbstschutzvorkehrungen persönlich auszuüben.[166] Wird dem Infrastrukturbetreiber die Möglichkeit gegeben, sich eines Dritten zu bedienen, wird dem Umstand nachgekommen, dass technologische Innovationen oftmals als „technology driven"[167] und gerade nicht „user driven"[168] konzipiert sind und damit das Problem der fehlenden Sachkenntnis des Betreibers gelöst. Ähnlich gestaltet sich die Situation bei der Bewachung einer sensiblen Anlage oder Kritischen Infrastruk-

---

162 *Brauser-Jung*, in: Stober/Olschok (Hg.), HdB des Sicherheitsgewerberechts, S. 145 (148) (Rn. 7).

163 *Gaycken*, in: Daase u. a. (Hg.), Verunsicherte Gesellschaft-Überforderter Staat, S. 109 (120 ff.); *Strohschneider*, in: Zoche u. a. (Hg.), Zivile Sicherheit, S. 161 (167).

164 Zur Umsetzung hoch technologischer Sicherheitskonzepte sind nämlich Spezialisten in den verschiedensten Disziplinen erforderlich, s. *Thoma* u. a., in: Gerhold/Schiller (Hg.), Perspektiven der Sicherheitsforschung, S. 155 (155). Die Spezifizierung der Gefahr macht spezifische Akteure unerlässlich, vgl. hinsichtlich der Cyber(un)sicherheit *Dunn Cavelty*, in: Daase u. a. (Hg.), Verunsicherte Gesellschaft-Überforderter Staat, S. 133 (139).

165 *Strohschneider*, in: Zoche u. a. (Hg.), Zivile Sicherheit, S. 161 (167).

166 Nicht spezialisierte Personen können in anderen Disziplinen situationsabhängiges Handeln lernen, werden aber durch Routine bei komplexer Materie aufgrund der Situationsspezifität nicht das gezielte Ergebnis erreichen können, vgl. *Dörner*, in: Zoche u. a. (Hg.), Zivile Sicherheit, S. 71 (89 f.).

167 *Strohschneider*, in: Zoche u. a. (Hg.), Zivile Sicherheit, S. 161 (167).

168 *Strohschneider*, in: Zoche u. a. (Hg.), Zivile Sicherheit, S. 161 (167).

tur.[169] Es stellt sich nicht nur die Frage nach der höchstpersönlichen Wahrnehmung durch den Betreiber oder die Erfüllung der Aufgabe durch eigenes Fachpersonal, sondern auch diejenige nach der Auslagerung der Aufgabe auf Externe. Während für den Einsatz eines betriebseigenen Werkschutzes überzeugende Motive sprechen, insbesondere dass der Betreiber sein eigenes Direktionsrecht einsetzen kann und dieser die Möglichkeit hat, selbst ausgewähltes Personal zu beschäftigen,[170] sprechen für den Einsatz eines Sicherheitsunternehmens[171] die Entlastung des Betreibers sowie die Verlagerung des Risikos und damit zugleich der Verantwortung auf den beauftragten Dritten.[172] Auch der Kostenaspekt kann dazu führen, dass sich der Berechtigte zur Wahrnehmung seiner Rechte eines Dritten bedienen möchte oder muss, da sich durch die Inanspruchnahme eines Bewachungsunternehmens Kosten für Begünstigungen, Sozialabgaben sowie für die Ausbildung erübrigen.[173]

Die Notrechte liegen dem Gewaltmonopol als verfassungsimmanente Beschränkung zugrunde.[174] Kann der Berechtigte eines Notrechts aber dieses Recht nicht wirksam wahrnehmen, läuft sein Notrecht und damit auch die verfassungsimmanente Beschränkung des Gewaltmonopols für diesen Fall ins Leere.[175] Damit kann die Ausübung des Notrechts jedenfalls dann, wenn der Berechtigte aus technischen, organisatorischen, fachlichen oder ähnlichen Gründen nicht dazu fähig ist, die Notrechtshandlung vorzunehmen, nicht an die eigenhändige Wahrnehmung durch den Berechtigten gebunden sein.[176] Auch die aus den subjektiven Freiheitsrechten

169 *Gaycken*, in: Daase u.a. (Hg.), Verunsicherte Gesellschaft-Überforderter Staat, S. 109 (124).

170 *Ehlers*, in: Leßmann u.a. (Hg.), FS f. Lukes, S. 337 (354).

171 Das Sicherheitsgewerbe umfasst Fabrikdiebstahlsvereine, Bewachungsgewerbe sowie Detektivgesellschaften, vgl. *Honigl*, Tätigwerden von Privaten, S. 19, wobei hier aufgrund seiner Relevanz für Eigensicherungspflichten auf das Bewachungsgewerbe besonderes Augenmerk gelegt wird.

172 *Ehlers*, in: Leßmann u.a. (Hg.), FS f. Lukes, S. 337 (355).

173 *Ehlers*, in: Leßmann u.a. (Hg.), FS f. Lukes, S. 337 (355); *Huber*, Wahrnehmung von Aufgaben im Bereich der Gefahrenabwehr durch das Sicherheits- und Bewachungsgewerbe, S. 53, 55.

174 So z.B. *Peilert*, Das Recht des Auskunftei- und Detekteigewerbes, S. 217. Vertiefter und mit weiteren Nachweisen Kap. 2 – B.I.; Kap. 3 – A.I.1.c).

175 *Battis*, in: Ossenbühl (Hg.), Deutscher Atomrechtstag 2002, S. 30; *Bull*, Die Staatsaufgaben nach dem Grundgesetz, 2. Aufl., S. 349; *di Fabio*, JZ 1999, 589 (591); *Dreier*, in: ders. (Hg.), GG, Bd. 1, 3. Aufl., Art. 2 Abs. 1 Rn. 94 ff.; *Drews* u.a., Gefahrenabwehr, 9. Aufl., S. 1; *Hammer*, DÖV 2000, 613 (616); *Isensee*, in: ders./Kirchhof (Hg.), HdBStR IX, 3. Aufl., § 190 Rn. 130; *Murswiek*, Die staatliche Verantwortung für die Risiken der Technik, S. 104 f.

176 Zur Zulässigkeit des Einsatzes privater Sicherheitsunternehmen zur Wahrnehmung von Eigensicherungspflichten BVerwGE 81, 185; *Ehlers*, in: Leßmann u.a. (Hg.), FS f. Lukes, S. 337 (345 ff.) (insbes. 348); *Peilert*, Das Recht des Auskunftei- und Detekteigewerbes, S. 209 f.

hergeleiteten Schutzpflichten[177] – ausdrücklich erwähnt seien die Schutzpflichten aus Artikel 12 Abs. 1 GG, Artikel 14 Abs. 1 GG, Artikel 13 Absatz 1 GG, Artikel 2 Abs. 2 S. 1 GG sowie aus Artikel 2 Abs. 1 GG –[178] gebieten es, dem Einzelnen ein Mindestniveau an Schutz zu gewähren.[179] Ist es für den Anlagenbetreiber oder Diensteanbieter aber nicht realisierbar, sich effektiv und in einem hinreichenden Maß seiner Notrechte zu bedienen, ist sein Recht auf Eigensicherung für ihn wertlos.[180] Damit darf es rechtlich grundsätzlich keinen Unterschied machen, ob die Notrechte durch den Berechtigten selbst ausgeübt werden oder ob sich dieser eines Dritten bedient.[181]

Fraglich ist, ob diese Situation anders zu bewerten ist, wenn unter dem Begriff „professionelle Nothilfe“[182] ein Sicherheitsunternehmen für die Ausübung der Notrechte des Anlagenbetreibers oder Diensteanbieters beauftragt wird. Eine vertiefte Untersuchung dieser Frage bedarf es zum einen nicht, weil diese Thematik in der Vergangenheit bereits umfangreich diskutiert wurde[183] und zum anderen den Schwerpunkt dieser Untersuchung verkennen würde. Hauptkritikpunkt dieser Diskussion war, dass durch die Beauftragung von Sicherheitsunternehmen ein neues „Macht- und Gewaltpotential“[184] außerhalb der demokratischen Eingliederung geschaffen werde, was damit zusammenhänge, dass Notrechte lediglich für den Ausnahmefall vorgesehen seien.[185] Inzwischen hat sich der Streit um die Zulässigkeit

---

177 *Nitz*, Private und öffentliche Sicherheit, S. 361. Die Schutzpflichten werden nach überwiegender Auffassung zwar aus dem objektiv-rechtlichen Gehalt der Grundrechte hergeleitet, sind aber wiederum „resubjektiviert“ im Sinne eines Anspruchs auf hoheitliches Tätigwerden, vgl. *Gärditz*, in: Landmann/Rohmer (Hg.), Umweltrecht, Beck-OK, GG, Bd. 1, 81. EL, Art. 20a Rn. 82.

178 *Braun*, in: Stober u. a. (Hg.), Management-HdB Sicherheitswirtschaft und Unternehmenssicherheit, A I Rn. 86; *Hermes*, in: Dreier (Hg.), GG, Bd. 1, 3. Aufl., Art. 13 Rn. 120 ff.; *Schulze-Fielitz*, in: Dreier (Hg.), GG, Bd. 1, 3. Aufl., Art. 2 Abs. 2 Rn. 76, 89; *Wieland*, in: Dreier (Hg.), GG, Bd. 1, 3. Aufl., Art. 12 Rn. 142 ff., Art. 14 Rn. 195 ff.

179 *Schulze-Fielitz*, in: Dreier (Hg.), GG, Bd. 1, 3. Aufl., Art. 2 Abs. 2 Rn. 80. Mit weiteren Nachweisen Kap. 3 – A.I.2.a); Kap. 4 – D.II.

180 *Brauser-Jung*, in: Stober/Olschok (Hg.), HdB des Sicherheitsgewerberechts, S. 145 (148) (Rn. 7); *Peilert*, Das Recht des Auskunftei- und Detekteigewerbes, S. 209 f.

181 *Höfling*, in: Friauf (Hg.), GewO, Bd. 2, Losebl. (2013), § 34a Rn. 19. Im Grundsatz auch *Schulte*, DVBl. 1995, 130 insoweit der Einsatz der Notrechte nicht staatlich veranlasst ist.

182 *Hoffmann-Riem*, ZRP 1977, 277 (283).

183 Äußerst kritisch z. B. *Bracher*, Gefahrenabwehr durch Private, S. 149 ff.; *Gusy*, StWStP 1994, 187 (192); *Hoffmann-Riem*, ZRP 1977, 277 ff.

184 *Roßnagel*, ZRP 1983, 59 (62).

185 *Roßnagel*, ZRP 1983, 59 (62). Zum Streitstand bzgl. des Ausnahmecharakters der Notrechte, wenn auch übertragen auf die Eigensicherungspflicht, Kap. 2 – B.I.; Kap. 2 – C.I.1.

professioneller Nothelfer nach der Einführung des Absatzes 5 in § 34a GewO,[186] der von deren Zulässigkeit ausgeht, erübrigt.[187]

II. Qualifikation des Dritten

Einzig aufgrund der Feststellung, dass sich der Eigensicherungsberechtigte eines Dritten bedienen kann, steht allerdings noch nicht fest, welchen Qualifikationsanforderungen dieser Dritte unterliegt.

1. Bewachungsgewerbe als Optimierung des Rechts auf Eigensicherung oder Gefahr für die öffentliche Sicherheit?

Etabliert wurden Sicherheitsunternehmen zur Realisierung fremder Eigensicherungsrechte und damit als Akteure zur Herstellung von Sicherheit Ende des 19. Jahrhunderts.[188] Nichtsdestotrotz fielen nicht selten Angestellte von Bewachungsunternehmen wegen Diebstahls, Betrugs, Unterschlagung, Körperverletzung, Hausfriedensbruchs, Sachbeschädigung und weiterer Straftaten auf.[189] Die Inanspruchnahme eines Dritten zur Verwirklichung von Eigensicherungsrechten offenbarte sich zugleich als Gefahr für die öffentliche Sicherheit.[190] Anforderungen an Angehörige von Sicherheitsunternehmen wurden aus diesem Grund unerläss-

---

186 Eingeführt durch das Gesetz zur Änderung des Bewachungsgewerbes vom 23.07.2002, BGBl. I 2002, S. 2714.

187 So auch *Höfling*, in: Friauf (Hg.), GewO, Bd. 2, Losebl. (2013/2014), § 34a Rn. 111 ff.; *Otten*, Eigensicherung, S. 176 f., der die ausschließlich klarstellende Bedeutung des Gesetzes zu Recht mit Verweis auf die BT-Drs. 14/8386, S. 11, 14 betont, was aber nicht nur im Hinblick auf die Wortwahl „klargestellt“ (S. 11), „deutlich gemacht“ (S. 14) und „verdeutlicht“ (S. 14) erkennbar wird, sondern erst recht durch den mehrfachen wiederholten Gebrauch von Verben mit deklaratorischer Wirkung in jedem Satz des ersten Spiegelstrichs, S. 11: „klargestellt“, „deutlich werden“, „darauf hingewiesen“; *Schönleiter*, GewArch 2003, 1 (2 f.); *ders.*, in: Stober/Olschok (Hg.), HdB des Sicherheitsgewerberechts, S. 191 (192) (Rn. 4). Einer Ergänzung bedarf es zum irreführenden Begriff der „Übertragung von Selbsthilfebefugnissen“: Während § 32 StGB ausdrücklich die Nothilfe zugunsten eines Dritten erwähnt, ist dies bei §§ 227, 228 BGB nicht der Fall. Dennoch ist die „Drittselbsthilfe“ anerkannt, sodass keine „Übertragung“ im wörtlichen Sinne notwendig ist, vgl. hierzu ausführlich *Schünemann*, in: Stober/Olschok (Hg.), HdB des Sicherheitsgewerberechts, S. 343 (357) (Rn. 45 ff.).

188 *Mahlberg*, Gefahrenabwehr durch gewerbliche Sicherheitsunternehmen, S. 27.

189 *Graf*, § 34a GewO: Anforderungen an Gewerbebetreibende und deren Angestellte, S. 3; *Höfling*, in: Friauf (Hg.), GewO, Bd. 2, Losebl. (2013), § 34a Rn. 2; *Honigl*, Tätigwerden von Privaten, S. 18; *Mahlberg*, Gefahrenabwehr durch gewerbliche Sicherheitsunternehmen, S. 28.

190 *Möstl*, Die staatliche Garantie für die öffentliche Sicherheit und Ordnung, S. 352.

lich.[191] Während sich auf verfassungsrechtlicher Ebene aus der Schutzpflicht des Artikels 2 Abs. 2 S. 1 GG[192] entnehmen lässt, dass eine Handlungspflicht des Gesetzgebers bei wiederholter Begehung von Straftaten im Bewachungsgewerbe wohl besteht,[193] sind auf dieser Ebene keine personellen oder sachlichen Qualifikationsanforderungen im Sinne bestimmter Voraussetzungen geregelt.[194] Vielmehr steht dem Gesetzgeber ein weiter Entscheidungsspielraum zur Erfüllung seiner Schutzpflicht zu.[195] Dieser Schutzpflicht ist der Gesetzgeber durch die Einführung des § 34a GewO nachgekommen, der personelle und sachliche Anforderungen für den Einsatz von Bewachungsunternehmen aufstellt.[196] Somit sagt die Erkenntnis darüber, dass sich der Eigensicherungsberechtigte zu seinem Selbstschutz eines Dritten bedienen kann, noch nichts darüber aus, wen er mit der Wahrnehmung seiner Rechte beauftragen kann.

2. § 34a GewO als Spannseil zwischen Sicherheit und Freiheit

Durch die umstrittene[197] Einführung des § 34a GewO im Jahre 1927[198] wurde zum einen intendiert, der Zunahme an Straftaten durch Angehörige von Sicherheitsunternehmen entgegenzuwirken und damit Anforderungen an den Betreiber eines Bewachungsgewerbes, insbesondere durch die Qualifikation des Zugangs durch eine Zuverlässigkeits- und eine Bedürfnisprüfung, aufzustellen.[199] Zum anderen sollte gleichzeitig das Bewachungsgewerbe als Tätigkeit, die grundrechtlich gewährleistet und einfachgesetzlich in § 1 GewO niedergeschrieben ist, so wenigen Einschränkungen wie möglich unterliegen.[200]

---

191 *Mahlberg*, Gefahrenabwehr durch gewerbliche Sicherheitsunternehmen, S. 28 f.

192 BVerfGE 79, 174 (201 f.); 56, 54 (73); *Schulze-Fielitz*, in: Dreier (Hg.), GG, Bd. 1, 3. Aufl., Art. 2 Abs. 2 Rn. 76, 89.

193 Zur Pflicht des Gesetzgebers zur Schaffung gesetzlicher Anforderungen aus der Schutzpflicht s.a. *Schulte*, DVBl. 1995, 130.

194 *Möstl*, Die staatliche Garantie für die öffentliche Sicherheit und Ordnung, S. 352. Zur staatlichen Garantenpflicht zur Regulierung der Tätigkeit von Bewachungsunternehmen auch *Brauser-Jung*, in: Stober/Olschok (Hg.), HdB des Sicherheitsgewerberechts, S. 145 (148) (Rn. 8).

195 Zur Schutzpflicht im Hinblick auf den Sachkundenachweis *Graf*, § 34a GewO: Anforderungen an Gewerbebetreibende und deren Angestellte, S. 121.

196 *Mahlberg*, Gefahrenabwehr durch gewerbliche Sicherheitsunternehmen, S. 28.

197 Zu den verschiedenen Lösungsvorschlägen s. *Graf*, § 34a GewO: Anforderungen an Gewerbebetreibende und deren Angestellte, S. 5 ff.

198 RGBl. I 1927, S. 57.

199 Zusammenfassung bei *Mahlberg*, Gefahrenabwehr durch gewerbliche Sicherheitsunternehmen, S. 28.

200 *Graf*, § 34a GewO: Anforderungen an Gewerbebetreibende und deren Angestellte, S. 4.

3. *Die einzelnen Anforderungen*

a) An den Gewerbebetreibenden

§ 34a Abs. 1 S. 3 GewO ist negativ formuliert und damit ein präventives Verbot mit Erlaubnisvorbehalt.[201] Liegen die Versagensgründe nicht vor, besteht ein Anspruch auf die Erteilung der Erlaubnis.[202] Zu den Anforderungen, die an den Gewerbebetreibenden gestellt werden, zählen die erforderliche Zuverlässigkeit, das Verfügen über die notwendigen Mittel oder einer entsprechenden Sicherheit sowie ein Unterrichtungsverfahren.[203]

Als unzuverlässig gilt derjenige, „der nach dem Gesamteindruck seines – gewerblichen wie nicht gewerblichen – Verhaltens nicht die Gewähr dafür bietet, dass er das von ihm ausgeübte bzw. angestrebte Gewerbe ordnungsgemäß ausüben wird“.[204] 2.2.1. BewachVwV[205] ergänzt die Anforderungen des § 34a GewO. Konkretisiert wird die Zuverlässigkeit teilweise durch spezialgesetzliche Regelungen in Verbindung mit bereichsspezifischen Verordnungen und Richtlinien, die für das jeweilige Bewachungsgewerbe präzisierte Anforderungen aufstellen und § 34a GewO verdrängen.[206] Genannt sei § 12b Abs. 1 Nr. 2 AtG iVm 4.1. der Richtlinie über die Anforderungen an den Objektsicherungsdienst und an Objektsicherungsbeauftragte in kerntechnischen Anlagen und Einrichtungen vom 22.06.2010, wonach eine Überprüfung des Personals nach den Vorgaben der atomrechtlichen Zuverlässigkeitsüberprüfungs-Verordnung stattzufinden hat.[207] Ein weiteres Beispiel, welches ebenso wenig den Charakter der Einzigartigkeit aufweist, aber der Veranschaulichung dient, bietet die Zuverlässigkeitsprüfung des Personals nach § 7 Abs. 1 Nr. 1 LuftSiG: Wer nicht nur gelegentlichen Zugang zum Sicherheitsbereich des Flugplatzgeländes eines Verkehrsflugplatzes im Sinne des § 8 LuftSiG oder zu einem überlassenen Bereich eines Luftfahrtunternehmens im Sinne des § 9 LuftSiG hat, wird einer Zuverlässigkeitsprüfung unterzogen.[208]

---

201 *Höfling*, in: Friauf (Hg.), GewO, Bd. 2, Losebl. (2013), § 34a Rn. 65.

202 *Höfling*, in: Friauf (Hg.), GewO, Bd. 2, Losebl. (2013), § 34a Rn. 66.

203 *Höfling*, in: Friauf (Hg.), GewO, Bd. 2, Losebl. (2014), § 34a Rn. 75; *Schönleiter*, in: Stober/Olschok (Hg.), HdB des Sicherheitsgewerberechts, S. 191 (197 f.) (Rn. 27).

204 BVerwGE 65, 1 (1 f.); *Höfling*, in: Friauf (Hg.), GewO, Bd. 2, Losebl. (2014), § 34a Rn. 76.

205 Mustererlass des Bund-Länder-Ausschusses der Allgemeinen Verwaltungsvorschrift zum Vollzug des § 34a GewO und zur Bewachungsverordnung (BewachVwV), Stand: 03.03.2014 vgl. *Marcks*, in: Landmann/Rohmer (Hg.), GewO, Beck-OK, Bd. 2, 73. EL.

206 Auch *Höfling*, in: Friauf (Hg.), GewO, Bd. 2, Losebl. (2013), § 34a Rn. 19 verweist auf die Beispiele aus AtG und LuftSiG, um aufzuzeigen, dass sich der Betreiber auch zur Erfüllung von Eigensicherungspflichten eines Sicherheitsunternehmens bedienen kann.

207 BGBl. I 2010, S. 825.

208 *Faust/Lienhart*, in: Hobe/von Ruckteschell (Hg.), Kölner Kompendium des Luftrechts, Bd. 2, A II Rn. 349. Vertiefter *Schwenk/Giemulla*, HdB des Luftverkehrs-

Der Gewerbebetreibende hat nachzuweisen, dass er über die notwendigen Mittel für den Gewerbebetrieb oder entsprechende Sicherheiten verfügt (§ 34a Abs. 1 S. 3 Nr. 2 GewO).[209] Von dem Innehaben der erforderlichen Mittel ist auszugehen, wenn er den Betrieb mit der Einstellung von Personal, das zuverlässig ist, unterhalten kann.[210] Positiv in die Berechnung einbezogen werden die Personal-, Miet-, Einrichtungs-, Ausstattungs- und Versicherungskosten, während die zu erwartenden Einnahmen dem wieder abgezogen werden.[211] Als Sicherheit kommt oftmals eine Bankbürgschaft infrage.[212] Genauere Anforderungen sind 2.2.2. BewachVwV zu entnehmen.[213]

Schon früh sprach sich der Bundesverband Deutscher Wach- und Sicherheitsunternehmen für die Einführung eines Sachkundenachweises aus.[214] Moniert wurde jedoch von anderer Seite, ein Sachkundenachweis sei ein verfassungsrechtlich nicht gerechtfertigter Eingriff in Artikel 12 GG der Gewerbebetreibenden.[215] Mit der Änderung des § 34a GewO im Jahr 1994[216] mussten die Verfechter beider Auffassungen Zugeständnisse machen[217] und zwar durch die Initiierung eines Unterrichtungsnachweises.[218] Denn § 34a Abs. 1 S. 2 Nr. 3 GewO fordert einerseits ein „Vertraut sein"[219] mit den einschlägigen Vorschriften zum Beruf des Angehörigen eines Bewachungsgewerbes und stellt damit ein gewisses Qualifikationskriterium

---

rechts, 4. Aufl., Kap. 18 Rn. 25 ff. Zur Thematik s. *Arnhold*, Die Zuverlässigkeitsüberprüfung nach § 7 Luftsicherheitsgesetz.

209 *Marcks*, in: Landmann/Rohmer (Hg.), GewO, Beck-OK, Bd. 1, 73. EL, § 34a Rn. 25, § 34 Rn. 21.

210 *Höfling*, in: Friauf (Hg.), GewO, Bd. 2, Losebl. (2013), § 34a Rn. 83.

211 *Schönleiter*, in: Stober/Olschok (Hg.), HdB des Sicherheitsgewerberechts, S. 191 (197) (Rn. 29).

212 *Schönleiter*, in: Stober/Olschok (Hg.), HdB des Sicherheitsgewerberechts, S. 191 (197) (Rn. 29).

213 *Schönleiter*, in: Stober/Olschok (Hg.), HdB des Sicherheitsgewerberechts, S. 191 (197) (Rn. 29).

214 *Honigl*, Tätigwerden von Privaten, S. 49.

215 Zur verfassungsrechtlichen Rechtfertigung der Einführung eines Sachkundenachweises *Honigl*, Tätigwerden von Privaten, S. 52 ff. Krit.: *Graf*, § 34 a GewO: Anforderungen an Gewerbebetreibende und deren Angestellte, S. 121 ff.

216 BGBl. I 1994, S. 3186 (3196 f.).

217 *Marcks*, in: Landmann/Rohmer (Hg.), GewO, Beck-OK, Bd. 1, 73. EL, § 34a Rn. 28.

218 Sowohl für den Gewerbebetreibenden (§ 34a Abs. 1 S. 2 Nr. 3) als auch für im Bewachungsunternehmen angestellte Personen (§ 34a Abs. 1 S. 4).

219 S. § 34a Abs. 1 S. 2 Nr. 3 GewO. Zu den Anforderungen an den Unterrichtungsnachweis, insbesondere zur Auslegung des Begriffs „vertraut sein" *Graf*, § 34a GewO: Anforderungen an Gewerbebetreibende und deren Angestellte, S. 110 ff. Zu beachten ist, dass einige Anforderungen wie die Unterrichtsstunden heraufgesetzt worden sind und *Graf* eine alte Fassung der BewachV untersucht. Zum Erfordernis des „vertraut sein" über die nach § 4 BewachV genannten Gebiete auch § 3 Abs. 1 BewachV.

auf,[220] erteilt aber andererseits zugleich der allgemeinen Einführung eines Sachkundenachweises eine klare Absage und wirkt damit einem befürchteten Verstoß gegen Artikel 12 GG entgegen.[221] Das Erfordernis einer Unterrichtung nach § 34a Abs. 1 S. 2 Nr. 3 GewO iVm §§ 1 ff. BewachV umfasst nach der aktuellen Rechtslage den Nachweis einer Industrie- und Handelskammer über die Unterrichtung in einem Umfang von mindestens 80 Unterrichtsstunden (§ 3 Abs. 1 BewachV). Ersatzweise können Prüfungszeugnisse im Sinne des § 5 BewachV vorgelegt werden.

Erst mit der Gesetzesänderung von 2003 wurde ein Sachkundenachweis, beschränkt auf drei Wachtätigkeiten, eingeführt,[222] nämlich für Kontrollgänge im öffentlichen Verkehrsraum oder in Hausrechtsbereichen mit tatsächlichem öffentlichen Verkehr (§ 34a Abs. 1 S. 5 Nr. 1), für die Detektiv-Tätigkeit (§ 34a Abs. 1 S. 5 Nr. 2) sowie für Türsteher von Diskotheken (§ 34a Abs. 1 S. 5 Nr. 3).[223] Gegenstand von Diskussionen ist die Frage, ob die Unterrichtungspflicht bei dem Schutz Kritischer Infrastrukturen oder von Massenveranstaltungen aufgrund der Relevanz ihrer Schutzgüter noch verfassungsrechtlich haltbar ist.[224] Bei dem Schutz von Kritischen Infrastrukturen ist allerdings zu betonen, dass der Funktionsschutz zum Rechtsgüterschutz ergänzend hinzu tritt und zunehmend an Bedeutung gewinnt.[225] Bei dem Funktionsschutz geraten gewaltbezogene Mittel in den Hintergrund. Organisatorische und technische Vorkehrungen treten immer mehr in Erscheinung. Da in dieser Arbeit die Schutzgüter des § 109 Abs. 1, 2 TKG, namentlich das Fernmeldegeheimnis, die informationelle Selbstbestimmung und der Infrastrukturschutz im Vordergrund stehen, sind andere Mittel als die Anwendung körperlicher Gewalt im Mittelpunkt der Untersuchung. Deshalb wird auf die Problematik der Erforderlichkeit eines Sachkundenachweises für Betreiber Kritischer Infrastrukturen nicht näher eingegangen.

b) An die Betriebsangehörigen

Zur Aufrechterhaltung der öffentlichen Sicherheit genügt es nicht, wenn nur der Gewerbebetreibende die erforderliche Zuverlässigkeit aufweisen muss, die Tätigkeit jedoch nicht eigenhändig von diesem erbracht wird. Infolgedessen ist mit der Novellie-

---

220 *Höfling*, in: Friauf (Hg.), GewO, Bd. 2, Losebl. (2013), § 34a Rn. 9.

221 *Brauser-Jung*, in: Stober/Olschok (Hg.), HdB des Sicherheitsgewerberechts, S. 145 (151 ff.) (Rn. 23); *Graf*, § 34 a GewO: Anforderungen an Gewerbebetreibende und deren Angestellte, S. 120 f., 136.

222 BGBl. 2002 I, S. 2724.

223 S. hierzu *Schönleiter*, in: Stober/Olschok (Hg.), HdB des Sicherheitsgewerberechts, S. 191 (199 ff.) (Rn. 35 ff.). Zur verfassungsrechtlichen Rechtfertigung *Brauser-Jung*, in: Stober/Olschok (Hg.), HdB des Sicherheitsgewerberechts, S. 145 (154 f.) (Rn. 31).

224 Zu dieser Fragestellung ausführlich *Brauser-Jung*, in: Stober/Olschok (Hg.), HdB des Sicherheitsgewerberechts, S. 145 (155 ff.). Überblick in Bezug auf Wachpersonal bei *Ehlers*, in: Leßmann u. a. (Hg.), FS f. Lukes, S. 337 (355 ff.), der aber einen Sachkundenachweis i.E. wegen Verstoßes gegen Art. 12 GG ablehnt.

225 *Gusy*, in: ders. u. a. (Hg.), Rechtshandbuch Zivile Sicherheit, Kap. 3 Rn. 26.

rung von 1994[226] das Erfordernis der Zuverlässigkeit auf alle im Bewachungsgewerbe tätigen Personen erstreckt worden.[227] Seit diesem Zeitpunkt fordert § 34a Abs. 1 S. 4 iVm. § 34a Abs. 1 S. 3 GewO die Zuverlässigkeit der Angestellten (Nr. 1), aber auch die Erbringung eines Unterrichtungsnachweises durch das Personal (Nr. 3).[228] Details über Anforderungen an die Beschäftigten sowie Regeln zur Prüfung der Zuverlässigkeit liegen § 9 BewachV zugrunde.[229] Die Angestellten unterstehen zudem einer über die grundsätzlichen Qualifikationsanforderungen hinausgehenden ständigen Aufsicht durch Pflichten zur Mitteilung an die zuständige Behörde gemäß § 15 BewachV, damit die Zuverlässigkeit über die Dauer der Tätigkeit im Bewachungsunternehmen gewährleistet bleibt.[230] Für die Angestellten eines Werkschutzes eines Kernkraftwerks bzw. eines anderen sabotageempfindlichen Betriebs[231] ist der Überprüfungsmechanismus noch schärfer geregelt: Gemäß § 9 Abs. 2 S. 2 BewachV darf zu Zwecken der Prüfung der Zuverlässigkeit die Behörde sogar die Abfrage des nachrichtendienstlichen Informationssystems veranlassen.[232]

c) Europarechtliche Besonderheiten

Von besonderer Bedeutung ist Punkt 4 der BewachVwV, welcher auf §§ 11b, 13a, 13c GewO sowie § 5f. BewachV verweist und damit die europarechtlichen Besonderheiten bei der Aufstellung von Qualifikationsanforderungen für Unionsbürger umsetzt.[233]

III. Grenzen der Verpflichtung zur Ausübung von Notrechten

Eine andere Frage ist, ob ein Dritter zur tatsächlichen Wahrnehmung der Eigensicherungsmaßnahmen vertraglich verpflichtet werden kann. Zwei Konstellationen sind näher anzusehen, nämlich die Beauftragung des eigenen Werkschutzes sowie die Anweisung eines Bewachungsunternehmens.[234] Genauso wenig wie der Betreiber beim Betrieb des eigenen Werkschutzes eigenhändig für den Schutz des Rechtsguts sorgen wird,[235] so wenig wird regelmäßig auch der Betreiber des

---

226 BGBl. I 1994, S. 3186 (3196 f.).
227 *Marcks*, in: Pitschas/Stober (Hg.), Quo vadis Sicherheitsgewerberecht?, S. 111 (114).
228 *Höfling*, in: Friauf (Hg.), GewO, Bd. 2, Losebl. (2014), § 34a Rn. 88.
229 *Höfling*, in: Friauf (Hg.), GewO, Bd. 2, Losebl. (2014), BewachV Rn. 1.
230 Zu dieser Pflicht zur Mitteilung *Schönleiter*, in: Stober/Olschok (Hg.), HdB des Sicherheitsgewerberechts, S. 191 (198) (Rn. 32).
231 BT-Drs. 14/8386, S. 16; *Höfling*, in: Friauf (Hg.), GewO, Losebl. (2014), BewachV, § 9 Rn. 6.
232 *Schönleiter*, in: Stober/Olschok (Hg.), HdB des Sicherheitsgewerberechts, S. 191 (198) (Rn. 33).
233 BewachVwV, vgl. *Marcks*, in: Landmann/Rohmer (Hg.), GewO, Beck-OK, Bd. 2, 73. EL.
234 Differenzierung schon bei *Lukes*, ET 1975, 23 (27).
235 Zu den verschiedenen Akteuren und der notwendigen Differenzierung zwischen ihnen *Lukes*, ET 1975, 23 (27).

Bewachungsunternehmens alleine die Bewachung der Infrastruktur übernehmen. Da der Betreiber des Bewachungsunternehmens die mit der Sicherungsfunktion verbundene Verpflichtung vertraglich übernimmt,[236] stellt sich sowohl für den Anlagenbetreiber als auch für den Bewachungsgewerbebetreibenden folgende gemeinsame Frage: Inwiefern dürfen Angehörige des Werkschutzes oder Arbeitnehmer eines Bewachungsunternehmens arbeitsvertraglich zur tatsächlichen Ausübung von Notrechten verpflichtet werden?[237] Und inwiefern stellt eine arbeitsvertragliche Verpflichtung, die den Einsatz von Leben und Gesundheit zur Abwendung eines Angriffs vorsieht, einen Verstoß gegen § 138 BGB dar?[238] In der Vergangenheit schien klar, dass die tatsächliche Ausübung der Notrechte nicht sicherzustellen sei.[239] Heute bedarf es der Differenzierung. Grundsätzlich ist die Verpflichtung zur Ausübung von Notrechten mit Artikel 2 Abs. 2 S. 1 GG der Angehörigen eines Werkschutzes oder Beschäftigten eines Bewachungsunternehmens vereinbar.[240] Die Grenze dazu bildet allerdings die arbeitsvertragliche Verpflichtung zum Einsatz des Lebens oder der Inkaufnahme schwerer Körperverletzungen.[241] Hintergrund dessen ist, dass die Einwilligung in eine ernsthaft das Leben bedrohende Situation einen Sittenverstoß darstellen kann.[242] Dies hängt mit der mittelbaren Drittwirkung der Grundrechte durch § 138 BGB zusammen.[243] Gelöst wurde diese Konfliktsituation z.B. für die Objektsicherung von Kernkraftwerken durch die Richtlinie über Anforderungen an den Objektsicherungsdienst und an Objektsicherungsbeauftragte in kerntechnischen Anlagen und Einrichtungen. Danach wird für Beschäftigte in einem Objektsicherungsdienst eines Kernkraftwerks eine arbeitsvertragliche Verpflichtung zum hinhaltenden Widerstand bis hin zum Einsatz von Waffen vereinbart, vgl. 4.1. der Richtlinie. Die Reichweite des hinhaltenden Widerstands wird in 2.5. dieser Richtlinie näher ausgeführt. Die Fußnote 1 zu 2.5. konkretisiert, dass eine Nichtbeachtung der Verpflichtung zu arbeitsvertraglichen oder sogar strafrechtlichen Konsequenzen führen kann. Zum einen ist zu betonen, dass die konkrete Handlung in der tatsächlichen Situation nicht erzwingbar ist. Zum anderen ist nach 2.5. der Richtlinie die Verpflichtung ausschließlich im Rahmen der „zumutbaren Eigengefährdung“ möglich, sodass auch in dieser Richtlinie die nicht zu überschreitende Grenze zur Sittenwidrigkeit gesetzt und geregelt wurde. Insofern kann kein Arbeitnehmer dazu verpflichtet werden, für den Schutz oder die Bewachung eines Rechtsguts tatsäch-

---

236 *Müller*, in: Stober u. a. (Hg.), Management-HdB Sicherheitswirtschaft und Unternehmenssicherheit, B Rn. 512.

237 Grundlegend dazu *Lukes*, ET 1975, 23; *Roßnagel*, ZRP 1983, 59 (61).

238 *Lukes*, ET 1975, 23 (27).

239 So *Lukes*, ET 1975, 23 (27); *Roßnagel*, ZRP 1983, 59 (61).

240 *Ehlers*, in: Leßmann u. a. (Hg.), FS f. Lukes, S. 337 (348).

241 *Ehlers*, in: Leßmann u. a. (Hg.), FS f. Lukes, S. 337 (348).

242 Hierzu *Lenckner/Sternberg-Lieben*, in: Schönke/Schröder (Hg.), StGB, 29. Aufl., Vorb. zu den §§ 32 ff. Rn. 104 f.

243 *Armbrüster*, in: Säcker u. a. (Hg.), Münchener Kommentar zum BGB, Bd. 1, 7. Aufl., § 138 Rn. 20.

lich schwere Gesundheitsverletzungen oder den Tod in Kauf zu nehmen.[244] Das Eigensicherungsrecht beinhaltet daher kein Recht dazu, erstens einen Dritten im Sinne eines Kontrahierungszwangs vertraglich zur Wahrnehmung des Rechts zu verpflichten und zweitens, von dem Recht in der konkreten Situation auch tatsächlich Gebrauch zu machen.

C. Die Tauglichkeit der privaten Befugnisse zur Eigensicherung als Handlungsgrundlage der Eigensicherungspflicht

Eine Instrumentalisierung des *Eigensicherungsrechts* des Privaten durch die Auferlegung einer *Eigensicherungspflicht* als Schutzmechanismus erscheint indessen nur dann praktikabel, wenn Handlungsgrundlagen für das Eigensicherungsrecht existieren, deren Voraussetzungen auch in der Konstellation der Eigensicherungspflicht erfüllt sind.

I. Voraussetzungen

Als begrenzte Gewaltgestattungen sind die Handlungsgrundlagen, die den Privaten zur Anwendung physischer Gewalt berechtigen, für das Eigensicherungsrecht und damit zugleich auch für die Eigensicherungspflicht entweder auf der Tatbestands- oder auf der Rechtsfolgenseite beschränkt.[245] Mangels Erforderlichkeit einer gesetzlichen Gestattung im Hinblick auf das Gewaltmonopol bleiben rein technische und organisatorische Vorkehrungen, die nicht mit einer Gewaltanwendung verbunden sind, außen vor.[246]

1. Notwehr/-hilfe, § 32 StGB

Voraussetzung für die Entstehung des Notwehrrechts aus § 32 StGB ist die Notwehrlage des Notwehrberechtigten, namentlich ein gegenwärtiger rechtswidriger Angriff.[247] Ein Angriff ist die von einem Menschen drohende Verletzung rechtlich geschützter Interessen.[248] Schwierigkeiten bereitet bereits die Tatsache, dass Eigensicherungspflichten zwar auch zur Prävention gegen menschlich veranlasste

---

244 *Bracher*, Gefahrenabwehr durch Private, S. 176; *Ossenbühl*, Eigensicherung und hoheitliche Gefahrenabwehr, S. 48.

245 *Bracher*, Gefahrenabwehr durch Private, S. 129 f.

246 Ob eine gesetzliche Grundlage erforderlich ist, weil Rechte Dritter auf andere Weise als durch physische Gewalt berührt sind, wird sich im weiteren Verlauf der Untersuchung zeigen.

247 *Fischer* (Hg.), StGB, 64. Aufl., § 32 Rn. 4; *Gropp*, Strafrecht AT, 4. Aufl., § 5 Rn. 127 ff.; *Momsen/Savic*, in: Heintschel-Heinegg (Hg.), StGB, Beck-OK, 33. Ed., § 32 Rn. 2, 16.

248 *Kühl*, in: Lackner/Kühl, StGB, 28. Aufl., § 32 Rn. 2.

Gefahren auferlegt werden, aber eben nicht ausschließlich zu diesem Zweck.[249] Bei neueren Sicherheitskonzepten, z. B. das der Zivilen Sicherheit, zu denen die Auferlegung von Eigensicherungspflichten gehören, wird zwischen technischer Sicherheit (safety), (Un-)Sicherheit unter Einfluss menschlicher Faktoren (security) sowie rein kognitiver Sicherheit (certainty) unterschieden.[250] Unter den Anwendungsbereich des § 32 StGB fällt nur der Bereich der „security".[251] Darüber hinaus folgt aus der Einordnung einer Bedrohung in den Bereich der „security" nicht zugleich deren Einstufung als Angriff im Sinne der Vorschrift. Zwar wird bei vielen drohenden Schäden der Faktor „Mensch" irgendwie noch kausal sein. Restriktiv gehandhabt scheidet aber aus dem Anwendungsbereich des § 32 StGB bei einer Massenveranstaltung ein Verhalten, das sich noch im Rahmen des sozialadäquaten Bereichs hält, aus, wenngleich dem im Ergebnis ebenso ein menschliches Verhalten zugrunde liegt.[252] Ebenso ist ein Angriff durch ein Tier kein menschlicher Angriff im Sinne des § 32 StGB, sodass der Angegriffene zwar Abwehrmaßnahmen gegen das Tier, aber nicht gegen denjenigen, der die tatsächliche Gewalt über das Tier hat, unternehmen kann, obwohl strenggenommen in den meisten Fällen die fehlgeschlagene Erziehung des Tieres durch den Menschen kausal gewesen sein wird.[253] Die regelmäßige Ablehnung der Notwehr als Handlungsgrundlage für Eigensicherungspflichten wird außerdem durch das Erfordernis der Rechtswidrigkeit des Angriffs bestärkt,[254] die nur vereinzelt, nicht aber im Regelfall beispielsweise bei einer Naturkatastrophe, vorliegen wird.

Überdies ist der Angriff nur dann von § 32 StGB erfasst, wenn er sich auf ein taugliches Rechtsgut, nämlich Leben, körperliche Unversehrtheit, Freiheit, sexuelle Selbstbestimmung, Eigentum, Vermögen, Ehre und sonstige rechtlich geschützte Interessen bezieht.[255] Die zu schützenden Rechtsgüter sind hier soweit gefasst, dass zumindest eines der in § 32 StGB geschützten Rechtsgüter oder Interessen erfasst sein dürfte.

---

249 Vgl. z. B. *Mozek*, in: Säcker (Hg.), TKG, 3. Aufl., § 109 Rn. 23.

250 *Bonss*, in: Zoche u. a. (Hg.), Zivile Sicherheit, S. 43 (45 f.). Zu den unterschiedlichen Faktoren für die Gefährdung einer Kritischen Infrastruktur *BMI*, Nationale Strategie zum Schutz Kritischer Infrastrukturen, S. 7. Zu den verschiedenen Gefahrenquellen *BMI*, Schutz Kritischer Infrastrukturen-Basisschutzkonzept, 2. Aufl., S. 10 ff.

251 Also ausschließlich menschliches Verhalten. Dazu *Fischer*, StGB, 64. Aufl., § 32 Rn. 6.

252 *Momsen/Savic*, in: Heintschel-Heinegg (Hg.), StGB, Beck-OK, 33. Ed., § 32 Rn. 18.

253 *Momsen/Savic*, in: Heintschel-Heinegg (Hg.), StGB, Beck-OK, 33. Ed., § 32 Rn. 17. Anders, wenn das Tier zu einem Angriff gehetzt wird, vgl. *Fischer*, StGB, 64. Aufl., § 32 Rn. 6.

254 *Fischer*, StGB, 64. Aufl., § 32 Rn. 21; *Perron*, in: Schönke/Schröder (Hg.), StGB, 29. Aufl., § 32 Rn. 19 ff.

255 *Momsen/Savic*, in: Heintschel-Heinegg (Hg.), StGB, Beck-OK, 33. Ed., § 32 Rn. 19.

Problematischer ist dagegen die Gegenwärtigkeit[256] – also die Zeitspanne von dem Beginn bis zur Beendigung –[257] des Angriffs. Bei genauerer Betrachtung des Angriffsbeginns, respektive des unmittelbaren Bevorstehens des Angriffs,[258] d.h. bei Vorliegen einer Tathandlung, die unmittelbar in die Verletzungshandlung münden soll,[259] fällt auf, dass es an einer Kongruenz mit der Zeitspanne fehlt, in der regelmäßig Eigensicherungspflichten auferlegt werden.[260] Bei § 7 Abs. 2 Nr. 5 AtG geht es am ehesten noch um diesen Zeitpunkt. Auch da wird es grundsätzlich durch die Ergreifung erforderlicher Schutzmaßnahmen um den Bereich der Vorfeldgefahrenabwehr gehen. Allerdings kann mit den erforderlichen Schutzvorkehrungen die Verpflichtung zur Einrichtung eines bewaffneten Werkschutzes einhergehen.[261] Kommt es dann tatsächlich zu einem Angriff, soll durch diesen Werkschutz und die anderen technischen und organisatorischen Vorkehrungen bis zum Eintreffen der Polizei der Schutz der Anlage gewährleistet werden.[262] Vergleichbar ist der Fall der §§ 8 Abs. 1 S. 1 Nr. 7, 9 Abs. 1 S. 1 Nr. 5 LuftSiG, wonach Luftfahrzeuge, die Gegenstand von Bedrohungen sind, in Sicherheitsposition verbracht werden sollen, wozu noch die Entladung gehört.[263] Auch hier besteht, soweit tatsächlich eine Bombe an Bord ist, ein unmittelbarer Angriff im Sinne eines menschlichen Angriffs. Nur in solchen Konstellationen besteht eine gegenwärtige Notwehrlage im Sinne des § 32 StGB. Aus diesem Grund lässt sich festhalten, dass bereits die Notwehrlage zu beträchtlichen Schwierigkeiten führen und nicht ohne weiteres zur Grundlage von Eigensicherungspflichten gemacht werden kann.

Es verbleibt allerdings nicht dabei. Über die Notwehrlage hinaus müssen die Anforderungen an die Verteidigungshandlung gewahrt sein.[264] Diese muss erforderlich

---

256 Richtigerweise auf die Fragestellung der zeitlichen Vorverlagerung von Notrechten verweisend *Gusy*, in: Schuppert (Hg.), Jenseits von Privatisierung und „schlankem" Staat, S. 115 (126). So könne „präventive Notwehr" nur § 34 StGB zugrunde gelegt werden, s. *Fischer*, StGB, 64. Aufl., § 32 Rn. 19.

257 *Gropp*, Strafrecht AT, 4. Aufl., § 5 Rn. 145; *Perron*, in: Schönke/Schröder (Hg.), StGB, 29. Aufl., § 32 Rn. 13.

258 *Fischer*, StGB, 64. Aufl., § 32 Rn. 17; *Kühl*, in: Lackner/Kühl, StGB, 28. Aufl., § 32 Rn. 4.

259 *Perron*, in: Schönke/Schröder (Hg.), StGB, 29. Aufl., § 32 Rn. 14.

260 Die meisten Eigensicherungspflichten werden im Bereich der Vorfeldgefahrenabwehr auferlegt, so z.B. § 8 Abs. 1 S. 1 Nr. 1–6, 8 LuftSiG; § 9 Abs. 1 S. 1 Nr. 1–4, 6 LuftSiG; § 109 Abs. 2 S. 1 Nr. 2 TKG usw.

261 BVerwGE 81, 185 (185 ff.) = DVBl. 1989, 517 = NVwZ 1989, 864. Die Einrichtung des Werkschutzes stellt eine Vorbereitung der eigentlichen Verteidigungshandlung dar und stellt sich somit auch als mögliche Vorbereitungsmaßnahme der Notwehr dar. Zu ihrer Zulässigkeit s. z.B. *Fischer*, StGB, 64. Aufl., § 32 Rn. 20.

262 BVerwGE 81, 185 (189) = DVBl. 1989, 517 (518) = NVwZ 1989, 864 (865).

263 *Ossenbühl*, Eigensicherung und hoheitliche Gefahrenabwehr, S. 21 f.

264 *Perron*, in: Schönke/Schröder (Hg.), StGB, 29. Aufl., § 32 Rn. 30 ff.

und geboten sein[265] und sich gegen den Angreifer richten.[266] In Bezug auf die Verteidigungshandlung kann nach oben verwiesen werden, denn eine Verteidigungshandlung kommt nur in Betracht, wenn es auch einen tauglichen Angreifer gibt. Erforderlich ist eine Handlung, wenn sie auf die sofortige Beendigung des Angriffs zielt, aber unter allen gleich geeigneten Mitteln das schonendste ist.[267] Diese Frage ist einzelfallabhängig und kann daher nicht pauschal beantwortet werden. In Anbetracht dessen, dass die Erforderlichkeit aber von der Art und dem Ausmaß des Angriffs abhängt und sich der Angegriffene nicht auf Mittel mit ungewisser Erfolgsquote verlassen muss,[268] können auch weitreichende Verteidigungsmittel genutzt werden.[269] Nicht zu verkennen ist jedoch, dass besondere Fähigkeiten dem Notwehrberechtigten zugerechnet werden müssen.[270]

Nicht zu den in § 32 StGB genannten Voraussetzungen, aber Gegenstand vielfältiger Diskussionen in der Literatur war die Frage, ob Notwehr und Nothilfe generell zur Handlungsgrundlage für „professionelle Nothilfe"[271] gemacht werden können bzw. ob Notwehr und Nothilfe an den Verhältnismäßigkeitsgrundsatz gebunden sind.[272] Als professionelle Nothilfe wird die regelmäßige berufsmäßige Ausübung von Notrechten verstanden.[273] Zwar stehen in diesem Abschnitt weder die berufsmäßige Ausübung des Selbsthilferechts z.B. durch ein Bewachungsunternehmen noch die Nothilfe im Vordergrund. Doch wird durch die Auferlegung einer Eigensicherungspflicht eine mit der damaligen Problemstellung vergleichbare Lage geschaffen. Wird die Notwehr als Ausdruck einer Ausnahmesituation und damit nicht als Grundlage für ein regelmäßiges Tätigwerden des Privaten betrachtet,[274] so ist die Verpflichtung mit einer Eigensicherungspflicht ebenso problematisch wie die Beauftragung eines Sicherheitsunternehmens zur Wahrnehmung seiner Notrechte.

---

265 *Honigl*, Tätigwerden von Privaten, S. 67.
266 *Perron*, in: Schönke/Schröder (Hg.), StGB, 29. Aufl., § 32 Rn. 31.
267 *Kühl*, in: Lackner/Kühl, StGB, 28. Aufl., § 32 Rn. 9.
268 U.a. BGH NStZ 1996, 29 (29).
269 So kann z.B. sogar die Einrichtung eines bewaffneten Werkschutzes im Rahmen des § 7 Abs. 2 Nr. 5 AtG angeordnet werden, vgl. BVerwGE 81, 185 (185 ff.) = DVBl. 1989, 517 = NVwZ 1989, 864.
270 *Peilert*, in: Stober/Olschok (Hg.), HdB des Sicherheitsgewerberechts, S. 360 (362) (Rn. 5); *Schulte*, DVBl. 1995, 130.
271 *Hoffmann-Riem*, ZRP 1977, 283.
272 S. bereits Kap. 2 – C.I.1. Kritisch z.B. *Gusy*, StWStP 1994, 187 (202). Überblick bei *Peilert*, in: Stober/Olschok (Hg.), HdB des Sicherheitsgewerberechts, S. 360 (364) (Rn. 1 ff.).
273 *Bracher*, Gefahrenabwehr durch Private, S. 149 f.; *Krölls*, GewArch 1997, 445 (450); *Peilert*, in: Stober/Olschok (Hg.), HdB des Sicherheitsgewerberechts, S. 360 (364) (Rn. 11).
274 So z.B. *Bracher*, Gefahrenabwehr durch Private, S. 150 f. m.w.N., der die Ausübung der Notrechte aufgrund der staatlichen Veranlassung mit dem „Prädikat der Staatlichkeit" auszeichnen will (S. 150) und insofern diesen Vorgang als „Zweckentfremdung der Notrechte" betitelt (S. 151).

Die Vergleichbarkeit beider Konstellationen ist damit zu erklären, dass die Verpflichtung mit einer Eigensicherungspflicht als ständige Aufgabe der Gefahrenabwehr ausgestaltet ist. Die Beständigkeit der Verpflichtung kann bereits anhand des Wortlauts verschiedener Eigensicherungspflichten festgemacht werden: „die Diensteanbieter haben [...] sicherzustellen, dass [...] gesichert sind" (§ 13 Abs. 7 Nr. 2 TMG[275]); „wer [...] betreibt, hat [...] zu treffen" (§ 109 Abs. 2 TKG); „verpflichtet [...] so zu erstellen, zu gestalten und zu unterhalten" (§ 8 Abs. 1 S. 1 Nr. 1 LuftSiG). Die Eigensicherungspflichten sind so gefasst, dass sie als Daueraufgabe ausgestaltet und gerade nicht auf eine einmalige Handlung gerichtet sind. Das geht nicht mit dem Ansatz einher, Notwehr als Ausnahmesituation zu begreifen.[276] Zudem kommt, dass durch die Eigensicherungspflicht eine dauernde Verantwortung des Betreibers begründet wird,[277] die eine ständige Wahrnehmung dieser Pflicht voraussetzt, damit dieser der Verantwortung in hinreichendem Maße nachkommen kann. Zudem sind mit der Wahrnehmung der Eigensicherungspflichten zunehmend Experten der Materie beschäftigt, die sich gerade damit auseinandersetzen, Angriffe auf die Infrastruktur abzuwehren.[278]

Dass der Streit um den Einsatz professioneller Nothelfer im Rahmen der Nothilfe (§ 32 Abs. 1, 2 2. Alt. StGB) und nicht des Notwehrrechts (§ 32 Abs. 1, 2 1. Alt. StGB) ausgetragen wird, ist irrelevant, da das Gesetz gerade nicht zwischen Eigenverteidigung und Nothilfe differenziert.[279] Aufgrund dieser vergleichbaren Problematik ist kurz auf den Streitstand der professionellen Nothilfe einzugehen. In der Vergangenheit wurde vielfach vertreten, dass § 32 StGB gar nicht erst für die berufsmäßige Ausübung der Nothilfe anwendbar sei.[280] Hintergrund dieser Auffassung war, dass die Notwehr als für Ausnahmesituationen konzipiert begriffen wurde.[281] Ebenso schien die Tatsache, dass sich der Angreifer sein Opfer

---

275 § 13 Abs. 7 Telemediengesetz, im Folgenden TMG, wurde durch das IT-Sicherheitsgesetz eingefügt, BGBl. I 2015, S. 1324.

276 *Hoffmann-Riem*, ZRP 1977, 277 (283).

277 *Müller*, in: Stober u. a. (Hg.), Management-HdB Sicherheitswirtschaft und Unternehmenssicherheit, B Rn. 501. Zur sog. Betreiberverantwortung sogar ohne spezialgesetzliche Regelung aus allgemein unternehmerischen Grundsätzen oder anderen gesetzlichen Regelungen z. B. *BMI*, Empfehlungen zur Sicherstellung des Zusammenwirkens zwischen staatlichen Ebenen des Krisenmanagements und den Betreibern Kritischer Infrastrukturen, S. 16 f., *ders.*, Schutz Kritischer Infrastrukturen-Basisschutzkonzept, 2. Aufl., S. 6. Krit.: *Wiater*, Sicherheitspolitik zwischen Staat und Markt, S. 134 ff.

278 Den Unternehmern wird daher eine „Schlüsselrolle" zugesprochen, vgl. BT-Drs. 18/4096, S. 2.

279 *Erb*, in: Joecks/Miebach (Hg.), Münchener Kommentar zum StGB, Bd. 1, 3. Aufl., § 32 Rn. 181.

280 Zur Problematik z. B. *Fischer*, StGB, 64. Aufl., § 32 Rn. 12a (m.w.N.).

281 Zusammenfassung bei *Mahlberg*, Gefahrenabwehr durch gewerbliche Sicherheitsunternehmen, S. 97 ff. Als Verfechter dieser Auffassung bekannt *Hoffmann-Riem*, ZRP 1977, 277 (281 f., 283), insbesondere: „die Rechtsordnung kennt kein Gebot

sowie Zeit und Ort des Angriffs aussuchen könne, gegen die Anwendbarkeit der Notwehr auf professionelle Nothelfer zu sprechen.[282] Die für die Notwehr typische Situation, dass sich der Angreifer – im Gegensatz zum Opfer – rüsten könne, wurde vorgebracht.[283] Betont wurde zudem, Sicherheitsdienste seien darin geschult, Angriffe abzuwehren, sodass sich die faktische von der tatsächlichen Situation für eine Privilegierung des Angegriffenen erheblich unterscheide.[284] Die Asymmetrie zwischen Angreifer und Angegriffenen fiel diesem Ansatz nach faktisch weg.[285]

Für grundsätzlich zulässig, aber unter der Prämisse einer Bindung an den Verhältnismäßigkeitsgrundsatz, sah dagegen ein weit verbreiteter, aber weniger restriktiver Teil der Literatur, die Notwehr.[286] Schon früh wurde dem in der Rechtsprechung eine Absage erteilt, die sich gegen die Bindung an das Verhältnismäßigkeitsprinzip für den Fall der regelmäßigen Ausübung der Notwehr aussprach.[287] Mittlerweile hat sich dem auch die Literatur, insbesondere mit Blick auf den eindeutigen Gesetzeswortlaut, weitestgehend angeschlossen.[288] Sie unterstellt, es liege kein Unterschied zwischen der Ausübung des Notwehrrechts durch den einzelnen Privaten in einer Ausnahmesituation im Vergleich zu dem Angehörigen eines Sicherheitsdienstes bei der Wahrnehmung seiner beruflichen Tätigkeit vor.[289] Einschränkungen können jedenfalls im Hinblick auf die Gebotenheit der Notwehr bzw. Nothilfe vorgenommen werden, wenn ein krasses Missverhältnis zwischen dem bedrohten Rechtsgut und

der Selbsthilfe oder Notwehr, sondern nur die Freistellung von Strafe und anderen Sanktionen". Kritisch hierzu, da dies nicht der Einordnung der Notwehr als Rechtfertigungsgrund entspricht, *Mahlberg*, Gefahrenabwehr durch gewerbliche Sicherheitsunternehmen, S. 107 f. Ebenfalls gegen Notrechte als Handlungsgrundlage für professionelle Nothilfe *Jeand'Heur*, AöR 119 (1994), 107 (128 f.).

282 *Gusy*, StWStP 1994, 187 (202).

283 *Gusy*, StWStP 1994, 187 (202).

284 *Gusy*, StWStP 1994, 187 (202 f.).

285 *Gusy*, StWStP 1994, 187 (202).

286 U.a. *Bracher*, Gefahrenabwehr durch Private, S. 131 ff.; *Mahlberg*, Gefahrenabwehr durch gewerbliche Sicherheitsunternehmen, S. 111 ff. Ausführlich zum Streitstand *Nitz*, Private und öffentliche Sicherheit, S. 130 ff.

287 BGH GA 1968, 182 (183); 1969, 23 (24); BGH NStZ 1996, 29 (29).

288 U.a. *Erb*, in: Joecks/Miebach (Hg.), Münchener Kommentar zum StGB, Bd. 1, 3. Aufl., § 32 Rn. 181; *Fischer*, StGB, 64. Aufl., § 32 Rn. 31; *Nitz*, Private und öffentliche Sicherheit, S. 133.

289 *Erb*, in: Joecks/Miebach (Hg.), Münchener Kommentar zum StGB, Bd. 1, 3. Aufl., § 32 Rn. 181; *Kühl*, in: Lackner/Kühl, StGB, 28. Aufl., § 32 Rn. 12; *Kunz*, ZStW (95) 1983, 973 (985 ff.); *Nitz*, Private und öffentliche Sicherheit, S. 130 ff.; *Peilert*, in: Stober/Olschok (Hg.), HdB des Sicherheitsgewerberechts, S. 360 (365) (Rn. 12); *Perron*, in: Schönke/Schröder (Hg.), StGB, 29. Aufl., § 32 Rn. 42; *Schulte*, DVBl. 1995, 130, der abweichend davon zu einem anderen Ergebnis gelangt, wenn es sich um staatlich veranlasste Gefahrenabwehr handelt.

den eingesetzten Mitteln besteht.[290] Die Gebotenheit ist demnach zu verneinen, wenn ein krasses Missverhältnis zwischen den Rechtsgütern besteht, während eine Bindung an den Verhältnismäßigkeitsgrundsatz eine umfassende Abwägung zwischen den Rechtsgütern des Angreifers und des Bedrohten erfordern würde.[291]

Zuletzt ist noch der für Eigensicherungspflichten unproblematische Verteidigungswille zu erwähnen.[292] Insofern sind der Berufung auf § 32 StGB enge Grenzen gesetzt. Eine Vielzahl der Anwendungsfälle der Eigensicherungspflichten wird nicht darauf gestützt werden können. Immerhin lässt sich wohl sagen, dass bei einem unmittelbaren Ansetzen im strafrechtlichen Sinne – schließlich wird für die Gegenwärtigkeit der Notwehr auf § 22 StGB analog zurückgegriffen – erst recht die Gefahrenschwelle – eine Gefahr ist ein Zustand, bei der es bei ungestörtem Fortgang des Geschehens in absehbarer Zeit mit hinreichender Wahrscheinlichkeit zur Schädigung des Schutzgutes kommen wird –[293] im polizeirechtlichen Sinne überschritten ist. Deshalb stellt § 32 StGB nur für die Verpflichtungen zur Eigensicherung eine taugliche Handlungsgrundlage dar, bei denen die Gefahrenschwelle überschritten und die Angriffshandlung menschlich sowie rechtswidrig verursacht ist.

2. *Notstand, § 34 StGB*

Der Rechtfertigende Notstand nach § 34 StGB[294] setzt eine gegenwärtige, nicht anders abwendbare Gefahr für Leben, Leib, Freiheit, Ehre, Eigentum oder ein anderes Rechtsgut sowie eine Rettungshandlung zur Abwendung dieser Gefahr von sich oder einem anderen voraus.[295] Zudem müssen eine Interessenabwägung zugunsten des Erhaltungsgutes, ein angemessenes Mittel sowie ein subjektives Element im Sinne eines Rettungswillens vorliegen.[296] Vor allem der Gesichtspunkt der Gefahr für Leben, Leib, Freiheit oder Eigentum scheint auf den ersten Blick gerade für die Konstellation der Eigensicherungspflichten zugeschnitten zu sein, wenn die nach § 34 StGB mit den durch Eigensicherungspflichten zu schützenden Rechtsgüter unter Berücksichtigung der Art der Bedrohung verglichen werden. Bereits in der

290 *Erb*, in: Joecks/Miebach (Hg.), Münchener Kommentar zum StGB, Bd. 1, 3. Aufl., § 32 Rn. 214 ff.; *Gropp*, Strafrecht AT, 4. Aufl., § 5 Rn. 157 ff.; *Nitz*, Private und öffentliche Sicherheit, S. 131 f.; *Perron*, in: Schönke/Schröder (Hg.), StGB, 29. Aufl., § 32 Rn. 50.

291 Zu den unterschiedlichen Anforderungen an Verhältnismäßigkeit und Gebotenheit s. *Nitz*, Private und öffentliche Sicherheit, S. 130 ff.

292 *Fischer*, StGB, 64. Aufl., § 32 Rn. 25; *Momsen/Savic*, in: Heintschel-Heinegg (Hg.), StGB, Beck-OK, 33. Ed., § 32 Rn. 42.

293 *Gusy*, POR, 10. Aufl., Rn. 111; *Pewestorf*, in: ders. u. a. (Hg.), POR, Berliner Kommentar, ASOG, § 1 Rn. 9.

294 Kurzzusammenfassung der Voraussetzungen des Rechtfertigenden Notstands bei *Honigl*, Tätigwerden von Privaten, S. 68 f.

295 *Gropp*, Strafrecht AT, 4. Aufl., § 5 Rn. 212.

296 *Peilert*, in: Stober/Olschok (Hg.), HdB des Sicherheitsgewerberechts, S. 360 (365 f.) (Rn. 16).

Gesetzesbegründung zum Entwurf eines Gesetzes zur Änderung des Luftverkehrsgesetzes[297] wies der Gesetzgeber darauf hin, dass es mit der Einführung des Gesetzes um den „Schutz des Luftverkehrs gegen Flugzeugentführungen, Sabotageakte und sonstige gefährliche Eingriffe“[298] gehe, womit sich das Ausmaß der vorzubeugenden Katastrophe und damit zugleich die zu schützenden Rechtsgüter von selbst erklären. Diese Formulierung ist kein Einzelfall geblieben, sondern dem Gesetzesentwurf des Gesetzes zur Neuregelung von Luftsicherheitsaufgaben[299] ebenfalls zu entnehmen. Ein aktuelleres Beispiel liefert der Gesetzesentwurf zur Erhöhung der Sicherheit informationstechnischer Systeme, der den Schutz Kritischer Infrastrukturen, die „für das Funktionieren unseres Gemeinwesens zentral sind“,[300] hervorhebt. Als „kritisch“ werden nur solche Infrastrukturen eingestuft, bei deren Ausfall „nachhaltig wirkende Versorgungsengpässe, erhebliche Störungen der öffentlichen Sicherheit oder andere dramatische Folgen eintreten“.[301] Gemeint sind insofern „lebenswichtige Infrastruktureinrichtungen“.[302] Mittelbar geht es bei Eigensicherungspflichten also auch[303] um den Schutz des Lebens.[304]

Allerdings geht es inzwischen zumeist nur noch mittelbar um das Schutzgut Leben. Zum Zeitpunkt des Ergreifens der Maßnahme ist noch unklar, ob eine Gefährdung eintreten, es zu einem Schaden kommen, dieser zu einem Zusammenbruch der Infrastruktur führen und all dies tatsächlich derartige Auswirkungen zum Resultat haben wird, dass tatsächlich das Rechtsgut Leben betroffen sein wird. Zunächst geht es nämlich allein um den Schutz z. B. der Telekommunikationsinfrastruktur vor Störungen mit dem Ziel, dem Infrastrukturgewährleistungsauftrag des Artikels 87 f. Abs. 1 GG nachzukommen.[305] Auch auf der Ebene des Rechtsgüterschutzes ist das Leben nicht das einzige zu schützende Rechtsgut geblieben. Durch § 109 Abs. 1 TKG soll auch dem Fernmeldegeheimnis und dem Recht auf informationelle Selbstbestimmung hinreichend Rechnung getragen werden.[306] Die sich vorerst aufdrängende, aber später nur in Einzelfällen bestätigende Kongruenz zwischen Rechtsgütern, die durch Eigensicherungspflichten zu schützen sind und denen, die in § 34 StGB auf-

---

297 BT-Drs. 8/3431.

298 BT-Drs. 8/3431, S. 1.

299 BT-Drs. 15/2361, S. 1.

300 BT-Drs. 18/4096, S. 1.

301 *BMI*, Nationale Strategie zum Schutz Kritischer Infrastrukturen, S. 3.

302 *BMI*, Nationale Strategie zum Schutz Kritischer Infrastrukturen, S. 7.

303 Nach neueren Entwicklungen scheinen die durch Eigensicherungspflichten zu schützenden Rechtsgüter zahlreicher zu werden. Darauf wird jedoch im späteren Verlauf der Untersuchung eingegangen.

304 Explizit genannt in Bezug auf den Schutz Kritischer Infrastrukturen durch *BMI*, Schutz Kritischer Infrastrukturen-Basisschutzkonzept, 2. Aufl., S. 7.

305 *Eckhardt*, in: Heun (Hg.), HdB TK-Recht, 2. Aufl., B Rn. 73 f.; *Graulich*, in: Arndt u. a. (Hg.), TKG, 2. Aufl., § 109 Rn. 6.

306 *Eckhardt*, in: Heun (Hg.), HdB TK-Recht, 2. Aufl., B Rn. 1.

gezählt sind, bleibt nahezu die einzige Gemeinsamkeit zwischen dem Anwendungsbereich des § 34 StGB und der Konstellation der Eigensicherungspflichten.

Die Gegenwärtigkeit der Gefahr nach § 34 StGB ist anzunehmen, wenn nach menschlicher Erfahrung der Zustand bei natürlicher Weiterentwicklung jederzeit in einen Schaden umschlagen kann.[307] Bei Eigensicherungspflichten tritt aber, wie unter Kap. 2 – C.I.1. schon beschrieben, die Gefahr im Regelfall gar nicht erst ein.[308] Stattdessen sollen durch Prävention gravierende Schäden erst vermieden werden, damit es nicht zu katastrophalen Auswirkungen in der Gesellschaft kommt.[309] Ausschließlich Regelungen wie § 7 Abs. 2 Nr. 5 AtG, §§ 8 Abs. 1 S. 1 Nr. 7, 9 Abs. 1 S. 1 Nr. 5 LuftSiG können zeitlich auf die Handlungsgrundlage des § 34 StGB gestützt werden. Nur für solche Konstellationen lohnt sich deshalb eine Prüfung der weiteren Voraussetzungen des rechtfertigenden Notstands. Die Notstandshandlung muss objektiv erforderlich und vom Rettungswillen gelenkt sein.[310] Die Erforderlichkeitsprüfung setzt voraus, dass die Handlung zur Abwendung der Gefahr geeignet ist und so schonend wie möglich erfolgt.[311] Braucht bei der Notwehr das Recht dem Unrecht nicht zu weichen, gilt für den Notstand, dass der Ausweichmöglichkeit, insofern sie besteht, Vorschub zu leisten ist.[312] Die Handlung im Einzelfall ist bei Eigensicherungspflichten regelmäßig dem Adressaten der Eigensicherungspflicht überlassen („der erforderliche Schutz […] gewährleistet ist“, vgl. § 7 Abs. 2 Nr. 5 AtG), sodass nicht abschließend gesagt werden kann, ob die konkrete Handlung auf § 34 StGB gestützt werden kann. Hinzu tritt, dass die Eigenschaften der tatsächlich auftretenden Gefahr im Vorfeld nicht bekannt sind. Auch der Rettungswille wird im Einzelfall bei dem Privaten vorliegen müssen, doch es stehen dem jedenfalls keine grundsätzlichen Einwände entgegen. Genauerer Betrachtung bedürfen hingegen die Interessenabwägung sowie die konkrete Angemessenheitsprüfung, die für § 34 StGB spezifisch sind.[313] Das Rangverhältnis zwischen den kollidierenden Rechtsgütern setzt eine eindeutige Wertdifferenz zugunsten des zu schützenden Rechtsguts voraus.[314] Eigensicherungspflichten werden gerade zum Schutz von Anlagen, die eine besondere Gefährlichkeit bzw. Anfälligkeit[315] aufweisen sowie von

307 *Fischer*, StGB, 64. Aufl., § 34 Rn. 7; *Kühl*, in: Lackner/Kühl, StGB, 28. Aufl., § 34 Rn. 2. Ähnlich *Wessels/Beulke*, StrafR AT, 46. Aufl., Rn. 451.

308 *Gusy*, in: ders. u. a. (Hg.), Rechtshandbuch Zivile Sicherheit, Kap. 3 Rn. 3 in Bezug auf die Ambivalenz von Sicherheitsforschung und Präventionsgedanke.

309 *BMI*, Nationale Strategie zum Schutz Kritischer Infrastrukturen, S. 10.

310 *Wessels/Beulke*, StrafR AT, 46. Aufl., Rn. 456.

311 *Perron*, in: Schönke/Schröder (Hg.), StGB, 29. Aufl., § 34 Rn. 18.

312 *Wessels/Beulke*, StrafR AT, 46. Aufl., Rn. 457.

313 *Wessels/Beulke*, StrafR AT, 46. Aufl., Rn. 458 f.

314 *Fischer*, StGB, 64. Aufl., § 34 Rn. 12; *Kühl*, in: Lackner/Kühl, StGB, 28. Aufl., § 34 Rn. 6; *Momsen/Savic*, in: Heintschel-Heinegg (Hg.), StGB, Beck-OK, 33. Ed., § 34 Rn. 18.

315 Z.B. *Czaja*, Eigensicherungspflichten von Verkehrsflughäfen, S. 164 ff.; *Möstl*, Die staatliche Garantie für die öffentliche Sicherheit und Ordnung, S. 345.

Kritischen Infrastrukturen, deren Funktionieren für die Gesellschaft wesentlich ist,[316] auferlegt. Im Fall eines tatsächlichen Angriffs werden die zu schützenden Rechtsgüter, jedenfalls sofern es sich um Leben und Gesundheit handelt,[317] als Rechtsgüter von höchstem Wert überwiegen. Die abschließende Angemessenheitsprüfung, ob die Tat angemessen zur Abwendung der Gefahr ist,[318] ist einzelfallabhängig und von der jeweiligen Maßnahme des Privaten abhängig.

3. *Festnahmerecht, § 127 Abs. 1 StPO*

§ 127 Abs. 1 StPO ist als Handlungsgrundlage für „jedermann"[319] an hohe Voraussetzungen geknüpft, nämlich daran, dass jemand auf frischer Tat betroffen oder verfolgt wird, der Flucht verdächtig ist oder keine Identitätsfeststellung möglich ist.[320] Darüber hinaus ist das Festnahmerecht an den Umstand gebunden, dass es tatsächlich zu einer konkreten Gefahr für das Rechtsgut gekommen ist, denn Mindestvoraussetzung ist jedenfalls ein Einschreiten in das Versuchsstadium.[321] Deshalb ist die vorläufige Festnahme regelmäßig keine taugliche Handlungsgrundlage für eine Eigensicherungspflicht.[322] Auch bei § 127 StPO muss das Verhältnismäßigkeitsprinzip beachtet werden.[323]

4. *Zivilrechtliche Notrechte*

Für den Selbstschutz unentbehrlich, den Bereich der Eigensicherungspflichten aber weniger relevant, sind sowohl der defensive Notstand nach § 228 BGB als auch der aggressive Notstand nach § 904 BGB. Dies hängt damit zusammen, dass beide Handlungsgrundlagen ausschließlich die Einwirkung auf eine Sache erfassen.[324] Eigensicherungspflichten sind hingegen nicht einzig auf Sachen bezogen. § 8 Abs. 1 S. 1 Nr. 1 LuftSiG oder § 109 TKG beziehen sich zwar auf technische sowie bauliche Maßnahmen, sodass zumindest solche Maßnahmen auf den ersten Blick auf §§ 228,

316 *BMI*, Nationale Strategie zum Schutz Kritischer Infrastrukturen, S. 3, 5 ff.

317 *BMI*, Schutz Kritischer Infrastrukturen-Basisschutzkonzept, S. 7.

318 *Wessels/Beulke*, StrafR AT, 46. Aufl., Rn. 459.

319 Hierzu u. a. *Honigl*, Tätigwerden von Privaten, S. 70 f.

320 *Peilert*, in: Stober/Olschok (Hg.), HdB des Sicherheitsgewerberechts, S. 360 (367 ff.) (Rn. 23); *Schultheis*, in: Hannich (Hg.), KK zur StPO, 7. Aufl., § 127 Rn. 6.

321 *Peilert*, in: Stober/Olschok (Hg.), HdB des Sicherheitsgewerberechts, S. 360 (367 ff.) (Rn. 24); *Schultheis*, in: Hannich (Hg.), KK zur StPO, 7. Aufl., § 127 Rn. 7; *Wessels/Beulke*, StrafR AT, 46. Aufl., Rn. 601. A.A.: Begangene Tat, s. zum Streitstand z.B. *Wessels/Beulke*, StrafR AT, 46. Aufl., Rn. 601.

322 Es kommt rglm. nicht zu einer konkreten Rechtsgutsgefährdung, vgl. Kap. 2 – C.I.1.

323 *Mahlberg*, Gefahrenabwehr durch gewerbliche Sicherheitsunternehmen, S. 131.

324 Vgl. *Dennhardt*, in: Bamberger/Roth (Hg.), BGB, Beck-OK, 41. Ed., § 228 Rn. 8; *Fritzsche*, in: Bamberger/Roth (Hg.), BGB, Beck-OK, 41. Ed., § 904 Rn. 9; *Honigl*, Tätigwerden von Privaten, S. 69 f.; *Mansel*, in: Stürner (Hg.), Jauernig, BGB, 16. Aufl., § 228 Rn. 1; *Wessels/Beulke*, StrafR AT, 46. Aufl., Rn. 436, 438.

904 BGB gestützt werden können. Handlungen nach §§ 228, 904 BGB fordern jedoch über das Merkmal der Sache hinaus deren Fremdheit.[325] Dieses Erfordernis schränkt die Handlungsgrundlage für denjenigen, der Eigensicherung betreibt, erheblich ein. Zudem schafft § 228 BGB eine darüber hinausgehende Begrenzung, indem er verlangt, dass die Gefahr von der Sache ausgeht, auf die durch die Notstandshandlung eingewirkt wird.[326] Damit reduziert sich der Anwendungsbereich dieser Vorschriften als Handlungsgrundlage des Privaten in Wahrnehmung seiner Eigensicherungspflicht auf ein Minimum.

Erwähnt sei auch das zivilrechtliche Notwehrrecht gemäß § 227 BGB, das regelmäßig im Zusammenhang mit dem Tätigwerden Privater eingebracht wird.[327] Die Anforderungen an § 227 BGB entsprechen denen an die Notwehr nach § 32 StGB.[328] Insofern kann auf Kap. 2 – C.I.1. verwiesen werden.

5. Zivilrechtliche Selbsthilferechte

Da es bei den §§ 229 ff. BGB um die Durchsetzung von Ansprüchen geht,[329] handelt es sich um eine Konstellation, die sich von derjenigen der Eigensicherungspflichten grundlegend unterscheidet. Bei Eigensicherungspflichten geht es nämlich nicht um die Durchsetzung eines Anspruchs, sondern um den Schutz von Rechtsgütern oder Funktionen vor äußeren Angriffen.[330] Nicht gänzlich ausgeschlossen, aber genauso selten wie die oben beschriebenen Notrechte als Handlungsgrundlage geeignet, sind die Vorschriften zur verbotenen Eigenmacht gemäß §§ 858 ff.BGB. § 859 Abs. 1 BGB setzt ebenso einen Angriff im Sinne „konkreter" verbotener Eigenmacht voraus[331] wie Notwehr und Notstand nach dem StGB sowie § 227 BGB eine gegenwärtige Gefahr voraussetzen, weshalb der Regelfall der Wahrnehmung von Eigensicherungs-

---

325 *Berger*, in: Stürner (Hg.), Jauernig, BGB, 16. Aufl., § 904 Rn. 1; *Dennhardt*, in: Bamberger/Roth (Hg.), BGB, Beck-OK, 41. Ed., § 228 Rn. 7; *Fritzsche*, in: Bamberger/Roth (Hg.), BGB, Beck-OK, 41. Ed., § 904 Rn. 9.

326 *Dennhardt*, in: Bamberger/Roth (Hg.), BGB, Beck-OK, 41. Ed., § 228 Rn. 5; *Mansel*, in: Stürner (Hg.), Jauernig, BGB, 16. Aufl., § 228 Rn. 2; *Wessels/Beulke*, StrafR AT, 46. Aufl., Rn. 438.

327 Beispielsweise bei *Honigl*, Tätigwerden von Privaten, S. 68.

328 *Dennhardt*, in: Bamberger/Roth (Hg.), BGB, Beck-OK, 41. Ed., § 227 Rn. 1; *Honigl*, Tätigwerden von Privaten, S. 68; *Mansel*, in: Stürner (Hg.), Jauernig, BGB, 16. Aufl., § 227 Rn. 2.

329 *Dennhardt*, in: Bamberger/Roth (Hg.), BGB, Beck-OK, 41. Ed., § 229 Rn. 3; *Mansel*, in: Stürner (Hg.), Jauernig, BGB, 16. Aufl., § 229 Rn. 1 ff.

330 *Schoch*, Besonderes Verwaltungsrecht, 15. Aufl., Kap. 2 Rn. 31; *Ossenbühl*, Eigensicherung und hoheitliche Gefahrenabwehr, S. 25.

331 *Fritzsche*, in: Bamberger/Roth (Hg.), BGB, Beck-OK, 41. Ed., § 859 Rn. 3. Dahin gehend auch *Mahlberg*, Gefahrenabwehr durch gewerbliche Sicherheitsunternehmen, S. 164: Für die „Abwehr" eines Angriffs müsse ein solcher auch gegenwärtig vorliegen.

pflichten im Vorfeldgefahrenbereich von dieser Vorschrift nicht erfasst ist.[332] Zudem hat § 859 Abs. 1 BGB im Verhältnis zur Notwehr für private Sicherheitsdienste keine eigenständige Bedeutung, da die verbotene Eigenmacht nicht mehr erfasst als einen Angriff im Sinne der Notwehr.[333] § 859 Abs. 2 BGB soll hingegen eine „Ausdehnung der „Befugnisse" der Berechtigten im Vergleich zur Notwehr darstellen.[334] Die besondere Relevanz der Besitzkehr für Sicherheitsdienste wird damit begründet, dass die Vorschrift zeitlich weiterreiche als die Gegenwärtigkeit im Rahmen der Notwehr.[335] Diesem Punkt kann schon im Ansatz ein Erst-Recht-Schluss entgegengehalten werden: Soll es bei dem Selbstschutz im Rahmen von Eigensicherungspflichten schon gar nicht zur Gegenwärtigkeit des Angriffs kommen, so soll es erst recht nicht zum tatsächlichen Angriff auf ein Rechtsgut kommen.

6. *Hausrecht*

Von grundlegender Relevanz für die Eigensicherung des Einzelnen ist dagegen das Hausrecht eines Infrastruktur- oder Anlagenbetreibers. Vielfach wurde in der Rechtsprechung das Hausrecht als Handlungsgrundlage für Eigensicherungspflichten herangezogen.[336] Überwiegend wird dieses privatrechtliche Rechtsinstitut auf das Grundstückseigentum, den §§ 903 S. 1, 1004 BGB bzw. den Besitz, den §§ 858 ff. BGB, gestützt.[337] Das Hausrecht erweist sich als ein Produkt der Rechtsprechung.[338] Wird es auf zivilrechtliche Vorschriften gestützt, folgt daraus seine Konkretisierungsbedürftigkeit.[339] Das Hausrecht stellt daher keine eigenständige Selbsthilfebefug-

---

332 Nachweise Kap. 2 – C.I.1. und C.I.2.

333 So z.B. *Mahlberg*, Gefahrenabwehr durch gewerbliche Sicherheitsunternehmen, S. 165.

334 *Mahlberg*, Gefahrenabwehr durch gewerbliche Sicherheitsunternehmen, S. 166.

335 *Mahlberg*, Gefahrenabwehr durch gewerbliche Sicherheitsunternehmen, S. 166.

336 BVerwGE 81, 185 (189) = DVBl. 1989, 517 (518) = NVwZ 1989, 864 (865); VGH Mannheim v. 19.07.2005–8 S 775/05; OVG Lüneburg NVwZ-RR 2006, 33 (34); OVG Bremen v. 31.10.2006 1 D 41/06; *Büge*, Anmerkung zum Urt. v. 03.12.2012–6 K 254/11, DVBl. 2012, 1315 (1322). Krit. u. a.: *Ronellenfitsch*, DVBl. 2005, 65 (71), der zwar zugibt, dass eine Berufung auf das Hausrecht möglich ist, aber zugleich betont, dass dieses Recht nicht zur Gefahrenabwehr missbraucht werden dürfe und daher nicht geeignet für Eigensicherungspflichten sei.

337 BGH NJW 2010, 534 (535); NJW 2006, 377 (379); NJW 2006, 1054 (1054); VG Düsseldorf NWVBl. 2012, 280 (283); *Fritzsche*, in: Bamberger/Roth (Hg.), BGB, Beck-OK, 41. Ed., § 903 Rn. 20; *Fritzsche*, in: Bamberger/Roth (Hg.), BGB, Beck-OK, 41. Ed., § 858 Rn. 3.

338 Z.B. BGH NJW 2012, 1725; NJW 2010, 534; NJW 2006, 1054. Die Rechtsprechung differenziert nicht zwischen den einzelnen possessorischen sowie petitorischen Ansprüchen, vgl. *Hofmann*, Jura 2014, 141 (143). Kritisch gegenüber dem Rechtsinstitut „Hausrecht" *Hofmann*, Jura 2014, 141.

339 So jedenfalls *Breucker*, NJW 2006, 1233 (1235); *Fritzsche*, in: Bamberger/Roth (Hg.), BGB, Beck-OK, 41. Ed., § 903 Rn. 20; *Lemke*, in: Prütting u. a. (Hg.), BGB, 11. Aufl.,

nis dar.[340] Wird das Hausrecht verletzt, liegt ein Angriff vor, der wiederum die Anwendung der Notrechte begründet.[341] Das Hausrecht ausfüllende Normen sind jedenfalls die §§ 227 ff. BGB.[342]

Differenzen, die sich aus dem Verständnis des Hausrechts herauskristallisieren, prägen die mögliche Reichweite dieser Handlungsgrundlage für Eigensicherungspflichten.[343] So ist insbesondere fraglich, ob Personen oder Gepäckdurchsuchungen dem Hausrecht, konkretisiert durch Notrechte und Besitzschutzrechte, zugrunde zu legen sind, was zu verneinen wäre, wenn das Rechtsinstitut ausschließlich Zugangsverweigerungen erfassen würde.[344] Zur Beantwortung dieser Frage müssen exemplarisch Eigensicherungspflichten detaillierter in den Blick genommen und auf ihre Vereinbarkeit mit dem Hausrecht überprüft werden. Da § 8 Abs. 1 LuftSiG eine große Variationsbreite verschiedener Maßnahmen innerhalb einer Vorschrift erfasst, werden für diesen Punkt der Untersuchung speziell die in dieser Vorschrift normierten Eigensicherungspflichten zur Problembewältigung herangezogen. Nach § 8 Abs. 1 S. 1 Nr. 1 LuftSiG hat der Flughafenbetreiber Flughafenanlagen, Bauwerke, Räume sowie Einrichtungen so zu erstellen, zu gestalten und zu unterhalten, dass die erforderliche bauliche und technische Sicherung, die Zuführung von Passagieren und Gepäck, hierneben die sachgerechte Durchführung der personellen Sicherungs- und Schutzmaßnahmen, aber auch die Kontrolle der Luftseite, ermöglicht werden.[345] Dazu zählt unter anderem die Verstärkung der Zäune, aber auch die bloße Einrichtung von Zugangskontrollanlagen.[346] Dies sind Vorkehrungen, die einen unberechtigten Zugang zu Sicherheitsbereichen des Flughafens gerade verhindern sollen.[347] Eine solche Ausschließungsbefugnis liegt dem Hausrecht unstreitig als Mindestumfang zugrunde.[348] Genauso unproblematisch vom Hausrecht umfasst

---

§ 903 Rn. 6. Diese Ansicht erscheint in Anbetracht der klaren Grenzen der Ansprüche für die Reichweite des Hausrechts vorzugswürdiger.

340 *Honigl*, Tätigwerden von Privaten, S. 62; *Schünemann*, in: Stober/Olschok (Hg.), HdB des Sicherheitsgewerberechts, S. 343 (356) (Rn. 44).

341 *Honigl*, Tätigwerden von Privaten, S. 62.

342 *Fritzsche*, in: Bamberger/Roth (Hg.), BGB, Beck-OK, 41. Ed., § 903 Rn. 20; *Lemke*, in: Prütting u. a. (Hg.), BGB, 11. Aufl., § 903 Rn. 6.

343 Genau diese Problematik erkennt *Hofmann* und versucht daher dem Hausrecht gesetzliche Anknüpfungspunkte zu verleihen, s. Jura 2014, 141 (143).

344 *Giemulla*, in: ders./van Schyndel (Hg.), Luftsicherheitsgesetz, § 8 Rn. 9.

345 Vertiefter zu dieser Maßnahme *Faust/Lienhart*, in: Hobe/von Ruckteschell (Hg.), Kölner Kompendium des Luftrechts, Bd. 2, A II Rn. 353 ff.; *Giemulla*, in: ders./van Schyndel (Hg.), Luftsicherheitsgesetz, § 8 Rn. 26 ff.

346 *Faust/Lienhart*, in: Hobe/von Ruckteschell (Hg.), Kölner Kompendium des Luftrechts, Bd. 2, A II Rn. 354; *Giemulla*, in: ders./van Schyndel (Hg.), Luftsicherheitsgesetz, § 8 Rn. 29.

347 *Giemulla*, in: ders/van Schyndel (Hg.), Luftsicherheitsgesetz, § 8 Rn. 29.

348 *Fritzsche*, in: Bamberger/Roth (Hg.), BGB, Beck-OK, 41. Ed., § 903 Rn. 20.

sind Maßnahmen nach § 8 Abs. 1 S. 1 Nr. 4 LuftSiG,[349] wonach Sicherheitsbereiche und sensible Teile von Sicherheitsbereichen vor unberechtigten Zugang zu schützen sind, da diese Maßnahme mit dem Recht korrespondiert, einzelne Personen von der Einwirkung auf die Sache abzuhalten bzw. diesen den Zutritt zu einem bestimmten Raum zu verweigern.[350]

Gemäß § 8 Abs. 1 S. 1 Nr. 3 LuftSiG[351] ist der Flughafenbetreiber dagegen verpflichtet, den Fluggast in bestimmten Situationen zur Öffnung des Gepäcks herbeizuholen. Hier geht es in erster Linie um den Inhalt des Gepäcks und nicht um die Person des Fluggasts.[352] Somit stellt sich die Frage, ob solche Maßnahmen des Flughafenbetreibers dem Hausrecht zugrunde gelegt werden können. Zu unterstreichen ist jedoch, dass eben nicht nur eine Ausschließungsbefugnis im Sinne des klassischen Hausrechtsgebrauchs, sondern ebenso die Ordnung des bestimmungsgemäßen Gebrauchs Gegenstand des Hausrechts ist.[353] Eine positive Ordnung des Gebrauchs ist damit genauso inbegriffen wie der negative Ausschluss.[354] Insofern erfasst das Hausrecht des Flughafenbetreibers genauso das Recht, den Gebrauch auf eine bestimmte Weise auszuführen bis hin zum Recht, das Mitführen bestimmter Gegenstände zu untersagen.[355] Maßgeblich ist an dieser Stelle allein das Zivilrecht, das gerade keine derart engen Grenzen für ein Eingreifen setzt wie das öffentliche Recht.[356] Auch die stichprobenartige Kontrolle der Einhaltung der Hausordnung ist vom Hausrecht umfasst.[357] Nichtsdestotrotz ist zu beachten, dass diese Kontrollmaßnahme entweder einen konkreten Verdacht voraussetzt oder eine klare Regelung der Hausordnung zu entnehmen sein muss.[358] Da § 8 Abs. 1 S. 1 Nr. 3 LuftSiG aber ausschließlich das Herbeiholen des Fluggasts oder das Öffnen des Schlosses erfasst, während die Durchsuchung an sich gemäß § 5 Abs. 3 LuftSiG durch die Luftsicherheitsbehörde durchgeführt wird, bestehen keine Anzeichen dafür, dass das Vorgehen die privatrechtlichen Befugnisse überschreiten würde. Zum einen wird nämlich, zur Minderung des Eingriffs in das Persönlichkeitsrecht des Fluggasts, dieser für die Durchsuchung nach Möglichkeit herbeigeholt.[359] Zum anderen unterstützt der Flughafenunternehmer lediglich die Durchsuchungsmaßnahme durch die Luftsicherheitsbehörde als Minusmaßnahme zur eigenhändigen Durchsuchung.

---

349 Ausführlich hierzu *Giemulla*, in: ders./van Schyndel (Hg.), Luftsicherheitsgesetz, § 8 Rn. 38 ff.

350 *Fritzsche*, in: Bamberger/Roth (Hg.), BGB, Beck-OK, 41. Ed., § 903 Rn. 20.

351 Vertiefter bei *Giemulla*, in: ders./van Schyndel (Hg.), Luftsicherheitsgesetz, § 8 Rn. 35 ff.

352 *Giemulla*, in: ders./van Schyndel (Hg.), Luftsicherheitsgesetz, § 8 Rn. 35.

353 *Schulze*, JZ 2015, 381 (385).

354 *Schulze*, JZ 2015, 381 (385).

355 *Schulze*, JZ 2015, 381 (388).

356 *Breucker*, NJW 2006, 1233 (1235).

357 *Schulze*, JZ 2015, 381 (388).

358 BGH NJW 1994, 188 (189).

359 *Giemulla*, in: ders./van Schyndel (Hg.), Luftsicherheitsgesetz, § 8 Rn. 35 ff.

Außerdem ist der in diesem Teil der Untersuchung bereits kritisierte Fall der Durchsuchung von Mitarbeitern zu analysieren, welche in § 8 Abs. 1 S. 1 Nr. 5 LuftSiG geregelt ist.[360] Diese erfolgt vor dem Zugang zu Sicherheitsbereichen oder einem „sensiblen Bereich" („critical part") eines Sicherheitsbereichs als Orte, an denen Mitarbeiter auf schon durchsuchte Passagiere und Gepäckstücke treffen.[361] Vorgeworfen wird dieser Regelung, es handle sich um eine Überdehnung der Eigensicherungspflichten.[362] Die Durchsuchung von Mitarbeitern unterliegt dem Arbeitsrecht.[363] Kraft Direktionsrechts können, unter Beachtung der Grundrechte des Arbeitnehmers, Regelungen getroffen werden,[364] wozu auch Personenkontrollen gehören können.[365] Doch auch das Hausrecht berechtigt den Flughafenunternehmer zu Durchsuchungsmaßnahmen, da es die selbstständige Überwachung des Zugangs umfasst.[366] Kumulativ dazu kommt das Einverständnis des Mitarbeiters, da für diesen beim Passieren der Kontrollstelle erkennbar ist, dass er sich einer Durchsuchung unterziehen muss.[367] Damit ist das Hausrecht, ausgestaltet durch die Not- und Selbsthilferechte, auch eine Handlungsgrundlage für Waren- und Personenkontrollen, wenn sie vom Umfang her bestimmt, aber auch begrenzt sind.

Schließlich wird der Anwendbarkeit des Hausrechts kritisch entgegengesetzt, die Durchsuchung diene vorerst gerade nicht dem Flughafen, sondern dem Schutz der Zivilluftfahrt und der Öffentlichkeit insgesamt.[368] Zudem ziele der Attentäter darauf ab, den Flughafen anonym und unscheinbar zu verlassen, sodass die Sicherheitsmaßnahmen des Flughafenbetreibers gar nicht vom Hausrecht umfasst sein könnten.[369] Dieser Argumentationsansatz ist sicherlich nicht zu verkennen, jedoch zu sehr auf die Konstellation des Attentates vom 11.09.2001 in New York fokussiert.[370] Es ist nämlich nicht auszuschließen, dass gerade auch ein Flughafen an sich

---

360 Zur Durchsuchung von Mitarbeitern s. *Giemulla*, in: ders./van Schyndel (Hg.), Luftsicherheitsgesetz, § 8 Rn. 42 ff.; *Faust/Lienhart*, in: Hobe/von Ruckteschell (Hg.), Kölner Kompendium des Luftrechts, Bd. 2, A II Rn. 350; *Mendel*, in: Giemulla/Rothe (Hg.), Recht der Luftsicherheit, S. 49 (52 f.). Zu den Grenzen der Kontrolle von Mitarbeitern s. *Ehlers*, in: Leßmann u. a. (Hg.), FS f. Lukes, S. 337 (350 f.).

361 *Mendel*, in: Giemulla/Rothe (Hg.), Recht der Luftsicherheit, S. 49 (52).

362 *Giemulla*, in: ders./van Schyndel (Hg.), Luftsicherheitsgesetz, § 8 Rn. 45 ff.

363 *Grabherr*, ZLW (27) 1978, 171 (175).

364 OVG Bremen v. 31.10.2006–1 D 41/06; *Honigl*, Tätigwerden von Privaten, S. 63, der auch darauf verweist, dass die Grundrechte im Arbeitsrecht Drittwirkung entfalten.

365 OVG Bremen v. 31.10.2006–1 D 41/06.

366 OVG Bremen v. 31.10.2006–1 D 41/06; OVG Lüneburg NVwZ-RR 2006, 33 (34).

367 OVG Bremen v. 31.10.2006–1 D 41/06. Dahin gehend in Bezug auf die Sicherung kerntechnischer Anlagen *Straßburg*, ET 1984, 137 (138).

368 *Giemulla*, in: ders./van Schyndel (Hg.), Luftsicherheitsgesetz, § 8 Rn. 9.

369 *Giemulla*, in: ders./van Schyndel (Hg.), Luftsicherheitsgesetz, § 8 Rn. 9.

370 Zwar wurde das Luftsicherheitsgesetz als Reaktion auf diese Anschläge eingeführt. Es geht aber um die effektive Gefahrenabwehr insgesamt und unabhängig vom jeweiligen Motiv des Täters, vgl. BT-Drs. 15/2361, S. 14.

zum Anschlagsziel gemacht wird, so z. B. bei dem Attentat in Brüssel,[371] was auf die dort anzutreffende Menschenmenge und deren Vielfältigkeit zurückzuführen ist, weshalb der Flughafen für sich schon als sensibler Bereich und damit als Kritische Infrastruktur einzustufen ist.[372]

Die Standard-Konstellationen der Eigensicherungspflichten erfordern demnach nicht mehr als das, was das Hausrecht ohnehin erfasst. Dem Hausrecht kommt über seine grundsätzliche Anwendbarkeit eine eigenständige Bedeutung neben den klassischen Jedermann- und Selbsthilferechten zu.[373] Eine Erklärung dafür ist, dass zwar eine akute Rechtsgutbeeinträchtigung Voraussetzung ist. Die „Gegenwärtigkeit" der Beeinträchtigung des Hausrechts ermöglicht aber ein früheres, vorgelagertes Tätigwerden des Privaten. Denn schon ein Angriff oder verbotene Eigenmacht auf das „Hausrecht" lösen die Notrechte und Besitzschutzrechte aus. Ein Angriff auf das Rechtsgut Eigentum, Leben oder Gesundheit, der im Normalfall erst zu einem späteren Zeitpunkt erfolgt, muss nicht abgewartet werden. Überdies dürfen präventive Maßnahmen zur Überprüfung der Einhaltung der Hausordnung vorgenommen werden.

Anders dagegen bei Eigensicherungspflichten, welche die Infrastrukturgewährleistung betreffen: Nach § 109 Abs. 2 TKG sollen sowohl der Betrieb von Telekommunikationsnetzen als auch die ständige Verfügbarkeit von Telekommunikationsdiensten gewährleistet werden.[374] Bereits das zu schützende Objekt, nämlich das Telekommunikations- und Datenverarbeitungssystem,[375] weicht vom ursprünglichen klassischen Schutzobjekt des Hausrechts ab. Es erfasst Server, Router, Gateways usw.[376] Eine Ausschließungsbefugnis in Bezug auf die Vorrichtung oder die positive Gestaltung der Benutzung des Systems als körperlicher Gegenstand iSd § 90 BGB sind indessen nicht ausgeschlossen. Das gilt nicht für Telekommunikationsdienste: Zwar wird die Möglichkeit des Ausschlusses von Internetforen als Dienstleistung mit Hilfe des „virtuellen Hausrechts" angenommen.[377] Dies lässt sich nicht ohne Weiteres auf Telekommunikationsdienste übertragen. Argumente für die Bejahung der vergleichbaren Interessenlage im Rahmen der Analogievoraus-

---

371 http://www.zeit.de/politik/ausland/2016-03/explosionen-bruessel-flughafen-zaventem-malbaek-metro, Zugriff am 09.05.2016.

372 *Bonß/Wagner*, in: Gerhold/Schiller (Hg.), Perspektiven der Sicherheitsforschung, S. 41 (47). *Czaja* betont zwar ebenfalls, dass Flughäfen der Berührungspunkt zwischen Luftverkehr und Lebensumfeld seien und damit die Sicherheit der Reisenden und Luftfahrzeuge gefährdet sei, ergänzt aber auch, dass ein Flughafen aufgrund seiner Störanfälligkeit und der damit einhergehenden Publizität als Anschlagsziel besonders geeignet sei: Eigensicherungspflichten von Verkehrsflughäfen, S. 32 f.

373 *Müller-Eiselt*, GewArch 2014, 232 (233).

374 *Graulich*, in: Arndt u. a. (Hg.), TKG, 2. Aufl., § 109 Rn. 15.

375 *Graulich*, in: Arndt u. a. (Hg.), TKG, 2. Aufl., § 109 Rn. 16.

376 *Graulich*, in: Arndt u. a. (Hg.), TKG, 2. Aufl., § 109 Rn. 17.

377 Zu diesem z. B. *Maume*, MMR 2007, 620.

setzungen bei einem Internetforum sind u.a. die Abgrenzbarkeit[378] der Homepage sowie die sinnliche Wahrnehmbarkeit des Dienstes.[379] Die Erbringung eines Telekommunikationsdienstes liegt indessen in der Übertragung von Signalen (§ 3 Nr. 24 TKG).[380] Die inhaltliche Leistung, die parallel zu der Signalübertragung bestehen kann, muss nebensächlich bleiben.[381] Die Datenübertragung an sich ist weder physisch abgrenzbar noch sinnlich wahrnehmbar.

Zudem ist der Betrieb eines Telekommunikationsnetzes nicht zwingend an die Eigentümerstellung gebunden.[382] Es genügt allerdings, wenn eine Anknüpfung an den Besitz oder die Funktionsherrschaft möglich ist.[383] Telekommunikationsdienste bietet dagegen an, wer diese erbringt.[384] Besitz über einen solchen Dienst ist physikalisch nicht möglich.[385] Es kommt in diesem Fall auf die Funktionsherrschaft über die Dienste an.[386] Eine Funktionsherrschaft über die Telekommunikationsdienste ist wiederum denkbar.[387]

Das Hausrecht ist jedoch auch unter dem Blickwinkel der vorzunehmenden Maßnahmen nicht anwendbar. Wären unter Umständen noch Kontrollmaßnahmen vom Hausrecht umfasst,[388] können technische Maßnahmen wie das Bereithalten redundanter Systeme oder von Überbrückungssystemen unmöglich auf das Hausrecht gestützt werden.[389] Das Hausrecht erscheint insofern auf Maßnahmen nach § 109 Abs. 2 TKG nicht anwendbar.

Ebenso wenig vom Hausrecht inkludiert sind zahlreiche Maßnahmen zum Schutz von Schutzgütern wie das Fernmeldegeheimnis oder personenbezogene Daten (z.B. bei § 109 Abs. 1 TKG).[390] In Anbetracht dessen, dass jeder Diensteanbieter zu Ergreifung der Maßnahmen verpflichtet ist, bereitet schon eine Anknüpfung an Eigentum und Besitz – trotz des Bestehens von Instrumenten wie das „virtuelle Hausrecht“ – Schwierigkeiten.[391] Hinzu tritt, dass technische und organisatorische Maßnahmen

---

378 *Fritzsche*, in: Bamberger/Roth (Hg.), BGB, Beck-OK, 41. Ed., § 90 Rn. 7; *Maume*, MMR 2007, 620 (623 f.).
379 *Fritzsche*, in: Bamberger/Roth (Hg.), BGB, Beck-OK, 41. Ed., § 90 Rn. 6; *Maume*, MMR 2007, 620 (623 f.).
380 *Schütz*, in: Geppert/Schütz (Hg.), TKG, Beck-OK, 4. Aufl., § 3 Rn. 79.
381 *Schütz*, in: Geppert/Schütz (Hg.), TKG, Beck-OK, 4. Aufl., § 3 Rn. 79.
382 *Mozek*, in: Säcker (Hg.), TKG, 3. Aufl., § 109 Rn. 20.
383 *Maume*, MMR 2007, 620 (622).
384 *Mozek*, in: Säcker (Hg.), TKG, 3. Aufl., § 109 Rn. 21.
385 So auch bzgl. eines Internetforums *Maume*, MMR 2007, 620 (622).
386 *Maume*, MMR 2007, 620 (622).
387 *Mozek*, in: Säcker (Hg.), TKG, 3. Aufl., § 109 Rn. 21.
388 *Mozek*, in: Säcker (Hg.), TKG, 3. Aufl., § 109 Rn. 25.
389 *Graulich*, in: Arndt u.a. (Hg.), TKG, 2. Aufl., § 109 Rn. 23; *Mozek*, in: Säcker (Hg.), TKG, 3. Aufl., § 109 Rn. 25.
390 *Eckhardt*, in: Geppert/Schütz (Hg.), TKG, Beck-OK, 4. Aufl., § 109 Rn. 20 ff.; *Mozek*, in: Säcker (Hg.), TKG, 3. Aufl., § 109 Rn. 3.
391 *Mozek*, in: Säcker (Hg.), TKG, 3. Aufl., § 109 Rn. 11.

nach § 9 BDSG iVm der Anlage zu § 9 BDSG zu ergreifen sind.[392] Während Zutritts- und Zugangskontrollen noch vom Hausrecht umfasst sein werden, gilt dies für Zugriffs-, Weitergabe-, Eingabe-, Auftrags- und Verfügbarkeitskontrollen als technische Maßnahmen, die unabhängig von einer positiven Ordnung eines Rechts oder der Ausschließung von einem Recht zu ergreifen sind, nicht.[393] Auch unter diesem Gesichtspunkt bestehen erhebliche Zweifel an der Geeignetheit des Hausrechts als taugliche Handlungsgrundlage – so jedenfalls bei Zugrundelegung der zuvor beschriebenen Kriterien.

7. Befugnisse zum Schutz staatlicher Infrastrukturen

Deshalb ist ein kurzer Exkurs zum Schutz staatlicher Infrastrukturen z. B. eines Gerichts von Nöten. Nicht deren Gefahrenabwehrbefugnisse sollen erörtert werden.[394] Vielmehr muss eine Eigenart des Schutzes solcher Einrichtungen betont werden: Auch ihnen steht das Hausrecht zu, wenn auch als öffentlich-rechtliches Institut.[395] Das öffentlich-rechtliche Hausrecht ist allerdings auch auf den Erhalt der Funktion der Einrichtung gerichtet.[396] Sowohl die Aussprache von Betretungsverboten als auch eine Verweisungsbefugnis sind von diesem umfasst.[397] Nicht hingegen die Durchsuchung.[398] Darüber hinaus geht die gesetzlich festgelegte Ordnungsgewalt (§§ 175 ff.GVG),[399] wodurch die Autonomie der Einrichtung deklariert werden soll.[400] Der Infrastrukturbetreiber ist demnach im Rahmen des rechtlich Möglichen und Zulässigen primär zuständig zur Ergreifung von Sicherheitsmaßnahmen.[401] Aus der

---

392 *Eckhardt*, in: Geppert/Schütz (Hg.), TKG, Beck-OK, 4. Aufl., § 109 Rn. 24; *Graulich*, in: Arndt u. a. (Hg.), TKG, 2. Aufl., § 109 Rn. 13.

393 Diese Maßnahmen gehören zu den erforderlichen Schutzvorkehrungen, vgl. *Mozek*, in: Säcker (Hg.), TKG, 3. Aufl., § 109 Rn. 15.

394 Dazu z. B. *Denninger*, in: Lisken/Denninger (Hg.), HdB des Polizeirechts, 5. Aufl., D Rn. 22 ff.; *Nolte*, in: Gusy u. a. (Hg.), Rechtshandbuch Zivile Sicherheit, Kap. 18.

395 *Denninger*, in: Lisken/Denninger (Hg.), HdB des Polizeirechts, 5. Aufl., D Rn. 23; *Nolte*, in: Gusy u. a. (Hg.), Rechtshandbuch Zivile Sicherheit, Kap. 18 Rn. 17 f.; *Pieroth* u. a., POR, 9. Aufl., § 8 Rn. 45.

396 *Nolte*, in: Gusy u. a. (Hg.), Rechtshandbuch Zivile Sicherheit, Kap. 18 Rn. 2; *Pieroth* u. a., POR, 9. Aufl., § 5 Rn. 40; *Ramm*, DVBl. 2011, 1506 (1507). Zum Hausrecht des Gerichtspräsidenten BVerfGK 19, 352 (358 f.) = NJW 2012, 1863.

397 *Denninger*, in: Lisken/Denninger (Hg.), HdB des Polizeirechts, 5. Aufl., D Rn. 23; *Nolte*, in: Gusy u. a. (Hg.), Rechtshandbuch Zivile Sicherheit, Kap. 18 Rn. 19.

398 *Denninger*, in: Lisken/Denninger (Hg.), HdB des Polizeirechts, 5. Aufl., D Rn. 23.

399 *Denninger*, in: Lisken/Denninger (Hg.), HdB des Polizeirechts, 5. Aufl., D Rn. 23; *Nolte*, in: Gusy u. a. (Hg.), Rechtshandbuch Zivile Sicherheit, Kap. 18 Rn. 17, 20 ff.; *Pieroth* u. a., POR, 9. Aufl., § 8 Rn. 45.

400 *Nolte*, in: Gusy u. a. (Hg.), Rechtshandbuch Zivile Sicherheit, Kap. 18 Rn. 17.

401 *Denninger*, in: Lisken/Denninger (Hg.), HdB des Polizeirechts, 5. Aufl., D Rn. 22; *Gusy*, POR, 10. Aufl., Rn. 135; *Pieroth* u. a., POR, 9. Aufl., § 5 Rn. 40.

Ordnungsgewalt kann sich im Einzelfall eine Durchsuchungsbefugnis ergeben.[402] Regelmäßig wird die Behörde das Hausverbot indessen nicht vollziehen können, da ihr die Vollzugsbeamten fehlen.[403] Sie bleibt für den Vollzug auf die Polizei angewiesen.[404] Demzufolge stellt sich die Frage, weshalb nicht eine der Ordnungsgewalt vergleichbare Regelung in den Spezialgesetzen zum Schutz Kritischer Infrastrukturen für private Betreiber aufgenommen wird. Dadurch wäre nicht nur die Unsicherheit über das Bestehen, sondern zugleich auch über die Reichweite der privaten Befugnisse nicht nur für den Infrastrukturbetreiber, sondern auch für Dritte beseitigt. Offene, den Vorschriften des GVG vergleichbare Regelungen würden hierbei die Flexibilität der Regelungen hinreichend sichern. Zu beachten ist, dass eine solche Vorschrift nicht die Durchsetzung dieser Sicherheitsmaßnahmen erfassen dürfte, wofür eine Beleihung des Privaten erforderlich wäre, sondern auf den polizeilichen Vollzug angewiesen bleibt.[405] Überdies könnte die private Befugnis auf die Art der Infrastrukturleistung zugeschnitten werden und beispielsweise als virtuelle Befugnisnorm in Erscheinung treten.[406]

8. *Zwischenfazit*

Wird eine Zwischenbilanz gezogen, fällt folgendes auf: Die Handlungsgrundlagen des Privaten, die diesem im Rahmen seines Eigensicherungsrechts zur Verfügung stehen, sind nur insoweit mit dem Anwendungsbereich von Eigensicherungspflichten kompatibel, als sie im Zusammenhang mit dem Hausrecht des Eigensicherungsberechtigten und zugleich -verpflichteten stehen. Funktionsschutz kann unmöglich auf das Hausrecht gestützt werden. Rechtsgüterschutz kann größtenteils ebenso wenig auf das Hausrecht gestützt werden, soweit es um den Schutz des Fernmeldegeheimnisses oder den Schutz personenbezogener Daten geht. Nicht ausgeschlossen ist, dass andere Handlungsgrundlagen für einzelne spezielle Fälle von Eigensicherungspflichten einschlägig sein können. Doch stoßen sie aufgrund ihrer Anknüpfung an die „Gegenwärtigkeit“ eines Angriffs oder polizeirechtlich gesprochen aufgrund ihrer Anknüpfung an eine „konkrete Gefahr“, zu der es sowohl nach der Eigenlogik der Eigensicherungspflichten als auch nach dem Ziel neuerer Sicherheitsbestrebungen im besten Fall gar nicht kommen sollte,[407] auf sehr

402 *Denninger*, in: Lisken/Denninger (Hg.), HdB des Polizeirechts, 5. Aufl., D Rn. 23.

403 *Ramm*, DVBl. 2011, 1506 (1509). Anders, wenn jemand in der Einrichtung zur Ausübung von Polizeigewalt berechtigt ist, z.B. der Bundestagspräsident, vgl. *Denninger*, in: Lisken/Denninger (Hg.), HdB des Polizeirechts, 5. Aufl., D Rn. 24; *Nolte*, in: Gusy u.a. (Hg.), Rechtshandbuch Zivile Sicherheit, Kap. 18 Rn. 18, 23 ff.; *Ramm*, DVBl. 2011, 1506 (1509 f.).

404 *Ramm*, DVBl. 2011, 1506 (1509).

405 Zur Grenze des öffentlich-rechtlichen Hausrechts *Nolte*, in: Gusy u.a. (Hg.), Rechtshandbuch Zivile Sicherheit, Kap. 18 Rn. 19.

406 Dahin gehend schon § 100 TKG.

407 *Gusy*, in: ders. u.a. (Hg.), Rechtshandbuch Zivile Sicherheit, Kap. 3 Rn. 3.

enge Grenzen. Insofern liegen in den Konstellationen, in denen Eigensicherungspflichten auferlegt werden, nur in wenigen Fällen die Voraussetzungen der Handlungsgrundlagen des Privaten zur Verwirklichung seines Eigensicherungsrechts vor. Wäre tatsächlich die Anwendung physischer Gewalt durch den Privaten zur Verwirklichung seiner Eigensicherungspflicht unerlässlich, würden diesem die erforderlichen Handlungsgrundlagen fehlen. Deshalb spricht vieles dafür, eine der öffentlich-rechtlichen Ordnungsgewalt ähnelnde spezialgesetzliche Regelung für private Infrastrukturbetreiber, sobald durch die Erfüllung von Eigensicherungspflichten Rechte Dritter berührt sind, zu schaffen.

II. Nutznießer der Eigensicherungsmaßnahme

Bei dem Recht auf Eigensicherung profitiert nicht zwingend derjenige, der sich auf die Handlungsgrundlage stützt, von der Maßnahme. So kann z.B. nach § 32 StGB ein Angriff auf ein Individualrechtsgut eines Dritten abgewendet werden, sog. Nothilfe.[408] Nicht geschützt sind indessen Allgemeininteressen.[409] Anders dagegen bei der Eigensicherungspflicht. Die Pflicht zur Eigensicherung kann sogar soweit gehen, dass die Sicherheitsmaßnahme für den Privaten nicht profitabel ist und unklar ist, welcher Dritte davon profitieren wird.[410] Der Schwerpunkt liegt damit auf dem Schutz der Interessen der Allgemeinheit. Hier besteht ein erheblicher Unterschied zwischen dem Eigensicherungsrecht – regelmäßig zum Schutz der eigenen Rechtsgüter des Privaten[411] – und der Eigensicherungspflicht dar. Überwiegt das Interesse der Allgemeinheit das private Interesse, so z.B. bei dem Schutz Kritischer Infrastrukturen,[412] stellt sich die Frage nach dem tatsächlichen Vorliegen der Voraussetzungen des Notwehrrechts neu.[413] Für die Bejahung einer Notwehrlage reicht es zwar aus, dass über den Schutz eines Universalgutes hinaus auch ein Individualgut geschützt wird.[414] Der Private wird in erster Linie sein Leben, seine körperliche

408 *Fischer*, StGB, 64. Aufl., § 32 Rn. 11; *Momsen*, in: Heintschel-Heinegg (Hg.), StGB, Beck-OK, 33. Ed., § 32 Rn. 19a; *Peilert*, in: Stober/Olschok (Hg.), HdB des Sicherheitsgewerberechts, S. 360 (364) (Rn. 10).

409 BGHSt 5, 245 (247); *Momsen/Savic*, in: Heintschel-Heinegg (Hg.), StGB, Beck-OK, 33. Ed., § 32 Rn. 19a.

410 *Wiater*, Sicherheitspolitik zwischen Staat und Markt, S. 247 ff.

411 *Momsen/Savic*, in: Heintschel-Heinegg (Hg.), StGB, Beck-OK, 33. Ed., § 32 Rn. 14, die das Notwehrrecht historisch gesehen u.a. als Möglichkeit der Selbstbehauptung gegenüber Angreifern begreifen.

412 *Kaufmann*, in: Hempel u.a. (Hg.), Sichtbarkeitsregime, S. 101 (113 ff.); *Müller*, in: Stober u.a. (Hg.), Management-HdB Sicherheitswirtschaft und Unternehmenssicherheit, B Rn. 491 ff.

413 Mit dieser Frage beschäftigt sich aber z.B. *Huber*, Wahrnehmung von Aufgaben im Bereich der Gefahrenabwehr durch das Sicherheits- und Bewachungsgewerbe, S. 142 ff.

414 *Peilert*, in: Stober/Olschok (Hg.), HdB des Sicherheitsgewerberechts, S. 360 (364) (Rn. 10).

Unversehrtheit, sein Eigentum sowie sein Vermögen schützen.[415] So jedenfalls beim Rechtsgüterschutz. Anders dagegen beim Funktionsschutz. Primär geht es um Infrastrukturschutz. Ist Infrastrukturschutz indessen für den Unternehmer nicht mehr rentabel, so kann es auch nicht mehr um den Schutz der Rechtsgüter des Privaten gehen. Die Infrastrukturgewährleistung – eine staatliche Aufgabe und zugleich ein Allgemeininteresse – stehen im Vordergrund. Das Individualinteresse erweist sich als Vorwand.

D. Fazit & Thesen

Unzweifelhaft ist, dass dem Betreiber einer Kritischen Infrastruktur, sonstigen sensiblen Anlage oder einem Diensteanbieter Notrechte, aber auch zivilrechtliche Selbsthilferechte zustehen. Es steht ihm frei, diese selbst oder aber durch Dritte wahrzunehmen. Nur so ist und bleibt die Auferlegung der Pflicht verfassungsrechtlich zulässig.

Wird ein Dritter mit der Wahrnehmung dieses Eigensicherungsrechts beauftragt, müssen der Bewachungsunternehmer, aber auch sein Personal, einer Zuverlässigkeitsprüfung standhalten, welche in besonders sensiblen Bereichen an speziellere gesetzliche Anforderungen als die des § 34a GewO geknüpft werden kann.

Die Verpflichtung zur Eigensicherung ist mit einem alt bekannten Problem – der Zulässigkeit professioneller Nothilfe – aufgrund des Verständnisses der Notrechte als Ausnahmesituation vergleichbar. Über den dogmatischen Streit um den Charakter der Notrechte hinaus tritt bei der Verpflichtung zur Eigensicherung hinzu, dass auch die einzelnen Voraussetzungen der Notrechte zum Teil nur mit erheblichen Schwierigkeiten, sehr fiktiv oder gar nicht erst bejaht werden können.

Insofern können nach diesem Kapitel folgende Thesen aufgestellt werden, denen im Rahmen dieser Arbeit nachgegangen werden muss:

1) „Eigensicherungspflichten als Instrument der Vorfeldgefahrenabwehr sollten nur auferlegt werden, wo es um technische und organisatorische Vorkehrungen geht. Sobald eine Gewaltanwendung notwendig wird oder übermäßig Rechte Dritter berührt werden, fehlt eine taugliche Handlungsgrundlage für den Privaten."
2) „Eigensicherungspflichten im Bereich der konkreten Gefahrenabwehr müssen äußerst enge Grenzen gesetzt werden. Sie dürfen weder dem Grundrecht auf Schutz des Verpflichteten zuwider- noch Schutzpflichten zugunsten Dritter unterlaufen"
3) „Die Anforderungen an Eigensicherungspflichten divergieren, je nachdem, ob die Pflicht Rechtsgüter- oder Funktionsschutz zum Gegenstand hat."
4) „Während das Eigensicherungsrecht den Rechtskreis des Privaten erweitert, greift die Eigensicherungspflicht in die Grundrechte des Privaten ein."

---

415 A.A. u.a. *Huber*, Wahrnehmung von Aufgaben im Bereich der Gefahrenabwehr durch das Sicherheits- und Bewachungsgewerbe, S. 142 f.

5) „Der Eigensicherungsverpflichtete hat intensivere Eingriffe in seine Grundrechte hinzunehmen, wenn er wirtschaftlich von einer Tätigkeit, die ursprünglich vom Staat im Rahmen seiner Daseinsvorsorgeaufgabe erledigt wurde, profitiert."
6) „Das Verweisen des Privaten auf Instrumente des Privatrechts kann die Rechte Dritter unzulässig tangieren."
7) „Je konkreter eine Eigensicherungspflicht gefasst ist, desto eher können Grundrechte Dritter berührt sein, obwohl ein Privater tätig wird."
8) „Die Eigensicherungspflicht kann sich als einziges taugliches Instrument der staatlichen Aufgabenwahrnehmung aus einer Abwägung zwischen den Rechten des Privaten und der Allgemeinheit ergeben."

Kapitel 3 – Verhältnis zwischen Eigensicherungsverpflichtetem und Staat

A. Grundrecht auf Schutz

Die Instrumentalisierung eines Eigensicherungsrechts zu einer Eigensicherungspflicht käme indessen von vornherein nicht in Betracht, wenn dem Eigensicherungsverpflichteten ein Anspruch auf staatlichen Schutz im Sinne eines sog. Grundrechts auf Schutz zustünde. Da ein solches Grundrecht auf Schutz freilich nicht grenzenlos ist, stellt sich die Frage nach dessen Reichweite. Dieses das Eigensicherungsrecht ergänzende Recht erweist sich nämlich als Beschränkung der gesetzlichen Eigensicherungspflicht. Klarzustellen ist jedoch, dass nicht jedes Detail der Dogmatik dieses besagten Grundrechts wiedergegeben werden soll. Zu umfassend und kontrovers ist der Forschungsstand zu dieser Dogmatik. Vielmehr sollen die Aspekte dieser Materie veranschaulicht werden, die für eine heranwachsende Dogmatik der Eigensicherungspflichten maßgeblich sein könnten.

I. Ambivalenz zwischen Grundrecht auf Schutz und Eigensicherungspflicht

Die Herleitung des Grundrechts auf Schutz hat Konsequenzen für seine Reichweite.[416] Ein Anspruch auf staatlichen Schutz kann sich sowohl aus der als Pendant zum Gewaltmonopol bekannten Friedenssicherungspflicht des Staates[417] – also objektiv rechtlich – oder aus staatlichen Schutzpflichten zugunsten verfassungsrechtlich geschützter Rechtsgüter – einem subjektiven Ansatz – ergeben.[418] Als Schutzpflicht kommt ohne Zweifel die aus Artikel 2 Abs. 2 S. 1 GG in Betracht.[419] Nicht weniger relevant sind allerdings auch Schutzpflichten aus Artikel 12 Abs. 1, 14 Abs. 1 sowie 13 Abs. 1 GG.[420]

416 U.a. *Otten*, Eigensicherung, S. 178 ff.

417 *Isensee*, in: Müller (Hg.), FS f. Eichenberger, S. 23 (26); *ders.*, in: ders./Kirchhof (Hg.), HdBStR IX, 3. Aufl.,§ 190 Rn. 132; § 191 Rn. 186; *Rudolf* u. a., in: Schwind u. a. (Hg.), Ursachen, Prävention und Kontrolle von Gewalt, S. 961 (965); *Schmitt Glaeser*, Private Gewalt im politischen Meinungskampf, S. 159; *Starck*, in: Börner u. a. (Hg.), FS f. Carstens, S. 867 (868).

418 Eine Zusammenfassung findet sich z. B. bei *Ehlers*, in: Leßmann u. a. (Hg.), FS f. Lukes, S. 337 (338 ff.); *Nitz*, Private und öffentliche Sicherheit, S. 334 ff.; explizit zu den zwei Strömungen der Begründung eines Grundrechts auf Sicherheit *Gusy*, VVDStRL 63 (2004), S. 151 (168 ff.).

419 *Otten*, Eigensicherung, S. 185.

420 *Braun*, in: Stober u. a. (Hg.), Management-HdB Sicherheitswirtschaft und Unternehmenssicherheit, A I Rn. 86; *Hermes*, in: Dreier (Hg.), GG, Bd. 1, 3. Aufl., Art. 13

1. *Vom objektiven Verfassungsprinzip zum subjektiven Grundrecht auf Schutz*

Zunächst wird mit dem grundsätzlich auf objektiven Verfassungsprinzipien beruhenden, aber versubjektivierten Ansatz, begonnen.[421] Danach obliegt es dem Staat, für die Sicherheit der Bürger als Gegenleistung dafür, dass dieser mit dem Gewaltmonopol[422] ausgestattet ist, zu sorgen.[423] Kritisch zu hinterfragen ist dabei die teilweise in der Literatur zu findende These, das Gewaltmonopol sei vollkommen unbeachtlich für Eigensicherungspflichten, die rein bauliche Maßnahmen[424] betreffen.[425] Zu kurz greifend ist diese Aussage explizit gesagt vor dem Hintergrund, dass das Gewaltmonopol des Staates gerade mit dem Sicherheitsversprechen gegenüber den Bürgern als Gegenleistung dafür, dass der Bürger durch die Monopolisierung der physischen Gewalt beim Staat von Selbst- auf Fremdjustiz verwiesen wird,[426] gerechtfertigt wird.[427] Danach kann der Staat in dem Moment, in dem er die Friedenssicherung unterlässt, seine Legitimation verlieren.[428] Somit stellt sich die Frage, ob die Friedenssicherungspflicht sogar soweit geht, dass sich für den Privaten ein Grundrecht auf Schutz ergibt und der Staat aufgrund dessen selbst für den Schutz des Bürgers zu sorgen hat, womit die Belastung mit Eigensicherungspflichten konfligieren würde.[429]

Rn. 122 ff.; *Schulze-Fielitz*, in: Dreier (Hg.), GG, Bd. 1, 3. Aufl., Art. 2 Abs. 2 Rn. 76, 89; *Wieland*, in: Dreier (Hg.), GG, Bd. 1, 3. Aufl., Art. 12 Rn. 142 ff., Art. 14 Rn. 195 ff.

421 So aufgearbeitet bei *Gusy*, VVDStRL 63 (2004), S. 151 (168).

422 Hierzu s. bereits *Jellinek*, Allgemeine Staatslehre, 3. Aufl., S. 180.

423 *Isensee*, in: Franßen u. a. (Hg.), FS f. Sendler, S. 39 (48).

424 Beispielsweise §§ 8 Abs. 1 S. 1 Nr. 1, 9 Abs. 1 S. 1 Nr. 2 LuftSiG, § 7 Abs. 2 Nr. 5 AtG; in die Gruppe der baulichen Maßnahmen sind auch technische Maßnahmen wie beispielsweise § 13 Abs. 7 S. 1 Nr. 2b) TMG, § 109 Abs. 2 S. 1 Nr. 1 TKG einzuordnen.

425 So aber *Otten*, Eigensicherung, S. 174.

426 *Drews* u. a., Gefahrenabwehr, 9. Aufl., S. 1; *Isensee*, in: ders./Kirchhof (Hg.), HdBStR IX, 3. Aufl., § 191 Rn. 273, § 190 Rn. 129; *Merten*, Rechtsstaat und Gewaltmonopol, S. 56; *Murswiek*, Die staatliche Verantwortung für die Risiken der Technik, S. 104; *Schmitt Glaeser*, Private Gewalt im politischen Meinungskampf, S. 159.

427 *Battis*, in: Ossenbühl (Hg.), Deutscher Atomrechtstag 2002, S. 27 (30); *Bull*, Die Staatsaufgaben nach dem Grundgesetz, 2. Aufl., S. 349; *Di Fabio*, JZ 1999, 589 (591); *Drews* u. a., Gefahrenabwehr, 9. Aufl., S. 1; *Hammer*, DÖV 2000, 611 (616); *Isensee*, in: ders./Kirchhof (Hg.), HdBStR IX, 3. Aufl., § 190 Rn. 129 ff.; *Murswiek*, Die staatliche Verantwortung für die Risiken der Technik, S. 104 f.

428 *Bracher*, Gefahrenabwehr durch Private, S. 110; *Gramm*, Privatisierung und notwendige Staatsaufgaben, S. 411.

429 Zu den verschiedenen Ansätzen eines Grundrechts auf Schutz *Gusy*, VVDStRL 63 (2004), S. 151 (168 ff.).

a) Reichweite der Friedenssicherungspflicht

Wird das Grundrecht auf Schutz des Anlagenbetreibers auf das Gewaltmonopol gestützt, ist es von vornherein auf die Reichweite der staatlichen Friedenssicherungspflicht als Korrelat dieses objektiven Verfassungsprinzips begrenzt.[430] Insofern bestimmt der objektive Gehalt des Gewaltmonopols den versubjektivierten Inhalt der Friedenssicherungspflicht. Daher scheiden alle Aspekte, die in keinem Zusammenhang zum Gewaltmonopol stehen, als Auslöser für ein Grundrecht auf Schutz von vornherein aus. Für die Konstellation der Eigensicherungspflicht von besonderer Bedeutung und deshalb einer genaueren Betrachtung zu unterziehen ist die dahin gehende Restriktion der Friedenssicherungspflicht, dass jeder dazu angehalten ist, selbst für seinen eigenen Schutz im Rahmen des Möglichen zu sorgen.[431] Dieser mögliche Selbstschutz bezieht sich auf zumutbare Schutzmaßnahmen ohne physische Gewaltanwendung sowie Maßnahmen durch legitimierte abgeleitete Gewalt.[432] Soweit es dem Einzelnen möglich ist, für seinen eigenen Schutz zu sorgen ohne dass eine Gewaltanwendung erforderlich ist oder aber im Rahmen der gestatteten Gewaltanwendung, bedarf es danach nicht des staatlichen Schutzes. Dieser Ansatz liegt dem Grundgedanken zugrunde, dass grundsätzlich jeder für sich und seinen Bereich selbst verantwortlich ist.[433] Angemerkt sei allerdings, dass sich Eigensicherungspflichten gerade nicht ausschließlich auf den Gefahrenbereich des Einzelnen beziehen, sondern zugleich den Schutz fremder Rechtsgüter bezwecken, sodass nicht mehr von „Selbstschutz" gesprochen werden kann.[434] Ein Grundrecht auf Schutz lässt sich also aus diesem Grund nicht ausschließen.

Bei näherer inhaltlicher Betrachtung des objektiven Ansatzes fällt außerdem auf, dass das Gewaltmonopol eben nur gesellschaftliche Konflikte unterbinden soll, sodass sich die Friedenssicherungspflicht schon gar nicht auf Naturkatastrophen beziehen kann.[435] Daraus folgt, dass es auch kein Grundrecht auf Schutz gegen Naturkatastrophen aus dem Gewaltmonopol geben kann. Möglicherweise kann dieser Schluss auch auf Eigensicherungspflichten übertragen werden. Dies bedarf allerdings einer genaueren Differenzierung: Ein Grundrecht auf Schutz ist etwa nicht ohne weiteres ausgeschlossen, wenn zu erwarten ist, dass die Natur-

---

430 *Bracher*, Gefahrenabwehr durch Private, S. 143 ff.

431 *Geier*, in: BBK (Hg.), 50 Jahre Zivil- und Bevölkerungsschutz in Deutschland, S. 115 (119); *Stümper*, Kriminalistik 1975, 193 (193). Dahin gehend a. *Zintel*, in: Daase u. a. (Hg.), Verunsicherte Gesellschaft-Überforderter Staat, S. 93 (101).

432 *Huber*, Wahrnehmung von Aufgaben im Bereich der Gefahrenabwehr durch das Sicherheits- und Bewachungsgewerbe, S. 132; *Jeand'Heur*, AöR 119 (1994), 107 (115); *Merten*, Rechtsstaat und Gewaltmonopol, S. 56 f.; *Nitz*, Private und öffentliche Sicherheit, S. 315; *Peilert*, Das Recht des Auskunftei- und Detekteigewerbes, S. 218.

433 *Stümper*, Kriminalistik 1975, 193 (194).

434 *Bracher*, Gefahrenabwehr durch Private, S. 144; *Erbguth*, DVBl. 2007, 1202 (1211).

435 *Bracher*, Gefahrenabwehr durch Private, S. 143.

katastrophe Auswirkungen auf die „unverzichtbaren Lebensadern"[436] der Gesellschaft und ein Zusammenbrechen einer Kritischen Infrastruktur[437] – wegen ihrer Abhängigkeit zu anderen Infrastrukturen („interdependente Relevanz"[438]) – derartige Folgen haben wird, dass es zu einer Knappheit eines lebensnotwendigen Gutes[439] oder sogar zu einem „Kollaps der gesamten Gesellschaft"[440] kommen kann. In Fällen solcher Interdependenzen wird von der „Vulnerabilität"[441] der Gesellschaft gesprochen. Tritt eine solche Katastrophe ein, gibt es Vermutungen, dass die Gesellschaft unsozial handeln[442] und die Gesellschaft gar „rücksichtsloser, aggressiver, gewaltbereiter"[443] werden könnte – es bleibt aber bei Vermutungen. Kommt es dadurch zu einer mittelbaren Gefährdung des inneren Friedens, spielt es keine Rolle, was der ursprüngliche Auslöser war. Anknüpfungspunkt ist dann vielmehr die Schadenswirkung als die Schadensursache.[444] Dem Staat obliegt dann die Aufgabe der Katastrophenprävention[445] oder – wie im Recht der Zivilen Sicherheit genannt – der „preparedness"[446]. In diesem Sinne tritt das Grundrecht auf Schutz als Vorsorgeaufgabe in Erscheinung, erlischt aber nicht schon aus dem Grund, dass der Auslöser andere Wurzeln als gesellschaftliche hat. Neuerdings werden Eigensicherungspflichten privaten Unternehmen aber gerade zum Schutz solcher Kritischen Infrastrukturen auferlegt wie jüngst im IT-Sicherheitsgesetz,[447] welches daran anknüpft, dass der Adressat Betreiber einer Kritischen Infrastruktur ist.[448] Folglich bleibt auch hier erklärungsbedürftig und nicht ohne weiteres hinnehmbar, weshalb der private Anlagenbetreiber oder Diensteanbieter auf sich selbst verwiesen wird ohne staatlichen Schutz zu genießen, da auch hier ein solches Grundrecht auf Schutz kaum bestreitbar ist.

---

436 *BMI*, Nationale Strategie zum Schutz Kritischer Infrastrukturen, S. 2.

437 Kritische Infrastrukturen sind nach der Definition des BMI „Organisationen und Einrichtungen mit wichtiger Bedeutung für das staatliche Gemeinwesen, bei deren Ausfall oder Beeinträchtigung nachhaltig wirkende Versorgungsengpässe, erhebliche Störungen der öffentlichen Sicherheit oder andere dramatische Folgen eintreten würden", vgl. *BMI*, Nationale Strategie zum Schutz Kritischer Infrastrukturen, S. 3.

438 *BMI*, Nationale Strategie zum Schutz Kritischer Infrastrukturen, S. 5.

439 *BMI*, Nationale Strategie zum Schutz Kritischer Infrastrukturen, S. 3.

440 BT-Ds. 17/5672, S. 4.

441 *Kaufmann*, in: Hempel u. a. (Hg.), Sichtbarkeitsregime, S. 101 (103).

442 BT-Drs. 17/5672, S. 12; *Gusy*, in: Heckmann u. a. (Hg.), FS f. Würtenberger, S. 995 (1005).

443 BT-Drs. 17/5672, S. 11.

444 *Kaufmann*, in: Hempel u. a. (Hg.), Sichtbarkeitsregime, S. 101 (103).

445 *Gusy*, in: Heckmann u. a. (Hg.), FS f. Würtenberger, S. 995 (998).

446 *Kaufmann*, in: Hempel u. a. (Hg.), Sichtbarkeitsregime, S. 101 (103).

447 BGBl. I 2015, S. 1324.

448 *Wiater*, in: Gusy u. a. (Hg.), Rechtshandbuch Zivile Sicherheit, Kap. 12 Rn. 29.

b) *Grenzen für ein Grundrecht auf Schutz*

Insofern schließt sich die Frage nach der Reichweite eines solchen Rechts an. Klar ist, dass es für den Staat, sowohl tatsächlich als auch finanziell unmöglich ist, den gesamten Rechtsgüterschutz aus eigener Kraft zu erbringen.[449] Deshalb ist der Staat zwingend zur Ressourcenallokation und Ressourcennutzung[450] sowie zur Vernetzung dieser Ressourcen und Kompetenzen der verschiedenen Akteure[451] veranlasst. Damit geht die praktische Konsequenz einher, dass es auch keine Monopolisierung jeglicher Gewalt beim Staat gibt und geben kann.[452] Forderungen nach einem Mehr an Polizeieinsätzen zur Sicherheitsgewährleistung[453] halten somit den heutigen tatsächlichen Gegebenheiten nicht Stand.[454] Sowohl der Private als auch der Staat können einen Beitrag zur Sicherheitsherstellung leisten.[455]

So bleibt klärungsbedürftig, wann der Staat handeln muss und welche Möglichkeiten dieser hat, um der Forderung nach Schutz, zugleich auch nach Sicherheit, nachzukommen. Dies kann auf verschiedene Weise erfolgen. Dem Verlangen nach Sicherheit kommt der Staat regelmäßig schon durch die Ausübung seiner Befassungs- und Regelungspflicht nach.[456] Denn einzig wichtig ist, dass er seiner „letzte[n] Verantwortung für das Gemeinwesen“[457] in Form einer Einstandspflicht[458] genügt.[459] Dem Staat kommt oftmals ausschließlich eine Garantiefunktion zu.[460] Diese Aussage erscheint zwar aufgrund

---

449 *Bracher*, Gefahrenabwehr durch Private, S. 147; *Braun*, Die Finanzierung polizeilicher Aufgabenwahrnehmung, S. 336; *Götz*, in: Isensee/Kirchhof (Hg.), HdBStR III, 2. Aufl., § 79 Rn. 32; *Gramm*, Privatisierung und notwendige Staatsaufgaben, S. 455; *Gusy*, DÖV 1996, 573 (573); *Honigl*, Tätigwerden von Privaten, S. 82.

450 *Gramm*, Privatisierung und notwendige Staatsaufgaben, S. 454; *Gusy*, VVDStRL 63 (2004), S. 151 (171).

451 *Geier*, in: BBK (Hg.), 50 Jahre Zivil- und Bevölkerungsschutz in Deutschland, S. 115 (121).

452 *Nitz*, Private und öffentliche Sicherheit, S. 314. Bzgl. der Versicherheitlichung im IT-Bereich *Dunn Cavelty*, in: Daase u. a. (Hg.), Verunsicherte Gesellschaft-Überforderter Staat, S. 133 (139).

453 So z. B. *Krölls*, GewArch 1997, 445 (455); *Lukes*, ET 1975, 23 (30); *Roßnagel*, ZRP 1983, 59 (62 f.).

454 *Gramm*, Privatisierung und notwendige Staatsaufgaben, S. 454.

455 *Gramm*, Privatisierung und notwendige Staatsaufgaben, S. 411, 420, 455.

456 *Nitz*, Private und öffentliche Sicherheit, S. 333; *Otten*, Eigensicherung, S. 175.

457 *Krautzberger*, Die Erfüllung öffentlicher Aufgaben durch Private, S. 54.

458 *Gramm*, Privatisierung und notwendige Staatsaufgaben, S. 419.

459 Andere nehmen für den Staat eine „Risikominderungspflicht“, insoweit er riskante Tätigkeiten erlaubt sowie Ausgleichspflichten für den Fall des Schadenseintritts aus den Schutzpflichten an, vgl. *Herrmann*, DÖV 1987, 666 (673). Jedoch lassen sich zum einen keine konkreten Angaben aus den Schutzpflichten daraus ziehen, wie die Risikominderung auszusehen hat. Zum anderen ist den Schutzpflichten nicht zu entnehmen, wie die Lastenverteilung auszusehen hat, s. *Wiater*, in: Gusy u. a. (Hg.), Rechtshandbuch Zivile Sicherheit, Kap. 12 Rn. 19.

460 *Kaufmann*, in: Hempel u. a. (Hg.), Sichtbarkeitsregime, S. 104 (109).

ihrer Abstraktheit als wenig hilfreich. Im Umkehrschluss bedeutet aber diese fehlende Greifbarkeit konkreter Anforderungen, dass der Staat seiner Friedenssicherungspflicht schon dann entspricht, wenn er in irgendeiner Weise mit der Herstellung von Sicherheit befasst ist und ihm – egal auf welcher Stufe – Verantwortung zukommt.[461] Insofern gilt es, diese Verantwortungswahrnehmung für Eigensicherungspflichten noch zu präzisieren: Ist der Staat seiner Regulierungsverantwortung, aber auch Garantiefunktion durch die Auferlegung einer Eigensicherungspflicht hinreichend nachgekommen? Kommt dem Staat nämlich Verantwortung zu, spiegelt sich diese – egal auf welcher Stufe – jedenfalls als Vollzugsverantwortung wieder.[462] Mit Blick auf das Grundrecht auf Schutz des Adressaten der gesetzlichen Verpflichtung ist hier weniger die Regulierung als die Garantiefunktion maßgeblich und folglich Gegenstand der Untersuchung.[463]

Eigensicherungspflichten weisen bei einer genaueren Betrachtung eine Kontrollverantwortung des Staates auf,[464] wenn nicht sogar eine Auffangverantwortung.[465] So obliegen beispielsweise gewisse Sicherheitsmaßnahmen nach § 8 Abs. 1 S. 1 Nr. 1–5 LuftSiG[466] den Flughafenbetreibern. Der Luftsicherheitsbehörde ist jedoch nach § 8 Abs. 1 S. 2 LuftSiG ein Luftsicherheitsprogramm vorzulegen, wodurch die Behörde die Maßnahmen der Flughafenbetreiber nachvollziehen kann. Auf dessen Grundlage können Auflagen als Verwaltungsakte erteilt werden, wodurch Rechtsbindung erzeugt wird.[467] Zudem kommen Kontrollbefugnisse nach § 8 Abs. 1 S. 6 LuftSiG hinzu. Nach § 7 Abs. 2 Nr. 5 AtG[468] hängt die Erteilung der Genehmigung von der erfolgreichen Wahrnehmung der Eigensicherungspflicht ab. Damit der Sicherheitsstandard auch über längere Zeit erhalten bleibt, regelt § 19 AtG[469] umfangreiche Aufsichtsbefugnisse der Behörde.[470] Darüber hinaus können nach § 17 Abs. 1 AtG[471] Auflagen erteilt werden.[472] Im äußersten Fall kann eine Genehmigung nach § 17

461 Dahin gehend auch: *Peilert*, DVBl. 1999, 282 (285); *Saipa* u. a., NdsVBl. 2000, 285 (290).

462 *Gusy*, in: Schuppert (Hg.), Jenseits von Privatisierung und „schlankem" Staat, S. 115 (128).

463 Zur verbreiteten Ansicht des Staats als „Rückversicherer" *Daase* u. a., in: ders. u. a. (Hg.), Verunsicherte Gesellschaft-Überforderter Staat, S. 9 (14). Anders wäre der Fokus zu setzen, würde hier der Schutz Dritter im Vordergrund stehen.

464 *Erbguth*, DVBl. 2007, 1202 (1207).

465 So z. B. die Durchsuchungsrechte der Luftsicherheitsbehörde nach § 5 Abs. 1, 2 LuftSiG, vgl. Kap. 4 – D.II.

466 BGBl. I 2005, S. 81.

467 *Mendel*, in: Giemulla/Rothe (Hg.), Recht der Luftsicherheit, S. 49 (50).

468 BGBl. I 1985, S. 1568.

469 BGBl. I 1985, S. 1574.

470 So regelt beispielsweise § 19 Abs. 2 AtG Betretungs- sowie Auskunftsrechte zur Durchsetzung der Aufsichtsrechte nach § 19 Abs. 1 AtG.

471 BGBl. I 1985, S. 1573.

472 Auflagen nach § 17 Abs. 1 AtG können zur Erreichung des Zwecks aus § 1 AtG erteilt werden; besondere Relevanz liegt § 1 Nr. 2 AtG zugrunde, der den Schutz von Rechtsgütern vor Gefahren der Kernenergie zum Zweck des AtG erklärt.

Abs. 2, 3 AtG zurückgenommen oder widerrufen werden, wenn die Voraussetzungen nicht oder nicht mehr vorliegen, sodass auch bei den Eigensicherungspflichten des Atomgesetzes ein ausreichend durchsetzbarer Kontrollmechanismus feststellbar ist. Ähnlich gelagert ist der Fall bei Kritischen Infrastrukturen wie zum Beispiel bei der Verpflichtung des Betreibers eines öffentlichen Telekommunikationsnetzes zur Wahrnehmung von Sicherheitsmaßnahmen gemäß § 109 Abs. 2, 5 TKG.[473] Auch für diese Maßnahmen sind in § 115 TKG[474] Aufsichtsmaßnahmen inklusive Betretungsrechte vorgesehen.[475] Die Überprüfung des Sicherheitskonzepts durch die Bundesnetzagentur wurde durch die Einführung des IT-Sicherheitsgesetzes verstärkt: § 109 Abs. 4 S. 7 TKG wurde durch zwei Sätze ersetzt, wonach nun das Sicherheitskonzept regelmäßig, aber mindestens alle zwei Jahre zu überprüfen ist. Die Gesetzesbegründung erklärt dies ausdrücklich mit der zunehmenden Bedrohung und beruft sich damit implizit auf seine Schutzpflicht.[476] Der Staat kommt seiner Friedenssicherungspflicht bei den Eigensicherungspflichten also ausreichend nach, so lange er über wirksame Kontrollmechanismen verfügt.[477] In erster Linie besteht die Verwirklichung dieser Pflicht durch den Staat damit primär in der Wahrnehmung seiner Regulierungsverantwortung, sekundär darin, dass er seiner Beobachtungs-, Auffang-, bzw. Gewährleistungsverantwortung nachkommt.[478] Mangels Verstoßes gegen das Gewaltmonopol allein durch den Verweis auf Eigensicherung[479] ist daraus kein Grundrecht auf Schutz für den Verpflichteten herzuleiten.

aa) Kriterien für die Lösung der Ambivalenz zwischen Grundrecht auf Schutz und Eigensicherungspflicht

Muss der Staat allerdings in einem spezifischen Bereich der Gefahrenabwehr selbst tätig werden, so würde durch die Auferlegung einer Eigensicherungspflicht unter diesem Gesichtspunkt der Adressat der Pflicht zur Eigensicherung seines Grundrechts auf Schutz beraubt werden.[480] Festzuhalten ist daher, dass die Gefahrenabwehr wegen der mit der Friedenssicherungspflicht verbundenen Pflicht zur Gewährleistung der Si-

473 BGBl. I 2015, S. 1329 f.
474 BGBl. I 2013, S. 1603.
475 *Spindler*, in: Kloepfer (Hg.), Schutz kritischer Infrastrukturen, S. 85 (91).
476 BT-Drs. 18/4096, S. 35.
477 *Bracher*, Gefahrenabwehr durch Private, S. 147; *Sorge*, Kostentragung für den Schutz vor Anschlägen, S. 80.
478 *Gusy*, in: Schuppert (Hg.), Jenseits von Privatisierung und „schlankem" Staat, S. 115 (127 ff.); *Voßkuhle*, VVDStRL 62 (2003), S. 266 (284 ff.); *Wiater*, in: Gusy u. a. (Hg.), Rechtshandbuch Zivile Sicherheit, Kap. 12 Rn. 19 f.
479 OVG Bremen, Urt. v. 31.10.2006–1 D 41/06; *Nitz*, Private und öffentliche Sicherheit, S. 334; a.A. z. B.: *Battis*, in: Ossenbühl (Hg.), Deutscher Atomrechtstag 2002, S. 27 (32, 35).
480 VG Düsseldorf NWVBl. 2012, 280 (283).

cherheit der Rechtsgüter[481] nicht vollständig auf den Privaten abgewälzt werden darf.[482] Genauer gesagt: Der Kern der Gefahrenabwehr muss dem Staat erhalten bleiben.[483] Außerhalb dieses Bereichs darf der Private tätig werden; der Staat muss sich aber eine Gewährleistungs-/Regulierungs- oder Kontrollverantwortung vorbehalten.[484] Den Eigensicherungspflichten kann damit nur eine Ergänzungsfunktion zur staatlichen Gefahrenabwehr zukommen.[485] Damit ist jedoch noch nicht gesagt, wann der Staat selbst tätig werden muss. Wiederholter Untersuchung bedürfen daher die in der Vergangenheit für die grundsätzliche Frage der Zulässigkeit des Tätigwerdens Privater diskutierten Kriterien.[486] Nicht auszuschließen ist nämlich, dass diese Kriterien auch für die Reichweite des Grundrechts auf Schutz und damit auch für die Zulässigkeit der Auferlegung einer Eigensicherungspflicht ein greifbares Kriterium darstellen.

(1) Die Schadensnähe

Als äußerste Grenze gilt, dass die Polizei nicht inaktiv bleiben darf, wenn mit an Sicherheit grenzender Wahrscheinlichkeit der Einsatz physischer Gewalt zu erwarten ist.[487] Verbietet das Gewaltmonopol eine Untätigkeit des Staates bei einer konkreten Gefahr, verbleibt zumindest die Vorfeldgefahrenabwehr als mögliches Feld für Eigensicherungspflichten.[488] Zwar zählt die Sicherheitsvorsorge als Akt der Minimierung von Konfliktpotential ebenso zu den Staatsaufgaben wie die konkrete Gefahrenabwehr,[489] doch besteht für dieses Aufgabenfeld lediglich eine Auch-Zuständigkeit des Staates ohne jeglichen Zwang des Staates, eigenhändig Staatsgewalt auszuüben.[490] Damit ist ein erstes Kriterium – die Schadensnähe – auf dem Weg zur Konfliktlösung gesetzt: Im Bereich der Vorfeldgefahrenabwehr besteht kein Grundrecht auf Schutz im Sinne eines Rechts auf staatliches Tätigwerden. Anzuerkennen ist ein solches Recht dagegen, sobald von einer konkreten Gefahr gesprochen werden kann. Ab diesem Zeitpunkt ist die Verpflichtung zur Ergreifung von Schutzmaßnahmen nur noch zur Unterstützung der hoheitlichen Gefahren-

---

481 *Bull*, Die Staatsaufgaben nach dem Grundgesetz, 2. Aufl., S. 349; *Drews* u. a., Gefahrenabwehr, 9. Aufl., S. 1; *Hammer*, DÖV 2000, 611 (616); *Isensee*, in: ders./Kirchhof (Hg.), HdBStR IX, 3. Aufl., § 190 Rn. 129 ff.; *Murswiek*, Die staatliche Verantwortung für die Risiken der Technik, S. 104 f.

482 VGH Mannheim NVwZ-RR 2006, 840 (841); *Saipa* u. a., NdsVBl. 2000, 285 (290).

483 OVG Bremen, Urt. v. 31.10.2006–1 D 41/06.

484 *Saipa* u. a., NdsVBl. 2000, 285 (290).

485 *Leidinger*, DVBl. 2004, 95 (102); *Otten*, Eigensicherung, S. 178 f.

486 Ausführliche Prüfung möglicher Kriterien für die Zulässigkeit des Tätigwerdens Privater insbesondere bei *Honigl*, Tätigwerden von Privaten, S. 82 ff.

487 *Schnekenburger*, Rechtsstellung und Aufgaben des Privaten Sicherheitsgewerbes, S. 98.

488 *Bracher*, Gefahrenabwehr durch Private, S. 44, 48.

489 *Isensee*, in: ders./Kirchhof (Hg.), HdBStR IX, 3. Aufl., § 190 Rn. 132; *ders.*, in: Franßen u. a. (Hg.), FS f. Sendler, S. 39 (49).

490 *Honigl*, Tätigwerden von Privaten, S. 85.

abwehr möglich. Dabei verbleiben zwei Möglichkeiten dieser unterstützenden Gefahrenabwehr: Entweder die Auferlegung einer Eigensicherungspflicht, deren Erfüllung den Angriff verzögert, wie z.B. § 7 Abs. 2 Nr. 5 AtG: Der einzurichtende Werkschutz im Sinne einer „aktiven Eigensicherung“[491] soll nämlich eine Verzögerung des Angriffs auf das Kernkraftwerk bis zum Eintreffen der Polizei bewirken.[492] Oder die Begründung einer reinen Mitwirkungspflicht, z.B. § 19 Abs. 1 Nr. 4 LuftVG (a.F.), § 9 Abs. 1 S. 1 Nr. 5 LuftSiG, wenn die Beteiligung des Privaten für die effektive Gefahrenabwehr aufgrund seiner Sachherrschaft über die technischen Geräte, der Ausrüstung oder des notwendigen technischen Wissens[493] unerlässlich ist.[494] So vermag das zeitliche Kriterium der Nähe des Schadenseintritts nicht nur generell für die Zulässigkeit des Einsatzes Privater ein taugliches Kriterium zu sein,[495] sondern auch ein solches für die Zulässigkeit der Auferlegung einer Eigensicherungspflicht und der damit einhergehenden Ablehnung oder Annahme eines Grundrechts auf Schutz zu bieten. Damit ist zugleich eine mögliche Lösung für die zwischen ihnen stehende Ambivalenz gesetzt.

(2) Der Schadensort

Als Kriterium für die Zulässigkeit des Tätigwerdens Privater wurde in der Vergangenheit ebenfalls der Ort des möglichen Schadenseintritts erwogen.[496] Diskussionswürdig ist dieses Kriterium auch in Bezug auf das Grundrecht des Adressaten der Eigensicherungspflicht auf Schutz. Hervorgebracht wurde, das Betätigungsfeld der Polizei umfasse öffentliche Straßen und Plätze,[497] nicht dagegen private Grundstücke, woraus ein Kriterium abgeleitet werden könne.[498] Fokussiert sich der Argumentationsgang auf die allgemeine Pflicht zum Tätigwerden Privater, scheidet dieser Aspekt wegen der zahlreichen Überschneidungen des Betätigungsfelds von Polizei und Privaten aus.[499] Eine andere Bewertung verdient dieser Aspekt aber möglicherweise unter dem Gesichtspunkt der Eigensicherungspflicht. Denn bei dieser Pflicht handelt es sich gerade um ein originäres Betätigungsfeld Privater,[500]

491 *Burgi*, Funktionale Privatisierung und Verwaltungshilfe, S. 93.
492 BVerwGE 81, 185 (189) = BVerwG NVwZ 1989, 864 (865).
493 *Czaja*, Eigensicherungspflichten von Verkehrsflughäfen, S. 114.
494 Gerade das technische Wissen und die vorhandene technische Ausstattung veranlassten den Bundesrat zu seinem Vorschlag, den Gesetzesentwurf um § 19b Abs. 1 Nr. 4 LuftVG zu ergänzen, s. BT-Drs. 8/3431, S. 17.
495 *Honigl*, Tätigwerden von Privaten, S. 84 ff.
496 *Honigl*, Tätigwerden von Privaten, S. 82 f.
497 *Heiland*, in: Nelken (Hg.), Das Bewachungsgewerbe, S. 238; *Julier*, in: Nelken (Hg.), Das Bewachungsgewerbe, S. 247; *Honigl*, Tätigwerden von Privaten, S. 83.
498 *Heiland*, in: Nelken (Hg.), Das Bewachungsgewerbe, S. 238; *Julier*, in: Nelken (Hg.), Das Bewachungsgewerbe, S. 247.
499 *Honigl*, Tätigwerden von Privaten, S. 83.
500 Nds. OVG NVwZ-RR 2006, 33 (33 f.); VG Düsseldorf NWVBl. 2012, 280 (283); *Burgi*, Funktionale Privatisierung und Verwaltungshilfe, S. 93 f.; *Erbguth*, DVBl.

im Rahmen dessen es nicht zu einer Übertragung hoheitlicher Befugnisse auf den Privaten kommt.[501] Vielmehr kommen Notrechte – wie unter Kap. 2 – C.I.6. festgestellt allenfalls auf eine Verletzung des Hausrechts des Betreibers gestützt – als Handlungsgrundlage in Betracht, wofür wiederum ein Bezug zum Eigentum oder Besitz des Anlagenbetreibers, Infrastrukturbetreibers oder Diensteanbieters unentbehrlich ist, sodass dem ein inhaltlicher Aspekt zu entnehmen sein könnte. Insbesondere die Konstellation der anlässlich des Selbstschutzes durchgeführten Zugangskontrollen zu gefährlichen Anlagen erhärtet sich zum diskussionswürdigen Problem:[502] Während das private Hausrecht gerade auf der Eigentümerstellung gemäß §§ 903 S. 1, 1004 BGB sowie der Besitzstellung nach den §§ 858 ff.BGB beruht,[503] wird die Nutzung von öffentlichen Straßen aber auf die – durch den privaten Anlagenbetreiber nicht einschränkbare – straßenrechtliche Widmung zugunsten des Gemeingebrauchs gestützt, welche die dingliche Berechtigung des Eigentümers an der Straße überlagert.[504] Daraus folgt nicht nur, dass mangels entsprechender Befugnisse des Privaten keine Eigensicherungspflichten im Sinne von Sicherheitsmaßnahmen auf öffentlichen Straßen, bzw. öffentlichen Plätzen auferlegt werden können,[505] sondern zugleich auch, dass sich der Adressat dieser Pflicht auf öffentlichen Straßen weitestgehend nicht selbst zu schützen vermag. So kommt wiederum die Frage nach der aus dem Gewaltmonopol abgeleiteten Friedenssicherungspflicht des Staates und deren Reichweite zum Vorschein.

Insofern ist zu konstatieren, dass dem Adressaten der Eigensicherungspflicht zumindest keine Selbstschutzbefugnisse im Sinne von Zugangskontrollen auf öffentlichen Straßen zustehen. Daraus folgt jedoch noch nicht, wann der Staat tätig werden muss und selbst Zugangskontrollen durchzuführen hat, damit er seinem Grundrecht auf Schutz Folge leistet. Damit stellt das örtliche Kriterium für die Bestimmung eines Grundrechts auf Schutz einen Zirkelschluss dar und führt wieder zum Ausgangspunkt: Die Schadensnähe. Festzuhalten ist allerdings, dass das

---

2007, 1202 (1205); *Möstl*, Die staatliche Garantie für die öffentliche Sicherheit und Ordnung, S. 349 f.; *Nitz*, Private und öffentliche Sicherheit, S. 87; a.A.: *Czaja*, Eigensicherungspflichten von Verkehrsflughäfen, S. 34; *Huber*, Wahrnehmung von Aufgaben der Gefahrenabwehr durch das Sicherheits- und Bewachungsgewerbe, S. 144; differenzierend zwischen Eigensicherung, die dem privaten Aufgabenbereich zuzuordnen ist und staatlicher Indienstnahme *Ossenbühl*, Eigensicherung und hoheitliche Gefahrenabwehr, S. 17 ff.

501 BVerwGE 81, 185 (188) = NVwZ 1989, 864 (865); *Gramm*, Privatisierung und notwendige Staatsaufgaben, S. 454; *Möstl*, Die staatliche Garantie für die öffentliche Sicherheit und Ordnung, S. 350.

502 Vgl. VG Düsseldorf NWVBl. 2012, 280 (280 ff.).

503 VG Düsseldorf NWVBl. 2012, 280 (283).

504 VG Düsseldorf NWVBl. 2012, 280 (283).

505 VG Düsseldorf NWVBl. 2012, 280 (284); *Büge*, Anmerkung zum Urt. v. 03.03.2012–6K 254/11, DVBl. 2012, 1315 (1322); *Thiel*, Die Entgrenzung der Gefahrenabwehr, S. 129 ff.

örtliche Kriterium speziell für die Auferlegung einer Eigensicherungspflicht ein taugliches Kriterium darstellt, insoweit dass jedenfalls auf öffentlichen Straßen keine Eigensicherungspflicht auferlegt werden darf. Tatsächlich ist dies jedoch nur eine Konsequenz aus der Reichweite des Eigentums bzw. des Besitzes und weniger ein Kriterium aufgrund des Ortes.

(3) Das gefährdete Rechtsgut

Ein weiterer Ansatz für die Aufstellung eines Kriteriums für die Begründung eines Grundrechts auf staatlichen Schutz ist das gefährdete Rechtsgut.[506] Möglicherweise sind auch diesem Ansatz inhaltliche Aspekte für ein Grundrecht auf Schutz und aus diesem heraus für die Aufstellung einer Eigensicherungspflicht zu entnehmen. Demzufolge sind das Leben und die Gesundheit von Menschen stärker in die Abwägung bei der Ermessensausübung zu berücksichtigen als Rechtsgutsbeeinträchtigungen, die nur die Vermögensbilanz betreffen.[507] Dieser Argumentationsgang würde ein Grundrecht auf Schutz begründen, sobald Gesundheit und Leben von Menschen betroffen sind. Dagegen einzuwenden ist allerdings – von den Schwierigkeiten einer Grenzziehung abgesehen – dass der Staat nach einfachem Recht gerade zum Schutz aller Rechtsgüter verpflichtet und dass deswegen eine Einstufung in „mindere“[508] und „höherrangige“[509] Rechtsgüter nicht angebracht ist.[510] Außen vor bleibt dabei, dass das Kriterium im Hinblick auf die Grundrechte des Adressaten der Eigensicherungspflicht sehr wohl ein taugliches Kriterium darstellen kann, worauf später noch einzugehen sein wird, nicht jedoch ein Kriterium, das sich aus dem Gewaltmonopol des Staates ergibt und damit ein Grundrecht auf Schutz begründet.

bb) Zwischenfazit

In Anbetracht dessen, dass der Staat durch die Gewährleistung von Sicherheit und nicht nur durch die Wahrnehmung dieser Aufgaben mit Erfüllungsverantwortung seinem Schutzauftrag ausreichend nachkommt, kann aus der Friedenssicherungspflicht als Pendant des Gewaltmonopols kein Recht des Anlagenbetreibers oder Diensteanbieters auf staatlichen Schutz hergeleitet werden, wenn die Eigensicherungspflicht auf die Vorfeldgefahrenabwehr oder bei einer konkreten Gefahr entweder auf rein unterstützende Maßnahmen – eine „supplementäre Gefahrenabwehrmaßnahme“ – oder zeitlich beschränkt auf die Zeitspanne bis zum Eintreffen der Polizei – eine „überbrückende Gefahrenabwehrmaßnahme“[511] – beschränkt ist.

---

506 *Honigl*, Tätigwerden von Privaten, S. 83 f.
507 *Bull*, Die Staatsaufgaben nach dem Grundgesetz, 2. Aufl., S. 352.
508 *Honigl*, Tätigwerden von Privaten, S. 84.
509 *Honigl*, Tätigwerden von Privaten, S. 84.
510 *Honigl*, Tätigwerden von Privaten, S. 84.
511 Insoweit genügt diese Beschränkung selbst der von Krölls geforderten Kompetenzbeschränkung auf „vorläufige Schutzhandlungen“, s. *Krölls*, GewArch 1997, 445 (456).

Der Schadensnähe kommt dabei die überragende Bedeutung eines Kriteriums zur Begründung oder aber Ablehnung eines Grundrechts auf Schutz zu.

c) *Grundrecht auf Schutz als logische Konsequenz des staatlichen Monopols physischen Zwangs?*

Ein weiterer Gesichtspunkt für die Analyse eines Grundrechts auf Schutz ist das als das staatliche Monopol physischen Zwangs bezeichnete Phänomen.[512] Weitere Bedenken wirft nämlich die Fragestellung auf, ob sich ein Grundrecht auf Schutz daraus ergeben kann, dass sich Private bei einigen Eigensicherungspflichten physischen Zwangs bedienen müssen, um dieser Pflicht hinreichend nachzukommen.[513] Wäre aber lediglich dem Staat physischer Zwang vorbehalten, so müsste er bei gefahrgeneigter Tätigkeit selbst für die Sicherheit des Anlagenbetreibers oder Diensteanbieters sorgen, wodurch ein Grundrecht auf Schutz begründet würde. Eine Eigensicherungspflicht, bei der diese Problematik in Erscheinung tritt, ist beispielsweise die Verpflichtung zur Einrichtung eines bewaffneten Werkschutzes im Rahmen des § 7 Abs. 2 Nr. 5 AtomG.[514]

Der These, dem Staat obliege das Monopol physischen Zwangs, ist jedoch mit Vorsicht entgegenzutreten. Die Zuordnung des Gewaltmonopols zum Staat setzt zwar zumindest voraus, dass der Staat über die Legitimität und Illegitimität der Gewalt durchsetzbar entscheiden darf[515] und dass die Einzigartigkeit dieser Entscheidungskraft gewährleistet ist,[516] womit ein grundsätzliches Verbot privater Gewalt einhergeht.[517] Daraus folgt aber ausschließlich, dass die Gewaltanwendung nur primär dem Staat vorbehalten bleibt.[518] Bei der Eigensicherungspflicht unter Einsatz physischer Gewalt handelt es sich aber um abgeleitete Gewalt nach einer Gewaltgestattung,[519] nämlich um die Verpflichtung zur Einrichtung eines Werkschutzes mit der Möglichkeit des Waffeneinsatzes im Rahmen der gesetzlich geregelten Notrechte.[520] Zu betonen ist, dass die Akquise des Rechtsstaats gerade in der

---

512 *Weber*, Wirtschaft und Gesellschaft, 5. Aufl., S. 28 ff., S. 122 ff.; *Isensee*, in: Franßen u. a. (Hg.), FS f. Sendler, S. 39 (47).

513 Siehe hierzu: *Otten*, Eigensicherung, S. 178 ff.

514 BVerwGE 81, 185 (185 ff.) = NVwZ 1989, 864 (864 ff.).

515 *Bracher*, Gefahrenabwehr durch Private, S. 110; *Gusy*, DÖV 1996, 573 (576); *Nitz*, Private und öffentliche Sicherheit, S. 314.

516 *Krüger*, Allgemeine Staatslehre, 2. Aufl., S. 849.

517 *Isensee*, in: ders./Kirchhof (Hg.), HdBStR IX, 3. Aufl., § 190 Rn. 132, § 191 Rn. 273; *Murswiek*, Die staatliche Verantwortung für die Risiken der Technik, S. 104; *Schmitt Glaeser*, Private Gewalt im politischen Meinungskampf, S. 159.

518 *Huber*, Wahrnehmung von Aufgaben im Bereich der Gefahrenabwehr durch das Sicherheits- und Bewachungsgewerbe, S. 131; *Merten*, Rechtsstaat und Gewaltmonopol, S. 56 f.; *Roßnagel*, Radioaktiver Zerfall der Grundrechte?, S. 59.

519 Zur besonderen Problematik der Gewaltgestattung im Gegensatz zur Gewaltübertragung siehe *Bracher*, Gefahrenabwehr durch Private, S. 128 ff.

520 BVerwGE 81, 185 (187) (190) = NVwZ 1989, 864 (865); *Lukes*, ET 1975, 23 (25).

Reglementierung der Notrechte liegt,[521] sodass die Veranlassung zur Ausübung der Notrechte Ausdruck legitimierter Gewalt ist. Insofern ist nicht die Tatsache erklärungsbedürftig, dass sich die privaten Anlagenbetreiber oder Diensteanbieter ihrer Notrechte bedienen. Denn grundsätzlich wird das Gewaltmonopol durch die Ausübung von Notrechten durch Angehörige eines Werkschutzes nicht mehr angetastet als durch die sonstige Ausübung von Notrechten.[522] Schwierigkeiten bereitet aber auch an dieser Stelle wiederholt der verfassungsrechtliche Streit um den Charakter der Notrechte:[523] Während z.T. die Notrechte als Ausnahmevorschrift verstanden werden,[524] werden sie teilweise als immanente Beschränkung des Gewaltmonopols eingestuft.[525] Insoweit die Notrechte als Ausnahme zum Gewaltmonopol begriffen werden, können sie – wird dieser Ansatz für begründet gehalten – nicht zum Gegenstand von Eigensicherungspflichten gemacht werden.[526] Der Streit um die Natur der Notrechte wirkt sich allerdings – wegen deren Reglementierung und der damit verbundenen staatlichen Veranlassung – nicht auf das Ergebnis aus,[527] sofern das Gewaltmonopol mit der Souveränitätslehre begründet wird, sodass ein Streitentscheid zur Einordnung der Notrechte hinfällig wäre.[528] Zu der Begründung der staatlichen Veranlassung tritt überdies hinzu, dass die Eigensicherungspflichten nicht ersatzweise, sondern ergänzend zur staatlichen Gefahrenabwehr in Erscheinung treten, sodass die staatliche Souveränität durch die Wahrnehmung von Notrechten im Rahmen einer Eigensicherungspflicht nicht angetastet wird.[529] Näherer Klärung bedarf aber die Vereinbarkeit der Auferlegung von Eigensicherungspflichten unter Einsatz physischer Gewalt, sofern die Begründung des Gewaltmonopols den Vertragstheorien zugrunde gelegt wird,[530] die von einem Wiederaufleben des Naturzustands

---

521 *Peilert*, Das Recht des Auskunftei- und Detekteigewerbes, S. 218.

522 *Rudolf* u. a., in: Schwind u. a. (Hg.), Ursachen, Prävention und Kontrolle von Gewalt, S. 961 (978); a.A.: *Bracher*, Gefahrenabwehr durch Private, S. 137, 154 ff.; die erste Aussage wiederum einschränkend für den Fall der „professionellen Nothilfe“: *Rudolf* u. a., in: Schwind u. a. (Hg.), Ursachen, Prävention und Kontrolle von Gewalt, S. 961 (978 f.); s.a. Kap. 2 – B.I.

523 Bereits angedeutet in Kap. 2 – B.I. sowie Kap. 3 – A.I.1.c); *Otten*, Eigensicherung, S. 179 f.

524 So z.B. *Isensee*, in: Müller (Hg.), FS f. Eichenberger, S. 23 (27); *ders.*, Das Grundrecht auf Sicherheit, S. 56; *ders.*, in: ders./Kirchhof (Hg.), HdBStR IX, 3. Aufl., § 190 Rn. 129.

525 *Gusy*, VVDStRL 63 (2004), S. 151 (172); *Isensee*, in: Franßen u. a. (Hg.), FS f. Sendler, S. 39 (52); *Peilert*, Das Recht des Auskunftei- und Detekteigewerbes, S. 217; *Otten*, Eigensicherung, S. 180.

526 S. ausführlich zu dieser Problematik Kap. 2 – B.I. sowie Kap. 3 – A.I.1.c).

527 *Nitz*, Private und öffentliche Sicherheit, S. 536; *Otten*, Eigensicherung, S. 178 f.

528 Vertreten u. a. von *Isensee*, in: Franßen u. a. (Hg.), FS f. Sendler, S. 39 (47); *Krüger*, Allgemeine Staatslehre, 2. Aufl., S. 847 ff.; *Quaritsch*, Staat und Souveränität, Bd. 1, S. 41, 43.

529 *Otten*, Eigensicherung, S. 178 f.

530 *Hobbes*, Leviathan, 17. Kap., S. 145 f.

ausgehen, insoweit der Staat seiner Friedenssicherungspflicht nicht ausreichend nachkommt.[531] Dies wirft jedenfalls dann Schwierigkeiten auf, wenn der Adressat der Pflicht unter erheblichem Aufwand für seine Sicherheit selbst zu sorgen hat.[532] Diese Begründung steht der Verpflichtung zu gewaltgeneigten Eigensicherungspflichten nur dann nicht entgegen, wenn die Notrechte nicht den Charakter einer Ausnahme aufweisen.[533] Da die Begründungen des Gewaltmonopols historische Ansätze darstellen, bei denen weder die eine noch die andere Begründung als richtig oder falsch bewertet werden kann, erscheint es hilfreicher, den Streit um die Einordnung der Notrechte zu begutachten, anstatt einen Jahrhunderte alten Streit wieder aufleben zu lassen. Insofern ist eine genauere Untersuchung des Charakters der Notrechte für den weiteren Gang der Untersuchung unentbehrlich:

Bei genauerer Betrachtung des Grundgesetzes wäre der erste dogmatische Ansatz – der Ausnahmecharakter der Notrechte – mit den Freiheitsrechten nicht vereinbar,[534] vielmehr „mildert, zähmt und begrenzt [der Verfassungsstaat] die Gewalt – aber er beseitigt sie nicht".[535] Insofern muss, um dieses Ergebnis zu vermeiden, von einer immanenten Beschränkung samt der Ablehnung eines antithetischen Verhältnisses zwischen Notwehr und Staatsgewalt[536] des Gewaltmonopols ausgegangen werden.[537] Damit erübrigen sich auch die Bedenken gegen das „Ob" der Gewaltanwendung im Rahmen von Eigensicherungspflichten, wodurch zugleich die Fragestellung beantwortet ist, ob allein aus dem sogenannten Monopol physischer Gewalt ein Grundrecht auf Sicherheit für den Anlagenbetreiber oder Diensteanbieter folgt.

---

531 *Hobbes*, Leviathan, 21. Kap., S. 187.

532 *Möstl*, Die staatliche Garantie für die öffentliche Sicherheit und Ordnung, S. 340.

533 So aber z. B. *Isensee*, in: ders./Kirchhof (Hg.), HdBStR IX, 3. Aufl., § 190 Rn. 129; *Merten*, Rechtsstaat und Gewaltmonopol, S. 57; *Roßnagel*, ZRP 1983, 59 (62); verneinend mangels hinreichender Würdigung der Relevanz legaler Verteidigung *Götz*, in: Isensee/Kirchhof (Hg.), HdBStR III, 2. Aufl., § 79 Rn. 32.

534 *Götz*, in: Isensee/Kirchhof (Hg.), HdBStR III, 2. Aufl., § 79 Rn. 32; dahin gehend, wenn auch nicht bzgl. des vermeintlichen Ausnahmecharakters der Notrechte, sondern unter dem Aspekt der Reduktion der Notrechte *Isensee*, in: Franßen u. a. (Hg.), FS f. Sendler, S. 39 (52); *Klose* nimmt zwar einen Ausnahmecharakter der Notrechte an, ZStW 89 (1977), 61 (68), relativiert es aber zugleich mit dem Verweis darauf, dass die Notrechte nicht eingeschränkt werden dürften: ZStW 89 (1977), 61 (87).

535 *Isensee*, in: Müller (Hg.), FS f. Eichenberger, S. 23 (28).

536 *Klose*, ZStW 89 (1977), 61 (66 f.).

537 *Gusy*, VVDStRL 63 (2004), S. 151 (172 f.); *Isensee*, in: Franßen u. a. (Hg.), FS f. Sendler, S. 39 (52); *ders.*, in: Müller (Hg.), FS f. Eichenberger, S. 23 (28); *Otten*, Eigensicherung, S. 180; *Peilert*, Das Recht des Auskunftei- und Detekteigewerbes, S. 217.

2. *Grundrecht auf Schutz als Ausprägung staatlicher Schutzpflichten*

a) Freiheitsrechte als Grundlage

Obendrein ist näher auf die Fragestellung einzugehen, ob zugunsten des Anlagenbetreibers oder Diensteanbieters ein Grundrecht auf Schutz aus der staatlichen Schutzpflicht – anerkannt für alle durch die Freiheitsrechte geschützten Verhaltensweisen[538] – zum Tragen kommt. In den Blick zu nehmen sind dabei in erster Linie Schutzpflichten aus Artikel 12 Abs. 1 GG, Artikel 14 Abs. 1 GG, Artikel 13 Absatz 1 GG, Artikel 2 Abs. 2 S. 1 GG sowie aus Artikel 2 Abs. 1 GG, da sie einen Bezug zu der Auferlegung von Eigensicherungspflichten aufweisen.[539] Ausgangspunkt dieser Fragestellung und damit zugleich Anknüpfungspunkt für die Schutzpflichten ist, dass sich der Staat durch die Auferlegung der Eigensicherungspflicht aus der Sicherheitsgewährung zurückzieht[540] und dadurch ein Grundrecht auf Schutz des Adressaten der Eigensicherungspflicht verletzen könnte. Nicht zu verkennen ist gleichwohl, dass der Staat wie auch bei der Erfüllung seiner Friedenssicherungspflicht nicht selbst tätig werden muss,[541] sondern sich auf die Regelung[542] und Überwachung[543] privater Tätigkeit beschränken, sich gar vollständig aus der Sicherheitsgewährleistung zurückziehen kann,[544] vorausgesetzt ein Mindestniveau an Schutz für die Gesellschaft bleibt erhalten.[545] Im Grundsatz zählt auch die Auferlegung einer Eigensicherungspflicht zu einer möglichen Erfüllungsmodalität aus einer großen Breite an verschiedenen Handlungsmöglichkeiten.[546] Genauerer Betrachtung bedarf aber die Tatsache, dass nicht ein beliebiger Dritter zur Erreichung des Mindestschutzniveaus zur Sicherheitsherstellung verpflichtet wird, sondern derjenige, der auch zum Opfer äußerer Angriffe werden kann[547] und demnach selbst von der staatlichen Schutzpflicht im Sinne eines Grundrechts auf Schutz profitieren müsste.[548] So spricht Möstl in diesem Sinne von einer „Vermutungsregel“, die Sicherheitsherstellung sei

538 *Nitz*, Private und öffentliche Sicherheit, S. 361.

539 *Braun*, in: Stober u. a. (Hg.), Management-HdB Sicherheitswirtschaft und Unternehmenssicherheit, A I Rn. 86; *Hermes*, in: Dreier (Hg.), GG, Bd. 1, 3. Aufl., Art. 13 Rn. 122; *Schulze-Fielitz*, in: Dreier (Hg.), GG, Bd. 1, 3. Aufl., Art. 2 Abs. 2 Rn. 76, 89; *Wieland*, in: Dreier (Hg.), GG, Bd. 1, 3. Aufl., Art. 12 Rn. 142 ff., Art. 14 Rn. 195 ff.

540 *Otten*, Eigensicherung, S. 188.

541 *Nitz*, Private und öffentliche Sicherheit, S. 388.

542 *Isensee*, in: ders./Kirchhof (Hg.), HdBStR IX, 3. Aufl., § 191 Rn. 219; *Peilert*, Das Recht des Auskunftei- und Detekteigewerbes, S. 246 f.

543 BVerfGE 88, 203 (261 ff.).

544 *Nitz*, Private und öffentliche Sicherheit, S. 385.

545 *Nitz*, Private und öffentliche Sicherheit, S. 370.

546 *Nitz*, Private und öffentliche Sicherheit, S. 391.

547 *Bracher*, Gefahrenabwehr durch Private, S. 51; *Erbguth*, DVBl. 2007, 1202 (1205); *Möstl*, Die staatliche Garantie für die öffentliche Sicherheit und Ordnung, S. 335.

548 *Möstl*, Die staatliche Garantie für die öffentliche Sicherheit und Ordnung, S. 339.

zwar nicht unbedingt vom Staat selbst, aber regelmäßig auch nicht vom Rechtsgutsträger selbst zu erbringen.[549]

Zur Begründung dieses Vorkommnisses kann unter Umständen vorgebracht werden, aus dem Bestehen der Schutzpflicht sei noch keine Reaktionspflicht des Staates zu schließen:[550] Der Schutzbedarf des betroffenen Schutzguts sei maßgeblich von Einfluss.[551] So sei das Rechtsgut Eigentum beispielsweise weniger schutzwürdig als das Leben.[552] Während durch die Wahrnehmung der durch die Eigensicherungspflicht auferlegten Sicherheitsvorkehrungen das Leben Dritter geschützt werden soll,[553] geht es bei dem Schutz der Anlage selbst um Eigentumsschutz. Allerdings ist bei einem Angriff auf die gefährliche Anlage ebenfalls die Gesundheit, wenn nicht auch das Leben des Anlagenbetreibers und seiner Angestellten gefährdet, sodass dieser Argumentationsgang nicht vollständig durchdacht erscheint.[554] Nach diesem Befund kann wegen der Unabwägbarkeit von Leben gegen Leben[555] nicht auf diesen Begründungsansatz zurückgegriffen werden.

b) *Ausschluss wegen Selbstgefährdung durch Ausübung der beruflichen Tätigkeit?*

Indessen können dem Grundrecht auf Schutz Gründe entgegenstehen, insoweit sie auch eine staatliche Schutzpflicht ausschließen würden. So kann gegen die Annahme eines Grundrechts auf Schutz der Aspekt der Selbstgefährdung, indem der Anlagenbetreiber bzw. Diensteanbieter durch seine Tätigkeit selbst ein Risiko setzt,[556] sprechen, denn ein Recht auf Schutz vor Selbstgefährdung wird überwiegend abgelehnt.[557] Davon ausgenommen ist jedoch die Konstellation wie bei der

---

549 *Möstl*, Die staatliche Garantie für die öffentliche Sicherheit und Ordnung, S. 340.

550 *Nitz*, Private und öffentliche Sicherheit, S. 524.

551 BVerfGE 7, 198 (215); 49, 89 (142); *Isensee*, Das Grundrecht auf Sicherheit, S. 37 f.; *Stern*, Das Staatsrecht der BRD, Bd. III, Teilband 1, S. 740; erwägend: *Murswiek*, Die staatliche Verantwortung für die Risiken der Technik, S. 168 ff., 178, aber nur bejahend für logische und funktionale Fundamentalitätsverhältnisse; ablehnend: *Nitz*, Private und öffentliche Sicherheit, S. 379; ebenfalls kritisch: *Hermes*, Das Grundrecht auf Schutz von Leben und Gesundheit, S. 252 f.

552 *Isensee*, Das Grundrecht auf Sicherheit, S. 38.

553 *Lukes*, ET 1975, 23 (26); *Sorge*, Kostentragung für den Schutz vor Anschlägen, S. 88; *Möstl*, Die staatliche Garantie für die öffentliche Sicherheit und Ordnung, S. 341.

554 *Czaja*, Eigensicherungspflichten von Verkehrsflughäfen, S. 157.

555 *Erb*, in: Joecks/Miebach (Hg.), Münchener Kommentar zum StGB, Bd. 1, 3. Aufl., § 34 Rn. 116.

556 *Erbguth*, DVBl. 2007, 1202 (1206); *Gusy*, VVDStRL 63 (2004), S. 151 (173); *Koch*, in: ders. u. a. (Hg.), 12. Deutsches Atomrechtssymposium, S. 249; *Schneider*, Die Abwehr äußerer Gefahren im Luftverkehr, S. 98; *Schnekenburger*, Rechtsstellung und Aufgaben des Privaten Sicherheitsgewerbes, S. 89.

557 *Hermes*, Das Grundrecht auf Schutz von Leben und Gesundheit, S. 228; *Isensee*, Das Grundrecht auf Sicherheit, S. 48 f.; *Robbers*, Sicherheit als Menschenrecht, S. 220 f.

Eigensicherungspflicht, dass lediglich ein Verantwortungszusammenhang zur Gefahr besteht[558] – die Gefahr von außen kommt –[559] und damit nicht ausschließlich dem Verhalten des Betreibers zurechenbar ist.[560] Spätestens dann, wenn sich die Ursachenkette dem Einfluss des Betreibers entzieht, gewinnt die staatliche Schutzpflicht ohnehin wieder an Relevanz.[561]

c) *Anspruch auf „Gleichheit des Sicherheitsstandards" für die gesamte Bevölkerung?*

Es bleibt die Überlegung nach dem Schutz grundrechtlicher Gleichheit,[562] die daraus zu entwickeln ist, dass Anlagenbetreiber von Kernkraftwerken, Flughäfen oder anderen Kritischen Infrastrukturen zu Adressaten von Eigensicherungspflichten gemacht werden und damit auf Selbstschutz verwiesen werden, andere Betreiber gefährlicher Anlagen dagegen aber nicht.[563]

Praktische Bedeutung erlangt indessen einzig der Aspekt, dass der Staat für jedermann ein gleiches Schutzniveau zu gewährleisten hat[564] und damit eine vertiefte Untersuchung der Kriterien erforderlich ist, die einen Rückzug des Staates mit einem Verweis des Betroffenen auf sich selbst rechtfertigen. Während weitgehende Einigkeit bezüglich einiger Kriterien besteht, die sich mit der Reaktionspflicht des Staates beschäftigen wie die Intensität der drohenden Beeinträchtigung[565] oder die Restitutionsfähigkeit des Rechtsguts,[566] gehen die Meinungen im Hinblick auf die Beachtlichkeit des zumutbaren Selbstschutzes auseinander. Präzisierend lautet die Frage: Soll der Bürger nur dort schutzbedürftig sein, wo er nicht in eigener Verantwortung für seinen Schutz sorgen kann?[567] Verfechter dieser Ansicht gehen sogar

558 VG Düsseldorf, Urt. v. 08.12.2010–10 K 8598/08; *Möstl*, Die staatliche Garantie für die öffentliche Sicherheit und Ordnung, S. 345; *Schneider*, Die Abwehr äußerer Gefahren im Luftverkehr, S. 98.

559 *Möstl*, Die staatliche Garantie für die öffentliche Sicherheit und Ordnung, S. 341.

560 *Hermes*, Das Grundrecht auf Schutz von Leben und Gesundheit, S. 230.

561 *Hermes*, Das Grundrecht auf Schutz von Leben und Gesundheit, S. 230.

562 Vgl. *Nitz*, Private und öffentliche Sicherheit, S. 365.

563 *Otten*, Eigensicherung, S. 194.

564 Hergeleitet wird dies u. a. aus Art. 1 Abs. 1 S. 2 GG, vgl. *Nitz*, Private und öffentliche Sicherheit, S. 359. Neuerdings wird dies z. T. unmittelbar aus Art. 3 GG gezogen, vgl., *Heun*, in: Dreier (Hg.), GG, Bd. 1, 3. Aufl., Art. 3 Rn. 67 ff.

565 BVerfGE 49, 89 (141); *Hermes*, Das Grundrecht auf Schutz von Leben und Gesundheit, S. 255; *Isensee*, Das Grundrecht auf Sicherheit, S. 37; *Nitz*, Private und öffentliche Sicherheit, S. 379.

566 *Hermes*, Das Grundrecht auf Schutz von Leben und Gesundheit, S. 256; *Isensee*, Das Grundrecht auf Sicherheit, S. 38; *Nitz*, Private und öffentliche Sicherheit, S. 379.

567 *Hermes*, Das Grundrecht auf Schutz von Leben und Gesundheit, S. 245; *Isensee*, in: ders./Kirchhof (Hg.), HdBStR IX, 3. Aufl., § 191 Rn. 271 ff.; vertiefter zum Subsidiaritätsprinzip *Isensee*, Subsidiaritätsprinzip und Verfassungsrecht, 2. Aufl., S. 264 ff.

soweit, dass sie eine Anregung des Bürgers zum Selbstschutz fordern.[568] Begründet wird dieser Ansatz mit dem Subsidiaritätsprinzip[569] sowie der Interessenskongruenz zwischen privatem und staatlichem Interesse.[570] Die endgültige Grenze begründe erst das Gewaltmonopol.[571] Zu favorisieren ist die dem kritisch gegenüberstehende Auffassung, die betont, dass der Selbstschutz nur die Ebene des „Wie" und nicht des „Ob" einer staatlichen Schutzpflicht beträfe,[572] da der Staat bei zumutbarem Selbstschutz noch gewährleistend seiner Schutzpflicht nachkomme, wenn er darauf verweise.[573] Dabei muss aber differenziert werden, ob es um eine veranlasste oder nicht veranlasste sowie um gewaltgeneigte oder nicht gewaltgeneigte Selbstschutzvariante geht. Dieser Grundsatz gilt nämlich nicht für den Fall einer nicht staatlich veranlassten Selbstschutzhandlung unter Einsatz von Gewalt. In dem Fall kann nicht mehr von der Wahrnehmung der Schutzpflicht gesprochen werden. Denn es hat eine konkrete Gefahr für das angegriffene Rechtsgut bestanden, die von dem Staat weder abgewendet noch minimiert wurde. Bei der Eigensicherungspflicht handelt es sich demgegenüber um veranlassten Selbstschutz, sodass der zumutbare Selbstschutz mangels Vernachlässigung der staatlichen Schutzpflicht kein taugliches Kriterium für das „Ob" der Wahrnehmung der Schutzpflicht darstellt.[574]

Gemäß Artikel 19 Abs. 3 GG ist der Staat allerdings bei der Wahrnehmung seiner Schutzpflicht an die Grundrechte gebunden. Hier kommt Artikel 3 Abs. 1 GG eine besondere Bedeutung zu,[575] denn es bedarf einer besonderen Rechtfertigung dafür, dass gerade diese Anlagenbetreiber auf Selbstschutz verwiesen werden,[576] während andere von der staatlichen Schutzpflicht profitieren und auf rein freiwilliger Basis Selbstschutzmaßnahmen vornehmen können.[577] Ausdrücklich erwähnt sei die Zumutbarkeit für den Verweis auf den Selbstschutz, welche im Einzelfall einer besonderen Prüfung bedarf.[578] An dieser Stelle steht indessen nicht – wie später bei der Grenze einer Verpflichtung des Privaten – die Kostenlast, sondern vielmehr die Auferlegung einer Sachpflicht zum Selbstschutz im Vordergrund, da ein besonderer Grund für die Inpflichtnahme selbst vorliegen muss.

---

568 *Isensee*, in: ders./Kirchhof (Hg.), HdBStR IX, 3. Aufl., § 191 Rn. 271.
569 *Isensee*, in: ders./Kirchhof (Hg.), HdBStR IX, 3. Aufl., § 191 Rn. 271.
570 *Isensee*, in: ders./Kirchhof (Hg.), HdBStR IX, 3. Aufl., § 191 Rn. 271.
571 *Robbers*, Sicherheit als Menschenrecht, S. 192.
572 *Nitz*, Private und öffentliche Sicherheit, S. 379.
573 *Nitz*, Private und öffentliche Sicherheit, S. 379.
574 *Nitz*, Private und öffentliche Sicherheit, S. 379.
575 *Nitz*, Private und öffentliche Sicherheit, S. 388; *Robbers*, Sicherheit als Menschenrecht, S. 207.
576 *Czaja*, Eigensicherungspflichten von Verkehrsflughäfen, S. 128 f.; *Schnekenburger*, Rechtsstellung und Aufgaben des Privaten Sicherheitsgewerbes, S. 93; *Sorge*, Kostentragung für den Schutz vor Anschlägen, S. 89.
577 *Sorge*, Kostentragung für den Schutz vor Anschlägen, S. 89.
578 *Isensee*, in: ders./Kirchhof (Hg.), HdBStR IX, 3. Aufl., § 191 Rn. 271.

Folglich sind die sachlichen Gründe, die in der Grundrechtsprüfung einen Eingriff in Artikel 3 Abs. 1 GG rechtfertigen können, auf ihre Übertragbarkeit für die Rechtfertigung der Auferlegung der Sachpflicht hin zu überprüfen: Während gegen den Argumentationsansatz, Flughäfen, Kernkraftwerke oder andere Kritische Infrastrukturen seien ein typisches Anschlagsziel[579] zu Recht vorgebracht wird, dies rechtfertige nicht den Verweis auf Selbstschutz zwischen gefahrgeneigten Anlagen,[580] wird für eine Rechtfertigung im Rahmen des Artikels 3 Abs. 1 GG vorgebracht, eine Vielzahl von Personen werde gefährdet.[581] Die Schwere des mittelbaren Schadens[582] rechtfertige die Auferlegung der Pflicht. Bei genauerer Betrachtung fällt aber auf, dass dieser Aspekt zwar durchaus einen wichtigen Bestandteil der Verhältnismäßigkeitsprüfung im Rahmen der Abwehrrechte des Adressaten der Eigensicherungspflicht darstellt, aber nicht weiterführend in Bezug darauf ist, weshalb ausgerechnet der Anlagenbetreiber, wo der mögliche Schaden doch so schwerwiegend ist, seines Grundrechts auf staatlichen Schutz beraubt wird. Dafür müssen personen- bzw. tätigkeitsbezogene Argumentationsansätze ausgearbeitet werden. Hier kommt der Interessenskongruenz zwischen dem staatlichen und dem privaten Interesse überragende Bedeutung zu.[583] Sind durch einen Schadenseintritt erhebliche wirtschaftliche Einbußen des Betreibers zu erwarten,[584] liegt es nämlich auch im Interesse des Betreibers, umfassende Gefahrenabwehrmaßnahmen zu unternehmen. Gleiches gilt, wenn sich der Anlagenbetreiber oder Diensteanbieter zivilrechtlichen Schadensersatzansprüchen aussetzt, falls er nicht für ausreichende Sicherheitsstandards sorgt.[585] Darüber hinaus darf nicht verkannt werden, dass allein durch den Bestand der Anlage oder die Ausübung der Tätigkeit sowie durch ihre Sensibilität[586] eine Risikolage geschaffen wird.[587] Dem tritt die fehlende Störereigenschaft des Anlagenbetreibers oder Diensteanbieters auch nicht entgegen, da diese nichts über

579 VGH Baden-Württemberg DVBl. 1983, 41 (43).

580 *Sorge*, Kostentragung für den Schutz vor Anschlägen, S. 89.

581 VGH Baden-Württemberg DVBl. 1983, 41 (43); *Sorge*, Kostentragung für den Schutz vor Anschlägen, S. 89.

582 VGH Baden-Württemberg DVBl. 1983, 41 (43); *Schiller/Drettmann*, DVBl. 1977, 956 (960 f.).

583 *Ossenbühl*, VVDStRL 29 (1971), S. 137 (182).

584 *Erbguth*, DVBl. 2007, 1202 (1209).

585 VGH Baden-Württemberg DVBl. 1983, 41 (43); *Czaja*, Eigensicherungspflichten von Verkehrsflughäfen, S. 110.

586 *Czaja*, Eigensicherungspflichten von Verkehrsflughäfen, S. 157.

587 VGH Baden-Württemberg DVBl. 1983, 41 (43); VG Düsseldorf, Urt. v. 08.12.2010–10 K 8598/08; *Czaja*, Eigensicherungspflichten von Verkehrsflughäfen, S. 130, 157, 161, spricht von einer „Vergrößerung der Angriffsfläche des Staates"; *Erbguth*, DVBl. 2007, 1202 (1210); *Krüger*, DÖV 1977, 263 (267); *Möstl*, Die staatliche Garantie für die öffentliche Sicherheit und Ordnung, S. 339; *Schiller/Drettmann*, DVBl. 1977, 956 (961); *Schnekenburger*, Rechtsstellung und Aufgaben des Privaten Sicherheitsgewerbes, S. 93.

die Lastenverteilung im Rahmen der Minimierung von Gefährdungslagen besagt,[588] so lange die Gefahrenabwehr zumindest nicht vollständig dem Privaten überlassen wird.[589] Vielmehr „darf oder muss am Risikomanagement beteiligt werden",[590] wer durch seine Tätigkeit, hier durch den Anlagenbetrieb, besondere Risiken schafft, die über das normale Maß an Gefährlichkeit hinausgehen.[591] Die Handlungspflicht des Staates lebt nämlich auch im Rahmen der Schutzpflicht erst dann auf, wenn im Hinblick auf das Schadenspotential eine hinreichende Wahrscheinlichkeit eines Schadenseintritts an einem solchen Rechtsgut besteht, dessen Schutz für die Einhaltung des verfassungsrechtlich geforderten Mindestschutzes erforderlich ist[592] – also zumindest bei einer konkreten Gefahr für Gesundheit oder Leben. Eine Beteiligung des Privaten an der Gefahrenabwehr unterhalb dieser Schwelle durch den Verweis auf Selbstschutz ist demnach nicht nur möglich, sondern angesichts der Praktikabilität[593] – der Staat ist nämlich wie zuvor im Rahmen der Friedenssicherungspflicht festgestellt weder sachlich, organisatorisch, noch finanziell in der Lage, ausschließlich selbst für Sicherheit zu sorgen – sogar erwünscht und aufgrund der Schnittstelle zwischen unternehmerischem und allgemeinem Lebensumfeld besonders geeignet zur Herstellung von Sicherheit.[594] Dies führt zu dem Ergebnis, dass der Verweis dieser Privaten auf sich selbst gerechtfertigt ist, deshalb eine verfassungsgemäße Wahrnehmung der Schutzpflicht durch den Gesetzgeber zugrunde liegt und infolgedessen auch kein Grundrecht des Anlagenbetreibers oder Diensteanbieters auf Schutz aus der staatlichen Schutzpflicht besteht.

II. Zwischenfazit

Obwohl das Grundrecht auf Schutz – wird es objektiven Prinzipien zugrunde gelegt – auf den ersten Blick nur gesellschaftliche Auslöser einer Gefahr bzw. eines Schadens erfasst, trifft dies nicht zu: Die Schadensursache ist weniger bedeutsam als die Schadenswirkung, sodass ein Grundrecht auf Schutz auch für den verpflichteten Betreiber einer Kritischen Infrastruktur Berücksichtigung finden muss, wenn z.B. eine Naturkatastrophe der Auslöser war. Dem Adressaten einer Eigensicherungspflicht steht hingegen kein so weitreichendes Grundrecht auf Schutz zu, das einem Verweis auf Selbstschutz im Rahmen der Wahrnehmung der Eigensicherungspflicht entgegenstehen könnte: Denn der Staat entledigt sich durch die Auferlegung einer

588 *Czaja*, Eigensicherungspflichten von Verkehrsflughäfen, S. 163.

589 Die erhöhte Gefahr soll durch die Sicherheitsmaßnahmen des Privaten auf das normale Maß an Gefährdung reduziert werden, vgl. *Czaja*, Eigensicherungspflichten von Verkehrsflughäfen, S. 164.

590 *Gusy*, VVDStRL 63 (2004), S. 151 (173).

591 *Krüger*, DÖV 1977, 263 (267); *Schiller/Drettmann*, DVBl. 1977, 956 (961).

592 *Isensee*, Das Grundrecht auf Sicherheit, S. 37; *Nitz*, Private und öffentliche Sicherheit, S. 383.

593 BVerfGE 17, 337 (354).

594 *Czaja*, Eigensicherungspflichten von Verkehrsflughäfen, S. 130.

Eigensicherungspflicht nicht seiner gesamten Verantwortung für die Herstellung von Sicherheit. Vielmehr kommt er seiner Schutzpflicht durch die Wahrnehmung seiner Regulierungs-, Beobachtungs-, Kontroll- und Gewährleistungsverantwortung nach, indem er gesetzliche Regelungen schafft, die nicht nur Verantwortungszuweisungen begründen, sondern zugleich ausreichende Durchsetzungsmechanismen für diese festlegen.

Die Schutzpflichten sind indessen nicht spezifiziert genug, als dass sie genaue Rückschlüsse auf die verschiedenen Verantwortungssphären zulassen würden.[595] Umso wichtiger ist es deshalb, dass der Staat seiner Regulierungsverantwortung hinreichend nachkommt.[596] Der Blick auf das Grundrecht auf Schutz lässt aber freilich auch Rückschlüsse auf gewisse Kriterien und Grenzen für die Auferlegung einer Eigensicherungspflicht zu. Als taugliches Kriterium kommt insofern die Schadensnähe in Betracht. Bedenkenlos kann eine Eigensicherungspflicht im Bereich der Vorfeldgefahrenabwehr auferlegt werden. Wogegen eine konkrete Gefahr vorliegt, können Adressaten einer Eigensicherungspflicht nur noch zu zeitlich überbrückenden oder aber supplementären Maßnahmen verpflichtet werden. Der Schadensort ist nur insoweit ein taugliches Kriterium als dass Eigensicherungspflichten auf öffentlichen Straßen ausscheiden. An dieser Stelle ist das örtliche Kriterium nicht mehr als eine Konsequenz zivilrechtlicher Ausflüsse von Besitz und Eigentum. Das „Monopol physischen Zwangs“ stellt keine weitergehende Anforderung auf als dass eine Gewaltgestattung vorliegen muss, die aber schon in der Reglementierung der Notrechte zu sehen ist. Auch die staatliche Schutzpflicht führt nicht zu einem weitergehenden Grundrecht auf Schutz als ein solches Recht durch die Friedenssicherungspflicht gewährt wird. Ein Mindestschutz muss jedoch – unabhängig von der Art und Weise, auf die dieser erreicht wird – bestehen. Überdies liegt kein Verstoß gegen Artikel 3 Abs. 1 GG bei der Wahrnehmung der Schutzpflicht durch den Gesetzgeber vor, wenn ein sachlicher Grund dafür besteht, dass ausgerechnet der Adressat einer Eigensicherungspflicht auf sich selbst verwiesen wird. Solche sachlichen Gründe müssen allerdings in der Person oder deren Tätigkeit liegen.

B. Verpflichtung zur Eigensicherung als Prognoseentscheidung des Gesetzgebers

Dem Staat steht es grundsätzlich frei, bei der Gewährleistung von Sicherheit von seinem Prognosespielraum Gebrauch zu machen.[597] Zur Wahrnehmung dieser Aufgabe verfügt der Staat über die Möglichkeit, die ihm obliegende Verantwortung zu verteilen.[598] Ebenso steht es ihm prinzipiell offen zu regeln, in welchem Um-

---

595 *Wiater*, in: Gusy u. a. (Hg.), Rechtshandbuch Zivile Sicherheit, Kap. 12 Rn. 19.

596 *Wiater*, in: Gusy u. a. (Hg.), Rechtshandbuch Zivile Sicherheit, Kap. 12 Rn. 20.

597 *Erbguth*, DVBl. 2007, 1202 (1206).

598 Bereits *Dederer*, DÖV 2005, 621 (624), der eine komplementäre Verantwortung des Betreibers annimmt; *Erbguth*, DVBl. 2007, 1202 (1206); *Gusy*, in: Hoffmann-Riem/

fang sich der Eigensicherungsverpflichtete an der Gefahrenabwehr zu beteiligen hat.[599] Eine Schranke setzen die Grundrechte des Verpflichteten.[600] Der Staat kann allerdings nicht die gesamte Sicherheitsherstellung übernehmen.[601] Daraus folgt, dass der Staat sogar dazu angehalten ist, auf eine einfachgesetzliche Ausgestaltung der Verantwortungsverteilung zwischen Staat und Gesellschaft im Rahmen seiner Regulierungsverantwortung hinzuwirken.[602] Seine Rolle als Akteur mutiert damit zu einer solchen als „Regisseur".[603] Infolgedessen lässt sich für das Staat-Eigensicherungsverpflichteter-Verhältnis folgende These aufstellen:

Der Staat darf immer dann einen Unternehmer im Rahmen seines Prognosespielraums zur Eigensicherung verpflichten, wenn

- der Unternehmer kein Recht auf Schutz durch den Staat hat (siehe hierzu bereits Kapitel 3 – A.) und
- kein Verstoß gegen seine Grundrechte vorliegt.

Ob den Gesetzgeber dagegen unter bestimmten Umständen sogar eine Pflicht zur Auferlegung von Eigensicherungspflichten treffen kann, ist eine Frage des Verhältnisses zwischen dem Staat und Dritten. Die maßgebliche Frage an dieser Stelle lautet also: Wie weit darf die einfachgesetzliche Verantwortungsverteilung zwischen dem Staat und Privaten reichen, damit es nicht zu einer Kollision mit den Grundrechten des Unternehmers kommt?[604] In der Vergangenheit war die Befürchtung groß, durch

---

Schmidt-Aßmann (Hg.), Effizienz als Herausforderung an das Verwaltungsrecht, S. 175 (182). Zur Verantwortungsverteilung *Battis*, in: Ossenbühl (Hg.), Deutscher Atomrechtstag 2002, S. 27 (28 ff.); *Gusy*, in: Schuppert (Hg.), Jenseits von Privatisierung und „schlankem Staat", S. 115 (127 ff.) (m.w.N.); *ders.*, VVDStRL 63 (2004), S. 151 (173); *Hoffmann-Riem*, DÖV 1997, 433 (440 ff.); *Huber*, ZUR 2004, 1 (3 f.); *Trute*, in: Hoffmann-Riem/Schmidt-Aßmann (Hg.), Öffentliches Recht und Privatrecht als wechselseitige Auffangordnungen, S. 167 (198 ff.); *ders.*, in: Schuppert (Hg.), Jenseits von Privatisierung und „schlankem" Staat, S. 13; *Voßkuhle*, VVDStRL 62 (2003), S. 266 (284 ff.); *Wiater*, in: Gusy u. a. (Hg.), Rechtshandbuch Zivile Sicherheit, Kap. 12 Rn. 21.

599 *Erbguth*, DVBl. 2007, 1202 (1206).

600 U.a. *Gusy*, in: Hoffmann-Riem/Schmidt-Aßmann (Hg.), Effizienz als Herausforderung an das Verwaltungsrecht, S. 175 (183); *Huber*, ZUR 2004, 1 (5 f.).

601 Vgl. Kap. 3 – A.I.1.b) (m.w.N.). Insoweit ist inzwischen auch die Gesellschaft „Adressat von Sicherheitspolitik", *Daase* u. a., in: dies. (Hg.), Verunsicherte Gesellschaft-Überforderter Staat, S. 9 (13).

602 So auch *Gusy*, VVDStRL 63 (2004), S. 151 (172 f.); *Wiater*, in: Gusy u. a. (Hg.), Rechtshandbuch Zivile Sicherheit, Kap. 12 Rn. 20.

603 *Braun*, Die Finanzierung polizeilicher Aufgabenwahrnehmung, S. 336.

604 So schon *Ossenbühl*, Eigensicherung und hoheitliche Gefahrenabwehr, S. 19 ff.; *ders.*, NVwZ 2002, 290 (292) (297); auch Leidinger, vgl. Diskussionsbericht v. *John*, in: Koch u. a. (Hg.), 12. Deutsches Atomrechtssymposium, S. 245 (249); *Trute*, in: Schuppert (Hg.), Jenseits von Privatisierung und „schlankem" Staat, S. 13 (25).

Eigensicherungspflichten werde zugunsten der Sicherheit die Freiheit aufgehoben.[605] Inzwischen hat sich sowohl in der Literatur als auch in der Rechtsprechung die Auffassung etabliert, die Auferlegung von Eigensicherungspflichten sei generell zulässig.[606] Nichtsdestotrotz ist nach wie vor unklar, wie weit Eigensicherungspflichten im Einzelfall reichen dürfen. Angesichts dessen, dass in dieser Arbeit Eigensicherungspflichten im Hinblick auf Kritische Infrastrukturen untersucht werden, muss auch die Analyse des Spannungsverhältnisses zwischen Sicherheit und Freiheit einer Eingrenzung unterliegen:[607] Es ist die berufliche Tätigkeit des Unternehmers, die im Mittelpunkt steht, wenn dieser aufgrund der Pflicht zur Ergreifung von Schutzmaßnahmen nicht ausschließlich nach freiem Ermessen agieren kann.[608] Die Ausrichtung des Betriebes, allein nach betriebswirtschaftlich gewinnbringenden Kriterien handeln zu dürfen, wird beeinträchtigt. Aus diesem Grund wird Artikel 12 Abs. 1 GG stellvertretend für den Aspekt der Freiheit geprüft.[609]

---

605 *Battis*, in: Ossenbühl (Hg.), Deutscher Atomrechtstag 2002, S. 27 (30); *Grimm*, KritV 1986, 38 (49 f.); *Denninger*, KJ 1988, 1 (9).

606 So z.B. *Nitz*, Private und öffentliche Sicherheit, S. 86 ff.; *Otten*, Eigensicherung, S. 189 ff.; a.A. *Bracher*, Gefahrenabwehr durch Private, S. 154 ff.; krit. u.a. *Roßnagel*, ZRP 1983, 59 (62).

607 S. zu diesem Spannungsverhältnis z.B. *Baum*, in: Giemulla/Rothe (Hg.), Recht der Luftsicherheit, S. 1 ff.

608 So beginnen auch *Schiller/Drettmann* ihre Untersuchung, DVBl. 1977, 956 (958); a.A.: *Ossenbühl*, VVDStRL 29 (1971), S. 137 (176 f.), der eine Prüfung unter Artikel 2 Abs. 1 GG bevorzugt, da ansonsten der Schutzbereich des Artikels 12 Abs. 1 GG überdehnt werde. Teilweise wird generell im Bereich der „allgemeinen Wirtschaftsfreiheit" ein Gleichlauf von Artikel 12 und Artikel 14 GG angenommen, so z.B. *Scholz*, in: MD, GG, Bd. 2, 78. EL, Art. 12 Rn. 130 ff. A.A.: *Wieland*, in: Dreier (Hg.), GG, Bd. 1, 3. Aufl., Art. 14 Rn. 203 (m.w.N.).

609 Werden einem Unternehmer Handlungspflichten zur Erfüllung öffentlicher Aufgaben auferlegt, stützt sich die Rechtsprechung auf Artikel 12 Abs. 1 GG, s. z.B. BVerfGE 30, 292. Einer Anwendung des Artikels 14 GG neben Artikel 12 Abs. 1 GG steht sie zurückhaltend gegenüber, vgl. z.B. BVerfGE 17, 232 (248); 22, 380 (384); 68, 155 (170). Dies ist vornehmlich damit zu erklären, dass Artikel 12 Abs. 1 GG zukunftsgerichtet als Konkretisierung des Persönlichkeitsrechts fungiert, BVerfGE 30, 292 (Rn. 121). Artikel 14 Abs. 1 GG liegt dagegen eine „Gewährleistungsfunktion" für das Erworbene zugrunde (BVerfGE 20, 31 (34); 30, 292). Während bei Eigensicherungspflichten Artikel 14 GG regelmäßig nur insoweit betroffen ist, dass bestimmte Betriebsmittel gebunden werden, liegt der Schwerpunkt auf der Einschränkung der beruflichen Tätigkeit des Unternehmers. Zum Eigentumseingriff als reine Nebenfolge der Indienstnahme z.B. *Braun*, Die Finanzierung polizeilicher Aufgabenwahrnehmung, S. 359. Wird eine Vermischung der verschiedenen Wirtschaftsgrundrechte nicht für produktiv erachtet, so z.B. *Wieland*, ebd., ist an dieser Stelle ausschließlich auf Artikel 12 Abs. 1 GG einzugehen. (A.A. wohl *Braun*, Die Finanzierung polizeilicher Aufgabenwahrnehmung, S. 359, der Artikel 14 GG weiterhin für relevant hält). Beziehen sich die Eigensicherungspflichten nicht auf eine

Allerdings soll nicht nur die in der Literatur bestehende Diskussion um die Verfassungsmäßigkeit von Eigensicherungspflichten wiederholt werden.[610] Zunächst wird die Vereinbarkeit von Eigensicherungspflichten am Maßstab des Artikels 12 Abs. 1 GG geprüft (1. Stufe). Daraufhin wird die Entwicklung von den ersten Eigensicherungspflichten bis hin zu jüngeren Pflichten skizziert (2. Stufe). Schließlich wird auf einer dritten Stufe der Versuch einer Synthese der ersten beiden Stufen unternommen mit dem Ziel, positive Kriterien herauszuarbeiten, wann eine Eigensicherungspflicht auferlegt werden darf.

I. Erste Stufe: Artikel 12 Abs. 1 GG als Grenze des gesetzgeberischen Gestaltungsspielraums

1. *Schutzbereich*

Die Eröffnung des persönlichen Schutzbereichs[611] ist mit Blick auf die Grundrechtsfähigkeit der Anlagenbetreiber Gegenstand von Diskussionen.[612] Richtig ist, dass der öffentlichen Hand nach wie vor Anteile an Kritischen Infrastrukturen wie z. B. an Verkehrsflughäfen zustehen.[613] Kritische Infrastrukturen in Bundeseigentum

---

berufliche Tätigkeit und stellt sich die Eigensicherungspflicht damit als „allgemeine Pflicht“ – wie beispielsweise die Pflicht des Vermieters zur Sicherung der Mietwohnung vor Diebstahl – dar (s. Einleitung), ist die Eigensicherungspflicht anhand des Artikels 2 Abs. 1 GG zu messen. Eine Prüfung von Eigensicherungspflichten anhand des Artikels 2 Abs. 1 GG unterbleibt im Rahmen dieser Arbeit allerdings, da Eigensicherungspflichten zulasten Unternehmer den Gegenstand dieser Arbeit bilden. Dem ist allerdings kein anderer Maßstab als bei den speziellen Grundrechten zugrunde zu legen, s. *Pieroth* u. a., Grundrechte, 31. Aufl., Rn. 403 f. I.E. unterscheiden sich die rechtfertigenden Elemente im Rahmen der Artikel 14 Abs. 1 GG sowie 2 Abs. 1 GG nicht von denen des Artikels 12 Abs. 1 GG, sodass auch aus diesem Grund eine genauere Prüfung dieser Grundrechte überflüssig erscheint, s. *Erbguth*, DVBl. 2007, 1202 (1210); *Schnekenburger*, Rechtsstellung und Aufgaben des Privaten Sicherheitsgewerbes, S. 92, jeweils m.w.N.

610 Beginnend u. a. bei *Ossenbühl*, Eigensicherung und hoheitliche Gefahrenabwehr; *Krüger*, DÖV 1977, 263; *Schiller/Drettmann*, DVBl. 1977, 956 (958 ff.); jünger z. B. *Erbguth*, DVBl. 2007, 1202 (1205 ff.); *Otten*, Eigensicherung, S. 151 ff.

611 Allgemein zum Schutzbereich *Alexy*, Theorie der Grundrechte, 2. Aufl., S. 273 ff.

612 *Ossenbühl*, Eigensicherung und hoheitliche Gefahrenabwehr, S. 52 ff.; *Sorge*, Kostentragung für den Schutz vor Anschlägen, S. 81 ff.

613 *Ossenbühl*, Eigensicherung und hoheitliche Gefahrenabwehr, S. 53; *Sorge*, Kostentragung für den Schutz vor Anschlägen, S. 81. Aktuell ist auf die Deutsche Bahn AG zu verweisen, vgl. *Bundesministerium für Finanzen*, Die Beteiligungen des Bundes, Beteiligungsbericht 2015, S. 95, online abrufbar unter https://www.bundesfinanzministerium.de/Content/DE/Standardartikel/Themen/Bundesvermoegen/Privatisierungs_und_Beteiligungspolitik/Beteiligungspolitik/Beteiligungsberichte/beteiligungsbericht-des-bundes-2015.pdf?__blob=publicationFile&v=6, Zugriff am 24.02.2017; bzgl. Flug-

sind heute allerdings die Ausnahme.[614] Wie sich z. B. durch das IT-Sicherheitsgesetz gezeigt hat,[615] werden zunehmend privatwirtschaftlichen Unternehmen, die nur noch zu einem geringen Teil oder überhaupt nicht mehr dem Bund zugehörig sind, Eigensicherungspflichten auferlegt. Als Beispiel sei auf das Telekommunikationsrecht verwiesen: Adressaten von Eigensicherungspflichten nach § 109 Abs. 1 TKG sind Anbieter von Telekommunikationsdienstleistungen.[616] Diensteanbieter im Sinne des TKG sind regelmäßig private Unternehmer: Zwar stehen der öffentlichen Hand noch Anteile an der TELEKOM zu, doch zu einem die Hälfte der Anteile unterschreitenden Prozentsatz, weshalb die TELEKOM grundrechtsberechtigt ist.[617] Überdies tritt hinzu, dass sich das Privatwirtschaftlichkeitsgebot des Artikels 87 f. Abs. 2 GG zugleich auf „andere private Anbieter" bezieht, die keinen Bezugspunkt zur öffentlichen Hand aufweisen.[618] Dies unterstreicht, dass auch ein privater Telekommunikationsdiensteanbieter oder Netzbetreiber Adressat einer Eigensicherungspflicht sein kann und die Zulässigkeit ihrer Auferlegung am Maßstab des Artikels 12 Abs. 1 GG zu messen ist.[619] Für andere Infrastrukturbetreiber gilt dies ebenso.[620] Es ist nicht schädlich, wenn der Private als juristische Person organisiert ist, vgl. Artikel 19 Abs. 3 GG.[621] Die Eröffnung des Schutzbereichs des Artikels 12 Abs. 1 GG setzt zudem voraus, dass der Beruf – also jede auf Dauer angelegte und nicht nur vorübergehende, der Schaffung und Erhaltung einer Lebensgrundlage dienende Betätigung – betroffen ist (sachlicher Schutzbereich).[622] Anknüpfungs-

---

häfen https://www.bmvi.de/SharedDocs/DE/Artikel/LR/flughaefen.html?nn=36054, Zugriff am 24.02.2017.

614 So aber noch die Deutsche Bahn AG, s. *Bundesministerium für Finanzen*, Die Beteiligungen des Bundes, Beteiligungsbericht 2015, S. 95.

615 BGBl. I 2015, S. 1324.

616 Der Begriff des Diensteanbieters ist in § 3 Nr. 6 TKG legal definiert; s.a. *Mozek*, in: Säcker (Hg.), TKG, 3. Aufl., § 109 Rn. 11.

617 Im Jahre 2015 liegen die Anteile des Bundes bei 31,9 %, vgl. http://www.bundesfinanzministerium.de/Content/DE/Standardartikel/Themen/Bundesvermoegen/Privatisierungs_und_Beteiligungspolitik/Beteiligungspolitik/deutsche-telekom-ag.html, Zugriff am 24.02.2017.

618 Dies ist bereits dem Gesetzeswortlaut des Art. 87 f. Abs. 2 S. 1 GG zu entnehmen.

619 Unabhängig davon würde es ausreichen, wenn ein Privater auch nur theoretisch Adressat der Maßnahme sein könnte, *Ossenbühl*, Eigensicherung und hoheitliche Gefahrenabwehr, S. 53 f.; auf diesen Nachweis verweisend auch *Sorge*, Kostentragung für den Schutz vor Anschlägen, S. 82.

620 *Helmbrecht*, in: Kloepfer (Hg.), Schutz kritischer Infrastrukturen, S. 39 (44); *Kloepfer*, in: ebd., S. 9 (17); *Schäuble*, in: ebd., S. 21 (24); *Stober*, in: ebd., S. 121 (125).

621 BVerfGE 21, 261 (266); *Scholz*, in: MD, GG, Bd. 2, 78. EL, Art. 12 Rn. 101. Allgemein zur Anwendbarkeit von Grundrechten auf juristische Personen *Remmert*, in: MD, GG, Bd. 3, 78. EL, Art. 19 Rn. 3.

622 BVerfGE 7, 377 (397); 102, 197 (212); *Scholz*, in: MD, GG, Bd. 2, 78. EL, Art. 12 Rn. 29.

punkt für die gesetzliche Eigensicherungspflicht ist die wirtschaftliche Tätigkeit des Unternehmers, sodass ein hinlänglicher Zusammenhang zum Beruf besteht.[623]

2. *Eingriff*

Eigensicherungspflichten wirken sich allerdings regelmäßig nicht unmittelbar auf den Beruf aus, sondern treten als Regelungen im Zusammenhang mit diesem in Erscheinung, da – zusätzlich zur Ausübung der regelmäßigen Tätigkeit – Sicherheitsmaßnahmen auferlegt werden.[624] Ein Eingriff in Artikel 12 Abs. 1 GG liegt bereits in jeder Form der Beschränkung der beruflichen Tätigkeit.[625] Dazu gehören auch mittelbare Eingriffe.[626]

a) Verfassungsunmittelbare Pflicht zur Eigensicherung?

Ein Eingriff in Artikel 12 Abs. 1 GG würde allerdings von vornherein ausscheiden, wenn dem Privaten durch die gesetzliche Eigensicherungspflicht gar keine neue Pflicht auferlegt würde, weil die Verantwortlichkeit des Privaten – losgelöst von der konkreten Pflicht – verfassungsunmittelbar bestünde.[627] Dies hätte zur Folge, dass die Eigensicherungspflicht als Minus zur Freiheit der Ausübung der Gesamttätigkeit zu denken wäre.[628] Hintergrund dieser Erwägung ist das zugrunde gelegte Verständnis der Eigensicherung als „Eigensicherungsverantwortlichkeit" im Sinne einer immanenten Schranke der Schutzpflicht, solange sich diese im Rahmen des Zumutbaren hält.[629] Aus dem Bestehen dieser „Pflichtigkeit"[630] wird der Schluss gezogen, dass keine staatliche Pflicht bestehe, dem Eigensicherungsverpflichteten Schutz gewähren zu müssen, solange die Eigensicherung(spflicht) zumutbar ist.[631] Die Annahme dieser verfassungsunmittelbaren „Pflichtigkeit" beruht unter anderem auf folgendem Grundgedanken: Die staatliche Schutzpflicht werde verfassungsunmittelbar durch das Untermaßverbot beschränkt,[632] was in die

623 *Otten*, Eigensicherung, S. 190.
624 *Otten*, Eigensicherung, S. 190.
625 BVerfGE 105, 279 (299 f.) zur mittelbar faktischen Wirkung; *Scholz*, in: MD, GG, Bd. 2, 78. EL, Art. 12 Rn. 300.
626 BVerfGE 97, 228 (254); 13, 181 (185 f.); 16, 147 (162); 29, 327 (333); 37, 1 (17); *Czaja*, Eigensicherungspflichten von Verkehrsflughäfen, S. 106 f.; *Pieroth* u. a., Grundrechte, 32. Aufl., Rn. 915; *Schiller/Drettmann*, DVBl. 1977, 956 (958); *Scholz*, in: MD, GG, Bd. 2, 78. EL, Art. 12 Rn. 300.
627 Diskussion dieser Erwägung bei *Otten*, Eigensicherung, S. 190 f. Ansatz bereits bei *Stümper*, Kriminalistik 1975, 193 (194).
628 So etwa BVerfGE 128, 226 (249). Wohl auch *Kramer*, in: Gornig u. a. (Hg.), FS f. Frotscher, S. 529 (559) bzgl. Betriebspflicht der Eisenbahn.
629 *Möstl*, Die staatliche Garantie für die öffentliche Sicherheit und Ordnung, S. 336 f.
630 *Möstl*, Die staatliche Garantie für die öffentliche Sicherheit und Ordnung, S. 337.
631 *Möstl*, Die staatliche Garantie für die öffentliche Sicherheit und Ordnung, S. 337.
632 *Möstl*, Die staatliche Garantie für die öffentliche Sicherheit und Ordnung, S. 99 ff.

Zumutbarkeitsprüfung hineinzudenken sei.[633] Die Schutzpflicht sei infolgedessen dann nicht verletzt, wenn die Gefährdung zumutbar ist.[634] Dies stimmt teilweise mit dem Ergebnis der unter Kap. 3 – A.I. vorgenommenen Prüfung überein. Überdies tritt aber durch die dogmatische Einordnung der Eigensicherungspflicht, die Pflicht selbst sei eine verfassungsunmittelbare Schranke der Schutzpflicht, eine verfassungsunmittelbare Verankerung der Eigensicherungspflicht im Grundgesetz hinzu. Dies reicht über das sich aus Kap. 3 – A.II. ergebende Prüfungsergebnis hinaus, was konsequenter Weise die Ablehnung eines Eingriffs in Artikel 12 Abs. 1 GG zur Folge haben müsste.[635]

Um einer Schwerpunktverlagerung dieser Arbeit vorzubeugen, wird nur auf die überzeugendsten Gründe eingegangen, um den Eingriff nicht schon aufgrund der Verfassungsimmanenz zumutbarer Eigensicherung ausscheiden zu lassen:[636] Stellt die Eigensicherungspflicht gerade das Mittel dar, das anhand des Untermaßverbotes geprüft werden soll, kann sie nicht zugleich selbst verfassungsunmittelbar ausschlaggebend für das Bestehen oder Nichtbestehen der staatlichen Schutzpflicht sein.[637] Dieser Argumentationsschritt weist eine Parallele zur Argumentation für die Ablehnung des zumutbaren Selbstschutzes als ein Kriterium für das Eingreifen der staatlichen Schutzpflicht auf,[638] die ebenfalls darauf abstellt, dass bei der Eigensicherung die Ebene des „Wie" und nicht des „Ob" der Wahrnehmung der Schutzpflicht betroffen sei, weshalb zumutbarer Selbstschutz keine Beschränkung der Schutzpflicht darstellen könne.[639] Es gilt jedoch auch an dieser Stelle zu beachten, dass diese Schlussfolgerung für die Eigensicherungspflicht als Mittel zur Wahrnehmung der staatlichen Schutzpflicht keinesfalls auf die Eigensicherung im Sinne von Eigenverantwortung erstreckt werden darf. Dies ergibt sich bereits aus der ursprünglichen Herleitung der Schutzpflicht aus Artikel 2 Abs. 2 S. 1 GG iVm Artikel 1 Abs. 1 S. 2 GG.[640] Soll auch die Menschenwürde geschützt werden, würde es dieser selbst widersprechen, wenn dem Menschen keine Eigenverantwortung zugebilligt würde.[641] Insofern ist dem Gedan-

---

633 *Möstl*, Die staatliche Garantie für die öffentliche Sicherheit und Ordnung, S. 336.

634 *Möstl*, Die staatliche Garantie für die öffentliche Sicherheit und Ordnung, S. 336 f.

635 Dies wird bei *Otten* aber gerade befürchtet, Eigensicherung, S. 190 f.

636 Ausführlich zu dieser Fragestellung *Otten*, Eigensicherung, S. 72 ff., insb. 80 ff., 190.

637 *Otten*, Eigensicherung, S. 81.

638 Vertreten u. a. v. *Isensee*, in: ders./Kirchhof (Hg.), HdBStR IX, 3. Aufl., § 191 Rn. 271; *ders.*, Das Grundrecht auf Sicherheit, S. 37; Die Parallele erkennt auch *Möstl*, Die staatliche Garantie für die öffentliche Sicherheit und Ordnung, S. 337 Fn. 157.

639 *Nitz*, Private und öffentliche Sicherheit, S. 379.

640 BVerfGE 39, 1 (41 ff.); *Isensee*, in: ders./Kirchhof (Hg.), HdBStR IX, 3. Aufl., § 191 Rn. 149.

641 Wird dem Menschen keinerlei Eigenverantwortung zugebilligt, wird er eher als Objekt als wie ein menschliches Wesen behandelt, vgl. zur „Objektformel" *Herdegen*, in: MD, GG, Bd. 1, 78. EL, Art. 1 Rn. 36. Zudem bekennt sich das Grundgesetz in Artikel 1 Abs. 2 GG zu den Menschenrechten, vgl. *Isensee*, in: ders./Kirchhof,

kengang Möstls,[642] aber auch Isensees[643] insoweit beizupflichten, dass die Eigenverantwortung des einzelnen Menschen zu respektieren und dies bis zu einem gewissen Grad mit einer Pflichtigkeit verbunden ist, die konsequenter Weise als verfassungsunmittelbare Schranke der Schutzpflicht dogmatisch eingeordnet werden kann.[644] Davon erfasst sind sowohl die Verantwortung für einen selbst als auch die darüber hinausgehende Verantwortung für andere Menschen.[645] Dies bedeutet indessen nicht, dass die Eigensicherungspflicht schon verfassungsunmittelbar besteht. Ausschließlich die sich aus der unterlassenen Eigensicherung ergebende Risikotragungspflicht soll verfassungsunmittelbar bestehen.[646] Die Auferlegung einer Eigensicherungspflicht durch den Gesetzgeber geht über diese hinaus, da sie die von vornherein bestehende Eigenverantwortung dahin gehend lenkt, dass eine in eine bestimmte Richtung gehende Pflicht auferlegt wird und dadurch dem Adressaten der Pflicht die Entscheidungsfreiheit darüber genommen wird, in welcher Form er seiner Eigenverantwortung nachkommt.[647] Insofern kann die zumutbare Eigensicherung, soweit sie in Form einer Eigensicherungspflicht auferlegt wird, keine verfassungsimmanente Beschränkung der Schutzpflicht sein, weshalb ein Eingriff in Artikel 12 Abs. 1 GG zu bejahen wäre.[648]

HdBStR IX, 3. Aufl., § 190 Rn. 2. Den Menschenrechten liegt ein Menschenbild eines auf Selbstbestimmung, aber auch -verantwortung bedachten Menschen zugrunde, welches durch soziale Faktoren relativiert, aber nicht vollständig aufgehoben wurde, s. *Isensee*, in: ders./Kirchhof, HdBStR IX, 3. Aufl., § 190 Rn. 5 ff. Da die Menschenrechte noch heute als Impuls der Grundrechtsauslegung dienen, s. *Isensee*, in: ders./Kirchhof, HdBStR IX, 3. Aufl., § 190 Rn. 26, kann auf diesen Menschentypus zurückgegriffen werden.

642 *Möstl*, Die staatliche Garantie für die öffentliche Sicherheit und Ordnung, S. 337 ff.

643 *Isensee*, in: ders./Kirchhof (Hg.), HdBStR IX, 3. Aufl., § 191 Rn. 271.

644 Insoweit erscheint es sachgerecht, von der „Aktivierung einer ohnehin bestehenden eigenen Pflichtigkeit und Selbstverantwortlichkeit"/„sozialgebundenen Selbstverantwortung" zu sprechen, s. *Erbguth*, DVBl. 2007, 1202 (1205); *Stober*, in: Kloepfer (Hg.), Schutz kritischer Infrastrukturen, S. 121 (128).

645 *Ronellenfitsch*, VerwArch 86 (1995), 307 (309).

646 *Möstl*, Die staatliche Garantie für die öffentliche Sicherheit und Ordnung, S. 337. Diesen Unterschied erkennt auch *Otten*, Eigensicherung, S. 80 f.

647 Ähnlich *Erbguth*, DVBl. 2007, 1202 (1208). Auch *Möstl*, der die Eigensicherung als Pflichtigkeit begreift, betont, dass sich iFd Auferlegung einer Eigensicherungspflicht diese Pflicht „verdichtet", Die staatliche Garantie für die öffentliche Sicherheit und Ordnung, S. 337. Ähnlich *Brauser-Jung*, in: Stober/Olschok (Hg.), HdB des Sicherheitsgewerberechts, S. 145 (157) (Rn. 40), der von einer „Konkretisierung" der Eigenverantwortlichkeit spricht.

648 Auch *Möstl* erklärt i.E. lediglich, dass eine Berufung auf die Grundrechte nicht erfolgsversprechend ist, nicht jedoch, dass kein Eingriff vorliegt, Die staatliche Garantie für die öffentliche Sicherheit und Ordnung, S. 337 f. Deutlich ist auch *Isensee*: „ein Eingriff ist es allemal", in: ders./Kirchof (Hg.), HdBStR IX, 3. Aufl., § 191 Rn. 272.

Weiterhin wäre eine historische Fundierung von Eigenverantwortung, die durch Eigensicherungspflichten lediglich deklariert wird, denkbar. Dieser Ansatz ist nicht neu, sondern bereits der Diskussion um die sogenannte regulierte Selbstregulierung zu entnehmen: Zwei Standpunkte konfligieren miteinander, namentlich die Auffassung, „die Grundrechte schütz[t]en auch vor hoheitlich auferlegter Eigenverantwortung“[649] sowie der Ansatz, das Grundgesetz setze einen eigenverantwortlichen Menschen, der sich nach seinen Freiheitsrechten betätigen könne, voraus. Der Staat habe in der historischen Entwicklung dem Menschen diese Freiheit genommen, reiche diese aber nun wieder zurück.[650] Es sei nicht ersichtlich, weshalb zwangsläufig eine Verkürzung der Freiheitsrechte darin zu sehen sein müsse, dass der Markt insgesamt wieder für Private eröffnet werde, obwohl sich – trotz der gesetzlichen Regulierung der Eigenverantwortung – letztlich mehr Chancen für den Privaten ergeben würden.[651] Bereits der Vertreter dieser Auffassung weist im Zusammenhang mit dieser Position darauf hin, dass jedenfalls nicht „pauschal“ und von „vornherein“[652] auf einen Grundrechtseingriff geschlossen werden könne, was erstens bedeutet, dass er im Umkehrschluss einen Grundrechtseingriff auch nicht grundsätzlich für ausgeschlossen hält und zweitens auf die Notwendigkeit einer differenzierten Betrachtung hindeutet. Insofern scheint es angebracht, zwischen Eigensicherungspflichten im Zusammenhang mit Aufgaben, die jahrzehnte- oder gar jahrhundertelang vom Staat im Rahmen seiner Daseinsvorsorgeaufgabe erbracht wurden und sonstigen Tätigkeiten zu unterscheiden, denn nur im ersten Fall ließe sich möglicherweise ein untrennbarer Zusammenhang zwischen der Erbringung der Tätigkeit auf der einen und der Gewährleistung eines hinreichenden Rechtsgüterschutzes sowie der Deckung des Allgemeinbedarfs auf der anderen Seite nachvollziehen.[653] Dies soll anhand zweier Beispiele, die dem klassischen Bereich der Daseinsvorsorge zuzuordnen sind, untersucht werden nämlich anhand des Betriebs der Eisenbahn und eines Telekommunikationsunternehmens:

aa) Betrieb von Eisenbahnen

Obwohl sich insbesondere Preußen für Privatbahnen und explizit gegen Staatsbahnen äußerte, war unbestritten, dass die Ausübung der privaten Tätigkeit unter dem Vor-

649 *Di Fabio*, VVDStRL 56 (1997), S. 235 (280), 14. These.

650 *Geis*, Aussprache zu den Vorträgen „Verwaltung und Verwaltungsrecht zwischen gesellschaftlicher Selbstregulierung und staatlicher Steuerung, VVDStRL 56 (1997), S. 283 (288 f.).

651 *Geis*, Aussprache zu den Vorträgen „Verwaltung und Verwaltungsrecht zwischen gesellschaftlicher Selbstregulierung und staatlicher Steuerung, VVDStRL 56 (1997), S. 283 (289).

652 *Geis*, Aussprache zu den Vorträgen „Verwaltung und Verwaltungsrecht zwischen gesellschaftlicher Selbstregulierung und staatlicher Steuerung, VVDStRL 56 (1997), S. 283 (289).

653 Dahin gehend wohl *Kramer*, in: Gornig u. a. (Hg.), FS f. Frotscher, S. 529 (544).

behalt der Regulierung stehe.[654] Die Einordnung des Eisenbahnbetriebs als Verkehrsinfrastruktur rechtfertige bereits die Schaffung eines gesetzlichen Rahmens.[655] Dieser Argumentationsgang ist Ausfluss der sog. Besonderheitenlehre.[656] Aufgrund der besonderen Eigenschaften der Eisenbahn als Verkehrsinfrastruktur und ihrer Qualifikation als Daseinsvorsorgeaufgabe könne dieser Sektor nicht den üblichen marktwirtschaftlichen Mechanismen überlassen werden, weshalb regulierende Eingriffe seitens des Staates schon seiner Natur nach vorausgesetzt seien.[657] Argumentiert wurde zudem, der Nutzer habe nicht die Wahl, ob er die Eisenbahn benutzen wolle.[658] Deshalb sei es selbstverständlich, dass der Betreiber einer Eisenbahn, im Gegenzug dazu, dass der Beförderte dem Transport ausgeliefert sei, für Sicherheit und Ordnung sorge.[659] Die besondere Gefährlichkeit des Betriebs mache die Tätigkeit überdies in hohem Maße aufsichtspflichtig.[660] Hinzu tritt, dass Verschwendungen des beanspruchten Landes oder negative Auswirkungen auf die wirtschaftliche Lage vorgebeugt werden sollten.[661] Leitende Erwägung war außerdem die militärische Bedeutung des Eisenbahnbetriebs.[662]

Das von vornherein bestehende Verlangen nach Regulierung nahm sowohl bei privaten als auch bei staatlichen Bahnen aufgrund des durch den Wettbewerb geförderten Strebens nach dem eigenen Vorteil und die dadurch eintretende Vernachlässigung öffentlicher Interessen zu.[663] Bahnbrechend war für die Regulierung privater

---

654 *Endemann*, Das Recht der Eisenbahnen nach den Bestimmungen des Deutschen Reichs und Preussens, S. 4, 8.

655 *Eger*, HdB des Preußischen Eisenbahnrechts, Bd. 2, S. 214.

656 Insbesondere vertreten von *Emil Sax*, vgl. *Aberle*, in: Miram/Schmoeckel (Hg.), Eisenbahn zwischen Markt und Staat in Vergangenheit und Gegenwart, S. 49 (53); *Institut der deutschen Wirtschaft*, Markt und Staat im Schienenverkehr, 2014, S. 5, online abrufbar unter http://www.iwkoeln.de/studien/gutachten/beitrag/thomas-puls-markt-und-staat-im-schienenverkehr-144993, Zugriff am 24.02.2017; *Seidenfus*, in: Jeserich u. a. (Hg.), Deutsche Verwaltungsgeschichte, Bd. 2, § 2, S. 227 (229 f.); *Wieland*, Wirtschaftsdienst 2010, 43 (43).

657 BR-Drs. 130/1/93, S. 11 f.; 130/93 (Beschluss), S. 8 f.; *Institut der deutschen Wirtschaft*, Markt und Staat im Schienenverkehr, 2014, S. 5.

658 *Endemann*, Das Recht der Eisenbahnen nach den Bestimmungen des Deutschen Reichs und Preussens, S. 23.

659 *Endemann*, Das Recht der Eisenbahnen nach den Bestimmungen des Deutschen Reichs und Preussens, S. 48.

660 *Endemann*, Das Recht der Eisenbahnen nach den Bestimmungen des Deutschen Reichs und Preussens, S. 48; *Seidenfus*, in: Jeserich u. a. (Hg.), Deutsche Verwaltungsgeschichte, Bd. 2, § 2, S. 227 (230).

661 *Endemann*, Das Recht der Eisenbahnen nach den Bestimmungen des Deutschen Reichs und Preussens, S. 48.

662 *Endemann*, Das Recht der Eisenbahnen nach den Bestimmungen des Deutschen Reichs und Preussens, S. 48.

663 *Endemann*, Das Recht der Eisenbahnen nach den Bestimmungen des Deutschen Reichs und Preussens, S. 11; *Seidenfus*, in: Jeserich u. a. (Hg.), Deutsche Verwaltungsgeschichte, Bd. 2, § 2, S. 227 (233).

Eisenbahnen das preußische Eisenbahngesetz von 1838.[664] Dieses Gesetz statuierte eine Pflicht des Unternehmers, die Transportanstalten in einem solchen Zustand zu halten, dass eine Beförderung unter Wahrung von Sicherheitsgesichtspunkten und auf eine „der Bestimmung des Unternehmens entsprechende Weise", also unter Beachtung sicherheits- und versorgungspolitischer Aspekte, möglich blieb.[665] Hinzu trafen nach und nach Reglements und Transportbedingungen.[666] Bereits dieser Einschnitt wurde in der Eisenbahngeschichte von den Unternehmern als Eingriff in ihre Handlungsfreiheit empfunden.[667] Außerhalb dieses Rechtsrahmens konnte der Private weiterhin wie jedes andere Unternehmen privatautonom und nach betriebswirtschaftlichen Grundsätzen handeln, soweit keine konträren Gesetzesvorschriften entgegenstanden.[668] Bereits zu diesem Zeitpunkt wurde die Problematik erkannt: Die Regulierung muss sich auf das Spannungsverhältnis zwischen der wirtschaftlichen Freiheit des Unternehmers und der Notwendigkeit der Berücksichtigung Rechte Dritter beziehen.[669] Zur Lösung dieses spezifischen Ausgangskonflikts wurde später eine Regelung, der § 28a, im Jahre 1961 in das Bundesbahngesetz[670] aufgenommen,[671] welcher einen Ausgleich gemeinwirtschaftlicher Verpflichtungen der Bundesbahn erreichen sollte.[672] Danach sollten gemeinwirtschaftliche Verpflichtungen dann ausgeglichen werden, wenn die Bundesbahn zu einer wirtschaftlich nicht rentablen Leistung verpflichtet wurde.[673] Die Vorschrift führte allerdings nicht zu ihrem versprochenen Erfolg.[674]

Als weiteres Argument für die Zunahme staatlichen Einflusses kam die Einsicht hinzu, dass der Betrieb von Eisenbahnen nicht so viel Gewinn abwerfe, dass Investitio-

---

664 Preußische GS 1838, S. 505.

665 Vgl. § 24 des Preußischen Eisenbahngesetzes vom 02.11.1838. Zu dieser Pflicht z.B. *Beschorner*, Das deutsche Eisenbahnrecht, S. 6; *Eger*, HdB des Preußischen Eisenbahnrechts, Bd. 2, S. 16.

666 *Endemann*, Das Recht der Eisenbahnen nach den Bestimmungen des Deutschen Reichs und Preussens, S. 12.

667 *Seidenfus*, in: Jeserich u. a. (Hg.), Deutsche Verwaltungsgeschichte, Bd. 2, § 2, S. 227 (238).

668 *Endemann*, Das Recht der Eisenbahnen nach den Bestimmungen des Deutschen Reichs und Preussens, S. 11; *Berndt/Michalczyk*, in: Miram/Schmoeckel (Hg.), Eisenbahn zwischen Markt und Staat in der Vergangenheit und Gegenwart, S. 1 (10).

669 *Eger*, HdB des Preußischen Eisenbahnrechts, Bd. 2, S. 214.

670 BGBl. I 1951, S. 955.

671 BGBl. I 1961, S. 1161; später geändert durch BGBl. I 1969, S. 191. *Finger*, Kommentar zum Allgemeinen Eisenbahngesetz und Bundesbahngesetz, S. 182 ff. zur Fassung von 1969.

672 *Freise*, in: Miram/Schmoeckel (Hg.), Eisenbahn zwischen Markt und Staat in Vergangenheit und Gegenwart, S. 33 (46).

673 *Freise*, in: Miram/Schmoeckel (Hg.), Eisenbahn zwischen Markt und Staat in Vergangenheit und Gegenwart, S. 33 (46).

674 *Freise*, in: Miram/Schmoeckel (Hg.), Eisenbahn zwischen Markt und Staat in Vergangenheit und Gegenwart, S. 33 (46).

nen möglich seien, weshalb staatliche Zuschüsse unentbehrlich wurden und wodurch sich der Staat wiederum Ankaufsrechte verschaffen konnte.[675] Aufgrund der staatlichen Zuschüsse wurden die Bedingungen und Aufsichtsmaßnahmen an Private zunehmend verschärft.[676] Es kam mehr und mehr zu den so oft beschriebenen Einengungen des Privaten bei der Ausübung seiner wirtschaftlichen Tätigkeit.[677] Insofern wurde die Abschluss- und Gestaltungsfreiheit des Privaten reduziert.[678] Die private Tätigkeit wurde eingeschränkt.[679] Und dennoch hielt sich der Staat bei der Auferlegung von Pflichten zulasten des Unternehmers zurück und machte nicht von all seinen durch die Konzessionen eingeräumten Rechten Gebrauch, da er die wirtschaftliche Freiheit der Unternehmer nicht in zu hohem Maße tangieren wollte.[680] Folge dieses Regulierungsrahmens ist eine sich durch die gesamte Geschichte der Eisenbahn durchziehende, konsequente – sowohl durch private als auch öffentlich-rechtliche Rechtsnormen erzeugte –[681] Abhängigkeit zwischen dem Staat und den diese Tätigkeit ausübenden Unternehmen.[682] In der historischen Entwicklung wurde also zunächst angenommen, der Markt sei dazu in der Lage, sich selbst zu regulieren, weshalb sich das Eisenbahngesetz von 1838 auf die notwendigste Regulierung beschränkte.[683] Diese Entwicklung mündete letztlich aber in den 1840er Jahren[684] in eine Verstaatlichungstendenz der Eisenbahnen.[685] Die Aufstellung eines Rechtsrahmens für Eisenbahnen ist allerdings kein Phänomen, das in der historischen Entwicklung dann in Erscheinung tritt, wenn Private eine Verkehrsinfrastruktur betreiben: Die Regulierung erstreckt sich auch auf die Zeit nach der Verstaatlichung der Eisenbahnen, denn die Gefährdungslagen waren auch in staatlicher Hand kaum andere als zuvor.[686] Inhalt des Regulierungsrahmens

---

675 *Endemann*, Das Recht der Eisenbahnen nach den Bestimmungen des Deutschen Reichs und Preussens, S. 8 f.

676 *Endemann*, Das Recht der Eisenbahnen nach den Bestimmungen des Deutschen Reichs und Preussens, S. 9.

677 *Endemann*, Das Recht der Eisenbahnen nach den Bestimmungen des Deutschen Reichs und Preussens, S. 9.

678 *Eger*, HdB des Preußischen Eisenbahnrechts, Bd. 2, S. 219.

679 *Eger*, HdB des Preußischen Eisenbahnrechts, Bd. 2, S. 221.

680 *Eger*, HdB des Preußischen Eisenbahnrechts, Bd. 2, S. 225.

681 *Endemann*, Das Recht der Eisenbahnen nach den Bestimmungen des Deutschen Reichs und Preussens, S. 5.

682 *Endemann*, Das Recht der Eisenbahnen nach den Bestimmungen des Deutschen Reichs und Preussens, S. 4.

683 *Eger*, HdB des Preußischen Eisenbahnrechts, Bd. 2, S. 215.

684 *Endemann*, Das Recht der Eisenbahnen nach den Bestimmungen des Deutschen Reichs und Preussens, S. 9.

685 *Eger*, HdB des Preußischen Eisenbahnrechts, Bd. 2, S. 216; *Endemann*, Das Recht der Eisenbahnen nach den Bestimmungen des Deutschen Reichs und Preussens, S. 9 ff.

686 *Endemann*, Das Recht der Eisenbahnen nach den Bestimmungen des Deutschen Reichs und Preussens, S. 5; *Seidenfus*, in: Jeserich u. a. (Hg.), Deutsche Verwaltungsgeschichte, Bd. 2, § 2, S. 227 (231).

waren nicht nur Betriebspflichten.[687] Auch die Beziehungen zwischen dem Betreiber und dem Nutzer waren Gegenstand staatlicher Regulierung, indem das zu Grunde zu legende Verhalten des Betreibers reglementiert wurde.[688]

Die Konzession wurde als Privileg des Privaten qualifiziert.[689] Die Beschränkung dieses eingeräumten Vorteils war an hohe Voraussetzungen geknüpft.[690] Die wirtschaftliche Freiheit des Unternehmers beschränkte sich jedoch auf die durch die Konzession eingeräumten Rechte, denn nur diese Rechte waren ausschließlich durch oder aufgrund eines Gesetzes einschränkbar.[691] In alle weiteren Bereiche, die von der Konzession nicht ausdrücklich umfasst waren, konnte der Staat uneingeschränkt eingreifen.[692] Dazu zählte auch, dass der Staat den Unternehmer dazu verleiten konnte, dass der Nutzer des Verkehrsmittels alle Vorteile erhielt, die er von einem Verkehrsunternehmer erwarten durfte.[693] Insofern war in tatsächlicher Hinsicht die wirtschaftliche Freiheit des Eisenbahnbetriebs erheblich eingeschränkt: Der Gesetzesvorbehalt galt nur für den durch die Konzession eingeräumten Bereich. Der damalige Gesetzgeber qualifizierte insofern staatliche Anweisungen nur dann als Eingriff, wenn sie den durch die Konzession eingeräumten Kernbereich der Tätigkeit betrafen – und dieser war in Betracht dessen, dass die Garantie ausdrücklich erwähnt sein musste, eng.[694] Nur im Rahmen dieser Konzession durfte der Unternehmer nach betriebswirtschaftlichen Grundsätzen handeln, sofern dem kein Gesetz oder Reglement entgegenstand. Einschränkungen dieser Leitlinien waren nur durch Gesetz oder aufgrund eines Gesetzes und sofern der Eingriff verfassungsrechtlich gerechtfertigt war, möglich. Insofern lässt diese historische Einordnung eine Schlussfolgerung zu: Zwar war der konzessionierte Bereich schmal. Dennoch ist erkennbar, dass im Königreich Preußen eine Gemeinwohlverpflichtung nicht von Anfang an bestand, sondern erst aktiviert werden musste, soweit der Unternehmer im Rahmen seiner Konzession, namentlich beim Betrieb einer Eisenbahn, handelte.

Eine andere Wertung könnte sich aus der historischen Würdigung des Bundesbahngesetzes (BbG) vom 13.12.1951[695] ergeben. § 4 BbG setzte die Leitlinien für die Bundesbahn. Zum einen folgt dies aus dem Titel „Verwaltung und Betriebsführung“, woraus die Zugehörigkeit der Deutschen Bundesbahn zum Bund als Behörde, wenn auch als „nicht rechtsfähiges Sondervermögen [...] mit eigener Wirtschafts- und

---

687 *Endemann*, Das Recht der Eisenbahnen nach den Bestimmungen des Deutschen Reichs und Preussens, S. 422.
688 *Endemann*, Das Recht der Eisenbahnen nach den Bestimmungen des Deutschen Reichs und Preussens, S. 426.
689 *Koch*, Deutschlands Eisenbahnen, Bd. 2, S. 489.
690 *Koch*, Deutschlands Eisenbahnen, Bd. 2, S. 489 m.w.N.
691 *Koch*, Deutschlands Eisenbahnen, Bd. 2, S. 502.
692 *Koch*, Deutschlands Eisenbahnen, Bd. 2, S. 503.
693 *Koch*, Deutschlands Eisenbahnen, Bd. 2, S. 503.
694 *Koch*, Deutschlands Eisenbahnen, Bd. 2, S. 503.
695 BGBl. I 1951, S. 955.

Rechnungsführung" organisiert (vgl. § 1 BbG), deutlich wird.[696] Zum anderen war diese Vorschrift im ersten Abschnitt, der mit „Rechtsstellung und Aufgabe" übertitelt ist, verortet, der als allgemeiner Teil Geltung für das gesamte Gesetz beanspruchte, sofern keine spezielleren Vorschriften zu finden waren. Nach § 4 Abs. 1 S. 1 BbG war die Bundesbahn nach kaufmännischen Grundsätzen zu betreiben, allerdings unter Wahrung der Interessen der deutschen Volkswirtschaft. Wird ein Augenmerk auf die Reihenfolge der zitierten Aufgaben gelegt, drängt sich auf, dass die Gemeinwohlverpflichtung an erster Stelle stand, während die betriebswirtschaftlich orientierte Geschäftsführung zweitrangig war.[697] Später folgte diese Schlussfolgerung aus § 28 BbG.[698] Nach § 28 Abs. 1 BbG, der bis zur Bahnreform von 1994 bestehen geblieben ist,[699] war die Bundesbahn wie ein Wirtschaftsunternehmen zu führen, namentlich nach kaufmännischen Grundsätzen.[700] Im Rahmen dessen musste die Bahn allerdings ihre gemeinwirtschaftliche Aufgabe erfüllen.[701] Daher stand außer Frage, dass der Betrieb einer Eisenbahn unter dem Vorbehalt stehe, dass auch Gemeinwohlbelange erfüllt werden. Genau dieser Aspekt führte allerdings zu einem Stillstand in der Entwicklung des Eisenbahnbetriebes, denn eine gleich intensive Verpflichtung zu der Erfüllung von Aufgaben der Daseinsvorsorge bei gleichzeitiger Verpflichtung zu einer betriebswirtschaftlichen Betriebsführung sei schlichtweg nicht erreichbar gewesen.[702] Die Bundesbahn sei „eingeklemmt" zwischen Staat und Markt gewesen.[703] Artikel 87 GG a. F. ließ aufgrund seines klaren Wortlauts, dass die Bundesbahn als nicht rechtsfähiges Sondervermögen des Bundes mit eigenem Verwaltungsunterbau zu führen sei, keine andere Auslegung zu.[704] Kritisiert wurde, die Bundesbahn sei sei-

---

696 Vgl. *Schulz*, Das Eisenbahnwesen des Bundes und die Stellung der deutschen Bundesbahnen auf dem Europäischen Binnenmarkt, S. 106 f.

697 *Freise*, in: Miram/Schmoeckel (Hg.), Eisenbahn zwischen Markt und Staat in Vergangenheit und Gegenwart, S. 33 (37).

698 BGBl. I 1961, S. 1161; *Aberle*, in: Miram/Schmoeckel (Hg.), Eisenbahn zwischen Markt und Staat in Vergangenheit und Gegenwart, S. 49 (53); *Finger*, Kommentar zum Allgemeinen Eisenbahngesetz und Bundesbahngesetz, S. 178 ff.

699 *Berndt/Michalczyk*, in: Miram/Schmoeckel (Hg.), Eisenbahn zwischen Markt und Staat in Vergangenheit und Gegenwart, S. 1 (13).

700 *Finger*, Kommentar zum Allgemeinen Eisenbahngesetz und Bundesbahngesetz, S. 179 f.

701 *Berndt/Michalczyk*, in: Miram/Schmoeckel (Hg.), Eisenbahn zwischen Markt und Staat in Vergangenheit und Gegenwart, S. 1 (13).

702 *Berndt/Michalczyk*, in: Miram/Schmoeckel (Hg.), Eisenbahn zwischen Markt und Staat in Vergangenheit und Gegenwart, S. 1 (13).

703 *Freise*, in: Miram/Schmoeckel (Hg.), Eisenbahn zwischen Markt und Staat in Vergangenheit und Gegenwart, S. 33 (33).

704 *Aberle*, in: Miram/Schmoeckel (Hg.), Eisenbahn zwischen Markt und Staat in Vergangenheit und Gegenwart, S. 49 (53); *Gersdorf*, in: v. MKS, GG, Bd. 3, 6. Aufl., Art. 87e Rn. 2.

tens des Staates als „Selbstbedienungsladen“[705] missbraucht worden. Dies war indessen einer der Ausgangspunkte für die Bahnreform von 1994,[706] die auf eine Trennung zwischen unternehmerischen und hoheitlichen Gesichtspunkten hingewirkt hat.[707] Durch diese organisatorische Trennung sollte der Bundesbahn ermöglicht werden, rein betriebswirtschaftlich orientiert – losgelöst von jeglichem Gemeinwohlauftrag – zu handeln.[708] Weiterhin wurde ein neuer Artikel 87e GG eingeführt, der ausdrücklich von Wirtschaftsunternehmen spricht, sodass keine Gemeinwohlverpflichtung der Bahnunternehmen in die Verfassung hineingelesen werden kann.[709] Dass infolge der historischen Entwicklung des Eisenbahnrechts nicht schon verfassungsunmittelbar ein Gemeinwohlauftrag besteht, bedeutet hingegen nicht, dass Tätigkeiten, die zu den Ur-Daseinsvorsorgeaufgaben des Staates gehören, nur zum Vorteil des privaten Unternehmers ausgeübt werden dürfen. Vielmehr ist dies aber weniger auf der Ebene des Eingriffs als auf der einer verfassungsrechtlichen Rechtfertigung von Gemeinwohlpflichten zu verorten, auf die später noch einzugehen sein wird.[710]

---

705 *Bardt/Puls*, in: Miram/Schmoeckel (Hg.), Eisenbahn zwischen Markt und Staat in Vergangenheit und Gegenwart, S. 67 (74); *Institut der deutschen Wirtschaft Köln*, Markt und Staat im Schienenverkehr, 2014, S. 5.

706 Gesetzespaket v. 27.12.1993, BGBl. I 1993, S. 2376.

707 *Institut der deutschen Wirtschaft Köln*, Markt und Staat im Schienenverkehr, 2014, S. 56.

708 BR-Drs. 130/93, S. 4; BT-Drs. 12/5015, S. 5; *Lang*, NJW 2004, 3601 (3604); *Schulz*, Das Eisenbahnwesen des Bundes und die Stellung der deutschen Bahnen auf dem Europäischen Binnenmarkt, S. 134.

709 *Gersdorf*, in: v. MKS, GG, Bd. 3, 6. Aufl., Art. 87e Rn. 47; *Institut der deutschen Wirtschaft Köln*, Markt und Staat im Schienenverkehr, 2014, S. 54. A.A. *Kramer*, in: Gornig u. a. (Hg.), FS f. Frotscher, S. 529 (544), der die Betriebspflicht wiederum aus der Sozialpflichtigkeit des Eigentums ableitet.

710 Dies ist gerade bei der Deutschen Bahn höchst streitig. Denn bei dieser besteht die Besonderheit, dass sie zu 100 % in Bundeseigentum steht, vgl. *Bundesministerium für Finanzen*, Die Beteiligungen des Bundes, Beteiligungsbericht 2015, S. 94 f. Zum Teil wird vertreten, das grundsätzlich bestehende Privatwirtschaftlichkeitsprinzip werde modifiziert, wenn sich der Bund seines öffentlichen Unternehmens bediene, um seiner Gewährleistungsverantwortung nachzukommen und unterliege – begrenzt auf diesen Akt – der Grundrechtsbindung, vgl. *Möstl*, in: MD, GG, Bd. 6, 78. EL, Art. 87e Rn. 103. Dem wird entgegengesetzt, der verfassungsrechtliche Auftrag, die Bahn sei als Wirtschaftsunternehmen zu führen, habe zur Folge, dass sie nach betriebswirtschaftlichen Grundsätzen und losgelöst von Gemeinwohlverpflichtungen und Grundrechten agieren könne, z.B. *Gersdorf*, in: v. MKS, Bd. 3, 6. Aufl., Art. 87e Abs. 3 Rn. 46 ff.; 53 ff. Teilweise wird zwischen der Gemeinwohlverpflichtung und Grundrechtsbindung differenziert, z.B. *Jochum*, NVwZ 2005, 779 (781). Die Problematik entfernt sich allerdings von dem Grundproblem, ob ein untrennbarer Zusammenhang zwischen der Daseinsvorsorgeaufgabe und der Gemeinwohlbindung besteht, weshalb lediglich auf diese Besonderheit verwiesen sei.

bb) Post- und Telekommunikationsrecht

Zur Unterstreichung dieses Ergebnisses ist noch auf das Telekommunikationsrecht zurückzugreifen: Auch die ersten Postdienstleistungen wurden von Privatunternehmen, namentlich der Familie Taxis, erbracht.[711] Die Wahrung staatlicher Belange wurde durch die den Taxis eingeräumte Monopolstellung geschützt, denn jegliche Konkurrenz konnte durch kaiserliche Unterstützung abgedrängt werden.[712] Anders wäre die Taxissche Post u. a. durch kleinere Unternehmen, die innerhalb kurzer Strecken Postsendungen übermitteln konnten und damit die Vorteile der leicht zugänglichen Regionen ausnutzen konnten, bedroht gewesen.[713] Dennoch stand ein Handeln nach wirtschaftlichen Grundsätzen im Vordergrund.[714] Die staatlichen Leistungen wurden gegen ein Entgelt erbracht.[715] Im Gegenzug mussten bestimmte Postverbindungen, so z. B. zwischen den Niederlanden, dem Anwesen von Maximilian I., den Residenzen des französischen Königs und zum spanischen Hof, später auch nach Italien,[716] in Betrieb gehalten werden – Postsendungen mussten in der vorgesehenen Zeit ihren Empfänger erreichen.[717] In den folgenden Jahren wurde erwartet, dass die Leistung den Anforderungen an ein Postunternehmen stets genüge und daher fortlaufend angepasst wurde.[718] Durch Regulierung, z. B. die Reichspostordnung von 1698, wurden schließlich u. a. Pflichtenkataloge aufgestellt.[719] Aufrechterhalten werden konnten die staatlichen Belange durch das Aufsichtsrecht des Reichs, das mit Hilfe von Verwaltungsbefugnissen durchgesetzt werden konnte.[720] Dieses Modell, dass ein privater Unternehmer staatliche Dienste erbringt, war im 16. Jahrhundert so erfolgreich, dass niederländische Staatsposten zu Taxisschen Posten umstrukturiert wurden.[721] Die enge Verknüpfung von wirtschaftlicher Tätigkeit und staatlichem Auftrag bestätigt sich in der Geschichte der Thurn und Taxis

---

711 *Schilly*, in: Jeserich u. a. (Hg.), Deutsche Verwaltungsgeschichte, Bd. 1, § 9, S. 448 (451).

712 *Möstl*, in: MD, GG, Bd. 6, 78. EL, Art. 87 f. Rn. 14; *Piendl*, Archiv für deutsche Postgeschichte 1967, Bd. 1, S. 6, 13 ff.; *Schilly*, in: Jeserich u. a. (Hg.), Deutsche Verwaltungsgeschichte, Bd. 1, § 9, S. 448 (452 ff.); *Wieland*, DV 28 (1995), 315 (319).

713 *Wieland*, DV 28 (1995), 315 (322).

714 *Schilly*, in: Jeserich u. a. (Hg.), Deutsche Verwaltungsgeschichte, Bd. 1, § 9, S. 448 (457).

715 *Schilly*, in: Jeserich u. a. (Hg.), Deutsche Verwaltungsgeschichte, Bd. 1, § 9, S. 448 (452).

716 *Wieland*, DV 28 (1995), 315 (319).

717 *Piendl*, Archiv für deutsche Postgeschichte 1967, Bd. 1, S. 6.

718 *Schilly*, in: Jeserich u. a. (Hg.), Deutsche Verwaltungsgeschichte, Bd. 1, § 9, S. 448 (452); *Wieland*, DV 28 (1995), 315 (319).

719 *Schilly*, in: Jeserich u. a. (Hg.), Deutsche Verwaltungsgeschichte, Bd. 1, § 9, S. 448 (457).

720 *Schilly*, in: Jeserich u. a. (Hg.), Deutsche Verwaltungsgeschichte, Bd. 1, § 9, S. 448 (457).

721 *Piendl*, Archiv für deutsche Postgeschichte 1967, Bd. 1, S. 7.

nochmals im Jahre 1615, als Lamoral von Taxis erreicht, dass das Generalpostamt zu einem Erbmannlehen gradiert wird, allerdings im Gegenzug dazu, dass die Post auf seine Kosten weiter ausgebaut wird.[722] Teilweise wird dieses Verhältnis bereits als Indienstnahme qualifiziert.[723] Nach dem preußisch-österreichischen Krieg wurde die Thurn und Taxis-Post Teil der staatlichen Verwaltung.[724]

Die soeben beschriebene scheinbar untrennbare Verknüpfung zwischen staatlichen und unternehmerischen Aufgaben setzte sich selbst nach der ersten Postreform fort: Zwar hatte diese die Trennung politischer und hoheitlicher von betrieblichen Aufgaben zum Gegenstand.[725] Dennoch wurden die betrieblichen Grundsätze in § 4 Postverfassungsgesetz folgendermaßen festgelegt: Der Betrieb war nach „kaufmännischen Grundsätzen" zu führen, allerdings „unter Wahrung der Interessen der deutschen Volkswirtschaft".[726] Insofern waren die Zielvorgaben nur so zu verstehen, dass in erster Linie eine Gemeinwohlverpflichtung bestand. Nur dann, wenn es im Rahmen der Erfüllung dieser Aufgabe möglich blieb, kamen auch betriebswirtschaftliche Grundsätze zum Tragen.[727] Dass durch die Postreform I noch keine vollständige Wettbewerbsöffnung stattfand, war insbesondere durch den Willen, die Infrastruktur zu sichern, bedingt.[728] Erst durch die Postreform II hat eine vollständige Öffnung des Wettbewerbs stattgefunden, u. a. indem das Privatwirtschaftlichkeitsgebot verfassungsrechtlich in Artikel 87 f. Abs. 2 GG aufgenommen worden ist. Dadurch ist der Wille des Verfassungsgebers deutlich zum Ausdruck gekommen: Der Unternehmer soll von diesem Zeitpunkt an grundsätzlich losgelöst von Gemeinwohlverpflichtungen agieren können.[729] Erst dann, wenn der Gesetzgeber tätig wird, aktiviert er die Verpflichtung des Unternehmers, gemeinwohlorientiert zu handeln.[730] Andernfalls wäre der Unternehmer wieder zwischen den zum Teil übereinstimmenden, aber teilweise auch widerstreitenden Interessen, nämlich seine privaten Interessen und denen des Gemeinwohls, die sowohl der Verfassungs-

722 *Cornils*, in: Geppert/Schütz (Hg.), TKG, Beck-OK, 4. Aufl., A Rn. 31; *Schilly*, in: Jeserich u. a. (Hg.), Deutsche Verwaltungsgeschichte, Bd. 1, § 9, S. 448 (455). Zu seiner Bezeichnung als Postregal s. *Cornils*, ebd., A Rn. 26.

723 *Wieland*, DV 28 (1995), 315 (320).

724 *Cornils*, in: Geppert/Schütz (Hg.), TKG, Beck-OK, 4. Aufl., A Rn. 26; *Schilly*, in: Jeserich u. a. (Hg.), Deutsche Verwaltungsgeschichte, Bd. 3, § 8, S. 385 (386); *Wieland*, DV 28 (1995), 315 (321).

725 Vgl. Art. 1 Poststrukturgesetz, § 1 Postverfassungsgesetz, BGBl. I 1989, S. 1026 ff.; BT-Drs. 11/4316, S. 2; *Badura*, in: Becker u. a. (Hg.), FS f. Thieme, S. 877 (881); *Wegmann*, Regulierte Marktöffnung in der Telekommunikation, S. 35.

726 BGBl. I 1989, S. 1026 ff.; *Hefekäuser*, ZGR 1996, 385 (390).

727 *Badura*, in: Becker u. a. (Hg.), FS f. Thieme, S. 877 (892); *Wegmann*, Regulierte Marktöffnung in der Telekommunikation, S. 41; *Wieland*, DV 28 (1995), 315 (324, 331).

728 *Badura*, in: Becker u. a. (Hg.), FS f. Thieme, S. 877 (880); *Wegmann*, Regulierte Marktöffnung in der Telekommunikation, S. 43.

729 *Lang*, NJW 2004, 3601 (3604). A.A.: *Scholz*, Archiv PT 1996, 95 (102).

730 *Wieland*, DV 28 (1995), 315 (331 ff.).

geber als auch der einfache Gesetzgeber über Jahre versucht haben zu trennen, gefesselt.[731] Der Standpunkt, privater Wettbewerb sei nur unter dem Vorbehalt des Gewährleistungsauftrags denkbar und damit untrennbar mit diesem verknüpft,[732] ist nicht nur historisch widerlegt, sondern findet auch keine Stütze im Wortlaut des Artikels 87f. GG. Ebenso entspricht es nicht seinem Zweck, das Telekommunikationsrecht von seinen bis dato bestehenden Fesseln zu befreien.[733] Etwas anderes könnte nur angenommen werden, wenn die Privatisierung eine Erweiterung der Rechte des Privaten bedeuten würde, diese Erweiterung von vornherein mit dem Gemeinwohlauftrag belastet wäre und darüber hinaus nicht eine an wirtschaftlichen Grundsätzen orientierte Tätigkeit gefordert würde.[734] Nach Artikel 87f. Abs. 2 GG wird allerdings ausdrücklich von einer „privatwirtschaftlichen Tätigkeit" gesprochen.[735] Der Wortlaut wurde u.a. auf Vorschlag des Rechtsausschusses von einer „privaten Tätigkeit" zu einer „privatwirtschaftlichen Tätigkeit" geändert.[736] Würde sie aber unter dem Vorbehalt des Gewährleistungsauftrags stehen, könnte sie, wie sich nun auch historisch erklären lässt, nicht allein gewinnorientiert[737] ausgeübt werden.[738] Überdies tritt hinzu, dass ausdrücklich der Bund und nicht der Private nach Artikel 87f. Abs. 1 GG zum Adressaten des Infrastrukturauftrages erklärt wird.[739] Maßgeblich ist für den Unternehmer deshalb allein, dass er die Tätigkeit im Rahmen seiner grundrechtlichen Freiheit ausübt, um daraus Gewinn zu ziehen.[740] Insofern steht ihm das Recht zu, diese allein an den Maßstäben wirtschaftlicher Rationalität auszuüben.[741] Soll der Private zu einer bestimmten Maßnahme zum Wohle der Allgemeinheit verpflichtet werden, bedarf es einer einfachgesetzlichen Konkretisierung der Gemeinwohlbindung durch Regulierung, die an dessen Grund-

731 Im Gesetzgebungsverfahren wohl zunächst noch so verstanden, weshalb *Stern* arbeits- und leistungsfähige Unternehmen fordert, um sich von diesen „Fesseln" befreien zu können, 117. Sitzung des Rechtsausschusses 1994, S. 7 f.

732 BVerfGE 108, 370 (392 f.).

733 117. Sitzung des Rechtsausschusses 1994, S. 40.

734 Erwägung in 117. Sitzung des Rechtsausschusses 1994, S. 12.

735 Vgl. a. *Jarass*, MMR 2009, 223 (223 f.).

736 BT-Drs. 12/8108, S. 3. Vgl. 117. Sitzung des Rechtsausschusses 1994, z.B. S. 20, 34.

737 Zur Gewinnorientiertheit auch BVerfGE 108, 370 (393), allerdings „eingebettet" in das Gewährleistungsmodell.

738 S. ausführlich *Cannivé*, Infrastrukturgewährleistung in der Telekommunikation zwischen Staat und Markt, S. 44 f.; *Gersdorf*, AfP 1998, 470 (471); *Gersdorf*, in: v. MKS, GG, Bd. 3, 6. Aufl., Art. 87f. Rn. 53; *Jarass*, MMR 2009, 223 (223 f.); *Möstl*, in: MD, GG, Bd. 6, 78. EL, Art. 87f. Rn. 37.

739 *Cannivé*, Infrastrukturgewährleistung in der Telekommunikation zwischen Staat und Markt, S. 61; *Gersdorf*, in: v. MKS, GG, Bd. 3, 6. Aufl., Art. 87f. Rn. 28.

740 *Gersdorf*, in: v. MKS, GG, Bd. 3, 6. Aufl., Art. 87f. Rn. 54; *Möstl*, in: MD, GG, Bd. 6, 78. EL, Art. 87f. Rn. 37 f.

741 *Jarass*, MMR 2009, 223 (224); *Möstl*, in: MD, GG, Bd. 6, 78. EL, Art. 87f. Rn. 37.

rechten zu messen ist.[742] Auch hierbei muss ihm aber ein Grundgehalt an Eigenverantwortung überlassen bleiben.[743]

Dass sowohl im Eisenbahnrecht als auch im Post- bzw. Telekommunikationsrecht eine historisch fundierte Verknüpfung der jeweiligen Aufgabenerfüllung mit einem Gemeinwohlauftrag besteht, lässt sich nicht von der Hand weisen. Zudem soll die Privatisierung von Daseinsvorsorgeaufgaben auch nicht eine Privilegierung des Privaten zur Folge haben, der dazu berechtigt würde, nur die Vorteile aus der Tätigkeit zu ziehen.[744] Haben sich der Verfassungsgeber und der einfache Gesetzgeber allerdings dafür entschieden, dass die Unternehmer ihre Tätigkeit privatwirtschaftlich ausüben dürfen oder sogar müssen, darf dies ebenso wenig verkannt werden. Es wäre aber falsch, diesen Befund als zufällig zu qualifizieren und nicht weiter zu beachten. Vielmehr muss diese Verknüpfung an anderer Stelle Berücksichtigung finden, namentlich im Rahmen der Abwägung[745] sowie anlässlich der Schutzpflicht Dritter.[746]

b) Eingriff mit berufsregelnder Tendenz?

So ist auf den Ausgangspunkt zurückzugreifen nämlich ob in der Auferlegung einer gesetzlichen Eigensicherungspflicht eine mittelbare Beschränkung des Grundrechts mit hinreichendem Bezug zum Beruf vorliegt. Es genügt die Prüfung von solchen Eigensicherungsmaßnahmen, die den Verpflichteten am wenigsten belasten: Denn wenn bereits diese Maßnahmen einen Eingriff darstellen, liegt ein solcher erst recht auch bei stärker belastenden Maßnahmen vor. Zu diesen weniger belastenden Maßnahmen zählen rein bauliche bzw. technische Vorkehrungen wie z.B. die aus §§ 8 Abs. 1 S. 1 Nr. 1, 9 Abs. 1 S. 1 Nr. 2 LuftSiG, § 109 Abs. 1, 2 TKG sowie § 13 Abs. 7 TMG. Durch die Sicherheitsmaßnahmen gemäß §§ 8 Abs. 1 S. 1 Nr. 1, 9 Abs. 1 S. 1 Nr. 2 LuftSiG wird der Adressat der Eigensicherungspflicht dazu animiert, erforderliche Maßnahmen, z.B. das Anbringen von Zäunen,[747] zur Ermöglichung der Durchführung weiterer Maßnahmen durch ihn selbst, aber auch durch die Behörde, zu ergreifen.[748] Zu den erforderlichen Schutzmaßnahmen nach § 109 Abs. 1 TKG

---

742 Ausdrücklich BT-Drs. 12/7269, S. 5; 117. Sitzung des Rechtsausschusses 1994, S. 15; *Gersdorf*, in: v. MKS, GG, Bd. 3, 6. Aufl., Art. 87f. Rn. 67, 71; *Jarass*, MMR 2009, 223 (224); *Möstl*, in: MD, GG, Bd. 6, 78. EL, Art. 87f. Rn. 37, 45 f. Im Zusammenhang mit „auferlegter ‚Eigenverantwortung'" kommt auch Di Fabio zu diesem Ergebnis, VVDStRL 56 (1997), S. 235 (258).

743 *Gersdorf*, AfP 1998, 470 (472); *Hefekäuser*, ZGR 1996, 385 (392).

744 Dies wurde auch in der 117. Sitzung des Rechtsausschusses 1994, S. 23, bedacht.

745 Bzgl. des Infrastrukturgewährleistungsauftrags *Möstl*, in: MD, GG, Bd. 6, 78. EL, Art. 87f. Rn. 40.

746 BVerfGE 108, 370 (392 f.).

747 *Faust/Lienhart*, in: Hobe/von Ruckteschell (Hg.), Kölner Kompendium des Luftrechts, Bd. 2, A II Rn. 354, 370; *Giemulla/Schmid*, NZV 1989, 415 (416).

748 *Giemulla*, in: ders./van Schyndel (Hg.), Luftsicherheitsgesetz, § 8 Rn. 26 f., § 9 Rn. 39; *Giemulla/Schmid*, NZV 1989, 415 (416).

gehören u. a. solche nach § 9 BDSG und der entsprechenden Anlage zu diesem Gesetz.[749] Die erfassten Maßnahmen gehen teilweise über rein technische Maßnahmen hinaus.[750] Im Rahmen des Eingriffs sind daher ausschließlich die erfassten technischen Maßnahmen zu betrachten: Technische Maßnahmen sind alle Maßnahmen, die sich auf die Funktionsweise der Netze beziehen.[751] Zu den Maßnahmen nach § 109 Abs. 2 TKG gehören z. B. das Präparieren redundanter Systeme oder von Überbrückungsaggregaten.[752] Der Adressat einer Maßnahme nach § 13 Abs. 7 TMG kommt seinen Pflichten regelmäßig durch das Einspielen von Sicherheitspatches nach.[753] Solche technischen und baulichen Maßnahmen haben Auswirkungen auf den Betriebsablauf,[754] da der Verpflichtete das notwendige Personal für die Bewältigung dieser Anforderungen einsetzen muss, was sich sowohl auf der Ebene der Organisation als auch der Kosten auswirkt[755] und damit mittelbar zugleich die Entfaltung der beruflichen Tätigkeit beeinflusst.[756] Die Eigensicherungspflichten werden daher unmittelbar berufsbezogenen Regelungen gleichgestellt und stellen insoweit einen Eingriff in Artikel 12 Abs. 1 GG dar.[757] Andere bejahen den Eingriff bereits aufgrund der durch die Tätigkeit geschaffenen Risikolage und erkennen darin die berufsregelnde Tendenz.[758] Zwar erscheint die Risikolage eher als ein möglicher sachlicher Grund für den Eingriff,[759] doch führt auch dieser Ansatz nicht zu einem anderen Ergebnis: Eigensicherungspflichten erweisen sich regelmäßig als

749 *Mozek*, in: Säcker (Hg.), TKG, 3. Aufl., § 109 Rn. 15.

750 *Mozek*, in: Säcker (Hg.), TKG, 3. Aufl., § 109 Rn. 15.

751 *Mozek*, in: Säcker (Hg.), TKG, 3. Aufl., § 109 Rn. 16; *Graulich*, in: Arndt u. a. (Hg.), TKG, 2. Aufl., § 109 Rn. 13.

752 *Mozek*, in: Säcker (Hg.), TKG, 3. Aufl., § 109 Rn. 25.

753 BT-Drs. 18/4096, S. 34.

754 So auch *Czaja*, Eigensicherungspflichten von Verkehrsflughäfen, S. 107; *Erbguth*, DVBl. 2007, 1202 (1208).

755 *Bracher*, Gefahrenabwehr durch Private, S. 170; *Schneider*, Die Abwehr äußerer Gefahren im Luftverkehr, S. 97.

756 *Krüger*, DÖV 1977, 263 (263).

757 *Jarass*, in: ders./Pieroth (Hg.), GG, 14. Aufl., Art. 12 Rn. 14.

758 *Schiller/Drettmann*, DVBl. 1977, 956 (959); *Schneider*, Die Abwehr äußerer Gefahren im Luftverkehr, S. 96.

759 So z. B. VGH Baden-Württemberg DVBl. 1983, 41 (43) (später aufgehoben durch BVerwG DVBl. 1986, 360); VG Düsseldorf, Urt. v. 08.12.2010–10 K 8598/08; *Bracher*, Gefahrenabwehr durch Private, S. 168 f.; *Czaja*, Eigensicherungspflichten von Verkehrsflughäfen, S. 130, 157 f., 161, 165; *Erbguth*, DVBl. 2007, 1202 (1206, 1210); *Götz*, in: Pitschas/Stober (Hg.), Quo vadis Sicherheitsgewerberecht?, S. 235 (237 f.); *Gusy*, VVDStRL 63 (2004), S. 151 (173); *Krüger*, DÖV 1977, 263 (267); *Möstl*, Die staatliche Garantie für die öffentliche Sicherheit und Ordnung, S. 339; *Schiller/Drettmann*, DVBl. 1977, 956 (961); *Schneider*, Die Abwehr äußerer Gefahren im Luftverkehr, S. 98; *Schnekenburger*, Rechtsstellung und Aufgaben des Privaten Sicherheitsgewerbes, S. 89, 93.

Eingriffe in Artikel 12 Abs. 1 GG[760] im Sinne von Berufsausübungsregelungen.[761] Anders dagegen, wenn die Erfüllung der Eigensicherungspflicht zur Voraussetzung für die Erteilung einer Genehmigung gemacht wird, so z. B. bei § 7 Abs. 2 Nr. 5 AtG: In diesem Fall liegt sogar eine Einschränkung der Berufswahl vor.[762]

3. Verfassungsrechtliche Rechtfertigung

Artikel 12 Abs. 1 GG ist durch oder aufgrund eines Gesetzes einschränkbar.[763] Eigensicherungspflichten stellen eine verfassungsgemäße Schranke des Artikels 12 Abs. 1 GG dar, soweit sie von den Schranken-Schranken gedeckt sind.[764] Im Folgenden wird ausschließlich auf die Verhältnismäßigkeit eingegangen.

a) Legitimer Zweck

Durch die Auferlegung einer Eigensicherungspflicht muss ein legitimer Zweck – also ein verfassungsrechtlich zulässiger Zweck –[765] verfolgt werden.[766] Da Eigensicherungspflichten regelmäßig als Berufsausübungsregelungen einzustufen sind, genügt grundsätzlich jede vernünftige Erwägung des Gemeinwohls,[767] es sei denn, die Einschränkung ist so schwerwiegend, dass der Adressat der Eigensicherungspflicht zur Berufsaufgabe gezwungen wird.[768] Eine derartig schwerwiegende Einschränkung könnte sich z. B. daraus ergeben, dass die Sicherungsmaßnahmen ein solches finanzielles Ausmaß erreichen, dass der Betrieb in der Weise nicht mehr sinnvoll fortführbar ist.[769] In Anbetracht dessen, dass die konkrete Maßnahme dem Adressaten der Eigensicherungspflicht zumeist offen steht und dass in vielen Regelungen eine Angemessenheitsprüfung sogar in die gesetzliche Regelung niedergeschrieben worden ist – so z. B. in § 109 Abs. 2 S. 5 TKG, § 13 Abs. 7 S. 1 TMG – erscheint eine solche Folge unwahrscheinlich.

---

760 Bzgl. IT-Sicherheitsgesetz u. a. *Roßnagel*, DVBl. 2015, 1206 (1207).

761 *Czaja*, Eigensicherungspflichten von Verkehrsflughäfen, S. 106 f.; *Erbguth*, DVBl. 2007, 1202 (1208); *Otten*, Eigensicherung, S. 191.

762 *Lukes/Backherms*, AÖR 103 (1978), 334 (346).

763 *Schiller/Drettmann*, DVBl. 1977, 956 (959).

764 *Alexy*, Theorie der Grundrechte, 2. Aufl., S. 264.

765 *Pieroth* u. a., Grundrechte, 32. Aufl., Rn. 298.

766 *Ossenbühl*, Eigensicherung und hoheitliche Gefahrenabwehr, S. 55 f.

767 So jedenfalls nach der Drei-Stufen-Theorie des Bundesverfassungsgerichts, BVerfGE 7, 377 (405), s. dazu *Scholz*, in: MD, GG, Bd. 2, 78. EL, Art. 12 Rn. 335. Die Formel stellt eine Ausprägung des Verhältnismäßigkeitsprinzips dar (s. ebd.) und wird hier nicht als zwingend vorausgesetzt; *Schiller/Drettmann*, DVBl. 1977, 956 (959).

768 *Jarass*, in: ders./Pieroth (Hg.), GG, 14. Aufl., Art. 12 Rn. 37.

769 *Schnekenburger*, Rechtsstellung und Aufgaben des Privaten Sicherheitsgewerbes, S. 91.

Ein legitimes Ziel ist im Bestreben zu sehen, Rechtsgutsbeeinträchtigungen[770] sowie strafbare Handlungen zu verhindern.[771] Neueren Entwicklungen nach zielen Eigensicherungspflichten, die auf den Schutz Kritischer Infrastrukturen gerichtet sind auch, aber nicht ausschließlich, auf die Vermeidung strafbarer Handlungen.[772] Es steht der Schutz vor Rechtsgutsbeeinträchtigungen im Vordergrund, unabhängig von ihrem Ursprung.[773] Dem steht auch nicht die Erwägung entgegen, ein legitimer Zweck sei zu verneinen, da der Staat sich seiner Verantwortung für Sicherheit entziehe.[774] Als weiterer legitimer Zweck tritt die durch den Funktionsschutz bewirkte Förderung der Daseinsvorsorge hinzu.[775]

b) Geeignetheit

Überdies muss die Eigensicherungspflicht geeignet, erforderlich sowie angemessen zur Erreichung des legitimen Zwecks sein.[776] Die Geeignetheit ist anzunehmen, wenn der gewünschte Erfolg jedenfalls gefördert wird.[777] Die Geeignetheit wird zum Teil unter dem Vorbehalt bejaht, dass die Reichweite der zu erbringenden Eigensicherung bereits geregelt sei, denn nur so sei gewährleistet, dass die Gefahrenlage zumindest gemindert werde.[778] In Anbetracht dessen, dass aber nicht das optimale Mittel genutzt werden muss, sondern dass eine Förderung des gewünschten Erfolgs genügt,[779] ist die Geeignetheit der Regelung grundsätzlich auch dann anzunehmen, wenn die Pflicht nicht bis in das letzte Detail bestimmt ist, sondern dem Verpflichteten überlassen bleibt, welcher Mittel er sich im Einzelfall bedient. Umgekehrt kann gerade die Offenheit der Formulierung wie die „erforderliche bauliche und technische Sicherung“ (§ 8 Abs. 1 S. 1 Nr. 1 LuftSiG), „angemessene technische Vorkehrungen“ (§ 109 Abs. 2 TKG) eine auf die spezifische Situation zugeschnittene Reaktion ermöglichen und besser den Erfolg fördern als eine detaillierte Regelung, die nur bestimmte Maßnahmen zulässt. Dies ist im Ergebnis zwar keine Frage der Geeignetheit, zeigt jedoch, dass der in der Literatur zu findende erste Ansatz an dieser Stelle nicht zielführend ist. Über der tatsächlichen physischen Förderung eines „Mehrs“ an Sicherheit hinaus kommt der Eigensicherungspflicht auf psycho-

---

770 *Otten*, Eigensicherung, S. 195; *Schiller/Drettmann*, DVBl. 1977, 956 (959).
771 *Krüger*, DÖV 1977, 263 (265).
772 *BMI*, Nationale Strategie zum Schutz Kritischer Infrastrukturen, S. 7.
773 *BMI*, Nationale Strategie zum Schutz Kritischer Infrastrukturen, S. 7.
774 Erwägung bei *Otten*, Eigensicherung, S. 196.
775 *Wiater*, in: Gusy u. a. (Hg.), Rechtshandbuch Zivile Sicherheit, Kap. 12 Rn. 11. Ausdrücklich zum Funktionsschutz *Gusy*, in: ders. u. a. (Hg.), Rechtshandbuch Zivile Sicherheit, Kap. 3 Rn. 25.
776 BVerfGE 46, 120 (145 f.); *Jarass*, in: ders./Pieroth (Hg.), GG, 14. Aufl., Art. 12 Rn. 40 ff.
777 BVerfGE 30, 292 (316); 80, 1 (24 f.); *Jarass*, in: ders./Pieroth (Hg.), GG, 14. Aufl., Art. 12 Rn. 42; *Schiller/Drettmann*, DVBl. 1977, 956 (959).
778 *Schiller/Drettmann*, DVBl. 1977, 956 (959).
779 *Jarass*, in: ders./Pieroth (Hg.), GG, 14. Aufl., Art. 12 Rn. 42.

logischer Ebene unterstützende Wirkung zu, indem sie abschreckend wirkt.[780] Dieser Aspekt gewinnt dann an Relevanz, wenn nicht durchgesetzt werden kann, dass die Notrechte tatsächlich ausgeübt werden und folglich nicht tatsächlich Sicherheit im physischen Sinn hergestellt wird.[781]

c) *Erforderlichkeit*

Wenn kein Mittel vorliegt, das gleich geeignet ist und den Grundrechtsträger zugleich weniger belastet, ist die Erforderlichkeit gewahrt.[782] An dieser Stelle darf jedoch nicht die staatliche Aufgabenwahrnehmung als milderes Mittel in Betracht gezogen werden.[783] Hier geht es nicht um das Grundrecht auf Schutz des Privaten, das in Kap. 3 – A. untersucht wurde, sondern lediglich um die subjektive Belastung des Adressaten der Eigensicherungspflicht.[784] Der Umstand, dass in Einzelfällen die tatsächliche Ausübung der Notrechte unter Lebenseinsatz nicht gewährleistet werden kann, ändert an dieser Feststellung nichts.[785] Dem ist hinzuzufügen, dass das Tätigwerden der Polizei aufgrund der für diese Aufgabenwahrnehmung notwendigen ständigen Präsenz nicht ein milderes Mittel darstellen muss, sondern den Verpflichteten stärker belasten kann als eine Verpflichtung zur Eigensicherung.[786]

Fraglich ist indessen, ob ein geringerer Eingriff in die Grundrechte des Verpflichteten auch zum Ziel geführt hätte.[787] Als milderes Mittel ist an die Übernahme freiwilliger Sicherungsmaßnahmen durch Vertragsschluss zu denken.[788] Bei dieser Option fehlt es jedoch an der Durchsetzungskraft wie bei einer gesetzlichen Eigensicherungspflicht, deren Wahrnehmung durch Kontroll- und Aufsichtsbefugnisse, vgl. §§ 8 Abs. 1 S. 2, 6 LuftSiG, § 19 AtG, § 115 TKG, jedenfalls besser sichergestellt ist als bei Instrumenten des Vertragsrechts.[789] Ähnlich ist der Fall zu bewerten, wenn unter dem Vorwand, es bestehe ein milderes Mittel, auf die durch

---

780 *Lukes*, ET 1975, 23 (26); *Sorge*, Kostentragung für den Schutz vor Anschlägen, S. 86 f.

781 *Otten*, Eigensicherung, S. 196, vgl. zu dieser Konstellation Kap. 2 – B.III.

782 BVerfGE 30, 292 (316); 53, 135 (145); *Jarass*, in: ders./Pieroth (Hg.), GG, 14. Aufl., Art. 12 Rn. 43.

783 *Otten*, Eigensicherung, S. 197; *Schiller/Drettmann*, DVBl. 1977, 956 (959); *Sorge*, Kostentragung für den Schutz vor Anschlägen, S. 87 f.; *Schnekenburger*, Rechtsstellung und Aufgaben des Privaten Sicherheitsgewerbes, S. 90; a.A.: *Hoffmann-Riem*, ZRP 1977, 277 (281); *Krüger*, DÖV 1977, 263 (265).

784 *Sorge*, Kostentragung für den Schutz vor Anschlägen, S. 87 f.

785 So aber *Ossenbühl*, Eigensicherung und hoheitliche Gefahrenabwehr, S. 49.

786 *Isensee*, in: ders./Kirchhof (Hg.), HdBStR IX, 3. Aufl., § 191 Rn. 272; *Schnekenburger*, Rechtsstellung und Aufgaben des Privaten Sicherheitsgewerbes, S. 90.

787 *Schiller/Drettmann*, DVBl. 1977, 956 (959).

788 *Krüger*, DÖV 1977, 263 (265); *Schnekenburger*, Rechtsstellung und Aufgaben des Privaten Sicherheitsgewerbes, S. 90 f.

789 *Schnekenburger*, Rechtsstellung und Aufgaben des Privaten Sicherheitsgewerbes, S. 91.

die Versicherung aufgestellten Sicherungsmaßnahmen verwiesen wird.[790] Letztlich beruht auch hier die Bindung auf einem Vertrag. Ein Titel für die Zwangsvollstreckung muss erst erwirkt werden, vgl. §§ 704, 794 ZPO.[791] Werden aber Sicherungsmaßnahmen aufgrund von Eigensicherungspflichten nicht ordnungsgemäß durchgeführt, können Auflagen erteilt werden,[792] vgl. z. B. § 8 Abs. 1 S. 4 LuftSiG. Als Verwaltungsakte stehen diese der Vollstreckung offen.[793] Mangels Durchsetzbarkeit kommt auch die freiwillige Eigensicherung nicht als milderes, aber gleich effektives Mittel, in Betracht.[794] Freiwillige Eigensicherung führt zudem zu einem sehr unterschiedlichen Sicherheitsniveau, was sich aufgrund der vielen Interdependenzen zwischen den Kritischen Infrastrukturen[795] negativ auf die Sicherheit insgesamt auswirkt.[796] Diesem Aspekt wurde jüngst durch die Einführung des IT-Sicherheitsgesetzes, das durch eine Vielzahl von Eigensicherungspflichten mehr Sicherheit für Kritische Infrastrukturen herzustellen erstrebt, versucht entgegenzutreten.[797]

Geht es allerdings um die Erreichung von Gemeinwohlzielen, ist das öffentliche Recht erst dann gefragt, wenn der private Wettbewerb nicht dazu in der Lage ist, sie eigenständig zu erreichen.[798] Dies folgt aus der verfassungsrechtlichen Entscheidung des Gesetzgebers, dass auch Daseinsvorsorgeaufgaben grundsätzlich aus eigener Kraft des Wettbewerbs heraus erfüllt werden können und sollen.[799] Nicht umsonst wird

---

790 *Krüger*, DÖV 1977, 263 (265); *Schnekenburger*, Rechtsstellung und Aufgaben des Privaten Sicherheitsgewerbes, S. 90 f.

791 *Kindl*, in: Saenger (Hg.), ZPO, 7. Aufl., § 704 Rn. 1, § 794 Rn. 1.

792 *Mendel*, in: Giemulla/Rothe (Hg.), Recht der Luftsicherheit, S. 49 (50). Dieser betont sogar ausdrücklich, dass diese im Vergleich zum Nationalen Luftsicherheitsprogramm zwecks Rechtswirkung eingeführt worden sind.

793 *Mosbacher*, in: Engelhardt u. a. (Hg.), VwVG, 10. Aufl., § 6 Rn. 1; *Rachor*, in: Lisken/Denninger (Hg.), HdB des Polizeirechts, 5. Aufl., E Rn. 792. Dahin gehend auch *Wiater*, Sicherheitspolitik zwischen Staat und Markt, S. 131.

794 *Bracher*, Gefahrenabwehr durch Private, S. 168; *Krüger*, DÖV 1977, 263 (265).

795 *BMI*, Schutz Kritischer Infrastrukturen, Risiko- und Krisenmanagement, S. 10, online abrufbar unter http://www.bbk.bund.de/SharedDocs/Downloads/BBK/DE/Publikationen/PublikationenKritis/Leitfaden_Schutz-Kritis.pdf?__blob=publicationFile, Zugriff am 06.03.2018.

796 BT-Drs. 18/4096, S. 1 f.; *Roßnagel*, DVBl. 2015, 1206 (1206).

797 BT-Drs. 18/4096, S. 1 f.; die Erforderlichkeit auch für die Eigensicherungspflichten des IT-Sicherheitsgesetzes bejahend u. a. *Roßnagel*, DVBl. 2015, 1206 (1208).

798 *Hoffmann-Riem*, in: ders./Schmidt-Aßmann (Hg.), Öffentliches Recht und Privatrecht als wechselseitige Auffangordnungen, S. 261 (270).

799 *Gramlich*, VerwArch 88 (1997), 598 (600); *Hoffmann-Riem*, in: ders./Schmidt-Aßmann (Hg.), Öffentliches Recht und Privatrecht als wechselseitige Auffangordnungen, S. 261 (270). Dies geht für die Postreform I ebenso aus den Gesetzesmaterialien hervor, vgl. BT-Drs. 11/4316, S. 78.

staatliche Wirtschaftsaufsicht als „Korrektiv der Unternehmerfreiheit" definiert.[800] An dieser Stelle ist eine erste Weiche gestellt, denn hierdurch soll eine Überreglementierung verhindert werden. Dabei sollen nicht Selbstverpflichtungen als alternatives Mittel betrachtet werden, sondern das Eigeninteresse im Wettbewerb.[801] Solange der Gemeinwohlauftrag durch Eigeninteresse erfüllt werden kann, besteht regelmäßig kein Grund einzugreifen.[802] Problematisch ist die Dehnbarkeit des Gemeinwohlauftrags, der immer Gegenstand politischer Entscheidung sein wird und insofern variiert. Festgehalten werden kann dennoch, dass die *Leistungskraft des Wettbewerbs* dort stärker sein wird, wo mehr Wettbewerb besteht. Im Gegensatz dazu wird es mehr öffentlich-rechtlicher Instrumente bedürfen, wo weniger Wettbewerb herstellbar ist. Dies sind die Sektoren, in denen natürliche Monopole bestehen. Insofern wird an dieser Stelle eine Unterscheidung zwischen den verschiedenen Kritischen Infrastrukturen von Nöten sein: Während beispielsweise bei der Kritischen Infrastruktur „Ernährung" mehr Wettbewerb erzeugbar ist, wird es lange dauern, bis der Schaden tatsächlich bei dem Einzelnen eintritt.[803] Zum anderen stellt die *Vernetzung* ein Kriterium dar, das bei einigen Kritischen Infrastrukturen ausgeprägter ist als bei anderen. Je dezentraler die Leistung erbracht wird, desto weniger Menschen werden betroffen sein und desto eher wird die Leistung ersetzbar sein. Im Gegenzug wird besonders dort eine dichte Regulierung erforderlich sein, wo ein hoher Vernetzungsgrad besteht und voraussichtlich viele Schutzgüter betroffen sein werden.

d) Angemessenheit

Schließlich muss die Regelung angemessen sein.[804] Eine Regelung ist dann angemessen, wenn sie nicht außer Verhältnis zum angestrebten Zweck steht.[805] Somit gilt es, die wesentlichen Argumentationslinien für die verfassungsrechtliche Rechtfertigung von Eigensicherungspflichten in den Blick zu nehmen:

---

800 *Gramlich*, VerwArch 88 (1997), 598 (600) mit Verweis auf *Stober*, Allgemeines Wirtschaftsverwaltungsrecht, 18. Aufl., S. 205.

801 Zur Leistungskraft des Wettbewerbs statt einer historischen Einordnung als Kriterium zur Erforderlichkeit der Reglementierung im Rahmen des Öffentlichen Rechts *Hoffmann-Riem*, in: ders./Schmidt-Aßmann (Hg.), Öffentliches Recht und Privatrecht als wechselseitige Auffangordnungen, S. 261 (270).

802 Dahin gehend *Hoffmann-Riem*, in: ders./Schmidt-Aßmann (Hg.), Öffentliches Recht und Privatrecht als wechselseitige Auffangordnungen, S. 261 (270).

803 Zum Wettbewerbsdruck bei der Kritischen Infrastruktur „Ernährung" s. *Ebeling*, in: Gusy u. a. (Hg.), Rechtshandbuch Zivile Sicherheit, Kap. 15 Rn. 3.

804 *Jarass*, in: ders./Pieroth (Hg.), GG, 14. Aufl., Art. 12 Rn. 44; *Otten*, Eigensicherung, S. 197 ff.

805 BVerfGE 30, 292 (316 f.); *Jarass*, in: ders./Pieroth (Hg.), GG, 14. Aufl., Art. 12 Rn. 44; *Schiller/Drettmann*, DVBl. 1977, 956 (959).

aa) Sachpflicht

Zunächst muss allein die Auferlegung einer Sachpflicht untersucht werden.[806] Stellt sich bei der Prüfung der Angemessenheit der Sachpflicht nämlich schon heraus, dass sie unabhängig von der Kostenfolge gegen Artikel 12 Abs. 1 GG verstößt, ist ein näheres Eingehen auf deren Kostenfolge obsolet. Ebenso kann eine Kostenentschädigung die Schwere des Eingriffs ausgleichen, weshalb es zunächst einer Prüfung bedarf, ob der Eingriff auch ohne Kostenausgleich verfassungsgemäß wäre.[807]

(1) Ressourcenakquise

Anlass für die Auferlegung von Eigensicherungspflichten ist vorwiegend ein Ressourcenproblem.[808] Selbst staatliche Überwachungskapazitäten stehen nur eingeschränkt zur Verfügung.[809] Über den Personalmangel hinaus mangelt es dem Staat an dem erforderlichen Detailwissen, um Sicherheitsmaßnahmen wirkungsvoll umzusetzen.[810] Durch die Aktivierung anderer Ressourcen verspricht er sich positive Auswirkungen auf die Verwaltungsökonomie.[811] Dieser Aspekt ist aber nur ein Motiv für die Verpflichtung von Unternehmen, nicht aber ein Grund, der einen Eingriff in Artikel 12 Abs. 1 GG verfassungsrechtlich rechtfertigen würde, solange keine tätigkeitsbezogenen Argumente hinzutreten.

(2) Kostenfaktor

Zu der Ressourcenakquise tritt der Kostenfaktor hinzu.[812] Der Staat verspricht sich, den staatlichen Haushalt zu entlasten.[813] Doch auch dieser Aspekt stellt eher einen

---

806 Eine solche Aufteilung wird in der Literatur vorwiegend befürwortet, so z. B. von *Gallwas*, BayVBl. 1971, 245 (247); *Ossenbühl*, VVDStRL 29 (1971), S. 137 (180 f.); *Sorge*, Kostentragung für den Schutz vor Anschlägen, S. 72 f., 83.

807 *Ossenbühl*, VVDStRL 29 (1971), S. 137 (181), der sogar soweit geht, dass er einen Eingriff mit Kostenausgleich stets für verhältnismäßiger als einen solchen ohne hält. A.A. *Möstl*, Die staatliche Garantie für die öffentliche Sicherheit und Ordnung, S. 344.

808 *Bracher*, Gefahrenabwehr durch Private, S. 147; *Ehlers*, in: Leßmann u. a. (Hg.), FS f. Lukes, S. 337 (347); *Götz*, in: Isensee/Kirchhof (Hg.), HdBStR III, 2. Aufl., § 79 Rn. 32; *Gramm*, Privatisierung und notwendige Staatsaufgaben, S. 454; *Gusy*, DÖV 1996, 573 (573); *Honigl*, Tätigwerden von Privaten, S. 82; *Otten*, Eigensicherung, S. 200.

809 *Wiater*, Sicherheitspolitik zwischen Staat und Markt, S. 257.

810 *De Maizière*, Nationale Strategie zum Schutz Kritischer Infrastrukturen – Leitschnur moderner Sicherheitspolitik, online abrufbar unter http://www.bmi.bund.de/SharedDocs/Reden/DE/2009/12/kritis.html, letzter Zugriff am 27.02.2017; *Wiater*, Sicherheitspolitik zwischen Staat und Markt, S. 257 f.

811 *Ossenbühl*, VVDStRL 29 (1971), S. 137 (181).

812 U.a. *Gusy*, DÖV 1996, 573 (573). Dass letztlich auch bei der Störerbestimmung der Kostenfaktor wesentlich ist, hält bereits *Herrmann* fest, DÖV 1987, 666 (666).

813 *Schmidhuber*, 489. BR-Sitzung v. 27.6.1980, S. 309.

Anreiz als eine Rechtfertigung für die Eigensicherungspflichten dar, der lediglich zusätzlich in die Rechtfertigung einfließen kann.

(3) Rechtfertigungsgründe im Zusammenhang mit der Tätigkeit

Somit sind Rechtfertigungsgründe, die einen Zusammenhang zur Tätigkeit der Privaten aufweisen, unerlässlich.

(aa) Interessenskongruenz

Vorgebracht wird zum einen, dass eine starke Interessenskongruenz zwischen dem staatlichen und dem privaten Interesse bestehe.[814] Dies rührt daher, dass auch der Unternehmer ein geschäftliches Interesse an der Sicherheit der Infrastruktur hat, also von dem Sicherheitsgewinn profitiert.[815] Der Unternehmer profitiert wirtschaftlich allerdings nur begrenzt von den Sicherheitsmaßnahmen.[816] Besonders kostenintensive Investitionen können nämlich dem Grundsatz der ökonomischen Rationalität widersprechen.[817] Bedeutende Unternehmen sind zwar ohnehin dazu angehalten, sich auf hypothetische Schadensereignisse größeren Ausmaßes vorzubereiten,[818] doch zählt nicht jeder Adressat einer Eigensicherungspflicht zu einem Großunternehmer. So ist nach § 13 Abs. 7 TMG jeder Telemediendiensteanbieter verpflichtet, Sicherheitsmaßnahmen zu ergreifen. In erster Linie sind Webseitenbetreiber, die kaum primäres Zielobjekt eines Terroranschlags sein werden, von dieser Pflicht betroffen.[819] Für die Verhältnismäßigkeit der Maßnahme ist jedoch kein vollständiger Gleichlauf von staatlichem und privatem Interesse zwingend, denn bereits die Synergieeffekte zwischen ohnehin wahrgenommenen Maßnahmen aus Eigennutzen und auferlegten Pflichten reduzieren die Schwere des Eingriffs und sprechen insoweit für die Verhältnismäßigkeit der gesetzlichen Regelung. Und bis zu einem gewissen Grad profitiert der Webseitenbetreiber selbst von der Sicherung seiner Seite.

---

814 BT-Drs. 8/3431, S. 10; OVG Bremen, Urt. v. 31.10.2006–1 D 41/06 = NordÖR 2007, 177; VG Düsseldorf, Urt. v. 08.12.2010–10 K 8598/08; *Bracher*, Gefahrenabwehr durch Private, S. 169; *Burgi*, Funktionale Privatisierung und Verwaltungshilfe, S. 267; *Erbguth*, DVBl. 2007, 1202 (1207); *Focke*, ZLW (41) 1992, 240 (244); *Möstl*, Die staatliche Garantie für die öffentliche Sicherheit und Ordnung, S. 345; *Ossenbühl*, VVDStRL 29 (1971), S. 137 (182 f.); *Schneider*, NVwZ 1988, 605 (606); *Stober*, in: Kloepfer (Hg.), Schutz kritischer Infrastrukturen, S. 121 (132).

815 OVG Bremen, Urt. v. 31.10.2006–1D 41/06 = NordÖR 2007, 177; *Bracher*, Gefahrenabwehr durch Private, S. 169; *Lukes*, ET 1975, 23 (26); *Möstl*, Die staatliche Garantie für die öffentliche Sicherheit und Ordnung, S. 345; *Schäuble*, in: Kloepfer (Hg.), Schutz kritischer Infrastrukturen, S. 21 (24).

816 *Wiater*, Sicherheitspolitik zwischen Staat und Markt, S. 252.

817 *Wiater*, Sicherheitspolitik zwischen Staat und Markt, S. 227, 280 in Bezug auf KRITIS-Maßnahmen.

818 *Wiater*, Sicherheitspolitik zwischen Staat und Markt, S. 248.

819 *Hornung*, NJW 2015, 3334 (3338).

Ergänzend tritt hinzu, dass in großen Teilen ein Gleichlauf mit der Betriebssicherungspflicht oder aber mit der Verkehrssicherungspflicht feststellbar ist.[820] Letzterem Aspekt wird entgegengehalten, es komme nicht auf zivilrechtliche Ansprüche an.[821] Vielmehr seien wirtschaftliche Einbußen infolge einer Betriebseinstellung, die auf eine Katastrophe folgten, maßgeblich.[822] Diesem Einwand kann jedoch nicht zugestimmt werden.[823] Dies folgt schon daraus, dass der Unternehmer bereits durch die Betriebs- oder Verkehrssicherungspflicht Sicherungsmaßnahmen ergreifen muss, damit er sich nicht einer zivilrechtlichen Haftung aussetzt.[824] Verkehrssicherungspflichten und Eigensicherungspflichten überschneiden sich zu einem großen Teil.[825] Nicht umsonst werden Eigensicherungspflichten daher als „gesteigerte Verkehrssicherungspflichten“ bezeichnet.[826] Infolgedessen werden Ressourcen und Kosten gespart, wenn der Person, die ohnehin zu Verkehrssicherungspflichten verpflichtet ist, auch Eigensicherungspflichten auferlegt werden.[827] Hinzu kommt, dass eine klare Trennung zwischen reiner Eigensicherung und staatlicher Aufgabenwahrnehmung kaum noch zu bewerkstelligen ist.[828] Darüber hinaus besteht für den Betreiber ein – nicht wirtschaftliches – Interesse daran, seine Gesundheit und die seiner Angestellten zu schützen.[829]

---

820 VGH Baden-Württemberg DVBl. 1983, 41 (43) (später aufgehoben d. BVerwG DVBl. 1986, 360); *Czaja*, Eigensicherungspflichten von Verkehrsflughäfen, S. 110; *Möstl*, Die staatliche Garantie für die öffentliche Sicherheit und Ordnung, S. 345. Beispiele für den Umfang der Betriebssicherungspflicht bei *Grabherr*, ZLW (27) 1978, 171 (174 f.).

821 *Erbguth*, DVBl. 2007, 1202 (1209).

822 *Erbguth*, DVBl. 2007, 1202 (1209). Das Interesse der Betreiber an der Verringerung von Produktionsausfällen betont auch *Schäuble*, in: Kloepfer (Hg.), Schutz kritischer Infrastrukturen, S. 21 (24).

823 In Übereinstimmung z. B. mit *Bracher*, Gefahrenabwehr durch Private, S. 169.

824 S. z. B. § 45 LuftVZO; § 25 AtG iVm Pariser Übereinkommen v. 29.7.1960 über Haftung gegenüber Dritten auf dem Gebiet der Kernenergie in der Fassung v. Zusatzprotokoll v. 28.01.1964 und des Protokolls v. 16.11.1982, BGBl. II 1985, S. 963 ff.; § 26 AtG; *Bracher*, Gefahrenabwehr durch Private, S. 169; *Giemulla/Schmid*, NZV 1989, 415 (419 ff.); *Otten*, Eigensicherung, S. 201, insb. Fn. 856. Zur Parallelität zwischen Verkehrssicherungspflicht und öffentlich-rechtlichen Regelungen z. B. *Motzke*, NZBau 2004, 297.

825 Vgl. *Giemulla/Schmid*, NZV 1989, 415; *Motzke*, NZBau 2004, 297.

826 *Stober*, in: Kloepfer (Hg.), Schutz kritischer Infrastrukturen, S. 121 (127).

827 Dahin gehend, aber auf die Gefahr der Konstruktion privater Interessen verweisend, *Otten*, Eigensicherung, S. 201, bes. Fn. 858.

828 *Erbguth*, DVBl. 2007, 1202 (1207). Ähnlich in Bezug auf Sicherheitsherstellung allgemein *Waechter*, in: Stober/Jachmann (Hg.), Finanzierung der inneren Sicherheit unter Berücksichtigung des Sicherheitsgewerbes, S. 65 (72).

829 *Sorge*, Kostentragung für den Schutz vor Anschlägen, S. 54.

(bb) Sachnähe zum Referenzobjekt[830] aufgrund besonderen Knowhows

Zum anderen wird auf die besondere Nähe des Betreibers zu der Anlage oder Kritischen Infrastruktur verwiesen.[831] Dieser besondere Anknüpfungspunkt ergibt sich sowohl aus dem Knowledge iSv Sach- und Fachkenntnissen des Unternehmers als auch aus seiner technischen Ausstattung.[832] Denn diesem obliegt die Möglichkeit, der Situation entsprechend zu reagieren, was einen wesentlichen Vorteil gegenüber dem Staat begründet, der sich zunächst über die besondere Situation informieren muss, aller Wahrscheinlichkeit nach nicht über das spezielle Fachwissen verfügt und unter Umständen sogar ohnehin auf die Geräte des Privaten zurückgreifen muss.[833] Dieser Aspekt wird dadurch verschärft, dass die Organisations- und die Verfügungsgewalt über die Anlage in der Hand des Betreibers/Diensteanbieters liegen, sodass ein Eingreifen des Staates in dessen Rechte ohne weitere Hindernisse nicht möglich ist.[834] Andererseits ist dem entgegenzuhalten, dass das eigentliche Schutzgut von Eigensicherungspflichten nicht die Kritische Infrastruktur selbst ist, sondern das Schutzgut, das mittelbar durch den Schaden an der Anlage/Infrastruktur/dem Netz betroffen ist.[835] Doch der Eintritt eines mittelbaren Schadens soll durch dieses Vorgehen von vornherein verhindert werden, da aufgrund der besonderen Sensibilität dieses Bereichs und der Seltenheit diesen betreffender Zwischenfälle der mittelbare Schaden umso schwerer ausfällt, wenn es tatsächlich zu einer Verletzung dieses ersten Schutzgutes kommt, der sog. „Verletzlichkeitsparadoxon".[836] Somit

---

830 Die Terminologie des Referenzobjekts wurde im Rahmen einer Tagung zum Recht der Zivilen Sicherheit von Anna Flor eingebracht.

831 *Schneider*, Die Abwehr äußerer Gefahren im Luftverkehr, S. 97. Die Sachnähe ist allerdings nur für die Pflicht zur Mitwirkung an der Gefahrenabwehr maßgeblich, nicht dagegen für die Unentgeltlichkeit der Aufgabenwahrnehmung, s. *Braun*, Die Finanzierung polizeilicher Aufgabenwahrnehmung, S. 381.

832 *Bracher*, Gefahrenabwehr durch Private, S. 167; *Ehlers*, in: Leßmann u. a. (Hg.), FS f. Lukes, S. 337 (347); *Schneider*, Die Abwehr äußerer Gefahren im Luftverkehr, S. 97. *Wiater*, Sicherheitspolitik zwischen Staat und Markt, S. 257. Für die Einbeziehung dieses Fachwissens u. a. *Zintel*, in: Daase u. a. (Hg.), Verunsicherte Gesellschaft-Überforderter Staat, S. 93 (103 f.).

833 Zum fehlenden Knowhow der Behörden zu den Unternehmensinterna *Wiater*, Sicherheitspolitik zwischen Staat und Markt, S. 256 f. Zur Situationsbeherrschung *Ossenbühl*, VVDStRL 29 (1971), S. 137 (181).

834 VGH Baden-Württemberg DVBl. 1983, 41 (43) (später aufgehoben d. BVerwG DVBl. 1986, 360); *Ehlers*, in: Leßmann u. a. (Hg.), FS f. Lukes, S. 337 (347); *Otten*, Eigensicherung, S. 198 f.

835 *BMI*, Nationale Strategie zum Schutz Kritischer Infrastrukturen, S. 3, 9. Insofern ist es nicht die ganze Wahrheit, die Eigensicherungspflicht knüpfe an die Inhaberschaft gefährdeter Objekte an, s. hierzu z. B. *Braun*, Die Finanzierung polizeilicher Aufgabenwahrnehmung, S. 355.

836 *BMI*, Nationale Strategie zum Schutz Kritischer Infrastrukturen, S. 8; *Bracher*, Gefahrenabwehr durch Private, S. 168; *Lukes*, ET 1975, 23 (26); *Sorge*, Kostentragung für den Schutz vor Anschlägen, S. 88. Zu den Anschlägen im Luftverkehr als Aus-

besteht die Nähe des Unternehmers nicht zum eigentlichen primären Schutzobjekt, sondern lediglich zum Rechtsgut, dessen Schädigung sich besonders negativ auf das eigentliche Schutzgut auswirkt.[837]

Die Tatsache, dass nicht direkt am Schutzobjekt, sondern am sog. „Referenzobjekt“[838] angeknüpft wird, kann durch die besondere Schwere des Schadens ausgeglichen werden.[839] Durch einen tatsächlichen Schadenseintritt wird nämlich eine Vielzahl von Menschen gefährdet.[840] Möglicherweise ist es gerade die Nähe zum Referenzobjekt – in der Vergangenheit auch „Substrat“[841] genannt – in Verbindung mit der Schwere des zu vermeidenden hypothetischen, mittelbaren Schadens, welche die Inanspruchnahme des Betreibers rechtfertigt.[842] Würde nämlich am eigentlichen Schutzgut angesetzt werden, könnte das Schadensausmaß nicht verhindert werden. Wird beispielsweise eine einzelne Person von dem Eintritt in einen Flughafen abgehalten, wird diese geschützt, nicht jedoch die anderen tausend anwesenden Personen, wenn in dem Moment ein Terroranschlag im Flughafen verübt wird. Ähnlich ist der Fall bei Kritischen Infrastrukturen nach einer Naturkatastrophe gelagert. Möglicherweise könnte für einzelne Menschen die Versorgung aufrechterhalten werden, jedoch sicher nicht für jeden betroffenen Menschen.[843] Genauso wenig könnte durch diese Anknüpfung den Interdependenzen zwischen den Kritischen Infrastrukturen nachgekommen werden.[844] Ist demnach das Ausmaß des zu vermeidenden Schadens besonders schwerwiegend, weil es sich auf mehrere besonders wichtige Schutzgüter wie Leben oder Gesundheit bezieht und kann dem durch eine Anknüpfung an dieses Objekt entgegengewirkt werden, kann die Nähe zum Referenzobjekt ausreichen, um einen Eingriff in Artikel 12 Abs. 1 GG zu rechtfertigen. Die Schnittstelle zwischen dem unternehmerischen Betrieb und

---

druck dieses Verletzlichkeitsparadoxon *Zintel*, in: Daase u. a. (Hg.), Verunsicherte Gesellschaft-Überforderter Staat, S. 93 (96).

837 Dieses Problem wird angedeutet, jedoch nicht ausführlich diskutiert bei *Otten*, Eigensicherung, S. 198 f.

838 Siehe Fn. 830.

839 VGH Baden-Württemberg DVBl. 1983, 41 (43) (später aufgehoben d. BVerwG DVBl. 1986, 360); *Bracher*, Gefahrenabwehr durch Private, S. 168; *Lukes*, ET 1975, 23 (26); *Sorge*, Kostentragung für den Schutz vor Anschlägen, S. 88; Krit. ist dagegen die Anknüpfung an die Häufigkeit der Tat. Erwägend: *Krüger*, DÖV 1977, 263 (265).

840 VGH Baden-Württemberg, ebd.; *Lange*, Zweckveranlassung, S. 220; *Sorge*, Kostentragung für den Schutz vor Anschlägen, S. 89.

841 So bezeichnet bei *Otten*, Eigensicherung, S. 198.

842 *Sorge* beschreibt dies als „Mittlerstellung“ zwischen der Gefahr der Einwirkung auf seine Sache sowie der Gefahr durch seine Sache auf andere Rechtsgüter, Kostentragung für den Schutz vor Anschlägen, S. 66.

843 Daher soll der Schutz der Gesellschaft erzielt werden, vgl. *BMI*, Nationale Strategie zum Schutz Kritischer Infrastrukturen, S. 2.

844 Zu den Interdependenzen *BMI*, Nationale Strategie zum Schutz Kritischer Infrastrukturen, S. 5.

der Sphäre der Allgemeinheit wird damit zum Anknüpfungspunkt.[845] Sicherheitsempfindlichen Grundrechten ist daher bei dem Zusammentreffen dieser Faktoren Vorrang zu gewähren.[846]

Überdies tritt die Wahrnehmung der Schutzpflicht durch den Gesetzgeber hinzu.[847] Droht ein besonders schwerer Schaden für ein besonders wichtiges Rechtsgut bzw. mehrere besonders wichtige Rechtsgüter und ist der Gesetzgeber dazu angehalten, tätig zu werden und Maßnahmen am Referenzobjekt vorzunehmen, kann sich die Eigensicherungspflicht für den Betreiber sogar als schonender darstellen als wenn der Staat durchgängig selbst die Sicherungsmaßnahmen übernimmt.[848] Dies entspricht dem Grundgedanken, dass möglichst eher der Private als der Staat tätig werden soll mit dem Ziel, der Tendenz des Übergangs zu einem Polizeistaat entgegenzuwirken.[849]

(cc) Verantwortungszusammenhang zur Gefahr

Das soeben als Referenzobjekt bezeichnete Rechtsgut ist aus einem weiteren Grund für die verfassungsrechtliche Rechtfertigung von Interesse. Durch die Ausübung der Tätigkeit wird eine erhöhte Risikolage für das zu schützende Rechtsgut geschaffen.[850] Genau aus diesem Grund stellen solche Anlagen ein beliebtes Anschlagsziel dar.[851] In der Literatur wird dieses Phänomen als „Vergrößerung der Angriffsfläche“[852] des Staates beschrieben. Die Inkaufnahme eines bestimmten Risikos wird durch die Auferlegung von Sicherheitsvorkehrungen ausgeglichen, denn diese Maßnahmen stellen eine mildere Variante dar als die Untersagung des Betriebs einer solchen Infrastruktur.[853] Die erhöhte Risikolage kann indessen zwar grundsätzlich, nicht

845 Gerade diese Schnittstelle mache die Anlage/Infrastruktur auch interessant für Anschläge, *Czaja*, Eigensicherungspflichten von Verkehrsflughäfen, S. 130.

846 *Sorge*, Kostentragung für den Schutz vor Anschlägen, S. 88.

847 *Otten*, Eigensicherung, S. 199.

848 *Isensee*, in: ders./Kirchhof (Hg.), HdBStR IX, 3. Aufl., § 191 Rn. 272. Ansatz auch bei *Wiater*, Sicherheitspolitik zwischen Staat und Markt, S. 216.

849 *Broß*, VerwArch 74 (1983), 388 (396).

850 VGH Baden-Württemberg, ebd.; VG Düsseldorf, Urt. v. 08.12.2010–10 K 8598/08; *Bracher*, Gefahrenabwehr durch Private, S. 168; *Czaja*, Eigensicherungspflichten von Verkehrsflughäfen, S. 130, 157, 161, 165; *Erbguth*, DVBl. 2007, 1202 (1206, 1210); *Gramm*, Privatisierung und notwendige Staatsaufgaben, S. 455; *Gusy*, VVDStRL 63 (2004), S. 151 (173); *Krüger*, DÖV 1977, 263 (267); *Möstl*, Die staatliche Garantie für die öffentliche Sicherheit und Ordnung, S. 339; *Schiller/Drettmann*, DVBl. 1977, 956 (961); *Schneider*, Die Abwehr äußerer Gefahren im Luftverkehr, S. 98; *Schnekenburger*, Rechtsstellung und Aufgaben des Privaten Sicherheitsgewerbes, S. 89, 93.

851 *V. Danwitz*, RdE 2002, 113 (118), der aber i.E. zu einem anderen Schluss kommt; *Sorge*, Kostentragung für den Schutz vor Anschlägen, S. 89.

852 *Czaja*, Eigensicherungspflichten von Verkehrsflughäfen, S. 157.

853 VG Freiburg NJW 1977, 1645 (1647).

aber im Vergleich zu anderen gefahrgeneigten Anlagen, die Auferlegung besonderer Pflichten rechtfertigen.[854] Dieser Einwand kann allerdings ohne Berücksichtigung bleiben, wenn zu der Risikoerhöhung noch andere Aspekte hinzutreten. Ein weiterer rechtfertigender Grund könnte darin zu sehen sein, dass zu der Risikoerhöhung ein Verantwortungszusammenhang zur Gefahr hinzukommt.[855] Denn der Schaden an der Anlage oder Infrastruktur löst den schwerwiegenden mittelbaren Schaden erst aus: Ein Kausalitätszusammenhang, der auf die Tätigkeit zurückführt, liegt vor.[856] Doch auch der Verantwortungszusammenhang zur Gefahr wird bei den meisten gefahrgeneigten Anlagen vorliegen und rechtfertigt nicht eine vereinzelte Inanspruchnahme ausgewählter Betreiber. Stattdessen könnte die Kombination aus dem Verantwortungszusammenhang zur Gefahr sowie der Vielzahl der gefährdeten Personen[857] maßgeblich sein. Allerdings kann dieser Aspekt nicht die Sachpflicht an sich rechtfertigen, da hierfür Gründe in der Tätigkeit des Betreibers liegen müssen.[858] Der Verantwortungszusammenhang kann ausschließlich eine Heranziehung zur Prävention begründen,[859] nicht allerdings spezifisch die Ergreifung der Maßnahmen durch den Betreiber selbst.[860]

(dd) Vorteil-Nachteil-Prinzip

Schließlich ist für die verfassungsrechtliche Rechtfertigung auf das Vorteil-Nachteil-Prinzip zurückzugreifen.[861] Zwar wird vorgebracht, eine Berufsausübungsregelung dürfe keinesfalls als Lastenverteilungsregelung für staatliche Aufgaben missbraucht werden.[862] Es steht dem aber nicht entgegen, eine ohnehin bestehende „Pflichtig-

854 *Sorge*, Kostentragung für den Schutz vor Anschlägen, S. 89.

855 *Krüger*, DÖV 1977, 263 (266); *Lange*, Zweckveranlassung, S. 214 f.; *Möstl*, Die staatliche Garantie für die öffentliche Sicherheit und Ordnung, S. 345; *Schneider*, Die Abwehr äußerer Gefahren im Luftverkehr, S. 98; wohl auch *Stober*, in: Kloepfer (Hg.), Schutz kritischer Infrastrukturen, S. 121 (129), der die Verpflichtungen als Ausdruck des Verursacherprinzips begreift.

856 *Otten*, Eigensicherung, S. 198.

857 Darin liegt für *Sorge* der besondere Grund für die Inanspruchnahme des Privaten, Kostentragung für den Schutz vor Anschlägen, S. 89. Dieser Aspekt wurde bereits im Rahmen des letzten Abschnitts eingeführt, vgl. Kap. 3 – A.I.2.c).

858 *Bracher*, Gefahrenabwehr durch Private, S. 168 f.; *Braun*, Die Finanzierung polizeilicher Aufgabenwahrnehmung, S. 381.

859 Ähnlich *Gusy*, VVDStRL 63 (2004), S. 151 (173).

860 Das „Wie" bleibt nach wie vor offen, s. *Hoffmann-Riem*, ZRP 1977, 277 (280). Dahin gehend *Waechter*, der betont, dass die Handlungspflicht enger sein kann als die Finanzierungspflicht, in: Jachmann/Stober (Hg.) Finanzierung der inneren Sicherheit unter Berücksichtigung des Sicherheitsgewerbes, S. 65 (74).

861 *Ehlers*, in: Leßmann u. a. (Hg.), FS f. Lukes, S. 337 (347); *Möstl*, Die staatliche Garantie für die öffentliche Sicherheit und Ordnung, S. 345; *Schnekenburger*, Rechtsstellung und Aufgaben des Privaten Sicherheitsgewerbes, S. 89.

862 *Bracher*, Gefahrenabwehr durch Private, S. 168 f.

keit“[863] des privaten Unternehmers durch eine Berufsausübungsregelung zu aktivieren.[864] Angesichts dessen, dass der Betreiber von der riskanten Tätigkeit finanziell profitiert, erscheint es gerechtfertigt, diesen an den (mittelbaren) Folgen zu beteiligen.[865] Das Vorteil-Nachteil-Prinzip rechtfertigt als logische Konsequenz dieses Prinzips auch Rentabilitätseinbußen, sofern denen nach betriebswirtschaftlichen Grundsätzen entgegengetreten werden kann.[866] Schwierigkeiten bereitet allerdings die Frage, ob das Kosten-Nutzen-Prinzip speziell die Auferlegung der Sachpflicht – somit eine bestimmte Form der Inanspruchnahme des Privaten – rechtfertigt.[867] Denn durch das Vorteil-Nachteil-Prinzip sollen „Wagnisse“ ausgeglichen werden.[868] Dahinter stehen Grundsätze der distributiven Gerechtigkeit.[869] Die Folgen eines Unglücks sollen verteilt werden.[870] Mit Blick auf diese Grundzüge lässt sich – wie schon beim Verantwortungszusammenhang zur Gefahr – lediglich festhalten, dass eine Beteiligung des Unternehmers erfolgen muss.[871] Wie diese „Beteiligung am Risikomanagement“[872] indessen auszusehen hat, lässt sich allein durch dieses Prinzip nicht erklären. Das Vorteil-Nachteil-Prinzip kann insofern für die Sachpflicht ergänzend berücksichtigt werden, aber für sich die Auferlegung der Eigensicherungspflicht nicht rechtfertigen.

(ee) Problem: Gefährlichkeit der Maßnahme

Regelmäßig stellen Sicherheitsmaßnahmen für den Verpflichteten einen nicht besonders schwerwiegenden Eingriff in Artikel 12 Abs. 1 GG dar.[873] Etwas anderes kann sich ergeben, wenn es sich um eine supplementäre oder überbrückende Eigensicherungspflicht handelt, die physische Gewalt abwenden soll.[874] In diesem Fall ist deren Wahrnehmung an eine erhebliche Gefahr geknüpft.[875] Sie geht über die Einschränkung des Artikels 12 Abs. 1 GG hinaus. Artikel 2 Abs. 2 S. 1 GG tritt hinzu,

---

863 *Möstl*, Die staatliche Garantie für die öffentliche Sicherheit und Ordnung, S. 337.

864 *Braun*, Die Finanzierung polizeilicher Aufgabenwahrnehmung, S. 336; *Erbguth*, DVBl. 2007, 1202 (1205); *Möstl*, Die staatliche Garantie für die öffentliche Sicherheit und Ordnung, S. 338; *Stober*, in: Kloepfer (Hg.), Schutz kritischer Infrastrukturen, S. 121 (128).

865 *Schnekenburger*, Rechtsstellung und Aufgaben des Privaten Sicherheitsgewerbes, S. 89.

866 Zur Zumutbarkeit von Rentabilitätseinbußen BVerfGE 30, 292 (325); *Bracher*, Gefahrenabwehr durch Private, S. 168; *Schiller/Drettmann*, DVBl. 1977, 956 (960).

867 Ähnlich bzgl. Risikoerhöhung *Hoffmann-Riem*, ZRP 1977, 277 (280).

868 *Esser*, Grundlagen und Entwicklung der Gefährdungshaftung, 2. Aufl., S. 99.

869 *Esser*, Grundlagen und Entwicklung der Gefährdungshaftung, 2. Aufl., S. 73.

870 *Esser*, Grundlagen und Entwicklung der Gefährdungshaftung, 2. Aufl., S. 73.

871 So *Gusy*, VVDStRL 63 (2004), S. 151 (173).

872 *Gusy*, VVDStRL 63 (2004), S. 151 (173).

873 *Sorge*, Kostentragung für den Schutz vor Anschlägen, S. 88.

874 Zur verwendeten Terminologie s. Kap. 3 – A.I.1.b)bb).

875 *Otten*, Eigensicherung, S. 202 ff.

sodass ein besonders schwerwiegender Grund des Allgemeinwohls unerlässlich für deren Rechtfertigung ist.[876] Solche Eigensicherungspflichten wurden bisher in zwei Fällen erlassen, nämlich in § 7 Abs. 2 Nr. 5 AtG sowie §§ 8 Abs. 1 S. 1 Nr. 7, 9 Abs. 1 S. 1 Nr. 5 LuftSiG.[877] Beide Eigensicherungspflichten bezwecken den Schutz des Lebens von einer Vielzahl von Menschen.[878] Umgekehrt kann eine Eigensicherungspflicht nicht soweit gehen, dass sie in durchsetzbarer Weise zum Inhalt hat, das eigene Leben in Gefahr zu bringen.[879] Insofern ist auch für diese exzeptionellen Fälle die Angemessenheit der Sachpflicht zu bejahen.[880]

bb) Fehlender Kostenausgleich

Teilweise wird hingegen nicht die Sachpflicht, sondern der fehlende finanzielle Ausgleich und damit die dadurch eintretende finanzielle Last kritisch hinterfragt.[881] Anknüpfungspunkt hierfür ist Artikel 3 Abs. 1 GG.[882] Das eigentliche Problem liegt nämlich nicht in der Verpflichtung zur Erfüllung einer auch-öffentlichen Aufgabe, sondern tritt in Form eines Lastenverteilungsproblems zwischen Privaten in Erscheinung.[883] Zwar steht der Aspekt der rechtlichen Gleichheit bei der Verteilung der finanziellen Lasten eher im Vordergrund als bei der Auferlegung der Sachpflicht.[884] Doch hat die Auferlegung einer neuen finanziellen Last auch unmittelbar Auswirkungen auf die Ausübung der Tätigkeit selbst.[885] Insofern erfolgt auch die Prüfung des Kostenaspekts im Rahmen des Artikels 12 Abs. 1 GG (i.V.m. Artikel 3 Abs. 1 GG).[886] Dem Grundgesetz ist nicht zu entnehmen, dass eine Heran-

---

876 *Otten*, Eigensicherung, S. 202.

877 Es bestehen auch andere Eigensicherungspflichten, die über den Bereich der Vorfeldgefahrenabwehr hinausgehen z.B. § 8a BSIG, der die „Detektion", aber auch die „Behebung" von Störungen erfassen soll, s. dazu BT-Drs. 18/4096, S. 25. Diese Eigensicherungspflichten beziehen sich allerdings auf organisatorische und technische Vorkehrungen. Die Betreiber sind durch diese Regelungen nicht dazu angehalten, physische Gewalt von sich abzuwenden.

878 VGH Baden-Württemberg DVBl. 1983, 41; *Sorge*, Kostentragung für den Schutz vor Anschlägen, S. 89.

879 Vgl. Kap. 2 – B.III. (m.w.N.).

880 BVerwGE 81, 185 = DVBl. 1989, 517 = NVwZ 1989, 864; *Czaja*, Eigensicherungspflichten von Verkehrsflughäfen, S. 114 f. hinsichtl. § 19b Abs. 1 Nr. 4 LuftVG (a.F.).

881 *Czaja*, Eigensicherungspflichten von Verkehrsflughäfen, S. 145 ff.; *Otten*, Eigensicherung, S. 241 ff.

882 *Ossenbühl*, VVDStRL 29 (1971), S. 137 (180 ff.); *Otten*, Eigensicherung, S. 258 f. Zusammenfassend: *Czaja*, Eigensicherungspflichten von Verkehrsflughäfen, S. 152 f.

883 *Waechter*, Verwaltungsrecht im Gewährleistungsstaat, S. 131.

884 *Otten*, Eigensicherung, S. 242 f., 258 ff.

885 *Czaja*, Eigensicherungspflichten von Verkehrsflughäfen, S. 153; *Otten*, Eigensicherung, S. 259 f.

886 BVerfGE 22, 380 (383); 30, 292 (312 ff.) (Ohne Aufspaltung der Frage der Sachpflicht und der Unentgeltlichkeit); *Czaja*, Eigensicherungspflichten von Verkehrs-

ziehung zu Gefahrenabwehrmaßnahmen einer Entschädigung bedarf.[887] Vielmehr ist anhand der Grundrechte zu prüfen, inwiefern der Verpflichtete auch zur Tragung der Kostenlast animiert werden kann.[888] Es muss einen über die Legitimation für die Sachpflicht hinausgehenden Sachgrund geben, der auch die Lastentragung durch den Verpflichteten rechtfertigt.[889] Erwogen wird teilweise ein Rückgriff auf die für das Gebührenrecht festgelegten Grundsätze.[890] Grundgedanke des Gebührenrechts ist wie bei den Eigensicherungspflichten die individuelle Zurechenbarkeit.[891] Festzuhalten bleibt allerdings im Kern der Bedarf einer besonderen Rechtfertigung, die speziell die Belastung mit den Kosten erfasst:[892]

(1) „Produkt" Sicherheit als gemeinschaftliches Ziel von Staat und Privat

Wurde schon bei der Auferlegung der Sachpflicht die Begründung vorgebracht, die Kongruenz zwischen staatlichem und privatem Interesse stelle einen Recht-

---

flughäfen, S. 152 ff., der den Kostenaspekt im Rahmen der Freiheits- und Gleichheitsgrundrechte prüft.

887 BVerfGE 30, 292 (311); *Czaja*, Eigensicherungspflichten von Verkehrsflughäfen, S. 151.

888 BVerfGE 30, 292 (311); *Czaja*, Eigensicherungspflichten von Verkehrsflughäfen, S. 151.

889 *Ossenbühl*, VVDStRL 29 (1971), S. 137 (182); *Schiller/Drettmann*, DVBl. 1977, 956 (960 f.).

890 *Braun*, Die Finanzierung polizeilicher Aufgabenwahrnehmung, S. 382; *Otten*, Eigensicherung, S. 245 ff.: Dieser prüft die Eigensicherungspflichten anhand der durch das Gebührenrecht aufgestellten Maßstäbe, wonach eine Rechtfertigung nach dem Veranlassungs- oder Vorteilsprinzip erfolgen kann. Das Veranlassungsprinzip sei hier nicht tragfähig (S. 246 ff.). Das Vorteilsprinzip sei dahin gehend problematisch, dass eine echte Vermögensmehrung oder die Ersparnis eigener Aufwendungen zu fordern sei (S. 251), was aber nicht dadurch umgangen werden dürfe, dass der Gesetzgeber erst die Verantwortlichkeit im Haftungsrecht schaffe und sich dann darauf stütze (S. 251 f.). Der entscheidende Vorteil sei darin zu sehen, dass durch die vorgenommene Sicherung die Tätigkeit gewinnbringend ausgeübt werden könne (S. 252 ff.). I.E. ist eine Prüfung anhand des Maßstabs des Gebührenrechts jedoch nicht zwingend: Die Parallele liegt darin, dass eine individuelle Zurechenbarkeit vorliegen muss und diese im Vorteilsprinzip liegen kann. Für diese Feststellung genügt allerdings eine Prüfung anhand der Grundrechte des Adressaten der Eigensicherungspflicht. Vgl. *Czaja*, Eigensicherungspflichten von Verkehrsflughäfen, S. 152 ff.

891 BVerfGE 18, 392 (396); 20, 257 (269); 50, 217; *Gallwas*, BayVBl. 1971, 245 (246), der die individualisierbare Verantwortlichkeit erwähnt, aber damit eher auf die Störerverantwortlichkeit anspielt; *Nirschl*, Kosten der Polizei- und Sicherheitsbehörden, S. 27; *Ronellenfitsch*, VerwArch 86 (1995), 307 (320 f.); *Otten*, Eigensicherung, S. 245; *Wilke*, Gebührenrecht und Grundgesetz, S. 89. Insoweit erscheint die Übertragung der Grundgedanken des Gebührenrechts hier nicht abwegig, doch auch nicht weiterführend.

892 *Czaja*, Eigensicherungspflichten von Verkehrsflughäfen, S. 151.

fertigungsgrund dar, gewinnt dieser Aspekt im Rahmen der Rechtfertigung der Kostenlast eine besondere Bedeutung.[893] Zum einen ist der durch die Sicherheitsmaßnahmen erreichte Sicherheitsgewinn auch für den Adressaten der Eigensicherungspflicht wirtschaftlich von Interesse.[894] Dieses Interesse ergibt sich daraus, dass ein Betriebsausfall oftmals eine höhere Schadenssumme nach sich ziehen würde als die präventive Ergreifung von Sicherheitsmaßnahmen.[895] Selbst wenn die Kosten für die auferlegten Maßnahmen diejenigen Kosten übersteigen, die aus unternehmerischen Gesichtspunkten sinnvoll wären, besteht ein Synergieeffekt, soweit sie sich decken.[896]

Schon in der Vergangenheit wurde die Unentgeltlichkeit von Dienstpflichten der Bürgerinnen und Bürger mit einer bestehenden Interessenskongruenz begründet: Ein Kostenausgleich sei strikt abzulehnen, da der Lohn für die Leistungen bereits mit dem Selbstschutz, jedenfalls wenn dieser im Vordergrund stehe, als abgegolten gelte.[897] Dieses Prinzip, das bereits im Jahre 1943 Verankerungen findet und bis heute in Gesetzesbegründungen zu entdecken ist, kann damit nahezu als historisch verwurzelt qualifiziert werden.[898] Hinzu kommt der greifbarere Aspekt, dass der Unternehmer im Rahmen der Wahrnehmung seiner Betriebs- und Verkehrssicherungspflicht ohnehin die Kosten für Sicherheitsmaßnahmen tragen muss, um einer zivilrechtlichen Haftung zu entgehen.[899] In der Literatur wird bezweifelt, ob solche Rechtspflichten berücksichtigungsfähig sind.[900] Dem ist insoweit zuzugeben, dass die Gefahr eines „Legitimationszirkels“[901] nicht fernliegend ist. Mit der Erfüllung der Eigensicherungspflichten ist allerdings – wegen der Überschneidungen mit der Betriebs- bzw. Verkehrssicherungspflicht – kein erheblicher finanzieller Mehraufwand verbunden.[902] Zwar darf dem nicht dadurch nachgeholfen werden, dass als vorbereitender Akt für Eigensicherungspflichten die Haftungsvorschriften verschärft werden.[903] Des ungeachtet stellen diese aber einen tauglichen Rechtfertigungsgrund dar.[904]

---

893 So auch *Nirschl*, Kosten der Polizei- und Sicherheitsbehörden in der Systematik des deutschen Abgabenrechts, S. 52 f.; *Ossenbühl*, VVDStRL 29 (1971), S. 137 (182 f.).

894 BVerwGE 95, 188 (203); OVG Saar NVwZ 1992, 699 (700); *Otten*, Eigensicherung, S. 252.

895 *Sorge*, Kostentragung für den Schutz vor Anschlägen, S. 53.

896 Ähnlich *Wiater*, Sicherheitspolitik zwischen Staat und Markt, S. 292, die in dem Fall für eine Mischfinanzierung plädiert.

897 *Weber*, Die Dienst- und Leistungspflichten der Deutschen, S. 136.

898 Z.B. BT-Drs. 8/3431, S. 10; jüngst BT-Drs. 18/4096, S. 2.

899 *Czaja*, Eigensicherungspflichten von Verkehrsflughäfen, S. 150.

900 Z.B. *Otten*, Eigensicherung, S. 251 f.; *Sorge*, Kostentragung für den Schutz vor Anschlägen, S. 54 ff.

901 *Sorge*, Kostentragung für den Schutz vor Anschlägen, S. 55; ähnlich: *Otten*, Eigensicherung, S. 251 f.

902 Vgl. *Giemulla/Schmid*, NZV 1989, 415; *Motzke*, NZBau 2004, 297.

903 *Otten*, Eigensicherung, S. 252.

904 Dafür, dass das Bestehen einer Verkehrssicherungspflicht für die Übernahme der Kosten durch den Bürger spricht, auch *Waechter*, in: Jachmann/Stober (Hg.), Finan-

(2) Vertauschbarkeit der Natural- und Geldleistung

Ebenso wird vorgebracht, Eigensicherungspflichten seien am Maßstab für das Gebührenrecht zu messen: Wenn die Eigensicherungspflicht anhand der Kriterien für das Gebührenrecht gerechtfertigt sei,[905] könne sie auferlegt werden.[906] Wird allein dieser Aspekt betrachtet, stellt sich die Frage, weshalb diese Grundsätze, die speziell für das Gebührenrecht entwickelt wurden, notwendigerweise auch als Maßstab für Eigensicherungspflichten gelten sollen. Wird jedoch dieses Argument von einer anderen Seite aufgezäumt, erscheint es einleuchtend. Wenn eine Gebühr für Sicherheitsmaßnahmen auferlegt werden darf, kann der Kostenaspekt der Auferlegung einer Eigensicherungspflicht nicht unzulässig sein.[907] Der rechtfertigende Begründungsansatz wäre insofern in der Vertauschbarkeit der Geld- mit der Naturalleistung zu sehen.[908] Eine Belastung mit Kosten ist grundsätzlich dann gerechtfertigt, wenn der Kostenadressat, im Gegensatz zur Allgemeinheit, einen besonderen Vorteil durch die Leistung erlangt.[909] In den Sicherheitsmaßnahmen ist ein wirtschaftlicher Vorteil zu sehen.[910] Denn für einen Sonderbedarf an Sicherheit müssen die Kosten von dem Betreiber oder Diensteanbieter getragen werden.[911] Schließlich kommt es nur durch die Wahrnehmung von Sicherheitsmaßnahmen durch diesen zu einer Minderung des Risikos auf ein „normales Gefährdungsmaß".[912] Dadurch wird dem Grundsatz der Verteilungsgerechtigkeit[913] genügt.[914] Zudem kommt, dass aufgrund der Sensibilität oder Kritikalität der Infrastruktur Sicherheitsmaßnahmen grundlegend und unerlässlich für die Ausführung der beruflichen Tätigkeit sind, sodass durch die Wahrnehmung gesetzlicher Eigensicherungspflichten zugleich eine Ersparnis freiwilliger Eigensicherungsmaßnahmen eintritt, die soeben zu einem

---

zierung der inneren Sicherheit unter Berücksichtigung des Sicherheitsgewerbes, S. 73 f.

905 Allerdings war auch die Erhebung der Luftsicherheitsgebühr umstritten: Z.B. *Focke*, ZLW (41) 1992, 240 (242 ff.); *Nirschl*, Kosten der Polizei- und Sicherheitsbehörden, S. 187 ff.; *Scholz*, in: Wendt u. a. (Hg.), FS f. Friauf, S. 439 (451); a.A. *Ronellenfitsch*, VerwArch 86 (1995), 307 (325); so auch die Rspr.: BVerwG 95, 188.

906 *Otten*, Eigensicherung, S. 245 ff.

907 Ähnlich in Bezug auf die Geldleistungspflicht und Belastung des Verwaltungshelfers mit einer Naturalleistung *Ossenbühl*, VVDStRL 29 (1971), S. 137 (184).

908 *Ossenbühl*, VVDStRL 29 (1971), S. 137 (184).

909 *Majer*, VerwArch 73 (1982), 167 (177); *Otten*, Eigensicherung, S. 250 f.

910 *Otten*, Eigensicherung, S. 252 ff.

911 *Broß*, DVBl. 1983, 377 (383); *ders.*, VerwArch 74 (1984), 388 (396); *Majer*, VerwArch 73 (1982), 167 (169); *Ronellenfitsch*, VerwArch 86 (1995), 307 (322). Auf Eigensicherungspflichten bezogen z.B. *Schiller/Drettmann*, DVBl. 1977, 956 (961).

912 *Czaja*, Eigensicherungspflichten, S. 164.

913 BVerwG 95, 188 (203).

914 *Otten*, Eigensicherung, S. 252.

wirtschaftlichen Vorteil führt.[915] Allerdings stellt nicht die Vertauschbarkeit selbst einen Rechtfertigungsgrund dar, sondern der wirtschaftliche Vorteil, der durch die Sicherheitsmaßnahme erzeugt wird. Dieser Aspekt wurde aber bereits unter dem Stichwort Interessenskongruenz von Staat und Privatem an dem „Produkt“ Sicherheit aufgegriffen und darf nicht unter einem anderen Namen eine doppelte Berücksichtigung finden. Insofern kann die Vertauschbarkeit von Natural- und Geldleistung allenfalls hilfreich für eine Kontrollüberlegung sein.[916]

(3) Vorteil-Nachteil-Prinzip

Grundsätzlich stellt auch der Kosten-Nutzen-Aspekt einen denkbaren Ansatz für die Rechtfertigung des Kostenaspekts einer besonderen Pflicht dar.[917] Hintergrund dessen ist der Gedanke einer gerechten Lastenverteilung zwischen dem Einzelnen und der Allgemeinheit.[918]

(aa) Individueller Vorteil

Wird die Zulässigkeit der Auferlegung einer Eigensicherungspflicht mit der Argumentation abgelehnt, der Staat ziehe den Privaten unter dem „Deckmantel der Gefahrenabwehr“[919] zu Staatsaufgaben[920] mit dem Vorwand der Kostenabwälzung heran,[921] so wird dem Vorteil-Nachteil-Prinzip nicht hinreichend Rechnung getragen.[922] Vielmehr geht es um ein „Korrektiv der Unternehmerfreiheit“.[923] Alle bereits diskutierten in Betracht kommenden Rechtfertigungsgründe, nämlich das eigene Interesse an Sicherheitsmaßnahmen, aber auch die Vertauschbarkeit von

---

915 *Gusy*, DVBl. 1996, 722 (728); *Nirschl*, Kosten der Polizei- und Sicherheitsbehörden in der Systematik des deutschen Abgabenrechts, S. 53; *Sailer*, in: Lisken/Denninger (Hg.), HdB des Polizeirechts, 5. Aufl., N Rn. 9.

916 Oder „Testfrage“: *Ossenbühl*, VVDStRL 29 (1971), S. 137 (184).

917 *Czaja*, Eigensicherungspflichten von Verkehrsflughäfen, S. 162; *Sailer*, in: Lisken/Denninger (Hg.), HdB des Polizeirechts, 5. Aufl., N Rn. 9, 116; a.A. *v. Danwitz*, Rechtsfragen terroristischer Angriffe auf Kernkraftwerke, S. 20, *Ossenbühl*, Eigensicherung und hoheitliche Gefahrenabwehr, S. 26 f.

918 *Herrmann* versuchte die Lastenverteilung schon als Wertungsgedanken für die Störerhaftung zu integrieren mit dem Leitgedanken, es seien Gemeinsamkeiten zwischen Verkehrssicherungspflichten/Gefährdungshaftung und Polizeirecht zu verzeichnen, sodass der Gedanke der Lastenverteilung auch auf das Polizeirecht übertragbar sei: DÖV 1987, 666.

919 *Ronellenfitsch*, DVBl. 2005, 65 (66).

920 Namentlich die Sicherheitsherstellung, vgl. z.B. *Hoffmann-Riem*, ZRP 1977, 277 (279).

921 *Ronellenfitsch*, DVBl. 2005, 65 (66).

922 Ansatz in Bezug auf Kostenüberwälzung bei *Gusy*, DVBl. 1996, 722 (725); *Nirschl*, Kosten der Polizei- und Sicherheitsbehörden in der Systematik des deutschen Abgabenrechts, S. 40.

923 *Stober*, in: Kloepfer (Hg.), Schutz kritischer Infrastrukturen, S. 121 (129).

Natural- und Geldleistung, haben schließlich eines gemeinsam: Im Grunde ist es der Vorteil, der durch die Sicherheitsmaßnahmen erlangt wird, der die anderen Aspekte leitet und damit die Eigensicherungspflicht rechtfertigt.[924] Das Interesse, durch das der Private motiviert wird, ist vordergründig das an der Wirtschaftlichkeit seiner Tätigkeit.[925] Unabhängig davon, ob der Anreiz für das private Tätigwerden in der Verhinderung von Betriebseinbußen infolge eines eintretenden Schadens[926] oder der Abwendung einer zivilrechtlichen Haftung liegt:[927] Das dahinterstehende Ziel ist der wirtschaftliche Vorteil, der aus der Ausübung der Tätigkeit entstehen soll.[928] Insofern muss das Vorteil-Nachteil-Prinzip selbst zum Gegenstand der Untersuchung gemacht werden.

In einem ersten Teil ist zu klären, ob der Betreiber oder Diensteanbieter tatsächlich einen individuellen Vorteil aus der Tätigkeit erzielt.[929] Der Vorteil kann darin liegen, dass der Betreiber oder Diensteanbieter Nutznießer der Sicherheitsmaßnahmen ist.[930] Müsste der Private nicht die Kosten für die Sicherheitsmaßnahmen tragen, würde er sogar wirtschaftlich davon profitieren, dass der Staat von seiner Regulierungsverantwortung Gebrauch macht – der ursprüngliche Eingriff würde sich in einen Vorteil für den Unternehmer verwandeln.[931] Es käme zu zufälligen Ergebnissen, je nachdem, ob der Gesetzgeber eine Eigensicherungspflicht festgesetzt hat oder nicht: Der Private hätte dann die Kosten zu tragen, wenn ihn keine Eigensicherungspflicht trifft. Er müsste nämlich Sicherungsmaßnahmen ergreifen, um einer zivilrechtlichen Haftung zu entgehen.[932] Auch müsste er freiwillige Sicher-

---

924 So auch *Czaja*, Eigensicherungspflichten von Verkehrsflughäfen, S. 154 ff., 162; *Schnekenburger*, Rechtsstellung und Aufgaben des Privaten Sicherheitsgewerbes, S. 89. Zum Vorteil durch mehr Sicherheit u. a. *Schäuble*, in: Kloepfer (Hg.), Schutz kritischer Infrastrukturen, S. 21 (24); *Zintel*, in: Daase u. a. (Hg.), Verunsicherte Gesellschaft-Überforderter Staat, S. 93 (104).

925 Die Orientierung der Unternehmer am Prinzip des Gewinns schon erkannt durch VG Freiburg NJW 1977, 1645 (1647); *Plischka*, Technisches Sicherheitsrecht, S. 111.

926 Ausführlich zu diesem Aspekt in Bezug auf KRITIS-Maßnahmen *Wiater*, Sicherheitspolitik zwischen Staat und Markt, S. 247 ff.

927 S.a. Kap. 3 – B.I.3.d)aa)(3)(aa) sowie B.I.3.d)bb)(1).

928 So nämlich auch bei der Gefährdungshaftung, vgl. *Esser*, Grundlagen und Entwicklung der Gefährdungshaftung, 2. Aufl., S. 100. Dieser Aspekt wird durch die Fokussierung auf den wirtschaftlichen Vorteil aufgrund der Sicherheitsmaßnahmen selbst und damit den leicht abgewandelten Blickwinkel auf die Interessenkongruenz von Staat und Privaten schnell übersehen, vgl. z. B. *Wiater*, Sicherheitspolitik zwischen Staat und Markt, S. 246 ff.

929 Zum Erfordernis der besonderen Leistung z. B. *Nirschl*, Kosten der Polizei- und Sicherheitsbehörden in der Systematik des deutschen Abgabenrechts, S. 41.

930 *Czaja*, Eigensicherungspflichten von Verkehrsflughäfen, S. 154 ff.

931 Leitgedanke auch im allg. Polizeirecht, vgl. *Gusy*, DVBl. 1996, 722 (723).

932 *Braun*, Die Finanzierung polizeilicher Aufgabenwahrnehmung, S. 384. Insofern ist unter diesem Aspekt die Zivilrechtliche Haftung zu berücksichtigen. A.A. *Otten*, Eigensicherung, S. 251 f.

heitsvorkehrungen auf eigene Rechnung zu seinem eigenen Schutz und zum Schutz seiner Mitarbeiter treffen, um die Tätigkeit im Rahmen eines vertretbaren Risikos wahrnehmen zu können[933] und um Betriebseinbußen zu vermeiden.[934] Wird dem Gedankengang gefolgt, der Kostenaspekt der Eigensicherungspflicht sei nicht gerechtfertigt und demnach entschädigungspflichtig, würde folgendes Ergebnis erzielt werden: Bei Bestehen einer Eigensicherungspflicht könnte sich der Unternehmer darauf berufen, dass ein öffentliches Interesse an der Wahrnehmung der Aufgabe besteht und er die Kosten aus diesem Grund nicht zu tragen habe.[935] Dies kann indessen nicht erstrebenswert sein. Der Private würde nämlich von der Gewährleistungsverantwortung des Staates – sei es auch eine politische Verantwortung für die Sicherheit der Bürger –[936] profitieren.

Doch wie verhält sich der wirtschaftliche Vorteil in Bezug auf einen Sonderbedarf an Sicherheit, wenn in der vermeintlichen Sicherheitsherstellung einzig eine „symbolische Inszenierung von Sicherheit“[937] zu sehen ist? – Wenn die Sicherheitsmaßnahmen ausschließlich anlassorientiert zur Bekämpfung von „Bedrohungsphantasien“[938] auferlegt werden?[939] Möglicherweise ist der wirtschaftliche Vorteil anders zu bemessen und eine Rechtfertigung mit dem Kosten-Nutzen-Prinzip nicht hinnehmbar.[940] Zwar darf sich die Auferlegung von Eigensicherungspflichten nicht

---

933 *Braun*, Die Finanzierung polizeilicher Aufgabenwahrnehmung, S. 383 f.; *Nirschl*, Kosten der Polizei- und Sicherheitsbehörden in der Systematik des deutschen Abgabenrechts, S. 53.

934 Es besteht allerdings die Gefahr, dass der Private, wenn seine Tätigkeit unerlässlich für das Funktionieren der Gesellschaft ist, darauf vertraut, der Staat würde ihm im Schadensfall als „Helfer“ zur Seite stehen, s. *Wiater*, Sicherheitspolitik zwischen Staat und Markt, S. 253 ff.

935 Dahin gehend aber *Ronellenfitsch*, DVBl. 2005, 65 (66).

936 *De Maizière*, Nationale Strategie zum Schutz Kritischer Infrastrukturen – Leitschnur moderner Sicherheitspolitik, online abrufbar unter http://www.bmi.bund.de/SharedDocs/Reden/DE/2009/12/kritis.%20html, letzter Zugriff am 27.02.2017; *Wiater*, in: Gusy u. a. (Hg.), Rechtshandbuch Zivile Sicherheit, Kap. 12 Rn. 16.

937 *Bonß/Wagner*, in: Gerhold/Schiller (Hg.), Perspektiven der Sicherheitsforschung, S. 41 (46). Zum Paradigma der Sicherheitsanforderungen *Daase* u. a., in: dies. (Hg.), Verunsicherte Gesellschaft-Überforderter Staat, S. 9. Zum „neuen Sicherheitsbegriff“ ebd., S. 12 ff.

938 *Bonß/Wagner*, in: Gerhold/Schiller (Hg.), Perspektiven der Sicherheitsforschung, S. 41 (46).

939 Erwägung bei *Bonß/Wagner*, in: Gerhold/Schiller (Hg.), Perspektiven der Sicherheitsforschung, S. 41 (46) im Hinblick darauf, dass mehr oder weniger Einschränkungen der Freiheit hingenommen werden je nach Sicherheitsempfinden.

940 Das Kosten-Nutzen-Prinzip zumindest hinterfragend *Bonß/Wagner*, in: Gerhold/Schiller (Hg.), Perspektiven der Sicherheitsforschung, S. 41 (45); *Kaufmann*, in: Hempel u. a. (Hg.), Sichtbarkeitsregime, S. 101 (116 f.).

von Fakten entfernen.[941] Zum einen kann aber festgehalten werden, dass gerade Orte, an denen sich eine Vielzahl von Menschen befindet, mit symbolischem Charakter, privilegierte Anschlagsziele von Terrorismus sind.[942] Zum anderen ist nicht zu verachten, dass Schätzungen über Motive von Angriffen gerade die Grundlage für die Kalkulation von „high impact / low-probability-risks“ bilden.[943] Insoweit kommt hier, jenseits klarer Fakten über das „Wer“, „Wie“ oder „Wann“ einer Katastrophe und daher Ungewissheit über die wirtschaftliche Verwertbarkeit der Leistung, eher der Grundsatz „verteilter Sicherheit“ zum Tragen.[944] Doch wo bleibt der individuelle Vorteil? Der durch Sicherheitsmaßnahmen erlangte wirtschaftliche Vorteil ist nicht der einzige individuelle Vorteil, sodass auch letzterer Gesichtspunkt nicht zur Unangemessenheit von Eigensicherungspflichten zur Vermeidung minimaler Risiken führt: Von dem zuvor Gesagten abgesehen liegt der entscheidende wirtschaftliche Vorteil in dem Gewinn, den die wirtschaftliche Tätigkeit dem Betreiber erbringt und zwar unabhängig von Sicherheitsmaßnahmen und Schadensfolgen.[945]

(bb) Verteilungsgerechtigkeit

Über den Gedanken des individuellen Vorteils hinaus, muss ebenso der Gedanke der Verteilungsgerechtigkeit leitend sein.[946] An dieser Stelle steht damit nicht der Kostenaspekt der Sachpflicht, sondern deren Auferlegung samt Kosten im Verhältnis zum Mitbürger im Vordergrund.[947] Derjenige, der Nutznießer der Maßnahmen ist, muss sich – unabhängig vom Grundsatz, dass die Polizeikosten der Allgemeinheit

---

941 *Möllers/Pflug*, in: Kloepfer (Hg.), Schutz kritischer Infrastrukturen, S. 47 (48); *Zintel*, in: Daase u. a. (Hg.), Verunsicherte Gesellschaft-Überforderter Staat, S. 93 (103).

942 *Bonß/Wagner*, in: Gerhold/Schiller (Hg.), Perspektiven der Sicherheitsforschung, S. 41 (46 f.). Zur Anfälligkeit des Luftverkehrs z. B. *Czaja*, Eigensicherungspflichten von Verkehrsflughäfen, S. 157 f.; *Zintel*, in: Daase u. a. (Hg.), Verunsicherte Gesellschaft-Überforderter Staat, S. 93.

943 *Daase* u. a., in: dies. (Hg.), Verunsicherte Gesellschaft-Überforderter Staat, S. 9 (17).

944 *Kaufmann*, in: Hempel u. a. (Hg.), Sichtbarkeitsregime, S. 101 (117).

945 Nach den Grundsätzen des Kosten-Nutzen-Prinzips soll gerade ein bestimmtes Wagnis ausgeglichen werden, indem eine Einstandspflicht für den Schaden aufgestellt wird. Das Wagnis ist aber nicht in den Sicherheitsmaßnahmen, sondern in der üblichen beruflichen Tätigkeit des Unternehmers zu sehen, vgl. *Esser*, Grundlagen und Entwicklung der Gefährdungshaftung, 2. Aufl., S. 98 ff. Deshalb müssen die Vorteile aus diesem Wagnis, also der Gewinn des Unternehmers, als Vorteil im Sinne des Vorteil-Nachteil-Prinzips anerkannt werden und zwar unabhängig von sonstigen Vorteilen, die er durch die Sicherheitsmaßnahmen selbst erlangt: ebd., S. 100. Aus diesem Grund bezog sich § 81 Abs. 2 S. 1 BWPol (a.F.) (16.01.1968, GB. BW 61 (73)) auf kommerzielle Veranstaltungen, vgl. *Gusy*, DVBl. 1996, 722 (725); *Nirschl*, Kosten der Polizei- und Sicherheitsbehörden in der Systematik des deutschen Abgabenrechts, S. 85 ff., 90, 92 f.

946 *Gallwas*, BayVBl. 1971, 245 (246).

947 *Gallwas*, BayVBl. 1971, 245 (247).

zufallen – an den Kosten beteiligen, wenn er von diesen in besonderem Maße profitiert.[948] Einfachgesetzlich ist dieser Grundsatz im allgemeinen Polizeirecht verankert:[949] Obwohl grundsätzlich dem Störer die Kosten für die Beseitigung der Gefahr obliegen, ist ein Ersatzanspruch des Nichtstörers für denjenigen ausgeschlossen, dessen Rechtsgüter durch die Sicherheitsmaßnahmen geschützt werden.[950] Erwähnt sei z. B. § 39 Abs. 2b) OBG NRW.[951] Ähnliche Regelungen[952] sind den Katastrophenschutzgesetzen zu entnehmen (z. B. § 18 Abs. 1 S. 2 HmbKatSG oder § 45 BHKG NRW,[953] der wiederum auf § 39 OBG NRW verweist).

Verfassungsrechtlich ist die Auferlegung einer Pflicht aus Gründen der Verteilungsgerechtigkeit anhand des Artikels 12 Abs. 1 GG iVm Artikel 3 Abs. 1 GG zu messen.[954] Als rechtfertigender Aspekt kommt zum Vorschein, dass der Betreiber oder Diensteanbieter von den Sicherheitsmaßnahmen selbst mehr profitiert als andere.[955] Wurde in der Vergangenheit der besondere Vorteil des Unternehmers kritisch hinterfragt, da zumeist nicht die Anlage selbst Ziel krimineller Handlungen war,[956] kann dies nach heutigen Erkenntnissen nicht bestätigt werden. Zum einen sind die Ursachen für eine mögliche Störung wesentlich vielfältiger als kriminelle

---

948 *Broß*, DVBl. 1983, 377 (383); *ders.*, VerwArch 74 (1983), 388 (394 ff.); *Gusy*, DVBl. 1996, 722 (725 ff.).

949 Ähnlich *Czaja*, Eigensicherungspflichten von Verkehrsflughäfen, S. 155 f.

950 *Czaja*, Eigensicherungspflichten von Verkehrsflughäfen, S. 155 f.

951 Auch angeführt von *Czaja*, Eigensicherungspflichten von Verkehrsflughäfen, S. 155 f.

952 *Czaja*, ebd., verweist zugleich auch auf § 81 Abs. 2 S. 1 PolG BW. § 81 Abs. 2 S. 1 PolG BW war von ähnlichen Grundsätzen geleitet, wurde aber aufgehoben, vgl. Landtag Baden-Württemberg (BW) Drs. 10/5230, S. 26. Entscheidend war ausschließlich, dass eine derartige Regelung nur in BW und in keinem anderen Bundesland bestand, sodass Veranstalter aus BW gegenüber solchen aus anderen Bundesländern benachteiligt wurden, s. Landtag BW Drs. 10/5230, S. 60 f. Ansonsten sprach nichts gegen die Heranziehung des Veranstalters zur Kostentragung, soweit es sich nicht um eine kulturelle, politische oder Amateursportveranstaltung handelte, s. Landtag BW Drs. 10/5230, S. 60 f. S.a. *Broß*, DVBl. 1983, 377 (383); *ders.*, VerwArch 74 (1983), 388 (394 ff.); *Nirschl*, Kosten der Polizei- und Sicherheitsbehörden in der Systematik des deutschen Abgabenrechts, S. 71 ff. Allgemein zur Polizeikostenüberwälzung auf Dritte *Gusy*, DVBl. 1996, 722. Insoweit können die für diese Konstellation erwogenen Gedanken der „Sondernutzung“ an Sicherheit des Verpflichteten als „Nutznießer“ (ebd., 722 (725)) der Maßnahmen und der Verteilungsgerechtigkeit auch auf den Fall der Eigensicherungspflicht übertragen werden.

953 Landtag NRW Drs. 16/8293, S. 49.

954 *Czaja*, Eigensicherungspflichten von Verkehrsflughäfen, S. 152 ff.; *Otten*, Eigensicherung, S. 258 ff.

955 Krit. *Czaja*, Eigensicherungspflichten von Verkehrsflughäfen, S. 154 ff., i.E. bejahend, ebd., S. 161 ff.

956 *Czaja*, Eigensicherungspflichten von Verkehrsflughäfen, S. 156.

Handlungen. Vielmehr rücken auch menschliches oder technisches Versagen, aber auch Naturkatastrophen als Quellen der Gefahr ins Licht.[957] Zum anderen erhärtet sich die Annahme, dass speziell Kritische Infrastrukturen zum strategischen Ziel krimineller Akte werden können mit dem Ziel, erhebliche Auswirkungen auf Kritische Dienstleistungen[958] zu bewirken.[959] Solche Auswirkungen sind gerade durch die Vernetzung und Abhängigkeit der verschiedenen Kritischen Infrastrukturen möglich, wodurch „Domino-" oder „Kaskadeeffekte" ausgelöst werden können.[960]

Soll aber ausdrücklich die Verkettung der Auswirkungen verhindert werden, stellt sich wiederum die Frage, ob auch tatsächlich der Betreiber der zuerst betroffenen Anlage oder Infrastruktur mehr von den Sicherheitsvorkehrungen profitiert als andere Betreiber und letztlich die Nutzer und Empfänger der Dienstleistungen. Für die Verteilungsgerechtigkeit darf aber nicht allzu sehr auf die Nutznießer der Sicherheitsmaßnahmen abgestellt werden. Im Idealfall nehmen die eigentlichen Nutznießer gar nicht erst wahr, dass sie die Profiteure der Maßnahmen sind: Strategisches Ziel ist es nämlich, dass gravierende Störungen durch die Eigensicherungsmaßnahmen im Keim erstickt werden und dadurch für die Gesellschaft gar nicht erst spürbar werden.[961] Grundgedanke der Verteilungsgerechtigkeit ist stattdessen, dass derjenige, der Sonderrechte genießt, für das entstehende Unglück einzustehen hat.[962] „Gewalt" und „Nutzung" werden durch dieses Prinzip in Ausgleich gebracht,[963] und zwar als Ausprägung sozialer Verantwortung.[964] Wird also hier die Verteilungsgerechtigkeit im Rahmen des Kosten-Nutzen-Prinzips als rechtfertigendes Element herangezogen, muss es prinzipienkonform angewendet werden. Insoweit kommt es gar nicht darauf an, wer im Endeffekt tatsächlich Nutznießer der Eigensicherungsmaßnahmen ist, sondern dass der Betreiber als wirtschaftlich agierender Unter-

---

957 *BMI*, Nationale Strategie zum Schutz Kritischer Infrastrukturen, S. 7 f.; *BSI*, KRITIS-Sektorstudie, IKT, S. 76 ff., online abrufbar unter https://www.kritis.bund.de/SharedDocs/Downloads/Kritis/DE/Sektorstudie_IKT.pdf;jsessionid=69CC446AD8D6FB78F45B1503406EC6C2.1_cid330?__blob=publicationFile, Zugriff am 27.02.2017. Allerdings waren doch auch beim Schutz Kritischer Infrastrukturen willentliche Angriffe Anlass der Regelungen, vgl. *Kaufmann*, in: Hempel u. a. (Hg.), Sichtbarkeitsregime, S. 101 (105).

958 „Kritische Dienstleistungen sind für die Bevölkerung wichtige, teils lebenswichtige Güter und Dienstleistungen. Bei einer Beeinträchtigung dieser Kritischen Dienstleistungen würden erhebliche Versorgungsengpässe, Störungen der Öffentlichen Sicherheit oder vergleichbare dramatische Folgen eintreten", vgl. *BSI*, KRITIS-Sektorstudie, IKT, S. 8.

959 *Kaufmann*, in: Hempel u. a. (Hg.), Sichtbarkeitsregime, S. 101 (105).

960 *BMI*, Nationale Strategie zum Schutz Kritischer Infrastrukturen, S. 7 f.; *Hutter*, in: Roßnagel (Hg.), Sicherheit für Freiheit?, S. 45 (45 ff.).

961 *BMI*, Nationale Strategie zum Schutz Kritischer Infrastrukturen, S. 10 f.

962 *Esser*, Grundlagen und Entwicklung der Gefährdungshaftung, 2. Aufl., S. 97; *ders./Weyers*, Schuldrecht, Bd. 2, BT, Teil-Bd. 2, S. 266.

963 *Esser*, Grundlagen und Entwicklung der Gefährdungshaftung, 2. Aufl., S. 100.

964 *Esser*, Grundlagen und Entwicklung der Gefährdungshaftung, 2. Aufl., S. 104.

nehmer Gewinn aus der riskanten Tätigkeit zieht. Als Konsequenz daraus und zugleich Ausgleich dafür, dass er aus der Ausführung der riskanten und für die Allgemeinheit bedeutenden Tätigkeit Nutzen zieht, hat er für die Vermeidung von im Zusammenhang mit der Anlage stehenden Gefahren aufzukommen und genügt dadurch seiner „sozialen Verantwortung“.[965]

(4) Abwälzbarkeit der Kosten auf Konsumentenkreis

Hinzuzufügen ist die Möglichkeit der Abwälzung der Kosten auf den Konsumentenkreis.[966] Voraussetzung dafür ist allerdings, dass die Leistung für den Betroffenen wirtschaftlich verwertbar und eine direkte Abgabe bei dem unmittelbar Betroffenen zulässig wäre.[967] Dies wird mit Blick auf die Luftsicherheitsgebühr bejaht.[968] Schwieriger gestaltet sich dagegen die Abwälzbarkeit von Kosten für den Schutz von anderen Kritischen Infrastrukturen, da die Vernetzung der verschiedenen Infrastrukturen den Kreis der Nutznießer so erweitert, dass auch Dritte, die in keiner Beziehung zur Infrastruktur stehen, tatsächliche Nutznießer der Maßnahmen sein können, sog. „externe Effekte“.[969]

cc) Historischer Zusammenhang zwischen Daseinsvorsorgeaufgabe und Gemeinwohlverpflichtung

Die Frage, ob auch dann ein Eingriff vorliegt, wenn die Aufgabenerfüllung schon von Beginn an mit einem Gemeinwohlauftrag versehen war, wurde aufgrund der klaren Entscheidung sowohl des Verfassungs- als auch des einfachen Gesetzgebers bejaht.[970] Im Rahmen dessen fiel auf, dass Ur-daseinsvorsorgeaufgaben z. B. das Eisenbahnwesen und das Postwesen schon immer und unabhängig davon, ob sie vom

---

965 *Czaja*, Eigensicherungspflichten von Verkehrsflughäfen, S. 161 ff., der die Attraktivität eines Flughafens als Anschlagsziel als Kehrseite zu den Vorteilen des Luftverkehrs für Betreiber und Nutzer einstuft und zu dem Schluss kommt, dass die Lastenverteilung ein Rechtfertigungsgrund sein kann; *Gusy*, VVDStRL 63 (2004), S. 151 (173): „Wer erhöhte Risiken für sich selbst oder Dritte schafft, darf oder muss am Risikomanagement beteiligt werden.“

966 BVerfGE 30, 292 (326); VGH Mannheim, Urt. v. 19.07.2005–8 S 775/05; *Czaja*, Eigensicherungspflichten von Verkehrsflughäfen, S. 158 ff.; *Ossenbühl*, VVDStRL 29 (1971), S. 137 (183 f.); *ders.*, Eigensicherung und hoheitliche Gefahrenabwehr, S. 50 f.; *Sorge*, Kostentragung für den Schutz vor Anschlägen, S. 61 ff.; a.A. *Ipsen*, AöR 90 (1965), 393 (436).

967 *Otten*, Eigensicherung, S. 269.

968 *Czaja*, Eigensicherungspflichten von Verkehrsflughäfen, S. 159; *Ronellenfitsch*, VerwArch 86 (1995), 307 (315 ff.). So deutlich auch in Bezug auf die Polizeikostenpflicht von Großveranstaltungen *Majer*, VerwArch 73 (1982), 167 (177): „die Polizeikostenpflicht betrifft nur kommerzielle Veranstaltungen als Ausgleich dafür, daß deren Einnahmen ausschließlich in die Taschen der Veranstalter fließen.“

969 *Wiater*, Sicherheitspolitik zwischen Staat und Markt, S. 232 ff.

970 Kap. 3 – B.I.2.a).

Staat selbst oder von Privaten erbracht wurden, mit Gemeinwohlverpflichtungen verknüpft waren.[971] Insofern stellt sich weiterhin die Frage, was dies womöglich für Konsequenzen für die verfassungsrechtliche Rechtfertigung von solchen und im Umkehrschluss für andere Aufgaben hat. Letztere ist z.B. eine beliebige Tätigkeit in der Warenkette[972] im Rahmen der Ernährungsversorgung.

Eigensicherungspflichten schaffen drei Grundrechtsdimensionen. Die erste Dimension entsteht durch die Auferlegung der Pflicht zwischen dem Staat und dem Eigensicherungsverpflichteten. Die zweite Grundrechtsdimension ist zwischen dem Staat und dem Dritten, der von der Eigensicherungspflicht betroffen ist, verankert. Diese Dimension ist Ausfluss der staatlichen Schutzpflicht, auf die später vertiefter eingegangen wird.[973] Der Staat ist dazu verpflichtet, entweder selbst oder durch den Privaten zum einen für die Sicherheit des Dritten zu sorgen und zum anderen zu gewährleisten, dass diesem gegenüber Daseinsvorsorgeaufgaben hinreichend erfüllt werden. Die dritte Grundrechtsdimension ist diejenige, die als „objektivrechtliches“ Prinzip verstanden wird und das Verhältnis zwischen beiden Privaten betrifft. An diesen verschiedenen Grundrechtsdimensionen in diesem Dreiecksverhältnis ist höchst problematisch, dass sie voneinander abhängen: Will der Staat mehr Schutz für den Dritten herstellen (2. Grundrechtsdimension), muss er einen schwereren Eingriff gegenüber dem Eigensicherungsverpflichteten rechtfertigen (1. Grundrechtsdimension) und umgekehrt.[974] Insofern muss ein gerechter Ausgleich zwischen allen Grundrechtsdimensionen geschaffen werden.[975]

Es wäre nicht nachzuvollziehen, weshalb durch die Privatisierung eine Tätigkeit, die sowohl ihrer Terminologie nach als auch historisch betrachtet schon immer darauf gerichtet war, eine Gemeinwohlaufgabe zu erfüllen, von nun an einer privilegierten Ausübung zugänglich sein sollte. Dies würde aber damit erreicht werden, wenn der Private losgelöst von jeglichen Sicherheitsanforderungen und Gemeinwohlzielen eine reine Gewinnmaximierung betreiben dürfte.[976] Deshalb erscheint eine Differenzierung nach Tätigkeiten, die schon immer staatlich oder gesichert durch Gemeinwohlverpflichtungen erbracht wurden und sonstigen Tätigkeiten zwingend. Die verfassungsrechtliche Entscheidung, die Tätigkeit privatwirtschaftlichen Maßstäben zu unterwerfen, darf nicht unterlaufen werden. Deshalb erscheint es weiterhin überzeugend, Gemeinwohlverpflichtungen als Eingriff zu

971 Kap. 3 – B.I.2.a)aa) und bb). Im Ansatz schon Kap. 1 – A.II.2.

972 Zu dieser Warenkette s. z.B. *Ebeling*, in: Gusy u.a. (Hg.), Rechtshandbuch Zivile Sicherheit, Kap. 15 Rn. 14 ff.

973 S. Kap. 4.

974 Auch diese Problematik ist nicht neu und wurde bereits im Rahmen der regulierten Selbstregulierung behandelt, vgl. z.B. *Schmidt-Preuß*, VVDStRL 56 (1997), S. 160 (172).

975 Kritisch z.B. *Di Fabio*, VVDStRL 56 (1997), S. 235 (256).

976 Diese sog. „Rosinenpickerei“ wurde bereits zu Zeiten der Taxisschen Post bekämpft, vgl. *Wieland*, DV 28 (1995), 315 (322).

qualifizieren.[977] Allerdings hat der Verfassungsgeber mit dieser Entscheidung auch die Erwartung zugrunde gelegt, dass durch privatwirtschaftliches Handeln auch Gemeinwohlziele erreicht werden können.[978] Wenn der Private sie aus Eigenkraft nicht erreicht, ist aufgrund der 2. Grundrechtsdimension der Staat gefragt, den Privaten dazu zu verpflichten, diesen Auftrag zu erfüllen. Aufgrund der 1. Grundrechtsdimension ist dies jedoch ausschließlich dann verfassungsrechtlich haltbar, wenn die Ausübung der Tätigkeit des Privaten insgesamt – und damit sei betont, dass nicht die einzelne Verpflichtung gemeint ist – wirtschaftlich vertretbar bleibt.[979] Dieses Vorgehen ermöglicht eine Einzelfallentscheidung unter Berücksichtigung beider Grundrechtsdimensionen. Nicht angemessen erscheint es dagegen – auch für den Fall einer historisch verwurzelten Daseinsvorsorgeaufgabe –, den Eigensicherungsverpflichteten auf sich selbst mit der Argumentation zu verweisen, seine Verantwortung erwachse aus dem objektiven Gehalt der Grundrechte.[980] Vielmehr ist es Aufgabe des Staates, in diesen Fällen stärker zu Regulierungsmaßnahmen zu greifen und Verfahrensvoraussetzungen für die Beziehung zwischen beiden Privaten zu schaffen.[981] Eine strengere Regulierung führt zwar regelmäßig auch zu einem schwerwiegenderen Grundrechtseingriff.[982] Aufgrund der historischen Verwurzelung von diesen besonderen Tätigkeiten mit einem Gemeinwohlauftrag sind allerdings weitergehende Eingriffe zulasten des Privaten zulässig, tolerierbar, wenn nicht gar wünschenswert.[983]

4. Zwischenfazit

Zusammenfassend lässt sich sagen, dass die Auferlegung einer Eigensicherungspflicht zwar einen Eingriff in Artikel 12 Abs. 1 GG und nicht eine verfassungsunmittelbare Pflichtigkeit des Betreibers darstellt, der Eingriff allerdings verfassungsrechtlich gerechtfertigt ist. Für die Beteiligung an der Schadensprävention sprechen insbesondere die durch die Tätigkeit geschaffene erhöhte Risikolage, der daraus entspringende Verantwortungszusammenhang zur Gefahr sowie das Kosten-Nutzen-Prinzip. Diese aber besagen ausschließlich, dass eine Beteiligung

977 Kap. 3 – B.I.2.

978 *Möstl*, in: MD, GG, Bd. 6, 78. EL, Art. 87 f. Rn. 40.

979 Dahin gehend auch *Möstl*, in: MD, GG, Bd. 6, 78. EL, Art. 87 f. Rn. 40.

980 Dazu ausführlich Kap. 4 – C.I.

981 Dies war selbst in staatlicher Verantwortung nicht fremd, vgl. z. B. § 10 Gesetz über Fernmeldeanlagen, der das Fernmeldegeheimnis noch einmal einfachgesetzlich regulierte, s. RGBl. I 1928, S. 7 ff.

982 *Di Fabio*, VVDStRL 56 (1997), S. 235 (252).

983 *Möstl*, in: MD, GG, Bd. 6, 78. EL, Art. 87 f. Rn. 37, 40 f., 46. Oder auch anders ausgedrückt: Je mehr sich der Staat selbst aus der Erbringung einer Daseinsvorsorgeaufgabe zurückzieht, desto mehr muss er regulativ tätig werden, damit er seiner Gewährleistungsverantwortung hinreichend nachkommen kann, s. *Schmidt-Preuß*, VVDStRL 56 (1997), S. 160 (172, 196).

des Privaten in irgendeiner Form angemessen ist. Ob besondere Gründe für die Auferlegung einer Sachpflicht sprechen, bleibt dagegen offen. Auch die Kongruenz zwischen privatem und staatlichem Interesse spricht für die Einbeziehung des Privaten. Die entscheidenden Argumente für die Auferlegung einer Sachpflicht sind jedoch die besondere Nähe zum „Referenzobjekt" aufgrund von Detailwissen sowie die Inhaberschaft der zur Gefahrenabwehr erforderlichen technischen Geräte. Denn einzig diese Aspekte steigern die Effektivität der Gefahrenabwehr und legitimieren es, der Auferlegung der Sachpflicht höheres Gewicht beizumessen als den Belangen des Adressaten. Dies gilt auch, wenn die Wahrnehmung der Pflicht mit Gefahren für den Adressaten oder seine Mitarbeiter verbunden ist. Die anderen Argumente sind ergänzend heranzuziehen. Schließlich ist eine Eigensicherungspflicht auch dann verfassungsrechtlich gerechtfertigt, wenn sie dem Betreiber ohne einen Kostenausgleich auferlegt wird. Das Interesse des Betreibers an zusätzlicher Sicherheit ist auch für die Kostenfrage wesentlich, geht aber nicht über die ebenfalls für die Sachpflicht sprechenden Aspekte hinaus. Maßgeblich für die Rechtfertigung unter dem Kostenaspekt ist das Kosten-Nutzen-Prinzip. Die Vertauschbarkeit von Natural- und Geldleistung stellt dagegen kein eigenständiges Argument für die Rechtfertigung der Pflicht ohne Kostenausgleich dar. Dagegen beeinflusst die Auferlegung der entschädigungslosen Pflicht die Abwägung, wenn die Kosten auf den Konsumentenkreis abwälzbar sind. Insgesamt stellt die Auferlegung einer Eigensicherungspflicht damit grundsätzlich keinen Verstoß gegen Artikel 12 Abs. 1 GG dar. Ist eine Tätigkeit schon über Jahre hinweg staatlich erbracht worden oder mit Gemeinwohlverpflichtungen verknüpft gewesen, sind schwerwiegendere Eingriffe in die Grundrechte des Eigensicherungsverpflichteten gerechtfertigt.

II. Zweite Stufe: Variationsbreite an Eigensicherungspflichten

Sollen Aussagen über die Reichweite von Eigensicherungspflichten gemacht werden, bedarf es ebenso einer Begutachtung ihrer Entwicklungstendenzen. Diese Darstellung der Eigensicherungspflichten setzt keinen Anspruch auf Vollständigkeit voraus, sondern soll ausschließlich den Blick auf ihren Wandel lenken.

1. Bauliche und technische Maßnahmen

Zum einen treten Eigensicherungspflichten als Pflicht, bauliche und technische Maßnahmen zu ergreifen, in Erscheinung. Charakteristisch und Ausgangspunkt für diese sind solche des Luftsicherheitsgesetzes.[984] Die damals in §§ 19b Abs. 1 Nr. 1,

984 S. hierzu u. a. *Czaja*, Eigensicherungspflichten von Verkehrsflughäfen, S. 109 f. (bzgl. a. F.); *Faust/Lienhart*, in: Hobe/von Ruckteschell (Hg.), Kölner Kompendium des Luftrechts, Bd. 2, A II Rn. 353, 370; *Giemulla/Schmid*, NZV 1989, 415 (416) (bzgl. a. F.); *Schneider*, Die Abwehr äußerer Gefahren im Luftverkehr, S. 101 ff. (bzgl. a. F.); *Schnekenburger*, Rechtsstellung und Aufgaben des Privaten Sicher-

20a Abs. 1 Nr. 2 LuftVG[985] verankerten Pflichten sind heute – in erweiterter Form –[986] §§ 8 Abs. 1 S. 1 Nr. 1, 9 Abs. 1 S. 1 Nr. 2 LuftSiG zu entnehmen.[987] Sie ergänzen die Betriebssicherungsregelungen (safety) des § 45 Abs. 1 S. 1 LuftZVO mit Maßnahmen gegen Schadensursachen, die über betriebsunmittelbare Gefahren hinausgehen (security).[988] Weiterentwickelt haben sich die ursprünglichen „baulichen und technischen Maßnahmen", worunter beispielsweise die Einrichtung von Zäunen fallen sollte, in vielfacher Hinsicht.[989] Bei Zugrundelegung des Wortlauts des § 8 Abs. 1 S. 1 Nr. 1 LuftSiG sticht hervor, dass bauliche und technische Maßnahmen ergriffen werden sollen, in erster Linie aber als Vorbereitungshandlung, also ergänzend zur eigentlichen Gefahrenabwehr („so [...], dass [...] ermöglicht werden").[990] Ein Blick auf § 109 Abs. 2 TKG zeigt hingegen, dass der Betreiber des öffentlichen Telekommunikationsnetzes „angemessene technische Vorkehrungen und sonstige Maßnahmen zu treffen" hat und zwar zum Schutz gegen „Störungen" sowie zur „Beherrschung von Risiken".[991] Das bedeutet, dass sämtliche Maßnahmen – ohne Bestehen zeitlich beschränkender Komponenten – im Zusammenhang mit Telekommunikations- und Datenverarbeitungssystemen Gegenstand der Eigensicherungspflicht sein können. Erfasst sind sowohl aktive Vorrichtungen im Sinne des Bereitstellens redundanter Systeme oder von Überbrückungsaggregaten als auch passive Vorkehrungen wie Brandschutz-, Organisations- oder Kontrollmaßnahmen. Der Bezug zu den Systemen – die sachliche Komponente – stellt sich als einzige Beschränkung des Umfangs der technischen und sonstigen Vorkehrungen heraus. Insofern weist § 109 Abs. 2 TKG noch ergänzenden, aber keinen vorbereitenden Charakter mehr auf. Die Eigensicherungspflicht hat in ihrer Entwicklung sachlich eine Erweiterung erfahren. Dies gilt auch für die zeitliche Komponente: Durch den differenzierenden Wortlaut des § 109 Abs. 2 S. 1 Nr. 1 und 2 TKG wird deutlich, dass die Maßnahmen nicht lediglich den Bereich der

---

heitsgewerbes, S. 100 ff. (bzgl. a. F.); *Schwenk/Giemulla*, HdB des Luftverkehrsrechts, 4. Aufl., Kap. 18 Rn. 32 ff.

985 BGBl. I 1980, S. 1729.

986 *Baumann*, in: Ehlers u. a. (Hg.), Besonderes Verwaltungsrecht, Bd. 1, 3. Aufl., § 26 Rn. 15.

987 BGBl. I 2005, S. 78. Dazu z. B. *Faust/Lienhart*, in: Hobe/von Ruckteschell (Hg.), Kölner Kompendium des Luftrechts, Bd. 2, A II Rn. 353, 370; *Giemulla*, in: ders./ van Schyndel (Hg.), Luftsicherheitsgesetz, § 8 Rn. 26 ff.; § 9 Rn. 38 ff.

988 *Faust/Lienhart*, in: Hobe/von Ruckteschell (Hg.), Kölner Kompendium des Luftrechts, Bd. 2, A II Rn. 346. Der Wandel des safety- zum security-Problem ist ebenfalls mitursächlich für den Ausbau des Schutzes Kritischer Infrastrukturen: *Kaufmann*, in: Hempel u. a. (Hg.), Sichtbarkeitsregime, S. 101 (105).

989 *Faust/Lienhart*, in: Hobe/von Ruckteschell (Hg.), Kölner Kompendium des Luftrechts, Bd. 2, A II Rn. 354; *Giemulla*, in: ders./van Schyndel (Hg.), Luftsicherheitsgesetz, § 8 Rn. 30.

990 *Giemulla*, in: ders./van Schyndel (Hg.), Luftsicherheitsgesetz, § 8 Rn. 27.

991 § 109 Abs. 2 TKG schon in etwas abgeänderter Form im TKG 2004, BGBl. 2004, S. 1190 (1226 f.). Zu § 109 Abs. 2 TKG s. *Spindler*, in: Kloepfer (Hg.), Schutz kritischer Infrastrukturen, S. 85 (89 ff.).

Vorfeldgefahrenabwehr erfassen.[992] Diesen umfasst nämlich allein § 109 Abs. 2 S. 1 Nr. 2 TKG. § 109 Abs. 2 S. 1 Nr. 1 TKG zielt auf den Schutz gegen „Störungen", also auch den Bereich der konkreten Gefahrenabwehr. § 8a BSIG erfasst ausdrücklich auch die Detektion und Behebung von Störungen durch die Unternehmer.[993] Mit Blick auf diese Vorschrift und den systematischen Zusammenhang zwischen § 109 Abs. 2 S. 1 Nr. 1 TKG und § 109 Abs. 2 S. 2 sowie § 109 Abs. 5 S. 4 TKG muss sich die Vorschrift ebenso auf die Beseitigung von Störungen beziehen. Dieses Auslegungsergebnis findet zudem in der Konformauslegung der Rahmenrichtlinie Bestätigung.[994] Ein Rückblick auf Kap. 3 – A. vergegenwärtigt, dass Eigensicherungspflichten, wenn sie über den Bereich der Vorfeldgefahrenabwehr hinausreichen, dann problematisch sind, wenn sie über die ergänzende oder die supplementäre Gefahrenabwehr hinausgehen oder mit der Entfaltung physischer Gewalt verbunden sind.[995] Die sachliche Begrenzung auf die Einwirkung auf die Telekommunikations- und Datenverarbeitungssysteme sichert die Vereinbarkeit der Regelung mit diesem Grundsatz. Denn es verbleibt dabei, dass es sich nur um eine partielle Gefahrenabwehrmaßnahme ohne Anwendung physischer Gewalt handelt.

Entwicklungstendenzen sind auch in Bezug auf Schutzgüter von Eigensicherungspflichten ersichtlich: Bezogen sich Regelungen wie § 19b) Abs. 1 LuftVG (a.F.) mittelbar auf den Schutz von Gesundheit und Leben,[996] haben neuere Eigensicherungspflichten den Schutz von Funktionen zum Gegenstand.[997] Nach § 8a Abs. 1 BSIG sind nämlich angemessene organisatorische und technische Vorkehrungen zur Vermeidung von Störungen der „Verfügbarkeit, Integrität, Authentizität und Vertraulichkeit" ihrer informationstechnischen Systeme zu treffen.[998] Für Telekommunikationsdienste besteht nach § 109 Abs. 2 S. 4 TKG eine vergleichbare Regelung.[999] Danach hat der Betreiber für die fortlaufende Verfügbarkeit der Netze und Dienste einzustehen.[1000] Ähnlich lautet die Regelung des § 7 Abs. 7 Nr. 2b) TMG für Telemediendiensteanbieter, wonach die technischen Einrichtungen gegen Störungen zu sichern sind.[1001] Vergleichbar ist der

---

992 BT-Drs. 17/5707, S. 32, 82 f.; *Mozek*, in: Säcker (Hg.), TKG, 3. Aufl., § 109 Rn. 26.

993 BGBl. I 2015, S. 1324 (1325 f.); BT-Drs. 18/4096, S. 25.

994 ABl. (EG) L 337/37 v. 18.12.2009.

995 Vgl. Kap. 3 – A.I.1.b)aa)(1).

996 Vgl. BT-Drs. 8/3431, S. 1.

997 *Gusy*, in: ders. u. a. (Hg.), Rechtshandbuch Zivile Sicherheit, Kap. 3 Rn. 26. *Helmbrecht*, in: Kloepfer (Hg.), Schutz kritischer Infrastrukturen, S. 39 (39 f.); *Mozek*, in: Säcker (Hg.), TKG, 3. Aufl., § 109 Rn. 23.

998 S. z. B. *Hornung*, NJW 2015, 3334 (3336); *Roos*, MMR 2015, 636 (638 f.); *ders.*, MMR 2014, 723 (725 f.).

999 Zur Pflicht nach § 109 Abs. 2 TKG z. B. *Roos*, MMR 2015, 636 (642); *ders.*, MMR 2014, 723 (727).

1000 *Mozek*, in: Säcker (Hg.), TKG, 3. Aufl., § 109 Rn. 23.

1001 BGBl. I 2015, S. 1324 (1329); BT-Drs. 18/4096, S. 34 f.; s. *Hornung*, NJW 2015, 3334 (3338 f.); *Roos*, MMR 2015, 636 (643); *ders.*, MMR 2014, 723 (728).

Fall auch im Energiesektor geregelt.[1002] Rechtsgüterschutz ist hingegen nicht minder relevant geworden. Nach jüngsten Erkenntnissen der Pariser Terroranschläge von 2015 stellen sich Orte mit hoher Menschenansammlung nach wie vor als attraktives Ziel krimineller Angriffe dar. Insoweit sind Regelungen wie §§ 8 Abs. 1 S. 1 Nr. 1, 9 Abs. 1 S. 1 Nr. 2 LuftSiG oder § 7 Abs. 2 Nr. 5 AtG kein geringeres Gewicht beizumessen als der Verfügbarkeit von Dienstleistungen, die durch die Aktualität der Bestrebungen des Gesetzgebers in den Vordergrund zu geraten erscheint.[1003] Damit ist die Annahme verbunden, durch Funktionsschutz würde mittelbar auch Rechtsgüterschutz erzeugt.[1004] Aufgrund einer zunehmenden Gleichordnung von Rechtsgüter- und Funktionsschutz ist vielmehr von einer Kumulation von Rechtsgüter- und Funktionsschutz als von einem Wandel des einen zum anderen auszugehen. Dem ist zuzufügen, dass sich nach aktuellen Entwicklungen der Eigensicherungspflicht nicht nur der Funktionsschutz an die Seite des Rechtsgüterschutzes begeben hat.[1005] Hinzu kommt ein Zuwachs an potentiellen Schutzgütern: Stand in der Vergangenheit der Schutz des Lebens im Vordergrund,[1006] treten der Schutz des Fernmeldegeheimnisses (§ 109 Abs. 1 Nr. 1 TKG) sowie der Schutz personenbezogener Daten (§ 109 Abs. 1 Nr. 2 TKG, § 13 Abs. 7 Nr. 2a) TMG) daneben. Deshalb ist auch fraglich, ob Regelungen wie § 109 Abs. 1 TKG noch mit dem Begriff „Eigensicherungspflicht“ vereinbar sind. Auf den ersten Blick ist nämlich zweifelhaft, worin die Verknüpfung mit der Sicherheit des Rechtsguts des Betreibers liegt. Das Fernmeldegeheimnis sowie Datenschutz sind jedoch mittelbar – oftmals durch einen Eingriff Dritter –[1007] betroffene Schutzgüter durch eine Verletzung des IT-Systems des Betreibers,[1008] genauso wie es bei früheren Eigensicherungspflichten die Gesundheit oder das Leben durch einen Schaden an der Anlage waren.[1009]

Ein Wandel ist schließlich den Ursachen für Sicherheitsmaßnahmen zu entnehmen. Stand bei den ersten Eigensicherungspflichten noch der Schutz gegen „Flugzeugentführungen, Sabotageakte und sonstige gefährliche Eingriffe“[1010] im Vordergrund, werden inzwischen Eigensicherungspflichten eher folgen- als ursachenorientiert auferlegt.[1011] So sind technische Maßnahmen oder sonstige Vorkehrungen

---

1002 BGBl. I 2005, S. 1970.

1003 Jüngst durch das IT-Sicherheitsgesetz, BGBl. I 2015, S. 1324 ff.

1004 *BMI*, Nationale Strategie zum Schutz Kritischer Infrastrukturen, S. 5.

1005 *Gusy*, in: ders. u. a. (Hg.), Rechtshandbuch Zivile Sicherheit, Kap. 3 Rn. 26.

1006 BT-Drs. 8/3431, S. 1; BT-Drs. 15/2361, S. 1.

1007 *Spindler*, in: Kloepfer (Hg.), Schutz kritischer Infrastrukturen, S. 85 (90).

1008 *Spindler* beschreibt die enge Verknüpfung zwischen Datenschutz und Datensicherheit und kommt zu dem Ergebnis, dass Pflichten zum Schutz von Daten regelmäßig mit der Pflicht zum Schutz der IT-Systeme einhergehen, in: Kloepfer (Hg.), Schutz kritischer Infrastrukturen, S. 85 (93 f.).

1009 *Bracher*, Gefahrenabwehr durch Private, S. 168; *Lukes*, ET 1975, 23 (26); *Sorge*, Kostentragung für den Schutz vor Anschlägen, S. 88.

1010 BT-Drs. 8/3431, S. 1; BT-Drs. 15/2361, S. 1.

1011 *Kaufmann*, in: Hempel u. a. (Hg.), Sichtbarkeitsregime, S. 101 (103) in Bezug auf die Zivile Sicherheit. Aus diesem Grund ist es auch nicht zielführend, Eigen-

von Betreibern öffentlicher Telekommunikationsnetze gegen „äußere Angriffe" und „Einwirkungen von Katastrophen" zu ergreifen.[1012] Während ersteres noch vorsätzliche menschliche Angriffe erfasst, fallen unter Letzteres Naturkatastrophen, genauso aber auch technisches sowie menschliches Versagen.[1013]

2. *Sicherung von Gegenständen*

Eine weitere Gruppe von Eigensicherungspflichten umfasst die sichere Lagerung, aber auch den sicheren Transport von Gegenständen,[1014] um Manipulationen zu verhindern.[1015] Niedergeschrieben ist eine solche Eigensicherungspflicht in § 8 Abs. 1 S. 1 Nr. 2 LuftSiG. Die Pflicht zeichnet sich dadurch aus, dass sie praktisch ausschließlich durch den Flughafenunternehmer erfüllbar ist, der die Gegenstände ohnehin zu verfrachten hat.[1016] Käme er dieser Pflicht nicht hinreichend nach, würde er zivilrechtlich in die Haftung genommen werden.[1017] Durch diese Eigensicherungspflicht tritt wieder deren ursprüngliche, ergänzende Stellung in den Vordergrund, da sich die Pflicht eben nicht auf die eigentliche Überprüfung der Gegenstände nach § 5 Abs. 3 LuftSiG bezieht.[1018]

3. *Zugangskontrollen*

Eine unterschiedliche Reichweite können Eigensicherungspflichten erlangen, welche die Zugangssicherung zum Inhalt haben.[1019]

a) Sicherung gegen unberechtigten Zugang

Die schwächste Form der Zugangssicherung in Form von Eigensicherungspflichten ist die Sicherung gegen unberechtigten Zugang wie sie beispielsweise in § 8 Abs. 1 S. 1 Nr. 4 LuftSiG gesetzlich definiert ist. Danach hat der Flughafenunternehmer

---

sicherungspflichten über einen abgewandelten Begriff des Zweckveranlassers auffangen zu wollen, so z. B. *Lange*, Zweckveranlassung, S. 212 ff. Es erscheint sinnvoller, eine einheitliche Dogmatik für Eigensicherungspflichten zu entwickeln.

1012 Leitend für Kritische Infrastrukturen war dennoch der willentliche Angriff: *Kaufmann*, in: Hempel u. a. (Hg.), Sichtbarkeitsregime, S. 101 (105).

1013 *Mozek*, in: Säcker (Hg.), TKG, 3. Aufl., § 109 Rn. 23.

1014 Vgl. z. B. *Czaja*, Eigensicherungspflichten von Verkehrsflughäfen, S. 110 ff. (bzgl. a. F.); *Faust/Lienhart*, in: Hobe/von Ruckteschell (Hg.), Kölner Kompendium des Luftrechts, Bd. 2, A II Rn. 355; *Giemulla*, in: ders./van Schyndel (Hg.), Luftsicherheitsgesetz, § 8 Rn. 33 f.; *Schneider*, Die Abwehr äußerer Gefahren im Luftverkehr, S. 103 f. (bzgl. a. F.).

1015 *Faust/Lienhart*, in: Hobe/von Ruckteschell (Hg.), Kölner Kompendium des Luftrechts, Bd. 2, A II Rn. 355.

1016 *Czaja*, Eigensicherungspflichten von Verkehrsflughäfen, S. 110 f.

1017 *Czaja*, Eigensicherungspflichten von Verkehrsflughäfen, S. 111.

1018 *Giemulla*, in: ders./van Schyndel (Hg.), Luftsicherheitsgesetz, § 8 Rn. 33.

1019 S. z. B. *Schwenk/Giemulla*, HdB des Luftverkehrsrechts, 4. Aufl., Kap. 18 Rn. 32.

Bereiche der Luftseite, soweit es sich um Sicherheitsbereiche oder sensible Teile von Sicherheitsbereichen handelt, vor unbefugtem Zugang zu sichern und den Zugang zu solchen Bereichen nur berechtigten Personen zu gestatten.[1020] Dies umfasst zum einen bauliche oder technische Sicherungsmaßnahmen.[1021] Zum anderen verlangt die Vorschrift Zugangskontrollen durch den Flughafenunternehmer.[1022] Zugangskontrollen sind, wenn auch nicht ausdrücklich, ebenfalls von § 109 TKG erfasst.[1023]

b) Durchsuchung von Mitarbeitern und von ihnen mitgeführten Gegenständen

Gemäß § 8 Abs. 1 S. 1 Nr. 5 LuftSiG obliegt dem Flughafenbetreiber die Pflicht, den dort genannten Personenkreis, darunter Mitarbeiter, inklusive deren mitgeführten Gegenstände, vor dem Betreten von Sicherheitsbereichen und sensibler Teile der Sicherheitsbereiche, zu durchsuchen.[1024] Die Überprüfung erfolgt vor dem Zugang zu solchen Bereichen.[1025] Die Maßnahmen sind auf das Hausrecht, das zur Ausübung von Notrechten berechtigt, gestützt.[1026]

c) Einrichtung eines Werkschutzes

Eine Steigerung der bisher genannten Zugangskontrollen stellt die Einrichtung eines bewaffneten Werkschutzes dar, welche im Rahmen des § 7 Abs. 2 Nr. 5 AtG gefordert werden kann.[1027] Dieser Eigensicherungspflicht kommt überbrückende Wirkung bis zum Eintreffen der Polizei als Alternative zu deren ständiger Bereitschaft vor Ort[1028] zu.[1029] Zweck des bewaffneten Werkschutzes ist vielmehr die abschreckende Wirkung als der tatsächliche Einsatz der Notrechte.[1030]

1020 Hierzu u.a. *Czaja*, Eigensicherungspflichten von Verkehrsflughäfen, S. 112 (a.F.: § 19b Abs. 1 Nr. 3 LuftVG); *Faust/Lienhart*, in: Hobe/von Ruckteschell (Hg.), Kölner Kompendium des Luftrechts, Bd. 2, A II Rn. 348 f.; *Giemulla*, in: ders./van Schyndel (Hg.), Luftsicherheitsgesetz, § 8 Rn. 38 ff.; *Schneider*, Die Abwehr äußerer Gefahren im Luftverkehr, S. 104 f. (bzgl. a.F.).

1021 *Czaja*, Eigensicherungspflichten von Verkehrsflughäfen, S. 112.

1022 *Giemulla*, in: ders./van Schyndel (Hg.), Luftsicherheitsgesetz, § 8 Rn. 38.

1023 *Spindler*, in: Kloepfer (Hg.), Schutz kritischer Infrastrukturen, S. 85 (90).

1024 S. dazu u.a. BT-Drs. 15/2361, S. 19; *Faust/Lienhart*, in: Hobe/von Ruckteschell (Hg.), Kölner Kompendium des Luftrechts, Bd. 2, A II Rn. 350 ff.; *Giemulla*, in: ders./van Schyndel (Hg.), Luftsicherheitsgesetz, § 8 Rn. 42 ff.

1025 *Giemulla*, in: ders./van Schyndel (Hg.), Luftsicherheitsgesetz, § 8 Rn. 42.

1026 VGH Mannheim, Urt. v. 19.07.2005–8 S 775/05; OVG Lüneburg NVwZ-RR 2006, 33 (34).

1027 Hierzu z.B. BVerwGE 81, 185 = NVwZ 1989, 864 = DVBl. 1989, 517 m. Anm. *Brachers*; *Schnekenburger*, Rechtsstellung und Aufgaben des Privaten Sicherheitsgewerbes, S. 95 ff.

1028 *Lukes*, ET 1975, 23 (30); *Roßnagel*, ZRP 1983, 59 (63).

1029 BVerwGE 81, 185 (189) = NVwZ 1989, 864 (865) = DVBl. 1989, 517 (518).

1030 *Lukes*, ET 1975, 23 (27).

4. *Meldepflichten*

Jüngst sind Meldepflichten zum Gegenstand von Eigensicherungspflichten geworden: Bezogen sich Meldepflichten – unabhängig von ihrem Auslöser – zunächst auf mittelbare Schäden im Fall unrechtmäßiger Erlangung von Daten (§ 42a BDSG, § 15a TMG, § 109a TKG),[1031] sind diese auf weitere Schutzgüter – wie die Verfügbarkeit der Infrastrukturen oder die Systeme der Endnutzer – ausgeweitet worden.[1032] Zwar bestanden schon vor dem IT-Sicherheitsgesetz einzelne spezialgesetzliche – die Verfügbarkeit betreffende – Pflichten zur Mitteilung z. B. im TKG.[1033] Gleichwohl sind selbst diese durch das IT-Sicherheitsgesetz ausgeweitet[1034] und in den Vorfeldbereich verlagert worden („führen" oder „führen können", § 109 Abs. 5 S. 1 Nr. 1, 2 TKG).[1035] Erfasst sind Sicherheitsverletzungen, welche die Verfügbarkeit der erbrachten Dienste einschränken oder zu unerlaubten Zugriffen auf Telekommunikations- und Datenverarbeitungssysteme der Nutzer führen können (§ 109 Abs. 5 S. 2 TKG).[1036] Andere Meldepflichten sind dagegen neu: Eine Meldepflicht für Betreiber von Energieanlagen liegt § 11 Abs. 1c EnWG zugrunde.[1037] Für Betreiber im Sinne des Atomgesetzes ist seit der Geltung des IT-Sicherheitsgesetzes eine Meldepflicht für Beeinträchtigungen, die zu einer Gefährdung oder Störung der nuklearen Sicherheit der Anlage oder Tätigkeit führen bzw. führen können in § 44b AtG festgesetzt.[1038] Für andere Kritische Infrastrukturen ist die Meldepflicht § 8b Abs. 4 BSIG zu entnehmen.[1039] Diese Meldepflicht bezieht sich auf erhebliche Störungen der Verfügbarkeit, Integrität, Authentizität und Vertraulichkeit der Systeme.[1040] Der Meldepflicht kommt noch eine verfassungsrechtliche Besonderheit zu: Sie beinhaltet auch eine Pflicht zur Selbstbezichtigung.[1041]

III. Dritte Stufe: Positive Bestimmung der Kriterien

Auf einer letzten Stufe wird aus einer Synthese der Grenzen, die der Eigensicherungspflicht durch Artikel 12 Abs. 1 GG gesetzt werden sowie der Entwicklung der Reichweite solcher Pflichten der Versuch unternommen, positive Kriterien für das Sicherheitskonzept sowie die Zulässigkeit von Eigensicherungspflichten zu entwickeln.

1031 Zu diesen Pflichten z. B. *Hornung*, NJW 2010, 1841.
1032 Vgl. IT-Sicherheitsgesetz, BGBl. I 2015, S. 1324; BT-Drs. 18/4096, S. 36.
1033 BGBl. I 2012, S. 958 (987).
1034 *Roos*, MMR 2015, 636 (642); *ders.*, MMR 2014, 723 (727).
1035 BT-Drs. 18/4096, S. 16, 36; *Roos*, MMR 2015, 636 (642); *ders.*, MMR 2014, 723 (727).
1036 Zum Begriff der „Beeinträchtigung" s. *Hornung*, NJW 2015, 3334 (3337).
1037 *Hornung*, NJW 2015, 3334 (3337); *Roos*, MMR 2015, 636 (644).
1038 Vgl. dazu *Roos*, MMR 2015, 636 (643).
1039 S. z. B. *Hornung*, NJW 2015, 3334 (3336 f.); *Roos*, MMR 2015, 636 (639 f.).
1040 Dazu u. a. *Hornung*, NJW 2015, 3334 (3336 f.); *Roos*, MMR 2015, 636 (639).
1041 *Eckhardt/Schmitz*, CR 2011, 436 ff.

1. *Sicherheitskonzept*

Eines hat sich bei neueren Eigensicherungspflichten, namentlich denen des IT-Sicherheitsgesetzes, bestätigt, nämlich das durch Eigensicherungspflichten verfolgte Sicherheitskonzept: Primär (zeitlich) steht der Schutz der IT-Sicherheit des Unternehmens (Vertraulichkeit, Integrität, Authentizität und Verfügbarkeit datenverarbeitender Systeme sowie der dort vorgehaltenen Daten)[1042] und damit des Systems an sich im Mittelpunkt; als logische Konsequenz daraus folgt der Schutz der Bürgerinnen und Bürger im Internet.[1043] Insofern ist ein zweistufiges Vorgehen ersichtlich. Es wird an einem Objekt angeknüpft, das selbst nicht das eigentliche Schutzgut darstellt.

Weiterhin üblich ist bei Eigensicherungspflichten die Selbstbestimmung der Kriterien für die konkreten Sicherheitsmaßnahmen.[1044] Bereits in § 8 Abs. 1 S. 2 LuftSiG ist festgesetzt, dass die Flughafenunternehmer die getroffenen Sicherheitsmaßnahmen in einem Luftsicherheitsprogramm darzustellen haben, welches der Luftsicherheitsbehörde zur Zulassung vorzulegen ist. Eine ähnliche Regelung findet sich in § 109 Abs. 4 S. 2 TKG, wonach der Betreiber eines öffentlichen Telekommunikationsnetzes der Bundesnetzagentur das Sicherheitskonzept vorzulegen hat. Im Rahmen des § 8a Abs. 2 S. 1 BSIG können Betreiber Kritischer Infrastrukturen branchenspezifische Sicherheitsstandards vorschlagen und sich damit an der Entwicklung branchenspezifischer Anforderungen beteiligen.[1045] Als Kooperationsplattform kommen der UP KRITIS oder aber das Deutsche Institut für Normung e. V. in Betracht.[1046] Die Einbeziehung ist eine Ausprägung des Kooperationsgebots zwischen Staat und Wirtschaft,[1047] allerdings auch eine Konsequenz aus dem besonderen Detailwissen der Unternehmer. Die Privaten werden überdies nicht nur bei der Erarbeitung branchenspezifischer Standards einbezogen. Auch der Nachweis der Einhaltung der Sicherheitsstandards erfolgt im Ergebnis nicht durch die Behörde selbst, sondern gemäß § 8a Abs. 3 S. 2 BSIG durch Sicherheitsaudits, Prüfungen und Zertifizierungen.[1048] Dem entgegenwirkend verbleibt dem BSI das Überprüfungsinstrument des § 8a Abs. 2 S. 2 BSIG.[1049] Insofern kommt dem BSI als staatliche Instanz überwiegend eine Überprüfungsfunktion zu (§ 8a Abs. 3 S. 3 BSIG).[1050] Stärker einbezogen ist der Staat dagegen bei Sicherheitsmaßnahmen nach dem TKG, wonach die Bundesnetzagentur im Einvernehmen mit dem BSI und dem Bundesbeauftragten für den Datenschutz

---

1042 BT-Drs. 18/4096, S. 2.
1043 BT-Drs. 18/4096, S. 1.
1044 *Engels*, in: Gusy u. a. (Hg.), Rechtshandbuch Zivile Sicherheit, Kap. 14 Rn. 9.
1045 BT-Drs. 1840/96, S. 26.
1046 BT-Drs. 1840/96, S. 26.
1047 BT-Drs. 1840/96, S. 26.
1048 Vgl. BT-Drs. 1840/96, S. 27.
1049 *Roßnagel*, DVBl. 2015, 1206 (1209).
1050 BT-Drs. 18/4096, S. 26 f.

und die Informationsfreiheit ein Katalog für Sicherheitsanforderungen festlegt (§ 109 Abs. 6 S. 1 TKG).[1051] Die konkreten Maßnahmen stehen jedoch auch da den Betreibern, bzw. Diensteanbietern frei (§ 109 Abs. 1, 3 TKG).[1052]

2. *Mittelbar zu schützendes Rechtsgut*

Festzuhalten ist auch, dass Eigensicherungspflichten sich über den Rechtsgüterschutz hinaus auf den Funktionsschutz beziehen.[1053] Auch der Rechtsgüterschutz hat sich vom ursprünglich zu schützenden Rechtsgut Leben entfernt, da der Schutz anderer Schutzgüter, z.B. der IT-Sicherheit, zum Gegenstand von Eigensicherungspflichten gemacht worden ist.[1054] Insoweit hat auch ein Wandel vom physischen Schutz zum Schutz von Informationsinfrastrukturen stattgefunden.[1055] Interessanterweise setzt die Verpflichtung zur Eigensicherung nach dem BSIG gemäß § 2 Abs. 10 Nr. 2 BSIG aber voraus, dass der Adressat der Eigensicherungspflicht Betreiber einer Kritischen Infrastruktur ist,[1056] wodurch die Anforderungen an das Rechtsgut indirekt angehoben werden.[1057] Unabhängig von der Definition des BSIG, auf welche später noch eingegangen wird, zeichnet eine Kritische Infrastruktur nämlich ihre besondere Relevanz für die Gesellschaft aus, da sie durch „Domino- oder Kaskadeeffekte“[1058] gesellschaftliche Sektoren vollständig zum Erliegen bringen kann mit erheblichen Auswirkungen für die unmittelbar betroffenen Menschen, aber auch für die gesamte Volkswirtschaft.[1059] Viele der durch das IT-Sicherheitsgesetz betroffenen Anlagen sind durch „systemische Kritikalität“,[1060] also durch einen hohen Vernetzungsgrad ausgezeichnet.[1061] Diese Vernetzung erfolgt durch das Internet.[1062] Insofern steht durch das IT-Sicherheitsgesetz nicht das Rechtsgut IT insgesamt im Vordergrund, sondern einzig die IT von Kritischen Infrastrukturen.[1063] In diesen besonders sicherheitssensiblen Bereichen kommt der Staat seiner staatlichen Infrastrukturver-

---

1051 Durch die Änderung der Wortwahl von „Benehmen“ zu „Einvernehmen“ sollte die Rolle des BSI verstärkt werden, BT-Drs. 1840/96, S. 36; s.a. *Engels*, in: Gusy u.a. (Hg.), Rechtshandbuch Zivile Sicherheit, Kap. 14 Rn. 10 Fn. 35.

1052 BT-Drs. 18/4096, S. 35.

1053 *Gusy*, in: ders. u.a. (Hg.), Rechtshandbuch Zivile Sicherheit, Kap. 3 Rn. 26; *Mozek*, in: Säcker (Hg.), TKG, 3. Aufl., § 109 Rn. 23.

1054 Kap. 3 – II.1.

1055 *Engels*, in: Gusy u.a. (Hg.), Rechtshandbuch Zivile Sicherheit, Kap. 14 Rn. 7.

1056 *Wiater*, in: Gusy u.a. (Hg.), Rechtshandbuch Zivile Sicherheit, Kap. 12 Rn. 24.

1057 Ansatz ebenso bei *Engels*, in: Gusy u.a. (Hg.), Rechtshandbuch Zivile Sicherheit, Kap. 14 Rn. 7, der feststellt, dass der Schutz von Informationsinfrastrukturen im Vordergrund steht, jedoch adressiert an Betreiber Kritischer Infrastrukturen.

1058 *BMI*, Nationale Strategie zum Schutz Kritischer Infrastrukturen, S. 7.

1059 *BMI*, Nationale Strategie zum Schutz Kritischer Infrastrukturen, S. 7.

1060 *BMI*, Nationale Strategie zum Schutz Kritischer Infrastrukturen, S. 5.

1061 *BMI*, Nationale Strategie zum Schutz Kritischer Infrastrukturen, S. 5.

1062 BT-Drs. 18/4096, S. 1.

1063 BT-Drs. 18/4096, S. 1 f.

antwortung, obendrein seinen staatlichen Schutzpflichten nach.[1064] Insoweit steht nach wie vor zwar nicht unmittelbar das Leben, aber die Versorgungssicherheit im Mittelpunkt,[1065] die weiter entfernt wiederum Auswirkungen auf Leben, körperliche Unversehrtheit oder andere Schutzgüter von herausragender Bedeutung haben kann.[1066] Erst wenn die Kritikalität der Anlage bejaht ist und damit vordergründig deren Funktionsfähigkeit geschützt werden soll, tritt der Schutz weiterer Rechtsgüter wie die Vertraulichkeit der Daten der Nutzer als Synergieeffekt hinzu (z.B. § 109 Abs. 1 TKG).

Anders dagegen bei Eigensicherungspflichten, die ausschließlich den Datenschutz betreffen wie §§ 42a BDSG, 15a TMG, 109a TKG.[1067] Danach besteht eine Publizitätspflicht, sofern Daten unrechtmäßig übermittelt werden oder es auf sonstige Weise zur unrechtmäßigen Kenntnisnahme durch Dritte gekommen ist.[1068] Diese Pflichten erfassen also sowohl den Daten- oder Identitätsdiebstahl als auch den Verlust von Datenträgern.[1069] Insoweit stellt die Sicherung gegen die Kenntnisnahme durch Dritte, jedenfalls insoweit sie von außen kommt,[1070] eine Eigensicherungspflicht dar.[1071] Adressaten dieser Pflicht sind beim TMG und TKG alle Diensteanbieter, beim BDSG alle nicht öffentlichen Stellen iSv § 2 Abs. 4 BDSG[1072] und Wettbewerbsunternehmen nach § 27 Abs. 1 S. 1 Nr. 2 BDSG.[1073] Insoweit wird hier beim Diensteanbieter selbst kein Qualitätskriterium eingefügt. Stattdessen stellt die Regelung erhöhte Anforderungen an das die Pflicht auslösende Merkmal, namentlich spezifische Datenarten (§ 42a S. 1 Nr. 1–4 BDSG), auf.[1074] Schutzgut ist die informationelle Selbstbestimmung.[1075] Somit wird deutlich, dass das Ansetzen an das qualitative Element beim Adressaten im Rahmen des Funktionsschutzes nicht verallgemeinerungsfähig ist. Es kommt auf das mittelbar zu schützende Rechtsgut an. Die Qualität des mittelbar zu schützenden Rechtsguts ist entscheidend. Für diese Eigensicherungspflichten gilt: „Datenschutz ist Grundrechtsschutz“.[1076] Denn nur so

---

1064 *Hornung*, NJW 2015, 3334 (3334).

1065 *BMI*, Nationale Strategie zum Schutz Kritischer Infrastrukturen, S. 3.

1066 *BMI*, Schutz Kritischer Infrastrukturen-Basisschutzkonzept, 2. Aufl., S. 7; *Möllers/Pflug*, in: Kloepfer (Hg.), Schutz kritischer Infrastrukturen, S. 47 (52).

1067 Zu diesen Pflichten u. a. *Hornung*, NJW 2010, 1841.

1068 *Dix*, in: Simitis (Hg.), BDSG, 8. Aufl., § 42a Rn. 1; *Gola* u. a., in: ders./Schomerus (Hg.), BDSG, 12. Aufl., § 42a Rn. 4.

1069 *Gola* u. a., in: ders./Schomerus (Hg.), BDSG, 12. Aufl., § 42a Rn. 4.

1070 Z.B. durch Hacker, s. *Dix*, in: Simitis (Hg.), BDSG, 8. Aufl., § 42a Rn. 3.

1071 Zur unrechtmäßigen Kenntniserlangung *Dix*, in: Simitis (Hg.), BDSG, 8. Aufl., § 42a Rn. 6.

1072 *Hornung*, NJW 2010, 1841 (1842).

1073 *Dix*, in: Simitis (Hg.), BDSG, 8. Aufl., § 42a Rn. 2; *Gola* u. a., in: ders./Schomerus (Hg.), BDSG, 12. Aufl., § 42a Rn. 2.

1074 *Dix*, in: Simitis (Hg.), BDSG, 8. Aufl., § 42a Rn. 5; *Gola* u. a., in: ders./Schomerus (Hg.), BDSG, 12. Aufl., § 42a Rn. 3.; *Hornung*, NJW 2010, 1841 (1842).

1075 *Dix*, in: Simitis (Hg.), BDSG, 8. Aufl., § 42a Rn. 1.

1076 *Simitis*, in: ders. (Hg.), BDSG, 8. Aufl., Einleitung Rn. 30.

kann sich der einzelne frei entfalten und an der Gesellschaft teilhaben.[1077] Genauso wie Leben und körperliche Unversehrtheit Grundvoraussetzung für die Ausübung grundrechtlich gewährleisteter Rechte sind,[1078] ist es auch Datenschutz. Insoweit genießt die informationelle Selbstbestimmung ebenfalls überragende Relevanz.

Festzuhalten ist demnach, dass Eigensicherungspflichten aktuell noch zum Schutz überragend wichtiger Rechtsgüter auferlegt werden. Davon betroffen sind allerdings nicht ausschließlich Gesundheit und Leben, sondern ferner das Fernmeldegeheimnis sowie das Recht auf informationelle Selbstbestimmung. Der Schutz dieser Rechtsgüter ist indes unerlässlich für einen wirksamen Grundrechtsschutz. Insoweit kann aus diesem Befund abstrahiert werden, dass das mittelbar zu schützende Rechtsgut ein Schutzgut sein muss, das grundlegend für die Grundrechtsausübung des Einzelnen ist. Somit haben alle hier untersuchten Eigensicherungspflichten eine Gemeinsamkeit: Die Qualität des mittelbar zu schützenden Rechtsguts. Insoweit dieser im Rahmen des Grundrechts auf Schutz noch kein tragendes Gewicht beizumessen war,[1079] ist sie an dieser Stelle bindend.

Auch bezüglich der Quantität sind Parallelen erkennbar: Die Rechtfertigung der Sicherheitsmaßnahme wird teilweise darauf gestützt, dass eine Vielzahl von Personen gefährdet wird.[1080] In der Literatur finden sich sogar Ansätze, welche die Häufigkeit des mittelbaren Schadens in die Prüfung der Verfassungsmäßigkeit einbeziehen.[1081] Kritisch ist es dagegen, ausschließlich auf die Häufigkeit abzustellen, da dieser Ansatz Gefahr läuft, im Rahmen der Angemessenheitsprüfung mit Blick auf Artikel 12 Abs. 1 GG ein anderes Ergebnis zu erzielen und dadurch die Verfassungsmäßigkeit der Eigensicherungspflicht erneut infrage zu stellen.[1082] Genauso zweifelhaft ist es, für die Auferlegung einer Eigensicherungspflicht auf einen Schwellenwert abzustellen.[1083] Wird nämlich ein überragend wichtiges Rechtsgut geschützt, reicht dies grundsätzlich für eine Maßnahme aus.[1084] Es gilt jedoch zu beachten, dass der Schutz eines einzelnen Rechtsguts, sei es auch Leben oder Gesundheit, nicht die besondere Anknüp-

---

1077 BVerfGE 65, (41 f., 43).

1078 BVerfGE 39, 1 (42); *Dietlein*, Die Lehre von den grundrechtlichen Schutzpflichten, S. 76.

1079 Kap. 3 – A.I.1.b)aa)(3).

1080 VGH Baden-Württemberg DVBl. 1983, 41; VG Freiburg NJW 1977, 1645 (1646); *Lukes/Backherms*, AöR 103 (1978), 334 (337); *Sorge*, Kostentragung für den Schutz vor Anschlägen, S. 89. Die ersten Eigensicherungspflichten bezogen sich eher auf kriminelle Handlungen, von der eine Mehrzahl von Menschen betroffen war, z. B. „Flugzeugentführungen, Sabotageakte", BT-Drs. 8/3431, S. 1; BT-Drs. 15/2361, S. 1.

1081 *Krüger*, DÖV 1977, 263 (265).

1082 S. hierzu die Abwägung im Rahmen des Artikels 12 Abs. 1 GG, Kap. 3 – B.I.3.d.

1083 Bereits für die darauf zu stützende Eigenschaft einer Kritischen Infrastruktur kritisiert bei *Roos*, MMR 2015, 636 (638).

1084 Vgl. Kap. 3 – B.I.3.d)aa)(3)(bb); dahin gehend: *Daase* u. a., in: dies. (Hg.), Verunsicherte Gesellschaft-Überforderter Staat, S. 9 (16 f.), welche die Eintrittswahrschein-

fung an das Referenzobjekt rechtfertigt.[1085] Vielmehr kommt an dieser Stelle der quantitative Aspekt zum Tragen. Wäre ein Leben zu schützen, wäre die Konzentration auf das betroffene Schutzgut effektiver – die Inanspruchnahme des Unternehmers unangemessen.[1086] Die Anknüpfung an das Referenzobjekt ermöglicht dagegen den Schutz einer Vielzahl von Personen.[1087] Deshalb erscheint auch der quantitative Aspekt unerlässlich.[1088] Nur so kann „high impact/low-probability-Ereignissen"[1089] hinreichend Rechnung getragen werden. Folglich müssen qualitative und quantitative Merkmale aufeinandertreffen, damit sich eine Eigensicherungspflicht rechtfertigen lässt.[1090]

Dies stimmt insoweit mit der Prüfung der Eigensicherungspflichten anhand des Artikels 12 Abs. 1 GG überein: Je wichtiger das zu schützende Rechtsgut oder die zu schützende Funktion ist, desto eher ist der Eingriff in Artikel 12 Abs. 1 GG gerechtfertigt.[1091] Die Eigensicherungspflicht stellt zumeist eine Berufsausübungsregelung dar.[1092] Eine Rechtfertigung ist aus jedem Grund des Allgemeinwohls möglich,[1093] solange die Berufsausübung nicht unmöglich gemacht wird.[1094] Eine weitere Entwicklung zum Schutz anderer Rechtsgüter als das Leben, die Gesundheit, das Fernmeldegeheimnis und die informationelle Selbstbestimmung ist indessen nicht von vornherein ausgeschlossen. Ist die Eigensicherungspflicht dagegen an die Genehmigungserteilung geknüpft, ist stets der Schutz eines überragend wichtigen Gemeinschaftsguts erforderlich.[1095]

---

lichkeit nur dann für wesentlich halten, wenn der Schaden nicht als „inakzeptabel, existenziell oder katastrophal" eingestuft wird.

1085 Vgl. hierzu Kap. 3 – B.I.3.d)aa)(3)(bb).

1086 Kap. 3 – B.I.3.d)aa)(3)(bb).

1087 Kap. 3 – B.I.3.d)aa)(3)(bb).

1088 Dahin gehend, wenn auch durch die Bestimmung eines Schwellenwertes der Gesetzgeber im Hinblick auf Kritische Infrastrukturen, vgl. BT-Drs. 18/4096, S. 23.

1089 *Daase* u. a., in: dies. (Hg.), Verunsicherte Gesellschaft-Überforderter Staat, S. 9 (17).

1090 Die Anknüpfung an qualitative und quantitative Kriterien ist allerdings nicht neu, sondern wurde schon zur Bestimmung der Wahrscheinlichkeit des Schadenseintritts und damit zur Prüfung dessen, ob ein Risiko schon vor Erreichung der Gefahrenschwelle minimiert werden soll, herangezogen, so z. B. im AtG, vgl. *Lukes/Backherms*, AöR 103 (1978), 334 (337); *Rehbinder*, BB 1976, 1 (2).

1091 *Krüger*, DÖV 1977, 263 (264); *Schiller/Drettmann*, DVBl. 1977, 956 (959).

1092 *Otten*, Eigensicherung, S. 190 f.

1093 BVerfGE 7, 377 (405); *Schiller/Drettmann*, DVBl. 1977, 956 (959); *Schnekenburger*, Rechtsstellung und Aufgaben des Privaten Sicherheitsgewerbes, S. 90.

1094 BVerfGE 13, 181 (186 f.); 30, 292 (313); *Schnekenburger*, Rechtsstellung und Aufgaben des Privaten Sicherheitsgewerbes, S. 91.

1095 *Lukes/Backherms*, AöR 103 (1978), 334 (346).

3. Adressat

Grundsätzlich richten sich die Eigensicherungspflichten des IT-Sicherheitsgesetzes an Betreiber Kritischer Infrastrukturen.[1096] Die Einstufung einer Infrastruktur als kritisch erfolgt gemäß § 2 Abs. 10 BSIG zweistufig. Vorerst muss die Infrastruktur überhaupt zu den einschlägigen Sektoren gehören.[1097] Danach erfolgt eine Prüfung, ob die konkrete Anlage für das Funktionieren des Gemeinwesens von hoher Bedeutung ist.[1098] Aspekte der Qualität und Quantität sind maßgeblich.[1099] Für letztere wird ein branchenspezifischer Schwellenwert festgelegt (§ 10 Abs. 1 S. 2 BSIG).[1100] Ob diese Begriffsbestimmung grundsätzliche Rückschlüsse auf den Adressatenkreis von Eigensicherungspflichten zulässt ist wiederum fraglich. Einer genaueren Betrachtung bedarf § 7 Abs. 7 Nr. 2b) TMG.[1101] Die Vorschrift ist u. a. an Webseiten-Anbieter adressiert, die nicht Betreiber einer Kritischen Infrastruktur sind.[1102] Überdies tritt die Entwicklung der technischen Sicherheitsmaßnahmen im Telekommunikationsrecht hinzu: Während sich die Eigensicherungspflichten ursprünglich an den Betreiber einer Telekommunikationsanlage richteten (§ 87 TKG 1996),[1103] ist die Regelung inzwischen an jeden Diensteanbieter adressiert (§ 109 Abs. 1 TKG).[1104] Insofern veranschaulicht letztere Eigensicherungspflicht, dass die Betreibereigenschaft einer Kritischen Infrastruktur ein Indiz für den tauglichen Adressatenkreis sein kann, jedoch keinen abschließenden Charakter aufweist. Genauso wenig sind Adressaten der §§ 42a BDSG, 15a TMG, 109a TKG notwendigerweise Betreiber Kritischer Infrastrukturen.[1105]

1096 Hierzu u. a. *Hornung*, NJW 2015, 3334 (3335); *Roos*, MMR 2015, 636 (637); *Roßnagel*, DVBl. 2015, 1206 (1208).

1097 S.a. *Hornung*, NJW 2015, 3334 (3335); *Roos*, MMR 2015, 636 (637).

1098 Dazu a. *Hornung*, NJW 2015, 3334 (3335); *Roos*, MMR 2015, 636 (638).

1099 Bestimmung nach qualitativen und quantitativen Aspekten schon *BMI*, Nationale Strategie zum Schutz Kritischer Infrastrukturen, S. 3; BT-Drs. 18/4096, S. 23; *Roos*, MMR 2015, 636 (637); *Roßnagel*, DVBl. 2015, 1206 (1208); ähnlich bzgl. Qualitätskriterium im Sinne der Forderung einer „herausgehobenen Wertigkeit" noch vor Erlass des IT-Sicherheitsgesetzes für den Begriff der „Infrastruktur": *Möllers/Pflug*, in: Kloepfer (Hg.), Schutz kritischer Infrastrukturen, S. 47 (49); explizite Anknüpfung des Qualitätskriteriums an den Begriff „kritisch" bei *Möllers/Pflug*, ebd., S. 47 (52).

1100 Z.B. *Hornung*, NJW 2015, 3334 (3335); *Roos*, MMR 2015, 636 (638).

1101 BT-Drs. 18/4096, S. 34 f.

1102 *Freund*, ITRB 2014, 256 (259); *Hornung*, NJW 2015, 3334 (3338).

1103 BGBl. I 1996, S. 1120 (1143 f.).

1104 *Graulich*, in: Arndt u. a. (Hg.), TKG, 2. Aufl., § 109 Rn. 6; *Spindler*, in: Kloepfer (Hg.), Schutz kritischer Infrastrukturen, S. 85 (89).

1105 *Dix*, in: Simitis (Hg.), BDSG, 8. Aufl., § 42a Rn. 2; *Gola* u. a., in: ders./Schomerus (Hg.), BDSG, 12. Aufl., § 42a Rn. 2; *Hornung*, NJW 2010, 1841 (1842); *Simitis*, in: ders. (Hg.), BDSG, 8. Aufl., § 2 Rn. 118 ff. zum Normadressaten des § 2 Abs. 4 BDSG.

Insoweit bleibt offen, inwiefern Kriterien für die Definition aus § 2 Abs. 10 BSIG – Qualität und Quantität des Referenzobjekts – auch verallgemeinerungsfähige Kriterien für den Adressatenkreis von Eigensicherungspflichten repräsentieren. Darüber hinaus stellt sich die Frage, inwiefern Kriterien wie Kritikalität einerseits und Qualität und Quantität andererseits miteinander verknüpft sind. Für die Bemessung der Kritikalität einer Infrastruktur ist in erster Linie die Qualität und Quantität der Anlage selbst und nicht des mittelbar zu schützenden Rechtsguts ausschlaggebend – die Kritikalität ist also adressaten- und nicht schutzgutorientiert.[1106] Für Eigensicherungspflichten ist indessen nicht die Kritikalität der Anlage selbst maßgeblich.[1107] In der Definition der Kritischen Infrastruktur nach § 2 Abs. 10 Nr. 2 BSIG liefert der Kausalsatz „[...] weil durch ihren Ausfall oder ihre Beeinträchtigung erhebliche Versorgungsengpässe oder Gefährdungen für die öffentliche Sicherheit eintreten würden" eine Antwort auf die Frage. Darin verbirgt sich die eigentliche Konstatierung für die Auferlegung der Eigensicherungspflicht – die zu fordernde Qualität des Rechtsguts. Insoweit kann allein aus dem Erfordernis der Kritikalität des Referenzobjekts aus dem IT-Sicherheitsgesetz nicht auf einen Adressatenkreis für die Eigensicherungspflicht geschlossen werden. Allerdings muss ein Verknüpfungsmoment zwischen dem Adressaten und dem mittelbar zu schützenden Rechtsgut bestehen, namentlich der im Rahmen der Angemessenheitsprüfung beschriebene Verantwortungszusammenhang.[1108] Auch eine Anknüpfung an die Quantität der betroffenen Rechtsgüter scheint zu bestehen: Obwohl nach § 109 Abs. 1 TKG jeder Diensteanbieter verpflichtet ist, setzt dies die Drittbezogenheit und Nachhaltigkeit seiner Tätigkeit voraus.[1109] Diese bestimmt sich nach der Anzahl möglicher Nutzer.[1110]

Adressat einer Eigensicherungspflicht kann also sein, wer durch seine Tätigkeit ein Schutzgut, das durch besondere Qualität sowie Quantität charakterisierbar ist, mittelbar gefährdet. Der Drittbezug wird insbesondere im TKG deutlich, der nach § 3 Nr. 6 TKG den Kreis der Betroffenen einschränkt.[1111] Zudem muss er über Detailwissen, im besten Fall auch über alle notwendigen technischen Geräte zur Ergreifung von Sicherheitsmaßnahmen verfügen.[1112] Insoweit ist das Vorliegen dieser Aspekte Grundvoraussetzung dafür, dass der Private tauglicher Adressat einer Eigensicherungspflicht sein kann.

1106 BT-Drs. 18/4096, S. 23.
1107 BT-Drs. 18/4096, S. 23.
1108 Vgl. Kap. 3 – B.I.3.d)aa)(3)(cc) (m.w.N.).
1109 *Eckhardt*, in: Geppert/Schütz (Hg.), TKG, Beck-OK, 4. Aufl., § 109 Rn. 15, 17.
1110 *Eckhardt*, in: Geppert/Schütz (Hg.), TKG, Beck-OK, 4. Aufl., § 109 Rn. 17.
1111 *Eckhardt*, in: Geppert/Schütz (Hg.), TKG, Beck-OK, 4. Aufl., § 109 Rn. 15.
1112 *Bracher*, Gefahrenabwehr durch Private, S. 167; *Ehlers*, in: Leßmann u. a. (Hg.), FS f. Lukes, S. 337 (347); *Schneider*, Die Abwehr äußerer Gefahren im Luftverkehr, S. 97; s.a. Kap. 3 – B.I.3.d)aa)(3)(bb) (m.w.N.).

C. Fazit

Wer? – Der Adressat einer Eigensicherungspflicht muss im Rahmen seines Berufs eine Tätigkeit ausüben, die entweder so wesentlich ist, dass ihr Ausfall überragende Relevanz für die Gesellschaft hat oder der durch den Schaden an der Einrichtung bewirkte Folgeschaden bringt erhebliche Auswirkungen auf Rechtsgüter Dritter mit sich. Dementsprechend muss der Unternehmer durch die Ausübung seiner Tätigkeit eine Ursache für den möglichen Schadensverlauf setzen. Darüber hinaus kommt eine Inanspruchnahme des Unternehmers nur in Betracht, wenn dieser über Fachwissen in Bezug auf die durch ihn ausgeführte Tätigkeit verfügt. Insoweit erweist sich der enge Bezug zur Tätigkeit bzw. zum Referenzobjekt als unabdingbar.

Wann? – Die zeitliche Komponente: Im Rahmen der Vorfeldgefahrenabwehr dürfen Eigensicherungspflichten – soweit sie verhältnismäßig sind – unbeschränkt auferlegt werden.[1113] Sobald sie in den Bereich der konkreten Gefahrenabwehr reichen, darf dem Privaten die Gefahrenabwehr nicht vollständig überlassen werden. Der Verpflichtete rückt in eine unterstützende Position: Diesem dürfen lediglich „überbrückende" oder „supplementäre" Gefahrenabwehrmaßnahmen auferlegt werden. Während die „überbrückende" Eigensicherungspflicht zeitlich beschränkende Komponenten aufweist, wird die „supplementäre" Maßnahme durch ein sachliches Kriterium eingegrenzt.

Wozu? – Die Reichweite: Das Schutzgut muss durch qualitative, aber auch quantitative Aspekte charakterisierbar sein. Ein Rückblick auf Kap. 3 – A.I.1.b)aa)(3) zeigt, dass die Qualität des Rechtsguts, die sich im Rahmen des Grundrechts auf Schutz noch nicht zum Kriterium erhärten konnte, an dieser Stelle unentbehrlich ist. Dem Adressaten kann allerdings grundsätzlich eine Eigensicherungspflicht auch zum Schutz anderer Rechtsgüter als Gesundheit und Leben, z.B. der informationellen Selbstbestimmung des Einzelnen, auferlegt werden. Eine Eigensicherungspflicht kann, sofern kein Grundrecht auf Schutz besteht, soweit gehen, wie die Grenzen des Artikels 12 Abs. 1 GG beachtet werden. Grund dafür ist die Kongruenz seines Interesses mit der des Staates an einem „Mehr" an Sicherheit als üblicherweise durch den Staat bereitgestellt. Die damit verbundene Kostenlast ist – trotz fehlenden Kostenausgleichs – durch das Kosten-Nutzen-Prinzip gerechtfertigt. Die Sicherheitsmaßnahmen dürfen allerdings das Gesamtbild der Tätigkeit nicht modifizieren, da sich die Eigensicherungspflicht ansonsten in eine Berufswahlregelung umwandeln würde, die an höhere Voraussetzungen zu knüpfen wäre. Zudem darf nicht verkannt werden, dass die meisten Katastrophen aus dem Bereich der „safety" und gerade nicht der „security" stammen.[1114] Insoweit müssen „objektive" und „subjektive"

1113 Die zunehmende Verschiebung in die Vorfeldgefahrenabwehr ist eine Folge des veränderten Sicherheitsbegriffs, vgl. *Daase* u.a., in: dies. (Hg.), Verunsicherte Gesellschaft-Überforderter Staat, S. 9 (12 ff.); *Zintel*, in: ebd., S. 93 (96 f.).

1114 *Zintel*, in: Daase u.a. (Hg.), Verunsicherte Gesellschaft-Überforderter Staat, S. 93 (101).

Sicherheit in ein angemessenes Gleichgewicht gebracht werden.[1115] Eigensicherungspflichten müssen schließlich geleitet durch das Ergebnis eines Kalküls – an Fakten orientiert –[1116] auferlegt werden[1117] und nicht einer „Risikoimagination"[1118] verfallen.[1119] Bei Urdaseinsvorsorgeaufgaben des Staates darf die Regulierung weiter reichen als bei sonstigen Aufgabenbereichen.

1115 *Zintel*, in: Daase u. a. (Hg.), Verunsicherte Gesellschaft-Überforderter Staat, S. 93 (99 f.).
1116 *Möllers/Pflug*, in: Kloepfer (Hg.), Schutz kritischer Infrastrukturen, S. 47 (48); *Zintel*, in: Daase u. a. (Hg.), Verunsicherte Gesellschaft-Überforderter Staat, S. 93 (103) in Bezug auf die Sicherheit des Luftverkehrs und Kritischer Infrastrukturen.
1117 Allgemein hinsichtlich der Vorsorge VG Freiburg NJW 1977, 1645 (1647). Ähnlich auch in Bezug auf die Berücksichtigung von Kriegseinwirkungen im atomrechtlichen Genehmigungsverfahren *Lukes/Backherms*, AöR 103 (1978), 334 (347).
1118 *Möllers/Pflug*, in: Kloepfer (Hg.), Schutz kritischer Infrastrukturen, S. 47 (48).
1119 Wie allerdings aktuelle Erkenntnisse, z. B. der Cyberangriff auf den Bundestag, zeigen, stellen Cyberattacken eine tatsächliche und nicht rein fiktive Bedrohung dar, vgl. Online: http://pdf.zeit.de/digital/datenschutz/2015-05/hackerangriff-bundestag-sommerpause.pdf, Zugriff am 27.02.2017; Genauso sind Terroranschläge eine tatsächliche Bedrohung, wie sich 2015 in Paris gezeigt hat: Online: http://pdf.zeit.de/gesellschaft/zeitgeschehen/2015-11/paris-ruhe-nach-sturm-terrorangriffe.pdf, Zugriff am 27.02.2017.

Kapitel 4 – Konsequenzen für das Verhältnis zwischen Staat und Dritten

Weiterhin stellt sich die Frage, welche Auswirkungen die Statuierung von Eigensicherungspflichten auf Dritte haben kann und welche Anforderungen daraus gezogen werden müssen.

A. Artikel 33 Abs. 4 GG

Da Artikel 33 Abs. 4 GG auch den Schutz des Bürgers bezweckt,[1120] darf die Auferlegung einer Eigensicherungspflicht keinen Verstoß gegen den Funktionsvorbehalt nach sich ziehen. Nach Artikel 33 Abs. 4 GG ist die Ausübung hoheitsrechtlicher Befugnisse als ständige Aufgabe in der Regel Angehörigen des öffentlichen Dienstes zu übertragen, die in einem öffentlich-rechtlichen Dienst- und Treueverhältnis stehen.[1121] Ein Verstoß käme von vornherein nicht in Betracht, wenn der Funktionsvorbehalt auf die Konstellation der Eigensicherungspflicht nicht anwendbar wäre.[1122] Maßgeblich für die Beantwortung dieser Frage ist die Auslegung des Wortes „hoheitlich".[1123] Bis heute ist nicht abschließend geklärt, was unter diesem Begriff zu verstehen ist.[1124]

Einer Auffassung nach ist „hoheitlich" aufgabenbezogen zu verstehen.[1125] Von einer weiten Auffassung, wonach alle öffentlichen Aufgaben erfasst seien und auf den einzelnen Dienstposten abgestellt werden solle[1126] bis hin zu einer engen Ansicht, die nur die Eingriffsverwaltung erfassen möchte,[1127] wird nahezu alles vertreten.[1128] Wird die Eigensicherungspflicht auf ihre Vereinbarkeit mit Artikel 33 Abs. 4 GG unter Zugrundelegung dieses aufgabenbezogenen Ansatzes untersucht, kommt ein Teil der Literatur zu dem Ergebnis, die Verpflichtung zur Eigensicherung falle als Auf-

1120 *Jung*, Die Zweispurigkeit des öffentlichen Dienstes, S. 151; *Lindgen*, DÖD 1972, 1 (3); *Rudolf*, VVDStRL 37 (1979), S. 175 (204) m.w.N.

1121 Dazu z.B. *Badura*, in: MD, GG, Bd. 4, 78. EL, Art. 33 Rn. 55.

1122 Zur Problematik schon. *Czaja*, Eigensicherungspflichten von Verkehrsflughäfen, S. 134 ff.; *Ossenbühl*, Eigensicherung und hoheitliche Gefahrenabwehr, S. 32 ff.; *Otten*, Eigensicherung, S. 153 ff.

1123 Z.B. *Otten*, Eigensicherung, S. 153.

1124 *Hense*, in: Epping/Hillgruber (Hg.), GG, Beck-OK, 31. Ed., Art. 33 Rn. 28. Übersicht zum Streitstand z.B. bei *Otten*, Eigensicherung, S. 157 ff.

1125 *Badura*, in: MD, GG, Bd. 4, 78. EL, Art. 33 Rn. 56; *Leisner*, DVBl. 1978, 733 (735).

1126 *Lecheler*, in: Isensee/Kirchhof (Hg.), HdBStR V, 3. Aufl., § 110 Rn. 16 ff.

1127 *Jung*, Die Zweispurigkeit des öffentlichen Dienstes, S. 192.

1128 Überblick u. a. bei *Nitz*, Private und öffentliche Sicherheit, S. 402 ff.; *Otten*, Eigensicherung, S. 153 ff.

gabe der Gefahrenabwehr ausnahmslos unter den Funktionsvorbehalt.[1129] Andere lassen dagegen rein technische oder organisatorische Eigensicherungspflichten von vornherein ausscheiden.[1130]

Einer anderen Auffassung nach ist der Begriff „hoheitlich" rechtsformbezogen zu denken und meint die Ausübung einer Tätigkeit in öffentlich-rechtlicher Form.[1131]

Für die aufgabenbezogene Auslegung spricht der Wortlaut „als ständige *Aufgabe*".[1132] Dem kann der Satzbau entgegengehalten werden: Nicht die „Aufgabe" ist zu übertragen, sondern die „Ausübung hoheitsrechtlicher Befugnisse". Dass es sich selbst bei aufgabenbezogenem Verständnis jedenfalls um eine enge Auslegung handeln muss, zeigt die Wortwahl „Befugnis".[1133] Hinzu tritt die Entstehungsgeschichte des Artikels 33 Abs. 4 GG.[1134] Durch die Einführung der Vorschrift des Artikels 33 Abs. 4 GG sollten keinesfalls mehr Verbeamtungen als zuvor durchgeführt werden.[1135] Für ein aufgabenbezogenes Verständnis spricht außerdem das Telos, wonach durch den Funktionsvorbehalt auch ein Mindesteinsatzbereich des Beamtentums gesichert werden solle.[1136] Dies besagt jedoch nur, dass es nicht vollständig aufgelöst werden darf.[1137] Auf eine Aufgabenzuweisungsnorm ist daraus nicht zu schließen.[1138]

1129 Zusammenfassung bei *Otten*, Eigensicherung, S. 154 m.w.N., insbes. *Krölls*, GewArch 1997, 445 (451); *Ossenbühl*, Eigensicherung und hoheitliche Gefahrenabwehr, S. 33 f., allerdings bezogen auf die konkrete Gefahrenabwehr nach § 19b Abs. 1 Nr. 4 LuftVG (a.F.), die mit erheblichem Risikopotenzial verbunden ist. In Anbetracht dessen, dass Ossenbühl zwischen Eigensicherung und Indienstnahme (§ 19b Abs. 1 Nr. 4 LuftVG a. F.) unterscheidet (ebd., S. 18), kann der Standpunkt von Ossenbühl nicht auf alle Eigensicherungspflichten verallgemeinert werden.

1130 *Otten*, Eigensicherung, S. 156 m.w.N. A.A. *Bracher*, Gefahrenabwehr durch Private, S. 146.

1131 BVerwGE DVBl. 1989, 517; *Lindgen*, DÖD 1972, 1 (3 f.); *Rudolf*, VVDStRL 37 (1979), S. 175 (202 ff.); *Peilert*, Auskunftei- und Detekteigewerbe, S. 196; *Pieroth*, in: Jarass/ders. (Hg.), GG, 14. Aufl., Art. 33 Rn. 41; *Stern*, Das Staatsrecht der BRD, Bd. I, 2. Aufl., S. 348 f. Explizit a.A.: *Bracher*, Gefahrenabwehr durch Private, S. 139. Auch hierzu ausführlich *Otten*, Eigensicherung, S. 158. *Otten* ist eine Tendenz zum rechtsformbezogenen Begriff zu entnehmen. Er lässt dies jedoch mangels Erheblichkeit der Entscheidung letztlich offen, ebd., S. 167 f.

1132 *Bracher*, Gefahrenabwehr durch Private, S. 140.

1133 *Brosius-Gersdorf*, in: Dreier (Hg.), GG, Bd. 2, 3. Aufl., Art. 33 Rn. 154.

1134 Übersicht zur Entstehungsgeschichte z. B. bei *Jung*, Die Zweispurigkeit des öffentlichen Dienstes, S. 135 ff.

1135 *Brosius-Gersdorf*, in: Dreier (Hg.), GG, Bd. 2, 3. Aufl., Art. 33 Rn. 26; *Masing*, in: Dreier (Hg.), GG, Bd. 2, 2. Aufl., Art. 33 Rn. 65. Den restriktiven Charakter der historischen Auslegung zufolge mahnt auch *Otten* an: Eigensicherung, S. 161.

1136 *Brosius-Gersdorf*, in: Dreier (Hg.), GG, Bd. 2, 3. Aufl., Art. 33 Rn. 154; *Otten*, Eigensicherung, S. 163; *Pieroth*, in: Jarass/ders. (Hg.), 14. Aufl., Art. 33 Rn. 40 m.w.N.

1137 *Otten*, Eigensicherung, S. 166.

1138 *Otten*, Eigensicherung, S. 166.

Als Argument für die rechtsformbezogene Auslegung spricht insbesondere, dass es das einzig zuverlässige Abgrenzungskriterium darstellt.[1139] Der Wortlaut des ersten Halbsatzes spricht außerdem von hoheitsrechtlichen „Befugnisse[n]", die es zu übertragen gilt. In diesem Zusammenhang wird nicht auf die „Aufgabe" abgestellt.[1140] Das allgemeine Begriffsverständnis von „hoheitlich" deutet überdies auf „übergeordnetes staatliches Verhalten".[1141] Dieses Ergebnis bestätigt sich mit Blick auf die Entstehungsgeschichte, wonach hoheitliche Befugnisse als „Obrigkeit" und insofern als Tätigwerden durch Befehl und Zwang verstanden wurden.[1142] Schließlich steht hinter einer Anknüpfung an die Eingriffsverwaltung im Wesentlichen eine versteckte Anknüpfung an die Rechtsform.[1143]

Dem rechtsformbezogenen Verständnis wird entgegengesetzt, der Staat könne, diesem Begriffsverständnis nach, durch die Wahl der Rechtsform den Funktionsvorbehalt umgehen.[1144] Dies kann nicht überzeugen, da andere Vorschriften des Grundgesetzes dem Staat eindeutige Grenzen für die Übertragung von Aufgaben auf Private aufzeigen.[1145] Zu diesen im Grundgesetz verankerten oder ungeschriebenen Grenzen zählen unter anderem das Gewaltmonopol, Grundrechte Dritter sowie das Verhältnismäßigkeitsprinzip.[1146]

Der Wortlaut ist nicht eindeutig, doch lässt sich daran zumindest die Überlegenheit des Staates festmachen.[1147] Nicht bestreitbar ist außerdem, dass sich diese Subordination jedenfalls durch die klassischen Elemente von Zwang und Gewalt bemerkbar macht. Die Systematik lässt keinen eindeutigen Schluss zu, denn die vorangestellten Absätze sind spezielle Gleichheitsrechte, die nichts über Absatz 4 aussagen.[1148] Die historische Entwicklung spricht wiederum für eine enge Auslegung des Begriffs, da in den Entwürfen eine immer weiter einschränkende Tendenz er-

---

1139 *Rudolf*, VVDStRL 37 (1979), S. 175 (202).

1140 *Rudolf*, VVDStRL 37 (1979), S. 175 (202 f.). A.A. *Bracher*, Gefahrenabwehr durch Private, S. 140: Mit dieser Wortwahl sei politisch nichts intendiert worden. Dieser beruft sich dabei auf *Thieme*, in: Forsthoff u. a. (Hg.), Verfassungsrechtliche Grenzen einer Reform des öffentlichen Dienstrechts, S. 303 (346).

1141 *Otten*, Eigensicherung, S. 159; *Strauß*, Funktionsvorbehalt und Berufsbeamtentum, S. 67, der allerdings i.E. einen klaren Schluss aus dem Wortlaut nicht für möglich hält, ebd., S. 69.

1142 *Lindgen*, DÖD 1972, 1 (3); *Strauß*, Funktionsvorbehalt und Berufsbeamtentum, S. 67, der daraus schließt, dass nur die Eingriffsverwaltung erfasst sei, ebd., S. 69.

1143 *Rudolf*, VVDStRL 37 (1979), S. 175 (202).

1144 *Benndorf*, DVBl. 1981, 23 (25); *Bracher*, Gefahrenabwehr durch Private, S. 139; *Isensee*, in: Benda u. a. (Hg.), HdBVerfR, 2. Aufl., § 32 Rn. 57. Zu dieser Argumentation *Otten*, Eigensicherung, S. 164.

1145 *Otten*, Eigensicherung, S. 166 f.; *Peine*, DV 1984, 415 (434).

1146 *Otten*, Eigensicherung, S. 166 f.; *Peine*, DV 1984, 415 (434).

1147 Dass ein Über-/Unterverhältnis bestehen muss, bestätigt auch *Strauß*, Funktionsvorbehalt und Berufsbeamtentum, S. 67.

1148 *Otten*, Eigensicherung, S. 162.

kennbar ist.[1149] Zwang und Gewalt als Mittel sollen erfasst sein.[1150] Dies ist insbesondere Aussagen des an den Entwürfen beteiligten Dr. Mangoldt zu entnehmen.[1151] Von den Mitteln auf die Aufgabe zu schließen stellt sich mangels tauglicher Nachweise in den Gesetzesbegründungen als Überdehnung der belegbaren Argumente heraus. Da Artikel 33 Abs. 4 GG keine Privatisierungsschranke darstellt, läuft die rechtsformbezogene Auslegung dem erstgenannten Zweck nicht zuwider.[1152] Mit der Einstufung des Funktionsvorbehalts als Schutzvorschrift geht die Frage einher,[1153] wo besonderer Schutzbedarf besteht. Dies ist zweifellos dort, wo Grundrechte berührt sind und dies findet sich wiederum jedenfalls dort wieder, wo der Staat mit Instrumenten des öffentlichen Rechts agiert. Eine aufgabenbezogene Auslegung würde den Begriff zu Unrecht einschränken. Demnach ist dem rechtsformbezogenen Begriff zu folgen. Dies hat für die Eigensicherungspflicht, bei der ausschließlich private Instrumente zur Anwendung kommen, zur Folge, dass der Funktionsvorbehalt gar nicht erst anwendbar ist.[1154]

B. Daseinsvorsorge

Überdies setzt die Daseinsvorsorgeaufgabe des Staates der Inanspruchnahme von Privaten zur Erledigung öffentlicher Aufgaben Grenzen. Doch was umfasst dieser Begriff und worin liegen die durch diesen festgelegten Grenzen? Der Begriff der Daseinsvorsorge, der von Forsthoff geprägt wurde, stammt aus den 1920er Jahren.[1155] Während ursprünglich alles darunter fallen sollte, was für den Menschen existenziell ist,[1156] wurde der Begriff später erheblich erweitert.[1157] Teilweise wird darunter

---

1149 *Strauß*, Funktionsvorbehalt und Berufsbeamtentum, S. 74.

1150 *Strauß*, Funktionsvorbehalt und Berufsbeamtentum, S. 74.

1151 JöR I (1951) N.F., S. 320.

1152 Z.B. *Otten*, Eigensicherung, S. 166 f.

1153 *Jung*, Die Zweispurigkeit des öffentlichen Dienstes, S. 151; *Lindgen*, DÖD 1972, 1 (3); *Rudolf*, VVDStRL 37 (1979), S. 175 (204) m.w.N.

1154 *Burgi*, Funktionale Privatisierung, S. 190 ff.; *Ehlers*, in: Leßmann u. a. (Hg.), FS f. Lukes, S. 337 (347), der den Funktionsvorbehalt für „gewahrt" hält. (Nicht ganz klar ist dagegen, ob er den Funktionsvorbehalt schon für nicht anwendbar hält.) *Möstl*, Die staatliche Garantie für die öffentliche Sicherheit und Ordnung, S. 349; dahin gehend wohl auch *Otten*, Eigensicherung, S. 167 f.; *Schnekenburger*, Rechtsstellung und Aufgaben des privaten Sicherheitsgewerbes, S. 78. A.A.: *Bracher*, Gefahrenabwehr durch Private, S. 138 ff.; *Czaja*, Eigensicherungspflichten von Verkehrsflughäfen, S. 136 ff.; *Ossenbühl*, Eigensicherung und hoheitliche Gefahrenabwehr, S. 33 ff. in Bezug auf § 19b Abs. 1 Nr. 4 LuftVG (a.F.).

1155 *Flex/Lamker*, in: Growe u. a. (Hg.), Polyzentrale Stadtregionen, 75 (76); *Freund*, Infrastrukturgewährleistung in der Telekommunikation, S. 15; *Neu*, in: dies. (Hg.), Daseinsvorsorge, S. 9 (9).

1156 *Neu*, in: dies. (Hg.), Daseinsvorsorge, S. 9 (10).

1157 *Flex/Lamker*, in: Growe u. a. (Hg.), Polyzentrale Stadtregionen, 75 (76); *Neu*, in: dies. (Hg.), Daseinsvorsorge, S. 9 (10).

auch die Versorgung mit allen Gütern und Dienstleistungen, die notwendig sind, um grundrechtlich gewährleistete Freiheiten auszuüben, verstanden.[1158] Bis heute ist unklar, wie dieser Begriff genau umgrenzt werden soll.[1159] Aufzählungen nehmen den Platz einer Definition ein.[1160] Unstreitig erfasst sind jedoch die Strom-, Wasser-, Gas-, Elektrizitäts-, Post-, Telekommunikations-, Verkehrs- sowie die Krankenversorgung.[1161] Überwiegend wird die Daseinsvorsorge aus dem Sozialstaatsprinzip hergeleitet.[1162] Aus dem Sozialstaatsprinzip erwachsen indessen keine konkreten Vorgaben oder Handlungsanweisungen.[1163] Teilweise ist der Auftrag zur Gewährleistung einer Infrastruktur auch verfassungsrechtlich speziell geregelt, namentlich der Infrastrukturgewährleistungsauftrag für flächendeckend angemessene und ausreichende Dienstleistungen im Bereich des Postwesens und der Telekommunikation gemäß Artikel 87f. Abs. 1 GG.[1164]

Beispielhaft für andere Bereiche der Daseinsvorsorge wird die Eigensicherungspflicht des § 109 Abs. 2 TKG unter dem Blickwinkel der durch Artikel 87f. GG begründeten Verantwortungssphären untersucht: Durch die Postreform II wurde der Telekommunikationssektor aufgabenprivatisiert (Artikel 87f. Abs. 2 S. 1 GG).[1165] Die Dienstleistungserbringung entfiel damit aus dem staatlichen Verantwortungsbereich.[1166] Nicht dem staatlichen Verantwortungsbereich entzogen wurden dagegen die Erbringung von Hoheitsaufgaben, die weiterhin in bundeseigener Verantwortung vorzunehmen sind.[1167] Diese sind für den Staat von Nöten, damit er seinem Infrastrukturgewährleistungsauftrag nach Artikel 87f. Abs. 1 GG hinreichend

---

1158 *Holznagel/Sonntag*, in: Roßnagel (Hg.), Sicherheit für Freiheit, S. 59 (65).

1159 *Flex/Lamker*, in: Growe u. a. (Hg.), Polyzentrale Stadtregionen, 75 (76); *Neu*, in: dies. (Hg.), Daseinsvorsorge, S. 9 (10).

1160 *Flex/Lamker*, in: Growe u. a. (Hg.), Polyzentrale Stadtregionen, 75 (76).

1161 *Neu*, in: dies. (Hg.), Daseinsvorsorge, S. 9 (10).

1162 *Flex/Lamker*, in: Growe u. a. (Hg.), Polyzentrale Stadtregionen, 75 (76).

1163 BVerfGE 65, 182 (193); 97 (105); *Holznagel/Sonntag*, in: Roßnagel (Hg.), Sicherheit für Freiheit, S. 59 (65).

1164 Zu diesem *Cannivé*, Infrastrukturgewährleistung in der Telekommunikation zwischen Staat und Markt, S. 49 ff.; *Eifert*, Grundversorgung mit Telekommunikationsleistungen im Gewährleistungsstaat, S. 177 ff.; *Freund*, Infrastrukturgewährleistung in der Telekommunikation, S. 35 f., 38 ff. Auf die Konturen der Daseinsvorsorge sowie das Verhältnis zwischen Sozialstaatsprinzip, Daseinsvorsorge und Infrastrukturgewährleistungsauftrag wird im Rahmen dieser Arbeit nicht näher eingegangen. Dazu z. B. *Eifert*, Grundversorgung mit Telekommunikationsleistungen im Gewährleistungsstaat, S. 182; *Freund*, NVwZ 2003, 408 (409 f.). Zum Post- und Fernmeldewesen als Aufgabe der staatlichen Daseinsvorsorge *Freund*, Infrastrukturgewährleistung in der Telekommunikation, S. 15 ff.

1165 *Freund*, Infrastrukturgewährleistung in der Telekommunikation, S. 34; *Stern*, DVBl. 1997, 309 (311).

1166 *Möstl*, in: MD, GG, Bd. 6, 78. EL, Art. 87f. Rn. 37.

1167 *Stern*, DVBl. 1997, 309 (311).

nachkommen kann.[1168] Den Staat trifft folglich für die Erbringung von Telekommunikationsdienstleistungen eine Gewährleistungsverantwortung im Sinne einer Garantenstellung für die Erbringung des existentiellen Bedarfs an Telekommunikationsdienstleistungen für jedermann und zwar zu erträglichen Preisen.[1169] Wie diesem Infrastrukturgewährleistungsauftrag im Einzelnen nachzukommen ist, obliegt allerdings dem staatlichen Gestaltungsspielraum.[1170]

Ob daneben eine private Verantwortung für die Versorgung mit lebenswichtigen Gütern besteht, wird unterschiedlich gesehen.[1171] Einige sehen in der Entscheidung für eine wirtschaftliche Betätigung zugleich die Verantwortungsübernahme für eine Grundversorgung mit dem durch die Tätigkeit produzierten Gut.[1172] Die Erbringung einer gemeinwohlkompatiblen Dienstleistung liegt allerdings nach überwiegender Auffassung nicht in privater Verantwortung.[1173] Für den Privaten liegt der Erwerbszweck im Vordergrund.[1174] Dies schließt nicht aus, dass sich die private Leistungserbringung mit dem Erfordernis einer angemessenen flächendeckenden Versorgung deckt. Primär soll der Auftrag durch den privaten Wettbewerb erfüllt werden.[1175] Der Staat bedient sich des Instruments der Gesetzgebung, um das – grundsätzlich nur an Gewinn orientierte – private Handeln gemeinwohlverträglich zu machen.[1176] Als Beispiel für ein darauf gerichtetes gesetzgeberisches Tätigwerden sei auf § 109 Abs. 2 TKG verwiesen. Die Verantwortung für den Schutz der Telekommunikationsinfrastruktur ist im gesetzlich vorgesehenen Umfang dem Betreiber des öffentlichen Telekommunikationsnetzes bzw. dem Anbieter öffentlich zugänglicher Telekommunikationsdienste zugewiesen.[1177] Ob für den Vollzug dieser Verantwortung ein hinreichender Durchsetzungsmechanismus besteht, wird in Kapitel 4 – D. untersucht.

1168 *Stern*, DVBl. 1997, 309 (310).

1169 *Freund*, Infrastrukturgewährleistung in der Telekommunikation, S. 35 f.; *Stern*, DVBl. 1997, 309 (310).

1170 *Freund*, NVwZ 2003, 408 (410).

1171 S. Kap. 3 – B.I.2.a).

1172 Z.B. *Waechter*, Verwaltungsrecht im Gewährleistungsstaat, S. 22.

1173 *Cannivé*, Infrastrukturgewährleistung in der Telekommunikation zwischen Staat und Markt, S. 61 f.; *Möstl*, in: MD, GG, Bd. 6, 78. EL, Art. 87f. Rn. 37. S.a. Kap. 3 – B.I.2.a)

1174 *Cannivé*, Infrastrukturgewährleistung in der Telekommunikation zwischen Staat und Markt, S. 45.

1175 *Möstl*, in: MD, GG, Bd. 6, 78. EL, Art. 87f. Rn. 38.

1176 *Schulze-Fielitz*, in: Hoffmann-Riem u. a. (Hg.), Grundlagen des Verwaltungsrechts, Bd. 1, 2. Aufl., § 12 Rn. 155 f.

1177 *Graulich*, in: Arndt u. a. (Hg.), TKG, 2. Aufl., § 109 Rn. 6; *Mozek*, in: Säcker (Hg.), TKG, 3. Aufl., § 109 Rn. 19.

C. Grundrechte des Dritten

Es ist nicht der Regelfall, dass Eigensicherungspflichten die Rechte Dritter berühren: Regelmäßig erschöpft sich ihr Gehalt in rein organisatorischen oder technischen Maßnahmen, die grundrechtsneutral sind.[1178] Und doch umfassen Eigensicherungspflichten wiederkehrend Zugangskontrollen, so z. B. § 8 Abs. 1 S. 1 Nr. 4 LuftSiG,[1179] § 109 Abs. 1 TKG,[1180] wonach Unberechtigten der Zugang zu verwehren ist. Zugangskontrollen gehören ebenso zu den wesentlichen Aufgaben eines Werkschutzes,[1181] der nach § 7 Abs. 2 Nr. 5 AtG[1182] einzurichten sein kann.[1183] Spiegelbildlich lässt sich dieses Phänomen auch anhand von Daten verfolgen: Zur Aufspürung von Schadprogrammen und für die Analyse des Netzes zur Entdeckung von Botnetzen ist der Anbieter von Telekommunikationsdiensten darauf angewiesen, Bestands- und Verkehrsdaten der Nutzer zu verwenden (§ 100 Abs. 1 TKG).[1184] Als Kehrseite dessen, dass Sicherheitsmaßnahmen ergriffen werden, wird ein Mensch in seinem Persönlichkeitsrecht,[1185] seinem Recht auf informationelle Selbstbestimmung,[1186] dem Fernmeldegeheimnis[1187] oder seiner Bewegungsfreiheit eingeschränkt.[1188] Insoweit

---

1178 Z.B. § 8 Abs. 1 S. 1 Nr. 1 LuftSiG, vgl. *Faust/Lienhart*, in: Hobe/von Ruckteschell (Hg.), Kölner Kompendium des Luftrechts, Bd. 2, A II Rn. 353 f.; *Giemulla*, in: ders./van Schyndel (Hg.), Luftsicherheitsgesetz, § 8 Rn. 26 ff.; § 109 Abs. 2 TKG, vgl. *Graulich*, in: Arndt u. a. (Hg.), TKG, 2. Aufl., § 109 Rn. 23; *Mozek*, in: Säcker (Hg.), TKG, 3. Aufl., § 109 Rn. 25.

1179 BGBl. I 2005, S. 78. S. zu dieser Pflicht z. B. *Faust/Lienhart*, in: Hobe/von Ruckteschell (Hg.), Kölner Kompendium des Luftrechts, Bd. 2, A II Rn. 348 f.; *Giemulla*, in: ders./van Schyndel (Hg.), Luftsicherheitsgesetz, § 8 Rn. 38 ff.

1180 BGBl. I 2004, S. 1190. Zuletzt geändert durch BGBl. I 2015, S. 1324. S. hierzu *Mozek*, in: Säcker (Hg.), TKG, 3. Aufl., § 109 Rn. 15.

1181 *Ehses*, in: Glavic (Hg.), HdB des privaten Sicherheitsgewerbes, S. 439 (445 f.) (Rn. 20 ff.).

1182 Speziell zu § 7 Abs. 2 Nr. 5 AtG *Fischerhof*, Deutsches Atomgesetz und Strahlenschutzrecht, Bd. 1, 2. Aufl., § 7 Rn. 19.

1183 BVerwGE 81, 185.

1184 *Braun*, Die Finanzierung polizeilicher Aufgabenwahrnehmung, S. 361; *Roos*, MMR 2014, 723 (727 f.). Zur zulässigen siebentägigen Speicherung dynamischer IP-Adressen BGH, NJW 2014, 2500.

1185 *Ehses*, in: Glavic (Hg.), HdB des privaten Sicherheitsgewerbes, S. 439 (448) (Rn. 24).

1186 BGH NJW 2014, 2500 (2500); *Braun*, Die Finanzierung polizeilicher Aufgabenwahrnehmung, S. 361.

1187 Art. 10 GG erfasse nämlich über den Inhalt der Kommunikation hinaus auch die Kommunikationsumstände, vgl. BVerfGE 107, 299 (312); *Braun*, Die Finanzierung polizeilicher Aufgabenwahrnehmung, S. 361.

1188 Zur Freiheit und Sicherheit als „zwei Seiten einer Medaille" *Möstl*, Die staatliche Garantie für die öffentliche Sicherheit und Ordnung, S. 37.

können die Rechte Dritter durch private Sicherheitsvorkehrungen berührt sein.[1189] Zweifelhaft ist indessen, wie sich dies grundrechtsdogmatisch systematisieren lässt.

I. Mittelbare Grundrechtsbindung des Privaten

Anerkannt ist eine mittelbare Grundrechtsbindung des Privaten, welche dessen Inanspruchnahme zur Eröffnung der Fläche für die Ausübung von Kommunikationsgrundrechten ermöglicht.[1190] Voraussetzung hierfür ist eine in seinem Eigentum befindliche Fläche, die dem allgemeinen Verkehr samt seiner Kommunikationsfunktion geöffnet ist.[1191] Aus den Grundrechten wird insofern ein objektives Prinzip hergeleitet, woraus sich ergibt, dass auch der Private in eine „vergleichbare Pflichten- und Garantenstellung"[1192] wie der Staat hineinwachsen kann. Diese kann soweit reichen wie die staatliche Grundrechtsbindung,[1193] obwohl der Private selbst Grundrechtsträger ist.[1194] Es erfolgt insofern eine Abwägung zwischen den Grundrechten Dritter – insbesondere ihren Kommunikationsgrundrechten – und dem Eigentumsgrundrecht des Privaten.[1195] Im Grundsatz gilt daher, dass je größer der Bezug zu einer sozialen oder öffentlichen Aufgabe ist, desto mehr Einschränkungen des Artikels 14 GG hinzunehmen sind.[1196] Voraussetzung ist nur, dass es sich um Räume handelt, die als Orte „des Flanierens und der Begegnung" gedacht sind.[1197] Denn nur solche Orte dienen dem Meinungsaustausch und damit mittelbar der Bildung des demokratischen Willensbildungsprozesses.[1198] Dies sind insbesondere öffentliche Verkehrsflächen wie öffentliche Straßen, Plätze und Parkanlagen.[1199] Ungeachtet dessen ist entscheidend, dass sich der Eigentümer die Funktion des Verweilens wirtschaftlich zu Nutze macht.[1200]

Der enge Bezug zwischen einer ursprünglich staatlichen Aufgabe mit erheblichem Gemeinwohlbezug, von der nun ein Privater wirtschaftlich profitiert, weist bedeutsame Parallelen zur Eigensicherungspflicht auf, weshalb eine mittelbare Grundrechtsbindung des Eigensicherungsverpflichteten zunächst nicht abwegig erscheint. Die Eigensicherungspflicht könnte als Minus zur Freiheit der Ausübung

---

1189 Früher *Bracher*, Gefahrenabwehr durch Private, S. 161. Jüngst bzgl. Datenspeicherung im Telekommunikationsrecht *Braun*, Die Finanzierung polizeilicher Aufgabenwahrnehmung, S. 361.
1190 Zuletzt BVerfG NJW 2015, 2485 (2485); *Fischer-Lescano*, NJW 2006, 1393 (1394 f.).
1191 Zuletzt BVerfG NJW 2015, 2485 (2485); *Fischer-Lescano*, NJW 2006, 1393 (1394 f.).
1192 BVerfG NJW 2015, 2485 (2486). Ansatz bereits bei BVerfGE 128, 226 (248) = NJW 2011, 1201 (1203) – „Fraport".
1193 BVerfGE 128, 226 (249) = NJW 2011, 1201 (1204) – „Fraport".
1194 BVerfG NJW 2015, 2485 (2486). Kritisch: *Smets*, NVwZ 2016, 35.
1195 *Wendt*, NVwZ 2012, 606 (607 f.).
1196 *Wendt*, NVwZ 2012, 606 (608).
1197 BVerfGE 128, 226 (254) = NJW 2011, 1201 (1205) – „Fraport".
1198 BVerfGE 128, 226 (254) = NJW 2011, 1201 (1205) – „Fraport".
1199 *Wendt*, NVwZ 2012, 606 (607).
1200 *Wendt*, NVwZ 2012, 606 (608).

der Gesamttätigkeit gesehen werden.[1201] Bereits die soeben genannte Bundesverfassungsgerichtsentscheidung ist allerdings auf Widerspruch gestoßen, denn dadurch werde erstens die mittelbare Drittwirkung von Grundrechten überdehnt und zweitens gerate das Eigentumsgrundrecht des Privaten in unzulässiger Weise in den Hintergrund.[1202] Zu den grundsätzlichen Bedenken gegen eine solche Herangehensweise kommt überdies hinzu, dass sich diese Konstellation grundlegend von der einer Eigensicherungspflicht unterscheidet. Denn die Eigensicherungspflicht selbst stellt schon einen Eingriff in die Grundrechte des Infrastrukturbetreibers oder Diensteanbieters dar.[1203] Es besteht gerade keine verfassungsunmittelbare Pflicht des Privaten, eigenverantwortlich zu handeln.[1204] Es kann höchstens von einer derartigen Obliegenheit gesprochen werden.[1205] Genauso wenig besteht eine verfassungsunmittelbare Pflicht des Privaten, Aufgaben der Daseinsvorsorge wahrzunehmen.[1206] Eine Eigensicherungspflicht beschränkt somit die Freiheit des Unternehmers, sein Unternehmen nach Belieben zu führen.[1207] Deshalb ist in der Auferlegung einer Eigensicherungspflicht immer ein Eingriff in die Grundrechte ihres Adressaten zu sehen.[1208] Würde darüber hinaus über das Instrument der mittelbaren Grundrechtsbindung eine der unmittelbaren Grundrechtsbindung des Staates ähnelnde Stellung des Privaten geschaffen, würde nicht – wie bei der Bindung des Eigentümers eines öffentlichen Platzes – seine eigentliche Grundrechtsausübung verkürzt.[1209] Vielmehr würde in zweifacher Weise ein Eingriff vorgenommen werden: Zu dem Grundrechtseingriff durch die Auferlegung einer Eigensicherungspflicht würde eine Einschränkung seiner Freiheit bzgl. der Ausübung der Pflicht hinzutreten. Ein derartiger Lösungsversuch zulasten des Eigensicherungsverpflichteten und zugunsten der Allgemeinheit ist aufgrund der damit verbundenen Eingriffsintensität verfassungsrechtlich nicht haltbar.

1201 So etwa BVerfGE 128, 226 (249 f.) – „Fraport“, was konsequenter Weise sogar zu einer Grundrechtsbindung anstatt einer Grundrechtsfähigkeit der Telekommunikationsunternehmen führen müsste.

1202 *Smets*, NVwZ 2016, 35 (38).

1203 *Czaja*, Eigensicherungspflichten von Verkehrsflughäfen, S. 105 ff.; *Krüger*, DÖV 1977, 263 (263); *Ossenbühl*, Eigensicherung und hoheitliche Gefahrenabwehr, S. 54 ff.; *Otten*, Eigensicherung, S. 190 f.; *Schiller/Drettmann*, DVBl. 1977, 956 (958 ff.); *Schneider*, Die Abwehr äußerer Gefahren im Luftverkehr, S. 96 ff.; *Schnekenburger*, Rechtsstellung und Aufgaben des Privaten Sicherheitsgewerbes, S. 89 ff.; *Sorge*, Kostentragung für den Schutz vor Anschlägen, S. 83 ff.

1204 Z.B. *Otten*, Eigensicherung, S. 72 ff. Ausführlich in Kap. 3 – B.I.2.a) besprochen.

1205 *Heun*, in: Yamanaka u. a. (Hg.), Präventive Tendenzen in Staat und Gesellschaft zwischen Sicherheit und Freiheit, S. 21 (30); *Würtenberger*, in: Gusy u. a. (Hg.), Rechtshandbuch Zivile Sicherheit, Kap. 30 Rn. 43.

1206 *Lang*, NJW 2004, 3601 (3604); *Möstl*, in: MD, GG, Bd. 6, 78. EL, Art. 87e Rn. 102.

1207 Z.B. *Otten*, Eigensicherung, S. 190 f.

1208 Ausführlich *Otten*, Eigensicherung, S. 191.

1209 *Gurlit*, NZG 2012, 249 (251).

II. Staatliche Schutzpflicht

Die Grundrechte des Dritten könnten hingegen über die Funktion der Schutzpflicht geschützt sein.

1. *Abgrenzung staatliches-privates Handeln*

Nicht eindeutig ist indessen, ob es tatsächlich eine Frage der Schutzpflicht ist oder ob das Handeln des Privaten vielmehr dem Staat zuzurechnen ist, sodass die Abwehrrechte des Privaten ausgelöst würden.[1210] Möglicherweise kann in der Verpflichtung zur Eigensicherung sogar eine staatliche Veranlassung zu sehen sein.[1211] Der staatliche Einfluss von der Statuierung der Eigensicherungspflicht bis hin zur Erfüllung der konkreten Sicherheitsmaßnahme divergiert erheblich: So wie die Wahrnehmung einer Eigensicherungspflicht Grundvoraussetzung für die Erteilung einer Genehmigung zur Ausübung einer Tätigkeit sein kann, namentlich § 7 Abs. 2 Nr. 5 AtG, besteht bei anderen Eigensicherungspflichten nicht einmal die Pflicht zur Vorlage des ergriffenen Sicherheitskonzepts (so z. B. bei § 109 Abs. 1 TKG).[1212] Die verschiedenen Intensitätsstufen staatlicher Einflussnahme bedürfen einer genaueren Untersuchung.

a) Zurechnung der Eigensicherungspflicht aufgrund Gesetzgebungsaktes?

Am fernsten liegt eine Zurechnung zum Staat und infolgedessen die Bejahung eines Grundrechtseingriffs aufgrund der gesetzlichen Verpflichtung. Denn durch die Eigensicherungspflicht soll das Gefahrenpotential einer privaten Tätigkeit minimiert werden.[1213] Die Auferlegung einer Eigensicherungspflicht stellt insofern ein Instrument zur Erfüllung der staatlichen Schutzpflicht dar.[1214] Aufgrund des Ausschließlichkeitsverhältnisses zwischen Schutzpflicht und Abwehrrecht können die Abwehrrechte des Dritten nicht betroffen sein.[1215]

Die Beteiligung des Staates an der Verkürzung des Rechtskreises des Dritten hat dennoch Konsequenzen zur Folge.[1216] Den Staat trifft die Verantwortung für die

---

1210 Diese Frage werfen auch *Michael/Morlok*, Grundrechte, 5. Aufl., Rn. 491 allgemein im Hinblick auf staatlich-private Kooperation auf.

1211 Dahin gehend z. B. *Bracher*, Gefahrenabwehr durch Private, S. 161.

1212 Anders dagegen bei Betreibern öffentlicher Telekommunikationsnetze oder Anbietern öffentlicher Telekommunikationsdienste, vgl. § 109 Abs. 4 S. 2, 3 TKG.

1213 *Faust/Lienhart*, in: Hobe/von Ruckteschell (Hg.), Kölner Kompendium des Luftrechts, Bd. 2, A II Rn. 368; *Giemulla*, in: ders./van Schyndel (Hg.), Luftsicherheitsgesetz, § 8 Rn. 58; *Schwenk/Giemulla*, HdB des Luftverkehrsrechts, 4. Aufl., Kap. 18 Rn. 34.

1214 *Erbguth*, DVBl. 2007, 1202 (1206).

1215 *Dietlein*, Die Lehre von den grundrechtlichen Schutzpflichten, S. 88.

1216 *Köck*, AöR 121 (1996), 1 (16).

Überwachung und Minimierung dieser Gefahr.[1217] Das heißt, dass der Staat es nicht dabei belassen darf, dem Privaten die Eigensicherungspflicht aufzuerlegen. Er muss auch dafür sorgen, dass die Pflicht im festgesetzten Umfang – nicht weniger, aber auch nicht mehr – tatsächlich erfüllt wird. Die staatliche Vollzugsverantwortung darf sich infolgedessen nicht nur auf die Durchsetzung der Sicherheitsmaßnahmen, sondern muss sich auch auf die Einhaltung der Freiheitsrechte des Dritten beziehen.[1218] Entscheidet sich der Staat für eine Verantwortungsstufung, obliegt dem Staat eine Kontroll- und Vollzugsverantwortung.[1219] Ob dies durch die Festlegung von Eigensicherungspflichten geschehen ist, bedarf einer genaueren Untersuchung in Kapitel 4 – D.

b) Zurechnung aufgrund der Korrelation zwischen Genehmigung und Eigensicherungspflicht?

In einzelnen Fällen geht der staatliche Einfluss auf die von dem Privaten vorzunehmenden Maßnahmen soweit, dass der Private nur dann eine Genehmigung erteilt bekommt, wenn er Eigensicherungspflichten erfüllt.[1220] Das Schutzbedürfnis des Privaten entsteht somit erst infolge der Genehmigung.[1221] Als Beispiel sei § 7 Abs. 2 Nr. 5 AtG genannt, wonach die Genehmigung nur erteilt werden darf, wenn der erforderliche Schutz gegen Störmaßnahmen oder sonstige Maßnahmen Dritter gewährleistet ist.[1222] Da der Private ohne die Wahrnehmung dieser Eigensicherungspflicht seine Tätigkeit gar nicht erst ausüben darf, ist er faktisch dazu angehalten, Sicherheitsmaßnahmen zu erfüllen. Die Erfüllung einer durch die Genehmigung vorausgesetzten Eigensicherungspflicht kann aber in den Rechts-

---

1217 So im Hinblick auf die atomrechtliche Genehmigung BVerfGE 53, 30 (58). Mit Verweis auf diese Entscheidung vgl. a. *Dietlein*, Die Lehre von den grundrechtlichen Schutzpflichten, S. 89.

1218 Zur staatlichen Mitverantwortung als Vollzugsverantwortung s. *Gusy*, in: Hoffmann-Riem/Schmidt-Aßmann (Hg.), Effizienz als Herausforderung an das Verwaltungsrecht, S. 175 (192). Ein Ansatz dafür, dass sich die Aufsicht auf das Dreiecksverhältnis beziehen muss, befindet sich bei *Schuppert*, DÖV 1998, 831 (837) in seiner Skizze zur Wirtschaftsaufsicht. Auch dort folgt die Aufsicht aus dem Vorliegen einer risikobehafteten Tätigkeit. Infolgedessen sind nicht nur die Banken selbst, sondern auch das Bankensystem als Ganzes sowie die Bank-Kunden-Beziehung zu überwachen. Die Belange des Kunden treten insoweit auch dort nicht in den Hintergrund.

1219 Zur engen Verknüpfung zwischen der Regulierungs-, Kontroll- und Vollzugsverantwortung s. *Gusy*, in: Schuppert (Hg.), Jenseits von Privatisierung und schlankem Staat, S. 115 (127 ff.).

1220 § 7 Abs. 2 Nr. 5 AtG.

1221 *Hofmann*, BayVBl. 1983, 33 (36).

1222 Hierzu z.B. *Fischerhof*, Deutsches Atomgesetz und Strahlenschutzrecht, Bd. 1, 2. Aufl., § 7 Rn. 19.

kreis Dritter eingreifen.[1223] Der Private kann bis hin zur Bewaffnung verpflichtet werden.[1224] Kommt es tatsächlich zu einem Angriff, können erhebliche Körper- und Gesundheitsverletzungen mit dessen Abwehr beim Angreifer einhergehen. Ob darin eine staatliche Veranlassung gesehen werden kann, ist jedoch höchst zweifelhaft. Nach überwiegender Meinung in der Literatur reguliert der Staat durch die Genehmigungserteilung lediglich ein bereits aus privater Hand stammendes Gefahrenpotential.[1225] Durch die Genehmigung macht sich der Staat die konkreten Sicherheitsmaßnahmen nicht zu Eigen, sondern sorgt für eine Überwachung dieser Gefahrensituation.[1226] Er verringert dadurch die Intensität der Beeinträchtigung der Rechte Dritter zulasten des Betreibers.[1227] Werden dabei dennoch mittelbar Rechte Dritter tangiert, sind diese im Rahmen einer Wertentscheidung durch den Gesetzgeber bei der Erteilung der Genehmigung zu berücksichtigen.[1228] Differenzierter behandelt eine andere Auffassung die Genehmigungserteilung durch den Staat: Sie macht die staatliche Zurechnung der Genehmigung davon abhängig, ob Einbußen von Rechten Dritter mit der Genehmigung einhergehen.[1229] Klar ist jedenfalls, dass nicht beim konkreten Handeln des Privaten anzusetzen ist, sondern an dem staatlichen Handlungsmoment, namentlich der Erteilung der Genehmigung.[1230] Ist die Genehmigung daran geknüpft, dass das Gefahrenpotential durch Eigensicherungspflichten gemindert wird und es zufällig bei der Wahrnehmung der Sicherungsmaßnahme zu Rechtseinbußen bei Dritten kommt, so besteht das Hauptmerkmal der Genehmigung immer noch darin, eine von Grund auf gefährliche Tätigkeit derart unter Kontrolle zu bringen, dass deren Ausübung mit Rechten Dritter vereinbar ist. Ein genauer „Ursache-Wirkungs-Zusammenhang" für die konkrete Maßnahme fehlt folglich.[1231] So wie die staatliche Genehmigung ist auch die Verknüpfung einer

1223 In dem Fall insb. in Art. 2 Abs. 2 S. 1 GG.

1224 BVerwGE 81, 185; *Fischerhof*, Deutsches Atomgesetz und Strahlenschutzrecht, Bd. 1, 2. Aufl., § 7 Rn. 19.

1225 BVerfGE 53, 30 (57 f.); *Dietlein*, Die Lehre von den grundrechtlichen Schutzpflichten, S. 89; *Hermes*, Das Grundrecht auf Schutz von Leben und Gesundheit, S. 85 ff.; *Rauschning*, VVDStRL 38 (1980), S. 167 (184); *Schwerdtfeger*, NVwZ 1982, 5 (7).

1226 Übersicht bei *Dietlein*, Die Lehre von den grundrechtlichen Schutzpflichten, S. 91 m.w.N., z.B. *Schwerdtfeger*, NVwZ 1982, 5 (7); *Rauschning*, VVDStRL 38 (1980), S. 167 (184).

1227 Wird ein privater Eingriff in den Rechtskreis Dritter minimiert, kann es sich nicht um einen staatlichen Eingriff handeln, vgl. *Rauschning*, VVDStRL 38 (1980), S. 167 (184).

1228 *Rauschning*, VVDStRL 1980, S. 167 (185).

1229 *Lübbe-Wolff*, Grundrechte als Eingriffsabwehrrechte, S. 196 ff.

1230 *Dietlein*, Die Lehre von den grundrechtlichen Schutzpflichten, S. 92.

1231 Zur Notwendigkeit dieses Zusammenhangs s. *Hermes*, Das Grundrecht auf Schutz von Leben und Gesundheit, S. 89.

Eigensicherungspflicht mit der Genehmigungserteilung als Instrument zur Wahrnehmung der Schutzpflicht zu denken.[1232]

c) *Zurechnung aufgrund der Zulassung, Akzeptanz oder erheblicher Mitgestaltung des Sicherheitskonzepts?*

Bei einigen Eigensicherungspflichten bedarf es der Erstellung eines Sicherheitskonzepts.[1233] Das Konzept ist der Behörde zur Zulassung vorzulegen, vgl. z. B. das Luftsicherheitsprogramm des Flughafenbetreibers.[1234] Bei dessen erstmaliger Zulassung stehen der Luftsicherheitsbehörde Einflussmöglichkeiten hinsichtlich der in das Konzept aufzunehmenden Sicherheitsmaßnahmen zu.[1235] Insofern kann die Luftsicherheitsbehörde eine Maßnahme, welche die Rechte Dritter berührt, nicht nur zu- sondern auch veranlassen. Ist die Maßnahme einmal Bestandteil des Luftsicherheitsprogramms, ist der Private zur Erfüllung der Maßnahme verpflichtet.[1236] Eine Parallele zur Problematik der Zuordnung der Verantwortungssphären zwischen Staat und Privaten bei der Erteilung einer Genehmigung ist feststellbar.[1237] Die staatliche Beteiligung geht aber über die reine Erteilung einer Genehmigung hinaus. Der Staat agiert in Bezug auf Maßnahmen mitgestaltend, die die Rechtssphäre Dritter betreffen. Zwecke der staatlichen Mitwirkung sind indessen ebenfalls die Effizienz der Maßnahmen des Privaten sowie bessere Überwachungsmöglichkeiten in Bezug auf die Gefährlichkeit des privaten Handelns.[1238] Insoweit nimmt die Luftsicherheitsbehörde bereits bei der Zulassung des Luftsicherheitsprogramms eine Abwägung der miteinander kollidierenden Rechtsgüter vor und bringt sie durch ihren Einfluss

1232 Wie auch allgemein bei einer Genehmigungspflicht, vgl. *Schmidt*, ZRP 1987, 345 (348).

1233 Z.B. § 8 Abs. 1 S. 2 LuftSiG.

1234 Zum Luftsicherheitsprogramm s. z. B. *Faust/Lienhart*, in: Hobe/von Ruckteschell (Hg.), Kölner Kompendium des Luftrechts, Bd. 2, A II Rn. 368; *Giemulla*, in: ders./ van Schyndel (Hg.), Luftsicherheitsgesetz, § 8 Rn. 56 ff.; *Mendel*, in: Giemulla/ Rothe (Hg.), Recht der Luftsicherheit, S. 49 (50); *Schwenk/Giemulla*, HdB des Luftverkehrsrechts, 4. Aufl., Kap. 18 Rn. 34.

1235 *Faust/Lienhart*, in: Hobe/von Ruckteschell (Hg.), Kölner Kompendium des Luftrechts, Bd. 2, A II Rn. 368.

1236 *Faust/Lienhart*, in: Hobe/von Ruckteschell (Hg.), Kölner Kompendium des Luftrechts, Bd. 2, A II Rn. 368.

1237 Zur staatlichen Mitverantwortlichkeit durch eine staatliche Genehmigung s. BVerfGE 53, 30 (58); *Dietlein*, Die Lehre von den grundrechtlichen Schutzpflichten, S. 89; *Köck*, AöR 121 (1996), 1 (16).

1238 BT-Drs. 8/3431, S. 11; *Faust/Lienhart*, in: Hobe/von Ruckteschell (Hg.), Kölner Kompendium des Luftrechts, Bd. 2, A II Rn. 368; *Giemulla*, in: ders./van Schyndel (Hg.), Luftsicherheitsgesetz, § 8 Rn. 58; *Schwenk/Giemulla*, HdB des Luftverkehrsrechts, 4. Aufl., Kap. 18 Rn. 34.

auf das Luftsicherheitsprogramm und die Statuierung konkreter Maßnahmen in einen angemessenen Ausgleich.[1239]

Sicher ist, dass weder allein durch die aktive Mitgestaltung des Luftsicherheitsprogramms durch die Behörde noch durch dessen Zulassung ein Eingriff in Grundrechte Dritter erfolgt.[1240] Ebenso steht fest, dass das abstrakte Bestehen der Eigensicherungspflicht eine „Aktivierung einer ohnehin bestehenden Pflichtigkeit"[1241] des Privaten darstellt, sodass auch den Unternehmer eine Mitverantwortung trifft. Nicht zu verkennen ist aber, dass dem Staat in Bezug auf die konkrete Maßnahme ein erheblicher Mitwirkungsbeitrag zusteht. Die Abgrenzung zwischen staatlichem und privatem Verantwortungsbereich ist insofern nicht eindeutig. Als Kontrollüberlegung kann danach gefragt werden, ob der Gesetzgeber gegen denjenigen, welcher der Zulassungspflicht unterworfen ist oder eher gegen den betroffenen Dritten tätig werden möchte.[1242] Im Gegensatz zur Standard-Konstellation einer Genehmigung, wonach die Gefahren durch denjenigen, der der Genehmigungspflicht unterliegt, eingedämmt werden sollen,[1243] geht es bei dem Sicherheitskonzept für die Erfüllung der Eigensicherungspflicht viel mehr um die Abwendung einer Gefahr von außen, die möglicherweise sogar von diesem Dritten ausgeht und eben nicht von demjenigen, der zur konkreten Maßnahme verpflichtet ist.[1244] Eine nähere Abgrenzung der Verantwortungssphären ist unersetzlich.[1245]

Bei Sicherheitsmaßnahmen im Telekommunikationsrecht ist das Sicherheitskonzept, welches von Betreibern öffentlicher Telekommunikationsnetze erstellt wird, der Bundesnetzagentur vorzulegen (§ 109 Abs. 4 S. 2 TKG). Erbringt der Unternehmer öffentlich zugängliche Telekommunikationsdienste, ist das Sicherheitskonzept auf Anfrage der Bundesnetzagentur einzureichen (§ 109 Abs. 4 S. 3 TKG).[1246] Es erfolgt an dieser Stelle keine Zulassung des Konzepts, die eine „staatliche Mitverursachung"[1247] begründen könnte. Eine Akzeptanz des Konzepts reicht für eine

1239 So letztlich auch die Exekutive beim Verwaltungsakt mit Doppelwirkung, vgl. *Isensee*, Das Grundrecht auf Sicherheit, S. 35.

1240 *Köck*, AöR 121 (1996), 1 (16).

1241 *Erbguth*, DVBl. 2007, 1202 (1205); *Möstl*, Die staatliche Garantie für die öffentliche Sicherheit und Ordnung, S. 338.

1242 *Schmidt*, ZRP 1987, 345 (347).

1243 *Rauschning*, VVDStRL 38 (1980), S. 167 (184).

1244 *Czaja*, Eigensicherungspflichten von Verkehrsflughäfen, S. 8; *Otten*, Eigensicherung, S. 6 f.; *Schoch*, Besonderes Verwaltungsrecht, 15. Aufl., Kap. 2 Rn. 31.

1245 *Dietlein*, Die Lehre von den grundrechtlichen Schutzpflichten, S. 88.

1246 Zum Sicherheitskonzept s. *Mozek*, in: Säcker (Hg.), TKG, 3. Aufl., § 109 Rn. 36 ff. Das Sicherheitskonzept bezieht sich gerade auch auf die Sicherheitsmaßnahmen des Abs. 1 und nicht nur auf den Funktionsschutz, vgl. *Mozek*, in: Säcker (Hg.), TKG, 3. Aufl., § 109 Rn. 37.

1247 BVerfGE 53, 30 (58).

Zurechnung nicht aus.[1248] Allerdings ist bei dem TKG-Modell der Staat an der Festlegung der Sicherheitsmaßnahmen für das Konzept besonders intensiv beteiligt. Das Konzept wird auf der Grundlage des Kataloges des § 109 Abs. 6 TKG erstellt.[1249] Der Katalog wird ausschließlich von Behörden, namentlich der Bundesnetzagentur, dem BSI sowie dem Bundesbeauftragten für Datenschutz und Informationsfreiheit erstellt.[1250] Den Branchenverbänden sowie den Herstellern wird ausschließlich Gelegenheit zur Stellungnahme gegeben.[1251] Das hat zur Folge, dass die Sicherheitsmaßnahmen, die Dritte betreffen, ursprünglich nicht aus privater, sondern aus staatlicher Sphäre stammen. Mittelbar setzt der Staat die Maßnahmen fest. Deshalb ein staatliches Handeln anzunehmen, obwohl nach wie vor ein privates wirtschaftliches Tätigwerden im Vordergrund steht, wäre dennoch nicht richtig. Denn die konkret aus dem Katalog für das Sicherheitskonzept ausgewählten Maßnahmen werden von den Unternehmern bestimmt.[1252] Überdies kann der Private auch andere Pflichten als die im Katalog Dargelegten ergreifen.[1253]

Dies trifft nicht auf das Luftsicherheitsprogramm iSd Luftsicherheitsgesetzes zu: Der Staat wirkt zum einen erheblich bei der Erstellung des Luftsicherheitsprogramms mit.[1254] Zum anderen ist der Private dazu angehalten, die konkreten Maßnahmen umzusetzen.[1255] Die Maßnahmen, die in das Luftsicherheitsprogramm aufzunehmen sind, könnten sich allerdings lediglich als Konkretisierung der Eigensicherungspflichten iSd § 8 Abs. 1 S. 1 LuftSiG erweisen („die in Satz 1 Nr. 1 bis 8 aufgeführten Sicherheitsmaßnahmen sind von dem Betreiber in einem Luftsicherheitsprogramm [...] darzustellen").[1256] Die Aufstellung der konkreten Maßnahmen erfolgt durch die Unternehmer. Dem Staat obliegt lediglich die Möglichkeit, auf die Ausgestaltung Einfluss zu nehmen. Aufgrund des Bestimmtheitsgrades der Maßnahmen iSd § 8 Abs. 1 S. 1

1248 Zur Ablehnung der Duldung als Zurechnungsgrund s. *Hermes*, Das Grundrecht auf Schutz von Leben und Gesundheit, S. 93 ff.

1249 *Graulich*, in: Arndt u. a. (Hg.), TKG, 2. Aufl., § 109 Rn. 49; *Mozek*, in: Säcker (Hg.), TKG, 3. Aufl., § 109 Rn. 48.

1250 *Graulich*, in: Arndt u. a. (Hg.), TKG, 2. Aufl., § 109 Rn. 49; *Mozek*, in: Säcker (Hg.), TKG, 3. Aufl., § 109 Rn. 48.

1251 *Graulich*, in: Arndt u. a. (Hg.), TKG, 2. Aufl., § 109 Rn. 50; *Mozek*, in: Säcker (Hg.), TKG, 3. Aufl., § 109 Rn. 48.

1252 Insofern ist die konkrete Maßnahme gesetzlich nicht festgelegt, s. *Eckhardt*, in: Heun (Hg.), HdB TK-Recht, 2. Aufl., B Rn. 70; *Graulich*, in: Arndt u. a. (Hg.), TKG, 2. Aufl., § 109 Rn. 49.

1253 *Eckhardt*, in: Geppert/Schütz, TKG, Beck-OK, 4. Aufl., § 109 Rn. 33; *Graulich*, in: Arndt u. a. (Hg.), TKG, 2. Aufl., § 109 Rn. 19.

1254 *Faust/Lienhart*, in: Hobe/von Ruckteschell (Hg.), Kölner Kompendium des Luftrechts, Bd. 2, A II Rn. 368.

1255 *Faust/Lienhart*, in: Hobe/von Ruckteschell (Hg.), Kölner Kompendium des Luftrechts, Bd. 2, A II Rn. 368; *Giemulla*, in: ders./van Schyndel (Hg.), Luftsicherheitsgesetz, § 8 Rn. 62.

1256 S.a. *Faust/Lienhart*, in: Hobe/von Ruckteschell (Hg.), Kölner Kompendium des Luftrechts, Bd. 2, A II Rn. 368.

LuftSiG ist grundsätzlich nicht davon auszugehen, dass die konkreten Maßnahmen weitergehende Eingriffe in Rechte Dritter nach sich ziehen als sie bereits der Eigensicherungspflicht zu entnehmen sind. Insofern würde z. B. die Aufnahme der konkreten Maßnahme, eine weitere Person für die Durchsuchung der Mitarbeiter einzusetzen, keinen anderen Eingriffsgehalt als den des § 8 Abs. 1 S. 1 Nr. 5 LuftSiG beinhalten. Es ist deshalb davon auszugehen, dass die Mitwirkung an dem Luftsicherheitsprogramm in Verbindung mit der Pflicht des Unternehmers, die Maßnahme vorzunehmen, dann keine selbstständige Zurechnung zum Staat zur Folge hat, wenn die konkrete Maßnahme nicht über das hinausgeht, was in der gesetzlichen Pflicht selbst statuiert ist. Fordert der Staat hingegen im Einzelfall eine konkrete Maßnahme, die über die in § 8 Abs. 1 S. 1 LuftSiG geregelten Eingriffe hinausreicht, ist infolgedessen, dass dem Privaten keine anderweitige Handlungsoption verbleibt, von einer staatlichen Zurechnung auszugehen.[1257] Ein weiterreichender Grundrechtseingriff kann sich beispielsweise aus dem Verfahren für eine Durchsuchung ergeben. Im Umkehrschluss zu 1.3.1.3. der Verordnung (EU) 2015/1998 vom 5.11.2015[1258] ergibt sich, dass die Durchsuchung mit Sicherheitsscannern, von Hand sowie durch Metalldetektorschleusen zu den üblichen Verfahren gehören, denn z.B. Sprengstoffspurendetektoren (ETD-Geräte) dürfen nur ergänzend herangezogen werden. Da diese Verfahren über die üblichen Verfahren hinaus angewandt werden, wird die durchsuchte Person jedenfalls aufgrund der längeren Dauer der Durchsuchung überdurchschnittlich belastet. Durch die Anordnung der Behörde, eine bestimmte Anzahl von Verfahren auch mit Sprengstoffspurendetektoren vorzunehmen, wird der Private dazu veranlasst, in bestimmten Fällen den Eingriff in die Rechte Dritter zu intensivieren. Die Entscheidung, dieses Verfahren einzusetzen, ist aufgrund der staatlichen Mitwirkung bei der Erstellung des Sicherheitskonzepts und der Verpflichtung des Privaten, die Maßnahmen umzusetzen, nicht mehr von seiner autonomen Entscheidung getragen. Die enge Verknüpfung zwischen der Standard-Konstellation von Genehmigung und privatautonom erbrachter gefährlicher Tätigkeit bei der Erstellung und Zulassung eines konkreten Sicherheitskonzepts besteht dann gerade nicht. In diesem Fall muss die Aufnahme der konkreten Maßnahme in das Sicherheitskonzept dem Staat zugerechnet werden.

d) Zurechnung aufgrund des Konkretisierungsgrades der Eigensicherungspflicht?

Hinter der Auffassung, eine Genehmigung führe nicht zu einer staatlichen Zurechnung, steht die Annahme, dass dem Dritten keine Pflichten auferlegt werden.[1259] Anders dagegen bei einzelnen Eigensicherungspflichten: Legt der Gesetzgeber nach § 8 Abs. 1 S. 1 Nr. 5 LuftSiG fest, dass Mitarbeiter zu durchsuchen sind, wird implizit dem Mitarbeiter

1257 Zur Zurechnung zum Staat infolge hoheitlicher Anordnung und fehlender Handlungsoption des Privaten BVerfGE 107, 299 (313 f.).

1258 ABl. (EU) L 299/1 v. 14.11.2015.

1259 *Dietlein*, Die Lehre von den grundrechtlichen Schutzpflichten, S. 94; *Schwerdtfeger*, NVwZ 1982, 5 (7).

die Pflicht auferlegt, sich durchsuchen zu lassen, wenn er vorerst Zugang zu sensiblen Bereichen haben und später keine arbeitsrechtlichen Konsequenzen zu spüren bekommen möchte. Insofern liegt hier eher die Konstellation eines durch Rechtsnorm initiierten Verhaltens vor, das dem Staat als Eingriff in die Rechte des Dritten zuzurechnen ist.[1260]

Da es sich bei der Eigensicherungspflicht um einen eigenen, privaten Beitrag zur Gefahrenabwehr handelt,[1261] kann der Private nicht als „Helfer der staatlichen Verwaltung“[1262] im herkömmlichen Sinne eingestuft werden, aufgrund dessen sein Handeln dem Staat zuzurechnen wäre. Doch je konkreter die Eigensicherungspflicht gefasst ist, desto weniger verbleibt dem Privaten an Handlungsspielraum und desto weniger kann die Entscheidung von seiner Privatautonomie getragen sein.[1263] Die für eine Zurechnung zum privaten Verantwortungsbereich vorausgesetzte Privatautonomie bezieht sich außerdem vordergründig auf die Ausübung der wirtschaftlichen Tätigkeit sowie auf die Gewinnerzielung und nicht auf die Eigensicherungspflicht selbst.[1264] Dem ist aber entgegenzuhalten, dass die Tätigkeit in einem Gesamtzusammenhang betrachtet werden muss inklusive der Pflichtigkeit, Risiken zu minimieren. Erst wenn die Sicherheitsmaßnahme für die betriebswirtschaftliche Tätigkeit nicht mehr tragbar ist, muss davon ausgegangen werden, dass die Privatautonomie in den Hintergrund rückt. Dieses Argument kann an dieser Stelle daher nicht entscheidend sein. Maßgeblich ist stattdessen, dass durch eine Genehmigung oder Zulassung grundsätzlich aus privater Sphäre stammende Risiken eingedämmt werden.[1265]

Ein Grundrechtseingriff kann auch deshalb zu bejahen sein, weil das private Handeln und die daraus folgende Berührung Rechte Dritter eine zwangsläufige Konsequenz aus dem vorgeschalteten staatlichen Verhalten ist.[1266] Dies muss unabhängig von der autonomen Grundentscheidung des Privaten gelten, die Tätigkeit trotz Pflichtigkeit auszuüben. Ist die Pflicht so eng gefasst, dass dem Privaten keine Alternative verbleibt wie die Pflicht, den Mitarbeiter zu durchsuchen (§ 8 Abs. 1 S. 1 Nr. 5 LuftSiG), dann setzt der Unternehmer nur das um, was ihm der Staat aufgetragen hat.[1267] Eine „Mitverantwortung“[1268] des Staates lässt sich kaum in Abrede

1260 *Rauschning*, VVDStRL 38 (1980), S. 167 (182).

1261 *Erbguth*, DVBl. 2007, 1202 (1205); *Möstl*, Die staatliche Garantie für die öffentliche Sicherheit und Ordnung, S. 338.

1262 *Hermes*, Das Grundrecht auf Schutz von Leben und Gesundheit, S. 83.

1263 Zur engen Verknüpfung von privater Verantwortung und Privatautonomie s. *Dietlein*, Die Lehre von den grundrechtlichen Schutzpflichten, S. 92.

1264 Ausführlich zu den Grenzen betriebswirtschaftlicher Rationalität *Wiater*, Sicherheitspolitik zwischen Staat und Markt, S. 247 ff.

1265 *Dietlein*, Die Lehre von den grundrechtlichen Schutzpflichten, S. 93.

1266 *Hermes*, Das Grundrecht auf Schutz von Leben und Gesundheit, S. 83.

1267 *Dietlein*, Die Lehre von den grundrechtlichen Schutzpflichten, S. 99; *Hermes*, Das Grundrecht auf Schutz von Leben und Gesundheit, S. 83.

1268 Allgemein für den Kontext der Zurechnung bei einer Genehmigung BVerfGE 53, 30 (57 f.). Den Begriff der „Mitverantwortung“ klar ablehnend *Dietlein*, Die Lehre von den grundrechtlichen Schutzpflichten, S. 89.

stellen. Gibt der Staat eine genau umgrenzte Maßnahme vor, lässt er die Maßnahme also nicht nur zu, sondern intendiert ein Eindringen in den grundrechtlich gewährleisteten Bereich des Dritten, so muss eine Zurechnung zum staatlichen Bereich erfolgen.[1269] Dabei schadet es nicht, dass das Verhalten abstrakt-generell durch eine Rechtsnorm indiziert wird.[1270] Dies hat den Nachteil, dass die Konsequenzen für den Dritten dem Zufall überlassen würden, je nachdem wie eng der Gesetzgeber die Pflicht gefasst hat: Ein staatlicher Eingriff muss nämlich stets verhältnismäßig sein, während dem Dritten bei privaten Eingriffen nur dann ein Anspruch auf Schutz zusteht, wenn der Mindestschutz unterschritten ist.[1271] Kommt es aber darauf an, wie intensiv der Staat in die Ausführung der konkreten Maßnahme involviert ist, führt das Kriterium genau zu diesem Zufallsbefund. In Anbetracht dessen, dass der Staat seine Grundrechtsbindung durch Auferlegung einer konkreten Eigensicherungspflicht zulasten Dritter über die Funktionalisierung eines Privaten umgehen könnte, scheint eine Grundrechtsbindung angebracht.[1272] Zu betonen ist jedoch, dass diese Bindung auf diesen Fall zu beschränken ist. Sobald der Private bei der Erfüllung der Maßnahmen in irgendeiner Weise selbst von einem Gestaltungsspielraum profitiert, was bei der offenen Formulierung der Eigensicherungspflichten zumeist der Fall sein wird, sind die Rechte des Dritten eine Frage der staatlichen Schutzpflicht. Der Entscheidungsspielraum des Privaten in Bezug auf die konkrete Maßnahme erweist sich deshalb als Abgrenzungskriterium. Als Kontrollüberlegung ist umgekehrt zu fragen, ob genau dieses Ergebnis auch ohne die Statuierung dieser Eigensicherungspflicht erzielt worden wäre.[1273]

e) Zurechnung aufgrund staatlicher Interessenkollision?

Schließlich können deshalb besondere Konsequenzen aus der Auferlegung einer Eigensicherungspflicht zu ziehen sein, weil auch der Staat ein erhebliches Interesse an der Ausführung der privaten Tätigkeit hat.[1274] Dieses Interesse ergibt sich

---

1269 Sogar insgesamt für eine staatliche Zurechnung spricht sich *Bracher*, Gefahrenabwehr durch Private, S. 161, aus. Davon wird hier ausdrücklich Abstand genommen.

1270 *Hermes*, Das Grundrecht auf Schutz von Leben und Gesundheit, S. 83; *Rauschning*, VVDStRL 38 (1980), S. 167 (182).

1271 *Nitz*, Private und öffentliche Sicherheit, S. 369 ff.

1272 So auch *Braun*, Die Finanzierung polizeilicher Aufgabenwahrnehmung, S. 363, bzgl. der Gefahr des Outsourcings bei der Verkehrsdatenspeicherungspflicht von Telekommunikationsunternehmen.

1273 Allgemein als Kontrollfrage herangezogen von *Hermes*, Das Grundrecht auf Schutz von Leben und Gesundheit, S. 97.

1274 Dieser Aspekt wurde insbesondere im Hinblick darauf diskutiert, ob dem Staat das private Handeln infolge von Anregungen oder Hilfe zuzurechnen sei und demnach doch das Abwehrrecht des Dritten maßgeblich sein müsse. Im Ergebnis wurde dies aber mangels hinreichenden Anknüpfungspunktes abgelehnt, vgl.

aus seiner Daseinsvorsorgeaufgabe.[1275] Der Staat ist sogar auf die Ausübung von wirtschaftlichen Tätigkeiten, die Daseinsvorsorgeaufgaben zum Inhalt haben, insbesondere wenn er selbst nicht erfüllend agieren darf (vgl. z. B. Artikel 87f. Abs. 2 GG), angewiesen.[1276] Die staatliche Schutzpflicht konfligiert mit der Aufgabe der Daseinsvorsorge. Insofern ist auch hier fraglich, ob das private Verhalten dem Staat infolge seines überragenden Interesses nicht schon als Eingriff zuzurechnen ist.[1277] Als Zurechnungsgrund kommt staatliche Ingerenz infrage.[1278] Dafür muss aber zu der Regulierung der Tätigkeit ein weiterer Aspekt hinzutreten.[1279] Das staatliche Interesse in Verbindung mit der Tatsache, dass es aus staatlicher Sicht „irgendwer machen muss", kann für die Auslösung eines Abwehrrechts nicht ausreichen. Anders dagegen, wenn der Staat die Tätigkeit aktiv fördert. Dies ist besonders im Bereich der Kernenergie der Fall.[1280] Im Jahr 2015 sind 26,23 Millionen Euro Fördermittel in die Kernkraftwerkstechnologie geflossen.[1281] Auch im Telekommunikationssektor ist der Staat fördernd tätig: Als Beispiel sei der Breitbandausbau genannt, zu dessen Gunsten verschiedene Beihilfeprojekte existieren.[1282] Doch auch Förderung ist meist nicht als Eingriff in Rechte Dritter einzuordnen.[1283] Dahinter steht der Gedanke, dass die staatliche Betätigung regelmäßig nicht unmittelbar für die Rechtsverletzung des Dritten ursächlich ist.[1284] Die Entscheidung, eine Tätigkeit auszuüben, stellt – unberührt durch die staatliche Förderung – eine autonome Entscheidung

---

Dietlein, Die Lehre von den grundrechtlichen Schutzpflichten, S. 97 ff.; *Hermes*, Das Grundrecht auf Schutz von Leben und Gesundheit, S. 88.

1275 Der Begriff der Daseinsvorsorge wurde von Forsthoff in den 1920–1970er Jahren geprägt, vgl. *Di Fabio*, JZ 1999, 585 (586); *Neu*, in: dies. (Hg.), Daseinsvorsorge, S. 9 (9).

1276 *Hofmann*, BayVBl. 1983, 33 (36).

1277 So betont z. B. *Hofmann*, das AtG besitze Eingriffscharakter, da dem Förderungszweck höheres Gewicht als dem Schutzzweck beigemessen werde, BayVBl. 1983, 33 (36).

1278 *Köck*, AöR 121 (1996), 1 (15 f.).

1279 *Köck*, AöR 121 (1996), 1 (15).

1280 *Dietlein*, Die Lehre von den grundrechtlichen Schutzpflichten, S. 98; *Jarass*, Der Staat (17) 1978, 507 (514).

1281 *BMWi*, Bundesbericht Energieforschung 2016, S. 14, online abrufbar unter https://www.ptj.de/lw_resource/datapool/_items/item_6608/bundesbericht-energieforschung-2016.pdf, Zugriff am 21.02.2017.

1282 *BNetzA*, Tätigkeitsbericht Telekommunikation 2014/15, S. 54, online abrufbar unter http://www.bundesnetzagentur.de/SharedDocs/Downloads/DE/Allgemeines/Bundesnetzagentur/Publikationen/Berichte/2015/TB_TK_2015.pdf?__blob=publicationFile&v=3, Zugriff am 21.02.2017.

1283 *Hermes*, Das Grundrecht auf Schutz von Leben und Gesundheit, S. 88 ff.

1284 *Hermes*, Das Grundrecht auf Schutz von Leben und Gesundheit, S. 89. Krit. zu dieser Argumentation *Dietlein*, Die Lehre von den grundrechtlichen Schutzpflichten, S. 101.

des Privaten dar.[1285] Zudem ist die fehlende Konnexität zwischen der staatlichen Förderung und der Eigensicherungspflicht zu beachten. Das staatliche Interesse, das auf der Daseinsvorsorgeaufgabe beruht, bezieht sich eben nicht speziell auf die Eigensicherungspflicht, sondern auf die Ausübung der Tätigkeit insgesamt. Die fördernde staatliche Tätigkeit zielt auf eine Verbesserung der Versorgungssituation, nicht aber auf die Verwirklichung einer Eigensicherungspflicht ab.

f) Zwischenergebnis: Eingriffsqualität von Eigensicherungspflichten

Eine Zurechnung zum Staat ist in wenigen Fällen denkbar, aber nicht abwegig.[1286] Die Abgrenzung zwischen Zurechnung zum Staat oder zum Privaten scheint letztlich aber auf einem so schmalen Grad zu basieren, dass eine solche Herangehensweise nicht zielführend erscheint. Doch woraus ergeben sich diese verschwommenen Grenzen zwischen privatem und staatlichem Handeln und wie kann damit umzugehen sein? Dieses Phänomen ist die Konsequenz aus der Überführung von Verwaltungsaufgaben des Staates in die Selbstregulierung durch die Gesellschaft bzw. Privatisierung.[1287] Aufgrund der Vermischung privater und öffentlicher Handlungsformen sowie privater und staatlicher Akteure ist eine sichere Zurechnung zum Staat oder zum Privaten schlichtweg nicht mehr möglich. Deshalb bleibt nur eine Herangehensweise, mit der nach einer Problemlösung gesucht werden kann und zwar durch die Beantwortung der Frage, wie ein gleichwertiger Schutz des Privaten auch dann erreicht werden kann, wenn Zurechnungsgesichtspunkte keine sicheren Aussagen zulassen. Die Antwort lautet: Durch staatliche Schutzpflichten.

2. Reichweite der Schutzpflicht

Der Staat unterliegt einer Pflicht zum Schutz grundrechtlich verankerter Rechtsgüter (Schutzpflicht).[1288] Er trägt somit Verantwortung für die Sicherheit seiner Schutzgüter.[1289] Die Eigensicherungspflicht findet ihren Rechtsgrund zwar in privater Verantwortung.[1290] Sie erfasst allerdings – unabhängig von ihrem Ursprung – insbesondere Gefahren von außen und damit auch solche Gefahren, die über den Bereich der „safety“ (technische Sicherheit) hinausreichen und sich auf den der „security“ (gesellschaftliche/öffentliche Sicherheit) erstrecken.[1291] Auch

1285 *Dietlein*, Die Lehre von den grundrechtlichen Schutzpflichten, S. 101.
1286 Entgegen *Bracher*, Gefahrenabwehr durch Private, S. 161, der grundsätzlich von einer Grundrechtsbindung ausgeht.
1287 *Di Fabio*, VVDStRL 56 (1997), S. 235 (270).
1288 *Ehlers*, in: Leßmann u. a. (Hg.), FS f. Lukes, S. 337 (339).
1289 *Benda*, in: ders. u. a. (Hg.), HdBVerfR, 2. Aufl., § 17 Rn. 97; *Isensee*, Das Grundrecht auf Sicherheit, S. 40; *Köck*, AöR 121 (1996),1 (13 ff.).
1290 S. Kap. 5 – B.II.1.b)cc).
1291 Zu den Begriffen „security“ und „safety“ im Luftverkehr s. *Faust/Lienhart*, in: Hobe/von Ruckteschell (Hg.), Kölner Kompendium des Luftrechts, Bd. 2, A II Rn. 346; *Hüttig*, in: Giemulla/Rothe (Hg.), Recht der Luftsicherheit, S. 19 (19 f.). Zur von

die Schutzpflicht bezieht sich auf Bedrohungen durch Terrorismus,[1292] technische Gefahren[1293] sowie Naturkatastrophen.[1294] Für die Bekämpfung der Bedrohungen, denen durch Eigensicherungspflichten entgegengewirkt werden soll, ist unstreitig auch der Staat verantwortlich ist.[1295] Andererseits wäre der Staat aufgrund des grundrechtlich geschützten Prinzips der Selbstbestimmung nicht zum Schutz des Privaten verpflichtet, soweit es sich ausschließlich um eine Selbstgefährdung seitens des Privaten handeln würde.[1296] Staatlicher Schutz ist gegenüber Selbstschutz subsidiär.[1297] Entscheidend ist insofern, ob ein Fall des ausschließlichen Selbst- oder zugleich auch des Fremdschutzes vorliegt.[1298] Bei der Eigensicherungspflicht sind auch Interessen der Allgemeinheit betroffen:[1299] Von einer Subsidiarität staatlichen Schutzes kann dann nur noch gesprochen werden, wenn ein zumindest gleichwertiger Schutz durch den Privaten hergestellt wird.[1300] Die Kumulation der für den Privaten hergestellten und für den Staat von vornherein bestehenden Verantwortung lässt sich auch zeitlich gesehen nicht von der Hand weisen: Die staatliche Schutzpflicht erfasst, wie Eigensicherungspflichten auch, die Vorsorge, Gefahrenabwehr und Repression.[1301] Insoweit besteht über die sachliche Kongruenz hinaus auch eine zeitliche Kongruenz zwischen der staatlichen Schutzpflicht und den Eigensicherungspflichten.[1302]

---

außen kommenden Bedrohungslage von IT-Systemen z.B. *Rath* u.a., K&R 2015, 437 (437) insbesondere durch Trojaner, Viren, Schadsoftware. Allgemein zu den Begriffen „safety", „security", aber auch „certainty" i.S. kognitiver Sicherheit *Bonss*, in: Zoche u.a. (Hg.), Zivile Sicherheit, S. 43 (45). Zu den Bedrohungslagen speziell für Kritische Infrastrukturen s.a. *BMI*, Nationale Strategie zum Schutz Kritischer Infrastrukturen, S. 9.

1292 *Isensee*, in: ders./Kirchhof (Hg.), HdBStR IX, 3. Aufl., § 191 Rn. 150.

1293 *Isensee*, in: ders./Kirchhof (Hg.), HdBStR IX, 3. Aufl., § 191 Rn. 154.

1294 *Dietlein*, Die Lehre von den grundrechtlichen Schutzpflichten, S. 120; *Klein*, DVBl. 1994, 489 (490); *Robbers*, Sicherheit als Menschenrecht, S. 124. Krit.: *Isensee*, in: ders./Kirchhof (Hg.), HdBStR IX, 3. Aufl., § 191 Rn. 206.

1295 Zur geteilten Verantwortung zwischen Staat und Privaten s. *BMI*, Nationale Strategie zum Schutz Kritischer Infrastrukturen, S. 8.

1296 *Isensee*, in: ders./Kirchhof (Hg.), HdBStR IX, 3. Aufl., § 191 Rn. 244.

1297 *Gusy/Worms*, in: Möstl/Kugelmann (Hg.), PolG NRW, Beck-OK, 4. Ed., § 1 Rn. 227, 229.

1298 Zu dieser Differenzierung, wenn auch übertragen auf die einfachgesetzliche Ebene des Polizeirechts *Gusy/Worms*, in: Möstl/Kugelmann (Hg.), PolG NRW, Beck-OK, 4. Ed., § 1 Rn. 230.

1299 *Erbguth*, DVBl. 2007, 1202 (1206); *Thiel*, Die „Entgrenzung" der Gefahrenabwehr, S. 131 f.

1300 In Bezug auf das PolG NRW *Gusy/Worms*, in: Möstl/Kugelmann (Hg.), PolG NRW, Beck-OK, 3. Ed., § 1 Rn. 230, 232.

1301 *Isensee*, in: ders./Kirchhof (Hg.), HdBStR IX, 3. Aufl., § 191 Rn. 236.

1302 Die meisten Eigensicherungspflichten beziehen sich auf die Vorsorge, ausdrücklich erwähnt sei z.B. § 8 Abs. 1 Nr. 1 LuftSiG. Einige Eigensicherungspflichten

3. *Staatliche Handlungspflicht*

Steht fest, dass die Eigensicherungspflicht eine Frage der Schutzpflicht ist, bleibt zu klären, inwiefern in den Fällen, in denen Eigensicherungspflichten auferlegt werden, auch tatsächlich eine staatliche Handlungspflicht besteht.

a) Allgemeine Kriterien für eine Handlungspflicht

Aus dem Bestehen einer staatlichen Schutzpflicht folgt nicht unmittelbar, dass der Staat überhaupt tätig werden muss.[1303] Schon aufgrund der geringen Wahrscheinlichkeit des Schadenseintritts erscheint seine Handlungspflicht in der Konstellation der Eigensicherungspflicht fragwürdig. Als Auslösungskriterium für sie kommt auf Verfassungsebene der Begriff der Gefahr infrage.[1304] Jedenfalls muss es auf eine Prognoseentscheidung zwischen der Qualität des Rechtsguts und der Wahrscheinlichkeit des Schadenseintritts ankommen.[1305] Ein Anschlag wie in New York am 11.09.2001 im Luftverkehr hat sich bisher nicht wiederholt.[1306] Auch der Anschlag auf den Flughafen in Brüssel 2016 ist nach wie vor als Ausnahmefall zu qualifizieren.[1307] Im Gegensatz dazu gab es in NRW im Jahr 2014 9 % mehr Unfalltote (522) als im Vorjahr (479).[1308] Aufgrund der Art und Schwere eines Schadens kann aber die entfernte Wahrscheinlichkeit eines Schadenseintritts ausreichen.[1309] Wird also beispielsweise bei Angriffen auf ein Kernkraftwerk eine äußerst geringe Schadenswahrscheinlichkeit ausreichen,[1310] so werden bei Angriffen auf IT-Systeme höhere Anforderungen an diese zu stellen sein: Im Jahr 2014 sind zwei Identitätsdiebstähle bemerkbar geworden, durch die Zugriff auf 16 bzw. 18 Millionen Benutzernamen und Passwörter erlangt wurde.[1311] Die Online-Banking-Schadsoftware „Geodo" verursachte einen erheblichen Schaden bei

---

erstrecken sich allerdings auch auf die konkrete Gefahrenabwehr z. B. § 8 Abs. 1 S. 1 Nr. 7 LuftSiG.

1303 *Nitz*, Private und öffentliche Sicherheit, S. 381 ff.

1304 BVerfGE 49, 89 (142 f.). Darauf verweisend *Nitz*, Private und öffentliche Sicherheit, S. 382.

1305 *Nitz*, Private und öffentliche Sicherheit, S. 382.

1306 *Bonß/Wagner*, in: Gerhold/Schiller (Hg.), Perspektiven der Sicherheitsforschung, S. 41 (45).

1307 FAZ v. 22.03.2016, online abrufbar unter http://www.faz.net/aktuell/politik/kampf-gegen-den-terror/anschlaege-der-terror-ist-in-bruessel-14139886.html#/elections, Zugriff am 29.03.2016.

1308 S. *MIK*, Polizeiunfallstatistik NRW 2014, S. 3, online abrufbar unter https://polizei.nrw/sites/default/files/2016-11/VU_Statistik_2014_0.pdf, Zugriff am 06.03.2018.

1309 BVerfGE 49, 89 (142); *Erichsen*, Jura 2007, 85 (87).

1310 BVerfGE 49, 89 (142).

1311 *BSI*, Die Lage der IT-Sicherheit in Deutschland 2014, S. 29, online abrufbar unter https://www.bsi.bund.de/SharedDocs/Downloads/DE/BSI/Publikationen/Lageberichte/Lagebericht2014.pdf?__blob=publicationFile, Zugriff am 21.02.2017. Zu aktuelleren Vorfällen s.a. *BSI*, Die Lage der IT-Sicherheit in Deutschland 2015, online abrufbar unter https://www.bsi. bund.de/SharedDocs/Downloads/DE/BSI/

Privatnutzern.[1312] Auch Smartphones werden oftmals von Schadsoftwares infiziert.[1313] Über die Angriffe auf Privatkunden hinaus war auch die Wirtschaft betroffen: Über Phishing und Social Engineering wurden Systeme befallen, die zu Steuerungsdefiziten und dadurch zu Anlagenbeschädigungen führten.[1314] Diese Vorfälle blieben keine Einzelfälle.[1315] Kritische Infrastrukturen waren davon ebenfalls nicht verschont.[1316] Jüngst (Februar 2016) fand ein Hackerangriff auf ein Krankenhaus in Neuss statt, wodurch Geld erpresst werden sollte.[1317] Eine staatliche Handlungspflicht im Bereich Kritischer Infrastrukturen kann insoweit nicht ernsthaft bestritten werden. Im Gegenteil: Bei der Kollision einer Vielzahl von Rechtsgütern – so in den Konstellationen, in denen bis dato Eigensicherungspflichten auferlegt werden –, beispielsweise dort wo sich Menschen ansammeln, muss eine staatliche Handlungspflicht erst recht ausgelöst sein.[1318] Zu solchen Orten zählen Flughäfen, Bahnhöfe, Fußballstadien etc. Doch auch Angriffe auf Kritische Infrastrukturen betreffen aufgrund der Interdependenzen zwischen den „technischen Basisinfrastrukturen“ und den „sozioökonomischen Dienstleistungsinfrastrukturen“ nicht nur den Betreiber, sondern eine Vielzahl Dritter.[1319] Überdies spricht die Restitutionsfähigkeit der Beeinträchtigung,[1320] die bei Schutzgütern von Eigensicherungspflichten (z.B. Leben, Fernmeldegeheimnis, Datenschutz) kaum zu bejahen sein kann,[1321] für das Bestehen einer staatlichen Handlungspflicht. Auch der Intensität der abzuwendenden Beeinträchtigung kommt – über ihren Einfluss bei der Wahrscheinlichkeitsprognose hinaus – eigenständige Bedeutung für die Annahme einer staatlichen Handlungspflicht zu.[1322]

Publikationen/Lageberichte/Lagebericht2015.pdf?__blob=publicationFile&v=5, Zugriff am 21.02.2017 sowie *BSI*, Die Lage der IT-Sicherheit in Deutschland 2016.

1312 *BSI*, Die Lage der IT-Sicherheit in Deutschland 2014, S. 30.

1313 *BSI*, Die Lage der IT-Sicherheit in Deutschland 2014, S. 30.

1314 *BSI*, Die Lage der IT-Sicherheit in Deutschland 2014, S. 31.

1315 Siehe zu den weiteren Vorfällen in 2014 *BSI*, Die Lage der IT-Sicherheit in Deutschland 2014, S. 31 ff. Auf die Vielzahl der Vorfälle verweisen auch *Rath* u. a., K&R 2015, 437 (437).

1316 *BSI*, Die Lage der IT-Sicherheit in Deutschland 2014, S. 34.

1317 Süddeutsche Zeitung, 12.02.2016, online abrufbar unter http://www.sueddeutsche.de/digital/hackerangriff-computervirus-legt-klinik-in-neuss-lahm-1.2861656, Zugriff am 10.03.2016.

1318 *Gusy*, in: Hoffmann-Riem/Schmidt-Aßmann (Hg.), Effizienz als Herausforderung an das Verwaltungsrecht, S. 175 (191); *Nitz*, Private und öffentliche Sicherheit, S. 383.

1319 *BMI*, Nationale Strategie zum Schutz Kritischer Infrastrukturen, S. 8.

1320 *Nitz*, Private und öffentliche Sicherheit, S. 379; *Peilert*, Das Recht des Auskunftei- und Detekteigewerbes, S. 243.

1321 Das Schutzgut Leben ist z.B. bei den Eigensicherungspflichten des LuftSiG, namentlich §§ 8, 9 LuftSiG sowie bei § 7 Abs. 2 Nr. 5 AtG betroffen. Bei § 109 Abs. 1 TKG stehen dagegen das Fernmeldegeheimnis (Nr. 1) und der Schutz personenbezogener Daten (Nr. 2) im Vordergrund.

1322 *Dietlein*, Die Lehre von den grundrechtlichen Schutzpflichten, S. 114; *Nitz*, Private und öffentliche Sicherheit, S. 379; *Stern*, Das Staatsrecht der BRD, Bd. III, Teilband 1, S. 740.

b) Qualifizierte Handlungspflicht aufgrund von Privatisierung

Eine Schutzpflicht ist solange nicht verletzt, wie das Ergebnis verfassungsrechtlich haltbar ist.[1323] Demnach kann der Gesetzgeber solange von seiner Gesetzesprärogative Gebrauch machen und sich von seinen Interessen an einer effektiven Tätigkeitsausübung lenken lassen, wie aus der Sicht des Abwehrrechts des Verpflichteten das verfassungsrechtlich zulässige Maß nicht überschritten und aus der Sicht des Dritten das Mindestmaß an Schutz nicht unterschritten ist.[1324]

Besonders schutzbedürftig sind Dritte hingegen bei historisch verwurzelten Daseinsvorsorgeaufgaben, z. B. im Telekommunikationssektor, der ursprünglich in die staatliche Verwaltung eingegliedert war und mit der Zeit zunehmend für den Wettbewerb geöffnet wurde.[1325] Entledigt sich der Staat seiner Erfüllungsverantwortung zugunsten einer Gewährleistungsverantwortung, ist er aus der Schutzpflicht heraus dazu verpflichtet, noch mehr von seiner Verantwortung Gebrauch zu machen.[1326] Denn auch im Bereich Infrastrukturschutz ist die Zeit für einen Funktionswandel gekommen. Der ursprünglich am Maßstab der Abwehrrechte des Dritten zu messende Grundrechtsschutz ist nun Gegenstand staatlicher Schutzpflicht, welche die Qualität eines Schutzrechts für diesen Dritten verdient.[1327] Dieser sog. „Funktionswandel"[1328] lässt sich besonders am Maßstab des Artikels 10 GG festmachen.[1329] Das ursprünglich als Abwehrrecht konzipierte Grundrecht darf nach der Privatisierung des Telekommunikationsmarktes und der Umwandlung der staatlichen Erfüllungs- zu einer Gewährleistungsverantwortung keinen Verlust des Grundrechtsschutzes bei Dritten zur Folge haben.[1330] Zwar trifft die staatliche Schutzpflicht den Staat, doch soll der Private in die Lage versetzt werden, die Schutzpflicht selbst zu erfüllen.[1331] Insoweit ist der Gesetzgeber gefragt, einen hierfür geeigneten Rechtsrahmen herzustellen.[1332] Dieses in Artikel 10 GG schon vergleichsweise fortgeschrittene Phänomen kann auf alle Eigensicherungspflichten übertragen werden.[1333]

1323 *Nitz*, Private und öffentliche Sicherheit, S. 394.

1324 *Nitz*, Private und öffentliche Sicherheit, S. 371.

1325 *Cornils*, in: Geppert/Schütz (Hg.), TKG, Beck-OK, 4. Aufl., A Rn. 1; *Di Fabio*, VVDStRL 56 (1997), S. 235 (270); *Michael/Morlok*, Grundrechte, 5. Aufl., Rn. 490.

1326 *Schmidt-Preuß*, VVDStRL 56 (1997), S. 160 (172). Zum Schutzauftrag bzgl. des Fernmeldegeheimnisses BVerfGE 106, 28 (37); *Guckelberger*, in: Schmidt-Bleibtreu u. a. (Hg.), GG, 13. Aufl., Art. 10 Rn. 30. Kritisch *Durner*, in: MD, GG, Bd. 2, 78. EL, Art. 10 Rn. 116.

1327 *Epping*, Grundrechte, 6. Aufl., Kap. 1 Rn. 16.

1328 *Gusy*, in: v. MKS, GG, Bd. 1, 6. Aufl., Art. 10 Rn. 61.

1329 *Gusy*, in: v. MKS, GG, Bd. 1, 6. Aufl., Art. 10 Rn. 61. A.A. *Pagenkopf*, in: Sachs (Hg.), GG, 7. Aufl., Art. 10 Rn. 22, der nicht den Staat für das Versagen des Privaten verantwortlich machen will.

1330 *Gusy*, in: v. MKS, GG, Bd. 1, 6. Aufl., Art. 10 Rn. 61.

1331 *Gusy*, in: v. MKS, GG, Bd. 1, 6. Aufl., Art. 10 Rn. 63.

1332 *Hermes*, in: Dreier (Hg.), GG, Bd. 3, Art. 10 Rn. 97.

1333 Zum Funktionswandel des Artikels 10 GG z. B. *Gusy*, in: v. MKS, GG, Bd. 1, 6. Aufl., Art. 10 Rn. 61 ff.; *Hermes*, in: Dreier (Hg.), GG, Bd. 1, 3. Aufl., Art. 10 Rn. 94 ff.

Die Pflicht des Staates, betroffenen Dritten einen ausreichenden Grundrechtsschutz zu gewährleisten, ist als „Ausgleich"[1334] für den durch die Privatisierung erlittenen Verlust ihres subjektiven Abwehrrechts zu denken.[1335] Übertragen auf die Infrastruktursicherung mit dem mittelbaren Zweck, Daseinsvorsorgeaufgaben wahrzunehmen und das Fernmeldegeheimnis zu wahren, bedeutet es, dass der Staat dazu verpflichtet ist, in von der Privatisierung betroffenen Bereichen, Maßnahmen zur Eigensicherung aufzuerlegen, die in eigener Verantwortung durch den Privaten wahrzunehmen sind.[1336] Insoweit trifft den Staat eine Schutzpflicht, die „Erfüllungsverantwortung" des Privaten so zu gestalten, dass die Grundrechte und der Infrastrukturgewährleistungsauftrag bzw. die Daseinsvorsorgeaufgabe gegenüber Dritten hinreichend berücksichtigt werden.[1337] Dies wird dazu führen müssen, dass der Adressat einer Eigensicherungspflicht, will er in einem historisch verwurzelten Bereich der Daseinsvorsorge kommerziell tätig werden, zu einem gewissen Teil Einschränkungen seiner wirtschaftlichen Grundrechte in Form von Pflichten zur Erfüllung von Verfahrensvoraussetzungen oder einfachgesetzlich statuierte Pflichten zur Wahrung der Rechte des Dritten wird in Kauf nehmen müssen.[1338] Dazu zählt indessen auch, dass die Privaten in die Lage versetzt werden müssen, diese Pflichten zu erfüllen.[1339] Erinnern wir uns an dieser Stelle an die Eigensicherungsrechte, so wurde festgestellt, dass diese nur sehr begrenzt auf Konstellationen, in denen Eigensicherungspflichten in der heutigen Zeit auferlegt werden, zugeschnitten sind.[1340] Insoweit spricht vieles dafür, dem Privaten auf gesetzlicher Grundlage Mittel für eine effektive Wahrnehmung seiner Pflicht zu verschaffen.

4. *Schutzpflichtverletzung*

Durch die Statuierung einer Eigensicherungspflicht wird nicht der Staat selbst gegen Risiken und Gefahren aktiv.[1341] Er verpflichtet einen Privaten zur Wahrnehmung von Schutzvorkehrungen.[1342] Insoweit bleibt zu klären, ob der Mindestschutz durch

---

1334 *Gusy*, in: v. MKS, GG, Bd. 1, 6. Aufl., Art. 10 Rn. 61.

1335 *Gusy*, in: v. MKS, GG, 6. Aufl., Bd. 1, Art. 10 Rn. 61; *Michael/Morlok*, Grundrechte, 5. Aufl., Rn. 490.

1336 Zur staatlichen Gewährleistungsverantwortung als Regulierungsverantwortung *Wieland*, in: Dreier (Hg.), GG, Bd. 3, 2. Aufl., Art. 87f. Rn. 17. Ähnlich bereits *Gusy*, in: v. MKS, GG, Bd. 1, 6. Aufl., Art. 10 Rn. 63.

1337 Ausdrücklich *Gusy*, in: v. MKS, GG, Bd. 1, 6. Aufl., Art. 10 Rn. 63.

1338 Dahin gehend *Gusy*, in: v. MKS, GG, Bd. 1, 6. Aufl., Art. 10 Rn. 61 ff.; *Hermes*, in: Dreier (Hg.), GG, Bd. 1, 3. Aufl., Art. 10 Rn. 96; *Jarass*, GG, 14. Aufl., Art. 10 Rn. 14. Dies wäre nicht neu, sondern war damals bereits § 10 Gesetz über Fernmeldeanlagen (FAG), RGBl. I 1928, S. 7 zu entnehmen.

1339 *Gusy*, in: v. MKS, GG, Bd. 1, 6. Aufl., Art. 10 Rn. 63.

1340 Kap. 2 – C.

1341 Z.B. §§ 8 Abs. 1, 9 Abs. 1 LuftSiG, § 7 Abs. 2 Nr. 5 AtG, § 109 Abs. 1, 2 TKG, § 8a BSIG.

1342 Ebd.

die Verpflichtung Privater zur Eigensicherung hinreichend gewahrt ist,[1343] was über die umgekehrte Frage, ob der bestehende Schutz verfassungsrechtlich haltbar ist, besser auf den Punkt gebracht werden kann.[1344]

a) Aufgrund defizitärer Schutzinstrumente

Fragwürdig erscheint die ordnungsgemäße Wahrnehmung der Schutzpflicht primär deshalb, weil dem zum Schutz verpflichteten Privaten keine hoheitlichen Befugnisse, sondern ausschließlich „Jedermannsrechte" zur Verfügung stehen.[1345] Da nur ein Mindestmaß an Sicherheit von der staatlichen Schutzpflicht gewährleistet ist, darf diese Frage jedoch nicht dahin gehend verfallen, dass staatliche Schutzinstrumente möglicherweise besser geeignet wären.[1346] Diskutiert wurde dieser Aspekt in der Literatur insbesondere aufgrund der fehlenden Möglichkeit, jemanden tatsächlich zum Einsatz seiner Notrechte verpflichten zu können, wenn dies mit einer erheblichen Gesundheitsgefährdung einhergeht.[1347] Solche Eigensicherungspflichten sind jedoch nicht Gegenstand weiterer Diskussionen geworden, da es selten zur Problematik der tatsächlichen Ausübung körperlicher Kraft unter Einsatz der Notrechte bei Eigensicherungspflichten kommt.[1348] Die meisten Eigensicherungspflichten beziehen sich auf den Bereich der Risikovorsorge[1349] und haben technische sowie organisatorische Vorkehrungen zum Gegenstand.[1350] Dort sind die Notrechte mangels unmittelbaren Angriffs nicht anwendbar.[1351] Indiziert die Verpflichtung zur Eigensicherung im Vorfeld mangels tauglicher Handlungsgrundlage, außer dem Hausrecht, dennoch eine Schutzpflichtverletzung?[1352] Fest steht zumindest, dass alles, was von dem Hausrecht umfasst ist, von einem Privaten wahrgenommen werden kann.[1353] Dagegen kann beispielsweise ein privater Hafenbetreiber nicht dazu verpflichtet werden aufgrund der ihm auferlegten Eigensicherungspflicht auch Kontrollen auf öffentlichen Straßen vorzunehmen.[1354] Doch verletzt der Staat Drit-

---

1343 *Otten*, Eigensicherung, S. 186.
1344 Für diese Herangehensweise spricht sich insbesondere *Nitz*, Öffentliche Sicherheit und Ordnung, S. 394, aus.
1345 Ausführlich zu diesem Punkt *Otten*, Eigensicherung, S. 186 f.
1346 *Otten*, Eigensicherung, S. 186. Zur Frage, welcher Schutzumfang herzustellen ist s. *Nitz*, Private und öffentliche Sicherheit, S. 369 ff. m.w.N.
1347 So *Otten*, Eigensicherung, S. 187. Zu dieser Problematik s. Kap. 2 – B.III.
1348 Im Vordergrund stehen technische Maßnahmen, vgl. *Gusy*, in: Hoffmann-Riem/Schmidt-Aßmann (Hg.), Effizienz als Herausforderung an das Verwaltungsrecht, S. 175 (182).
1349 S. dazu Kap. 2 – C.I.1.; Kap. 3 – A.I.1.b)aa)(1).
1350 *Gusy*, Effizienz als Herausforderung an das Verwaltungsrecht, S. 175 (182).
1351 Zu dieser Problematik s. Kap. 2 – C.I.7.
1352 Generell eine Schutzpflichtverletzung bei fehlenden Befugnissen des Privaten erörternd *Otten*, Eigensicherung, S. 187.
1353 Zum Umfang des Hausrechts s. Kap. 2 – C.I.6.
1354 VG Düsseldorf DVBl. 2012, 1315 (1318 f.) m. Anmerkung v. Büge.

ten gegenüber dadurch seine Schutzpflicht, dass er im Bereich der Risikovorsorge Private zu Vorsorgemaßnahmen verpflichtet, die dessen Befugnisse überschreiten? Die Schutzpflicht knüpft an eine Gefahr an, da erst ab diesem Zeitpunkt von einer zu missbilligenden Lage gesprochen werden kann.[1355] Zwar darf sich der Staat zur Verwirklichung seiner Schutzpflicht schon im Bereich der Risikovorsorge betätigen. Zu diesem Zeitpunkt ist allerdings noch nicht von einer Pflicht die Rede, sodass eine leer gelaufene Verpflichtung Privater keine Schutzpflichtverletzung Dritter begründen kann,[1356] solange der Mindestschutz letztlich im Ergebnis gewahrt ist.[1357] Sobald indessen von einer Gefahr gesprochen werden kann, müssen dem Privaten ausreichende Mittel zur Abwehr eingeräumt sein.

b) Mangels Begrenzung des Selbstschutzrechts des Eigensicherungsverpflichteten?

In der Literatur wird überdies eine staatliche Schutzpflichtverletzung mangels Begrenzung der Notrechte von Sicherheitsunternehmen in Wahrnehmung einer Eigensicherungspflicht in Erwägung gezogen, da der Private nicht den Grundsatz der Verhältnismäßigkeit zu beachten habe.[1358] Diese Bedenken sind indessen nicht allein auf die Tätigkeit von Sicherheitsunternehmen zu begrenzen, sondern infolge des auch bei Eigensicherungspflichten auftretenden Problems der Rechtsnatur der Nothilfe insgesamt auf die Wahrnehmung von Eigensicherungspflichten zu erstrecken.[1359] Die Selbstschutzrechte stehen dem Eigensicherungsverpflichteten nicht schrankenlos zur Verfügung.[1360] Es handelt sich um eine Gewaltgestattung durch den Gesetzgeber, die sowohl auf Tatbestands- als auch auf Ermessensebene enge Grenzen aufweist.[1361] Mehr noch: Das Hineinlesen gesetzlich nicht vorgesehener Voraussetzungen in die einschlägigen Normen, insbesondere in § 32 StGB, stellt einen unzulässigen Eingriff in die Grundrechte des Eigensicherungsverpflichteten dar.[1362] Artikel 2 Abs. 2 S. 1 GG oder Artikel 14 GG des Verpflichteten wären verletzt.[1363] Hintergrund dessen ist der wesentliche Unterschied zwischen dem Recht

---

1355 *Isensee*, in: ders./Kirchhof (Hg.), HdBStR IX, 3. Aufl., § 191 Rn. 235.

1356 *Isensee*, in: ders./Kirchhof (Hg.), HdBStR IX, 3. Aufl., § 191 Rn. 235.

1357 *Nitz*, Private und öffentliche Sicherheit, S. 369 ff.

1358 S. nur *Otten*, Eigensicherung, S. 185 f., der eine Schutzpflichtverletzung i.E. ablehnt. Zur Problematik der Bindung des Eigensicherungsverpflichteten an den Grundsatz der Vhmk s. Kap. 2 – C.I.1.

1359 Zu dieser Problematik siehe Kap. 2 – C.I.1.

1360 *Otten*, Eigensicherung, S. 186.

1361 S. zu den Voraussetzungen der einzelnen Notrechte sowie Selbsthilferechte Kap. 2 – C.I.

1362 *Peilert*, Das Recht des Auskunftei- und Detekteigewerbes, S. 209.

1363 Zum Recht eines Unternehmenden zur Eigensicherung, vgl. *Ehlers*, in: FS f. Lukes, S. 337 (349 ff.); *Ehses*, in: Glavic (Hg.), HdB des privaten Sicherheitsgewerbes, S. 439 (442 f.) (Rn. 10 ff.); *Peilert*, Das Recht des Auskunftei- und Detekteigewerbes, S. 209.

und der Pflicht zur Eigensicherung.[1364] Bei der Regelung einer Eigensicherungspflicht profitiert der Gesetzgeber von den Instrumenten, die dem Privaten für sein Recht zur Eigensicherung zu Verfügung stehen, indem er den Privaten in bestimmten Situationen dazu verpflichtet, von seinen „Jedermannsrechten“ Gebrauch zu machen. Würde aber der Gesetzgeber bei der Ausarbeitung einer Eigensicherungspflicht eine weitere Beschränkung der Notrechte durch eine Einführung des Verhältnismäßigkeitsprinzips einführen, wäre der Eigensicherungsverpflichtete mehrfach belastet: Allein die Verpflichtung zur Eigensicherung stellt bereits eine Verkürzung des Schutzbereichs des Verpflichteten dar.[1365] Zudem würde er aber in seinem Recht beschränkt, seine grundrechtlich gewährleisteten Selbstschutzrechte im vorgesehenen Umfang auszuüben.[1366] Die Möglichkeit einer bestimmten Maßnahme ist aber Voraussetzung dafür, dass der Staat sie infolge seiner staatlichen Schutzpflicht ergreifen muss.[1367] Im Gegenzug gilt es zu beachten, dass der Staat nur zu einem Mindestschutz des Dritten, der ohne Begrenzung der Selbstschutzrechte in den meisten Fällen erreicht sein dürfte, verpflichtet ist.[1368] Anders könnte der Mindestschutz zugunsten Dritter dann zu bewerten sein, wenn die Eigensicherungspflicht im Bereich ursprünglich staatlich erbrachter Daseinsvorsorgeaufgaben ergeht. Da der Dritte besonders schutzbedürftig ist und eine qualifizierte Schutzpflicht besteht, ist eine einfachgesetzliche Bindung des Privaten an den Verhältnismäßigkeitsgrundsatz nicht abwegig. Die staatliche Schutzpflicht darf indessen nur soweit reichen, dass die größte mögliche Eingriffsintensität in Grundrechte Dritter – hier des Eigensicherungsverpflichteten – nicht erreicht ist.[1369] Des ungeachtet wäre eine gesetzlich nicht geregelte Bindung an das Verhältnismäßigkeitsprinzip für den Privaten unvorhersehbar und würde daher gegen den Bestimmtheitsgrundsatz verstoßen.[1370]

c) *Mangels Gleichwertigkeit des privaten und staatlichen Schutzes*

Eine andere Bewertung könnten Eigensicherungspflichten, die auf die Abwehr einer konkreten Gefahr zielen, verdienen. Eine Schutzpflichtverletzung des Staates scheidet bei Vorliegen einer konkreten Gefahr für Dritte grundsätzlich nur dann aus,

---

1364 Hierzu ausführlich Kap. 2.

1365 S. zum Eingriffscharakter der Eigensicherungspflicht Kap. 3 – B.I.2.

1366 S. hierzu genauer Kap. 2 – A.

1367 *Isensee*, Grundrecht auf Sicherheit, S. 37; *Peilert*, Das Recht des Auskunftei- und Detekteigewerbes, S. 243.

1368 So auch im Hinblick auf durch Sicherheitsdienste wahrgenommene Eigensicherungspflichten *Otten*, Eigensicherung, S. 186.

1369 *Nitz*, Private und öffentliche Sicherheit, S. 371; *Stern*, Das Staatsrecht der BRD, Bd. III, Teilband 1, S. 738.

1370 Aus dem Bestimmtheitsgrundsatz folgt, dass der Bürger die Möglichkeit bekommt, sein Verhalten an die Norm anzupassen, s. BVerfGE 31, 255 (264); 83, 130 (145); *Schulze-Fielitz*, in: Dreier (Hg.), GG, 3. Aufl., Art. 20 (Rechtsstaat) Rn. 128 f. m.w.N. Zum Bestimmtheitsgrundsatz s. z. B. *Huster/Rux*, in: Epping/Hillgruber (Hg.), GG, Beck-OK, 31. Ed., Art. 20 Rn. 182.

wenn gleichwertiger Schutz durch den Privaten hergestellt wird.[1371] Die staatliche Schutzpflicht ist insofern verletzt, wenn:

1. Über die Rechte des Rechtsgutträgers auch solche von Dritten betroffen sind;
2. auch für die Schutzgüter des Dritten die Bedrohung Gefahrenqualität erreicht hat;
3. der Rechtsgutsträger nicht so effektive Sicherheitsmaßnahmen vornimmt wie der Staat es tun würde;
4. der Staat nicht über hinreichende Kontroll- und Durchsetzungsmechanismen verfügt, um bei einem privaten Versagen den Mindestschutz zu halten.[1372]

Die meisten Eigensicherungspflichten sind überwiegend für den Bereich der Risikovorsorge vorgesehen, allerdings nicht auf diesen begrenzt. Nur die wenigsten Eigensicherungspflichten sind wie §§ 8 Abs. 1 S. 1 Nr. 7 oder 9 Abs. 1 S. 1 Nr. 5 LuftSiG formuliert, bei denen nur Fälle einer konkreten Gefahr vorstellbar sind.[1373] Üblicher Weise erfolgt der Übergang fließend. Eine typische Formulierung einer Eigensicherungspflicht ist § 109 Abs. 1 TKG zu entnehmen, wonach „erforderliche technische Vorkehrungen" und „sonstige Maßnahmen" zum „Schutz des Fernmeldegeheimnisses" (Nr. 1) bzw. gegen die „Verletzung des Schutzes personenbezogener Daten" zu ergreifen sind. Die Maßnahmen werden unabhängig davon, ob eine tatsächliche Gefahr besteht oder nicht, ergriffen. Sie sind ergebnisorientiert, d.h. die Pflicht ist nur erfüllt, wenn die erforderlichen Maßnahmen vorgenommen wurden, wenn auch beschränkt auf den jeweiligen Stand der Technik.[1374] Der Verpflichtete hat dafür zu sorgen, dass es nicht zu einer Verletzung des Fernmeldegeheimnisses kommt.[1375] Insoweit sind bei dieser Formulierung mangels zeitlicher Beschränkung Punkt 3. und 4. detaillierter zu untersuchen. Ist die Gefahrenschwelle überschritten, ist grundsätzlich der Staat für die Gefahrenabwehr zuständig. Die Schutzpflicht ist dann nur nicht verletzt, wenn der Private im gesetzlich vorgesehenen Umfang zumindest gleich effektiv wie der Staat für den Schutz des Fernmeldegeheimnisses bzw. für den Schutz personenbezogener Daten sorgt. Technische Sicherheitssysteme setzen Systemverständnis voraus.[1376] Dafür sind regelmäßig Spezialisten erforderlich.[1377] Auch für organisatorische Maßnahmen im Unternehmen ist davon auszugehen, dass der Private, der mit den Örtlichkeiten, Geräten und Vorgängen

1371 Bzgl. PolG NRW *Gusy/Worms*, in: Möstl/Kugelmann (Hg.), PolG NRW, Beck-OK, 4. Ed., § 1 Rn. 230.

1372 *Gusy/Worms*, in: Möstl/Kugelmann (Hg.), PolG NRW, Beck-OK, 4. Ed., § 1 Rn. 230 ff.

1373 In Bezug auf § 19b Abs. 1 Nr. 4 LuftVG (a.F.) *Czaja*, Eigensicherungspflichten von Verkehrsflughäfen, S. 114; *Ossenbühl*, Eigensicherung und hoheitliche Gefahrenabwehr, S. 21 f.

1374 *Eckhardt/Schmitz*, CR 2011, 436 (440); *Graulich*, in: Arndt u. a. (Hg.), TKG, 2. Aufl., § 109 Rn. 13.

1375 *Eckhardt*, in: Geppert/Schütz (Hg.), TKG, 4. Aufl., § 109 Rn. 22.

1376 *Strohschneider*, in: Zoche u. a. (Hg.), Zivile Sicherheit, S. 161 (167).

1377 *Strohschneider*, in: Zoche u. a. (Hg.), Zivile Sicherheit, S. 161 (167).

im Unternehmen vertraut ist, zumindest gleich gut, wenn nicht sogar besser für die Wahrnehmung der Pflicht geeignet ist als der Staat. Punkt 3. wird mit derartigen Eigensicherungspflichten hinreichend Rechnung getragen. Darüber hinaus ist Rechtssetzung aber nur kumulativ mit der Rechtsdurchsetzung zu begreifen 4.[1378] Insoweit müssen hinreichende Kontroll- und Durchsetzungsmechanismen bestehen.[1379] Für die Eigensicherungspflicht wurde ein System der Verantwortungsstufung gewählt.[1380] Ob der Gesetzgeber Punkt 4. hinreichend nachgekommen ist, wird in Kapitel 4 – D.II.2.b) untersucht.

d) Mangels klarer Aufgabenzuweisungen

Zudem darf sich der Staat weder vollständig aus der Sicherstellung des Fernmeldegeheimnisses noch des Schutzes personenbezogener Daten zurückziehen.[1381] Aufgrund der offenen Formulierung des § 109 Abs. 1 TKG ist die Vorschrift einschränkend auszulegen. So sind als technische Maßnahmen ausschließlich solche Schutzmaßnahmen zu verstehen, die sich auf die Funktionsweise der Netze beziehen.[1382] Sonstige Maßnahmen sind regelmäßig Organisations- und Kontrollvorkehrungen oder vertragliche Absicherungen.[1383] Für alle sachlich davon nicht erfassten Maßnahmen ist weiterhin der Staat verantwortlich. Für einen umgrenzten Bereich sind der Staat und die Privaten gleichermaßen verantwortlich. Hat sich der Staat bei der Wahrnehmung seiner Schutzpflicht für die Statuierung einer Eigensicherungspflicht entschieden, gehört es zu dieser dazu, dass die gesetzliche Regelung klare Verantwortungssphären bestimmt. Nur so kann gewährleistet werden, dass es in einer Gefahrensituation nicht zu gegenseitigen Verantwortungszuweisungen kommt, mit dem Ergebnis, dass keiner die erforderliche Aufgabe wahrnimmt.[1384] Ob der Staat bei den einzelnen Eigensicherungspflichten klare Verantwortungssphären festgelegt hat, soll insbesondere in Kapitel 4 – D.II.1 sowie D.II.2. untersucht werden.[1385]

1378 *Isensee*, Grundrecht auf Sicherheit, S. 40 f.

1379 *Gusy*, in: Schuppert (Hg.), Jenseits von Privatisierung und schlankem Staat, S. 115 (128).

1380 Zur Möglichkeit einer „gestuften Schutzverantwortung“ schon *Gusy/Worms*, in: Möstl/Kugelmann (Hg.), PolG NRW, Beck-OK, 4. Ed. § 1 Rn. 233.

1381 In Bezug auf PolG NRW *Gusy/Worms*, in: Möstl/Kugelmann (Hg.), PolG NRW, Beck-OK, 4. Ed., § 1 Rn. 233.

1382 *Eckhardt*, in: Geppert/Schütz (Hg.), TKG, Beck-OK 4. Aufl., § 109 Rn. 27; *Mozek*, in: Säcker (Hg.), TKG, 3. Aufl., § 109 Rn. 16; *Zerres*, in: Scheurle/Mayen (Hg.), TKG, 1. Aufl., § 87 Rn. 16.

1383 *Eckhardt*, in: Geppert/Schütz (Hg.), TKG, Beck-OK 4. Aufl., § 109 Rn. 28; *Mozek*, in: Säcker (Hg.), TKG, 3. Aufl., § 109 Rn. 17.

1384 Zum Erfordernis klarer Zuständigkeiten schon *Gusy*, in: Schuppert (Hg.), Jenseits von Privatisierung und schlankem Staat, S. 115 (127).

1385 Da dieses Verantwortungsstufungsmodell nicht nur zur Wahrnehmung der Schutzpflicht, sondern auch zur Erfüllung von Aufgaben der Daseinsvorsorge

5. *Verdichtung der Gesetzesprärogative eines Rechts zu einer Pflicht zur Auferlegung von Eigensicherungspflichten zum Schutz der Grundrechte Dritter*

Zusammenfassend lässt sich sagen, dass dem Staat grundsätzlich ein Gestaltungsspielraum zusteht, in welcher Weise er seiner Sicherheitsaufgabe nachkommt.[1386] Ebenso ist der Staat bei der Erfüllung seiner Daseinsvorsorgeaufgabe frei, auf neue Formen der Gemeinwohlsicherung zurückzugreifen.[1387] Nicht nur zwischen Freiheit und Sicherheit,[1388] sondern auch zwischen Daseinsvorsorge und Sicherheit hat der Staat eine Balance zu schaffen. Verdichten kann sich diese Gesetzesprärogative allerdings zu einer Regelungspflicht:[1389] Der Spielraum des Gesetzgebers kann auf Null reduziert sein.[1390] Dies ist der Fall, wenn eine Eigensicherungspflicht das mildeste Mittel zur Erreichung des Mindestschutzes des Dritten darstellt,[1391] zugleich aber die höchste Eingriffsintensität bei dem Verpflichteten erreicht ist.[1392] Insbesondere, wenn die Sicherheitsmaßnahme für den Schutz Dritter bzw. die Allgemeinheit unentbehrlich ist, ein staatliches Handeln aber für den Privaten eingriffsintensiver wäre als eine Erledigung durch den Verpflichteten selbst, drängt sich die Auferlegung einer Eigensicherungspflicht als einziges Instrument zu Erfüllung der staatlichen Schutzpflicht oder Daseinsvorsorgeaufgabe auf.[1393]

In den Konstellationen, in denen Eigensicherungspflichten auferlegt werden, entsteht eine Dreieckskonstellation, bei der von vornherein zwischen allen Beteiligten teilweise übereinstimmende und teilweise zu einem großen Teil konfligierende Interessen bestehen. Die Grundrechtsausübung eines Privaten, die subjektiv-rechtlich durch seine Abwehrrechte geschützt ist, kann zulasten des objektiv-rechtlichen Gehalts der Grundrechte eines Dritten gehen.[1394] Greift der private Unternehmer durch die Ausübung seiner grundrechtlich geschützten Tätigkeit dermaßen in die Grundrechte des Dritten ein, dass ein Mindestmaß an Schutz nicht mehr gewährleistet ist, so besteht für diesen Dritten, soweit der Staat nicht tätig wird, sogar ein subjektiver Anspruch auf Schutz. Möchte der Staat einer Schutzpflichtverletzung zu-

---

genutzt wurde, wird der Versuch der Systematisierung der Eigensicherungspflicht für beide Aspekte erst in einem gesonderten Punkt unternommen.

1386 *Jarass*, AöR 110 (1985), 363 (384).

1387 *Schulze-Fielitz*, in: Hoffmann-Riem u. a. (Hg.), Grundlagen des Verwaltungsrechts, Bd. 1, 2. Aufl., § 12 Rn. 41.

1388 *Isensee*, in: ders./Kirchhof (Hg.), HdBStR IX, 3. Aufl., § 191 Rn. 151.

1389 Zur Regelungspflicht z. B. *Nitz*, Private und öffentliche Sicherheit, S. 389; *Schnekenburger*, Rechtsstellung und Aufgaben des Privaten Sicherheitsgewerbes, S. 91.

1390 *Nitz*, Private und öffentliche Sicherheit, S. 393.

1391 *Jarass*, AöR 110 (1985), 363 (384).

1392 *Stern*, Das Staatsrecht der BRD, Bd. III, Teilband 1, S. 738.

1393 *Isensee*, in: ders./Kirchhof (Hg.), HdBStR IX, 3. Aufl., § 191 Rn. 272.

1394 Zum objektiv-rechtlichen Gehalt der Grundrechte z. B. *Epping*, Grundrechte, 6. Aufl., Kap. 1 Rn. 15.

vorkommen oder dem ohnehin bestehenden objektiv-rechtlichen Gehalt der Grundrechte Dritter hinreichend nachkommen, muss dieser regulierend tätig werden.[1395] Das Recht, eine Eigensicherungspflicht aufzuerlegen, erhärtet sich zu einer Pflicht zur Auferlegung einer Eigensicherungspflicht, wenn es sich bei der Tätigkeit um eine ursprünglich staatliche Daseinsvorsorgeaufgabe oder schon immer staatlich regulierte Daseinsvorsorgeaufgabe, die infolge Privatisierung in private Verantwortung überführt worden ist, handelt.[1396] Die Entflechtung dieser verschiedenen Grundrechtsdimensionen und Verhältnisse bei der Erbringung von Daseinsvorsorgeaufgaben kann sowohl eine Pflicht zur Auferlegung einer Eigensicherungspflicht begründen, als auch den Maßstab für die Ausgestaltung derselben setzen.

D. Verantwortungsstufung als Systematisierungsansatz der Eigensicherungspflicht

Die Verteilung der Verantwortung zwischen dem Staat und dem Adressaten der Eigensicherungspflicht erweist sich als neues Instrument der Sicherheitsgewährleistung.[1397] Dies zeichnet sich sogar in zweifacher Weise aus. Schutzobjekt von Eigensicherungspflichten ist über den Schutz grundrechtlich gewährleisteter Positionen, wie das Fernmeldegeheimnis,[1398] hinaus auch die Infrastruktur.[1399] Der Private ist nicht unmittelbar dazu verpflichtet, insgesamt eine ausreichende Versorgung zu gewährleisten – die Infrastrukturgewährleistung ist schließlich Aufgabe des Staates[1400] –, sondern hat gefahrenabwehrend in Bezug auf Gefahren für die Infrastruktur (§ 109 Abs. 2 TKG) tätig zu werden.[1401] Mittelbar erbringt der Private einen Beitrag zur Erhaltung der Infrastruktur und wirkt damit an der Erfüllung von Daseinsvorsorgeaufgaben mit. Insoweit verteilt der Staat durch die Auferlegung einer Eigensicherungspflicht Verantwortung sowohl zur Herstellung von Sicherheit als auch zur Erfüllung der Daseinsvorsorge. Ob sich die Verteilung von Verantwortung tatsächlich als adäquates Instrument zur Erfüllung dieser Aufgaben erweist, muss dagegen genauer untersucht werden. Moniert wird insbesondere die Gefahr des Verwischens von Verantwortungsbereichen.[1402] Dem ist entgegenzuhalten, dass es nicht nur eine Lösung zur Bewältigung dieser umfangreichen Aufgaben, namentlich staat-

1395 *Hermes*, in: Dreier (Hg.), GG, Bd. 1, 3. Aufl., Art. 10 Rn. 97.
1396 S. zum Kontext Kap. 2 – B.I.2.a).
1397 *Gusy*, in: Hoffmann-Riem/Schmidt-Aßmann (Hg.), Effizienz als Herausforderung an das Verwaltungsrecht, S. 175 (182); *Erbguth*, DVBl. 2007, 1202 (1206).
1398 *Graulich*, in: Arndt u. a. (Hg.), TKG, 2. Aufl., § 109 Rn. 11; *Mozek*, in: Säcker (Hg.), TKG, 3. Aufl., § 109 Rn. 13.
1399 *Eckhardt*, in: Heun (Hg.), HdB TK-Recht, 2. Aufl., B Rn. 73; *Graulich*, in: Arndt u. a. (Hg.), TKG, 2. Aufl., § 109 Rn. 6; *Mozek*, in: Säcker (Hg.), TKG, 3. Aufl., § 109 Rn. 23.
1400 *Freund*, NVwZ 2003, 408.
1401 *Graulich*, in: Arndt u. a. (Hg.), TKG, 2. Aufl., § 109 Rn. 6.
1402 *Trute*, DVBl. 1996, 950 (955).

liches Handeln, geben kann[1403] und deshalb an einer neuen Zuordnung von Rollen im Gesamtsystem grundsätzlich nichts auszusetzen ist.[1404] Aus der Verantwortungsverteilung folgt nämlich, dass jeder für seinen Bereich selbst verantwortlich ist.[1405] Voraussetzung dafür ist jedoch eine unmissverständliche Rollenverteilung unter den verschiedenen Akteuren im Sinne klarer Verantwortungszuweisungen.[1406] Deswegen muss genau feststehen, wer was wann zu tun hat. Daraus ist die Konsequenz zu ziehen, dass der Staat nur dann seiner Schutzpflicht und Daseinsvorsorgeaufgabe, für die hier stellvertretend der Infrastrukturgewährleistungsauftrag des Artikels 87 f. Abs. 1 GG untersucht wird, hinreichend nachkommt, wenn die Rollenverteilung zwischen Staat und Gesellschaft durch die verschiedenen Eigensicherungspflichten jedenfalls so detailliert geregelt ist, dass durch dieses Modell zumindest ein Mindestschutz für Grundrechte Dritter und Mindestbedarf an Versorgungsleistungen aufrechterhalten werden kann.[1407] Eine stetige staatliche Auffangverantwortung kann hingegen nicht die Lösung des Problems sein.[1408] Denn der Staat wird in tatsächlicher Hinsicht oftmals nicht in der Lage sein einzuschreiten.[1409] Er soll durch eine Verantwortungsverteilung vielmehr entlastet werden, was nicht erreicht würde, wenn den Staat stets eine frühzeitige Auffangverantwortung treffen würde.[1410] Insoweit sind mehrere Stufen der Verantwortung unerlässlich.[1411]

I. Vorklärung: Abgrenzung der Begriffe Verantwortungsverteilung und Verantwortungsstufung

Zunächst bedarf es der Klärung, ob bei dem Konzept der Eigensicherungspflicht tatsächlich von einer Verantwortungsverteilung gesprochen werden kann oder ob nicht der Begriff der Verantwortungsstufung vorzugswürdig ist. Der Begriff der Verantwortungs(ver)teilung scheint eher auf die Zuweisung von im öffentlichen

---

1403 Der Staat verfügt nicht über die Ressourcen, überall selbst tätig zu werden, vgl. Kap. 2 – A.

1404 *Schuppert*, in: ders. (Hg.), Jenseits von Privatisierung und schlankem Staat, S. 299 (327).

1405 *Schulze-Fielitz*, in: Hoffmann-Riem u. a. (Hg.), Grundlagen des Verwaltungsrechts, Bd. 1, 2. Aufl., § 12 Rn. 161 m.w.N.

1406 *Leidinger*, DVBl. 2004, 95 (97).

1407 *Möstl*, Die staatliche Garantie für die öffentliche Sicherheit und Ordnung, S. 328 ff., im Hinblick auf staatliche Schutzpflichten.

1408 S.a. *Trute*, DVBl. 1996, 950 (955).

1409 *Trute*, DVBl. 1996, 950 (955).

1410 Zum Entlastungselement s. *Gusy*, in: Hofmann-Riem/Schmidt-Aßmann (Hg.), Effizienz als Herausforderung an das Verwaltungsrecht, S. 175 (183).

1411 Insoweit bedarf es der Unterscheidung zwischen Erfüllungs-, Gewährleistungs- und Auffangverantwortung, s. *Schuppert*, in: ders. (Hg.), Jenseits von Privatisierung und schlankem Staat, S. 299 (327); *ders.*, DV 31 (1998), 415 (423).

Interesse liegender Aufgaben zuzutreffen[1412] und umschreibt daher die Verteilung staatlicher Verantwortung.[1413] Die Eigensicherungspflicht stammt hingegen originär aus dem privaten Verantwortungsbereich.[1414] Daneben trifft den Staat infolge seiner staatlichen Schutzpflicht und des Infrastrukturgewährleistungsauftrags – kumulativ zur Verantwortung des Privaten – ebenfalls die Verantwortung für den erstrebten Erfolg.[1415] Während den Privaten eine Vollverantwortung trifft, ist die Verantwortung des Staates auf eine Mitverantwortung beschränkt.[1416] Das Bestehen kumulativer Verantwortung von Staat und Privaten ist nicht ungewöhnlich: Während den Staat eine Schutzpflicht zum Schutz des Lebens und körperlicher Unversehrtheit trifft, kann ein Privater zugleich nach § 323c StGB zum Tätigwerden verpflichtet sein.[1417] Insoweit schließen sich staatliche und private Verantwortung nicht aus.[1418] Bei Eigensicherungspflichten wird keine ursprünglich bestehende Verantwortung auf mehrere Akteure aufgeteilt, sondern es bestehen von vornherein sowohl die Verantwortung des Staates als auch die Verantwortlichkeit im Sinne einer Obliegenheit des Privaten, die sich durch die Eigensicherungspflicht zu einer Verantwortung erhärtet. Beide sind unabhängig voneinander dafür verantwortlich, dass keine Rechtsgüter Dritter zu Schaden kommen. Insofern kann begrifflich nicht davon gesprochen werden, dass die Verantwortung „geteilt" wird.[1419] Auch der Begriff „Verteilung" ist in Anbetracht seiner Anknüpfung an den Begriff „verteilen" nicht überzeugend.[1420] Der Bedeutung von „verteilen" nach wird nämlich ein bestehendes Objekt aufgeteilt und an mehrere Personen vergeben.[1421] Anders herum erscheint es bereits aus Effektivitätsgesichtspunkten nicht zielführend, wenn beide Verantwortlichen alles Notwendige zu unternehmen haben, damit durch das „Referenzobjekt"[1422] kein

1412 So zumindest der Gebrauch des Begriffs bei *Trute*, in: Schuppert (Hg.), Jenseits von Privatisierung und schlankem Staat, S. 13 (13).
1413 So beschrieben bei *Erbguth*, DVBl. 2007, 1202 (1206).
1414 *Erbguth*, DVBl. 2007, 1202 (1205); *Möstl*, Die staatliche Garantie für die öffentliche Sicherheit und Ordnung, S. 338.
1415 *Schoch*, NVwZ 2008, 241 (244). Siehe hierzu Kap. 4 – B., C.
1416 Zur Unterscheidung der Vollverantwortung von der Mitverantwortung s. *Gusy*, in: Hoffmann-Riem/Schmidt-Aßmann (Hg.), Effizienz als Herausforderung an das Verwaltungsrecht, S. 175 (191).
1417 *Waechter*, Verwaltungsrecht im Gewährleistungsstaat, S. 19.
1418 *Waechter*, Verwaltungsrecht im Gewährleistungsstaat, S. 19.
1419 *Schoch*, NVwZ 2008, 241 (244).
1420 Zur Verknüpfung von „Verteilung" und „Verteilen" s. Duden, online abrufbar unter http://www.duden.de/rechtschreibung/Verteilung#Bedeutung1a, Zugriff am 24.03.2015. Zu den Begriffen Verantwortungsverteilung und Verantwortungsteilung *Battis*, in: Ossenbühl (Hg.), Deutscher Atomrechtstag 2002, S. 27 (28); *Huber*, ZUR 2004, 1 (3).
1421 Zur Bedeutung von „verteilen" s. Duden, online abrufbar unter http://www.duden.de/rechtschreibung/verteilen#Bedeutung1, Zugriff am 24.03.2015.
1422 Zum Begriff des „Referenzobjekts" s. Kap. 3 – B.I.3.d)aa)(3)(bb).

Schaden an Rechtsgütern Dritter entsteht.[1423] Deshalb ist die Eigensicherungspflicht dogmatisch in das Konzept der Verantwortungsstufung einzuordnen. Denn durch die Verantwortungsstufung wird die Intensität der Aufgabenwahrnehmung definiert[1424] und insoweit – im Gegensatz zu einer Verantwortungsverteilung – eine Aufgabenverteilung zwischen Staat und Privatem vorgenommen.[1425] Klar ist aber auch: Die Verantwortung des einzelnen Akteurs kann sich nur auf die Aufgabe beziehen, die diesem zugewiesen ist, sodass die Aufgabe und die Verantwortung in einem Abhängigkeitsverhältnis stehen.[1426] Folglich initiiert die Aufgabenverteilung eine Verantwortungsteilung.[1427] Um eine trennscharfe Abgrenzung der Begrifflichkeiten gewährleisten zu können, wäre der Begriff „Verantwortungsverteilung“ für staatliche Verantwortung im Sinne von Vollverantwortung mit dem Bedienen von Privaten zur Erfüllung der Aufgabe und „Verantwortungsstufung“ für private Voll- und staatliche Mitverantwortung empfehlenswert. Ansonsten droht – wie bei der Eigensicherungspflicht – die private Verantwortung in Vergessenheit zu geraten.

II. Systematisierung der Eigensicherungspflicht in Stufen der Verantwortung

Der Staat kommt seiner Verantwortung nur dann ausreichend nach, wenn hinreichende Instrumente zur Sicherstellung eines Mindestniveaus an Schutz und Versorgung bereitstehen.[1428]

1423 Zum Effektivitätsgesichtspunkt schon *Gusy*, in: Hoffmann-Riem/Schmidt-Aßmann (Hg.), Effizienz als Herausforderung an das Verwaltungsrecht, S. 175 (182 f.).

1424 *Schulze-Fielitz*, in: Hoffmann-Riem u. a. (Hg.), Grundlagen des Verwaltungsrechts, Bd. 1, 2. Aufl., § 12 Rn. 160; *Schuppert*, DV 31 (1998), 415 (422) mit Verweis auf *Trute*, in: Hoffmann-Riem/Schmidt-Aßmann (Hg.), Öffentliches Recht und Privatrecht als wechselseitige Auffangordnungen, S. 167 (198).

1425 *Gusy*, in: Hoffmann-Riem/Schmidt-Aßmann (Hg.), Effizienz als Herausforderung an das Verwaltungsrecht, S. 175 (182); *Schuppert*, DV 31 (1998), 415 (422). Insoweit scheint auch Schuppert zwischen den Begriffen zu differenzieren, indem er das Konzept der Verantwortungsstufung unabhängig von dem Konzept der Verantwortungsverteilung enumerativ aufzählt, vgl. *Schuppert*, in: ders. (Hg.), Jenseits von Privatisierung und schlankem Staat, S. 299 (327).

1426 *Gusy*, in: Hoffmann-Riem/Schmidt-Aßmann (Hg.), Effizienz als Herausforderung an das Verwaltungsrecht, S. 175 (190).

1427 *Gusy*, in: Hoffmann-Riem/Schmidt-Aßmann (Hg.), Effizienz als Herausforderung an das Verwaltungsrecht, S. 175 (190).

1428 *Möstl*, Die staatliche Garantie für die öffentliche Sicherheit und Ordnung, S. 328.

1. *Erfüllungsverantwortung*

Um staatliche Erfüllungsverantwortung handelt es sich lediglich dann, wenn der Staat die Aufgabe in eigener Verantwortung wahrnimmt.[1429]

a) Schutzpflicht

Nach § 109 Abs. 1 TKG hat der Diensteanbieter die erforderlichen technischen Vorkehrungen und sonstigen Maßnahmen zum Schutz des Fernmeldegeheimnisses sowie zum Schutz personenbezogener Daten zu treffen. Insofern ist grundsätzlich allein der Private für die Erfüllung der Aufgabe, namentlich die Erreichung eines Mindestniveaus an Schutz zur Verwirklichung der Schutzpflicht im gesetzlich vorgesehenen Umfang verantwortlich. Da es sich bei Eigensicherungspflichten um einen eigenen Beitrag der Gefahrenabwehr des Privaten handelt[1430] und keine Aufgabenübertragung im verwaltungsrechtlichen Sinn stattgefunden hat, wird der Staat nicht erfüllungsverantwortlich tätig.

Diese klare Aufgabenteilung lässt sich jedoch nicht bei allen Eigensicherungspflichten wiederfinden. So gehört einerseits nach § 2 LuftSiG die Abwehr von Angriffen auf den Luftverkehr zu den Aufgaben der Luftsicherheitsbehörde.[1431] Andererseits ist auch der Flughafenbetreiber nach § 8 Abs. 1 LuftSiG zur Erfüllung von Sicherheitsmaßnahmen verpflichtet.[1432] Soweit zwischen beiden keine klare Aufgabenteilung festgesetzt ist, besteht die Gefahr, dass die Aufgabe überhaupt nicht oder unzureichend wahrgenommen wird. Bei § 8 Abs. 1 S. 1 Nr. 1–3 LuftSiG sind die Maßnahmen detailliert beschrieben und daher ergänzend zu den Maßnahmen der Behörde nach § 5 LuftSiG zu begreifen.[1433] Anders dagegen bei den Maßnahmen nach § 8 Abs. 1 S. 1 Nr. 4–5 LuftSiG, die sich mit Maßnahmen der Behörde nach § 5 Abs. 1–3 LuftSiG überschneiden können.[1434] Insbesondere dürfen sowohl die Behörde als auch der private Unternehmer Mitarbeiter und die von

---

1429 *Bauer*, VVDStRL 54 (1995), S. 243 (278); *Schuppert*, in: ders. (Hg.), Jenseits von Privatisierung und „schlankem" Staat, S. 299 (313); *ders.*, DV 31 (1998), 415 (423).

1430 BT-Drs. 8/3431, S. 11; BT-Drs. 15/2361, S. 18; *Faust/Lienhart*, in: Hobe/von Ruckteschell (Hg.), Kölner Kompendium des Luftrechts, Bd. 2, A II Rn. 346 in Bezug auf Pflichten des Flughafenunternehmers.

1431 Zu den Zuständigkeiten im Luftsicherheitsbereich s. z.B. *Mendel*, in: Giemulla/Rothe (Hg.), Recht der Luftsicherheit, S. 49 (49 f.).

1432 Vgl. *Faust/Lienhart*, in: Hobe/von Ruckteschell (Hg.), Kölner Kompendium des Luftrechts, Bd. 2, A II Rn. 346 ff.; *Giemulla*, in: ders./van Schyndel (Hg.), Luftsicherheitsgesetz, § 8.

1433 So ausdrücklich in Bezug auf § 8 Abs. 1 S. 1 Nr. 1 LuftSiG *Giemulla*, in: ders./van Schyndel (Hg.), Luftsicherheitsgesetz, § 8 Rn. 27.

1434 Auf diese Problematik verweist auch *Giemulla*, in: ders./van Schyndel (Hg.), Luftsicherheitsgesetz, § 8 Rn. 6; ausdrücklich BT-Drs. 15/2361, S. 15; *Giemulla*, in: ders./van Schyndel (Hg.), Luftsicherheitsgesetz, § 5 Rn. 31.

diesen mitgeführten Gegenstände durchsuchen.[1435] Ein Verstoß gegen klare Verantwortungsstufungen besteht allerdings nur dann, wenn sowohl der Private als auch der Staat gleichberechtigt nebeneinander verantwortlich sind, nicht dagegen, wenn eine Verantwortung als Auffangverantwortung zu begreifen ist.[1436] Es bedarf daher der Auslegung der Vorschriften:

aa) Wortlaut

Während § 5 LuftSiG als Ermessensvorschrift ausgestaltet ist, beinhaltet § 8 Abs. 1 LuftSiG eine eindeutige Verpflichtung des Privaten zur Ergreifung von Sicherungsmaßnahmen. Es bleibt diesem nicht selbst überlassen, ob er tätig werden möchte. Der Unternehmer ist ausnahmslos zur Durchführung der Maßnahmen verpflichtet. Daraus lässt sich schließen, dass primär der Eigensicherungsverpflichtete und nur sekundär der Staat für die aufgezählten Maßnahmen verantwortlich ist.

bb) Systematik

§ 5 Luftsicherheitsgesetz ist mit der Überschrift „Besondere Befugnisse […]" und nicht „Aufgaben" übertitelt. Dies spricht dagegen, § 5 LuftSiG als Aufgabenzuweisungsnorm zu begreifen.[1437] Aus einer Befugnisnorm lässt sich nämlich keine staatliche Erfüllungsverantwortung herleiten. Diesen Schluss bekräftigt der Gesetzesaufbau: Nur Abschnitt 1 enthält Aufgabennormen. In Abschnitt 2 sind die Befugnisse der Behörde geregelt. Dagegen spricht auch nicht, dass § 8 LuftSiG ebenfalls im zweiten Abschnitt des LuftSiG eingeordnet ist. § 8 LuftSiG stellt schon deshalb keine Befugnisnorm dar, weil keine hoheitlichen Befugnisse auf den Privaten übertragen werden.[1438] Der zweite Abschnitt ist indessen allgemein mit „Sicherheitsmaßnahmen" übertitelt. Insoweit können nur Vorschriften aus Abschnitt 1 eine staatliche Erfüllungsverantwortung begründen. § 2 LuftSiG weist dem Staat aber gerade nicht die Aufgabe zu, Mitarbeiter zu durchsuchen, sondern nur allgemein die Herstellung der Sicherheit im Luftverkehr. Vielmehr steht der Behörde die Befugnis zu, Mitarbeiter zu durchsuchen, damit überhaupt die Möglichkeit für sie besteht, die Aufgabe nach § 2 LuftSiG zu erfüllen. Da die Durchsuchung der Mitarbeiter aber ausnahmslos von Privaten durchzuführen ist (§ 8 Abs. 1 S. 1 Nr. 5 LuftSiG), kann § 2 LuftSiG für diese Maßnahme nur eine Auffangverantwortung begründen.[1439]

1435 *Faust/Lienhart*, in: Hobe/von Ruckteschell (Hg.), Kölner Kompendium des Luftrechts, Bd. 2, A II Rn. 350; *Giemulla*, in: ders./van Schyndel (Hg.), Luftsicherheitsgesetz, § 8 Rn. 42; ebd., § 5 Rn. 28 f.

1436 Zum Bedarf der Präzision der Verantwortungsintensität, eingebettet im Kontext des Umweltrechts, *Schmidt-Aßmann*, in: Hoffmann-Riem/Schmidt-Aßmann (Hg.), Reform des Allgemeinen Verwaltungsrechts, S. 11 (30).

1437 Als „Aufgabenzuordnung" begreifen z.B. *Schwenk/Giemulla*, HdB des Luftverkehrsrechts, 4. Aufl., Kap. 18 Rn. 29, die Vorschrift.

1438 *Giemulla*, in: ders./van Schyndel (Hg.), Luftsicherheitsgesetz, § 8 Rn. 7.

1439 So auch *Giemulla*, in: ders./van Schyndel (Hg.), Luftsicherheitsgesetz, § 5 Rn. 31.

Dies bestätigt die Überschrift des § 12 LuftSiG, in der „Aufgaben" und „Befugnisse" separat aufgeführt werden. Hätte der Gesetzgeber dies auch bei § 5 LuftSiG gewollt, spricht vieles dafür, dass er die Norm auch dort anders betitelt hätte.

cc) Historie

Bis 1980 wurden Personenkontrollen insgesamt auf privatrechtlicher Basis, namentlich dem Beförderungsvertrag, vorgenommen.[1440] Gründe der Rechtsstaatlichkeit und Effektivität führten dazu, dass die Personenkontrollen hoheitlich wurden.[1441] Da die Personenkontrollen insgesamt dem privaten Bereich angehört hatten und ein Teil davon dem Staat übertragen wurde, ist davon auszugehen, dass der nicht übertragene Teil weiterhin dem privaten Bereich zuzuordnen ist. Insoweit spricht auch dieser Aspekt für eine primäre Verantwortung des Privaten.

Überdies lassen sich aus dem Zustandekommen der Regelung des heutigen § 8 Abs. 1 S. 1 Nr. 2 LuftSiG Schlüsse zu der Aufgabenverteilung zwischen dem Staat und dem Privaten ziehen. Der Bundesrat schlug vor, bei § 19b Abs. 1 S. 1 Nr. 2 LuftVG (a.F.) die Worte „soweit nicht § 20d Abs. 3 LuftVG (a.F.) Anwendung findet" zu streichen, da die Verpflichtung des Unternehmers gerade unangetastet durch die staatlichen Durchsuchungsrechte bestehen sollte.[1442] Ähnlich sollte mit der Regelung des § 20a Abs. 1 S. 1 Nr. 1 LuftVG (a.F.) verfahren werden.[1443] Der Aussagekraft dieses Arguments kann entgegengehalten werden, dass die Bundesregierung diesen Vorschlag ablehnte.[1444] Vielmehr sollten die dem Staat zugewiesenen Aufgaben aus dem privaten Bereich herausgenommen werden.[1445] Dieses Argument zeigt, dass der Gesetzgeber selbst daran zweifelte, was er als Aufgabe und Befugnis verstanden wissen wollte, aber sich zugleich bewusst war, dass eine klare Abgrenzung zwischen den Aufgabenbereichen unerlässlich ist.[1446] Insoweit spricht die historische Auslegung jedenfalls gegen eine kumulative Zuständigkeit von Unternehmer und Staat. Offen bleibt hiernach allerdings nach wie vor, wen die primäre Verantwortlichkeit tatsächlich trifft.

dd) Telos

Die Eigensicherungspflicht des Flughafenunternehmers dient insgesamt der Herstellung eines effektiven Schutzes des Luftverkehrs.[1447] Da die Bedrohung des Luftverkehrs aber dauernder Art ist, bedarf es einer ausgeprägten Ressourcenallo-

---

1440 BT-Drs. 8/3431, S. 10; *Schwenk/Giemulla*, HdB des Luftverkehrsrechts, 4. Aufl., Kap. 18 Rn. 28.
1441 BT-Drs. 8/3431, S. 10.
1442 BT-Drs. 8/3431, S. 17.
1443 BT-Drs. 8/3431, S. 18.
1444 BT-Drs. 8/3431, S. 21 f.
1445 BT-Drs. 8/3431, S. 21.
1446 BT-Drs. 8/3431, S. 22.
1447 BT-Drs. 8/3431, S. 1.

kation.[1448] Daraus folgt, dass der Private – dem Zweck des Gesetzes nach – den Staat entlasten muss. Schon deshalb erscheint eine primäre staatliche Verantwortung, auch für Mitarbeiter, wenig wahrscheinlich, da die Maßnahme genauso effektiv vom Unternehmer wahrgenommen werden kann.[1449] Von diesem Grundsatz sind nur die Maßnahmen ausgenommen, die in die Grundrechte Dritter eingreifen.[1450] Im Umkehrschluss daraus folgt, dass der Unternehmer tätig werden soll, solange er nicht übermäßig den Rechtskreis Dritter berührt. Den hoheitlichen Befugnissen kommt daher ergänzende Wirkung zu.[1451] Dem Telos der Eigensicherungspflichten des Flughafenunternehmers nach ist er allein und unbedingt zur Erfüllung der normierten Pflicht verantwortlich. Die staatliche Verantwortung ist begrenzt auf eine Auffangverantwortung.

ee) Zwischenergebnis

Für die enumerativ in § 8 Abs. 1 LuftSiG genannten Maßnahmen ist der Flughafenunternehmer verantwortlich. Er allein hat dafür einzustehen, dass der Erfolg eintritt. Nicht in dieser Vorschrift genannte Maßnahmen obliegen dagegen dem Staat. Dies folgt jedoch nicht unmittelbar aus § 5 LuftSiG, sondern aus der Aufgabennorm des § 2 S. 1 LuftSiG. Die staatliche Verantwortung ist auf eine Auffangverantwortung als Unterfall der Gewährleistungsverantwortung beschränkt.[1452] Abstrahierend lässt sich für alle Eigensicherungspflichten zur Verwirklichung der staatlichen Schutzpflicht festhalten, dass ausschließlich der Private erfüllend tätig wird. Die staatliche Verantwortung ist damit keine Erfüllungsverantwortung.

b) Daseinsvorsorge

Ähnlich konzipiert sind auch die Eigensicherungspflichten, die vorwiegend der Daseinsvorsorge dienen. Exemplarisch für eine die Daseinsvorsorge betreffende Eigensicherungspflicht ist dabei § 11 Abs. 1 EnWG, wonach Betreiber von Energieversorgungsnetzen verpflichtet sind, ein u. a. zuverlässiges und leistungsfähiges Energieversorgungsnetz zu betreiben. Anders als bei anderen Eigensicherungspflichten, die nach wie vor in erster Linie der öffentlichen Sicherheit dienen und als Nebenprodukt auch zum Vorteil der Daseinsvorsorge gereichen,[1453] ist dem Energie-

---

1448 BT-Drs. 8/3431, S. 1, 10; BT-Drs. 15/2361, S. 18.

1449 Zu dieser Maßnahme s. *Faust/Lienhart*, in: Hobe/von Ruckteschell (Hg.), Kölner Kompendium des Luftrechts, Bd. 2, A II Rn. 350; *Giemulla*, in: ders./van Schyndel (Hg.), Luftsicherheitsgesetz, § 8 Rn. 42 ff.

1450 BT-Drs. 8/3431, S. 21 f.

1451 BT-Drs. 1523/61, S. 15; *Giemulla*, in: ders./van Schyndel (Hg.), Luftsicherheitsgesetz, § 5 Rn. 31.

1452 *Möstl*, Die staatliche Garantie für die öffentliche Sicherheit und Ordnung, S. 328.

1453 So ist § 109 Abs. 2 TKG z. B. ausdrücklich im Abschnitt der öffentlichen Sicherheit kodifiziert, vgl. auch *Heun*, HdB TK-Recht, 2. Aufl., B Öffentliche Sicherheit, 4. Technische Schutzmaßnahmen.

versorgungsnetzbetreiber ausdrücklich die Erbringung ausreichender Leistungen auferlegt. Bei zahlreichen Eigensicherungspflichten hat der Betreiber oder Diensteanbieter einen Beitrag zur Infrastrukturgewährleistung zu erbringen, allerdings durch die Sicherstellung des Schutzes der Einrichtungen, so z. B. in § 109 Abs. 2 TKG und § 13 Abs. 7 Nr. 2b) TMG.[1454] Der Zweck der Daseinsvorsorge wird nur mittelbar durch Sicherheitsvorkehrungen gegen interne oder externe Einwirkungen gefördert.[1455] Bei weiteren Eigensicherungspflichten werden dagegen die Sicherheits- und die Daseinsvorsorgeaufgabe zusammengefasst, namentlich in § 8a Abs. 1 BSIG, wonach Maßnahmen gegen Störungen der Verfügbarkeit, aber auch der Vertraulichkeit der Systeme, zu ergreifen sind.[1456] Doch auch hier beschränkt sich die Pflicht auf den Schutz vor Störungen und lediglich sekundär auf die Erhaltung der Infrastruktur. Insoweit begründen Eigensicherungspflichten – von § 11 Abs. 1 EnWG abgesehen – keine Pflicht des Privaten zur Erbringung der notwendigen Leistungen für ein Existenzminimum Dritter. Alle die Daseinsvorsorge betreffenden Eigensicherungspflichten haben aber gemeinsam, dass für den die Pflicht betreffenden Bereich nicht der Staat erfüllungsverantwortlich ist, sondern dass ausschließlich der Private für die Erfüllung der Pflicht „Infrastruktursicherung“ einzustehen hat.

2. Gewährleistungsverantwortung

Gewährleistungsverantwortung bedeutet, dass der Staat die Voraussetzungen schafft, mit denen der Private möglichst selbstständig eine bestimmte Aufgabe gemeinwohlverträglich erledigen kann.[1457] Die Gewährleistungsverantwortung kann sich entweder aus den Schutzpflichten, dem Sozialstaatsprinzip oder aber aus verfassungsrechtlich speziell verankerten Staatszielbestimmungen, wie Artikel 87f. Abs. 1 GG ergeben.[1458] Von ihr erfasst sind eine Beobachtungs-, Regulierungs- und Aufsichtspflicht.[1459] Trägt der Staat nämlich Mitverantwortung, besteht Regulierungsbedarf.[1460] Die Regulierungsverantwortung ist zugleich untrennbar mit der Vollzugsverantwortung verbunden.[1461] Grundvoraussetzungen für Letztere

---

1454 *Graulich*, in: Arndt u. a. (Hg.), TKG, 2. Aufl., § 109 Rn. 15; *Mozek*, in: Säcker (Hg.), TKG, 3. Aufl., § 109 Rn. 23.

1455 Vgl. *Eckhardt*, in: Heun (Hg.), HdB TK-Recht, 2. Aufl., B Rn. 73 f.; *Graulich*, in: Arndt u. a. (Hg.), TKG, 2. Aufl., § 109 Rn. 15; *Mozek*, in: Säcker (Hg.), TKG, 3. Aufl., § 109 Rn. 23, 27.

1456 *Hornung*, NJW 2015, 3334 (3336).

1457 *Hoffmann-Riem*, DÖV 1997, 433 (441); *Schuppert*, DV 31 (1998), 415 (424).

1458 *Holznagel/Sonntag*, in: Roßnagel (Hg.), Sicherheit für Freiheit, S. 59 (75); *Waechter*, Verwaltungsrecht im Gewährleistungsstaat, S. 274.

1459 *Waechter*, Verwaltungsrecht im Gewährleistungsstaat, S. 273 f.

1460 *Gusy*, in: Hoffmann-Riem/Schmidt-Aßmann (Hg.), Effizienz als Herausforderung an das Verwaltungsrecht, S. 175 (191 f.).

1461 *Gusy*, in: Hoffmann-Riem/Schmidt-Aßmann (Hg.), Effizienz als Herausforderung an das Verwaltungsrecht, S. 175 (192 ff.).

sind wiederum eine hinreichende Beobachtung und Aufsicht.[1462] Die Prüfung der Gewährleistungsverantwortung für jede Eigensicherungspflicht würde den Rahmen dieser Arbeit sprengen, sodass die Eigensicherungspflicht des § 109 TKG genauer in den Blick genommen wird. Diese Eigensicherungspflicht bezieht sich nämlich sowohl auf die staatliche Schutzpflicht (§ 109 Abs. 1 TKG) als auch auf die Infrastrukturgewährleistung (§ 109 Abs. 2 TKG) und eignet sich deshalb besonders zur Veranschaulichung der staatlichen Gewährleistungsverantwortung. Allerdings werden auch andere Eigensicherungspflichten skizziert, um eine Kontextualisierung des § 109 TKG in die verschiedenen Intensitätsgrade staatlicher Gewährleistungsverantwortung zu ermöglichen.

a) Regulierungsverantwortung

Entscheidet sich der Staat für die Privatisierung einer Materie, so trifft ihn zumindest eine Regulierungsverantwortung.[1463] Denn nur durch die Statuierung eines Rechtsrahmens kann ein Mindestmaß an sozialstaatlicher Verantwortung für die Bürger gesetzt werden.[1464] Über den Zweck hinaus, die Tätigkeit gemeinwohlverträglich zu machen, muss der Private die Aufgabe möglichst gut realisieren können.[1465] Außerdem bestehen die mit der Gewährleistungsverantwortung verknüpften Kontroll- und Mitwirkungsrechte des Staates nicht von selbst, sondern müssen gesetzlich definiert werden.[1466]

§ 109 Abs. 1 TKG bezweckt den Schutz des Fernmeldegeheimnisses und personenbezogener Daten.[1467] Durch die gesetzliche Normierung des § 109 Abs. 1 S. 1 Nr. 1 TKG kommt der Staat auch seiner Schutzpflicht aus Artikel 10 Abs. 1 GG nach, vorausgesetzt die Gewährleistungsverantwortung läuft nicht ins Leere.[1468] Der durch § 109 Abs. 1 S. 1 Nr. 2 TKG bezweckte Schutz personenbezogener Daten iSd § 3 Nr. 30a TKG meint die Verhinderung einer Datensicherheitsverletzung, die zum

1462 *Waechter*, Verwaltungsrecht im Gewährleistungsstaat, S. 274 f.

1463 S. dazu *Schulze-Fielitz*, in: Hoffmann-Riem u. a. (Hg.), Grundlagen des Verwaltungsrechts, Bd. 1, 2. Aufl., § 12 Rn. 57 ff.; *Schuppert*, in: ders. (Hg.), Jenseits von Privatisierung und „schlankem" Staat, S. 299 (314); *ders.*, DV 31 (1998), 415 (426).

1464 *Schulze-Fielitz*, in: Hoffmann-Riem u. a. (Hg.), Grundlagen des Verwaltungsrechts, Bd. 1, 2. Aufl., § 12 Rn. 57.

1465 *Schulze-Fielitz*, in: Hoffmann-Riem u. a. (Hg.), Grundlagen des Verwaltungsrechts, Bd. 1, 2. Aufl., § 12 Rn. 164.

1466 *Gusy*, in: Hoffmann-Riem/Schmidt-Aßmann (Hg.), Effizienz als Herausforderung an das Verwaltungsrecht, S. 175 (192).

1467 *Eckhardt*, in: Geppert/Schütz (Hg.), TKG, Beck-OK, 4. Aufl., § 109 Rn. 20; *Graulich*, in: Arndt u. a. (Hg.), TKG, 2. Aufl., § 109 Rn. 6; *Mozek*, in: Säcker (Hg.), TKG, 3. Aufl., § 109 Rn. 2. Zur Schutzpflicht zugunsten des Fernmeldegeheimnisses und der informationellen Selbstbestimmung z. B. *Holznagel/Sonntag*, in: Roßnagel (Hg.), Sicherheit für Freiheit, S. 59 (S. 69 ff.).

1468 *Eckhardt*, in: Geppert/Schütz (Hg.), TKG, Beck-OK, 4. Aufl., § 109 Rn. 21; *Graulich*, in: Arndt u. a. (Hg.), TKG, 2. Aufl., § 109 Rn. 11.

„Verlust, zur unrechtmäßigen Löschung, Veränderung, Speicherung, Weitergabe oder sonstigen unrechtmäßigen Verwendung personenbezogener Daten führt, die übertragen, gespeichert oder auf andere Weise im Zusammenhang mit der Bereitstellung öffentlich zugänglicher Telekommunikationsdienste verarbeitet werden sowie der unrechtmäßige Zugang zu diesen".[1469] Durch diese Pflicht genügt der Staat seiner Schutzpflicht im Hinblick auf das Recht auf informationelle Selbstbestimmung gemäß Artikel 2 Abs. 1 iVm Art. 1 Abs. 1 GG,[1470] wonach jeder für sich entscheiden kann, wer was wann erfahren darf,[1471] sofern sich die Wahrnehmung seiner Gewährleistungsverantwortung nicht auf die Auferlegung der Pflicht beschränkt.

Mit § 109 Abs. 2 TKG setzt der Staat indessen eine Regelung, durch die er seinem Infrastrukturgewährleistungsauftrag aus Artikel 87 f. Abs. 1 GG nachkommt, indem er den gefahrenabwehrrechtlichen Aspekt des Auftrags dem Unternehmer auferlegt.[1472] Auch für § 109 Abs. 2 TKG gilt, dass die Regelung nur ihren Zweck erfüllt und der Staat nur seiner Verantwortung in hinreichendem Maße tatsächlich nachkommt, wenn ein wirksamer Kontrollmechanismus besteht. Offen bleibt daher, ob der Staat über die Regulierung einer Eigensicherungspflicht hinaus einen Rechtsrahmen für hinreichende Kontrollmechanismen festgelegt hat.

b) Kontrollverantwortung

Mit der Ausübung von Gewährleistungsverantwortung tritt der Staat mit dem Privaten in eine Kontrollrelation.[1473] Mit der Rechtssetzung ist nämlich die Rechtsdurchsetzung verbunden.[1474] Diese hat sowohl die Überprüfung, dass die Aufgabe ordnungsgemäß ausgeführt wird als auch, dass keine Zuständigkeiten überschritten

---

1469 S. auch *Eckhardt*, in: Geppert/Schütz (Hg.), TKG, Beck-OK, 4. Aufl., § 109 Rn. 23; *Graulich*, in: Arndt u. a. (Hg.), TKG, 2. Aufl., § 109 Rn. 11; *Mozek*, in: Säcker (Hg.), TKG, 3. Aufl., § 109 Rn. 14.

1470 *Eckhardt*, in: Heun (Hg.), HdB TK-Recht, 2. Aufl., B Rn. 1.

1471 *Die Bundesbeauftragte für den Datenschutz und die Informationsfreiheit (BFDI)*, Datenschutz ist Grundrechtsschutz, S. 4, online abrufbar unter http://www.bfdi.bund.de/SharedDocs/Publikationen/Faltblaetter/Datenschutz-ist.pdf?__blob=publicationFile, Zugriff am 23.02.2017.

1472 *Graulich*, in: Arndt u. a. (Hg.), TKG, 2. Aufl., § 109 Rn. 6; *Mozek*, in: Säcker (Hg.), TKG, 3. Aufl., § 109 Rn. 5.

1473 *Bauer*, VVDStRL 54 (1995), S. 243 (279).

1474 *Gusy*, in: Hoffmann-Riem/Schmidt-Aßmann (Hg.), Effizienz als Herausforderung an das Verwaltungsrecht, S. 175 (192); *Isensee*, Grundrecht auf Sicherheit, S. 40 f.

werden, zum Gegenstand.[1475] Die Kontrollverantwortung kann in eine Beobachtungs-[1476] und Vollzugsverantwortung[1477] unterteilt werden.

aa) Telekommunikationsgesetz

(1) Beobachtungsverantwortung

Derjenige, der ein öffentliches Telekommunikationsnetz betreibt oder öffentliche Telekommunikationsdienste erbringt, hat zur Erleichterung der staatlichen Beobachtungsverantwortung zwei Pflichten zu erfüllen: Er hat einen Sicherheitsbeauftragten zu benennen und ein Sicherheitskonzept zu erstellen (§ 109 Abs. 4 S. 1 TKG).[1478]

(aa) Sicherheitsbeauftragter

Die Verpflichtung des Adressaten besteht ausschließlich in der Benennung eines Sicherheitsbeauftragten.[1479] Da die Regelungen zum Sicherheitsbeauftragten aus dem BDSG mangels vergleichbarer Interessenlage nicht analog anwendbar sind, bestehen keine besonderen Anforderungen an die Person des Sicherheitsbeauftragten oder das Verfahren zur Auswahl desselben.[1480] Aus dem Telos der Norm folgt allerdings, dass der Sicherheitsbeauftragte zumindest so qualifiziert sein muss, dass er die Erforderlichkeit und Angemessenheit der Sicherheitsmaßnahmen bewerten kann.[1481] Mangels besonderer gesetzlicher Regelungen ist es Sache des Verpflichteten, die Aufgaben des Sicherheitsbeauftragten festzulegen.[1482] Dass er jedenfalls die Erfüllung der Sicherheitsmaßnahmen zu kontrollieren hat, ergibt sich aus einer systematischen Auslegung der Norm.[1483] Kontrollrechte seitens des Staates in Bezug auf dessen Tätigkeit sind hingegen nicht vorgesehen.[1484] Da keine Regelungen über eine Kooperation zwischen dem Beauftragten und dem Staat existieren, ist die Beobachtungsfunktion durch diese Person rein freiwillig und insofern kein wirksamer

1475 *Schuppert*, in: ders. (Hg.), Jenseits von Privatisierung und „schlankem" Staat, S. 299 (328).
1476 Zu dieser z. B. *Bauer*, VVDStRL 54 (1995), S. 243 (280).
1477 Zur Vollzugsverantwortung s. z. B. *Gusy*, in: Hoffmann-Riem/Schmidt-Aßmann (Hg.), Effizienz als Herausforderung an das Verwaltungsrecht, S. 175 (192 ff.); *Schmidt-Aßmann*, VVDStRL 34 (1976), S. 221 (232).
1478 *Graulich*, in: Arndt u. a. (Hg.), TKG, 2. Aufl., § 109 Rn. 29 ff.; *Mozek*, in: Säcker (Hg.), TKG, 3. Aufl., § 109 Rn. 32 ff.
1479 *Mozek*, in: Säcker (Hg.), TKG, 3. Aufl., § 109 Rn. 34.
1480 *Graulich*, in: Arndt u. a. (Hg.), TKG, 2. Aufl., § 109 Rn. 31; *Mozek*, in: Säcker (Hg.), TKG, 3. Aufl., § 109 Rn. 34.
1481 *Graulich*, in: Arndt u. a. (Hg.), TKG, 2. Aufl., § 109 Rn. 31.
1482 *Graulich*, in: Arndt u. a. (Hg.), TKG, 2. Aufl., § 109 Rn. 31; *Mozek*, in: Säcker (Hg.), TKG, 3. Aufl., § 109 Rn. 34.
1483 *Eckhardt*, in: Heun (Hg.), HdB TK-Recht, 2. Aufl., B Rn. 81.
1484 *Mozek*, in: Säcker (Hg.), TKG, 3. Aufl., § 109 Rn. 35.

Beobachtungsmechanismus staatlicherseits.[1485] Dafür müssten Pflichten zur Abgabe regelmäßiger Berichte existieren.

(bb) Sicherheitskonzept

Ein wirksamerer Mechanismus ist dagegen die Pflicht zur Erstellung eines Sicherheitskonzepts für denjenigen, der entweder ein öffentliches Telekommunikationsnetz betreibt oder öffentlich zugängliche Telekommunikationsdienste erbringt (§ 109 Abs. 4 S. 1 TKG).[1486] Das Gesetz fordert ein dreistufiges Vorgehen, woraus hervorgeht, welche Telekommunikationsanlagen betrieben bzw. welche Dienste erbracht werden (§ 109 Abs. 4 S. 1 Nr. 1 TKG), mit welchen Gefährdungen zu rechnen ist (§ 109 Abs. 4 S. 1 Nr. 2 TKG) und welche technischen oder sonstigen Vorkehrungen getroffen werden, um die Eigensicherungspflichten aus Absatz 1 und 2 zu erfüllen (§ 109 Abs. 4 S. 1 Nr. 3 TKG).[1487] Dabei darf das Konzept nicht verallgemeinernd konzipiert sein, sondern muss die spezifischen Maßnahmen erfassen.[1488] Alle Sicherheitsteilsysteme sowie alle bereits vorgenommenen und geplanten Maßnahmen sind in das Konzept aufzunehmen, gegebenenfalls mit Beschreibungen.[1489] Sicherheitskonzepte von Betreibern öffentlicher Telekommunikationsnetze sind unverzüglich nach der Netzbetriebsaufnahme der Bundesnetzagentur vorzulegen.[1490] Hintergrund dessen ist zwar auch die Entlastung kleinerer Anbieter, insbesondere aber die Effektivität der Bundesnetzagentur.[1491] Derjenige, der öffentliche Telekommunikationsdienste erbringt, ist indessen nur nach einer Aufforderung durch die Bundesnetzagentur verpflichtet, das Sicherheitskonzept vorzulegen.[1492] Die Erstellung des Konzepts erfüllt einen doppelten Zweck: Zum einen soll es der Bewusstseinsbildung des Unternehmers dienen.[1493] Zum anderen, was für diesen Teil von besonderer Relevanz ist, stellt das Sicherheitskonzept ein Beobachtungsinstrument

---

1485 Allerdings ein Element der Selbstkontrolle, vgl. *Eckhardt*, in: Heun (Hg.), HdB TK-Recht, 2. Aufl., B Rn. 80.

1486 Zu dieser Pflicht z. B. *Graulich*, in: Arndt u. a. (Hg.), TKG, 2. Aufl., § 109 Rn. 32 ff.; *Mozek*, in: Säcker (Hg.), TKG, 3. Aufl., § 109 Rn. 36 ff.

1487 *Eckhardt*, in: Heun (Hg.), HdB TK-Recht, 2. Aufl., B Rn. 85 ff.; *Mozek*, in: Säcker (Hg.), TKG, 3. Aufl., § 109 Rn. 36 f.

1488 *Eckhardt*, in: Heun (Hg.), HdB TK-Recht, 2. Aufl., B Rn. 86; *Graulich*, in: Arndt u. a. (Hg.), TKG, 2. Aufl., § 109 Rn. 35.

1489 *BNetzA*, Katalog von Sicherheitsanforderungen, S. 16, online abrufbar unter http://www.certigo.de/wordpress/wp-content/uploads/2016/03/KatalogSicherheitsanforderungen.pdf, letzter Zugriff am 23.02.2017.

1490 *Graulich*, in: Arndt u. a. (Hg.), TKG, 2. Aufl., § 109 Rn. 36; *Mozek*, in: Säcker (Hg.), TKG, 3. Aufl., § 109 Rn. 38.

1491 BT-Drs. 17/5707, S. 83; *Graulich*, in: Arndt u. a. (Hg.), TKG, 2. Aufl., § 109 Rn. 37; *Mozek*, in: Säcker (Hg.), TKG, 3. Aufl., § 109 Rn. 38.

1492 *Graulich*, in: Arndt u. a. (Hg.), TKG, 2. Aufl., § 109 Rn. 37; *Mozek*, in: Säcker (Hg.), TKG, 3. Aufl., § 109 Rn. 38.

1493 *BNetzA*, Katalog von Sicherheitsanforderungen, S. 16.

dar, das der Bundesnetzagentur zur Wahrnehmung ihrer Kontrollaufgaben zur Verfügung steht.[1494] Durch die umfassenden Ausführungen des Unternehmers kann sich die Bundesnetzagentur nämlich ein umfassendes Bild über die Sicherheitslage und die bereits ergriffenen oder geplanten Maßnahmen machen.[1495] Es obliegt dem Unternehmer, das Sicherheitskonzept anzupassen, wenn sich Umstände ändern (§ 109 Abs. 4 S. 6 TKG).[1496] Die Bundesnetzagentur ist jedoch auf die Änderungen hinzuweisen, soweit sie nicht völlig unerheblich sind.[1497] Insofern braucht die Bundesnetzagentur nicht selbst vollständig die Sicherheitslage zu beobachten und zu bewerten, sondern kann ihre Arbeit auf Erkenntnisse der Unternehmer stützen.

(cc) Pflicht zur Mitteilung

Als weiterer Beobachtungsmechanismus tritt die Pflicht zur Mitteilung von Sicherheitsverletzungen (§ 109 Abs. 5 TKG) hinzu.[1498] Derjenige, der ein öffentliches Telekommunikationsnetz betreibt oder öffentlich zugängliche Telekommunikationsdienste erbringt, hat der Bundesnetzagentur unverzüglich Beeinträchtigungen der Infrastruktur, die zu beträchtlichen Sicherheitsverletzungen führen oder führen können, zu melden.[1499] Zwar handelt es sich bei § 109 Abs. 5 TKG um die Umsetzung von Unionsrecht, namentlich des Artikels 13a Abs. 3 der Richtlinie 2009/140/EG vom 25.11.2009 u. a. zur Änderung der Rahmenrichtlinie 2002/21/EG.[1500] Die Festlegung der meldepflichtigen Vorfälle ist ungeachtet dessen Sache der nationalen Regulierungsbehörden.[1501] Die von der Bundesnetzagentur genannten Maßstäbe

---

1494 *Mozek*, in: Säcker (Hg.), TKG, 3. Aufl., § 109 Rn. 41.

1495 Dies folgt aus der Umsetzung des Art. 13b Abs. 2a) der RL 2009/140/EG, ABl. (EU) L337/37 v. 25.11.2009, online abrufbar unter http://eur-lex.europa.eu/LexUriServ/LexUriServ.do?uri=OJ:L:2009:337:0037:0069:DE:PDF, Zugriff am 23.02.2017.

1496 *Graulich*, in: Arndt u. a. (Hg.), TKG, 2. Aufl., § 109 Rn. 40; *Mozek*, in: Säcker (Hg.), TKG, 3. Aufl., § 109 Rn. 40.

1497 *Graulich*, in: Arndt u. a. (Hg.), TKG, 2. Aufl., § 109 Rn. 40. Dass nicht jede kleine Änderung nachweispflichtig ist, ergibt sich aus dem Sinn und Zweck der Norm, wonach nur erhebliche Faktoren in die Bewertung der Sicherheitslage einzubeziehen sind und gerade nicht unnötiger Verwaltungsaufwand begründet werden soll, vgl. *Mozek*, in: Säcker (Hg.), TKG, 3. Aufl., § 109 Rn. 40.

1498 *Graulich*, in: Arndt u. a. (Hg.), TKG, 2. Aufl., § 109 Rn. 42 ff.; *Mozek*, in: Säcker (Hg.), TKG, 3. Aufl., § 109 Rn. 42 ff. Im Fall der Verletzung des Schutzes personenbezogener Daten ergibt sich die Pflicht zur Mitteilung aus § 109a TKG, vgl. *BNetzA*, Katalog von Sicherheitsanforderungen, S. 14.

1499 *Graulich*, in: Arndt u. a. (Hg.), TKG, 2. Aufl., § 109 Rn. 47b.

1500 BT-Drs. 17/5707, S. 83; *Mozek*, in: Säcker (Hg.), TKG, 3. Aufl., § 109 Rn. 42.

1501 *ENISA*, Technical Guideline on Incident Reporting, Version 2.1., S. 5, online abrufbar unter https://www.rtr.at/de/tk/Netzsicherheit/Article_13a_ENISA_Technical_Guideline_On_Incident_Reporting_v2_1.pdf, Zugriff am 23.02.2017.

orientieren sich an den von der ENISA[1502] aufgeführten Kriterien:[1503] Die betroffenen Teilnehmerstunden, die Interconnection, also die Konsequenzen für internationale Zusammenschaltungen sowie Folgen für die Notruflenkung zählen zu diesen.[1504] Die letzte Entscheidung, ob der Vorfall sicherheits- oder störungserheblich ist, liegt wiederum in der Verantwortung des Privaten.[1505] Unzweifelhaft liegt jedoch eine Sicherheitsverletzung mit beträchtlichen Auswirkungen vor, wenn der Vorfall mehr als eine Million Teilnehmerstunden betrifft.[1506] Inhaltlich muss die Pflicht zur Mitteilung nuanciert und ins Detail gehend erfüllt werden.[1507] Dazu gehört auch eine Auflistung der vorgenommenen Abhilfemaßnahmen.[1508] Die Angaben müssen daher so umfassend sein, dass die BNetzA überprüfen kann, ob der Private seine Eigensicherungspflicht erfüllt hat.[1509] Die BNetzA kann zudem einen ausführlichen Bericht über die Sicherheitsverletzung und die ergriffenen Maßnahmen fordern (§ 109 Abs. 5 S. 4 TKG).[1510] Die Pflicht zur Mitteilung erleichtert durch das Zugänglichmachen von Informationen, die für die Bewertung der Lage unerlässlich sind,[1511] das regulatorische Tätigwerden und Aufsichtsmaßnahmen des Staates erheblich.[1512]

(dd) Auskunfts- und Betretungsrechte des § 115 Abs. 1 TKG

Zur Sicherstellung der Einhaltung der Vorschriften des siebten Teils des TKG, worunter auch § 109 TKG fällt, steht der BNetzA ein Auskunftsrecht nach § 115 Abs. 1 S. 2 TKG zu.[1513] Insofern besteht ein von dem Sicherheitskonzept und den Pflichten zur Mitteilung – und damit vom Privaten – unabhängiger Mechanismus zur Informationsgewinnung. Da der Informationszugang für die Erfüllung der Beobachtungsaufgabe unerlässlich ist, stellt sich das Auskunftsrecht auch als Instrument zur Wahrnehmung der Beobachtungsverantwortung dar. Außerdem steht der BNetzA ein Betretungs- und Besichtigungsrecht nach § 115 Abs. 1 S. 3 TKG zu,

---

1502 European Union Agency for Network and Information Security.

1503 *BNetzA*, Umsetzung des § 109 Abs. 5 TKG zur Mitteilung einer Sicherheitsverletzung, Version 3.0., S. 7 online abrufbar unter https://www.bundesnetzagentur.de/SharedDocs/Downloads/DE/Sachgebiete/Telekommunikation/Unternehmen_Institutionen/Anbieterpflichten/OeffentlicheSicherheit/mitteilungeinersicherheitsverletzung/Umsetzungskonzept_%C2%A7_109_%285%29_TKG_Mitteilung_Sicherheitsverletzung.pdf?__blob=publicationFile&v=6, Zugriff am 23.02.2017.

1504 Diese Kriterien sind im Umsetzungskonzept der *BNetzA*, ebd., S. 7, zu finden.

1505 Ebd., S. 4.

1506 Ebd., S. 7.

1507 Ebd., S. 10.

1508 Ebd., S. 10.

1509 *BNetzA*, Katalog von Sicherheitsanforderungen, S. 14.

1510 *Graulich*, in: Arndt u. a. (Hg.), TKG, 2. Aufl., § 109 Rn. 47e.

1511 BT-Drs. 18/4096, S. 36.

1512 BT-Drs. 17/5707, S. 83.

1513 Zum Auskunftsrecht s. *Mozek*, in: Säcker (Hg.), TKG, 3. Aufl., § 115 Rn. 12 ff.

um die Einhaltung der Vorschriften des siebten Teils zu überprüfen.[1514] Dieses Recht gilt nur zu üblichen Öffnungszeiten und umfasst keine über das bloße Betreten und Besichtigen hinausgehenden Befugnisse.[1515] Da auch durch dieses Instrument neue Informationen gewonnen werden können, dient es ebenfalls der Wahrnehmung der Beobachtungsverantwortung. Insofern stehen dem Staat vom Unternehmer unabhängige Beobachtungsinstrumente zu, sodass er seiner Beobachtungsverantwortung hinreichend nachkommen kann.

(ee) Überprüfungsmechanismen

Zu den Überprüfungsmechanismen zählt zum einen die Pflicht der BNetzA, das Sicherheitskonzept regelmäßig zu überprüfen (§ 109 Abs. 4 S. 7 TKG),[1516] nämlich mindestens alle zwei Jahre (§ 109 Abs. 4 S. 8 TKG).[1517] Hintergrund dessen ist, dass nur durch eine ständige Beobachtung sichergestellt werden kann, dass der Stand der Technik tatsächlich berücksichtigt wird.[1518] Zum anderen steht der BNetzA das Recht zu, die Erfüllung der Maßnahmen nach § 109 Abs. 1–3 TKG durch eine qualifizierte, unabhängige Stelle oder eine zuständige nationale Behörde, nämlich das BSI, überprüfen zu lassen.[1519] Von dem Ergebnis der Überprüfung ist der BNetzA eine Kopie auszuhändigen (§ 109 Abs. 7 S. 2 TKG).[1520] Diese Überprüfungsmechanismen erweisen sich als Beobachtungsmechanismen. Durch sie kann sich die BNetzA ein umfassendes Bild von der Sicherheitslage machen und gegebenenfalls durch entsprechende Maßnahmen auf die Sicherheitsmängel reagieren.

(2) Vollzugsverantwortung

Durch die Wahrnehmung seiner Beobachtungsverantwortung steht dem Staat aber noch kein Instrument zur tatsächlichen Durchsetzung der Pflichten zu. Insofern bedarf es ebenfalls einer Untersuchung seiner Vollzugsverantwortung.[1521] Der Sicherstellung, dass die Maßnahmen aus § 109 Abs. 1 TKG tatsächlich erfüllt sind, dient primär die Erklärung des Betreibers des öffentlichen Telekommunikationsnetzes bzw. desjenigen, der öffentlich zugängliche Telekommunikationsdienste erbringt, dass die Maßnahmen umgesetzt sind oder alsbald umgesetzt werden

1514 *Mozek*, in: Säcker (Hg.), TKG, 3. Aufl., § 115 Rn. 15.
1515 *Mozek*, in: Säcker (Hg.), TKG, 3. Aufl., § 115 Rn. 15.
1516 *Graulich*, in: Arndt u. a. (Hg.), TKG, 2. Aufl., § 109 Rn. 41a.
1517 *Graulich*, in: Arndt u. a. (Hg.), TKG, 2. Aufl., § 109 Rn. 41b.
1518 BT-Drs. 18/4096, S. 35; *Graulich*, in: Arndt u. a. (Hg.), TKG, 2. Aufl., § 109 Rn. 41a.
1519 *Graulich*, in: Arndt u. a. (Hg.), TKG, 2. Aufl., § 109 Rn. 52 ff.; *Mozek*, in: Säcker (Hg.), TKG, 3. Aufl., § 109 Rn. 49 f.
1520 *Graulich*, in: Arndt u. a. (Hg.), TKG, 2. Aufl., § 109 Rn. 54.
1521 Zur Vollzugsverantwortung s. *Gusy*, in: Hoffmann-Riem/Schmidt-Aßmann (Hg.), Effizienz als Herausforderung an das Verwaltungsrecht, S. 175 (192); *Schmidt-Aßmann*, VVDStRL 34 (1976), S. 221 (232).

(§ 109 Abs. 4 S. 4 TKG).[1522] Durch die Vorlage des Sicherheitskonzepts wird die BNetzA schließlich in die Lage versetzt, dies zu überprüfen (§ 109 Abs. 4 S. 2, 3 TKG).[1523] Stellt die BNetzA entweder im Sicherheitskonzept selbst oder bei dessen Umsetzung Sicherheitsmängel fest, kann sie deren Beseitigung verlangen (§ 109 Abs. 4 S. 5 TKG).[1524] Daraus ist jedoch noch keine Ermächtigung für Zwangsmaßnahmen abzuleiten.[1525] Für die zwangsweise Durchsetzung der Mängelbeseitigung stehen der BNetzA die Befugnisse aus § 115 Abs. 2, 3 TKG zur Verfügung.[1526] So kann sie z.B. nach § 115 Abs. 2 S. 1 Nr. 2 TKG ein Zwangsgeld in Höhe von bis zu 100.000 Euro verhängen.[1527] Diese Befugnisse stehen der BNetzA auch für die Durchsetzung der Überprüfung des Sicherheitskonzepts nach § 109 Abs. 4 S. 7 TKG zu.[1528] Für die Datenschutzkontrolle sind die Besonderheiten aus § 115 Abs. 4 TKG zu berücksichtigen, auf die hier mangels Relevanz speziell für die Frage der Vollzugsverantwortung nicht eingegangen wird.[1529] Letztlich kommt als Vollzugsmechanismus die Ahndung als Ordnungswidrigkeit gemäß § 149 Abs. 1 Nr. 21, 21a, 21b, 21c TKG in Betracht.[1530] Für Ordnungswidrigkeiten kann ebenfalls ein Bußgeld verhängt werden.[1531] Während für Ordnungswidrigkeiten nach § 149 Abs. 1 Nr. 21 und 21b TKG, für einen Verstoß gegen § 109 Abs. 4 S. 2, 6 TKG – die Vorlage- und Anpassungspflicht des Sicherheitskonzepts – sowie gegen § 109a Abs. 1 S. 1, 2 TKG – datenschutzrechtliche Benachrichtigungspflicht – ein Bußgeld in Höhe von bis zu 100.000 Euro verhängt werden kann (§ 149 Abs. 2 Nr. 3 TKG), besteht für eine Ordnungswidrigkeit nach § 149 Abs. 1 Nr. 21a und 21c TKG für einen Verstoß gegen die Mitteilungspflicht des § 109 Abs. 5 S. 1 TKG und das Führen des Verzeichnisses nach § 109a Abs. 3 S. 1 TKG die Möglichkeit, eine Geldbuße in Höhe von bis zu 50.000 Euro festzusetzen (§ 149 Abs. 2 Nr. 4 TKG). Da Geldbußen in dieser Größenordnung lediglich kleinere Unternehmer zu einem Tätigwerden bewegen dürften, kann der Staat als ultima ratio die Erfüllung der Pflicht mit einer Betriebsuntersagung erzwingen (§ 115 Abs. 3 TKG).[1532] Auffällig ist insbesondere, dass die

1522 *Graulich*, in: Arndt u. a. (Hg.), TKG, 2. Aufl., § 109 Rn. 38; *Mozek*, in: Säcker (Hg.), TKG, 3. Aufl., § 109 Rn. 39.

1523 *Mozek*, in: Säcker (Hg.), TKG, 3. Aufl., § 109 Rn. 38, 41.

1524 *Graulich*, in: Arndt u. a. (Hg.), TKG, 2. Aufl., § 109 Rn. 39.

1525 Im Umkehrschluss aus *Mozek*, in: Säcker (Hg.), TKG, 3. Aufl., § 109 Rn. 41.

1526 *Graulich*, in: Arndt u. a. (Hg.), TKG, 2. Aufl., § 109 Rn. 56; *Mozek*, in: Säcker (Hg.), TKG, 3. Aufl., § 109 Rn. 41.

1527 *Graulich*, in: Arndt u. a. (Hg.), TKG, 2. Aufl., § 109 Rn. 56; *Mozek*, in: Säcker (Hg.), TKG, 3. Aufl., § 109 Rn. 41, 51 ff.; ebd., § 115 Rn. 19 ff., insb. Rn. 23.

1528 BT-Drs. 1840/96, S. 35; *Graulich*, in: Arndt u. a. (Hg.), TKG, 2. Aufl., § 109 Rn. 41a.

1529 Dazu z.B. *Mozek*, in: Säcker (Hg.), TKG, 3. Aufl., § 115 Rn. 32 ff.

1530 *Graulich*, in: Arndt u. a. (Hg.), TKG, 2. Aufl., § 109 Rn. 56; *Mozek*, in: Säcker (Hg.), TKG, 3. Aufl., § 109 Rn. 52 f.

1531 *Graulich*, in: Arndt u. a. (Hg.), TKG, 2. Aufl., § 109 Rn. 56.

1532 Zur Betriebsuntersagung als ultima ratio *Mozek*, in: Säcker (Hg.), TKG, 3. Aufl., § 115 Rn. 28.

ordnungsgemäße Wahrnehmung der Eigensicherungspflicht nach § 109 Abs. 1 und 2 TKG gemäß § 149 Abs. 2 TKG nicht bußgeldbewehrt ist, was auf ein erhebliches Vollzugsdefizit hindeutet. Die Nichteinhaltung der Pflichten aus § 109 Abs. 1 und 2 TKG sind allerdings lediglich nicht als Ordnungswidrigkeit einzuordnen. Nichtsdestotrotz darf ein Zwangsgeld in Höhe von bis zu 100.000 Euro zum Zwecke ihres Vollzugs im Rahmen des § 115 Abs. 2 Nr. 2 TKG auferlegt werden.[1533]

bb) Andere Eigensicherungspflichten

Als Kontrollüberlegung kann argumentativ auf andere Eigensicherungspflichten Kritischer Infrastrukturen als Vergleichsmaßstab zurückgegriffen werden. Die Tatsache, dass das Luftsicherheitsgesetz eine staatliche Auffangverantwortung regelt,[1534] die Aufsichtsmaßnahmen des Telekommunikationsrechts aber ausschließlich durch Private erfolgen können,[1535] kann eine staatliche Schutzpflichtverletzung indizieren. Dagegen ist aber einzuwenden, dass die staatliche Auffangverantwortung Aufsichtsmaßnahmen ersetzen kann.[1536] Eingreifen muss sie indessen erst, wenn die Erfüllung der Aufgabe durch den Privaten nicht mehr realisierbar ist.[1537] Je technischer die zu erfüllende Pflicht ist, desto eher ist ein Privater zur Erfüllung der Aufgabe geeigneter als der Staat.[1538] Das Knowhow des Privaten wird damit zum Kriterium für die Auswahl der staatlichen Kontrollinstrumente für die Eigensicherungspflicht. Dieses Kriterium muss hingegen zurücktreten, wenn Rechte Dritter berührt sind: Je mehr Rechte Dritter betroffen sind, desto schneller ist der Staat in die Aufgabenwahrnehmung einzubeziehen.[1539] Der Differenzierung bedürfen insoweit an dieser Stelle zwei Typen von Eigensicherungspflichten: Bei einer Eigensicherungspflicht zum Rechtsgüterschutz muss der Staat eher beteiligt sein als bei einer Eigensicherungspflicht, die ausschließlich auf Funktionsschutz gerichtet ist.

1533 *Mozek*, in: Säcker (Hg.), TKG, 3. Aufl., § 109 Rn. 51.

1534 Kap. 4 – D.II.1.a).

1535 Die Überprüfung kann nach § 109 Abs. 7 TKG entweder durch das BSI oder aber durch eine unabhängige Stelle erfolgen, vgl. *Graulich*, in: Arndt u. a. (Hg.), TKG, 2. Aufl., § 109 Rn. 52 ff.; *Mozek*, in: Säcker (Hg.), TKG, 3. Aufl., § 109 Rn. 49.

1536 *Möstl*, Die staatliche Garantie für die öffentliche Sicherheit und Ordnung, S. 328.

1537 *Möstl*, Die staatliche Garantie für die öffentliche Sicherheit und Ordnung, S. 329.

1538 Und je weiter sich der Staat zurückzieht, desto mehr nimmt dieses Phänomen zu, vgl. *Gusy*, in: Hoffmann-Riem/Schmidt-Aßmann (Hg.), Effizienz als Herausforderung an das Verwaltungsrecht, S. 175 (192 f.).

1539 *Gusy*, in: Hoffmann-Riem/Schmidt-Aßmann (Hg.), Effizienz als Herausforderung an das Verwaltungsrecht, S. 175 (191). Dies ist nicht nur auf Kontrollebene feststellbar, sondern schon auf Regulierungsebene. Die Genehmigungserteilung kann an die Erfüllung der Eigensicherungspflicht gebunden sein (§ 7 Abs. 2 Nr. 5 AtG), während sie im Telekommunikationsrecht unabhängig von dieser besteht. Als ultima ratio kann es zu einer Untersagung nach § 115 Abs. 3 TKG kommen.

Daher ist beim Schutzgut Leben staatliche Aktivität eher vorausgesetzt als beim Schutz des Fernmeldegeheimnisses.[1540]

E. Verwaltungsrechtliche Systematisierung der Eigensicherungspflicht

Schließlich stellt sich die Frage, welche verwaltungsrechtlichen Schlüsse aus der grundrechtsdogmatischen Systematisierung der Eigensicherungspflicht zu ziehen sind. Während dem Privaten die „Erfüllungsverantwortung" für die Erfüllung der Tätigkeit obliegt, ist der Staat einzig gewährleistend in der Verantwortung. Daraus folgt die Fragestellung, wie diese vielschichtige Verantwortungsstufung verwaltungsrechtlich zu erfassen sein kann.

I. Rechtsgüterschutz

Die grundrechtlich geschützte Ausübung einer wirtschaftlichen Tätigkeit steht von vornherein unter dem Vorbehalt, dass nicht zulasten wichtiger Belange Dritter Profit gezogen wird,[1541] denn Artikel 12 Abs. 1 GG ist durch einen einfachen Gesetzesvorbehalt zum Beispiel zum Schutz der Gesundheit oder des Fernmeldegeheimnisses einschränkbar.[1542] Der Gesetzgeber konkretisiert durch die Auferlegung einer Eigensicherungspflicht die verfassungsrechtlich verankerte Verantwortlichkeit des Privaten, keine Rechtsgüter Dritter zu schädigen. Dies ist unabhängig von der wirtschaftlichen Rentabilität der Sicherungsmaßnahme zu sehen. Muss der Staat im Rahmen seiner Gewährleistungsverantwortung tätig werden und den Privaten z. B. zu weitergreifenden Sicherungsmaßnahmen verpflichten, bedient er sich hierfür nicht des Privaten zur Erfüllung einer öffentlichen Aufgabe, sondern setzt lediglich eine private Aufgabe durch. Dies kann allerdings nur gelten, solange die Gefahr von dem Privaten ausgeht. Eigensicherungspflichten erfassen jedenfalls auch den Fall, dass der Zurechnungszusammenhang zwischen der Tätigkeit des Privaten und dem möglichen Schaden am Rechtsgut eines Dritten unterbrochen wurde.[1543] Für

---

1540 Also spiegelt sich die Qualität des Schutzguts bei der Wahrnehmung der Schutzpflicht bei der Aufgabenverteilung im Rahmen der Verantwortungsstufung durch die Eigensicherungspflicht ebenfalls wieder, vgl. zur Qualität des Rechtsguts als Kriterium BVerfGE 39, 1 (42); 49, 89 (142); *Isensee*, in: ders./Kirchhof (Hg.), HdBStR IX, 3. Aufl., § 191 Rn. 270; *Peilert*, Das Recht des Auskunftei- und Detekteigewerbes, S. 243; *Stern*, Das Staatrechts der BRD, Bd. III, Teilband 1, S. 740. A.A.: *Dietlein*, Die Lehre von den grundrechtlichen Schutzpflichten, S. 86 f., der später doch den besonderen Schutz der „Fundamentalgüter" Leben, Gesundheit und Freiheit betont, ebd., S. 113 f.

1541 Klassisch wäre an dieser Stelle eine Berufsausübung zulasten der Gesundheit eines Dritten, vgl. *Schmidt*, Grundrechte, 18. Aufl., Rn. 808.

1542 *Wieland*, in: Dreier (Hg.), GG, Bd. 1, 3. Aufl., Art. 12 Rn. 82 ff.

1543 Z.B. *Czaja*, Eigensicherungspflichten von Verkehrsflughäfen, S. 19 ff.

diese Fälle kommt eine verwaltungsrechtliche Einordnung der Eigensicherungspflicht infrage.

II. Infrastrukturgewährleistung

Anders ist dies bei der Infrastruktursicherung zu beurteilen, denn dem Privaten ist verfassungsrechtlich gewährleistet, dass er gewinnorientiert handeln darf (Artikel 87f. Abs. 2 GG). Der Verfassung ist eine Gemeinwohlpflichtigkeit nicht zu entnehmen. Deshalb ist es nicht ausgeschlossen, dass die Wahrnehmung einer Eigensicherungspflicht durch einen Privaten als Instrument des Verwaltungsrechts einzustufen ist.

III. Thesen für eine verwaltungsrechtliche Einordnung der Eigensicherungspflicht

1. These 1: „Die Eigensicherungspflicht stellt eine Indienstnahme dar".

Zu denken ist an eine Indienstnahme: Unter eine Indienstnahme wird die Verpflichtung eines Privaten zur Wahrnehmung einer Verwaltungsaufgabe ohne Hoheitsbefugnisse verstanden.[1544] Diese These kann aufgrund des Beispiels von Eigensicherungspflichten zur Erreichung von Daseinsvorsorgeaufgaben verworfen werden:[1545] Durch die Privatisierung ist der Staat ausdrücklich aus der Erfüllungsverantwortung entlassen worden. Der Wiederholung bedarf, dass bei der Privatisierung die Erwartung zugrunde gelegt wurde, der Private könne die Daseinsvorsorgeaufgaben genauso gut erfüllen wie der Staat.[1546] Der Staat darf ausschließlich gewährleistend tätig werden und zwar bei dem Versagen privater Mechanismen. Insoweit wäre es unzutreffend zu behaupten, der Private würde zur Erfüllung einer öffentlichen Aufgabe in Anspruch genommen werden. Die sog. „Erfüllung" der Aufgabe steht jenseits staatlicher Verantwortung.

1544 *Schulze-Fielitz*, in: Hoffmann-Riem u. a. (Hg.), Grundlagen des Verwaltungsrechts, Bd. 1, 2. Aufl., § 12 Rn. 107.

1545 Allgemein für Eigensicherungspflichten BT-Drs. 8/3431, S. 10: „Mitwirkung der Unternehmen" und nicht „Übertragung"; *Braun*, Die Finanzierung polizeilicher Aufgabenwahrnehmung, S. 357; *Möstl*, Die staatliche Garantie für die öffentliche Sicherheit und Ordnung, S. 338; *Otten*, Eigensicherung, S. 141; *Rengeling*, DVBl. 2004, 589 (592); wohl auch *Rott*, der von „ergänzen" spricht und darauf abstellt, dass Eigensicherungsmaßnahmen bereits vor der Auferlegung der gesetzlichen Pflicht durchgeführt wurden, ZLW (34) 1985, 225 (225); *Schneider*, Die Abwehr äußerer Gefahren im Luftverkehr, S. 93. Zu den Schwierigkeiten der Einordnung der Eigensicherungspflicht als Indienstnahme ausführlich schon *Otten*, Eigensicherung, S. 141 ff.

1546 Kap. 3 – B.I.2.

2. *These 2.: „Die Eigensicherungspflicht stellt stets einen Fall der Verwaltungshilfe dar".*

In Frage steht überdies die stetige Einordnung eines Eigensicherungsverpflichteten als Verwaltungshelfer als Unterstützer des Staates zur Erreichung seiner Gemeinwohlziele. Dafür bedarf es in einem ersten Schritt der Klärung, wie der Begriff des Verwaltungshelfers zu konturieren ist, damit in einem zweiten Schritt untersucht werden kann, ob eine ausnahmslose Systematisierung der Erfüllung einer Eigensicherungspflicht als Verwaltungshilfe überzeugend sein kann.

a) Werkzeugtheorie

Ursprünglich wurde der Verwaltungshelfer als Privatperson, die unselbstständig und weisungsgebunden in fremdem Namen und ohne eigenen Entscheidungsspielraum im Aufgabenbereich eines Hoheitsträgers tätig wird, definiert.[1547] Dieser Ansatz ist im Wesentlichen Ausprägung der sog. „Werkzeugtheorie", die in der Vergangenheit als herrschende Theorie vertreten wurde.[1548]

aa) Unselbstständigkeit

(1) Telekommunikationsrecht

Bei den Eigensicherungspflichten des § 109 Abs. 1 und 2 TKG fällt auf, dass dem Privaten für die einzelne Maßnahme ein Gestaltungsspielraum obliegt,[1549] er also dahin gehend keiner staatlichen Weisung unterliegt. Hinzu tritt eine Erklärung des Privaten, dass die Maßnahmen umgesetzt sind oder unverzüglich umgesetzt werden.[1550] Auch in dieser Hinsicht verlässt sich der Staat auf die gegebenenfalls erforderliche Reaktion des Privaten, ohne selbst aktiv zu werden. Zur Anpassung des Sicherheitskonzepts ist ebenfalls der Private verpflichtet.[1551] Weisungsbefugnisse der BNetzA sind demnach zu verneinen. Die Kontrollverantwortung kann in eine Beobachtungs-[1552] und Vollzugsverantwortung[1553] unterteilt werden. Es kommt aber nach der Werkzeugtheorie für die Einstufung als Verwaltungshelfer darauf an, dass Weisungsbefugnisse bestehen.

1547 *Kirchhof*, in: Ipsen/Stüer (Hg.), FS f. Rengeling, S. 127 (128).

1548 BGHZ 48, 98 (103) = NJW 1967, 1857; *Quantz*, VersR 2004, 1244 (1244). Auch heute noch vertreten von *Kirchhof*, in: MD, GG, Bd. 5, 78. EL, Art. 83 Rn. 116 f.; *Reimer*, in: Posser/Wolff (Hg.), VwGO, Beck-OK, 40. Ed., § 40 Rn. 80. Kritisch z.B. *Schimikowski*, VersR 1984, 315 (317 f.).

1549 *Eckhardt*, in: Heun (Hg.), HdB TK-Recht, 2. Aufl., B Rn. 70.

1550 *Graulich*, in: Arndt u.a. (Hg.), TKG, 2. Aufl., § 109 Rn. 38; *Mozek*, in: Säcker (Hg.), TKG, 3. Aufl., § 109 Rn. 39.

1551 *Graulich*, in: Arndt u.a. (Hg.), TKG, 2. Aufl., § 109 Rn. 40.

1552 Zu dieser z.B. *Bauer*, VVDStRL 54 (1995), S. 243 (280).

1553 Zur Vollzugsverantwortung s. z.B. *Gusy*, in: Hoffmann-Riem/Schmidt-Aßmann (Hg.), Effizienz als Herausforderung an das Verwaltungsrecht, S. 175 (192 ff.); *Schmidt-Aßmann*, VVDStRL 34 (1976), S. 221 (232).

Überdies tritt hinzu, dass der Staat auch für die Wahrnehmung seiner Kontroll- und Vollzugsmechanismen erheblich auf private Mitwirkung angewiesen ist. Die einzige vom Privaten losgelöste Überprüfungsmöglichkeit der Umsetzung des erstellten Konzepts ergibt sich aus § 109 Abs. 7 TKG.[1554] Die Überprüfung erfolgt nichtsdestotrotz nicht durch die BNetzA, sondern durch eine unabhängige private Stelle oder das BSI.[1555] Deshalb genügt die Systematik des § 109 TKG nicht hinreichend den Anforderungen an das Merkmal der Einbindung in die Verwaltung.

(2) Luftsicherheitsgesetz

Anders bei der Eigensicherungspflicht des § 8 Abs. 1 S. 1 Nr. 5 LuftSiG: Der Staat wirkt bei der Erstellung des Luftsicherheitsprogramms, das zwingend von den Privaten umzusetzen ist (§ 8 Abs. 1 S. 5 LuftSiG),[1556] mit.[1557] Die Behörde kann außerdem Sicherheitsmaßnahmen anordnen (§ 2 S. 2 Nr. 5 LuftSiG). Zudem überwacht sie die Einhaltung der Vorschriften aus § 8 Abs. 1 S. 1 LuftSiG (§ 2 S. 2 Nr. 5 LuftSiG). Dem Staat steht für die Gewährleistung der Einhaltung dieser Pflicht schließlich sogar eine Auffangverantwortung zu. Trotz dieser scharfen Kontrollen und Vollzugsmechanismen wird mehr Überwachung der Unternehmer gefordert.[1558]

bb) Kein Ermessensspielraum des Privaten

Grundsätzlich spricht außerdem die Möglichkeit, selbstständig Entscheidungen zu treffen oder Ermessen auszuüben, gegen die Einordnung einer Tätigkeit des Privaten als Verwaltungshelfer.[1559] Eigensicherungspflichten weichen indessen erheblich voneinander ab. Die Eigensicherungspflicht kann so konkret gefasst sein, dass dem Privaten kein eigener Entscheidungsspielraum verbleibt (§ 8 Abs. 1 S. 1 Nr. 5 LuftSiG). Danach sind das Personal oder die von diesem mitgeführten Gegenstände vor dem Betreten von Sicherheitsbereichen und sensibler Teile von Sicherheitsbereichen zu durchsuchen.[1560] Zwar wurden nach der Einführung der Vorschrift erhebliche

1554 *Graulich*, in: Arndt u. a. (Hg.), TKG, 2. Aufl., § 109 Rn. 41 ff.; *Mozek*, in: Säcker (Hg.), TKG, 3. Aufl., § 109 Rn. 49 f.

1555 *Mozek*, in: Säcker (Hg.), TKG, 3. Aufl., § 109 Rn. 49.

1556 *Faust/Lienhart*, in: Hobe/von Ruckteschell (Hg.), Kölner Kompendium des Luftrechts, Bd. 2, A II Rn. 368.

1557 *Faust/Lienhart*, in: Hobe/von Ruckteschell (Hg.), Kölner Kompendium des Luftrechts, Bd. 2, A II Rn. 368.

1558 *Europäische Kommission*, Jahresbericht 2015 über die Durchführung der Verordnung (EG) Nr. 300/2008 über gemeinsame Vorschriften für die Sicherheit in der Zivilluftfahrt, S. 3.

1559 *Gusy*, in: Hoffmann-Riem/Schmidt-Aßmann (Hg.), Effizienz als Herausforderung an das Verwaltungsrecht, S. 175 (195).

1560 S. z. B. *Faust/Lienhart*, in: Hobe/von Ruckteschell (Hg.), Kölner Kompendium des Luftrechts, Bd. 2, A II Rn. 350; *Giemulla*, in: ders./van Schyndel (Hg.), Luftsicherheitsgesetz, § 8 Rn. 42 ff.

Differenzen bei der Durchführung der Kontrollen festgestellt.[1561] Doch ist der Ablauf der Durchsuchung in der Verordnung (EU) 2015/1998 vom 05.11.2015 so detailliert geregelt,[1562] dass dem Privaten so gut wie kein Handlungsspielraum verbleibt. Die vom Privaten in das Luftsicherheitsprogramm aufzunehmenden konkreten Maßnahmen (§ 8 Abs. 1 S. 3 LuftSiG) werden aufgrund der Bestimmtheit des Wortlauts der Eigensicherungspflicht größtenteils nebensächlich.[1563] De facto ist die Autonomie des Privaten bei der Durchführung der einzelnen Sicherheitsmaßnahmen gleich Null. Sein begrenzter Gestaltungsspielraum erstreckt sich ausschließlich auf die Zeit nach der Zulassung des Sicherheitsplans.[1564] Mit Blick darauf, dass das Erfordernis der „Durchsuchung" nicht weiter ausgelegt werden kann, als es der Wortlaut zulässt,[1565] ist der Handlungsspielraum des Privaten auch später nach wie vor minimal. Denn „Durchsuchen" heißt nach allgemeinem Sprachgebrauch „in etwas gründlich suchen, um etwas, jemanden zu finden" oder „in jemandes Kleidung nach etwas, was er verborgen halten könnte, zu suchen".[1566]

Eigensicherungspflichten können aber auch so statuiert sein, dass dem Privaten die Entscheidung darüber obliegt, welche konkrete Maßnahme er vornimmt.[1567] Differenziert ist wiederum geregelt, welche Maßnahmen in Betracht gezogen werden können: Während im Telekommunikationsrecht ein Katalog von Sicherheitsanforderungen von der Bundesnetzagentur, dem BSI und dem Bundesbeauftragten für Datenschutz und Informationsfreiheit erstellt wird, den Herstellern und Verbänden der Verpflichteten dagegen nur Gelegenheit zur Stellungnahme gegeben wird,[1568] schlagen nach dem BSIG die Betreiber oder Branchenverbände Sicherheitsstandards vor (§ 8a Abs. 2 BSIG[1569]).[1570] Das BSI stellt dann im Benehmen mit dem BBK und im Einvernehmen mit der zuständigen Aufsichtsbehörde des Bundes oder im Benehmen mit der sonst zuständigen Aufsichtsbehörde fest, ob die vorgeschlagenen Sicherheitsstandards genügen.[1571] Insofern handelt es sich um eine

---

1561 *Giemulla*, in: ders./van Schyndel (Hg.), Luftsicherheitsgesetz, § 8 Rn. 49.

1562 ABl. (EU) L 299/1 v. 14.11.2015.

1563 Zur Vorlagepflicht *Faust/Lienhart*, in: Hobe/von Ruckteschell (Hg.), Kölner Kompendium des Luftrechts, Bd. 2, A II Rn. 368; *Giemulla*, in: ders./van Schyndel (Hg.), Luftsicherheitsgesetz, § 8 Rn. 59.

1564 Auch zu diesem Zeitpunkt sind noch nachträgliche Auflagen möglich (§ 8 Abs. 1 S. 4 LuftSiG). Es bedarf also der Differenzierung.

1565 BVerfGE 18, 97 (111); 71, 81 (105); 90, 263 (275); 93, 37 (81).

1566 Beide Wortsinnbeschreibungen sind bei Duden online, online abrufbar unter http://www.duden.de/rechtschreibung/durchsuchen_kontrollieren_durchsehen, Zugriff am 18.10.2016, zu finden.

1567 *Eckhardt*, in: Heun (Hg.), HdB TK-Recht, 2. Aufl., B Rn. 70; *Graulich*, in: Arndt u. a. (Hg.), TKG, 2. Aufl., § 109 Rn. 19, 49.

1568 *Mozek*, in: Säcker (Hg.), TKG, 3. Aufl., § 109 Rn. 48.

1569 BGBl. I 2015, S. 1324.

1570 *Hornung*, NJW 2015, 3334 (3336).

1571 *Hornung*, NJW 2015, 3334 (3336).

Art staatliche Regulierung mit selbstregulativen Elementen.[1572] Wem aber Ermessen zusteht, handelt jedenfalls bis zu einem gewissen Grad rechtlich selbstständig.[1573] Ist der Private bei der Auswahl der konkreten Maßnahme völlig frei, steht ihm so viel Ermessen zu, dass seine Handlung als rechtlich selbstständig einzuordnen ist.[1574] Wird der sog. „Werkzeugtheorie" gefolgt, fungiert das fehlende Ermessen – über die Einräumung von Hoheitsgewalt hinaus – als entscheidendes Abgrenzungsmerkmal zur Beleihung, weshalb die Selbstständigkeit als Kriterium schon jegliche Form von Beurteilungs- oder Ermessensspielraum bedeuten muss.[1575] Ansonsten könnte durch den Verzicht auf eine ausdrückliche Übertragung hoheitlicher Rechte und stattdessen Berufung auf Notrechte des Privaten die Beleihung zu einer Verwaltungshilfe degradiert und dadurch die besonderen Voraussetzungen dieses Rechtsinstruments umgangen werden. Die rechtliche Selbstständigkeit iSd Verwaltungshilfe fehlt insofern nur bei Eigensicherungspflichten, die so eng gefasst sind, dass dem Privaten nur die Möglichkeit zusteht, auf eine bestimmte Art und Weise zu handeln und zwar mit Einmündung in ein grundrechtsrelevantes Handeln wie gemäß § 8 Abs. 1 S. 1 Nr. 5 LuftSiG.

b) Erweiterte Werkzeugtheorie

In jüngster Zeit wird die klassische Werkzeugtheorie sowohl von der Rechtsprechung[1576] als auch von der Literatur[1577] für zu eng befunden.[1578] Insbesondere wird kritisiert, dass das Merkmal der Selbstständigkeit zu unbestimmt sei und es daher in erster Linie auf die Letztentscheidungskompetenz der Behörde ankomme.[1579] Würde die Verwaltungshilfe als Instrument, bei der ein Privater in fremdem Namen

1572 Zu dieser *Hoffmann-Riem*, in: ders./Schmidt-Aßmann (Hg.), Öffentliches Recht und Privatrecht als wechselseitige Auffangordnungen, S. 261 (300 f.).

1573 *Gusy*, in: Hoffmann-Riem/Schmidt-Aßmann (Hg.), Effizienz als Herausforderung an das Verwaltungsrecht, S. 175 (195).

1574 Was bei den meisten Eigensicherungspflichten der Fall ist, s. z.B. *Eckhardt*, in: Heun (Hg.), HdB TK-Recht, 2. Aufl., B Rn. 70; *Graulich*, in: Arndt u.a. (Hg.), TKG, 2. Aufl., § 109 Rn. 19, 49.

1575 *Gusy*, RiA 1982, 101 (103).

1576 Eine ausdrückliche Abwendung von dieser Theorie ist darin dagegen nicht zu sehen: „Je stärker der hoheitliche Charakter der Aufgabe in den Vordergrund tritt, je enger die Verbindung zwischen der übertragenen Tätigkeit und der von der Behörde zu erfüllenden hoheitlichen Aufgabe und je begrenzter der Entscheidungsspielraum des Unternehmers ist, desto näher liegt es, ihn als Beamten im haftungsrechtlichen Sinne anzusehen", BGHZ 121, 161 (165 f.) = NJW 1993, 1258 (1259).

1577 Z.B. *Maurer*, Allg. Verwaltungsrecht, 18. Aufl., § 23 Rn. 59; *Papier*, in: MD, GG, Bd. 4, 78. EL, Art. 34 Rn. 112 f.

1578 A.A.: *Kirchhof*, in: Ipsen/Stüer (Hg.), FS f. Rengeling, S. 127 (130).

1579 *Maurer*, Allg. Verwaltungsrecht, 18. Aufl., § 23 Rn. 59.

handelt[1580] oder nach außen hin sogar überhaupt nicht in Erscheinung tritt,[1581] verstanden, so stieße die Figur an ihre Grenzen. Insbesondere im Rahmen der Amtshaftung sei rechtspolitisch unvertretbar, selbstständige Unternehmen, die einen staatlichen Auftrag erfüllen, aus der Amtshaftung herauszunehmen.[1582] Es solle deshalb allein darauf ankommen, ob der Private nach außen hin als Erfüllungsgehilfe des Staates tätig werde.[1583] Insofern genüge es, wenn der Private mit Wissen und Wollen des Staates in dessen Verantwortungsbereich aktiv werde.[1584] Teilweise wird die Werkzeugtheorie soweit eingeschränkt, dass es allein darauf ankomme, ob die Tätigkeit dem öffentlich-rechtlichen Tätigkeitsbereich des Staates zugerechnet werden könne.[1585] Wird die staatliche Gewährleistungsverantwortung als eigener staatlicher Verantwortungsbereich gesehen, bedient sich der Staat zum einen zur Erhaltung ausreichender Daseinsvorsorgeleistungen bzw. zur Erfüllung des Infrastrukturauftrages und zum anderen zur Erfüllung seiner Schutzpflicht im Hinblick auf Sicherheitsvorkehrungen eines Privaten. Da die Eigensicherungspflicht aber gerade als ein System der Verantwortungsstufung und eben nicht der Verantwortungsteilung zu denken ist,[1586] ist jede Verantwortungsstufe als vollumfängliche Verantwortung, woraus eine bestimmte Aufgabe im Sinne einer „eigenständigen verfassungsrechtliche[n] Pflichtaufgabe"[1587] erwächst, zu bergreifen. Deshalb wird der Private in eigener Verantwortung – an betriebswirtschaftlichen Mechanismen orientiert – erfüllend tätig.[1588] Davon losgelöst wird der Adressat einer Eigensicherungspflicht indessen auch Teil eines staatlichen Gewährleistungsmechanismus. Bei letzterem wirkt der Private unterstützend auf die Erreichung der staatlichen Aufgabe „Gewährleistung" ein.[1589] Inwieweit hingegen der Eigensicherungsverpflichtete tatsächlich noch als „staatlicher Erfüllungsgehilfe" gesehen werden kann, bedarf eines zweiten Untersuchungsschrittes.

1580 *Kirchhof*, in: Ipsen/Stüer (Hg.), FS f. Rengeling, S. 127 (133).

1581 *Kirchhof*, in: Ipsen/Stüer (Hg.), FS f. Rengeling, S. 127 (128); *Maurer*, Allg. Verwaltungsrecht, 18. Aufl., § 23 Rn. 59.

1582 *Papier*, in: MD, GG, Bd. 4, 78. EL, Art. 34 Rn. 112 f. Teilweise soll die Erweiterung allerdings auf die Amtshaftung begrenzt sein, s. *Kirchhof*, in: Ipsen/Stüer (Hg.), FS f. Rengeling, S. 127 (132).

1583 *Papier*, in: MD, GG, Bd. 4, 78. EL, Art. 34 Rn. 113.

1584 *Papier*, in: MD, GG, Bd. 4, 78. EL, Art. 34 Rn. 113.

1585 *Würtenberger*, DAR 1983, 155 (161).

1586 Kap. 4 – D.I.

1587 *Gersdorf*, in: v. MKS, GG, Bd. 3, 6. Aufl., Art. 87 f. Rn. 61.

1588 *Gersdorf*, in: v. MKS, GG, Bd. 3, 6. Aufl., Art. 87 f. Rn. 53; *Möstl*, in: MD, GG, Bd. 6, 78. EL, Art. 87 f. Rn. 37.

1589 An dieser Stelle wird deutlich, dass der Private für die „Gewährleistung" eben nicht indienstgenommen wird, da der Staat selbst gewährleistend tätig geworden ist, indem er die Eigensicherungspflicht auferlegt hat. Mehr als eine Gewährleistung eines bestimmten Erfolgs ist aufgrund der Privatisierung seitens des Staates gerade nicht geschuldet.

c) *Rechtsstellungstheorie*

Wird hingegen auf die sog. „Rechtsstellungstheorie" abgestellt, wäre der Eigensicherungsverpflichtete – in Abgrenzung zur Beleihung – dann als Vewaltungshelfer einzustufen, wenn er nicht hoheitlich tätig wird.[1590] Der Nachteil dieser Auffassung liegt darin, dass eine Amtshaftung immer dann ausgeschlossen wäre, wenn sich der Staat eines Privaten auf der Grundlage des Privatrechts bedienen würde,[1591] was unter zwei Gesichtspunkten problematisch erscheint: Zum einen wäre dem Dritten die Sicherheit über die Solvenz seines Anspruchsgegners genommen.[1592] Zum anderen müsste der private Unternehmer für das haften, was ihm von staatlicher Seite ausdrücklich angeordnet worden ist.[1593] Allenfalls käme ein moderneres Verständnis der Rechtsstellungstheorie in Betracht, das so lauten könnte, dass derjenige Verwaltungshelfer ist, der nicht in Grundrechte eingreifen darf.[1594] Dieser Ansatz lässt indessen zwei Fragen unbeantwortet. Erstens: Worin ist dann die Grenze zur Inpflichtnahme zu sehen? Zweitens: Setzt dieser Ansatz nicht die Klärung der Selbstständigkeit des privaten Handelns erst voraus?[1595] Denn nur, wenn geklärt ist, ob ein Handeln dem Staat zurechenbar ist, kann beantwortet werden, ob ein Grundrechtseingriff vorliegt oder nicht. Ist das Handeln des Privaten allein der privaten Sphäre zuzurechnen, kommt ein Grundrechtseingriff von vornherein nicht in Betracht. Da im früheren Verlauf der Prüfung festgestellt wurde, dass bei manchen Eigensicherungspflichten eine Zurechnung zum Staat denkbar erscheint, allerdings eher zu zufälligen Ergebnissen führt und dieses Paradigma dann in Erscheinung tritt, wenn der Staat seiner Schutzpflicht in besonderem Maße nachzukommen versucht, erscheint es vorzugswürdiger, die Konflikte zwischen den verschiedenen Grundrechtsdimensionen über die Schutzpflichtendogmatik und nicht über Abwehrrechte zu lösen.[1596] Deshalb kommt auch die Rechtsstellungstheorie wegen des Handelns des Privaten aufgrund privater Rechte an dieser Stelle zu keinem anderen Ergebnis. Auch nach der Rechtsstellungstheorie ist ein Handeln des Eigensicherungsverpflichteten als Verwaltungshelfer denkbar. Insofern ist eine letzte Entscheidung zwischen den Theorien entbehrlich.

1590 LG München NJW 1978, 48; *Scholz*, NJW 1997, 14 (15 f.).

1591 OLG Düsseldorf VersR 1982, 246 (248).

1592 *Kirchhof*, in: Ipsen/Stüer (Hg.), FS f. Rengeling, S. 127 (132); *Thiel*, JR 2005, 412 (414), Anmerkung zum Urteil des BGH v. 14.10.2004 – III ZR 169–04; *Würtenberger*, DAR 1983, 155 (160).

1593 Vgl. z.B. den Fall des LG München NJW 1978, 48.

1594 Dahin gehend *Gusy*, in: Hoffmann-Riem/Schmidt-Aßmann (Hg.), Effizienz als Herausforderung an das Verwaltungsrecht, S. 175 (195).

1595 Für das Festhalten an das Kriterium der Selbstständigkeit *Kirchhof*, in: MD, GG, Bd. 5, 78. EL, Art. 83 Rn. 117.

1596 S. Kap. 4 – C.II.1., insbes. f).

d) *Einschränkung durch das Qualifikationsmerkmal „öffentliche Aufgabe"?*

Für die stetige Qualifikation eines Eigensicherungsverpflichteten als Verwaltungshelfer spricht, dass der Staat sich nicht dadurch der Amtshaftung entziehen darf, dass er Aufgaben auf Private überträgt.[1597] Dem ist wiederum entgegenzuhalten, dass der Staat verfassungsrechtlich ausdrücklich aus seiner Erfüllungsverantwortung entlassen worden ist und nur noch gewährleistend tätig werden darf. Während der klassische Fall der Verwaltungshilfe gerade in der funktionalen Privatisierung wurzelt, bei der es nicht zu einer rechtlichen Aufgabenübertragung kommt, fand in den Bereichen, in denen Eigensicherungspflichten auferlegt werden, eine jedenfalls teilweise materielle Privatisierung statt.[1598] Deshalb kann auch nicht von einer „Entledigung" einer Aufgabe gesprochen werden, wenn ein Privater im Bereich der Daseinsvorsorge oder Sicherheit Risikominimierungsmaßnahmen bei der Ausübung seiner wirtschaftlichen Tätigkeit vornimmt. Obwohl der Private eine ursprünglich staatliche Aufgabe wahrnimmt, übt er selbst keine Hoheitsgewalt aus.[1599] Im Rahmen der Diskussion um die Anwendbarkeit des Artikels 34 S. 2 GG auf sog. „selbstständige Unternehmer" wurde vorgebracht, dass, wer eine privatwirtschaftliche Tätigkeit ausübe, seinen Einsatz[1600] und die Reichweite seines Tätigwerdens selbst bestimmen und damit auch Regressansprüche einkalkulieren könne.[1601] Weiterhin könnten Risiken versichert oder über Entgelte auf Konsumenten umgelegt werden.[1602] Werden von dem Gesetzgeber allerdings Eigensicherungspflichten auferlegt, die so konkret gefasst sind, dass dem Privaten keine autonome Entscheidung verbleibt, ob er in Rechte Dritter eingreift oder nicht, überzeugt dieses Argument nicht.[1603] Will man mit dem Rückgriff auf die Amtshaftung Dritte in Schadensfällen freihalten, kann eingewendet werden, dass regelmäßig auch ein Anspruch nach allgemeinem Leistungsstörungsrecht oder Deliktsrecht gegen den Privaten geltend gemacht werden kann.[1604] Eine schlechtere Stellung des Dritten kann nur angenommen werden, wenn

1597 Die folgenden Argumente lassen sich aus der Diskussion um eine teleologische Einschränkung des Art. 34 S. 2 GG für den selbstständigen Verwaltungshelfer ableiten.

1598 *Gersdorf*, in: v. MKS, GG, Bd. 3, 6. Aufl., Art. 87f. Rn. 58; *Möstl*, in: MD, GG, Bd. 6, 78. EL, Art. 87f. Rn. 36.

1599 *Schimikowski*, VersR 1984, 315.

1600 Rechtliche Grundlage zwischen Unternehmer und Staat ist üblicherweise ein Verwaltungshelfervertrag, der von den Vertragsparteien auf freiwilliger Basis geschlossen wird, s. *Stelkens*, JZ 2004, 656 (657).

1601 *Kiefer*, NVwZ 2011, 1300 (1301). Dahin gehend auch *Quantz*, VersR 2004, 1244 (1245); *Stelkens*, JZ 2004, 656 (661).

1602 *Kiefer*, NVwZ 2011, 1300 (1301). Dahin gehend auch *Quantz*, VersR 2004, 1244 (1245); *Stelkens*, JZ 2004, 656 (661).

1603 Vgl. § 8 Abs. 1 S. 1 Nr. 5 LuftSiG.

1604 BGH JZ 2005, 568 (568).

der Unternehmer nicht leistungsfähig ist.[1605] Insoweit stellt sich die Frage, inwiefern der Dritte freiwillig mit dem privaten Unternehmer in Kontakt tritt. Während bei Kritischen Infrastrukturen kaum Entscheidungsspielraum bezüglich des „Ob" der Inanspruchnahme einer Leistung besteht, besteht bezüglich des „Vertragspartners" ein, wenn auch im Bereich natürlicher Monopole begrenzter, Entscheidungsspielraum des Dritten. Insoweit besteht ein besonderes Schutzbedürfnis Dritter. Genau wie bei einer teleologischen Reduktion des Artikels 34 S. 2 GG der sog. selbstständige Unternehmer dadurch, dass er einer öffentlichen Aufgabe nachkommt, privilegiert würde,[1606] wäre aber auch der Eigensicherungsverpflichtete bessergestellt als andere Unternehmer, würde er pauschal als Verwaltungshelfer eingeordnet werden, weil er mit der Erfüllung einer auch-öffentlichen Aufgabe betraut ist.

3. *These 3.: „Die Erfüllung einer Eigensicherungspflicht kann unter bestimmten Voraussetzungen als Verwaltungshilfe einzustufen sein."*

Soll der Verwaltungshelfer nicht pauschal als Verwaltungshelfer zu sehen sein, stellt sich letztlich die Frage, welches Kriterium zur Bejahung der Figur des Verwaltungshelfers führen soll.

a) Verdrängung autonomen Handelns

Zum einen kommt eine Einordnung des Eigensicherungsverpflichteten als Verwaltungshelfer dann in Betracht, wenn er sich dem konkreten hoheitlichen Handeln nicht widersetzen kann.[1607] Sowohl die Rechtsprechung als auch die Literatur differenzieren zwischen dem unselbstständigen und selbstständigen Verwaltungshelfer: Im Rahmen der Amtshaftung sei ein Regressanspruch gegenüber den Privaten für den Fall, dass der Private autonom gehandelt habe, gerechtfertigt.[1608] Dem liegt die Wertung zugrunde, dass derjenige, der privatautonom handle, für sein eigenes Handeln einzustehen habe.[1609]

1605 *Kirchhof*, in: Ipsen/Stüer (Hg.), FS f. Rengeling, S. 127 (132); *Würtenberger*, DAR 1983, 155 (160).

1606 *Kiefer*, NVwZ 2011, 1300 (1302); *Stelkens*, JZ 2004, 656 (661). Deshalb kommen sowohl BGH als auch BVerwG, wenn auch dogmatisch anders hergeleitet, zu dem übereinstimmenden Ergebnis, dass der selbstständige Unternehmer nicht von der Haftungsprivilegierung profitieren solle, vgl. BGHZ 161, 6 = NJW 2005, 286; BVerwGE 137, 377 = NVwZ 2011, 368. Beide Entscheidungen sind aufgearbeitet bei *Kiefer*, ebd.

1607 So jedenfalls bei einer Anlehnung an die Werkzeugtheorie, vgl. BGHZ 49, 108 (111 ff.) = NJW 1968, 443 (444 f.); ähnlich a. *Quantz*, VersR 2004, 1244 (1248). Zur Werkzeugtheorie s. z. B. *Kirchhof*, in: MD, GG, Bd. 5, 78. EL, Art. 83 Rn. 116; *Reimer*, in: Posser/Wolff (Hg.), VwGO, Beck-OK, 40. Ed., § 40 Rn. 80.

1608 BGHZ 49, 108 (111 ff.) = NJW 1968, 443 (444 f.); BGH JZ 2005, 568 (569).

1609 BGHZ 49, 108 (111 ff.) = NJW 1968, 443 (444 f.); BGH JZ 2005, 568 (569).

Über den Gedanken der Fürsorgepflicht hinaus bestand bei der Einführung des Regressanspruchs in Artikel 34 S. 2 GG die Motivation, dem Beamten nicht die Entschlussfähigkeit mit der Folge des Verlustes effizienten Handelns zu nehmen.[1610] Diese „Entschlussfreudigkeit“[1611] sei bei einem Privaten, der von Motiven der Privatwirtschaftlichkeit geleitet ist, nicht tragend.[1612] Die Grundlage für Eigensicherungspflichten ist keine freiwillige. Doch bei Eigensicherungspflichten, die der staatlichen Eingriffsverwaltung nahestehen, wird dem Privaten nicht immer die Zeit bleiben, eine Entscheidung tatsächlich und rechtlich zu überdenken. So sei auf die Durchsuchungspflichten des Luftsicherheitsgesetzes verwiesen, deren Verwirklichung aufgrund dessen, dass Rechte Dritter berührt werden, stark eskalationsgefährdet ist. Nicht zufällig sind ausgerechnet diese Eigensicherungspflichten äußerst präzise formuliert, sodass sich der Private, beachtet er die Verfahrensvoraussetzungen, auf die Rechtmäßigkeit seines Handelns verlassen kann. Ebenso wenig ist es dem Zufall überlassen, dass ausgerechnet in diesem Bereich eine staatliche Auffangverantwortung gesetzlich ausgestaltet ist (vgl. z.B. § 5 Abs. 1, 2 LuftSiG). Weiterhin wurde im Streit um die Anwendbarkeit des Artikels 34 S. 2 GG auf selbstständige Unternehmer vorgebracht, das Kriterium der Selbstständigkeit überzeuge nicht, denn dann könne dem Staat nahegelegt werden, möglichst wenige Weisungen zu erteilen, wodurch er sich einer Haftung entziehen könne.[1613] Andernfalls würde der Private von konkreten Weisungen bzw. Eigensicherungspflichten profitieren.[1614] Dies erscheint bei Eigensicherungspflichten deshalb ungerechtfertigt, weil gerade solche Eigensicherungspflichten besonders ausgestaltet sind, bei denen der Staat aufgrund der großen Gefahr für Dritte in besonderem Maße seiner Schutzpflicht nachkommt. Noch grotesker gesprochen würde der Private dadurch, dass der Staat – durch Schutzpflichten motiviert – versucht, das vom Privaten für Dritte gesetzte Risiko klein zu halten, gegenüber Unternehmern, die weniger riskante Tätigkeiten ausüben, privilegiert. Demnach würde der Private zum einen aus der Risikosetzung Gewinn erzielen und zum anderen aufgrund dieses Risikozusammenhangs von einer Haftung freigehalten werden. Dies vermag nicht zu überzeugen, weshalb dieses Kriterium abzulehnen ist.[1615]

1610 BGH JZ 2005, 568 (570).
1611 BGH JZ 2005, 568 (570).
1612 BGH JZ 2005, 568 (570).
1613 *Maurer*, Allg. Verwaltungsrecht, 18. Aufl., § 23 Rn. 59; *Ossenbühl*, JZ 2005, 568 (571); *Schimikowski*, VersR 1984, 315 (318).
1614 *Ossenbühl*, JZ 2005, 568 (569).
1615 Da es nicht ausschließlich zu einer Vorteilsziehung aus der Tätigkeit kommen soll, vermag auch nicht das Argument zu überzeugen, der Private würde aus freier Kraft keine Tätigkeit, die mit solchen haftungsrechtlichen Folgen einhergehe, ausüben, s. *Quantz*, VersR 2004, 1244 (1248). Über die Tragweite dieser Entscheidung muss sich der Private bereits dann bewusst sein, wenn er die Tätigkeit aufnimmt.

b) *Eigensicherungspflicht überschreitet gewerbliches Interesse*

Zum anderen kommt eine Einordnung der Erfüllung einer Eigensicherungspflicht als Verwaltungshilfe in Betracht, wenn der Eigensicherungsverpflichtete zu Maßnahmen verpflichtet ist, die sein gewerbliches Interesse überschreiten. Nur so ist gewährleistet, dass primär der Unternehmer für sein Handeln verantwortlich bleibt, soweit er in seinem eigenen Interesse handelt.[1616] Seine Verantwortlichkeit ist begründet, weil der Unternehmer größtenteils eigene Entscheidungen über seinen Einsatz trifft.[1617] Dahinter steht sein Gewinnstreben, das er durch die Ausübung der Tätigkeit verfolgt.[1618] Der Grund, weshalb der selbstständige Unternehmer handeln soll, setzt indessen auch die Grenze für die Bejahung seiner selbstständigen, vom Staat losgelösten Tätigkeit: Ist der Private ausschließlich einem Handeln auf der Grundlage betriebswirtschaftlicher Prinzipien verpflichtet, kann eine Verpflichtung zur Erfüllung von Maßnahmen, die diesem Prinzip zuwiderläuft, nicht mehr die Grundlage für privatautonomes Handeln bilden. Die Berücksichtigung von Gemeinwohlbelangen kann bis zu einem bestimmten Punkt geldwert sein. Wird dieser Punkt indessen überschritten, erfolgt durch die Ausrichtung des Unternehmens keine Gewinnmaximierung mehr.[1619] Insoweit ist die Wahrnehmung einer Eigensicherungspflicht dann als Verwaltungshilfe zu qualifizieren, wenn sie gewerbliche Zwecke überschreitet.[1620]

c) *Zusätzliches Kriterium für Rechtsgüterschutz?*

Zweifelhaft ist, ob das Kriterium des gewerblichen Interesses als alleiniges einschlägiges Kriterium auch dann infrage kommt, wenn es um den Schutz der Rechtsgüter Dritter durch den Privaten geht. Wird an dieser Stelle wieder berücksichtigt, dass von Verfassung wegen z.B. nicht auf Kosten der Gesundheit Dritter Profit gezogen werden darf,[1621] wäre es unerträglich, wenn nur wirtschaftlich rentable Sicherheitsmaßnahmen zum privaten Bereich zugeordnet werden würden, während alle weiteren Maßnahmen in den staatlichen Bereich fallen müssten. Eine Zuordnung zum staatlichen Bereich setzt insofern jedenfalls voraus, dass der Kausalzusammenhang zwischen der Tätigkeit des Privaten und dem hypothetischen schädigenden Ereignis durch einen beliebigen weiteren Faktor unterbrochen wurde. Ansonsten würde der Private ungerechtfertigterweise privilegiert. Ob dieses Kriterium dagegen ausreicht, um eine Grenze zwischen dem staatlichen und privaten Verantwortungsbereich zu setzen ist zweifelhaft. Denn auch hier gilt, dass eine Sicherheitsmaßnahme geld-

---

1616 BGH JZ 2005, 568 (568); OLG Nürnberg JZ 1967, 61 (67).

1617 *Kiefer*, NVwZ 2011, 1300 (1301); *Quantz*, VersR 2004, 1244 (1248).

1618 *Quantz*, VersR 2004, 1244 (1248).

1619 *Wiater*, in: Gusy u.a. (Hg.), Rechtshandbuch Zivile Sicherheit, Kap. 12 Rn. 23; *Wiater*, Sicherheitspolitik zwischen Staat und Markt, S. 248 ff.

1620 Dahin gehend schon *Kiefer*, NVwZ 2011, 1300 (1303) mit Verweis auf *Quantz*, VersR 2004, 1244 (1248), der einen ersten Ansatz für diese These setzt.

1621 *Schmidt*, Grundrechte, 18. Aufl., Rn. 808.

wert sein kann. Solange sich die Sicherheitsmaßnahme rentiert, ist es zumutbar, den Privaten in die Verantwortung zu ziehen.[1622] Insofern kommt das Kriterium der wirtschaftlichen Rentabilität auch in Bezug auf Eigensicherungspflichten zum Schutz von Rechtsgüter zum Tragen.

F. Fazit

Zusammengefasst ist als Konsequenz für das Verhältnis zwischen Staat und Dritten Folgendes festzuhalten:

Die Schutzvorschrift des Artikels 33 Abs. 4 GG ist aufgrund ihrer rechtsformbezogenen Auslegung auf Eigensicherungspflichten nicht anwendbar. Insofern liegt durch die Statuierung einer Eigensicherungspflicht auch kein Verstoß gegen den Funktionsvorbehalt vor.

Grenzen für die wirksame Auferlegung einer Eigensicherungspflicht im Verhältnis zu Dritten setzen allerdings die staatliche Schutzpflicht und die öffentliche Daseinsvorsorgeaufgabe. Für ursprünglich in staatlicher Hand befindliche Daseinsvorsorgeaufgaben, die durch Privatisierung dem freien Wettbewerb überlassen wurden, besteht eine qualifizierte Schutzpflicht des Staates. Aus dieser können sich besondere Verhaltenspflichten und Verfahrensvoraussetzungen zugunsten Dritter ergeben, die aufgrund der besonderen Verbindung zwischen der von dem Privaten erbrachten Tätigkeit und dem damit verknüpften Gemeinwohlauftrag von dem Unternehmer in besonderem Maße hinzunehmen sind.

Sowohl die Ausführung der staatlichen Schutzpflicht als auch die Daseinsvorsorgeaufgabe müssen indessen nicht vom Staat selbst erfüllt, sondern können auch Privaten überlassen werden. Ein taugliches Instrument für deren Erfüllung ist die Eigensicherungspflicht. Der Staat hat seine Erfüllungsverantwortung demnach vollständig zugunsten des Privaten aufgegeben. Erhalten bleiben diesem hingegen eine staatliche Regulierungs- und Gewährleistungsverantwortung. Systematisieren lässt sich die Eigensicherungspflicht in das Konzept der Verantwortungsstufung.

Der Regulierungsverantwortung kommt der Staat hinreichend nach, wenn er die Aufgaben so klar verteilt und die Verantwortung so stuft, dass jeder Akteur weiß, wann und in welchem Umfang er tätig werden muss. Der Gewährleistungsverantwortung kommt der Staat hinreichend nach, wenn er ausreichende Kontroll- und Vollzugsinstrumente bereitstellt. Ob der Vollzug dagegen eher als Aufsichts- oder Auffangverantwortung auszugestalten ist, ist nicht zwingend vorgegeben. Maßgebliche Kriterien für diese können das Knowhow des Verpflichteten und die Betroffenheit des Rechtskreises Dritter sein. Bei den Eigensicherungspflichten des Telekommunikationsrechts sind zumindest keine solchen Defizite erkennbar, die

1622 BGH JZ 2005, 568 (568); OLG Nürnberg JZ 1967, 61 (67) für eine Verantwortung des Unternehmers, soweit das Handeln in seinem Interesse liegt. Für das Merkmal des gewerblichen Interesses spricht sich insbesondere *Kiefer*, NVwZ 2011, 1300 (1303) aus.

eine Schutzpflichtverletzung oder eine Vernachlässigung der Daseinsvorsorgeaufgabe begründen könnten.

Die Eigensicherungspflicht ist aus verwaltungsrechtlicher Sicht mehrschichtig zu begreifen. Aufgrund ihrer teilweise sehr offenen Formulierung kann sie von unterschiedlichem Inhalt sein. Die Eigensicherungspflicht ist kein Fall der Indienstnahme.[1623] Eine Indienstnahme setzt voraus, dass der Private mit der Wahrnehmung einer staatlichen Aufgabe betraut ist.[1624] Die Erfüllung der Eigensicherungspflicht kann dem privaten Bereich des Unternehmers zuzuordnen sein.[1625] Ist die Wahrnehmung einer Eigensicherungspflicht allerdings für den Unternehmer gewerblich nicht von Interesse, muss die Eigensicherungspflicht dem staatlichen Bereich zugeordnet werden. Dies gilt nur dann nicht, wenn der Private die unmittelbare Ursache für das hypothetische schädigende Verhalten setzt. Der Staat ist seiner Erfüllungsverantwortung entledigt worden (bezüglich des Infrastrukturschutzes durch Artikel 87f. Abs. 2 GG und einfachgesetzlich für den Rechtsgüterschutz, soweit die Eigensicherungspflicht reicht). Deshalb kann die Wahrnehmung von Eigensicherungsmaßnahmen nicht als Indienstnahme eingeordnet werden.[1626] Die Erfüllung einer Eigensicherungspflicht kann allerdings – nicht pauschal – aber unter bestimmten Voraussetzungen als Verwaltungshilfe qualifiziert werden. Präziser gesagt ist die Eigensicherungspflicht als Instrument des Staates zu qualifizieren, wenn er seiner Gewährleistungsverantwortung nachkommt.

Der Begriff des Verwaltungshelfers darf nicht mehr ausschließlich mit der Systematik des Abwehrrechts verknüpft werden. Vielmehr ist aufgrund des Funktionswandels der Grundrechte und des Wandels der Erbringung von Daseinsvorsorgeaufgaben von staatlicher hin zu privater Hand der Begriff des Verwaltungshelfers aus seinem Verständnis im Zusammenhang mit Abwehrrechten herauszulösen. Verwaltungshelfer kann auch derjenige sein, der dem Staat dazu behilflich ist, seine Schutzpflicht oder seinen Infrastrukturgewährleistungsauftrag zu erfüllen. Der

---

1623 BT-Drs. 8/3431, S. 10: „Mitwirkung der Unternehmen“ und nicht „Übertragung“; *Braun*, Die Finanzierung polizeilicher Aufgabenwahrnehmung, S. 357; *Möstl*, Die staatliche Garantie für die öffentliche Sicherheit und Ordnung, S. 338; *Otten*, Eigensicherung, S. 141; *Rengeling*, DVBl. 2004, 589 (592); wohl auch *Rott*, der von „ergänzen“ spricht und darauf abstellt, dass Eigensicherungsmaßnahmen bereits vor der Auferlegung der gesetzlichen Pflicht durchgeführt wurden, ZLW (34) 1985, 225 (225); *Schneider*, Die Abwehr äußerer Gefahren im Luftverkehr, S. 93. Zu den Schwierigkeiten der Einordnung der Eigensicherungspflicht als Indienstnahme ausführlich schon *Otten*, Eigensicherung, S. 141 ff. A.A. *Czaja*, Eigensicherungspflichten von Verkehrsflughäfen, S. 33 ff.; *Giemulla*, in: ders./van Schyndel (Hg.), Luftsicherheitsgesetz, § 8 Rn. 7; *Thiel*, Die „Entgrenzung“ der Gefahrenabwehr, S. 134.

1624 *Braun*, Die Finanzierung polizeilicher Aufgabenwahrnehmung, S. 357.

1625 Uneingeschränkt die private Verantwortlichkeit bejahend *Erbguth*, DVBl. 2007, 1202 (1205).

1626 S. Kap. 4 – E.III.1.

Private darf hingegen nicht dadurch, dass der Staat seiner Daseinsvorsorgeaufgabe oder seinen Schutzpflichten nachkommt, privilegiert werden, weshalb es angemessen erscheint, die Einordnung der Eigensicherungspflicht als Verwaltungshilfe auf die Fälle zu beschränken, in denen der Private infolge der Eigensicherungspflicht sein gewerbliches Interesse überschreitet.

Kapitel 5 – Rechtsgrund

Da die Auferlegung von Eigensicherungspflichten ein Stück weit systematisiert werden konnte, ist die notwendige Grundlage dafür geschaffen, den Rechtsgrund von Eigensicherungspflichten zu untersuchen. Klärungsbedürftig ist nicht nur, weshalb der Private eine öffentliche Aufgabe wahrzunehmen hat, sondern ebenso, weswegen ausgerechnet dieser Private sie zu erledigen hat.[1627] Denn erst, wenn der Rechtsgrund für die Auferlegung von Eigensicherungspflichten geklärt ist, können ihre Dogmatik und Reichweite einer weiteren Ausgestaltung zugänglich gemacht werden.[1628] Die konkrete private Verantwortung zur Wahrnehmung von Sicherheitsmaßnahmen erwächst aus der spezialgesetzlich normierten öffentlich-rechtlichen Verpflichtung zur Eigensicherung.[1629] Dennoch wird wiederholt von der Formulierung Gebrauch gemacht, der Infrastrukturschutz obliege primär den Unternehmern.[1630] Politisch wird diese sog. „Betreiberverantwortung"[1631] bei der Gefahrenvorsorge folgendermaßen erklärt:[1632] Die private Verantwortung ergebe sich bereits aus dem unternehmerischen Eigennutzen, der aus den betrieblichen Maßnahmen erwachse.[1633] Jedenfalls dann, wenn die Vorsorgemaßnahmen sog. „Dominoeffekten"[1634] zum Schutz einer

1627 *Waechter*, Verwaltungsrecht im Gewährleistungsstaat, S. 131.

1628 Die Frage nach dem Rechtsgrund ermöglicht nämlich nicht nur ein besseres Verständnis, sondern auch eine Auslegung der Vorschrift, s. *v. Rinck*, Gefährdungshaftung, S. 3.

1629 *Gusy*, in: Hoffmann-Riem/Schmidt-Aßmann (Hg.), Effizienz als Herausforderung an das Verwaltungsrecht, S. 175 (183).

1630 *De Maizière*, Nationale Strategie zum Schutz Kritischer Infrastrukturen – Leitschnur moderner Sicherheitspolitik, online abrufbar unter http://www.bmi.bund.de/SharedDocs/Reden/DE/2009/12/kritis.html, letzter Zugriff am 27.02.2017. Verweis auf diese politische Herangehensweise z.B. bei *Wiater*, in: Gusy u.a. (Hg.), Rechtshandbuch Zivile Sicherheit, Kap. 12 Rn. 16.

1631 *Engels*, in: Gusy u.a. (Hg.), Rechtshandbuch Zivile Sicherheit, Kap. 14 Rn. 2; *Wiater*, in: Gusy u.a. (Hg.), Rechtshandbuch Zivile Sicherheit, Kap. 12 Rn. 16. Jedenfalls von einer „Betreiberaufgabe" spricht auch *Würtenberger*, in: Gusy u.a. (Hg.), Rechtshandbuch Zivile Sicherheit, Kap. 30 Rn. 23.

1632 S. hierzu *Wiater*, in: Gusy u.a. (Hg.), Rechtshandbuch Zivile Sicherheit, Kap. 12 Rn. 16.

1633 *BMI*, Schutz Kritischer Infrastrukturen, Risiko- und Krisenmanagement, S. 5. Ansatz auch bei *Würtenberger*, in: Gusy u.a. (Hg.), Rechtshandbuch Zivile Sicherheit, Kap. 30 Rn. 23. Kritisch *Wiater*, in: Gusy u.a. (Hg.), Rechtshandbuch Zivile Sicherheit, Kap. 12 Rn. 22 f.

1634 Die Gefährdung kann sich nämlich ebenso außerhalb der Anlage ereignen und naheliegende oder mit dieser Anlage vernetzte Infrastrukturen in Mitleidenschaft ziehen, s. *BMI*, Schutz Kritischer Infrastrukturen – Basisschutzkonzept, 2. Aufl., S. 10.

benachbarten Anlage entgegenwirken sollen, können die Maßnahmen nicht mehr im wirtschaftlichen Interesse des Betreibers liegen.[1635] Ob der scheinbar widerlegte Aspekt des Eigennutzens für die Bestimmung des Rechtsgrunds juristisch gänzlich unbedeutend ist, bedarf einer genaueren Untersuchung.[1636] Denn gerade Kriterien der „Risikoerhöhung“[1637] und der „Nutzenziehung“[1638] werden in jüngster Zeit in der juristischen Literatur wiederholt zum Gegenstand von Thesen zur Begründung von Eigensicherungspflichten gemacht.

A. Verfassungsrechtlich

Zunächst wird möglichen verfassungsrechtlichen Gründen für die Begründung einer Eigensicherungspflicht nachgegangen. Erst in einem zweiten Schritt soll das einfache Recht einer rechtlichen Würdigung unterzogen werden.

I. Öffentliche Sicherheit

Zur Begründung der Verantwortung Privater kommt die Heranziehung von Grundpflichten in Betracht.[1639] Grundpflichten lassen sich als verfassungsrechtlich geforderte Beiträge zur Herstellung und Aufrechterhaltung des Gemeinwohls beschreiben.[1640] Da jede Grundpflicht der einfachgesetzlichen Konkretisierung durch

---

1635 *Wiater*, in: Gusy u. a. (Hg.), Rechtshandbuch Zivile Sicherheit, Kap. 12 Rn. 23. Ausführlich zur Wirtschaftlichkeit der Sicherheitsmaßnahmen *dies.*, Sicherheitspolitik zwischen Staat und Markt, S. 248 ff.

1636 Zu dieser Problematik auch *Assaf*, International journal of Critical Infrastructure Protection 2008, 6 (11); *Kaufmann*, in: Hempel u. a. (Hg.), Sichtbarkeitsregime, S. 101 (116 f.).

1637 *Erbguth*, DVBl. 2007, 1202 (1210); *Gusy*, VVDStRL 63 (2004), S. 151 (172 f.); *Koch* im Rahmen einer Diskussion, s. *John*, in: Koch u. a. (Hg.), 12. Deutsches Atomrechtssymposium, S. 245 (249); *Möstl*, Die staatliche Garantie für die öffentliche Sicherheit und Ordnung, S. 345; *Schnekenburger*, Rechtsstellung und Aufgaben des Privaten Sicherheitsgewerbes, S. 89. Vom Grundsatz her auch *Krüger*, DÖV 1977, 263 (266); *Schiller/Drettmann*, DVBl. 1977, 956 (961); *Waechter*, in: Jachmann/Stober (Hg.), Finanzierung der inneren Sicherheit unter Berücksichtigung des Sicherheitsgewerbes, S. 65 (78 ff.); *Wolff*, in: Gusy u. a. (Hg.), Rechtshandbuch Zivile Sicherheit, Kap. 32 Rn. 47. Allgemein in Bezug auf die Zivile Sicherheit ebd., Kap. 32 Rn. 74.

1638 *Schnekenburger*, Rechtsstellung und Aufgaben des Privaten Sicherheitsgewerbes, S. 89; *Waechter*, in: Jachmann/Stober (Hg.), Finanzierung der inneren Sicherheit unter Berücksichtigung des Sicherheitsgewerbes, S. 65 (78 ff.); *Wolff*, in: Gusy u. a. (Hg.), Rechtshandbuch Zivile Sicherheit, Kap. 32 Rn. 47.

1639 *Otten*, Eigensicherung, S. 73 ff.

1640 *Götz*, VVDStRL 41 (1983), S. 7 (12).

den Gesetzgeber bedarf,[1641] können die Eigensicherungspflichten indessen nicht bereits aufgrund einer Grundpflicht legitimiert sein.[1642]

II. Daseinsvorsorge

Möglicherweise lassen sich spezielle, verfassungsunmittelbare Pflichten der Infrastrukturbetreiber zur Daseinsvorsorge, die den Eigensicherungspflichten als Rechtsgrund dienen können, herleiten. Auch an dieser Stelle soll das Telekommunikationsrecht der Veranschaulichung dienen. Ob der Rechtsgrund für die Inanspruchnahme der privaten Betreiber nach § 109 Abs. 2 TKG bereits dem Grundgesetz zu entnehmen ist, geht mit der Frage einher, wer Adressat des Infrastrukturauftrages aus Artikel 87f. Abs. 1 GG ist.[1643] Der Wortlaut ist eindeutig: Es ist der Staat (Bund), der gewährleistet, dass im Bereich des Postwesens und der Telekommunikation flächendeckend angemessene und ausreichende Dienstleistungen erbracht werden.[1644] Nach Artikel 87f. Abs. 2 S. 1 GG wird die private Tätigkeit als „privatwirtschaftliche Tätigkeit" und damit einzig an den Grundsätzen der Unternehmensrationalität orientiert ausgeübt.[1645] Der Rechtsgrund für die Auferlegung einer Eigensicherungspflicht zum Zwecke der Daseinsvorsorge lässt sich insofern ebenso wenig dem Grundgesetz entnehmen.[1646]

B. Einfachgesetzlich

I. Öffentliches Recht

Da gesetzliche Regelungen des Öffentlichen Rechts den Eigensicherungspflichten näher stehen als rechtsgebietsübergreifende Vorschriften, sind diese als Erstes in den Blick zu nehmen.

1641 *Götz*, VVDStRL 41 (1983), S. 7 (14); *Gusy*, JZ 1982, 657 (661); *Merten*, BayVBl. 554 (556 f.).

1642 *Otten*, Eigensicherung, S. 73 ff.

1643 Ausführliche Diskussion unter Kap. 3 – B.I.2.

1644 *Cannivé*, Infrastrukturgewährleistung in der Kommunikation zwischen Staat und Markt, S. 61; *Freund*, Infrastrukturgewährleistung in der Telekommunikation, S. 35; *Freund*, NVwZ 2003, 408 (408); *Stern*, DVBl. 1997, 309 (311).

1645 *Cannivé*, Infrastrukturgewährleistung in der Kommunikation zwischen Staat und Markt, S. 61; *Möstl*, in: MD, GG, Bd. 6, 78. EL, Art. 87f. Rn. 37; *Stern*, DVBl. 1997, 309 (311 f.). Davon unberührt bleibt allerdings das Recht des Gesetzgebers, dieses Recht zugunsten des Infrastrukturauftrages aus Artikel 87f. Abs. 1 GG einzuschränken, *Cannivé*, ebd., S. 62.

1646 *Trute*, in: Schuppert (Hg.), Jenseits von Privatisierung und „schlankem" Staat, S. 13 (24 f.).

1. *Schutzgut Öffentliche Sicherheit*

a) *Allgemeine Störerverantwortlichkeit*

Die Verantwortlichkeit ist im allgemeinen Polizei- und Ordnungsrecht eine Frage der Abgrenzung von Risikosphären zwischen den Verantwortungssubjekten,[1647] weshalb eine Übertragung ihres Rechtsgrunds auf Eigensicherungspflichten auf den ersten Blick nicht abwegig erscheint.[1648]

Jedermann hat dafür Sorge zu tragen, dass aus seiner Sphäre keine Schäden für Dritte entstehen, sog. Nichtstörungspflicht.[1649] Die allgemeine Nichtstörungspflicht besteht zwar schon per Gesetz, namentlich durch die polizeiliche Generalklausel, ist indessen durch Verwaltungsakt konkretisierungsbedürftig.[1650] Dies hat zur Folge, dass jegliche Inpflichtnahme eines Störers zur Gefahrenabwehr nach allgemeinem Polizeirecht eine Zurückweisung desselben in die Schranken seines Rechts darstellt.[1651] Polizeipflichtig sind grundsätzlich verhaltens- sowie zustandsverantwortliche Personen.[1652] Die Übertragung des Rechtsgrunds sowie der Zurechnungskriterien[1653] für eine Inanspruchnahme des Störers auf Eigensicherungspflichten setzt voraus, dass die Inanspruchnahme nach allgemeinem Polizeirecht hinreichend mit der Belastung mit einer Eigensicherungspflicht vergleichbar ist.

Die Störerbestimmung wird anhand der polizeilichen Generalklausel beschrieben. Voraussetzung für eine Inanspruchnahme als Störer ist das Vorliegen der Tatbestandsmerkmale des § 8 PolG NRW.[1654] § 8 PolG NRW setzt eine konkrete Gefahr

---

1647 *Gusy*, POR, 10. Aufl., Rn. 327.

1648 Zu den Zurechnungsgründen im Polizei- und Ordnungsrecht z. B. *Waechter*, POR, Rn. 350 ff.

1649 *Drews* u. a., Gefahrenabwehr, 9. Aufl., S. 293; *Götz*, Allgemeines POR, 15. Aufl., § 9 Rn. 6; *Pietzcker*, DVBl. 1984, 457 (459); *Waechter*, Verwaltungsrecht im Gewährleistungsstaat, S. 129. A.A. *Pieroth* u. a., POR, 9. Aufl., § 9 Rn. 4.

1650 *Drews* u. a., Gefahrenabwehr, 9. Aufl., S. 293; *Schoch*, Besonderes Verwaltungsrecht, 15. Aufl., Kap. 2 Rn. 171.

1651 *Drews* u. a., Gefahrenabwehr, 9. Aufl., S. 293. An dieser Stelle fallen schon die ersten Differenzen zwischen Störerbestimmung und Eigensicherungspflicht auf: Im Gegensatz zum Störer macht der Eigensicherungsverpflichtete in rechtmäßiger Weise von seinen Rechten Gebrauch. Bejahend wohl auch *Möstl*, Die staatliche Garantie für die öffentliche Sicherheit und Ordnung, S. 334.

1652 *Drews* u. a., Gefahrenabwehr, 9. Aufl., S. 290; *Pieroth* u. a., POR, 9. Aufl., § 9 Rn. 5 ff., 33 ff.

1653 Während ein objektiver Verursachungsbeitrag Grundvoraussetzung ist, besteht mehr Diskussionsraum für die Zurechnungsgründe. Zu ihnen gehören z. B. die Gefahrenbeherrschung, das Vorteil-Nachteil-Prinzip iVm einer erhöhten Risikolage sowie die Rechtmäßigkeit bzw. -widrigkeit der relevanten Handlung, s. *Lege*, VerwArch 89 (1988), 71 (78 ff.).

1654 Es werden die Bestimmungen des Landes Nordrhein-Westfalen zugrunde gelegt. *Pieroth* u. a., POR, 9. Aufl., § 7 Rn. 3.

voraus.[1655] Eine Gefahr liegt vor, wenn eine Sachlage oder ein Verhalten bei ungehindertem Ablauf des objektiv zu erwartenden Geschehens mit hinreichender Wahrscheinlichkeit ein polizeilich geschütztes Rechtsgut schädigen wird.[1656] Konkret ist die Gefahr, sofern eine im Einzelfall das allgemeine Lebensrisiko überschreitende, nicht mehr sozialadäquate Bedrohung des Rechtsguts vorliegt.[1657] Eigensicherungspflichten haben hingegen regelmäßig die Risikovorsorge zum Gegenstand.[1658] Zu einem anderen Ergebnis kam der Verwaltungsgerichtshof Baden-Württemberg, der eine Gefahr aufgrund einer ständigen Bedrohungslage annahm.[1659] Dies kann schon deshalb nicht überzeugen, weil zum Zeitpunkt der Auferlegung der Eigensicherungspflicht nicht bekannt ist, ob, gegebenenfalls wo und wie ein Schaden eintreten wird, sodass der Sachverhalt den Anforderungen an eine konkrete Gefahr nicht entspricht.[1660] Dies kann allerdings nicht für alle Eigensicherungspflichten verallgemeinert werden, da sich z.B. § 8 Abs. 1 S. 1 Nr. 7 LuftSiG oder § 109 TKG ebenso auf konkrete Gefahren beziehen.[1661] Deshalb scheitert die Übertragung des

---

1655 *Götz*, Allgemeines POR, 15. Aufl., § 8 Rn. 1; *Gusy*, POR, 10. Aufl., Rn. 314.

1656 *Gusy*, POR, 10. Aufl., Rn. 108.

1657 *Gusy*, POR, 10. Aufl., Rn. 125.

1658 *Beutel*, Wirtschaftlich vorteilhafte Gefahrenverursachung, S. 85; *Czaja*, Eigensicherungspflichten von Verkehrsflughäfen, S. 15; *Möstl*, Die staatliche Garantie für die öffentliche Sicherheit und Ordnung, S. 342 f.; *Schnekenburger*, Rechtsstellung und Aufgaben des Privaten Sicherheitsgewerbes, S. 89: „zum präventiven Schutz ...vor Gefahren ..."

1659 VGH Baden-Württemberg DVBl. 1983, 41 (42 f.).

1660 So auch *Ehlers*, in: Leßmann u. a. (Hg.), FS f. Lukes, S. 337 (345). Bzgl. der Luftsicherheit *Meyer*, ZLW (22) 1973, 169 (172); *Rist*, Die Abwehr von äußeren, nicht betriebsbedingten Gefahren der Luftfahrt durch die Luftaufsicht, S. 100.

1661 Bzgl. des LuftSiG: *Czaja*, Eigensicherungspflichten von Verkehrsflughäfen, S. 74; *Ossenbühl*, Eigensicherung und hoheitliche Gefahrenabwehr, S. 21 f. Hinsichtl. TKG: *Graulich*, in: Arndt u. a. (Hg.), TKG, 2. Aufl., § 109 Rn. 13; *Mozek*, in: Säcker (Hg.), TKG, 3. Aufl., § 109 Rn. 13 ff., wonach der Schutz des Fernmeldegeheimnisses sowie personenbezogener Daten zu erreichen ist. Die Maßnahme endet nicht dort, wo eine konkrete Gefahr einsetzt. In § 109 Abs. 2 TKG geht es um die Verfügbarkeit des Netzes, d. h. die Maßnahme kann auch erst dann beginnen, wenn schon ein Angriff erfolgt ist, z. B. durch den Einsatz eines Notstromaggregates, vgl. *Eckhardt*, in: Geppert/Schütz (Hg.), TKG, Beck-OK, 4. Aufl., § 10 Rn. 46; *Graulich*, ebd., § 109 Rn. 22. In der Passage wird zwar nur von dem „Bereitstellen" des Notstromaggregates gesprochen, es ist jedoch kaum davon auszugehen, dass dieser im Bedarfsfall von der Polizei angeschlossen werden würde. Im Hinblick auf den Auftrag des Privaten, die „Verfügbarkeit" zu gewährleisten, muss unterstellt werden, dass er diesen ggfs. auch einzusetzen hat. Die Grenze und damit die Pflicht des Betreibers nach § 109 Abs. 2 TKG ist erst überschritten, wenn das PTSG zur Anwendung kommt, nämlich in Krisenfällen, vgl. *Eckhardt*, in: Geppert/Schütz (Hg.), TKG, Beck-OK, 4. Aufl., § 109 Rn. 11, 44; *Eckhardt*, in: Heun (Hg.), HdB TK-Recht, 2. Aufl., B Rn. 94 f.

Rechtsgrunds der polizeirechtlichen Verantwortlichkeit nicht von vornherein am Kriterium der konkreten Gefahr.[1662]

Verhaltensverantwortlich ist diejenige Person, die nach den vorliegenden tatsächlichen Anhaltspunkten den Schaden verursachen wird.[1663] Das Verhalten kann sowohl in einem Tun als auch in einem Unterlassen liegen.[1664] Da das alleinige Abstellen auf das Kausalitätskriterium viel zu weit reichen würde, bedarf es einer Einschränkung durch wertende Gesichtspunkte.[1665] Nach überwiegender Auffassung ist der Theorie der unmittelbaren Verursachung zu folgen,[1666] wonach nur das Verhalten polizeirechtlich relevant ist, das unmittelbar die konkrete Gefahr setzt und das spezifische Handeln umfasst, wodurch die Gefahrenschwelle überschritten wird.[1667] Das Kriterium der unmittelbaren Verursachung stellt sich für Eigensicherungspflichten als problematisch heraus: Nicht der Betrieb der Kritischen Infrastruktur überschreitet die Gefahrenschwelle, sondern das schädigende Verhalten eines Dritten oder eine andere äußere Einwirkung.[1668] Selbst wenn der Schaden plötzlich durch eine Naturkatastrophe eintritt, setzt der Betreiber nicht die letzte Ursache für den Schadenseintritt, obwohl die Überschreitung der Gefahrenschwelle in dem Fall mit dem Schadenseintritt zusammenfällt. Zudem lässt sich konstatieren, dass es dem Eigensicherungsverpflichteten nicht nur an der Eigenschaft des unmittelbaren Verursachers fehlt, sondern dass er überdies im hypothetischen Schadensfall Träger des verletzten Rechtsguts ist.[1669] Die Konstellation der Eigensicherungspflicht ist insofern dermaßen von der Verhaltensverantwortlichkeit verschieden, dass nicht an eine Übertragung des Rechtsgrunds zu denken ist.[1670]

Allerdings führt die Unmittelbarkeitstheorie teilweise zu nicht zufriedenstellenden Ergebnissen, weshalb bereits einige Korrekturen dieser Theorie existieren.[1671] Entwickelt wurde z. B. die Figur des Zweckveranlassers, wonach auf das Unmittelbarkeitskriterium gänzlich verzichtet werden kann, um stattdessen auf eine, nach wertender Betrachtung, „wirklich dahinter stehende […] Person“ zurückgreifen zu

---

1662 Ausführlich zum Merkmal der konkreten Gefahr *Otten*, Eigensicherung, S. 87 ff.

1663 *Gusy*, POR, 10. Aufl., Rn. 332; *Pieroth* u. a., POR, 9. Aufl., § 9 Rn. 5.

1664 *Drews* u. a., Gefahrenabwehr, 9. Aufl., S. 307; *Pieroth* u. a., POR, 9. Aufl., § 9 Rn. 6.

1665 *Drews* u. a., Gefahrenabwehr, 9. Aufl., S. 310 f.; *Gusy*, POR, 10. Aufl., Rn. 334.

1666 Diese Theorie geht auf das Preußische Oberverwaltungsgericht zurück, s. PreußOVGE 31, 409 (410 ff.); 103, 139 (141). S.a. *Pieroth* u. a., POR, 9. Aufl., § 9 Rn. 11.

1667 *Drews* u. a., Gefahrenabwehr, 9. Aufl., S. 313; *Gusy*, POR, 10. Aufl., Rn. 335.

1668 *Otten*, Eigensicherung, S. 94.

1669 *Ehlers*, in: Leßmann u. a. (Hg.), FS f. Lukes, S. 337 (345).

1670 Zur Ablehnung der Einordnung der Eigensicherungspflicht in das herkömmliche System der Störerhaftung u. a. *Czaja*, Eigensicherungspflichten von Verkehrsflughäfen, S. 10 ff.; *Ehlers*, in: Leßmann u. a. (Hg.), FS f. Lukes, S. 337 (345 f.); *Otten*, Eigensicherung, S. 87 ff.; *Schneider*, Die Abwehr äußerer Gefahren im Luftverkehr, S. 89 ff.

1671 *Gusy*, POR, 10. Aufl., Rn. 336.

können.[1672] Dies ist regelmäßig der Fall, wenn jemand gezielt einen Dritten dazu veranlasst, sich polizeiwidrig zu verhalten oder wenn in der Überschreitung der Gefahrengrenze durch einen Dritten eine objektiv zwingende Folge aus dem vorherigen Verhalten zu sehen ist.[1673] Der erste, subjektive Ansatz scheitert schon daran, dass der Betreiber durch das schädigende Ereignis ebenfalls Verluste erleidet, was regelmäßig nicht seinem Interesse entsprechen kann.[1674] Die Bejahung des objektiven Zusammenhangs würde das Unmittelbarkeitskriterium vollständig umgehen: Die Zweckveranlassung erfordert nämlich eine „Veranlassung", die über eine „Verursachung" hinausgeht.[1675] Durch die Ausübung der Tätigkeit überschreitet der Betreiber die Gefahrenschwelle gerade nicht.[1676] Er setzt kein weiteres Kriterium.[1677] Hinzu tritt, dass ein Rückgriff auf den Zweckveranlasser ausgeschlossen ist, wenn die Tätigkeit, in der die Veranlassung zu sehen ist, staatlich genehmigt worden ist.[1678] Der Betrieb von Kritischen Infrastrukturen ist nur noch in wenigen Fällen an eine staatliche Genehmigung gebunden. Nach wie vor ist z.B. der Betrieb eines Kernkraftwerks genehmigungspflichtig (§ 7 Abs. 1 AtG). Es würde zu Wertungswidersprüchen führen, wenn die Figur des Zweckveranlassers bei dem Betrieb einiger Kritischer Infrastrukturen angenommen werden würde, bei anderen dagegen nicht, zumal nur solche Anlagen genehmigungspflichtig sind, die besonders gefährlich sind und deshalb im Gegensatz zu anderen Infrastrukturen – dem Verständnis des Zweckveranlassers nach – erst recht zur Bejahung einer „Veranlassung" im Sinne der Rechtsfigur führen müssten. Zudem kommt, dass der Betrieb einer Anlage Grundrechtsausübung darstellt und die Anwendung der Figur des Zweckveranlassers darauf angelegt wäre, diese Grundrechtsausübung zu vereiteln.[1679] Eine Eigensicherungspflicht ließe sich insofern keinesfalls unter dem Gesichtspunkt des Zweckveranlassers rechtfertigen.[1680]

1672 *Drews* u. a., Gefahrenabwehr, 9. Aufl., S. 315; *Gusy*, POR, 10. Aufl., Rn. 336; *Denninger*, in: Lisken/Denninger (Hg.), HdB des Polizeirechts, 5. Aufl., D Rn. 80; *Pieroth* u. a., POR, 9. Aufl., § 9 Rn. 27 ff.

1673 Überblick bei *Otten*, Eigensicherung, S. 96.

1674 *Otten*, Eigensicherung, S. 96.

1675 *Schneider*, Die Abwehr äußerer Gefahren im Luftverkehr, S. 91.

1676 I.E. auch *Otten*, Eigensicherung, S. 96 ff.

1677 I.E. auch *Otten*, Eigensicherung, S. 96 ff.

1678 *Czaja*, Eigensicherungspflichten von Verkehrsflughäfen, S. 22; *Drews* u. a., Gefahrenabwehr, 9. Aufl., S. 317.

1679 *Schenke*, POR, 9. Aufl., Rn. 245. Übersicht bei *Denninger*, in: Lisken/Denninger (Hg.), HdB des Polizeirechts, 5. Aufl., D Rn. 80. Unabhängig von der Figur des Zweckveranlassers kommen auch andere Autoren zu dem Ergebnis, dass jemand, der sich rechtstreu verhält, nicht Störer sein kann, vgl. *Gusy*, POR, 10. Aufl., Rn. 339; *Vollmuth*, VerwArch 68 (1977), 45 (52).

1680 Die Figur des Zweckveranlassers für Eigensicherungspflichten ebenso ablehnend: *Czaja*, Eigensicherungspflichten von Verkehrsflughäfen, S. 21 f.; *Otten*, Eigensicherung, S. 95 ff.; *Schenke*, in: Steiner (Hg.), Besonderes Verwaltungsrecht, 8. Aufl., II D Rn. 159.

Zu einem anderen Ergebnis führt die dahin gehende Modifizierung der Zweckveranlassung, dass es nicht mehr auf die konkrete Gefahr, sondern auf die Veranlassung und Vorhersehbarkeit des Gefahreneintritts ankomme.[1681] Grundsätzlich ist es nicht abwegig, für neue Bedrohungslagen neue Formen der Zurechnung des Verhaltens im öffentlichen Recht zu suchen. Es entspricht auch dem Zweck dieser Arbeit, die Zurechnungsgründe für gefahrveranlassendes Verhalten genauer in den Blick zu nehmen, weil die herkömmlichen Kriterien bei neueren Sicherheitskonzepten versagen. Nicht überzeugend ist indessen der Verzicht auf das Erfordernis der konkreten Gefahr bei der polizeirechtlichen Generalklausel.[1682] Das Merkmal der Gefahr führt nicht nur zu einer Zuständigkeitsverteilung zwischen Staat und Gesellschaft.[1683] Sie hat auch Aufgaben- und Lastenverteilungen zur Folge.[1684] Denn der Pflichtige wird zur Erfüllung einer Aufgabe verpflichtet und zwar grundsätzlich entschädigungslos.[1685] Würde auf das Merkmal der Gefahr verzichtet werden, käme der Generalklausel eine ausufernde Wirkung zu. Der Verpflichtete wäre allein deshalb, weil er eine gefährliche Tätigkeit ausführt und sich dessen bewusst ist, allein zur Wahrnehmung der Sicherheitsmaßnahmen und Tragung der Kosten verpflichtet, obwohl die Gesellschaft ebenfalls ein erhebliches Interesse an der Wahrnehmung der Tätigkeit hat.

Dieser Ansatz verkennt den Aspekt der Lastenverteilung, den Eigensicherungspflichten beinhalten. Zur Veranschaulichung kann § 8 Abs. 1 S. 1 Nr. 1 LuftSiG herangezogen werden. Grundsätzlich hat der Eigensicherungsverpflichtete die notwendigen Ressourcen für die Ausführung der Maßnahme zu schaffen. Hiervon ausgenommen sind hingegen z.B. Geräte zur Überprüfung von Fluggästen sowie zur Überprüfung der von diesen mitgeführten Gegenstände.[1686] Das heißt, dass den Betreiber eben nicht alle Lasten der Risikoabwehr bzw. Risikominderung treffen sollen.[1687] Ähnlich ist die Kostenregelung des § 8 Abs. 3 S. 1 LuftSiG gestaltet, wonach der Unternehmer die Vergütung seiner Selbstkosten verlangen kann. Diese Idee der Lastenverteilung bei der Vergütung der Selbstkosten des Unternehmers lässt sich historisch untermauern: Nach § 29a des LuftVG von 1968[1688] war eine Vergütung der Selbstkosten des Unternehmers dann ausgeschlossen, wenn der Flughafen nicht dem allgemeinen Verkehr diente, also nicht im Allgemeininteresse

1681 *Lange*, Zweckveranlassung, S. 212 ff.

1682 *Lange*, Zweckveranlassung, S. 216.

1683 *Gusy*, POR, 10. Aufl., Rn. 101.

1684 *Waechter*, POR, Rn. 350.

1685 *Götz*, Allgemeines POR, 15. Aufl., § 14 Rn. 1; *Pieroth* u.a., POR, 9. Aufl., § 25 Rn. 1; *Waechter*, POR, Rn. 350.

1686 *Giemulla*, in: ders./van Schyndel, Luftsicherheitsgesetz, § 8 Rn. 31.

1687 BT-Drs. 8/3431, S. 11 f. (zu § 19b LuftVG a.F.). Dem ist zuzugeben, dass nicht nur Verteilungsaspekte aufgrund der Verhältnismäßigkeit ursächlich gewesen sein werden, sondern auch sicherheitspolitische Gründe, *Giemulla*, in: ders./van Schyndel, Luftsicherheitsgesetz, § 8 Rn. 31.

1688 BGBl. I 1968, S. 1113.

betrieben wurde.[1689] Wird außerdem bedacht, dass Eigensicherungspflichten eine Lastenverteilung einerseits zwischen Staat und Gesellschaft, andererseits zwischen Privaten zum Inhalt haben und aufgrund dieses Aspekts erst nach ausführlicher verfassungsrechtlicher Prüfung aufzuerlegen sind, kann auch nicht darauf verwiesen werden, es mache kaum einen Unterschied, ob Eigensicherungspflichten speziell geregelt seien oder nicht.[1690] Das Lastenverteilungsproblem ist ein Problem des Artikels 3 Abs. 1 GG.[1691] Es ist ein erheblicher Unterschied, ob der Adressatenkreis der Eigensicherungspflicht nach einer ausführlichen Auseinandersetzung des Gesetzgebers mit Gleichheitsaspekten gesetzlich geregelt worden ist oder ob eine Einzelfallentscheidung der Exekutive aufgrund der polizeilichen Generalklausel infolge von Effektivitätsgesichtspunkten ergeht. Zum einen würde keine Rechtssicherheit für Unternehmer, die risikoerhöhte Tätigkeiten erbringen, bestehen. Zum anderen wären willkürliche Entscheidungen eher zu befürchten, als wenn die Entscheidung über die Auferlegung der Pflicht zum Gegenstand einer parlamentarischen Diskussion gemacht wird.[1692] Eine Heranziehung des Rechtsgrunds unter modifizierter Würdigung der Zweckveranlassung kommt somit ebenso wenig in Betracht.

Weiter reicht der Ansatz, der eine polizeirechtliche Verantwortlichkeit unter dem Gesichtspunkt des Risikoveranlassers bejaht.[1693] Anders als beim Zweckveranlasser soll gerade rechtmäßiges Verhalten erfasst sein, wenn daraus wirtschaftliche Vorteile gezogen werden.[1694] Dieser Ansatzpunkt verwischt die Grenzen zwischen Störer und Nichtstörer und ist daher nicht anzuerkennen.[1695]

Ferner kommt eine Übertragung des Rechtsgrunds der polizeilichen Störerverantwortlichkeit mit Blick auf die sog. Veranstalterverantwortlichkeit[1696] in Frage.[1697] Hinter dieser Verantwortlichkeit steht der Gedanke, dass bei Großveranstaltungen nicht deutlich abgrenzbar ist, wer durch wen gefährdet wird,

1689 *Hofmann/Grabherr*, LuftVG, S. 367.

1690 *Lange*, Zweckveranlassung, S. 217 f.

1691 *Czaja*, Eigensicherungspflichten von Verkehrsflughäfen, S. 128 ff.; *Otten*, Eigensicherung, S. 194, 205 f.

1692 Das Erfordernis einer spezialgesetzlichen Regelung ebenfalls bejahend *Ehlers*, in: Leßmann u. a. (Hg.), FS f. Lukes, S. 337 (346 ff.); *Erbguth*, DVBl. 2007, 1202 (1206, 1210); *Leidinger*, DVBl. 2004, 95 (97); *Götz*, Allgemeines POR, 15. Aufl., § 9 Rn. 38; *Gusy*, in: Hoffmann-Riem/Schmidt-Aßmann (Hg.), Effizienz als Herausforderung an das Verwaltungsrecht, S. 175 (183).

1693 *Hoffmann-Riem*, ZRP 1977, 277 (280 f.).

1694 *Hoffmann-Riem*, ZRP 1977, 277 (280 f.).

1695 Ablehnend, jedoch auf die richtige Richtung verweisend *Czaja*, Eigensicherungspflichten von Verkehrsflughäfen, S. 24; *Schneider*, Die Abwehr äußerer Gefahren im Luftverkehr, S. 91 f.

1696 *Götz*, NVwZ 1984, 211 (214); *ders.*, DVBl. 1984, 14 (16 f.); *ders.*, Allgemeines POR, 15. Aufl., § 9 Rn. 31; *Lege*, VerwArch 89 (1998), 71.

1697 Zur Heranziehung der Veranstalterverantwortlichkeit für Eigensicherungspflichten *Otten*, Eigensicherung, S. 96 ff.

sodass die Unmittelbarkeitstheorie nicht zu eindeutigen Ergebnissen führt.[1698] Der Veranstalter ist zeitgleich mittelbarer Verursacher und Opfer des schädigenden Ereignisses.[1699] Dies ist insoweit mit der Eigensicherungspflicht vergleichbar, als dass der Veranstalter, wie der Betreiber einer Kritischen Infrastruktur, am ehesten dazu die Möglichkeit hat, Maßnahmen zur Risikominderung bzw. Risikobeherrschung, insbesondere durch Ordner, Kontrollen und Absperrungen, zu ergreifen.[1700] Zudem kommt, dass der Veranstalter erhebliche wirtschaftliche Vorteile aus kommerziellen Veranstaltungen ziehen kann.[1701] Bei Großveranstaltungen besteht in demselben Maße wie bei Eigensicherungspflichten die Gefahr einer Kostenexternalisierung, wenn der Veranstalter nicht mit Aufgaben- oder Lasten belastet wird.[1702] Der Veranstalter handelt obendrein, unterschiedslos zum Infrastrukturbetreiber, rechtmäßig, während der eintretende Erfolg, also der Schaden, im Widerspruch zur Rechtsordnung steht.[1703] Insofern liegt eine ähnliche Problematik wie bei der Eigensicherungspflicht vor.

Die Übertragung des Rechtsgrunds dieser sog. „Veranstalterverantwortlichkeit" bedingt indes, dass sie als Verantwortlichkeit nach allgemeinem Polizeirecht anerkannt ist. Dies ist streitig. Hintergrund dessen ist das Verständnis der Unmittelbarkeitstheorie. Zum Teil wird der Veranstalter als Verhaltensstörer im Sinne der Unmittelbarkeitstheorie gesehen.[1704] Anderer Auffassung nach werde die Gefahrenschwelle erst von einzelnen Teilnehmern der Veranstaltung z. B. Hooligans[1705] überschritten.[1706] Zum wiederholten Mal ist also das Verständnis der Figur des Zweckveranlassers Kern der Diskussion. So zumindest, wenn eine Orientierung der Problematik an der bereits etablierten Terminologie, nämlich die des Zweckveranlassers, bevorzugt wird.[1707] Teilweise wird eine Heranziehung

1698 *Lege*, VerwArch 89 (1998), 71 (75, 78).

1699 *Lege*, VerwArch 89 (1998), 71 (83).

1700 Hinsichtlich Großveranstaltungen *Götz*, NVwZ 1984, 211 (214). Bzgl. Eigensicherungspflichten *Schneider*, Die Abwehr äußerer Gefahren im Luftverkehr, S. 97. Allgemein für Luft- sowie Cybersicherheit, vgl. *Bonß/Wagner*, in: Gerhold/Schiller (Hg.), Perspektiven der Sicherheitsforschung, S. 41 (47); *Münkler/Wassermann*, in: Gerhold/Schiller (Hg.), Perspektiven der Sicherheitsforschung, S. 77 (80).

1701 *Lege*, VerwArch 89 (1998), 71 (72).

1702 Dazu *Waechter*, Verwaltungsrecht im Gewährleistungsstaat, S. 134.

1703 *Lege*, VerwArch 89 (1998), 71 (83).

1704 *Götz*, NVwZ 1984, 211 (214); *ders.*, DVBl. 1984, 14 (16 f.); *ders.*, Allgemeines POR, 15. Aufl., § 9 Rn. 31. Unter dem Aspekt des Zweckveranlassers, soweit die Maßnahmen räumlich auf das eigene Gelände beschränkt sind, *Lege*, VerwArch 89 (1998), 71 (75, 78).

1705 Spezieller zu Maßnahmen gegen Hooligans *Müller-Eiselt*, Die Gewährleistung der Sicherheit bei Fußballspielen, *Niemeier*, Gefahrenabwehrrechtliche Möglichkeiten der Bekämpfung ritualisierten Gewaltverhaltens im Zusammenhang mit Fußballveranstaltungen.

1706 *Würtenberger*, in: ders. (Hg.), Risikosportarten, S. 31 (37 f.).

1707 *Lege*, VerwArch 89 (1998), 71 (81).

des Veranstalters als Zweckveranlasser abgelehnt, weil der Veranstalter nicht auf die Exzesse einzelner Teilnehmer abziele.[1708] Dem wird entgegengesetzt, eine objektive Veranlassung reiche für die Bejahung der Figur des Zweckveranlassers aus.[1709]

Wird hingegen der Zweck der Figur des Zweckveranlassers, den eigentlichen „Hintermann" in die Pflicht nehmen zu wollen,[1710] betrachtet, fällt ein wesentlicher Unterschied zwischen der Konstellation der Großveranstaltung und der klassischen Eigensicherungspflicht auf: Während es bei einer Großveranstaltung, obwohl Sicherheitsvorkehrungen ergriffen werden, nahezu üblich ist, dass es zu Ausschreitungen oder sogar zu einem Schadenseintritt wie einer Körperverletzung kommt, soll bei Eigensicherungspflichten zum Schutz von Infrastrukturen das schädigende Ereignis gerade verhindert werden.[1711] Da bei neueren Eigensicherungspflichten wiederum auch der Aspekt der Quantität z. B. bei IT-Sicherheitsvorfällen zunehmend in den Vordergrund tritt, reicht dies für eine unterschiedliche Behandlung von Kritischen Infrastrukturen und Großveranstaltungen nicht aus.[1712] Ausschreitungen bei Veranstaltungen beruhen im Übrigen regelmäßig darauf, dass eine Vielzahl von Menschen zusammentrifft, die Gefahrenquelle also der Eigendynamik der Menschenmenge selbst zugrunde liegt.[1713] Die Eigensicherungspflichten des TKG sind indessen in gleicher Weise auf die Abwendung interner wie äußerer Einwirkungen gerichtet, sodass sich der Unterschied auch nicht aus einer Unterscheidung nach inneren oder äußeren Einflüssen ergeben kann.[1714] Eine unterschiedliche Behandlung von Kritischen

---

1708 *Würtenberger*, in: ders. (Hg.), Risikosportarten, S. 31 (38 f.).

1709 *Lege*, VerwArch 89 (1998), 71 (82).

1710 *Drews* u. a., Gefahrenabwehr, 9. Aufl., S. 315; *Gusy*, POR, 10. Aufl., Rn. 336.

1711 BT-Drs. 15/2361, S. 1; 18/4096, S. 1 ff.; *BMI*, Nationale Strategie zum Schutz Kritischer Infrastrukturen, S. 10.

1712 Zu den IT-Sicherheitsvorfällen mit Bezug zu Kritischen Infrastrukturen *BSI*, Die Lage der IT-Sicherheit in Deutschland 2015, S. 41 ff.

1713 Als Paradebeispiel kann die Massenpanik genannt werden. Diese entsteht aus der Menge selbst heraus ohne dass es hinzutretender Elemente bedarf vgl. *Beutel*, Wirtschaftlich vorteilhafte Gefahrenverursachung, S. 88. A.A. *Würtenberger*, in: ders. (Hg.), Risikosportarten, S. 31 (38 f.), der auch Exzesse im Rahmen von Großveranstaltungen nicht dem Veranstalter zurechnen möchte.

1714 *Eckhardt*, in: Heun (Hg.), HdB TK-Recht, 2. Aufl., B Rn. 74; *Eckhardt*, in: Geppert/Schütz (Hg.), TKG, Beck-OK, 4. Aufl., § 109 Rn. 42; *Mozek*, in: Säcker (Hg.), TKG, 3. Aufl., § 109 Rn. 23. Allgemein für Kritische Infrastrukturen *Kaufmann*, in: Gusy u. a. (Hg.), Rechtshandbuch Zivile Sicherheit, Kap. 1 Rn. 11. Für eine Unterscheidung zwischen inneren und äußeren Einflüssen hingegen *Münkler/Wassermann*, in: Gerhold/Schiller (Hg.), Perspektiven der Sicherheitsforschung, S. 77 (78), allerdings nur, um eine Anknüpfung an die eigene Vulnerabilität zu stützen. Wenn die Eigensicherungspflicht unstreitig Angriffe von außen erfasst, ist es bereits ressourcenschonend gesehen sinnvoll, dass die weniger weitreichenden inneren Ursachen miterfasst werden: Äußere Angriffe verlangen nämlich weitergehende

Infrastrukturen und Großveranstaltungen infolgedessen, dass bei Großveranstaltungen die Gefahr schon aus dem „Normalzustand" erwachsen kann,[1715] bei der Eigensicherungspflicht hingegen ein zusätzliches Element erforderlich ist,[1716] ist nicht gerechtfertigt.[1717]

Andererseits ist bei Eigensicherungspflichten dieser hinzutretende Aspekt, der den Schaden verursacht z. B. ein Stromausfall, nicht dermaßen eng mit der Ausübung der Tätigkeit verknüpft, als dass er vom Anlagenbetreiber als angelegt bzw. bezweckt gesehen werden könnte.[1718] Es verwirklicht sich zwar das Risiko, das in der Tätigkeit inbegriffen ist. Die Verwirklichung des Risikos setzt aber einen weiteren Faktor, der aus Sicht des Eigensicherungsverpflichteten als Unglück bezeichnet werden kann, voraus.[1719] Durch die Wahrnehmung der Eigensicherungspflicht konterkariert er dieses zusätzliche Ereignis. Insofern kommt die Übertragung des Rechtsgrunds sowie der Zurechnungsgründe der Störerverantwortlichkeit auch nicht aufgrund der Veranstalterverantwortlichkeit infrage.

Maßnahmen als Sicherheitsvorkehrungen zum Schutz vor inneren Störungen, s. *Gaycken*, in: Daase u. a. (Hg.), Verunsicherte Gesellschaft-Überforderter Staat, S. 109 (122 f.); *Münkler/Wassermann*, ebd., S. 78. Deshalb kommen *Münkler/Wassermann* zu dem Schluss, die Analyse von Bedrohungen solle vielmehr in eine Vulnerabilitätsanalyse übergehen, ebd., S. 80. S.a. *Dunn Cavelty*, in: Siedschlag (Hg.), Jahrbuch für europäische Sicherheitspolitik 2009/2010, S. 85 (87); *Kaufmann*, in: Gusy u. a. (Hg.), Rechtshandbuch Zivile Sicherheit, Kap. 1 Rn. 2. Die Trennung wird also letztlich auch diesem Ansatz nach aufgehoben, indem über eine eigene Schwachstellenanalyse vor Bedrohungen jeglicher Art geschützt wird. Zum Begriff der Vulnerabilität z. B. *Voss*, in: Siedschlag (Hg.), Jahrbuch für europäische Sicherheitspolitik, S. 67 (74 ff.).

1715 Z.B. die Massenpanik, *Beutel*, Wirtschaftlich vorteilhafte Gefahrenverursachung, S. 88.

1716 Ein Stromausfall oder menschliches Versagen sind immer noch als Abweichungen vom Standardzustand zu sehen.

1717 *Beutel*, Wirtschaftlich vorteilhafte Gefahrenverursachung, S. 85 ff. Es kann z. B. nicht sein, dass der sich nicht ordnungsgemäß verhaltende Passagier ebenso als eine Gefahr von außen angesehen wird, ein Hooligan im Rahmen einer Veranstaltung hingegen als eine Gefahr von innen, so *Giemulla*, in: ders./van Schyndel (Hg.), Luftsicherheitsgesetz, § 1 Rn. 8.

1718 Bereits die Annahme einer Veranstalterverantwortlichkeit erscheint zu weitgehend. Eigensicherungspflichten bei Kritischen Infrastrukturen weisen einen noch schwächeren Zusammenhang zur eigentlichen Tätigkeit als die Durchführung einer Veranstaltung auf.

1719 So wird z. B. in der Gesetzesbegründung zum Entwurf eines Gesetzes zur Neuregelung von Luftsicherheitsaufgaben von „Unglücksfällen" gesprochen, BT-Drs. 15/2361, S. 14. Besonders deutlich wird es durch das Luftsicherheitsgesetz, das ausschließlich auf den Schutz vor Gefahren von außen gerichtet ist demnach ausdrücklich zwischen den Bereich der „security" (§ 1 LuftSiG) und „safety" (§ 29 LuftVG) differenziert, s. *Giemulla*, in: ders./van Schyndel, Luftsicherheitsgesetz, § 1 Rn. 3 ff.

Überdies kommt eine Untersuchung des Rechtsgrunds unter dem Aspekt der Pflichtwidrigkeit und Risikozurechnung in Betracht.[1720] Dieser Ansatz widerspricht nicht der Unmittelbarkeitstheorie, die ebenfalls eine Abgrenzung zwischen Risikosphären vornimmt.[1721] Die Unmittelbarkeitstheorie ist nämlich als Konkretisierung der Pflichtwidrigkeit und Risikozurechnung zu verstehen.[1722] Eine Störerbestimmung allein nach Risikosphären wäre allerdings zu weitreichend, da erst die Unmittelbarkeit die Überschreitung der Gefahrenschwelle durch den Störer präzisiert.[1723] Ansonsten würde auch derjenige, der in rechtmäßiger Weise von seinen Rechten Gebrauch macht, als Störer herangezogen werden können.[1724] Ferner würde durch das Abstellen auf Risikosphären aufgrund der Schwierigkeit, sie zu determinieren, ein handhabbares, objektives Element als Teil des Abgrenzungskriteriums fehlen.[1725] Insofern kann nicht auf das Unmittelbarkeitskriterium verzichtet werden.[1726]

Erwogen wird ebenfalls eine Verhaltensverantwortlichkeit infolge der Verletzung einer Sicherungspflicht,[1727] woraus der Rechtsgrund für die Eigensicherungspflicht abgeleitet werden könnte. Eine Rechtsanalogie öffentlich-rechtlicher Handlungspflichten scheitert bereits am Gesetzesvorbehalt für grundrechtseingreifende Maßnahmen.[1728] Von Interesse ist es hingegen, ob die Verletzung zivilrechtlicher Verkehrssicherungspflichten eine Verantwortlichkeit nach polizeirechtlichen Grundsätzen begründen kann.[1729] Zum Teil wird die Übertragung des Rechtsgrunds abgelehnt, weil sich die Verkehrssicherungspflicht zu sehr von der Eigensicherungspflicht unterscheide. Verkehrssicherungspflichten bestünden dort, wo eine Gefahrenquelle dem Verkehr geöffnet werde, Eigensicherungspflichten seien hingegen auf den Schutz von Anlagen, die nicht dem allgemeinen Publikumsverkehr zugänglich seien, vor Angriffen von außen gerichtet.[1730] Richtig ist, dass es grundsätzlich zu den Voraussetzungen der Verkehrssicherungspflicht gehört, dass eine Verkehrseröffnung stattfindet.[1731] Dies wird durch einen Blick auf die Bereichshaftung, wonach

---

1720 *Gantner*, Verursachung und Zurechnung im Recht der Gefahrenabwehr, S. 143 ff., insbesondere S. 166 ff.; *Pietzcker*, DVBl. 1984, 457 (459 ff.). Zusammenfassung bei *Götz*, Allgemeines POR, 15. Aufl., § 9 Rn. 14.

1721 *Götz*, Allgemeines POR, 15. Aufl., § 9 Rn. 14.

1722 *Götz*, Allgemeines POR, 15. Aufl., § 9 Rn. 14.

1723 *Drews* u. a., Gefahrenabwehr, 9. Aufl., S. 313; *Götz*, Allgemeines POR, 15. Aufl., § 9 Rn. 12 f. Unbeachtlich wäre dieses Kriterium indessen nach der Risikolehre, vgl. ausdrücklich *Gantner*, Verursachung und Zurechnung im Recht der Gefahrenabwehr, S. 169.

1724 *Götz*, Allgemeines POR, 15. Aufl., § 9 Rn. 15.

1725 *Drews* u. a., Gefahrenabwehr, 9. Aufl., S. 313; *Götz*, Allgemeines POR, 15. Aufl., § 9 Rn. 12 f.

1726 So z. B. a. *Drews* u. a., Gefahrenabwehr, 9. Aufl., S. 313.

1727 Ausführlich *Otten*, Eigensicherung, S. 99 ff.

1728 *Otten*, Eigensicherung, S. 101 f.

1729 S. *Otten*, Eigensicherung, S. 102 ff.

1730 *Otten*, Eigensicherung, S. 103.

1731 *Förster*, in: Bamberger/Roth (Hg.), BGB, Beck-OK, 41. Ed., § 823 Rn. 287.

der Adressat der Verkehrssicherungspflicht auch dann für den Zustand der Sache einzustehen hat, wenn er vorsätzlich von einem Dritten geschaffen worden ist, relativiert.[1732] Darüber hinaus sind klassische Eigensicherungspflichten in der Tat auch auf den Schutz vor vorsätzlichen Angriffen Dritter gerichtet (z.B. § 8 Abs. 1 LuftSiG).[1733] Der Infrastrukturschutz im Rahmen von § 109 Abs. 2 TKG ist dem entgegen ursachenunabhängig und richtet sich über den Schutz vor vorsätzlichen Angriffen Dritter hinaus auch gegen Naturkatastrophen oder technisches Versagen.[1734] Die Grenzen zwischen Verkehrssicherungspflichten und Eigensicherungspflichten verschwinden insofern zunehmend.

Nichtsdestotrotz liegt ein Unterschied zwischen beiden Pflichten darin, dass bei Verkehrssicherungspflichten der Schutz Dritter maßgeblich ist, da der Verkehrspflichtige gar nicht erst zum geschützten Personenkreis gehört,[1735] während bei Eigensicherungspflichten primär der Schutz des Referenzobjekts erstrebt ist, damit es nicht zu schwerwiegenden Folgeschäden an Rechtsgütern Dritter kommt.[1736] Ob, vom Adressatenkreis und Schutzobjekt abgesehen, weitere Unterschiede zwischen Verkehrssicherungspflichten und Eigensicherungspflichten bestehen, soll genauer bei der Analyse der Übertragbarkeit des Rechtsgrunds und der Zurechnungsgründe der Verkehrssicherungspflicht untersucht werden. Diese wenigen Argumente sollen lediglich darauf aufmerksam machen, dass die Heranziehung von Verkehrssicherungspflichten zur Festlegung der Risikosphären des allgemeinen Polizeirechts nicht schon deshalb ausscheidet, weil Verkehrssicherungspflicht und Eigensicherungspflicht so grundverschieden seien.

Es ist ein anderer Aspekt, der einer Heranziehung der Verkehrssicherungspflicht für die Begründung einer Störerverantwortlichkeit entgegensteht. Würde jede Verletzung einer Verkehrssicherungspflicht zugleich eine Heranziehung als Störer nach Polizei- und Ordnungsrecht nach sich ziehen, würde der Wille des Gesetzgebers, nur bestimmte öffentlich-rechtliche Verpflichtungen spezialgesetzlich festzulegen, umgangen werden.[1737] Dies führt nicht nur zu Legitimationsfragen im Hinblick auf das Demokratieprinzip. Überdies wird der Vorbehalt des Gesetzes umgangen, da weitergehende Eingriffsermächtigungen für die öffentliche Hand geschaffen werden als spezialgesetzlich definiert sind. Zudem kann der Verpflichtete nicht absehen, ob und inwieweit er zum Ergreifen von Sicherungsmaßnahmen verpflichtet ist, sodass ein solches Vorgehen ebenso den Bestimmtheitsgrundsatz verletzen würde.[1738] Dies steht der Heranziehung dieser Konstruktion für die Begründung des Rechtsgrunds und der Zurechnungsgründe entgegen.

1732 *Hager*, in: Staudinger, BGB (2009), § 823 E 17.

1733 BT-Drs. 15/2361, S. 1.

1734 *Eckhardt*, in: Geppert/Schütz (Hg.), TKG, Beck-OK, 4. Aufl., § 109 Rn. 41.

1735 *Hager*, in: Staudinger, BGB (2009), § 823 E 36.

1736 S. zur Bedeutung des Schutzes des Referenzobjektes Kap. 3 – B.I.3.d)aa)(3)(bb).

1737 *Otten*, Eigensicherung, S. 104.

1738 *Otten*, Eigensicherung, S. 104 m. Verweis auf *Schenke*, Anmerkung zum Urt. des BVerwG v. 04.10.1985, DVBl. 1986, 360 (363).

Alternativ zur Verhaltenshaftung wird teilweise versucht, die Verantwortlichkeit für eine Eigensicherungspflicht aufgrund der Zustandshaftung zu kreieren.[1739] Auch hierüber ist an die Übertragung des Rechtsgrunds zu denken, denn auch die Zustandshaftung beruht jedenfalls auch auf dem Gedanken, denjenigen mit den Nachteilen der Nutzung einer Sache zu belasten, der die Vorteile aus derselben zieht.[1740] Die Zustandshaftung beruht auf rechtlicher sowie tatsächlicher Sachherrschaft und zielt darauf ab, die Sache in einem dem Polizeirecht entsprechenden Zustand zu erhalten.[1741] Die Gefahr geht also von der Sache aus.[1742] Obwohl das Unmittelbarkeitskriterium an dieser Stelle nicht ausschlaggebend ist, ist die Zustandshaftung ausgeschlossen, wenn ein Dritter durch vorsätzliches Handeln dazwischentritt.[1743] Nicht ausgeschlossen sind hingegen die Fälle, in denen der Schaden durch eine Naturkatastrophe oder technisches Versagen eintritt, weil sich die der Sache anhaftende spezifische Gefahr verwirklicht.[1744] Für Eigensicherungspflichten ist regelmäßig nur der Zeitpunkt vor Eintritt des schädigenden Ereignisses maßgeblich.[1745] Zwar wurde in der Vergangenheit von der Rechtsprechung der Versuch unternommen, über die Verletzung einer Pflicht zur Sicherung besonders missbrauchsanfälliger Sachen hinaus eine Zustandshaftung im Vorfeldgefahrenbereich zu konstruieren.[1746] Das Urteil wurde allerdings später aufgehoben.[1747] Während das Bundesverwaltungsgericht in seiner Entscheidung auch bei der Zustandshaftung auf die Unmittelbarkeitstheorie abstellte,[1748] erscheint es überzeugender, auf die

---

1739 Dazu Übersicht z. B. bei *Czaja*, Eigensicherungspflichten von Verkehrsflughäfen, S. 25 ff.; *Gusy*, DVBl. 1996, 722 (727); *Otten*, Eigensicherung, S. 104 ff.

1740 *Czychowski*, DVBl. 1970, 379 (384).

1741 *Drews* u. a., Gefahrenabwehr, 9. Aufl., S. 318; *Gusy*, POR, 10. Aufl., Rn. 350.

1742 *Gusy*, POR, 10. Aufl., Rn. 349.

1743 *Denninger*, in: Lisken/Denninger (Hg.), HdB des Polizeirechts, 5. Aufl., D Rn. 85, 109; *Gusy*, POR, 10. Aufl., Rn. 352. I.E. ebenso, doch unter Rückgriff auf das Unmittelbarkeitskriterium *Czaja*, Eigensicherungspflichten von Verkehrsflughäfen, S. 26; *Otten*, Eigensicherung, S. 110. A.A. z. B. OVG NRW NWVBl. 1998, 64 (65); *Otten*, Eigensicherung, S. 112 ff.

1744 Deskriptiv, aber eher kritisch *Otten*, Eigensicherung, S. 109. So aber *Bott*, Verantwortlichkeit wegen des Verhaltens Dritter, S. 212 ff., die allerdings auch den Missbrauch durch Dritte, soweit sich darin die besondere Gefahr widerspiegelt, als Gegenstand der Zustandshaftung begreift; *Czaja*, Eigensicherungspflichten von Verkehrsflughäfen, S. 26; dahin gehend a. *Bracher*, Gefahrenabwehr durch Private, S. 50 ff.; *Waechter*, in: Jachmann/Stober (Hg.), Finanzierung der inneren Sicherheit unter Berücksichtigung des Sicherheitsgewerbes, S. 65 (78 ff.).

1745 *Otten*, Eigensicherung, S. 105 ff.

1746 VGH Baden-Württemberg JZ 1983, 102 (104 f.). Dem in der Literatur folgend *Giemulla/Schmid*, NZV 1989, 415 (418); *Karpen*, JZ 1983, 102 (106).

1747 BVerwG DVBl. 1986, 360.

1748 BVerwG DVBl. 1986, 360 (361). So auch *Czaja*, Eigensicherungspflichten von Verkehrsflughäfen, S. 26.

fehlende konkrete, von der Sache ausgehende Gefahr, abzustellen.[1749] Nur so kann nämlich gewährleistet bleiben, dass es nicht zu einer Vorverlagerung des polizeilich relevanten Zeitpunktes der Inanspruchnahme des Störers kommt.[1750] Scheitert eine Inanspruchnahme allerdings bereits am Merkmal der konkreten Gefahr oder alternativ (bzw. kumulativ) am Dazwischentreten eines Dritten, entfällt die Vergleichbarkeit der Interessenlagen zwischen der Zustandshaftung und den Eigensicherungspflichten.

Da die Eigensicherungspflicht nicht ohne Weiteres in das herkömmliche System der Verhaltens- und Zustandshaftung eingeordnet werden kann, wurde für deren Einordnung die Einführung eines dritten Haftungstatbestands erwogen.[1751] Dies wurde allerdings abgelehnt, weil dadurch die Grenzen zwischen Störer und Nichtstörer verschwimmen würden.[1752] Zu Recht wird deshalb die Eigensicherungspflicht beim Versuch, sie in das Gefüge der Störerverantwortlichkeit nach allgemeinem Polizeirecht einzuordnen, als systemfremd bezeichnet.[1753] Aus diesem Grund sind weder eine Übertragung des Rechtsgrunds noch der Zurechnungsgründe des Polizeirechts auf die Eigensicherungspflicht möglich.

b) Besonderheit: Altlastenfälle

Anders könnte die Übertragbarkeit des Rechtsgrunds für die Inanspruchnahme eines Störers zu bewerten sein, wenn die Risikoverteilung unter dem Blickwinkel der Herangehensweise bei Altlastenfällen betrachtet wird. Wie schon bei den Grundsätzen der allgemeinen Störerverantwortlichkeit festgestellt, wird für die Begründung der Verantwortlichkeit grundsätzlich ein objektives Zurechnungskriterium herangezogen.[1754] Zu dem objektiven Kriterium tritt jedoch auch ein subjektives, wertendes Element hinzu.[1755] Ob dieses für Altlastenfälle herauskristallisierte Kriterium ebenfalls zur Abgrenzung von Verantwortungssphären der Eigensicherungspflichten und damit zugleich als Rechtsgrund für diese geeignet

---

1749 *Otten*, Eigensicherung, S. 108 f.

1750 *Otten*, Eigensicherung, S. 110.

1751 *Schiller/Drettmann*, DVBl. 1977, 956 (957). Ähnlich *Ossenbühl*, Eigensicherung und hoheitliche Gefahrenabwehr, S. 18.

1752 *Schiller/Drettmann*, DVBl. 1977, 956 (957). Dahin gehend auch *Ronellenfitsch*, VerwArch 77 (1986), 435 (442).

1753 *Schneider*, Die Abwehr äußerer Gefahren im Luftverkehr, S. 90. Ebenso ganz klar ablehnend z.B. *Möstl*, Die staatliche Garantie für die öffentliche Sicherheit und Ordnung, S. 342 f.

1754 *Kloepfer*, UTR, Bd. 1, 1985, S. 17 (26).

1755 *Breuer*, JuS 1986, 359 (362); *Kloepfer*, UTR, Bd. 1, 1985, S. 17 (27); *Papier*, Altlasten und polizeirechtliche Störerhaftung, S. 25. Allgemein zum Vorliegen eines wertenden Elements *Denninger*, in: Lisken/Denninger, HdB des Polizeirechts, 5. Aufl., D Rn. 70; *Kloepfer*, UTR, Bd. 1, 1985, S. 17 (28).

ist, bleibt noch unbeantwortet.[1756] Eines ist jedoch klar: Soll eine Zuordnung der Verantwortung zu einem Verantwortungssubjekt erfolgen und helfen die bis dahin für das Polizeirecht entwickelten Grundsätze nicht weiter, ist die Prüfung von Querschnittsmaterien nach geeigneten Ansätzen unerlässlich.[1757]

aa) Abgrenzung von Verantwortungsbereichen bei Altlastenfällen und Eigensicherungspflichten

Doch warum sollen gerade die Altlastenfälle als Vergleichsobjekte herangezogen werden?[1758] Als Altlast wird eine in der Vergangenheit begründete Umweltbelastung bezeichnet.[1759] Altlasten im rechtlichen Sinne sind Umweltbelastungen durch Abfälle, deren Ablagerung vor Inkrafttreten des Abfallbeseitigungsgesetzes (11.06.1972)[1760] stattgefunden hat.[1761] Vieles spricht für eine Inanspruchnahme der Deponiebetreiber.[1762] Dieser Ansatz verkennt aber, dass das Gefährdungspotenzial der Abfälle zum Ablagerungszeitpunkt oftmals nicht bekannt war.[1763] Veränderungen des Erkenntnisstandes führen zwar nicht per se zum Ausschluss der Verantwortlichkeit.[1764] Sie können dennoch zu erheblichen Schwierigkeiten bei der Zurechnung führen.[1765] Insofern gewinnen bei Altlastenfällen die wertenden Gesichtspunkte an besonderer Relevanz.[1766]

Die Beantwortung der Frage, „weshalb“ der Betroffene für die Beseitigung der Gefahr einzustehen hat, bedarf dieses wertenden Elementes.[1767] Nicht allein das allgemeine Polizei- und Ordnungsrecht setzt den wertenden Gesichtspunkt voraus, sondern jede Materie, in der Kausalitätstheorien auf ihre Grenzen stoßen, so z. B. die Gefährdungshaftung[1768] oder die Eigensicherungspflicht. Die Ausfüllung dieses

---

1756 Eine Parallele zwischen den Altlastenfällen und Eigensicherungspflichten hat bereits *Otten* gesehen, Eigensicherung, S. 112 f., der dem indessen eine andere Relevanz beigemessen hat.

1757 In diesem Sinne *Kugelmann*, in: Gusy u. a. (Hg.), Rechtshandbuch Zivile Sicherheit, Kap. 31 Rn. 9.

1758 Das Abfallrecht ist nun eine Spezialmaterie zum allgemeinen Polizei- und Ordnungsrecht, vgl. *Kloepfer*, UTR, Bd. 1, 1985, S. 17 (20).

1759 *Kloepfer*, UTR, Bd. 1, 1985, S. 17 (18).

1760 BGBl. I 1972, S. 873.

1761 *Kloepfer*, UTR, Bd. 1, 1985, S. 17 (19).

1762 *Kloepfer*, UTR, Bd. 1, 1985, S. 17 (24).

1763 *Kloepfer*, UTR, Bd. 1, 1985, S. 17 (24).

1764 *Kloepfer*, UTR, Bd. 1, 1985, S. 17 (26).

1765 *Kloepfer*, UTR, Bd. 1, 1985, S. 17 (26).

1766 OVG Hamburg DÖV 1983, 1016 (1017); *Kloepfer*, UTR, Bd. 1, 1985, S. 17 (27); *Koch*, Bodensanierung nach dem Verursacherprinzip, S. 13; *Papier*, NVwZ 1986, 256 (257); *Papier*, Altlasten und polizeirechtliche Störerhaftung, S. 22; *Pietzcker*, DVBl. 1984, 457 (469 f., 464); *Vollmuth*, VerwArch 68 (1977), 45 (49).

1767 *Kloepfer*, UTR, Bd. 1, 1985, S. 17 (27).

1768 *Kloepfer*, UTR, Bd. 1, 1985, S. 17 (27).

wertenden Elements ist auch eine Frage des Menschenbildes. Das Menschenbild ist nicht nur verfassungsrechtlich geprägt, sondern auch politisch geformt.[1769] Denn mit der Risikozuweisung geht immer zugleich auch die Frage einher, wie „autonom, einsichtig und verantwortlich"[1770] der Bürger sein muss bzw. sein soll. In beiden Fällen folgt aus der wertenden Betrachtung, dass wirtschaftlich agierende Unternehmer – der Deponie- und der Infrastrukturbetreiber – für ein Handeln, das rechtmäßig ist, in die Verantwortung genommen werden müssen.

Nicht nur bei der Verantwortlichkeit für Altlasten ist ein Wissensdefizit Ausgangspunkt für die Zuordnung eines Verhaltens zu einer Risikosphäre.[1771] Bei der Eigensicherungspflicht ist bei Erlass der gesetzlichen Verpflichtung ebenso wenig bekannt, mit welchen konkreten Risiken der Betrieb der Infrastruktur verbunden ist.[1772]

Das Handeln des Deponiebetreibers wurde in der Vergangenheit staatlich geduldet,[1773] wenn nicht sogar staatlich genehmigt.[1774] Ein Handeln, das ordnungsrechtlich genehmigt worden ist, kann nicht zugleich eine polizeirechtliche Verantwortlichkeit begründen.[1775] Darin besteht eine Gemeinsamkeit zur Eigensicherungspflicht. Die Wahrnehmung einer Eigensicherungspflicht kann ebenso Gegenstand einer Genehmigung sein (§ 7 Abs. 2 Nr. 5 AtG). Dies ist indessen nur bei wenigen Infrastrukturen der Fall. Jedenfalls ist die Tätigkeit des Betreibers zum Zeitpunkt der Ausübung in beiden Fällen staatlich geduldet, wenn nicht sogar staatlich erwünscht.[1776]

Während die Deponiebetreiber allerdings erst Jahre später in die Verantwortung gezogen wurden,[1777] wird bei der Eigensicherungspflicht präventiv agiert.[1778] Dies schließt indessen die Vergleichbarkeit beider Aspekte nicht aus. Bei beiden geht es um die Abgrenzung von Risikosphären, unabhängig von ihrer Rechtsfolge oder ob eine gesetzliche Pflicht besteht oder eine solche erst durch Verwaltungsakt kon-

---

1769 So setzt ein liberaler Rechtsstaat die Beteiligung der Gesellschaft als Akteur zur Herstellung von Sicherheit voraus, s. *Daase* u. a., in: dies. (Hg.), Verunsicherte Gesellschaft-Überforderter Staat, S. 9 (10 ff.).

1770 *Kloepfer*, UTR, Bd. 1, 1985, S. 17 (28).

1771 *Kloepfer*, UTR, Bd. 1, 1985, S. 17 (22 ff.).

1772 Zur Unkalkulierbarkeit und Tragweite der Risiken z. B. *Dunn Cavelty*, in: Siedschlag (Hg.), Jahrbuch für europäische Sicherheitspolitik 2009/2010, S. 85 (90); *Engels*, in: Gusy u. a. (Hg.), Rechtshandbuch Zivile Sicherheit, Kap. 14 Rn. 2. Zur Unsicherheit in der Cybersecurity *Gaycken*, in: Daase u. a. (Hg.), Verunsicherte Gesellschaft-Überforderter Staat, S. 109 (109, 120 ff.).

1773 *Kloepfer*, UTR, Bd. 1, 1985, S. 17 (32); *Papier*, Altlasten und polizeirechtliche Störerhaftung, S. 24.

1774 *Papier*, Altlasten und polizeirechtliche Störerhaftung, S. 23.

1775 *Papier*, Altlasten und polizeirechtliche Störerhaftung, S. 27.

1776 S. für die Eigensicherungspflicht Kap. 4 – C.II.1.e).

1777 *Kloepfer*, UTR, Bd. 1, 1985, S. 17 (24).

1778 Allgemein zur „Prävention als Leitidee" z. B. der Zivilen Sicherheit, zu der auch die Auferlegung von Eigensicherungspflichten gehört *Würtenberger*, in: Gusy u. a. (Hg.), Rechtshandbuch Zivile Sicherheit, Kap. 30 Rn. 1.

kretisiert werden muss. Aufgrund der wesentlichen Gemeinsamkeiten zwischen der Konstellation der Altlasten und der Eigensicherungspflichten erscheint es zielführend, den wertenden Gesichtspunkt bei der Herangehensweise bei Altlasten genauer in den Blick zu nehmen.

bb) Herangehensweise bei Altlastenfällen

Bei echten Altlasten kommt die Inanspruchnahme des Deponiebetreibers ausschließlich nach allgemeinem Polizei- und Ordnungsrecht in Betracht.[1779] Insbesondere dessen Verhaltensverantwortlichkeit kommt infrage.[1780] Wie unter Kapitel 5 – B.I.1.b)aa) dargestellt, bereitet der Wissensmangel des Deponiebetreibers in Bezug auf die Gefährlichkeit des abgelegten Abfalls erhebliche Schwierigkeiten für seine Inanspruchnahme als Handlungsstörer.[1781] Über die Kausalität hinaus sind wertende Kriterien notwendig.[1782] Dass der Rechtsgrund der Störerverantwortlichkeit nicht auf Eigensicherungspflichten übertragbar ist, ist bereits geklärt.[1783] Allein die Möglichkeit des Rückgriffs auf andere Rechtsgebiete zur Festlegung von Risikosphären soll hiermit veranschaulicht werden. Denn gebietsübergreifendes Denken ist nicht neu und kann durchaus zur Lösung bestehender Probleme beitragen ohne dass das Recht neu erfunden werden muss.

Vor der Einführung des – für das Öffentliche Recht als Risikozuweisung anerkannten – § 22 Abs. 2 WHG (a.F.),[1784] ergab sich eine solche Zuweisung aus gesetzlichen Regelungen nicht, sodass es anderer Ansätze bedurfte.[1785] Zum einen wurde das Abstellen auf das Kriterium der „Risikoerhöhung“ erwogen.[1786] Zum anderen wurde

1779 BVerfGE 102, 1 (18 f.); *Kloepfer*, UTR, Bd. 1, 1985, S. 17 (21); *Papier*, NVwZ 1986, 256 (256).

1780 *Kloepfer*, UTR, Bd. 1, 1985, S. 17 (24).

1781 *Kloepfer*, UTR, Bd. 1, 1985, S. 17 (24 ff.). S.a. Kap. 5 – B.I.1.b)aa) m.w.N.

1782 *Kloepfer*, UTR, Bd. 1, 1985, S. 17 (25). S.a. Kap. 5 – B.I.1.b)aa).

1783 Kap. 5 – B.I.1a).

1784 BGBl. I 1957, S. 1110. Außer Kraft getreten nach mehreren Neufassungen durch Gesetz zur Neuregelung des Wasserrechts, BGBl. I 2009, S. 2585. Aktuell ist die Gefährdungshaftung in § 89 WHG geregelt, eingeführt durch das Gesetz zur Neuregelung des Wasserrechts, BGBl. I 2009, S. 2585.

1785 *Kloepfer*, UTR, Bd. 1, 1985, S. 17 (28 f.).

1786 *Kloepfer*, UTR, Bd. 1, 1985, S. 17 (29 f.). Der Aspekt der Risikoerhöhung wird z. T. sogar so weitreichend verstanden, dass es eine Verantwortlichkeit aufgrund Risikozuweisung gebe, s. *Koch*, Bodensanierung nach dem Verursacherprinzip, S. 20 ff., der sich insb. auf *Pietzcker*, DVBl. 1984, 457 (459 f.) (Zurechnung nach „Pflichtwidrigkeit und Risikosphäre“) und *Gantner*, Verursachung und Zurechnung im Recht der Gefahrenabwehr, S. 150 ff., 166 ff. (Zurechnung von „Unrecht und Risiken“) beruft und deren Thesen anhand der Altlastenfälle weiterentwickelt, *Koch*, ebd., S. 14 ff.

der „Kosten-Nutzen-Aspekt“ zum Gegenstand von Diskussionen gemacht.[1787] Wer Gewinn aus einer Tätigkeit ziehe, habe auch nachteilige Folgen daraus zu tragen.[1788] Insofern wurde – selbst für die Herausarbeitung einer Risikozuweisung im Eingriffsrecht, das für sich kaum staatlicher sein kann – über die Grenzen des Öffentlichen Rechts hinaus geblickt und auf Risikozuweisungen im Zivilrecht zurückgegriffen.[1789] Dies blieb freilich nicht unbestritten.[1790]

2. *Daseinsvorsorge*

Die sog. „Betreiberverantwortung“ soll auch Maßnahmen der Daseinsvorsorge erfassen.[1791] Begründungsversuche für diese stützen sich auf andere gesetzliche

---

1787 *Kloepfer*, UTR, Bd. 1, 1985, S. 17 (30 f.); *Koch*, Gutachten über Kostentragung bei der Sanierung kontaminierter Standorte am Beispiel der Hamburger Deponien „Georgswerder“ und „Müggenburger Straße, in: ders., Bodensanierung nach dem Verursacherprinzip, A.II.2.b)γ)αα).

1788 *Kloepfer*, UTR, Bd. 1, 1985, S. 17 (30).

1789 Insbesondere *Koch*, Bodensanierung nach dem Verursacherprinzip, verweist ausdrücklich auf die Risikozuweisungen im Zivilrecht zur Bewältigung der Altlastenproblematik und stützt sich dabei im Rahmen seines Argumentationsgangs ausdrücklich auf Verkehrssicherungspflichten zur Bestimmung der Anforderungen an den Störer, S. 15 ff.Übertragen auf die Verhaltensverantwortlichkeit müsse die gebotene Handlung zwar nicht beherrschbar, aber zumindest erkennbar sein, ebd., S. 18 f.; *Koch*, Gutachten über Kostentragung bei der Sanierung kontaminierter Standorte am Beispiel der Hamburger Deponien „Georgswerder“ und „Müggenburger Straße, in: *ders.*, Bodensanierung nach dem Verursacherprinzip, A.II.2.b)γ)αα). Über die Risikozuweisung aufgrund der Verletzung einer Verkehrssicherungspflicht hinaus geht die Risikozuweisung im Rahmen des Polizeirechts allein aufgrund einer Risikozuweisung für den Eintritt eines rechtlich zulässigen Risikos, die aufgrund einer Übertragung der Gedanken der Gefährdungshaftung in das Polizeirecht erfolgen soll, ebd., S. 20 ff.; *Koch*, Gutachten über Kostentragung bei der Sanierung kontaminierter Standorte am Beispiel der Hamburger Deponien „Georgswerder“ und „Müggenburger Straße, in: *ders.*, Bodensanierung nach dem Verursacherprinzip, A.II.2.b)γ)ββ). Kritisch zur Heranziehung zivilrechtlicher Pflichten: *Papier*, Altlasten und polizeirechtliche Störerhaftung, S. 32 ff.; *ders.*, NVwZ 1986, 256 (260 f.).

1790 So z.B. *ders.*, NVwZ 1986, 256 (260 f.); *ders.*, Altlasten und polizeirechtliche Störerhaftung, S. 33, der die Übertragbarkeit der Risikoverteilung zwischen Bürgern auf das Staat-Bürger-Verhältnis verneint. Kritisch ggü. der Heranziehung von Gefährdungstatbeständen für eine Zuordnung zu Risiko- und Verantwortungssphären u. a. mit Berufung auf *ders.*, ebd.; a. *Breuer*, JuS 1986, 359 (363), der von „verschiedenen Ebenen“ spricht. Während es im allgemeinen Polizei- und Ordnungsrecht rglm. um Handlungsbefugnisse gehe, stehe bei der Gefährdungshaftung die Schadensersatzpflicht im Vordergrund, s. ebd. A.A.: *Vollmuth*, VerwArch 68 (1977), 45 (53, 62) unter dem Aspekt eines gemeinsamen Zwecks der verschiedenen Rechtsgebiete.

1791 So z.B. die Pflicht zum Schutz Kritischer Infrastrukturen, s. *Wiater*, Sicherheitspolitik zwischen Staat und Markt, S. 146.

Regelungen, u. a. auch des öffentlichen Rechts.[1792] Dieser Ansatz führt aber zu einem Zirkelschluss: Wie soll der Rechtsgrund für die Risikozuweisung im Rahmen einer Eigensicherungspflicht aus einer anderen Eigensicherungspflicht, namentlich § 109 TKG,[1793] folgen, deren Rechtsgrund ebenfalls noch ungeklärt ist? Würde der Verweis auf § 109 TKG ausreichen, um eine allgemeine Betreiberverantwortung zu begründen, würde das einmalige Tätigwerden des Gesetzgebers ausreichen, um später daran anknüpfende Pflichten aufzuerlegen. Das Bestehen einer anderen öffentlich-rechtlichen gesetzlichen Verpflichtung kann insofern nicht mehr als ein Indiz für das Bestehen irgendeines Rechtsgrunds sein.

II. Rechtsgebietsübergreifend

Ein Rückgriff auf andere Rechtsgebiete darf weder unüberlegt noch willkürlich erfolgen.[1794] Während es im öffentlichen Recht um die Beziehung des Staates zum Bürger geht, regelt das Privatrecht die Relation von Privaten untereinander.[1795] Zudem betrifft das Privatrecht ausschließlich das Verhältnis zwischen den in einem vertraglichen oder gesetzlichen Schuldverhältnis zueinander stehenden Parteien.[1796] Eine ausnahmslose Trennung der Rechtsgebiete würde indessen den Grundsatz der Einheit der Rechtsordnung verkennen.[1797] Jegliche Norm der Rechtsordnung verfolgt den Zweck, ein friedliches Zusammenleben des Menschen in der Gesellschaft zu etablieren.[1798] Das Zivilrecht wirkt als Lenkungsinstrument.[1799] Paradebeispiel hierfür ist die Gefährdungshaftung.[1800] Ebenso werden im Rahmen des § 823 Abs. 2 BGB Schutzgesetze aus den verschiedensten Rechtsgebieten, so auch aus dem öffentlichen Recht, herangezogen.[1801] Umgekehrt ist auch das allgemeine Polizei- und Ordnungsrecht, indem es u. a. den Schutz der öffentlichen Sicherheit, wozu die objektive Rechtsordnung gehört, verfolgt, an Rechtsnormen aller Rechtsgebiete

1792 *BMI*, Schutz kritischer Infrastrukturen-Basisschutzkonzept, 2. Aufl., S. 6. Hierzu ausführlich *Wiater*, Sicherheitspolitik zwischen Staat und Markt, S. 146 ff.

1793 Auf diese Betreiberpflicht wird durch das BMI zumindest mittelbar verwiesen, *BMI*, Schutz kritischer Infrastrukturen-Basisschutzkonzept, 2. Aufl., S. 6. S. zum Verweis auf diese Pflicht *Wiater*, Sicherheitspolitik zwischen Staat und Markt, S. 147.

1794 *Gusy*, POR, 10. Aufl., § 6.

1795 *Papier*, Altlasten und polizeirechtliche Störerhaftung, S. 33.

1796 *Papier*, Altlasten und polizeirechtliche Störerhaftung, S. 33.

1797 *Koch*, Bodensanierung nach dem Verursacherprinzip, S. 15 f. Insbesondere das Sicherheitsrecht ist als Verbindung zwischen den Rechtsgebieten zu sehen, s. *Würtenberger*, in: Gusy u. a. (Hg.), Rechtshandbuch Zivile Sicherheit, Kap. 30 Rn. 1.

1798 *Vollmuth*, VerwArch 68 (1977), 45 (53 f.).

1799 *Kloepfer*, UTR, Bd. 1, 1985, S. 17 (29); *Trute*, in: Hoffmann-Riem/Schmidt-Aßmann (Hg.), Öffentliches Recht und Privatrecht als wechselseitige Auffangordnungen, S. 167 (171).

1800 *Kloepfer*, UTR, Bd. 1, 1985, S. 17 (29).

1801 *Kloepfer*, UTR, Bd. 1, 1985, S. 17 (31).

gebunden.[1802] Das Grundgesetz statuiert überdies nicht ausschließlich Rechte und Pflichten im Verhältnis zwischen Bürger und Staat, sondern auch, wenn auch größtenteils mittelbar, für die Bürger untereinander, z. B. in Artikel 14 GG.[1803] Privatrecht und Öffentliches Recht ergänzen sich insofern zunehmend.[1804]

Insbesondere, wenn offensichtlich Parallelen zwischen den verschiedenen Rechtsgebieten existieren, stellt sich die Frage, weshalb Kriterien unter einem anderen Begriff neu erfunden werden sollten, wenn sie auch übertragen werden können. Gerade Zurechnungsgründe weisen in allen Rechtsgebieten erhebliche Gemeinsamkeiten auf.[1805] Deshalb erweisen sich die Grenzen der Rechtsgebiete nicht zwingend zugleich als Grenze für Pflichten- oder Risikozuweisungen.[1806] Anders ausgedrückt: Eine Verantwortlichkeit kann auch zivilrechtlich fundiert sein.[1807]

Pflichten und Risikozuweisungen setzen Zurechnungsgründe voraus. Diese sind wiederum im Zivilrecht am fortschrittlichsten entwickelt.[1808] Da in der Literatur zunehmend die Ansicht, Zurechnungsgründe seien von einem Rechtsgebiet in ein anderes Rechtsgebiet übertragbar, an Zustimmung gewinnt,[1809] soll speziell für die Eigensicherungspflicht untersucht werden, welche zivilrechtlichen Zurechnungsgründe für sie relevant sein könnten und schließlich der Rechtsgrund für die Belastung mit einer Eigensicherungspflicht herausgearbeitet werden.[1810] Es erscheint nämlich im Hinblick auf neue Herausforderungen für die Rechtsordnung, z. B. durch neue Bedrohungslagen, sinnvoll, nicht nach Lösungen in jedem Rechtsgebiet zu suchen, sondern über dessen Grenzen hinaus ein einheitliches System unter Einbeziehung des Öffentlichen Rechts, Zivil- und Strafrechts zu schaffen, das diesen Herausforderungen gewachsen ist.[1811] Grundvoraussetzungen eines solchen

---

1802 *Vollmuth*, VerwArch 68 (1977), 45 (53 f.).

1803 *Erichsen*, VVDStRL 35 (1977), S. 171 (205).

1804 *Kaufmann*, in: Hempel u. a. (Hg.), Sichtbarkeitsregime, S. 101 (105 f.); *Trute*, in: Hoffmann-Riem/Schmidt-Aßmann (Hg.), Öffentliches Recht und Privatrecht als wechselseitige Auffangordnungen, S. 167; *Trute*, in: Schuppert (Hg.), Jenseits von Privatisierung und „schlankem" Staat, S. 13 (26 ff.); Kritisch: *Vasilache*, in: Daase u. a. (Hg.), Sicherheitskultur, S. 133 (140 ff.).

1805 *Waechter*, Verwaltungsrecht im Gewährleistungsstaat, S. 136.

1806 *Kloepfer*, UTR, Bd. 1, 1985, S. 17 (30). A.A. *Papier*, Altlasten und polizeirechtliche Störerhaftung, S. 32.

1807 *Wolff*, in: Gusy u. a. (Hg.), Rechtshandbuch Zivile Sicherheit, Kap. 32 Rn. 34.

1808 *Waechter*, in: Jachmann/Stober (Hg.), Finanzierung der inneren Sicherheit unter Berücksichtigung des Sicherheitsgewerbes, S. 65 (73).

1809 *Waechter*, in: Jachmann/Stober (Hg.), Finanzierung der inneren Sicherheit unter Berücksichtigung des Sicherheitsgewerbes, S. 65 (73).

1810 Ähnlich, nicht unter dem Blickwinkel der Zurechnungsgründe, sondern der Einschränkungen der Verantwortlichkeit iSd Kausaltheorien *Herrmann*, DÖV 1987, 666 (666, 671 ff.).

1811 *Kugelmann*, in: Gusy u. a. (Hg.), Rechtshandbuch Zivile Sicherheit, Kap. 31 Rn. 1.

Konzepts sind Akteure und Ressourcen.[1812] Deren Inanspruchnahme setzt einen Rechtsgrund voraus. Zurechnungsgesichtspunkte gehören damit zu den zentralen Bestandteilen eines solchen Gesamtsicherheitskonzepts.[1813]

1. Risiko-, Verantwortungs- und Kostenverteilung im Zivil- und Sicherheitsrecht

Ein im Vordergrund stehender Zweck des Deliktsrechts ist die Verteilung von Kosten und Risiken zwischen den privaten Akteuren.[1814] Verpflichtet der Staat einen Privaten zur Erledigung einer öffentlichen Aufgabe, besteht die staatliche Herausforderung nicht einzig darin, die Aufgabenverlagerung im Staat-Bürger-Verhältnis zu rechtfertigen, sondern auch darin, die Aufgabe unter einem Gleichheitsaspekt zwischen den Privaten „gerecht" zu verteilen.[1815] Ergänzend kann der Blick aus ethischer Perspektive auf das Sicherheitsrecht geworfen werden: Erscheint die Belastung eines Sicherheitsakteurs als „ungerecht", lebt auch im Sicherheitsrecht die Idee „geteilter Verantwortung" auf.[1816] Sowohl das Deliktsrecht als auch die Eigensicherungspflicht haben damit ein sog. „Lastenverteilungsproblem",[1817] das sowohl in Gestalt eines Verteilungs- als auch eines Teilungsproblems (Aufspaltungsproblems) in Erscheinung treten kann, zum Gegenstand.

Die Aufgabe des Rechts ist es, neu auftretende Konfliktmöglichkeiten durch wirtschaftliche Impulse zu lösen.[1818] Lastenverteilungsprobleme sind Probleme der sog. „iustitia distributiva".[1819] Diese setzt eine Gruppe von Akteuren voraus, die so zusammengefasst werden kann, dass sowohl Vorteile als auch Schäden auf diese Gruppe verteilt werden können.[1820] Nicht ein vorwerfbares Verhalten steht im Vordergrund, sondern eine Verteilung von Wagnissen.[1821] Die verteilende Gerechtigkeit ist auf die Verteilung von Schäden aus Tätigkeiten, die aufgrund ihrer Bedeutung für die Allgemeinheit von der Gesellschaft toleriert werden oder sogar erwünscht sind gerichtet.[1822] Sind dies aber nicht solche Tätigkeiten, die auch zum Gegenstand von Eigensicherungspflichten gemacht werden? Als grundlegendes Beispiel für die

1812 Zu den verschiedenen Sicherheitsakteuren s. *Gusy* u. a., Rechtshandbuch Zivile Sicherheit, Teil II.
1813 Zu verschiedenen Ideen solcher Zurechnungsgesichtspunkte *Gusy*, in: ders. u. a. (Hg.), Rechtshandbuch Zivile Sicherheit, Kap. 3 Rn. 25.
1814 *Brüggemeier*, Deliktsrecht, S. 38.
1815 *Waechter*, Verwaltungsrecht im Gewährleistungsstaat, S. 131.
1816 *Ammicht-Quinn*, in: Gusy u. a. (Hg.), Rechtshandbuch Zivile Sicherheit, Kap. 2 Rn. 33.
1817 *Waechter*, Verwaltungsrecht im Gewährleistungsstaat, S. 131.
1818 *Coing*, Grundzüge der Rechtsphilosophie, 4. Aufl., S. 245.
1819 *Coing*, Grundzüge der Rechtsphilosophie, 4. Aufl., S. 217.
1820 *Coing*, Grundzüge der Rechtsphilosophie, 4. Aufl., S. 217 f.
1821 *Esser*, Grundlagen und Entwicklung der Gefährdungshaftung, 2. Aufl., S. 42.
1822 *Coing*, Grundzüge der Rechtsphilosophie, 4. Aufl., S. 219.

verteilende Gerechtigkeit wird der Luftverkehr erwähnt,[1823] der bereits zum Schutzobjekt der ersten Eigensicherungspflichten gemacht wurde.[1824] Das gesellschaftliche Interesse an der Ausübung Kritischer Infrastrukturen ist noch deutlicher durch das IT-Sicherheitsgesetz, im Rahmen dessen die Abhängigkeit der modernen Gesellschaft von Kritischen Infrastrukturen betont wurde, hervorgetreten.[1825]

Bevor auf die Übertragbarkeit des Rechtsgrunds der einzelnen zivilrechtlichen Tatbestände, die der iustitia distributiva unterfallen, eingegangen wird, bedarf es der allgemeinen Klärung, ob die Voraussetzungen der verteilenden Gerechtigkeit, namentlich eine Gruppe, die nach objektiven Kriterien bestimmbar ist, bei Eigensicherungspflichten gegeben sind.[1826] Zur Veranschaulichung wird auf § 109 TKG verwiesen: Nach § 109 Abs. 1 ist „jeder Diensteanbieter" zum Ergreifen der erforderlichen technischen Vorkehrungen und sonstigen Maßnahmen verpflichtet. „Diensteanbieter" ist nach § 3 Nr. 6 TKG jeder, der ganz oder teilweise geschäftsmäßig Telekommunikationsdienste erbringt (lit. a)) oder an der Erbringung solcher Dienste mitwirkt (lit. b)).[1827] Das geschäftsmäßige Erbringen von Telekommunikationsdiensten ist gemäß § 3 Nr. 10 TKG das nachhaltige Angebot von Telekommunikation für Dritte mit oder ohne Gewinnerzielungsabsicht.[1828] Erfasst sind allerdings nicht nur Anbieter, die ihre Dienste an jedermann erbringen, sondern auch solche, die sie an geschlossene Benutzergruppen erbringen,[1829] sofern eine gewisse Außenwirkung vorliegt.[1830] Telekommunikationsdienste sind wiederum in § 3 Nr. 24 TKG legaldefiniert.[1831] Der Telekommunikationsdienst muss zumindest überwiegend in der Übertragung von Signalen in Telekommunikationsnetzen liegen.[1832] Obwohl es hier nicht auf die Geschäftsmäßigkeit der Ausübung der Tätigkeit ankommt, ist der Betroffenenkreis nach objektiven Kriterien klar abgrenzbar. Die Norm legt nämlich bis in das Detail fest, welche Tätigkeit erfasst ist und setzt überdies ein Nachhaltigkeitskriterium voraus. Der Grund bleibt an dieser Stelle noch außen vor. § 109 Abs. 2 TKG richtet sich an den Betreiber eines öffentlichen Telekommunikationsnetzes respektive an denjenigen, der öffentlich zugängliche Telekommunikationsdienste erbringt.[1833] Für den ersten Punkt ist das Innehaben der Funktionsherrschaft über das Netz maßgeblich.[1834] Öffentlich zugängliche Telekommunikationsdienste

---

1823 *Coing*, Grundzüge der Rechtsphilosophie, 4. Aufl., S. 217 f.
1824 BGBl. I 1980, S. 1729.
1825 BT-Drs. 18/4096, S. 1.
1826 *Coing*, Grundzüge der Rechtsphilosophie, 4. Aufl., S. 219.
1827 Eingeführt durch BGBl. I 2012, S. 958; *Schütz*, in: Geppert/Schütz (Hg.), TKG, Beck-OK, 4. Aufl., § 3 Rn. 15.
1828 *Schütz*, in: Geppert/Schütz (Hg.), TKG, Beck-OK, 4. Aufl., § 3 Rn. 32 f.
1829 *Schütz*, in: Geppert/Schütz (Hg.), TKG, Beck-OK, 4. Aufl., § 3 Rn. 15.
1830 *Schütz*, in: Geppert/Schütz (Hg.), TKG, Beck-OK, 4. Aufl., § 3 Rn. 33.
1831 *Schütz*, in: Geppert/Schütz (Hg.), TKG, Beck-OK, 4. Aufl., § 3 Rn. 78 f.
1832 *Schütz*, in: Geppert/Schütz (Hg.), TKG, Beck-OK, 4. Aufl., § 3 Rn. 78 f.
1833 *Eckhardt*, in: Geppert/Schütz (Hg.), TKG, Beck-OK, 4. Aufl., § 109 Rn. 35 ff.
1834 *Eckhardt*, in: Geppert/Schütz (Hg.), TKG, Beck-OK, 4. Aufl., § 109 Rn. 37.

müssen unbegrenzt der Öffentlichkeit zur Verfügung stehen.[1835] Auch bei Absatz 2 ist der adressierte Personenkreis anhand objektiver Kriterien eingrenzbar. Dementsprechend käme eine Anwendung der Grundsätze der iustitia distributiva für Eigensicherungspflichten infrage.

a) Verkehrssicherungspflicht

Verkehrssicherungspflichten haben den Zweck, Unglücksschäden gerecht zu verteilen.[1836] Ihre Nähe zur Eigensicherungspflicht ist nicht von der Hand zu weisen.[1837] Der Grund für das Bestehen einer Verkehrssicherungspflicht liegt ebenfalls darin, die Verantwortung für die Schaffung einer Gefahr zu übernehmen.[1838] Ob sie der Eigensicherungspflicht so nahe steht, dass ihre Zurechnungsgründe und ihr Rechtsgrund auf sie übertragbar sind, bedarf der weiteren Klärung:[1839] Die sog. „Bereichshaftung" umfasst das Einstehen für den Zustand eines bestimmten Bereichs.[1840] Sie beruht darauf, dass der Verpflichtete die Gefahrenquelle beherrscht und zeitgleich Nutzen aus dieser zieht.[1841] Auch bei der Eigensicherungspflicht wird damit argumentiert, dass der Eigensicherungsverpflichtete der Gefahrenquelle besonders nahe stehe und zugleich aus dieser wirtschaftlichen Nutzen ziehe,[1842] sodass sich eine besondere Nähe zwischen den Pflichten aufzudrängen scheint. Darin liegt aber zugleich auch der erste wesentliche Unterschied zwischen der Verkehrs- und der Eigensicherungspflicht: Eine Verkehrssicherungspflicht geht nur soweit, wie die Gefahrbeherrschung tatsächlich und rechtlich möglich ist.[1843] Die Eigensicherungspflicht wird hingegen infolge der Schadensnähe, jedoch trotz der Unbeherrschbarkeit der Gefahr, auferlegt.[1844] Die Bereichshaftung bezieht sich

---

1835 *Schütz*, in: Geppert/Schütz (Hg.), TKG, Beck-OK, 4. Aufl., § 3 Rn. 59.

1836 *Esser*, Grundlagen und Entwicklung der Gefährdungshaftung, 2. Aufl., S. 32.

1837 *Waechter*, Verwaltungsrecht im Gewährleistungsstaat, S. 136.

1838 *V. Bar*, Verkehrspflichten, S. 113; *Hager*, in: Staudinger, BGB (2009), § 823 E 36; *Larenz/Canaris*, Lehrbuch des Schuldrechts, Bd. 2, 2. Teilband, 13. Aufl., S. 407.

1839 Ansatz bei *Braun*, Die Finanzierung polizeilicher Aufgabenwahrnehmung, S. 382 ff.; *Schnekenburger*, Rechtsstellung und Aufgaben des Privaten Sicherheitsgewerbes, S. 89; *Waechter*, Verwaltungsrecht im Gewährleistungsstaat, S. 136; *Waechter*, in: Jachmann/Stober (Hg.), Finanzierung der inneren Sicherheit unter Berücksichtigung des Sicherheitsgewerbes, S. 65 (77 ff.).

1840 *Hager*, in: Staudinger, BGB (2009), § 823 E 16.

1841 *Hager*, in: Staudinger, BGB (2009), § 823 E 16; *Larenz/Canaris*, Lehrbuch des Schuldrechts, Bd. 2, 2. Teilband, 13. Aufl., S. 408. Zur Beherrschbarkeit *v. Bar*, Verkehrspflichten, S. 122 ff. *Esser/Weyers*, Schuldrecht, Bd. 2, Teilband 2, 8. Aufl., S. 179. Zum Vorteil-Nachteil-Prinzip ebd., S. 125 ff.

1842 *Erbguth*, DVBl. 2007, 1202 (1208); *Schneider*, Die Abwehr äußerer Gefahren im Luftverkehr, S. 97.

1843 *Förster*, in: Bamberger/Roth (Hg.), BGB, Beck-OK, 41. Ed., § 823 Rn. 299; *Gaisbauer*, Die allgemeine Verkehrssicherungspflicht des Hausbesitzers, S. 14.

1844 Gefahren, die von Kernkraftwerken ausgehen, sind z. B. nicht voll beherrschbar.

außerdem grundsätzlich nur auf einen Personenkreis, der befugtermaßen mit der Gefahrenquelle in Berührung kommt.[1845] Die Eigensicherungspflicht schützt zunächst allein das Referenzobjekt.[1846] Mittelbar profitiert indessen jeder Dritte, der mit der Gefahrenquelle hypothetisch in Berührung kommen könnte, unabhängig davon, ob er eine besondere Beziehung zum Referenzobjekt vorweist, von der Eigensicherungspflicht.[1847] Die Eigensicherungspflicht bezweckt über den Schutz des Referenzobjekts hinaus den Schutz von Rechtsgütern, deren Rechtsgutsträger der hypothetischen Gefahr hilflos ausgesetzt wären.[1848] Kommt es beispielsweise in einem Flughafen tatsächlich zu einem Schadensereignis, wird den Besuchern regelmäßig nur ein Fluchtversuch zum Selbstschutz verbleiben.[1849] Diesen wird es aber mangels besonderer Sach- und Raumkenntnisse oder technischer Mittel nicht möglich sein, effektivere Maßnahmen zur Gefahrbeseitigung zu ergreifen. Der Besucher ist somit für den Fall, dass es zu dem schädigenden Ereignis kommt, der sich realisierenden Gefahr ausgeliefert.[1850] Genau aus diesem Grund kann und darf – im Gegensatz zur Verkehrssicherungspflicht – der Benutzerkreis oder auch Nutznießerkreis nicht beschränkt werden.[1851] Anzuerkennen ist, dass von Verkehrssicherungspflichten Gefahren erfasst sein sollen, die für ihren Benutzerkreis nicht erkennbar sind.[1852] Dies gilt aber nur unter der Prämisse der Beherrschbarkeit der Gefahr sowie der Zumutbarkeit der Schutzmaßnahme für den Adressaten.[1853] Hinzu kommt, dass eine Haftung nach § 823 BGB immer die Verletzung der Verkehrssicherungspflicht

1845 *Gaisbauer*, Die allgemeine Verkehrssicherungspflicht des Hausbesitzers, S. 5, 7; *Hager*, in: Staudinger, BGB (2009), § 823 E 38. Zur Beschränkbarkeit des geschützten Personenkreises *Larenz/Canaris*, Lehrbuch des Schuldrechts, Bd. 2, 2. Teilband, 13. Aufl., S. 423 ff.

1846 Z.B. § 109 Abs. 2 Nr. 1 TKG der Schutz vor Störungen von Telekommunikationsnetzen.

1847 Deshalb geht die Eigensicherungspflicht über den Kreis der geschützten Personen einer Verkehrssicherungspflicht hinaus, s. *Sorge*, Kostentragung für den Schutz vor Anschlägen, S. 109.

1848 *BMI*, Nationale Strategie zum Schutz Kritischer Infrastrukturen, S. 7 ff.; *Braun*, Die Finanzierung polizeilicher Aufgabenwahrnehmung, S. 355 ff.; *Zintel*, in: Daase u. a. (Hg.), Verunsicherte Gesellschaft-Überforderter Staat, S. 93 (93).

1849 Ein anderes Beispiel im Luftverkehr ist die mangelnde Ausweichmöglichkeit der Passagiere im Flugzeug, vgl. *Zintel*, in: Daase u. a. (Hg.), Verunsicherte Gesellschaft-Überforderter Staat, S. 93 (93).

1850 Das Unsicherheitsgefühl ist besonders präsent, wenn derjenige sich der Gefahr nicht freiwillig aussetzt und er nicht das Gefühl hat, sie beherrschen zu können. Dies erklärt das unterschiedliche Sicherheitsgefühl im Straßen- und Luftverkehr, s. *Bonss*, in: Zoche u. a. (Hg.), Zivile Sicherheit, S. 43 (58).

1851 Zur Beschränkbarkeit des Benutzerkreises der Verkehrssicherungspflicht *Hager*, in: Staudinger, BGB (2009), § 823 E 40.

1852 *Förster*, in: Bamberger/Roth (Hg.), BGB, Beck-OK, 41. Ed., § 823 Rn. 312.

1853 *Förster*, in: Bamberger/Roth (Hg.), BGB, Beck-OK, 41. Ed., § 823 Rn. 299, 343 f.; *Gaisbauer*, Die allgemeine Verkehrssicherungspflicht des Hausbesitzers, S. 14 ff.

voraussetzt, d.h. es handelt sich um eine Haftung für ein Unterlassen.[1854] Die Wahrnehmung der Pflicht ist, im Gegensatz zur Eigensicherungspflicht, nicht durchsetzbar.[1855] Während die Verkehrssicherungspflicht außerdem schuldhaft verletzt sein muss, damit sie eine Haftung auslöst,[1856] geht der Eigensicherungsverpflichtete einer rechtmäßigen, z. T. sogar gesetzlich zugelassenen, Tätigkeit nach. Eigensicherungspflichten reichen daher, obwohl beide Pflichten die Abgrenzung von Risikosphären zum Gegenstand haben,[1857] wesentlich weiter als Verkehrssicherungspflichten.[1858] Zusammenfassend ist daher festzuhalten, dass trotz erheblicher Gemeinsamkeiten zwischen den Verkehrssicherungspflichten und öffentlich-rechtlichen Sicherungspflichten[1859] nach wie vor so erhebliche Unterschiede zwischen der Reichweite der Pflichten bestehen, dass eine Übertragung des Rechtsgrunds und der Zurechnungsgründe ausscheidet.[1860]

b) Gefährdungshaftung

Die Idee der Verteilung von Unglücksschäden wurde indessen weiterentwickelt: Durch die Einführung der Gefährdungshaftung wurde eine Haftung für Zufallsschäden geschaffen.[1861] Hinter dieser Haftung steht der Versuch einer „sachgerechten Zuteilung der Wagnisse".[1862]

Bzgl. der Eigensicherungspflicht *Sorge*, Kostentragung für den Schutz vor Anschlägen, S. 109.

1854 *Larenz/Canaris*, Lehrbuch des Schuldrechts, Bd. 2, 2. Teilband, 13. Aufl., S. 400.

1855 S. zur Durchsetzbarkeit der Eigensicherungspflicht Kap. 4 – D.II.2.b)aa)(2) und bb).

1856 *Förster*, in: Bamberger/Roth (Hg.), BGB, Beck-OK, 41. Ed., § 823 Rn. 386; *Larenz/Canaris*, Lehrbuch des Schuldrechts, Bd. 2, 2. Teilband, 13. Aufl., S. 426 ff. Darauf macht im Zusammenhang mit Altlasten schon *Papier* aufmerksam, Altlasten und polizeirechtliche Störerhaftung, S. 33.

1857 *Pietzcker*, DVBl. 1984, 457 (460).

1858 *Bracher*, Gefahrenabwehr durch Private, S. 55; *Pietzcker*, DVBl. 1984, 457 (460).

1859 Diese „Schnittstellen" untersuchte z.B. auch *Motzke*, NZBau 2004, 297 im Hinblick auf Sicherheitsanforderungen in Fußballstadien.

1860 Dahin gehend im Rahmen des Versuchs der Abgrenzung von Betriebssicherungs- und Eigensicherungspflicht *Rist*, Die Abwehr von äußeren, nicht betriebsbedingten Gefahren der Luftfahrt durch die Luftaufsicht, S. 69 ff. Eine solche These stellt hingegen zum Beispiel *Schnekenburger*, Rechtsstellung und Aufgaben des Privaten Sicherheitsgewerbes, S. 89, auf, der es für möglich hält, Eigensicherungspflichten aus Verkehrssicherungspflichten zu ziehen. Nicht widerlegt ist, dass eine Heranziehung infolge einer Risikoerhöhung möglich ist, so die These von *Gusy*, VVDStRL 63 (2004), S. 151 (173). I.E. ablehnend, da das Abstellen auf Verkehrssicherungspflichten nicht weiterführend sei, *Sorge*, Kostentragung für den Schutz vor Anschlägen, S. 107 ff.

1861 *Esser*, Grundlagen und Entwicklung der Gefährdungshaftung, 2. Aufl., S. 70.

1862 *Bauer*, in: Flume u.a. (Hg.), FS f. Ballerstedt, S. 305 (312); *Esser*, Grundlagen und Entwicklung der Gefährdungshaftung, 2. Aufl., S. 72; *Esser/Weyers*, Schuldrecht, Bd. 2., Teilband 2, 8. Aufl., S. 266; *Kötz*, AcP 170 (1970), 1 (21).

aa) Die Einführung der verschuldensunabhängigen Haftung

Zu Zeiten des Liberalismus (18.–19. Jahrhundert) standen die Privatautonomie sowie die Eigenverantwortlichkeit des Einzelnen dermaßen im Mittelpunkt, dass an eine verschuldensunabhängige und möglicherweise die Entwicklung hemmende Gefährdungshaftung nicht zu denken war.[1863] Dieser Gedanke trat aufgrund des Bedarfs an der sozialen Absicherung des Bürgers – infolge immer weiter zunehmender Technisierung und neuer Gefahren –[1864] in den Hintergrund.[1865] Die Schadensfolgen erschienen Dritten nicht mehr zumutbar.[1866] In Anbetracht dessen, dass sowohl die objektiven technischen Risiken als auch das subjektive Sicherheitsgefühl der Gesellschaft einem ständigen dynamischen Prozess unterlagen, wurde das Festlegen einer Gefahrenschwelle oder das Setzen rechtlicher Instrumente immer diffiziler.[1867] Genauso wenig wie die konkreten Risiken waren die Vorteile zum Zeitpunkt der gesetzgeberischen Entscheidung absehbar.[1868] Überdies nahm die Gefahrdimension sowohl sachlich, räumlich als auch zeitlich ein anderes Ausmaß an, was die Gefahr, im Fall ihres Eintretens, sogar unbeherrschbar machen konnte.[1869] Durch die Einführung der Gefährdungshaftung sollte ein Ausgleich für Schäden geschaffen werden, die im herkömmlichen Sinne niemandem zuzurechnen waren.[1870]

Gegenstand dieses Haftungsmodells sind Tätigkeiten, die gefährlich,[1871] aber zeitgleich gesellschaftlich erwünscht sind.[1872] Anders ausgedrückt: Die Gefährdungshaftung taucht dort, wo erhebliche Interessenkollisionen bestehen, auf.[1873] Sie ist die Folge einer Abwägung zwischen widerstreitenden Positionen.[1874] Die Gefährdungs-

---

1863 *Kötz*, AcP 170 (1970), 1 (3). Eine Gefährdungshaftung hätte im Widerspruch zum erstrebten Fortschritt gestanden, s. ebd., 4 sowie *v. Rinck*, Gefährdungshaftung, S. 32; *Rümelin*, AcP 88 (1898), 285 (294).

1864 *Brüggemeier*, Deliktsrecht, S. 49; *Deutsch*, in: FS f. Honig, S. 33 (43); *Ogorek*, Untersuchungen zur Entwicklung der Gefährdungshaftung im 19. Jahrhundert, S. 7. Z.B. die Eisenbahn und das Kfz, s. *v. Rinck*, Gefährdungshaftung, S. 32.

1865 *Kötz*, AcP 170 (1970), 1 (6); *Ogorek*, Untersuchungen zur Entwicklung der Gefährdungshaftung im 19. Jahrhundert, S. 49.

1866 *Deutsch*, VersR 1971, 1 (4).

1867 *Becker*, Gefährdungshaftung und unternehmerische Entscheidung, S. 29 f.

1868 *Becker*, Gefährdungshaftung und unternehmerische Entscheidung, S. 29.

1869 *Becker*, Gefährdungshaftung und unternehmerische Entscheidung, S. 31 f.

1870 *Esser*, Grundlagen und Entwicklung der Gefährdungshaftung, 2. Aufl., S. 70.

1871 *Kötz*, AcP 170 (1970), 1 (21).

1872 Stenographische Berichte über die Verhandlungen des Reichstages, Bd. 19, 1871, 14. Sitzung (I. Legislaturperiode, 1. Sitzung) bzgl. einer Gefährdungshaftung für Eisenbahnen, *Dr. Becker*, S. 210; BR-Drs. 777/75, S. 7; *Bauer*, in: Flume u. a. (Hg.), FS f. Ballerstedt, S. 305 (314); *Brüggemeier*, Deliktsrecht, S. 50 f.; *v. Rinck*, Gefährdungshaftung, S. 5; *Rümelin*, Schadensersatz ohne Verschulden, S. 26; *Rümelin*, AcP 88 (1898), 285 (295).

1873 *Rümelin*, Schadensersatz ohne Verschulden, S. 30, 33.

1874 *Deutsch*, VersR 1971, 1 (4).

haftung kann aufgrund ihrer zumindest auch-präventiven Wirkung[1875] mittelbar ebenso dem Schutz von Rechtsgütern dienen, die primär dem staatlichen Schutz unterliegen, soweit dieses Gut einem privaten Rechtsträger zugewiesen werden kann.[1876] Nicht selten setzen Tätigkeiten, die Gegenstand einer Gefährdungshaftung sind, zeitgleich persönliche Qualifikationsanforderungen an denjenigen, der die Tätigkeit ausübt, voraus.[1877] Klassische Beispiele der Gefährdungshaftung sind die Haftung für Eisenbahnen,[1878] Straßenbahnen, Kraftfahrzeuge, Luftfahrzeuge, Luxustiere, Gas- und Elektrizitätswerke sowie Atomanlagen.[1879] Die Haftung kann indessen, je nach Tätigkeit, verschieden weit reichen: Der strengsten Haftung unterliegen Gefährdungshaftungstatbestände, die keinen Ausschluss für höhere Gewalt enthalten, namentlich die Haftung im Luftverkehrsrecht oder nach dem Atomgesetz.[1880] Mit einer dermaßen strengen Haftung sind solche Tätigkeiten belastet, aus denen, im Falle eines Schadenseintritts, Schäden extrem hohen Ausmaßes erwachsen können und bei denen eine nachträgliche Aufklärung von Verantwortlichkeiten nur unter erschwerten Möglichkeiten realisierbar ist.[1881] Teilweise ist der Anspruch bei einem „unabwendbaren Ereignis" ausgeschlossen,[1882] zum Teil durch Tatbestandsbegrenzungen beschränkt.[1883] Der Aspekt der Schadensverteilung kommt durch Begrenzungen der Schadensart[1884] oder durch Haftungshöchstgrenzen auf Rechtsfolgenseite besonders zum Tragen.[1885] Dadurch soll es für den Belasteten „erträglich" gemacht werden, dass vom Verschuldensgrundsatz abgewichen wird.[1886] Zugleich soll gewährleistet bleiben, dass derjenige, der eine gefährliche und zugleich sozial erwünschte Tätigkeit erbringt, nicht in Existenznot gebracht wird.[1887] Ausdruck der Schadensverteilung bei der Gefährdungshaftung ist außerdem die

---

1875 *Becker*, Gefährdungshaftung und unternehmerische Entscheidung, S. 33; *Rümelin*, Schadensersatz ohne Verschulden, S. 36; *ders.*, AcP 88 (1898), 285 (296).

1876 *Deutsch*, in: FS f. Honig, S. 33 (45).

1877 *Deutsch*, in: FS f. Honig, S. 33 (42).

1878 Eine Haftung für Schäden aus dem Eisenbahnbetrieb lag sogar schon § 25 des Preußischen Eisenbahngesetzes von 1838 zugrunde, vgl. GS 1838, S. 505. Später auch § 1 Reichshaftpflichtgesetz v. 07.06.1871, RGBl. 1871, S. 207.

1879 *V. Caemmerer*, Wandlungen des Deliktsrechts, S. 63; *Deutsch*, in: FS f. Honig, S. 33 (43).

1880 Z.B. a. § 7 Abs. 2 StVG, BGBl. I 2003, S. 310. Zum Ausschlussgrund der höheren Gewalt in diesen Fällen *Esser/Weyers*, Schuldrecht, Bd. 2, Teilband 2, 8. Aufl., S. 271; *v. Rinck*, Gefährdungshaftung, S. 16. Allgemein: *Brüggemeier*, Deliktsrecht, S. 52.

1881 *V. Rinck*, Gefährdungshaftung, S. 17.

1882 Z.B. § 17 Abs. 3 StVG, BGBl. I 2003, S. 310. S. *Brüggemeier*, Deliktsrecht, S. 52; *Esser/Weyers*, Schuldrecht, Bd. 2, Teilband 2, 8. Aufl., S. 270.

1883 Z.B. § 8 Nr. 2 StVG, BGBl. I 2003, S. 310. *Brüggemeier*, Deliktsrecht, S. 52.

1884 S. u. a. *Esser/Weyers*, Schuldrecht, Bd. 2, Teilband 2, 8. Aufl., S. 273.

1885 *V. Rinck*, Gefährdungshaftung, S. 21 ff., 23.

1886 *V. Rinck*, Gefährdungshaftung, S. 24.

1887 *V. Rinck*, Gefährdungshaftung, S. 24.

Versicherbarkeit bzw. Versicherungspflicht der Tätigkeit.[1888] Darüber hinaus reicht die in einzelnen Fällen geregelte Freistellung des haftungspflichtigen Unternehmers durch den Staat.[1889] Eine Freistellung kommt infrage, wenn die Gefahr so groß ist, dass ein Unternehmer nicht dazu fähig wäre, im Schadensfall für die Schadensfolgen einzustehen.[1890]

Bei einer Betrachtung der verschiedenen Gefährdungshaftungstatbestände lassen sich einige Kriterien für diese Haftung abstrahieren: Es soll für Gefahren gehaftet werden, die mit der Ausübung einer gefährlichen Tätigkeit zusammenhängen.[1891] Der Begriff der Gefahr dient als Anknüpfungspunkt für alle Gefährdungstatbestände: Für die Bestimmung der besonderen Gefährlichkeit, kommt es sowohl auf qualitative als auch auf quantitative Aspekte an, die alternativ oder kumulativ vorliegen können.[1892] Die Häufigkeit der Gefahr ist allerdings regelmäßig nur dann einschlägig, wenn sie ihrer Art nach über Alltagsrisiken hinausgeht und sich stattdessen vielmehr ein Risiko der Technisierung widerspiegelt.[1893] Zu diesen Kriterien tritt das der Unbeherrschbarkeit hinzu, denn nur im Fall ihrer Bejahung gewinnen verschuldensunabhängige Zurechnungskriterien an Bedeutung.[1894] Deshalb ist nicht jede gefährliche Tätigkeit per se erfasst – Tätigkeiten wie Sport sind nicht Gegenstand dieser Haftung.[1895]

bb) Rechtsgrund

Im Wesentlichen besteht Einigkeit darin, dass die Gefährdungshaftung losgelöst von Unrecht zu begreifen ist.[1896] Deshalb bedarf es anderer Zurechnungsgründe, die eine Inanspruchnahme der Anspruchsgegner trotz ihres rechtmäßigen und

---

1888 *V. Rinck*, Gefährdungshaftung, S. 24.

1889 Z.B. § 34 AtG, s. BGBl. I 1985, S. 1565 (1579). Zum Freistellungsanspruch *v. Rinck*, Gefährdungshaftung, S. 30 f.

1890 Z.B. § 34 AtG, s. BGBl. I 1985, S. 1565 (1579). Zum Freistellungsanspruch *v. Rinck*, Gefährdungshaftung, S. 30 f.

1891 *Rümelin*, Schadensersatz ohne Verschulden, S. 8.

1892 *Blaschczok*, Gefährdungshaftung und Risikozuweisung, S. 54; *Kötz*, AcP 170 (1970), 1 (29); *Will*, Quellen erhöhter Gefahr, S. 283 f.

1893 *Kötz*, AcP 170 (1970), 1 (29).

1894 *Bauer*, in: Flume u. a. (Hg.), FS f. Ballerstedt, 305 (314 f.); *Brüggemeier*, Deliktsrecht, S. 51; *Esser*, Grundlagen und Entwicklung der Gefährdungshaftung, 2. Aufl., S. 71; *Kötz*, AcP 170 (1970), 1 (29).

1895 *Deutsch*, VersG 1971, 1 (1).

1896 *Esser*, Grundlagen und Entwicklung der Gefährdungshaftung, 2. Aufl., S. 97; *Esser/Weyers*, Schuldrecht, Bd. 2, Teilband 2, 8. Aufl., S. 266; *Kötz*, AcP 170 (1970), 1 (21). A.A.: *Rother*, in: Pawlowski (Hg.), FS f. Michaelis, S. 250 (254, 265). Die Erlaubtheit der Gefährdung stelle indessen nur fest, dass es nicht auf Unrecht ankomme. Eine Begründung für eine Gefährdungshaftung könne dem nicht entnommen werden, s. *Blaschczok*, Gefährdungshaftung und Risikozuweisung, S. 46 ff.

pflichtgemäßen Verhaltens rechtfertigt.[1897] Mehrere Gründe werden erwogen.[1898] Ihr Zusammenwirken scheint erst den Rechtsgrund für die Gefährdungshaftung zu liefern.[1899] Zusammenfassen lassen sich die Ansätze wie folgt:[1900]

(1) Besondere Gefahr

Maßgeblich sei, dass es um eine Haftung für eine besondere Gefahr gehe.[1901] Durch die Ausübung einer besonders gefährlichen Tätigkeit werde zugleich der Wille bekundet, die mit dem Betrieb verbundenen Gefahren zu übernehmen.[1902] Darin könne das erforderliche Zurechnungselement gesehen werden.[1903] Obwohl dem Unternehmer die Gefahr bekannt sei, führe er die Tätigkeit aus („[Il] [...] agi[t] quand-même").[1904] Zu weitgehend sei hingegen die Aussage, die Gefährdungshaftung schaffe einen Ausgleich für Tätigkeiten, die ansonsten aufgrund ihres exzeptionellen

---

1897 *Esser*, Grundlagen und Entwicklung der Gefährdungshaftung, 2. Aufl., S. 92 ff.

1898 Zusammenfassung bei *Yang*, Risiko als Zurechnungsgrund, S. 6 ff.

1899 Z.T. werden die Ansätze zur Begründung der Gefährdungshaftung gerade aufgrund des Zusammenspiels der verschiedensten Aspekte stark kritisiert. Es handle sich um eine Mischung aus Prävention, Schadensverteilung und Versicherung, s. *Blaschczok*, Gefährdungshaftung und Risikozuweisung, S. 139 f. Zweck dieser Arbeit ist es indessen nicht, die bereits in zahlreichen Untersuchungen herausgearbeiteten Kriterien für einen Rechtsgrund der Gefährdungshaftung neu zu überprüfen. Vielmehr geht es darum, die bereits für dieses Rechtsinstrument herausgearbeiteten Thesen auf ihre Übertragbarkeit auf Eigensicherungspflichten zu überprüfen. Wird die These verfolgt, dass es gerade bei neueren Sicherheitskonzepten eher darum gehe, die in den Einzelmaterien bestehenden Instrumente für ein Gesamtkonzept zu abstrahieren und sich an Querschnittsmaterien zu orientieren, (so z.B. *Kugelmann*, in: Gusy u.a. (Hg.), Rechtshandbuch Zivile Sicherheit, Kap. 31 Rn. 9), erscheint die Gefährdungshaftung, unterstellt sie besteht aus einem Zusammenspiel verschiedener Funktionen, hierfür sogar besonders geeignet.

1900 An dieser Stelle soll versucht werden, grobe Linien für Begründungsversuche zu schaffen und nicht jeden Ansatz detailliert zu veranschaulichen.

1901 *Bauer*, in: Flume u. a. (Hg.), FS f. Ballerstedt, S. 305 (309); *Esser/Weyers*, Schuldrecht, Bd. 2, Teilband 2, 8. Aufl., S. 129 f., 268 f.; *Hannak*, Die Verteilung der Schäden aus gefährlicher Kraft, S. 11 ff.; *Kötz*, AcP 170 (1970), 1 (28 ff.); *Rümelin*, AcP 88 (1898), 285 (295); *ders.*, Schadensersatz ohne Verschulden, S. 31; *Yang*, Risiko als Zurechnungsgrund, S. 27 f.; *Will*, Quellen erhöhter Gefahr, S. 280 ff. Dies lässt sich bereits den Vorschlägen Deutschs für eine Generalklausel entnehmen: „Wer eine besondere Gefahr schafft oder in Gewalt hat,...", abgedruckt in *Will*, Quellen erhöhter Gefahr, S. 266.

1902 *Esser*, Grundlagen und Entwicklung der Gefährdungshaftung, 2. Aufl., S. 94 ff.

1903 *Esser*, Grundlagen und Entwicklung der Gefährdungshaftung, 2. Aufl., S. 94 ff.

1904 *Esser*, Grundlagen und Entwicklung der Gefährdungshaftung, 2. Aufl., S. 95.

Gefahrenpotentials verboten werden müssten.[1905] Es habe nämlich nicht infrage gestanden, sozial nützliche sowie fortschrittliche Tätigkeiten zu verbieten.[1906]

(2) Schadensnähe und Nutzen

Erklärungsversuche mit der „erhöhten Gefahr“ werden insbesondere aufgrund von Gleichheitsaspekten kritisiert: Bei Weitem seien nicht alle Tätigkeiten mit einer erhöhten Gefährlichkeit mit einem Gefährdungshaftungstatbestand versehen worden.[1907] Es wird deshalb der Versuch unternommen, ein Zusammenspiel aus der Beherrschung der Gefahrenquelle und dem aus ihr gezogenen Nutzen als Zurechnungsgesichtspunkt anzunehmen.[1908] Dieser Aspekt bestätigt sich besonders durch einen Blick auf den Anspruchsberechtigten, welcher der Gefahr regelmäßig vollständig und machtlos ausgesetzt sein wird.[1909] Zu unterscheiden ist an dieser Stelle allerdings die Beherrschbarkeit der Gefahr von der Beherrschbarkeit der Sache, von der die Gefahr ausgehen kann. Während der erste Punkt tatsächlich ein Beherrschbarkeitskriterium darstellt, steht bei Letzterem die Schadensnähe im Vordergrund.[1910] Denn die Gefährdungshaftung ist für solche Fälle vorgesehen, in

---

1905 So nämlich z. B. *v. Caemmerer*, in: FS zum hundertjährigen Bestehen des Deutschen Juristentages, Bd. 2, S. 49 (63); *Gusy*, in: ders. u. a. (Hg.), Rechtshandbuch Zivile Sicherheit, Kap. 3 Rn. 9; *Meder*, JZ 1993, 539 (544). Zu Recht daher *Blaschczok*, Gefährdungshaftung und Risikozuweisung, S. 48 ff.

1906 *Blaschczok*, Gefährdungshaftung und Risikozuweisung, S. 48 ff. Dahin gehend *Bonss*, in: Zoche u. a. (Hg.), Zivile Sicherheit, S. 43 (56) mit Verweis auf die Bayerische Rückversicherung.

1907 Stenographische Berichte über die Verhandlungen des Reichstages, Bd. 19, 1871, 14. Sitzung (I. Legislaturperiode, 1. Sitzung) bzgl. einer Gefährdungshaftung für Eisenbahnen, z. B. *v. Unruh*, Flughafenrecht, S. 201 ff.; *Blaschczok*, Gefährdungshaftung und Risikozuweisung, S. 55. Aus diesem Grund entstand auch die Debatte um die Ausarbeitung der Gefährdungshaftungstatbestände. Umstritten war, ob sie spezialgesetzlich geregelt bleiben sollten oder ob nicht doch eine einheitliche Generalklausel geschaffen werden sollte. S. hierzu z. B. *Kötz*, AcP 170 (1970), 1 (19 ff.); *Will*, Quellen erhöhter Gefahr, S. 242 ff.

1908 Stenographische Berichte über die Verhandlungen des Reichstages, Bd. 19, 1871, 14. Sitzung (I. Legislaturperiode, 1. Sitzung) bzgl. einer Gefährdungshaftung für Eisenbahnen, *Dr. Falk*, S. 206; *Bauer*, in: Flume u. a. (Hg.), FS f. Ballerstedt, S. 305 (312); *Brüggemeier*, Deliktsrecht, S. 51; *Deutsch*, in: FS f. Honig, S. 33 (44); *Esser*, Grundlagen der Gefährdungshaftung, 2. Aufl., S. 100, der von der „Verbindung zweier sozialer Einstandsgrundlagen, nämlich der Gewalt und der Nutzung“ spricht; *Esser/Weyers*, Schuldrecht, Bd. 2, Teilband 2, 8. Aufl., S. 148.

1909 Stenographische Berichte über die Verhandlungen des Reichstages, Bd. 19, 1871, 14. Sitzung (I. Legislaturperiode, 1. Sitzung) bzgl. einer Gefährdungshaftung für Eisenbahnen, *Dr. Falk*, S. 206; *Brüggemeier*, Deliktsrecht, S. 51.

1910 Zur Schadensnähe als Kriterium mit Nachweisen *Yang*, Risiko als Zurechnungsgrund, S. 8.

denen die Gefahr eben nicht in vollem Umfang beherrschbar ist.[1911] Anders dagegen bei der Schadensnähe: Der Schadensverlauf ist nicht voll beeinflussbar.[1912] Nichtsdestotrotz steht die Gefahrenquelle unter dem Einfluss des Adressaten des Schadensersatzanspruchs.[1913] Ihm obliegt die tatsächliche Gewalt darüber, Maßnahmen zur Risikominderung zu ergreifen.[1914] Ob dies den Schadenseintritt tatsächlich verhindern wird, bleibt offen. Die Ergreifung von Sicherheitsmaßnahmen liegt aber in seiner Hand. Die Schadensnähe überzeugt als Zurechnungsgrund nur dann, wenn andere Akteure schlechter auf die potentielle Gefahr bzw. den potentiellen Schadensverlauf Einfluss nehmen können. Dies ist einzelfallabhängig zu bewerten. Zudem stellt sich die Frage, ob jeder, der einer auch nur alltäglichen Gefahr nahe steht, Schadensersatzverpflichteter aus einem verschuldensunabhängigen Gefährdungstatbestand sein soll. Dies kann nicht überzeugen.

(3) Abwälzbarkeit der Kosten auf Konsumentenkreis

Erwogen wird ein Rückgriff auf die Abwälzbarkeit der Kosten auf den Konsumentenkreis.[1915] Dieser Aspekt bestätigt aber nur, dass es sich nicht um eine Unrechts-, sondern um reine Schadensverteilung handelt.[1916] Dies kann für sich alleine hingegen nicht begründen, weshalb primär der Haftungsadressat zum Schadensersatz verpflichtet sein soll. Dieses Kriterium kann die Folgen des Anspruchs nur „erträglicher“ machen.

(4) Zusammenwirken von Risiko und Vorteilsziehung

Überzeugender ist deshalb die Zugrundelegung einer Wechselwirkung zwischen Risiko und Nutzen.[1917] Es wird ein unlösbarer Zusammenhang zwischen den aus

---

1911 *Blaschczok*, Gefährdungshaftung und Risikozuweisung, S. 66.

1912 Dahin gehend aber *Deutsch*, in: FS f. Honig, S. 33 (44).

1913 *Esser/Weyers*, Schuldrecht, Bd. 2, Teilband 2, 8. Aufl., S. 129; *Rümelin*, AcP 88 (1898), 285 (299 f.); *Will*, Quellen erhöhter Gefahr, S. 275 f. Allerdings wurde der Aspekt der Schadensnähe eher im Zusammenhang mit Beweisschwierigkeiten des „zufälligen Opfers“ konstruiert, s. z. B. *Rümelin*, AcP 88 (1898), 285 (299 f.). Kritisch hierzu *Blaschczok*, Gefährdungshaftung und Risikozuweisung, S. 66 f.

1914 *Rümelin*, AcP 88 (1898), 285 (296).

1915 *Rümelin*, Schadensersatz ohne Verschulden, S. 27, 32; *Rümelin*, AcP 88 (1898), 285 (301).

1916 *Blaschczok*, Gefährdungshaftung und Risikozuweisung, S. 68 f.

1917 So *Bauer*, in: Flume u. a. (Hg.), FS f. Ballerstedt, S. 305 (318); *v. Caemmerer*, in: FS zum hundertjährigen Bestehen des Deutschen Juristentages, Bd. 2, S. 49 (63); *Esser*, Grundlagen und Entwicklung der Gefährdungshaftung, 2. Aufl., S. 100, der allerdings eher ein Dreiecksverhältnis zwischen Gefahr, Nutzung und Beherrschung anzunehmen scheint; *v. Gierke*, Die soziale Aufgabe des Privatrechts, S. 33; *Meder*, JZ 1993, 539 (544); *v. Rinck*, Gefährdungshaftung, S. 4; *Rümelin*, Schadensersatz ohne Verschulden, S. 32; *ders.*, AcP 88 (1898), 285 (293); *Wolff*, in: Gusy u. a. (Hg.), Rechtshandbuch Zivile Sicherheit, Kap. 32 Rn. 47. Z.T. mit Berufung auf *Merkel*,

der gefährlichen Tätigkeit folgenden Schäden und den aus dieser Handlung gezogenen Früchten geschaffen, indem sie in den „notwendigen Geschäftsaufwand“[1918] einbezogen werden.[1919] Das „Vorteil-Nachteil-Prinzip“[1920] findet in der Gefährdungshaftung dadurch, dass jeder, der Nutzen aus der Gefahrenquelle zieht, für jegliche betriebsbezogenen Schäden einzustehen hat, seine Ausprägung.[1921] Soll indessen nicht jede gewerbliche Tätigkeit einer Gefährdungshaftung unterliegen, bedarf es eines das „Vorteil-Nachteil-Prinzip“ ergänzenden Kriteriums[1922] oder tritt umgekehrt das „Vorteil-Nachteil-Prinzip“ zu einem anderen Kriterium hinzu? Würde ausschließlich auf die Gewinnorientiertheit abgestellt werden, wäre lediglich gesagt, dass jede gewinnbringende Tätigkeit untrennbar damit verbunden ist, die aus ihr entstandenen Schäden auszugleichen. Der Schaden wäre als „Minus“ zum Gesamtgewinn zu sehen. Nicht erklären ließe sich indessen, warum von dem Normalfall der Verschuldenshaftung abgesehen werden muss. Umgekehrt erscheint es kaum vertretbar, die Haftung von einer tatsächlichen Gewinnerzielung abhängig zu machen.[1923] Zudem wäre der verfassungsrechtliche Eingriff, jedenfalls in die allgemeine Handlungsfreiheit des Einzelnen nach Artikel 2 Abs. 1 GG, durch eine derartige Einschränkung der Privatautonomie verfassungsrechtlich höchst bedenklich. Anders dagegen, wenn der einschlägige, objektive Rechtsgrund nicht im Vorteil-Nachteil-Prinzip liegt, sondern in einem anderen Kriterium und der letzte Aspekt nur ergänzend hinzutritt:

Zwischenfazit für das Kriterium der besonderen Gefahr war, dass es überzeugend ist, allerdings unter Gleichheitsaspekten fragwürdig erscheint.[1924] Andersherum waren Reichstagsabgeordnete mit der Schaffung der Gefährdungshaftungstat-

---

Juristische Encyklopädie, 6. Aufl., § 705 (S. 308 ff.), welcher der erstmalige Vertreter dieser Theorie gewesen sein soll.

1918 *v. Caemmerer*, in: FS zum hundertjährigen Bestehen des Deutschen Juristentages, Bd. 2, S. 49 (63). Dahin gehend auch *Deutsch*, in: FS f. Honig, S. 33 (44).

1919 *Esser*, Grundlagen und Entwicklung der Gefährdungshaftung, 2. Aufl., S. 100; *v. Gierke*, Die soziale Aufgabe des Privatrechts, S. 33; *Yang*, Risiko als Zurechnungsgrund, S. 8 m.w.N.

1920 *Bälz*, Zum Strukturwandel des Systems zivilrechtlicher Haftung, S. 24; *ders.*, JZ 1992, 57 (60); *Rümelin*, AcP 88 (1898), 298 (303). Zusammenfassung bei *Yang*, Risiko als Zurechnungsgrund, S. 29 ff.

1921 Die Begründung mit dem Vorteil-Nachteil-Prinzip ist bereits den Stenographischen Berichten über die Verhandlungen des Reichstages, Bd. 19, 1871, 14. Sitzung (I. Legislaturperiode, 1. Sitzung) bzgl. einer Gefährdungshaftung für Eisenbahnen zu entnehmen, vgl. z. B. Dr. *Becker*, S. 210, *v. Bethusy-Huc*, S. 213, *Duncker*, S. 215. S.a. *Blaschczok*, Gefährdungshaftung und Risikozuweisung, S. 60 Fn. 238 m.w.N. Zu diesem Prinzip in der Literatur insbes. *Esser/Weyers*, Schuldrecht, Bd. 2, Teilband 2, 8. Aufl., S. 129; *v. Rinck*, Gefährdungshaftung, S. 4; *Will*, Quellen erhöhter Gefahr, S. 175.

1922 *Blaschczok*, Gefährdungshaftung und Risikozuweisung, S. 63; *Yang*, Risiko als Zurechnungsgrund, S. 9.

1923 *Blaschczok*, Gefährdungshaftung und Risikozuweisung, S. 71.

1924 S. Kap. 5 – B.II.1.b)bb)(1).

bestände betraut, denen zu diesem Zeitpunkt noch keine gefestigte Doktrin zur Gefährdungshaftung zur Verfügung stand.[1925] Deshalb darf nicht zu stark in die Waagschale gelegt werden, dass sich die Abgeordneten zum Teil nicht ausschließlich mit tatsächlich bestehenden objektiven Gefährdungen auseinandergesetzt haben, sondern auch dann eine Gefährdungshaftung veranlasst haben, wenn die Gefahr neuartig und unberechenbar erschien und es vor ihr – jedenfalls nach einem subjektiven Sicherheitsempfinden – eines besonderen Schutzes bedurfte.[1926] Dass das Kriterium unter Gleichheitsaspekten auf Herausforderungen stößt, kann es nicht unbrauchbar machen.[1927]

Es stellt sich demnach nur noch die Frage nach dem Verhältnis der Kriterien zueinander. Bei einem genaueren Blick auf alle in die Untersuchung einbezogenen Kriterien fällt Folgendes auf: Nur das Kriterium der erhöhten Gefahr ist ein objektives, von dem Adressaten des Anspruchs losgelöstes Kriterium. Würde allerdings nur auf dieses objektive Kriterium abgestellt werden, wäre nur geklärt, dass in dem Fall eine Schadensverteilung angebracht ist. Zwischen welchen Akteuren (Unternehmer/Lieferant/Kunde/Dritter/[...]) der Schaden aufzuteilen wäre, bliebe offen. Deshalb bedarf es auch hinzutretender subjektiver Kriterien, weshalb z.B. ausgerechnet der Unternehmer haftet. Als ergänzende Aspekte treten das Vorteil-Nachteil-Prinzip oder andere Kriterien in den Vordergrund. Ergänzend können auch die Schadensnähe oder die Abwälzbarkeit der Kosten auf den Konsumentenkreis genannt werden.

Die Unterscheidung zwischen objektiven und subjektiven Kriterien veranschaulicht zugleich die Differenzierung zwischen Rechtsgrund und Zurechnung: Rechtsgrund für die Gefährdungshaftung ist die besondere Gefahr der Tätigkeit, welche sich u.a. durch Aspekte wie die Komplexität oder den Drittbezug auszeichnet.[1928] Das Vorteil-Nachteil-Prinzip, die Schadensnähe oder die Kostenabwälzung sind hingegen Zurechnungsgesichtspunkte.

cc) Übertragbarkeit des Rechtsgrunds der Gefährdungshaftung auf Eigensicherungspflichten

Bei einer Gegenüberstellung der Gefährdungshaftung mit den Eigensicherungspflichten sind es insbesondere zwei Aspekte, die sofort Parallelen erkennen lassen:

1925 Stenographische Berichte über die Verhandlungen des Reichstages, Bd. 19, 1871, 14. Sitzung (I. Legislaturperiode, 1. Sitzung) bzgl. einer Gefährdungshaftung für Eisenbahnen: *Dr. Schwarze*, S. 208. Zu den Standpunkten der Abgeordneten, ob es auf die Gefährlichkeit der Tätigkeit ankomme, *Blaschczok*, Gefährdungshaftung und Risikozuweisung, S. 81 ff.

1926 Für diese subjektive Entscheidung ist gerade das LuftVG charakteristisch, vgl. *Blaschczok*, Gefährdungshaftung und Risikozuweisung, S. 82 f.

1927 Im Ergebnis hält deshalb auch *Blaschczok*, Gefährdungshaftung und Risikozuweisung, S. 70 ff., die besondere Gefahr für das einzig plausible Kriterium.

1928 *Blaschczok*, Gefährdungshaftung und Risikozuweisung, S. 70, 72, 73 f.

Wird das Gefährdungsprinzip in der Literatur als privatrechtliches Pendant zum öffentlich-rechtlichen Vorsorgeprinzip gesehen,[1929] zu dem auch Eigensicherungspflichten gezählt werden können, fällt auf, dass beide Instrumente viel weiterreichen als herkömmliche Instrumente, die an der alt bekannten „Gefahrenschwelle" haltmachen. So widersprechen sich zum Teil Autorinnen und Autoren der Gefährdungshaftung selbst, wenn sie den einzigen Zweck der Gefährdungshaftung in der Schadensverteilung und nicht in der Prävention sehen, obwohl beide Zwecke nebeneinander stehen können.[1930] Umgekehrt sollte die Vorfeldgefahrenabwehr der im Vordergrund stehende Zweck einer Eigensicherungspflicht sein.[1931] Dies kann bei neueren Eigensicherungspflichten nicht mehr verallgemeinert werden: Nach § 109 Abs. 2 S. 2 TKG sind „Auswirkungen von Sicherheitsverletzungen für Nutzer [...] so gering wie möglich zu halten". Es handelt sich somit ausdrücklich nicht mehr ausschließlich um Risikovorsorge. Die Eigensicherungspflicht ist „Ausdruck der Verantwortungsverteilung zwischen Staat und Gesellschaft"[1932] geworden. Die Überschneidungen beider Rechtsinstrumente sowohl auf einer zeitlichen als auch auf einer sachlichen Skala könnten als ungenügend zu kritisieren sein. Schließlich wurde in der Vergangenheit bei der Heranziehung von Rechtsgründen aus dem Zivilrecht zur Bewältigung der Altlastenproblematik moniert, eine Risiko- und Lastenverteilung, die zwischen Privaten vorgenommen worden sei, könne nicht ohne Weiteres auf eine Lastenverteilung zwischen dem Staat und einem Privaten übertragen werden.[1933] Diese Problematik besteht auch, versucht man den Rechtsgrund und die Zurechnungsgründe für die Gefährdungshaftung auf die Eigensicherungspflicht zu übertragen.[1934] Dies überzeugt jedoch nur, wenn das Zivilrecht und das Öffentliche Recht als vollständig voneinander losgelöst zu verstehen sind, was nicht nur dem Gedanken der Einheit der Rechtsordnung,[1935] sondern auch dem verfolgten

1929 *Becker*, Gefährdungshaftung und unternehmerische Entscheidung, S. 31.

1930 *Blaschczok*, Gefährdungshaftung und Risikozuweisung, S. 86.

1931 *Czaja*, Eigensicherungspflichten von Verkehrsflughäfen, S. 15.

1932 *Erbguth*, DVBl. 2007, 1202 (1206); *Huber*, ZUR 2004, 1 (3 f.).

1933 *Papier*, Altlasten und polizeirechtliche Störerhaftung, S. 33.

1934 Das Kosten-Nutzen-Prinzip als Argument für die Rechtfertigung der Eigensicherungspflicht herangezogen von *Braun*, Die Finanzierung polizeilicher Aufgabenwahrnehmung, S. 384 f.; *Ehlers*, in: Leßmann u. a. (Hg.), FS f. Lukes, S. 337 (347). Begründungsansatz, der bei der Eigensicherungspflicht ein Zusammenwirken der Ideen der „Zweckveranlassung, Risikosetzung, Fähigkeit zum Risikomanagement, Vorteilszurechnung und Folgenanlastung" sieht bei *Gusy*, in: ders. u. a. (Hg.), Rechtshandbuch Zivile Sicherheit, Kap. 3 Rn. 25; *ders.*, VVDStRL 63 (2004), S. 153 (173): „Wer erhöhte Risiken für sich selbst oder Dritte schafft, darf oder muss am Risikomanagement beteiligt werden"; *Schnekenburger*, Rechtsstellung und Aufgaben des Privaten Sicherheitsgewerbes, S. 89.

1935 *Koch*, Bodensanierung nach dem Verursacherprinzip, S. 16, der aus diesem Grund Verkehrssicherungspflichten, sofern sie dem Schutz der öffentlichen Sicherheit dienen, heranzieht.

Ziel, ein an neue Voraussetzungen gebundenes Gesamtkonzept zu entwickeln,[1936] widersprechen würde. Voraussetzung dürfte hingegen sein, dass die Schutzrichtung beider Instrumente gleichgerichtet ist.[1937] Da auch das Zivilrecht der Verfolgung öffentlicher Zwecke dient,[1938] z.B. der öffentlichen Sicherheit, insbesondere durch Verkehrssicherungspflichten,[1939] sollte die Tatsache, dass es sich um ein Instrument des Zivilrechts handelt, nicht von vornherein im Wege stehen. Ebenso wenig entgegenstehen sollte auch, dass Feststellungen aus dem Privatrecht Ergebnisse eines Relationsurteils sind.[1940] Die Gefährdungshaftung ist ein gesetzliches Schuldverhältnis, das, ausgelöst durch das schädigende Ereignis, durch Gesetz und ohne Auswahlmöglichkeit der gegenüberstehenden Partei, entsteht.[1941] Insofern steht das gesetzliche Verhältnis der Relation zwischen Bürger und Staat näher als bei einer vertraglichen Beziehung. Zweifelhaft ist hingegen, ob das Über- und Unterordnungsverhältnis zwischen Staat und Bürger eine Übertragung des Rechtsgrunds der Gefährdungshaftung ausschließt.[1942] Dies wäre der Fall, wenn aus einer Aufgabenverteilung zwischen Privaten eine Aufgabenverteilung im Staat-Bürger-Verhältnis geschlossen würde. Dadurch könnte sich der Staat nämlich seiner Bindungen entziehen und die Anforderungen an die Inanspruchnahme Privater für eine bestimmte Aufgabe umgehen.[1943] Gibt es hingegen nichts, was der Staat umgehen könnte, spricht auch nichts dagegen, ein Prinzip aus dem Privatrecht auf ein Instrument des öffentlichen Rechts zu übertragen, vorausgesetzt die einzelnen Anforderungen an die Übertragung sind erfüllt. Hier geht es um den Rechtsgrund sowie Zurechnungskriterien.[1944] Sie sind losgelöst von der Aufgabenübertragung zu sehen, denn es geht nicht um die Frage des „Ob" der Aufgabenübertragung, sondern letztlich um die Frage des „Weshalb". Die Antwort auf die zweite Frage berechtigt den Staat aber bei Weitem nicht dazu, sich seiner Bindungen zu entziehen. Insbesondere, weil Zurechnungsgründe für die Verantwortung in allen Rechtsgebieten sehr ähnlich sind, bietet es sich sogar an, auf diejenigen des Zivilrechts, die weiterentwickelt

1936 Für dieses Gesamtkonzept z.B. *Kugelmann*, in: Gusy u.a. (Hg.), Rechtshandbuch Zivile Sicherheit, Kap. 31 Rn. 1.

1937 Dies sei insbesondere nicht der Fall, wenn es einerseits um eine Pflicht zur Gefahrenabwehr und andererseits um Schadensausgleich gehe, vgl. *Sorge*, Kostentragung für den Schutz vor Anschlägen, S. 110.

1938 *Kloepfer*, UTR, Bd. 1, 1985, S. 17 (29).

1939 *Koch*, Bodensanierung nach dem Verursacherprinzip, S. 16.

1940 So aber *Papier*, Altlasten und polizeirechtliche Störerhaftung, S. 33.

1941 *Gehrlein/Sutschet*, in: Bamberger/Roth (Hg.), BGB, Beck-OK, 41. Ed., § 311 Rn. 4.

1942 Zur Subordinationstheorie z.B. *Haack*, in: Gärditz (Hg.), VwGO, § 40 Rn. 34 f.

1943 Zu den Anforderungen *Ossenbühl*, VVDStRL 29 (1971), S. 137.

1944 Dass es keinen wesentlichen Unterschied macht, ob es sich um die Primär- oder Sekundärebene handelt, stellt auch *Waechter* fest, in: Jachmann/Stober (Hg.), Finanzierung der inneren Sicherheit unter Berücksichtigung des Sicherheitsgewerbes, S. 65 (74).

sind, zurückzugreifen.[1945] Steht also fest, dass weder der grundsätzliche Rückgriff auf das Zivilrecht noch die Tatsache, dass es um das Verhältnis zwischen Bürger und Staat geht, einem Rückgriff entgegenlaufen, bleibt letztlich die Frage, wie es zu bewerten ist, dass der Rechtsgrund eines Schadensersatztatbestandes für eine öffentlich-rechtliche Verhaltenspflicht übernommen werden soll.[1946] Es handelt sich um verschiedene Rechtsinstrumente, die sich erheblich voneinander unterscheiden. Der Wiederholung bedarf aber, dass beide Instrumente einen Aspekt der Lastenverteilung sowie der Prävention verwirklichen.[1947] Nochmals muss überlegt werden, was genau übertragen werden soll. Ist es ein Tatbestandsmerkmal, eine Rechtsfolge oder doch etwas Anderes? In dem Fall geht es lediglich um die Übertragung eines Rechtsgrunds sowie von Zurechnungskriterien. Besteht kein Rechtsgrund für die Belastung mit einem Rechtsinstrument oder ist der grundsätzlich objektiv bestehende Grund subjektiv nicht dem Adressaten des Rechtsinstruments zurechenbar, ist die Belastung verfassungsrechtlich unter Zugrundelegung des Artikels 3 Abs. 1 GG nicht zulässig. Sowohl der Rechtsgrund als auch die Zurechnungskriterien gehen damit einer bestimmten Rechtsfolge voraus oder anders ausgedrückt: Die Rechtsfolge setzt den Rechtsgrund erst voraus. Aus diesem Grund ist es nicht schädlich, dass der Rechtsgrund eines Schadensersatzanspruchs auf eine öffentlich-rechtliche Pflicht übertragen werden soll.[1948] Überall dort, wo die Verfolgung von Kausalitätstheorien auf ihre Grenzen zu stoßen scheinen, treten unabhängig davon, ob es um die Verhaltensverantwortlichkeit, die Gefährdungshaftung oder Eigensicherungspflichten geht, wertende Aspekte hinzu.[1949] Bei der Ausfüllung dieser wertenden Kriterien geht es um die Abgrenzung der verschiedenen Rechtssphären. Deshalb stellt sich im Grundsatz der Versuch der Übertragung der Elemente aus der Gefährdungshaftung auf Eigensicherungspflichten als überzeugend dar.

(1) Anwendungsbereich und Zweck von Eigensicherungspflichten im Vergleich zur Gefährdungshaftung

Zweck der Gefährdungshaftung ist die Lastenverteilung.[1950] Bei der Eigensicherungspflicht geht es in erster Linie um eine Verantwortungsstufung und damit mittelbar

---

1945 *Waechter*, Verwaltungsrecht im Gewährleistungsstaat, S. 136; *Waechter*, in: Jachmann/Stober (Hg.), Finanzierung der inneren Sicherheit unter Berücksichtigung des Sicherheitsgewerbes, S. 65 (73).

1946 Kritisch in Bezug auf die Übertragung einer deliktsrechtlichen Verhaltenspflicht im allgemeinen Polizei- und Ordnungsrecht *Papier*, Altlasten und polizeirechtliche Störerhaftung, S. 33.

1947 Für die Gefährdungshaftung z.B. *Becker*, Gefährdungshaftung und unternehmerische Entscheidung, S. 33. Für die Eigensicherungspflicht u.a. *Czaja*, Eigensicherungspflichten von Verkehrsflughäfen, S. 15; *Erbguth*, DVBl. 2007, 1202 (1206).

1948 A.A. *Breuer*, JuS 1986, 359 (363); *Papier*, UTR, Bd. 1, 1985, S. 59 (72 f.); *ders.*, NVwZ 1986, 256 (260).

1949 *Kloepfer*, UTR, Bd. 1, 1985, S. 17 (27).

1950 *Brüggemeier*, Deliktsrecht, S. 38.

auch um Aufgaben- sowie Lastenverteilung.[1951] Die Eigensicherungspflicht reicht im Sinne der „iustitia distributiva" sogar noch weiter als die Gefährdungshaftung. Die Verteilung der Aufgaben und Lasten findet infolge einer Verantwortungsstufung bereits auf der Primärebene statt. Die Gefährdungshaftung ist indessen in erster Linie auf die Schadensverteilung gerichtet und erzielt deshalb vornehmlich auf der Sekundärebene Wirkungen.[1952] Nichtsdestotrotz sind beide Rechtsinstrumente jedenfalls mittelbar und zumindest auch auf die Prävention gerichtet.[1953] Zahlreiche Konstellationen, in denen eine Gefährdungshaftung eingeführt wurde, sind ebenfalls Gegenstand von Eigensicherungspflichten. So existiert z.B. eine Gefährdungshaftung für Luftfahrzeuge,[1954] für Elektrizitäts- und Gasleitungen[1955] sowie für Atomenergie.[1956] Beide Rechtsinstrumente haben zumindest auch den Schutz Kritischer Infrastrukturen zum Gegenstand. Dem TKG lässt sich eine Gefährdungshaftung nicht entnehmen. Allerdings ist eine Gefährdungshaftung für den Fall der Verletzung personenbezogener Daten nach § 8 BDSG gesetzlich normiert.[1957] Das Gesetz ist nämlich seinem Wortlaut nach auf andere Vorschriften über den Datenschutz anwendbar, wozu § 109 Abs. 1 Nr. 2 TKG zählt, sodass die Gefährdungshaftung, soweit der Anspruchsgegner eine öffentliche Stelle ist, greift.[1958] Zudem kommt, dass beide Rechtsinstrumente Bereiche erfassen, die durch technischen Fortschritt geprägt sind und daher abstrakte Gefahren erfassen, die im Detail noch unbekannt, womöglich sogar unbeherrschbar sind oder nicht absehbare Auswirkungen mit sich

1951 *Gusy*, in: Hoffmann-Riem/Schmidt-Aßmann (Hg.), Effizienz als Herausforderung an das Verwaltungsrecht, S. 175 (182); *Erbguth*, DVBl. 2007, 1202 (1206).

1952 Die Präventivwirkung führt hingegen schon auf der Primärebene zu Reaktionen, die allerdings auf freiwilliger Basis geschehen.

1953 Für die Gefährdungshaftung z.B. *Becker*, Gefährdungshaftung und unternehmerische Entscheidung, S. 33. Für die Eigensicherungspflicht u.a. *Czaja*, Eigensicherungspflichten von Verkehrsflughäfen, S. 15; *Erbguth*, DVBl. 2007, 1202 (1206).

1954 Vgl. § 33 LuftVG, zuletzt neugefasst durch BGBl. I 2007, S. 698. Dazu *Giemulla/Schmid*, NZV 1989, 415 (419 ff.); *v. Rinck*, Gefährdungshaftung, S. 8 f.; *Will*, Quellen erhöhter Gefahr, S. 18 ff.

1955 § 2 HaftPfG, zuletzt neugefasst durch BGBl. I 1978, S. 145. S. *v. Rinck*, Gefährdungshaftung, S. 9; *Will*, Quellen erhöhter Gefahr, S. 21 ff.

1956 § 25 AtG iVm Pariser Übereinkommen; Pariser Übereinkommen v. 29.7.1960 über Haftung gegenüber Dritten auf dem Gebiet der Kernenergie in der Fassung v. Zusatzprotokoll v. 28.01.1964 und des Protokolls v. 16.11.1982, BGBl. II 1985, S. 963 ff. AtG neugefasst durch BGBl. I. 1985, S. 1565; *v. Rinck*, Gefährdungshaftung, S. 9; *Will*, Quellen erhöhter Gefahr, S. 25 ff.

1957 S. hierzu *Becker*, in: Plath (Hg.), BDSG/DSGVO, 2. Aufl., § 8; *Gola* u.a., in: ders./Schomerus (Hg.), BDSG, Beck-OK, 12. Aufl., § 8; *Simitis*, in: ders. (Hg.), BDSG, 8. Aufl., § 8.

1958 *Becker*, in: Plath (Hg.), BDSG/DSGVO, 2. Aufl., § 8 Rn. 3; *Gola* u.a., in: ders./Schomerus (Hg.), BDSG, Beck-OK, 12. Aufl., § 8 Rn. 3; *Simitis*, in: ders. (Hg.), BDSG, 8. Aufl., § 8 Rn. 4.

bringen.[1959] Um die Belastung des Adressaten zu rechtfertigen, muss die Abstraktheit der Gefahr durch eine besondere Intensität des potentiellen Schadens ausgeglichen werden. Während bei der Gefährdungshaftung sowohl quantitative, z. B. § 7 StVG, wie qualitative Aspekte, z. B. § 25 AtG, für die Bejahung der Intensität für ausreichend gehalten werden, wurden lange Zeit nur qualitative Aspekte zum Gegenstand von Eigensicherungspflichten gemacht, vgl. § 7 Abs. 2 Nr. 5 AtG.[1960] Davon scheinen sich allerdings neuere gesetzliche Bestrebungen zu lösen, welche Eigensicherungspflichten zum Schutz gegen Störungen, die zu Beeinträchtigungen von Telekommunikationsnetzen und -diensten führen (§ 109 Abs. 2 Nr. 1 TKG),[1961] oder Eigensicherungspflichten des Vermieters zum Schutz vor Einbrüchen in Mietwohnungen, statuieren.[1962] Darüber hinaus haben die sich überschneidenden Konstellationen von Gefährdungshaftung und Eigensicherungspflichten eines gemeinsam: In diesen Bereichen verschwindet zunehmend die Grenze zwischen privater Vorsorge und staatlicher Schutzpflicht, was auf das gemeinsame Interesse der Gesellschaft und des Staates an der Wahrnehmung der Tätigkeit zurückzuführen ist.[1963] Es handelt sich um den Schutz von Rechtsgütern, die so von Allgemeininteresse sind, dass der Staat sich mit deren Schutz befasst. Dies schließt weder haftungsrechtlichen Schutz[1964] noch die Auferlegung von Eigensicherungspflichten durch den Privaten aus. Bei beiden Rechtsinstrumenten geht es nämlich um die Frage, ob das Gut, obwohl sich auch der Staat um dessen Schutz bemüht, jedenfalls zum Teil diesem privaten Rechtsträger zugewiesen werden kann.[1965] Zugleich geht es bei beiden

1959 Z.B. § 8 LuftSiG, § 7 Abs. 2 Nr. 5 AtG: Es ist nicht absehbar, wann oder wie die Gefahr aussehen wird. Tritt hingegen bei einer solchen Kritischen Infrastruktur tatsächlich ein Schaden ein, ist davon auszugehen, dass dieser von besonders hoher Intensität sein wird. Vgl. a. *BMI*, Nationale Strategie zum Schutz Kritischer Infrastrukturen, S. 7 f.; *Bonss*, in: Zoche u. a. (Hg.), Zivile Sicherheit, S. 43 (60 ff.). Zur Unbeherrschbarkeit im IT-Bereich *Dunn Cavelty*, in: Daase u. a. (Hg.), Verunsicherte Gesellschaft-Überforderter Staat, S. 133 (139 ff., 143); *Gaycken*, in: Daase u. a. (Hg.), Verunsicherte Gesellschaft-Überforderter Staat, S. 109 (121); *Thoma* u. a., in: Gerhold/Schiller (Hg.), Perspektiven der Sicherheitsforschung, S. 155 (156); *Trachsler*, CSS Analysen (60) 2009, 1 (1).

1960 Es wurden eher die im Recht der Zivilen Sicherheit als „low-risk/high-impact" bezeichneten Gefahren zum Gegenstand von Eigensicherungspflichten gemacht, vgl. zum Begriff *Kaufmann*, in: Gusy u. a. (Hg.), Rechtshandbuch Zivile Sicherheit, Kap. 1 Rn. 3.

1961 Zu diesen Maßnahmen *Eckhardt*, in: Geppert/Schütz (Hg.), TKG, Beck-OK, 4. Aufl., § 109 Rn. 39.

1962 BGH NJW 2009, 142; WM 2001, 1346; ZMR 1953, 337; OLG Hamburg NJW-RR 1988, 1481; *Eisenschmid*, in: Schmidt-Futterer (Hg.), BGB, 12. Aufl., § 535 Rn. 102; *Emmerich*, in: Staudinger (Hg.), BGB (2014), § 535 Rn. 26, 29; *Schickedanz*, ZMR 2011, 11; *Teichmann*, in: Stürner (Hg.), Jauernig, BGB, 16. Aufl., § 535 Rn. 13.

1963 *V. Rinck*, Gefährdungshaftung, S. 31.

1964 *Deutsch*, in: FS f. Honig, S. 33 (45).

1965 *Deutsch*, in: FS f. Honig, S. 33 (45).

Rechtsinstrumenten um die dahinterstehende Frage der Eigenverantwortlichkeit des Einzelnen für sich und für die Gesellschaft.[1966] Die Eigensicherungspflicht geht allerdings über die Gefährdungshaftung hinaus, da sie sich nicht auf die Verantwortungsübernahme für die Gefahrenquelle beschränkt. Sie erstreckt sich auf den Schutz der Gefahrenquelle selbst.[1967] Wird auf ihre Präventionswirkung abgestellt, tut dies die Gefährdungshaftung mittelbar auch, denn der Unternehmer wird Vorkehrungen zur Gefahrminimierung vornehmen, um eine Haftung vorzubeugen. Tritt durch den Schutz der Sache gar kein Schaden für Dritte ein, wird zugleich auch der Gegenstand selbst geschützt. Zum anderen ist es für die Bejahung eines Rechtsgrunds, das Eigenverantwortlichkeit zugunsten der Gesellschaft voraussetzt, nicht schädlich, wenn zum Rechtsgrund für das Agieren zugunsten Dritter noch ein positiver Effekt nämlich Selbstschutz hinzutritt. Insofern stehen sich die Konstellationen der Belastung mit einer Gefährdungshaftung oder Eigensicherungspflicht so nahe, dass die Prüfung der Übertragbarkeit des Rechtsgrunds und der Zurechnungsgründe legitim erscheint.

(2) Besondere Gefahr als Rechtsgrund

Zunächst bedarf es der Klärung, ob der objektive Rechtsgrund der Gefährdungshaftung, namentlich die besondere Gefahr, ebenso bei Eigensicherungspflichten besteht.

(aa) Öffentliche Sicherheit

Eigensicherungspflichten betreffen noch immer vorwiegend die Gefahrenvorsorge und nicht die unmittelbare Gefahrenabwehr, sodass bei Eigensicherungspflichten eher von einer „besonderen Risikolage" als von einer „besonderen Gefahrenlage" gesprochen werden muss.[1968] Bereits die ersten Untersuchungen zu Eigensicherungspflichten führten aber zu dem Ergebnis, dass der Eigensicherungsverpflichtete deshalb in die Verantwortung gezogen werden könne, weil er eine überdurchschnittliche Risikolage geschaffen habe.[1969] Bis heute hat sich dieser Ansatz zur Begründung dieser öffentlich-rechtlichen Pflicht zur Eigensicherung immer wieder durchgesetzt.[1970] Obwohl der Rechtsgrund noch nicht ausführlich erörtert wurde, wird die erhöhte Risikolage immer wieder für die verfassungsrechtliche Recht-

---

1966 Allgemein in Bezug auf Zivile Sicherheit *Kugelmann*, in: Gusy u. a. (Hg.), Rechtshandbuch Zivile Sicherheit, Kap. 31 Rn. 55.

1967 *Wolff*, in: Gusy u. a. (Hg.), Rechtshandbuch Zivile Sicherheit, Kap. 32 Rn. 48.

1968 *Czaja*, Eigensicherungspflichten von Verkehrsflughäfen, S. 15.

1969 *Schiller/Drettmann*, DVBl. 1977, 956 (961). So auch eine Aussage von *Koch*, Diskussionsbericht v. *John*, in: Koch u. a. (Hg.), 12. Deutsches Atomrechtssymposium, S. 245 (249).

1970 Z.B. *Gusy*, in: Hoffmann-Riem/Schmidt-Aßmann (Hg.), Effizienz als Herausforderung an das Verwaltungsrecht, S. 175 (183); *Waechter*, Verwaltungsrecht im Gewährleistungsstaat, S. 134.

fertigung der Eigensicherungspflicht herangezogen.[1971] Denn auch bei der Sicherheitsgewährleistung tritt zunehmend die Idee in den Vordergrund, dass denjenigen, der eine größere Gefahrenquelle schaffe, eine höhere Verantwortung als unbeteiligte Dritte treffen müsse.[1972] Die Parallelität der Diskussion um den Gleichheitsaspekt beweist auch an dieser Stelle, dass es höchste Zeit ist, über das spezielle Rechtsgebiet hinauszuschauen. Der Versuch, die Eigensicherungspflicht mit einer „besonderen Risikolage" zu begründen, wird auch insbesondere aus Gleichheitsgesichtspunkten kritisiert: Der Aspekt stoße auf Grenzen, wenn es darum gehe, eine Eigensicherungspflicht bei einer von mehreren gefahrgeneigten Tätigkeiten zu rechtfertigen.[1973] Bei dem Rechtsgrund besteht indessen mehr Spielraum als bei der verfassungsrechtlichen Rechtfertigung, denn dieser soll erst festgelegt werden, um in Zukunft die Reichweite von Eigensicherungspflichten bestimmen zu können. Durch die Herausarbeitung des „Weshalb" wird die einzelne Eigensicherungspflicht verfassungsrechtlich nicht infrage gestellt. Vielmehr soll die Feststellung des Rechtsgrunds eine Leitlinie für den Gesetzgeber schaffen, um zukünftige Eigensicherungspflichten an diese Maßstäbe zu orientieren und eben nicht Regelungen zu erlassen, die gegen Artikel 3 Abs. 1 GG verstoßen könnten.[1974]

Steht fest, dass auch bei der Rechtfertigung der Eigensicherungspflicht auf die erhöhte Gefahr bzw. Risikolage zurückgegriffen wird, bleibt zu klären, ob dies auch tatsächlich zutrifft. Klassisch für Eigensicherungspflichten sind die des Luftsicher-

---

1971 VGH Baden-Württemberg DVBl. 1983, 41; VG Düsseldorf, Urt. v. 08.12.2010–10 K 8598/08; *Bracher*, Gefahrenabwehr durch Private, S. 168; *Czaja*, Eigensicherungspflichten von Verkehrsflughäfen, S. 130, 157, 161, 165; *Erbguth*, DVBl. 2007, 1202 (1206, 1210); *Gramm*, Privatisierung und notwendige Staatsaufgaben, S. 455; *Gusy*, VVDStRL 63 (2004), S. 151 (173); *Krüger*, DÖV 1977, 263 (267); *Möstl*, Die staatliche Garantie für die öffentliche Sicherheit und Ordnung, S. 339; *Schiller/Drettmann*, DVBl. 1977, 956 (961); *Schneider*, Die Abwehr äußerer Gefahren im Luftverkehr, S. 98; *Schnekenburger*, Rechtsstellung und Aufgaben des Privaten Sicherheitsgewerbes, S. 89, 93. Zur verfassungsrechtlichen Rechtfertigung s. Kap. 3 – B.I.3.d) aa)(3)(cc).

1972 *Wolff*, in: Gusy u. a. (Hg.), Rechtshandbuch Zivile Sicherheit, Kap. 32 Rn. 74. Deshalb ist auch bei § 109 Abs. 1 TKG der Drittbezug erforderliches Kriterium, vgl. *Eckhardt*, in: Heun (Hg.), HdB TK-Recht, 2. Aufl., B. Rn, 52.

1973 *Sorge*, Kostentragung für den Schutz vor Anschlägen, S. 89. Dazu Kap. 3 – B.I.3.d) aa)(3)(cc).

1974 Die hohe Erwartungshaltung an den Gesetzgeber führt dazu, dass rein objektive Entscheidungen eine enorme Herausforderung für diesen darstellen, der des ungeachtet, dass keine genauen Fakten existieren, dennoch zu einem Tätigwerden bewegt wird, *Zintel*, in: Daase u. a. (Hg.), Verunsicherte Gesellschaft- Überforderter Staat, S. 93 (98, 100). Ähnlich *Dunn Cavelty*, die eine klare Auseinanderhaltung von objektiver Analyse und wertenden Gesichtspunkten der Politik nicht für möglich hält, in: Siedschlag (Hg.), Jahrbuch für europäische Sicherheitspolitik 2009/2010, S. 85 (89).

heitsgesetzes, z.B. § 8 LuftSiG.[1975] Im Verhältnis zu anderen Gefährdungsquellen sind die Todesopfer im Luftverkehr trotz Terroranschläge gering.[1976] Deshalb kann nicht geleugnet werden, Eigensicherungspflichten seien auch Ausdruck von Symbolpolitik.[1977] Doch obwohl die Wahrscheinlichkeit eines Schadenseintritts an einem Flughafen nach wie vor äußerst gering ist, ist der zu erwartende Schaden, das hypothetische schädigende Ereignis hinzudenkend, aufgrund der Menschenansammlung an dieser Örtlichkeit als besonders hoch einzuschätzen. Bei den Anschlägen von New York (2001) sind etwa 2750 Menschen ums Leben gekommen,[1978] der Anschlag auf den Flughafen sowie die Metrostation in Brüssel brachte 35 Opfer und über 300 Verletzte.[1979] Selbst wenn der Schaden nicht das Ausmaß der Anschläge von New York einnimmt, ist der Schaden, völlig unabhängig von der Art des schädigenden Ereignisses, schon aufgrund der hohen Anzahl an Menschen auf einem engen Raum hoch. Insofern ist unbestreitbar, dass der Flughafen als Kritische Infrastruktur einer erhöhten Gefahr ausgesetzt ist.[1980] Zweifelhaft ist, ob diese erhöhte Gefahr auch bei neueren Eigensicherungspflichten wie z.B. solchen des Vermieters zur Sicherung der Wohnung gegen Einbruchsdiebstahl im Sinne einer Sicherung der vertragsgerechten Nutzung gegeben ist.[1981] Die Intensität der Gefahr ist indessen nicht nur bei qualitativen Aspekten, sondern ebenso bei quantitativen Kriterien zu bejahen: Während bei besonders schweren Schäden die Eintrittswahrscheinlichkeit gleich Null sein kann, muss bei geringeren Schäden die Wahrscheinlichkeit höher sein.[1982] Die Einbruchszahlen sind in 2015 um fast 10 % auf etwa 167 000 Fälle gestiegen.[1983]

1975 Zu ihrer alten Fassung *Czaja*, Eigensicherungspflichten von Verkehrsflughäfen; *Ossenbühl*, Eigensicherung und hoheitliche Gefahrenabwehr. Aktueller: *Faust/Lienhart*, in: Hobe/von Ruckteschell (Hg.), Kölner Kompendium des Luftrechts, Bd. 2, A II Rn. 346 ff.; *Schwenk/Giemulla*, HdB des Luftverkehrsrechts, 4. Aufl., Kap. 18 Rn. 32 ff.

1976 *Bonß/Wagner*, in: Gerhold/Schiller (Hg.), Perspektiven der Sicherheitsforschung, S. 41 (45).

1977 *Bonß/Wagner*, in: Gerhold/Schiller (Hg.), Perspektiven der Sicherheitsforschung, S. 41 (45 ff.).

1978 http://www.welt.de/vermischtes/article115010964/World-Trade-Center-Warten-auf-die-Toten.html, Zugriff am 28.02.2017.

1979 http://www.zeit.de/politik/ausland/2016-03/bruessel-terror-anschlaege-opfer-todesopfer, Zugriff am 22.02.2017.

1980 *Czaja*, Eigensicherungspflichten von Verkehrsflughäfen, S. 32 f.

1981 BGH NJW 2009, 142; WM 2001, 1346; ZMR 1953, 337; OLG Hamburg NJW-RR 1988, 1481; *Eisenschmid*, in: Schmidt-Futterer (Hg.), BGB, 12. Aufl., § 535 Rn. 102; *Emmerich*, in: Staudinger (Hg.), BGB (2014), § 535 Rn. 26, 29; *Schickedanz*, ZMR 2011, 11; *Teichmann*, in: Stürner (Hg.), Jauernig, BGB, 16. Aufl., § 535 Rn. 13.

1982 Zum Begriff der Gefahr *Drews* u. a., Gefahrenabwehr, 9. Aufl., S. 224; *Gusy*, POR, 10. Aufl., Rn. 119, wobei diese Maßstäbe auch für die Höhe des Risikos herangezogen werden können, bevor die Gefahrenschwelle überhaupt erreicht ist.

1983 http://www.sueddeutsche.de/panorama/kriminalstatistik-zahl-der-wohnungseinbrueche-steigt-drastisch-1.2926624, Zugriff am 28.02.2017.

Insofern ist davon auszugehen, dass das Intensitätsmerkmal auch über das Quantitätsmerkmal erfüllt sein kann. Unter das Kriterium des „besonderen Risikos" lassen sich auch Begründungsansätze wie die hohe Zahl der gefährdeten Personen,[1984] das Ausgeliefertsein des Publikums,[1985] oder der Drittbezug subsumieren.[1986] Letzterer Aspekt qualifiziert z.B. das Anbieten von Telekommunikationsdiensten als besonders risikobehaftete Tätigkeit (§ 109 Abs. 1 TKG iVm § 3 Nr. 6 TKG iVm § 3 Nr. 10 TKG).[1987] Insofern ist in dem „besonderen Risiko" auch für Eigensicherungspflichten der Rechtsgrund zu sehen.

(bb) Daseinsvorsorge

Problematischer gestaltet sich hingegen die Heranziehung dieses Rechtsgrundes für Eigensicherungspflichten, die der Infrastrukturgewährleistung dienen (z.B. § 109 Abs. 2 TKG). Die Maßnahmen sind auf die Erhaltung der Funktionsfähigkeit der Netze und damit auf die Erbringung der Daseinsvorsorgeleistung gerichtet.[1988] Es sind keine Anhaltspunkte dafür ersichtlich, dass die Daseinsvorsorge einem besonderen Risiko unterliegt. Die Eigensicherungspflicht bezieht sich allerdings nur mittelbar auf die Erhaltung der Daseinsvorsorge. Primär bezweckt sie die Sicherheit der Netze und Dienste.[1989] Die Telekommunikationsinfrastruktur ist ebenfalls eine Kritische Infrastruktur, die besonderen Risiken unterliegt.[1990]

(3) Zurechnungsgründe

Ob die Zurechnungsgründe, die eine Adressierung eines Schadensersatzanspruchs rechtfertigen, auch hinreichende Zurechnungsgesichtspunkte für die Belastung mit einer Eigensicherungspflicht bieten, bedarf der weiteren Klärung:

1984 VGH Baden-Württemberg DVBl. 1983, 41 (43); *Lange*, Zweckveranlassung, S. 220; *Sorge*, Kostentragung für den Schutz vor Anschlägen, S. 89.

1985 *Blaschczok*, Gefährdungshaftung und Risikozuweisung, S. 72. Geradezu selbstredend für die Eigensicherungspflichten ist § 109 Abs. 1 Nr. 2 TKG, der den Schutz personenbezogener Daten zum Gegenstand hat. Es entzieht sich nicht nur dem Einfluss des Nutzers, was mit seinen Daten geschieht, wenn sie erst einmal in der Sphäre des Diensteanbieters sind, sondern er wird es regelmäßig nicht einmal merken, wenn seine Daten abhandengekommen sind und missbräuchlich verwendet werden.

1986 *Blaschczok*, Gefährdungshaftung und Risikozuweisung, S. 74.

1987 *Eckhardt*, Geppert/Schütz (Hg.), TKG, Beck-OK, 4. Aufl., § 109 Rn. 15.

1988 *Gusy*, in: ders. u. a. (Hg.), Rechtshandbuch Zivile Sicherheit, Kap. 3 Rn. 26.

1989 *Eckhardt*, in: Geppert/Schütz (Hg.), TKG, Beck-OK, 4. Aufl., § 109 Rn. 39.

1990 S. § 5 VO zur Bestimmung Kritischer Infrastrukturen nach dem BSIG, online abrufbar unter https://www.gesetze-im-internet.de/bundesrecht/bsi-kritisv/gesamt.pdf, Zugriff am 28.02.2017.

(aa) Schadensnähe und Nutzen

Zum einen wurden für eine Zurechnung bei der Gefährdungshaftung das Zusammenwirken von der Schadensnähe und dem Nutzen als angemessenes Kriterium gesehen.[1991] Schnell wurde bei der Gefährdungshaftung erkannt, dass nicht jedes Risiko beherrschbar ist und es deshalb eher auf die Schadensnähe als auf die Beherrschbarkeit der Gefahr ankommen müsse.[1992] Dies ist mit der Konstellation von Eigensicherungspflichten vergleichbar: Sie dienen insbesondere dem Schutz Kritischer Infrastrukturen, die dadurch besonders verletzlich sind, dass sie in Abhängigkeit zu anderen Kritischen Infrastrukturen stehen, dadurch Dominoeffekte erzeugt werden können und deshalb nicht absehbar ist, ob, wo und wie der Schaden tatsächlich eintreten wird.[1993] Dennoch besteht das Risiko. Ebenso wenig ist es voll beherrschbar. Dieses Phänomen ist auch in alltäglichen Situationen, wie die des Einbruchsdiebstahls, nachvollziehbar. Ist die Wohnungstür nicht mit einem der Norm entsprechenden Schloss versehen, besteht das Risiko, dass es in einem noch unbekannten Moment und Ausmaß zu einem Einbruch in die Wohnung kommen wird. Überdies gewinnt auch die Schadensnähe bei der Eigensicherungspflicht an Relevanz. Der Betreiber einer Kritischen Infrastruktur steht dieser nämlich sowohl aufgrund seines besonderen Fachwissens als auch infolge seiner technischen Ausstattung[1994] besonders nahe.[1995] Obwohl die Risiken nicht vollständig auszuschließen sind, können sie durch die Einwirkung auf die Sache oder Infrastruktur minimiert werden.[1996] Der Betrieb einer Kritischen Infrastruktur ist in den meisten Fällen als privatwirtschaftliche Tätigkeit ausgestaltet,[1997] aus welcher der Betreiber Gewinn erzielt.[1998] Wie bei der Gefährdungshaftung muss es auch hier ausschließlich um die Vorteilsziehung aus dem Betrieb der Kritischen Infrastruktur und gerade nicht um die Risikokalkulation aus der spezifischen Sicherheitsmaßnahme gehen.[1999] Wie

---

1991 S. Kap. 5 – B.II.1.b)bb)(2).

1992 S. Kap. 5 – B.II.1.b)bb)(2). m.N.

1993 *BMI*, Schutz Kritischer Infrastrukturen, Risiko- und Krisenmanagement, S. 7.

1994 *Bracher*, Gefahrenabwehr durch Private, S. 167; *Ehlers*, in: Leßmann u.a. (Hg.), FS f. Lukes, S. 337 (347); *Schneider*, Die Abwehr äußerer Gefahren im Luftverkehr, S. 97; *Wiater*, Sicherheitspolitik zwischen Staat und Markt, S. 257.

1995 *Huber*, ZUR 2004, 1 (5); *Koch/John*, DVBl. 2002, 1578 (1581 f.); *Schneider*, Die Abwehr äußerer Gefahren im Luftverkehr, S. 97.

1996 *Sorge* spricht insoweit von einer „Mittlerstellung", Kostentragung für den Schutz vor Anschlägen, S. 66.

1997 Zumindest soweit ihr Betreiber ein Privater ist, was in den meisten Fällen der Fall ist, s. *Helmbrecht*, in: Kloepfer (Hg.), Schutz kritischer Infrastrukturen, S. 39 (44); *Kloepfer*, in: ebd., S. 9 (17); *Schäuble*, in: ebd., S. 21 (24); *Stober*, in: ebd., S. 121 (125).

1998 Als bestes Beispiel kann der Telekommunikationsdiensteanbieter genannt werden, der schon von Verfassung wegen eine „privatwirtschaftliche Tätigkeit" verfolgt (Art. 87f. Abs. 2 GG).

1999 Z.B. *Esser*, Grundlagen und Entwicklung der Gefährdungshaftung, 2. Aufl., S. 97. Auf die Unternehmensrationalität, die bei *Wiater*, Sicherheitspolitik zwischen

bei der Gefährdungshaftung ist dieser Aspekt bei Eigensicherungspflichten nur zwingend, wenn die anderen in Frage stehenden Akteure der Infrastruktur nicht gleichermaßen nahe stehen.[2000]

(bb) Zusammenwirken von Risiko und Vorteilsziehung

Als Zurechnungsgrund für die Eigensicherungspflicht kommt auch das Vorteil-Nachteilprinzip infrage. Danach muss derjenige, der besondere Vorteile aus dem Setzen eines Risikos zieht, die Nachteile tragen.[2001] Damit wäre in der Entscheidung, eine Kritische Infrastruktur mit Gewinnstreben zu betreiben, auch der Wille enthalten, für Nachteile aus der Tätigkeit aufzukommen.[2002] Fraglich ist lediglich, ob Sicherungsvorkehrungen im Rahmen von Eigensicherungspflichten als Nachteile im Sinne der Gefährdungshaftung verstanden werden können. Der Wortlaut von Gefährdungstatbeständen, z. B. § 2 Haftpflichtgesetz, verpflichtet zum Ersatz eines „Schadens". Der Nachteil ist insofern der Schadensersatz. Autorinnen und Autoren, welche die Gefährdungshaftung entwickelt haben, differenzieren zwischen dem Schadensersatz, den sie als Nachteil auffassen und den Risikominimierungsmaßnahmen: „Er weiß, daß die Betätigungsart, die er in seinem oder im allgemeinen Interesse ausübt, bestimmte Wagnisse mit sich bringt, über die er auch bei *bester Ausbildung* und *sicherster Gefahrenbeherrschung* nicht völlig Herr sein wird".[2003] Sowohl die Ausbildung als auch Gefahrbeherrschungsmaßnahmen, die als Eigensicherungspflichten in Form von Personalschulungen oder Organisations- und Kontrollmaßnahmen ausgestaltet sein können, waren den Gründern der Theorien der Gefährdungshaftung, jedenfalls als freiwillige Risikomaßnahmen, nicht unbekannt. Möglicherweise ist dies damit zu begründen, dass einige Sicherungsmaßnahmen wirtschaftlich rentabel sind und deshalb nicht das Prädikat eines Nachteils verdienen.[2004] Unabhängig von ihrer wirtschaftlichen Tragfähigkeit ist auch an dieser Stelle zwischen dem Eigensicherungsrecht und der Eigensicherungspflicht zu differenzieren.[2005] Während die Ausübung des Eigensicherungsrechts Grundrechtsausübung ist, stellt die Eigensicherungspflicht einen grundrechtlichen Eingriff in die Grundrechte ihres Adressaten dar.[2006] Eine Beeinträchtigung des Adressaten der Eigensicherungspflicht liegt damit in jedem Fall vor. Somit ist genauer zu untersuchen, wie das Wort „Nachteil" zu verstehen ist. Nach allgemeinem Sprachgebrauch ist dies „etwas (Umstand, Lage, Eigenschaft o. Ä.), was sich für jemanden gegenüber anderen

Staat und Markt, S. 247 ff. ausführlich untersucht wird, kommt es hier gerade nicht an.

2000 Für die Gefährdungshaftung S. Kap. 5 – B.II.1.b)bb)(2).

2001 S. Kap. 5 – B.II.1.b)bb)(4).

2002 *Esser*, Grundlagen und Entwicklung der Gefährdungshaftung, 2. Aufl., S. 94 f.

2003 *Esser*, Grundlagen und Entwicklung der Gefährdungshaftung, 2. Aufl., S. 95.

2004 *Wiater*, Sicherheitspolitik zwischen Staat und Markt, S. 248.

2005 Zur Unterscheidung Kap. 2.

2006 Kap. 3 – B.I.2.

negativ auswirkt, ihn beeinträchtigt, ihm schadet".[2007] Es ist damit also nicht gesagt, dass der Nachteil die Gestalt eines Vermögensnachteils annehmen muss. Fraglich ist, ob der Rechtsordnung ein einheitlicher anderer Begriff des Nachteils zugrunde liegt. Ein Nachteil im Sinne des § 266 StGB ist nur ein Vermögensschaden.[2008] Viel weiter ist dagegen der Begriff des Nachteils nach § 3 BImschG, worunter negative Folgen für Interessen, die nicht als Beeinträchtigungen eines Rechtsguts qualifiziert werden können",[2009] verstanden werden. Der juristische Gebrauch des Wortes lässt insofern auch keine klare Linie zu, die einem weiten juristischen Verständnis, der auch den Nachteil durch die Auferlegung einer Pflicht erfasst, widersprechen könnte. Historisch kann argumentiert werden, dass die ersten Eigensicherungspflichten erst durch das Gesetz zur Änderung des Luftverkehrsgesetzes[2010] (1980) eingeführt wurden, die entscheidenden Werke zur Gefährdungshaftung indessen schon vorher publiziert wurden.[2011] Unabhängig davon, dass das Denken über Rechtsgebiete hinaus zu diesem Zeitpunkt noch kaum infrage stand und es inhaltlich zunächst nur um den Rechtsgrund der Gefährdungshaftung ging, war eine Berücksichtigung von Eigensicherungspflichten als Nachteil rein praktisch nicht möglich. Es stellt sich somit nur noch die abschließende Frage, ob es dem Zweck, den die Begründenden der Theorie der Gefährdungshaftung verfolgt haben, entgegenläuft, wenn auch die Auferlegung einer Eigensicherungspflicht als Nachteil, den es infolge der Gewinnerzielung durch eine besonders riskante Tätigkeit auszugleichen gilt, verstanden wird. Primär geht es bei den Zurechnungsgründen der Gefährdungshaftung darum, ein Unglück, das durch Vorteilsziehung auf Kosten eines anderen geschieht, auszugleichen.[2012] Es steht dem allerdings nicht entgegen, insbesondere wenn der Schaden ein irreversibler ist, diesen Lastenverteilungsaspekt in die Präventionsebene zu übertragen und die Lasten für den Schutz eines Rechtsgutes schon von vornherein zu verteilen. Ist der Schaden irreparabel, wie es bei technischen Gefahren der Fall sein kann, erscheint es sogar sinnvoll, die Lastenverteilung schon dort zu implementieren, wo noch die Möglichkeit besteht, risikomindernd auf den hypothetischen Verlauf Einfluss zu nehmen. Es geht um den sozialen Aspekt, dass nicht auf Kosten Dritter Profit gezogen werden soll.[2013] Dieser Aspekt kommt besonders zum Ausdruck, wenn die risikobehaftete Tätigkeit so ausgeübt wird, dass

---

2007 Duden, online abrufbar unter http://www.duden.de/rechtschreibung/Nachteil, Zugriff am 28.02.2017.

2008 *Dierlamm*, in: Joecks/Miebach (Hg.), Münchener Kommentar zum StGB, Bd. 5, 2. Aufl., § 266 Rn. 201 ff.; *Perron*, in: Schönke/Schröder (Hg.), StGB, 29. Aufl., § 266 Rn. 39b; *Wittig*, in: Heintschel-Heinegg (Hg.), StGB, Beck-OK, 33. Ed., § 266 Rn. 24, 39 ff.

2009 *Thiel*, in: Landmann/Rohmer (Hg.), Umweltrecht, Bd. 1, 81. EL, § 3 Rn. 37.

2010 BGBl. I 1980, S. 1729.

2011 *Esser*, Grundlagen und Entwicklung der Gefährdungshaftung, erschienen im Jahr 1941 (zweite Aufl. 1969).

2012 *Esser*, Grundlagen und Entwicklung der Gefährdungshaftung, 2. Aufl., S. 97.

2013 *Esser*, Grundlagen und Entwicklung der Gefährdungshaftung, 2. Aufl., S. 98 f.

es möglichst gar nicht erst zu einem Schadenseintritt bei Dritten kommt. Dies führt dazu, dass schon das selbstreflektierte und eigenverantwortliche Handeln des Einzelnen nicht nur Gedanken über die Finanzierbarkeit solcher Ansprüche erfasst, sondern dass durch die Wahrnehmung präventiver Maßnahmen als Ausgleich für die Gewinnerzielung effektiv zur Sicherheitswahrnehmung beigetragen wird.[2014] Infolgedessen ist das Zusammenwirken von Risiko und Vorteilsziehung auch für die Eigensicherungspflicht ein tauglicher Zurechnungsgrund. Da auch bei der Eigensicherungspflicht der objektive Rechtsgrund in der besonderen Risikolage liegt, ist es nicht entscheidend, ob im Einzelfall tatsächlich Gewinn erzielt wird, solange eines der anderen Zurechnungskriterien vorliegt. Veranschaulichen lässt sich dies insbesondere anhand der Eigensicherungspflicht des § 109 Abs. 1 TKG, die sich an Diensteanbieter nach § 3 Nr. 6 TKG richtet.[2015] Danach kommt es auf das geschäftsmäßige Erbringen der Dienstleistung an.[2016] Dafür ist gerade nicht die Gewinnerzielungsabsicht, sondern das nachhaltige Angebot des Dienstes entscheidend.[2017] Insofern kann nicht ausnahmslos auf die Risikosetzung in Verbindung mit dem Vorteil-Nachteil-Prinzip als Zurechnungsgrund zurückgegriffen werden. Dies wird oft, aber eben nicht immer, der Fall sein.

(cc) Abwälzbarkeit der Kosten auf Konsumentenkreis

Als ergänzendes Kriterium kann auch für Eigensicherungspflichten die Abwälzbarkeit der Kosten auf den Konsumentenkreis herangezogen werden.[2018] Genauso wie bei der Gefährdungshaftung kann dieser Aspekt nicht der einzige Zurechnungsgrund sein.

2. *Zwischenergebnis*

Zusammenfassend lässt sich sagen, dass die Gefährdungshaftung und Eigensicherungspflichten so viele Gemeinsamkeiten, die nicht in ihrer Rechtsfolge, sondern in ihrer Zweckrichtung liegen, aufweisen, dass eine Übertragung des Rechtsgrunds sowie der Zurechnungskriterien infrage kommt.

2014 Zum selbstreflektierten Handeln des Einzelnen als Teil der Sicherheitswahrnehmung *Wolff*, in: Gusy u. a. (Hg.), Rechtshandbuch Zivile Sicherheit, Kap. 32 Rn. 65.

2015 *Eckhardt*, in: Geppert/Schütz (Hg.), TKG, Beck-OK, 4. Aufl., § 109 Rn. 14.

2016 *Schütz*, in: Geppert/Schütz (Hg.), TKG, Beck-OK, 4. Aufl., § 3 Rn. 15.

2017 *Eckhardt*, in: Heun (Hg.), HdB TK-Recht, 2. Aufl., B Rn. 56; *Schütz*, Geppert/Schütz (Hg.), TKG, Beck-OK, 4. Aufl., § 3 Rn. 33.

2018 BVerfGE 30, 292 (326); VGH Mannheim, Urt. v. 19.07.2005–8 S 775/05; *Czaja*, Eigensicherungspflichten von Verkehrsflughäfen, S. 158 ff.; *Ossenbühl*, VVDStRL 29 (1971), S. 137 (183 f.); *ders.*, Eigensicherung und hoheitliche Gefahrenabwehr, S. 50 f.; *Sorge*, Kostentragung für den Schutz vor Anschlägen, S. 61 ff.; a.A. *Ipsen*, AöR 90 (1965), 393 (436).

C. Fazit

Eigensicherungspflichten und Gefährdungshaftung verfolgen die Idee der verteilenden Gerechtigkeit. Eine Eigensicherungspflicht kann infolgedessen am ehesten auferlegt werden, wenn diejenigen, die das zu minimierende Risiko setzen, als abgrenzbare Gruppe zusammengefasst werden können.[2019] Da Eigensicherungspflichten im Idealfall die Gefahrentstehung vermeiden sollen, damit katastrophale Auswirkungen gar nicht erst eintreten können,[2020] muss der Rechtsgrund allerdings begrifflich, jedoch nicht seinem Zweck nach, geändert werden: Der objektive Rechtsgrund der Eigensicherungspflichten liegt demnach in einer besonderen Risikolage und nicht in der besonderen Gefährdung wie bei der Gefährdungshaftung. Sowohl bei der Gefährdungshaftung als auch bei Eigensicherungspflichten stößt die Kausalitätslehre an ihre Grenzen. Bei der Gefährdungshaftung stehen Beweisschwierigkeiten im Vordergrund, da es bei komplexen technischen Systemen zumeist nicht bis in das Detail nachvollziehbar sein wird, worin die Ursache für den Schaden gelegen hat.[2021] Der Eigensicherungsverpflichtete kann nicht als Störer nach allgemeinem Polizei- und Ordnungsrecht in Anspruch genommen werden, weil er aufgrund des Dazwischentretens weiterer Kausalfaktoren weder nach der Unmittelbarkeitstheorie noch nach den Grundsätzen des Zweckveranlassers in die Pflicht genommen werden kann.[2022] Überdies wird bei Eigensicherungspflichten regelmäßig die Bejahung der konkreten Gefahr zu Schwierigkeiten führen.[2023] Deshalb scheidet die Veranlassung der Gefahr im Sinne der reinen Verursachung bei beiden Instrumenten aus. Vielmehr sind andere Zurechnungsgründe heranzuziehen, nämlich das Zusammenwirken von Risiko und Schadensnähe, das Zusammenspiel von Risiko und Vorteilsziehung sowie als ergänzender Aspekt die Abwälzbarkeit auf den Konsumentenkreis.

Die Übertragbarkeit dieser Kriterien öffnet neue Wege für Eigensicherungspflichten. Während für Eigensicherungspflichten charakteristisch ist, dass sie für die Minimierung von qualitativ als hoch einzustufenden Risiken auferlegt wurden, stellt sich heraus, dass ebenso quantitative Kriterien zum Gegenstand von Eigensicherungspflichten gemacht werden können. So können dort Eigensicherungspflichten etabliert werden, wo weniger schwerwiegende Schäden eintreten, die allerdings dafür wesentlich häufiger in Erscheinung treten. Alle Gefährdungshaftungstatbestände haben indessen gemeinsam, dass die Gefahrenquelle nicht voll beherrschbar sein darf.[2024] Die Unbeherrschbarkeit zeichnet die besondere Risiko-

---

2019 *Gusy*, in: Hoffmann-Riem/Schmidt-Aßmann (Hg.), Effizienz als Herausforderung an das Verwaltungsrecht, S. 175 (183).

2020 *BMI*, Nationale Strategie zum Schutz Kritischer Infrastrukturen, S. 10.

2021 *Rümelin*, AcP 88 (1898), 285 (294).

2022 *Czaja*, Eigensicherungspflichten von Verkehrsflughäfen, S. 19 ff.; *Otten*, Eigensicherung, S. 93 ff. A.A. *Lange*, Zweckveranlassung, S. 216 ff.

2023 *Otten*, Eigensicherung, S. 87 ff.

2024 *Blaschczok*, Gefährdungshaftung und Risikozuweisung, S. 66.

lage aus. Besteht der Anknüpfungspunkt in der besonderen Gefahr, insbesondere in der Unbeherrschbarkeit des Gesamtgeschehens, erscheint es überflüssig, Eigensicherungspflichten in ihrem Anwendungsbereich auf äußere Einwirkungen zu beschränken. Die Unterscheidung zwischen security und safety wird für die Eigensicherungspflicht hinfällig.[2025] Zwar wird ein Großteil ihrer Anwendungsfälle nach wie vor Angriffe von außen erfassen (security). Aufgrund des Zwecks der verteilenden Gerechtigkeit ist es aber angebracht, Eigensicherungspflichten auch für die Fälle vorzusehen, bei denen das Unglück durch technisches Versagen entsteht. Auch die technische Tätigkeit ist nicht voll beherrschbar. Sie wird im Interesse des Betreibers ausgeführt, verwirklicht aber zugleich gesamtgesellschaftliche Interessen (z. B. § 109 Abs. 2 TKG). Es ist schließlich festzuhalten, dass nur das besondere Risiko objektive Voraussetzung für die Auferlegung einer Eigensicherungspflicht ist und deshalb zugleich unabdingbare Voraussetzung einer solchen Verpflichtung sein muss. Die Zurechnungsgründe können hingegen kumulativ oder alternativ vorliegen. Der Adressat einer Eigensicherungspflicht muss entweder der Gefahrenquelle besonders nahestehen oder aus der Gefahrenquelle besondere Vorteile ziehen. Außen vor bleibt das Kriterium der Abwälzbarkeit auf den Konsumentenkreis, das nur ergänzend herangezogen werden kann.

2025 So für den Bereich von Großveranstaltungen *Beutel*, Wirtschaftlich vorteilhafte Gefahrenverursachung, S. 85 ff.

Kapitel 6 – Gesetzlicher Rahmen zur Herstellung von IT-Sicherheit in Kritischen Infrastrukturen

Kritische Infrastrukturen sind abhängig von der Zuverlässigkeit von IT-Systemen.[2026] Dies gilt besonders für die Telekommunikationsinfrastruktur.[2027] Ist ein Krankenhaus nicht mehr erreichbar, ist seine Funktionsfähigkeit beeinträchtigt.[2028] Infolge der Relevanz der Telekommunikationsinfrastruktur für alle anderen Kritischen Infrastrukturen ist auf sie der Fokus zu richten:

Die Informations- und Kommunikationstechnologie (IKT)-Branche lässt sich in zwei Sektoren aufteilen, nämlich in die Informationstechnik und die Telekommunikation.[2029] Immer mehr verschmelzen ihre Bestandteile zu einer Gesamtinfrastruktur im Sinne einer IP-basierten Infrastruktur.[2030] Denn der größte Service Provider sowie Netzbetreiber Deutschlands, die Deutsche Telekom AG,[2031] hat sich als Ziel gesetzt, alle Anschlüsse in Deutschland bis 2018 auf IP-Technologie umzustellen.[2032] Dennoch ist die Differenzierung zwischen den Sektoren möglich und sinnvoll. Während die Datenverarbeitung für Dritte sowie Hosting nach wie vor der Informationstechnik zuzuordnen sind, meint Telekommunikation die „Übertragung von Sprache und Kommunikation über mobile, ortsgebundene und Satellitenkommunikation und Bereitstellung der jeweiligen Zugänge".[2033] Nach der Legaldefinition des § 3 Nr. 22 TKG ist Telekommunikation „der technische Vorgang des Aussendens, Übermittelns und Empfangens von Signalen mittels Telekommunikationsanlagen".[2034] Die strikte Unterscheidung zwischen der Informationstechnik und der Telekommunikation ist wesentlich für die Eigensicherungspflicht des § 109 TKG, die sich ausschließlich an Diensteanbieter iSd § 3 Nr. 6 TKG (Abs. 1)[2035] bzw. Betreiber öffentlicher Telekommunikationsnetze und öffentlich zugänglicher Telekommunikationsdienste richtet (Abs. 2).[2036] Die gesetzliche Verpflichtung des § 109 TKG ist insofern an die Akteure

2026 *Holznagel/Sonntag*, in: Roßnagel (Hg.), Sicherheit für Freiheit?, S. 59 (60).
2027 *Holznagel/Sonntag*, in: Roßnagel (Hg.), Sicherheit für Freiheit?, S. 59 (60).
2028 So nach dem Ausfall einer Vermittlungsstelle infolge eines Stromausfalls in Leipzig im Jahre 2013, vgl. *BSI*, KRITIS-Sektorstudie, IKT, S. 79.
2029 *BSI*, KRITIS-Sektorstudie, IKT, S. 16 ff.
2030 *BSI*, KRITIS-Sektorstudie, IKT, S. 16.
2031 *BSI*, KRITIS-Sektorstudie, IKT, S. 31.
2032 *BSI*, KRITIS-Sektorstudie, IKT, S. 35.
2033 *BSI*, KRITIS-Sektorstudie, IKT, S. 11.
2034 S. *Cornils*, in: Geppert/Schütz (Hg.), TKG, Beck-OK, 4. Aufl., § 3 Rn. 74.
2035 *Eckhardt*, in: Geppert/Schütz (Hg.), TKG, Beck-OK, 4. Aufl., § 109 Rn. 14.
2036 *Eckhardt*, in: Geppert/Schütz (Hg.), TKG, Beck-OK, 4. Aufl., § 109 Rn. 35 ff.

des Telekommunikationsvorgangs im engeren Sinne und nicht an Unternehmen, die mit der Datenspeicherung und -verarbeitung beauftragt sind, adressiert.[2037]

A. Gefährdungslage

Die besondere Gefährdung für die Telekommunikationsinfrastruktur infolge von Interdependenzen kann verschiedene Ursachen haben,[2038] namentlich Naturereignisse, technische Störungen, menschliches Fehlverhalten oder auch kriminelle Handlungen.[2039] Die Witterung kann sich erheblich auf den Betrieb eines Telekommunikationsnetzes auswirken.[2040] Ein Kabelbrand, der regelmäßig durch Bauarbeiten verursacht sein wird, kann sich über die bereits gelegten Kabeltrassen in kurzer Zeit sehr weiträumig ausbreiten.[2041] Mit Fehlern behaftete Konfigurationsänderungen an vielen Routern innerhalb eines kurzen Zeitrahmens können fehlerhafte Übertragungen nach sich ziehen, wenn nicht sogar die Funktion des Netzes vollständig aufheben.[2042] Stromausfälle können sich je nachdem, ob eine Ortsvermittlungsstelle (VE:O) oder ein großer Point of Presence (POP) oder Internet Exchange Point (IXP) betroffen ist, mehr oder weniger stark auswirken.[2043] Kapazitätsprobleme werden wiederum regelmäßig durch fehlerhafte Planung verursacht.[2044] Allein anhand dieser wenigen Beispiele ist erkennbar, dass nicht jede Störung gleich starke Auswirkungen hat. Es ist ein erheblicher Unterschied, ob eine Teilnehmeranschlussleitung (TAL) oder ein Backbone betroffen ist.[2045] Deshalb sind Letztere regelmäßig mehrfach redundant ausgestaltet, sodass die Übertragung bei Bedarf auf einem anderen Weg erfolgen kann.[2046] Die Gefährdungslage ist insofern nicht nur mit Blick auf den konkreten Schaden, sondern ebenso unter Würdigung seiner hypothetischen Auswirkungen zu betrachten.

B. Hintergründe der gesetzlichen Regulierung

Zum einen geht es um den Umgang mit der Begrenztheit der Ressourcen. Infolge der Komplexität der IKT können nicht alle Sicherheitslücken beseitigt werden.[2047]

2037 *BSI*, KRITIS-Sektorstudie, IKT, S. 90.

2038 *BNetzA*, Katalog von Sicherheitsanforderungen, S. 5; *Holznagel/Sonntag*, in: Roßnagel (Hg.), Sicherheit für Freiheit, S. 59 (60). Zu den Auswirkungen innerhalb der Branche s. *BSI*, KRITIS-Sektorstudie, IKT, S. 43 ff.

2039 *BNetzA*, Katalog von Sicherheitsanforderungen, S. 28 ff.

2040 *BNetzA*, Katalog von Sicherheitsanforderungen, S. 29.

2041 *BNetzA*, Katalog von Sicherheitsanforderungen, S. 29.

2042 *BSI*, KRITIS-Sektorstudie, IKT, S. 44.

2043 *BSI*, KRITIS-Sektorstudie, IKT, S. 44.

2044 *BNetzA*, Katalog von Sicherheitsanforderungen, S. 32.

2045 *BSI*, KRITIS-Sektorstudie, IKT, S. 48 f.

2046 *BSI*, KRITIS-Sektorstudie, IKT, S. 95.

2047 *BSI*, KRITIS-Sektorstudie, IKT, S. 94.

Deshalb ergänzen die Detektion und die Reaktion zunehmend die Prävention.[2048] Die Infrastruktur soll insgesamt widerstandsfähiger gemacht werden.[2049] Zu den menschlichen treten außerdem vermehrt technische Ressourcen hinzu: Viele Störungen können bereits durch Systeme zur Anomalieentdeckung aufgezeigt, wenn nicht sogar durch automatische Verfahren abgewehrt werden.[2050] Dies geschieht durch die Untersuchung gewisser Kriterien nach bestimmten Mustern.[2051] Der Vorgang birgt allerdings die Gefahr in sich, dass der Mensch sich auf die Technik verlässt und dadurch für die Erkennung von Störungen desensibilisiert wird, was wiederum zu neuen Gefahren mit dem Ergebnis eines Sicherheitsverlusts führen kann.[2052] Vorhandene Ressourcen müssen daher richtig eingesetzt werden. So genügt es z. B., wenn Network Management Center (NMC) nur einfach redundant ausgestaltet sind, da die Netzwerke ebenso gut von einem anderen NMC aus überwacht werden können.[2053] Mehr Redundanz würde zu Ressourcenverschwendungen an dieser Stelle und Ressourcenmangel an anderer Stelle führen. Dieser Anschein von mehr Sicherheit wäre in der Realität ein Abbau von Sicherheit.

Zum anderen geht es um die effektive Bewirtschaftung von Ressourcen.[2054] Wiederholt wird IT-Sicherheit als zumindest auch staatliche Aufgabe beschrieben, hergeleitet aus der Daseinsvorsorgeaufgabe[2055] und den staatlichen Schutzpflichten.[2056] Wird hingegen ein Blick auf Sicherheitsvorfälle der Vergangenheit geworfen, fällt auf, dass die Ressourcen in erster Linie von privater Seite geliefert wurden.[2057] Staatliche Behörden kamen vielmehr erst repressiv zum Einsatz, soweit auch Strafnormen verletzt wurden.[2058] Dies folgt daraus, dass dem Staat das Knowhow und die Ressourcen für eine umfassende proaktive Gefahrenabwehr, aber auch für die Detektion und entsprechende Reaktion fehlen.[2059] Der Private ist allerdings auf Informationen angewiesen. Er kann nur dann wirksam agieren, wenn er über ein Gesamtbild der Sicherheitslage verfügt.[2060] Ein „Knowhow-Transfer“ zwischen Staat

---

2048 *BSI*, KRITIS-Sektorstudie, IKT, S. 94.

2049 BT-Drs. 18/4096, S. 2; *Eckhardt*, in: Auer-Reinsdorff/Conrad (Hg.), HdB IT- und Datenschutzrecht, 2. Aufl., § 33 Rn. 240; *Pohlmann*, DuD (1) 2016, 38 (40).

2050 *BSI*, KRITIS-Sektorstudie, IKT, S. 96.

2051 *BSI*, KRITIS-Sektorstudie, IKT, S. 96.

2052 *Strohschneider*, in: Zoche u. a. (Hg.), Zivile Sicherheit, S. 161 (165 ff.).

2053 *BSI*, KRITIS-Sektorstudie, IKT, S. 95.

2054 *Gusy*, in: ders. u. a. (Hg.), Rechtshandbuch Zivile Sicherheit, Kap. 3 Rn. 14.

2055 *Bräutigam/Wilmer*, ZRP 2015, 38 (40).

2056 *Holznagel/Sonntag*, in: Roßnagel (Hg.), Sicherheit für Freiheit S. 59 (62 ff.); *Spindler*, CR 2016, 297 (297).

2057 *BSI*, KRITIS-Sektorstudie, IKT, S. 79 ff.

2058 *BSI*, KRITIS-Sektorstudie, IKT, S. 79 ff.

2059 *Pohlmann*, DuD (1) 2016, 38 (40).

2060 *Könen*, DuD (1) 2016, 12 (12, 14 f.).

und Wirtschaft wird durch die gesetzliche Regulierung veranlasst.[2061] Diese Aspekte sind schon lange Inhalt verschiedener Kooperationen zwischen Wirtschaft und Staat, so z.B. die seit 2007 bestehende Kooperation „UP-KRITIS".[2062] Da nicht alle Infrastrukturbetreiber auf freiwilliger Basis mit dem Staat kooperieren,[2063] ist die Zusammenarbeit zwischen Staat und Wirtschaft auch vermehrt Gegenstand gesetzlicher Bestrebungen sowohl auf europäischer als auch nationaler Ebene geworden:

I. Rechtsrahmen

1. Europäische Ebene

Auf europäischer Ebene haben der Rat und das Europäische Parlament eine Richtlinie zur Gewährleistung einer hohen gemeinsamen Netz- und Informationssicherheit erlassen.[2064] Unternehmer hingegen, die den Anforderungen der Artikel 13a und 13b der Richtlinie 2002/21/EG[2065] unterfallen (Artikel 1 Abs. 3 NIS-Richtlinie), namentlich Anbieter elektronischer Kommunikationsdienste und Kommunikationsnetze (Artikel 1 Abs. 1 Rahmenrichtlinie), sind ausdrücklich vom Anwendungsbereich der NIS-Richtlinie ausgenommen.[2066] Die Pflicht für Betreiber von Telekommunikationsnetzen sowie Anbieter von Telekommunikationsdiensten zur Ergreifung von Sicherheitsmaßnahmen ist durch die Einführung der Artikel 13a und 13b in die Richtlinie 2002/21/EG durch die Richtlinie vom Europäischen Rat und Parlament 2009/140/EG auf europäischer Ebene verankert worden.[2067] Dadurch wurde aber den Interdependenzen zwischen dem Telekommunikationssektor und den digitalen Infrastrukturen nicht hinreichend Rechnung getragen: Die mit dem Telekommunikationssektor eng verbundene digitale Infrastruktur ist erst durch die NIS-Richtlinie berücksichtigt worden, sodass der Schutz des Telekommunikationssektors einer Vervollständigung zugänglich ist (vgl. Anhang 2 Nr. 7).

Das auf nationaler Ebene erlassene IT-Sicherheitsgesetz geht in mehrerer Hinsicht über die NIS-Richtlinie hinaus, bleibt wiederum in anderen Punkten hinter ihren Anforderungen zurück.[2068] Das IT-Sicherheitsgesetz hinkt dem Entwurf auf europäischer Ebene primär bzgl. des Adressatenkreises nach: Nach Art. 4 Nr. 4

2061 BT-Drs. 18/4096, S. 2; *Eckhardt*, in: Auer-Reinsdorff/Conrad (Hg.), HdB IT- und Datenschutzrecht, 2. Aufl., § 33 Rn. 235; *Könen*, DuD (1) 2016, 12 (15); *Roos*, MMR 2015, 636 (639).

2062 *Roos*, MMR 2014, 723 (723).

2063 *Wiater*, EJRR (2) 2015, 255 (257).

2064 ABl. (EU) L 194/1 v. 19.07.2016.

2065 ABl. (EG) L 108/33 v. 24.04.2002.

2066 *Bräutigam/Wilmer*, ZRP 2015, 38 (41); *Gercke*, CR 2016, 28 (29).

2067 ABl. (EG) L 337/37 v. 18.12.2009.

2068 *Hornung*, Stellungnahme zur öffentlichen Anhörungen des Innenausschusses des Deutschen Bundestages am 20.04.2015, S. 3 ff., online abrufbar unter https://www.bundestag.de/blob/370484/06b3a5ce693527f16886863d502ea7ca/18-4-284-g-data.pdf, Zugriff am 28.02.2017.

NIS-Richtlinie sind über die privaten Betreiber hinaus auch öffentliche Stellen erfasst.[2069] Trotz heftiger Kritik sind staatliche Stellen nicht Adressaten des IT-Sicherheitsgesetzes.[2070]

Bedenklich ist das IT-Sicherheitsgesetz auch in Bezug auf die Durchsetzung der Maßnahmen sowie der Meldepflicht: Nationale Behörden sollen nach Art. 15 Abs. 2 lit. b) NIS-Richtlinie dazu befugt sein, die Durchführung von Sicherheitsaudits von den Betreibern zu verlangen.[2071] Überdies soll ihnen die Befugnis zukommen, verbindliche Anweisungen zu machen (Art. 15 Abs. 3 NIS-Richtlinie) sowie Sanktionen gegen die Betreiber zu verhängen (Art. 17 NIS-Richtlinie).[2072] An dieser Stelle ist es das BSIG, das spezifizierter auf den NIS-Richtlinienentwurf zugeschnitten ist:[2073] Nach § 14 Abs. 2 iVm Abs. 1 Nr. 1 BSIG begeht eine Ordnungswidrigkeit, die mit einem Bußgeld versehen werden kann, wer seiner Pflicht aus § 8a Abs. 1 S. 1 BSIG zur Ergreifung von Sicherheitsvorkehrungen nicht, nicht gänzlich oder verspätet nachkommt. Ebenso ist das BSI nach § 8a Abs. 3 S. 3 BSIG dazu berechtigt, verbindliche Anordnungen zur Übermittlung von Auditergebnissen sowie zur Beseitigung von Sicherheitsmängeln zu verlangen. Handelt der Infrastrukturbetreiber diesen Anweisungen zuwider, ist sein Handeln ordnungswidrig und das BSI ist zur Verhängung einer Geldbuße befugt (§ 14 Abs. 2 iVm Abs. 1 Nr. 2 BSIG). Ähnlich gestaltet es sich bei einer Verletzung der Pflicht zur Einrichtung einer Kontaktstelle sowie der Meldepflicht (§ 14 Abs. 2 iVm Abs. 1 Nr. 3, 4 BSIG). Im Gegensatz zum IT-Sicherheitsgesetz sieht die NIS-Richtlinie außerdem die Möglichkeit einer freiwilligen Meldung anderer, nicht verpflichteter Unternehmen vor.[2074] Eine Unterrichtung der Öffentlichkeit ist – nach Anhörung des Betreibers – nach Art. 14 Abs. 4 fester Bestandteil der NIS-Richtlinie, wohingegen die Benachrichtigung der Öffentlichkeit nach dem IT-Sicherheitsgesetz nur vereinzelt und begrenzt geregelt ist.[2075] Schließlich sieht die NIS-Richtlinie die Einrichtung von CERTS (Computer-Notfallteams) vor, die im nationalen Recht bisher ausschließlich auf freiwilliger Basis eingerichtet werden (Artikel 9 NIS-Richtlinie).

Die durch die Richtlinie 2002/21/EG gesetzten Anforderungen an Betreiber von Telekommunikationsnetzen und Anbieter öffentlicher Telekommunikationsdienste

---

2069 *Hornung*, Stellungnahme zur öffentlichen Anhörungen des Innenausschusses des Deutschen Bundestages am 20.04.2015, S. 4.

2070 *Hornung*, Stellungnahme zur öffentlichen Anhörungen des Innenausschusses des Deutschen Bundestages am 20.04.2015, S. 7.

2071 *Bräutigam/Wilmer*, ZRP 2015, 38 (42); *Hornung*, Stellungnahme zur öffentlichen Anhörungen des Innenausschusses des Deutschen Bundestages am 20.04.2015, S. 34 f.

2072 *Bräutigam/Wilmer*, ZRP 2015, 38 (42); *Hornung*, Stellungnahme zur öffentlichen Anhörungen des Innenausschusses des Deutschen Bundestages am 20.04.2015, S. 5.

2073 *Roos*, MMR 2015, 636 (640).

2074 *Gercke*, CR 2016, 28 (29).

2075 Z.B. in § 109 Abs. 5 S. 7 TKG.

decken sich im Wesentlichen mit der Regelung des § 109 TKG. Insbesondere bezieht sich die Sicherungspflicht nicht nur auf die Gefahrenabwehr, sondern ebenso auf die Vermeidung und Minimierung von Auswirkungen von Sicherheitsverletzungen (Artikel 13a Rahmenrichtlinie; § 109 Abs. 2 S. 2 TKG). Über die Ergreifung von Sicherheitsmaßnahmen hinaus fordert die Rahmenrichtlinie die Einführung einer Meldepflicht (Artikel 13a Abs. 3 Rahmenrichtlinie). Artikel 13b der Rahmenrichtlinie setzt den Maßstab für die Durchsetzung der normierten Pflichten.

2. Nationale Sicherheitsmaßnahmen

Eine dem heutigen § 109 TKG vergleichbare Eigensicherungspflicht war bereits dem TKG 1996 zu entnehmen, nämlich § 87 TKG (a.F.).[2076] Eine Benachrichtigung im „Unternehmer-Nutzer-Verhältnis" war schon in § 93 Abs. 3 TKG iVm § 42a BDSG verwurzelt.[2077] An Aktualität hat die Eigensicherungspflicht allerdings erst wieder durch die Einführung des IT-Sicherheitsgesetzes gewonnen, durch die sie erheblich erweitert wurde.[2078] Das IT-Sicherheitsgesetz verfolgt einen Ansatz „regulierte[r] Kooperation mit Elementen der Selbstregulierung[2079] für Betreiber Kritischer Infrastrukturen.[2080] Das Gesetz soll insbesondere der Vereinheitlichung der Sicherheitsstandards bei Kritischen Infrastrukturen dienen.[2081] Die Erreichung dieses Zwecks erscheint allerdings zweifelhaft:[2082]

a) Adressaten

Die Eigensicherungspflichten des IT-Sicherheitsgesetzes knüpfen grundsätzlich an die Betreibereigenschaft an.[2083] Nicht bedacht wird hingegen, dass erhebliche Interdependenzen nicht nur zwischen den Branchen, sondern auch innerhalb einer Branche bestehen:[2084] So richtet sich § 109 TKG an Telekommunikationsdiens-

2076 BGBl. I 1996, S. 1120 (1143).
2077 BGBl. I 2009, S. 2814; s. hierzu *Hornung*, NJW 2010, 1841.
2078 BGBl. I 2015, S. 1324.
2079 *Wiater*, in: Gusy u. a. (Hg.), Rechtshandbuch Zivile Sicherheit, Kap. 12 Rn. 30.
2080 *Wiater*, Sicherheitspolitik zwischen Staat und Markt, S. 288.
2081 BT-Drs. 18/4096, S. 1 f.
2082 So z. B. *BDI*, Stellungnahme zum Entwurf eines Gesetzes zur Erhöhung der Sicherheit informationstechnischer Systeme (IT-Sicherheitsgesetz), S. 4, online abrufbar unter https://www.bundestag.de/blob/370300/8c907d1750439b380668c12f98a80d1b/18-4-284-e-data.pdf, Zugriff am 28.02.2017.
2083 *Wiater*, Sicherheitspolitik zwischen Staat und Markt, S. 288.
2084 Dahin gehend *Tschersich* (Deutsche Telekom AG), Stellungnahme zum Referentenentwurf des Gesetzes zur „Erhöhung der Sicherheit informationstechnischer Systeme" (ITSG), online abrufbar unter https://www.bundestag.de/blob/367988/5e1da4e4d1152266e8c409dcad15364a/18-4-284-a-data.pdf, Zugriff am 28.02.2017.

teanbieter und Betreiber öffentlicher Telekommunikationsnetze.[2085] Damit fallen die Hersteller[2086] einzelner Bestandteile sowie die Anbieter der zur IKT-Branche ebenfalls hinzugerechneten Informationstechnik aus dem Anwendungsbereich heraus.[2087] Während sich die Pflicht insofern an Service-Provider, Netzbetreiber, Knotenbetreiber und die Verwaltung, die entweder das Erbringen eines Telekommunikationsdienstes oder den Betrieb eines Telekommunikationsnetzes zum Inhalt haben, richtet, sind Rechenzentrumsbetreiber und IT-Hoster von der Pflicht ausgenommen.[2088] Rechenzentrumsbetreiber stellen nämlich lediglich die notwendige Infrastruktur (Räumlichkeiten, Stromversorgung, Klimatisierung etc.), IT-Hoster die IT-Systeme (Server, Datenspeicher usw.), zur Datenverarbeitung für Dritte zur Verfügung.[2089] Da sich die Telekommunikationsdiensteanbieter sowie -netzbetreiber für die Erbringung ihrer jeweiligen Leistungen Letzterer bedienen, wird die Datenspeicherung und -verarbeitung Teil des Gesamtsystems zur Erbringung des Telekommunikationsdienstes. Insofern haben infolge der Wechselwirkungen zwischen ihnen insbesondere die Service-Provider und die Verwaltung dafür zu sorgen, dass keine Sicherheitsverletzung bei den IT-Hostern entsteht und die Knotenbetreiber und Netzbetreiber für eine ordnungsgemäße Pflichteneinhaltung der Rechenzentrumsbetreiber einzustehen.[2090] Rechenzentrumsbetreiber sind mangels Eigenschaft als Telemediendiensteanbieter auch nicht aufgrund anderer Vorschriften verpflichtet.[2091] Daher verbleibt den Telekommunikationsunternehmen letztlich einzig die vertragliche Abrede, die allerdings nur schwer durchsetzbar sein wird, als Instrument zur Wahrnehmung von Sicherheitsmaßnahmen. Ein erster Ansatzpunkt zur Einbeziehung anderer Akteure der Branche, namentlich der Hersteller, ist § 8b Abs. 6 S. 1 BSIG zu entnehmen, wonach das BSI eine Mitwirkung von Herstellern bei der Störungsbeseitigung und -vermeidung verlangen kann.[2092] Dies gilt gemäß § 8b Abs. 6 S. 2 BSIG für Betreiber nach § 8c Abs. 3 BSIG entsprechend, worunter auch Betreiber öffentlicher Telekommunikationsnetze und Anbieter öffentlich zugänglicher Telekommunikationsdienste fallen (Nr. 1).

2085 *Mozek*, in: Säcker (Hg.), TKG, 3. Aufl., § 109 Rn. 11, 19 ff. Zur Begrenzung des Adressatenkreises durch das Merkmal „öffentlich" u. a. *Spindler*, CR 2016, 297 (298).

2086 *Roßnagel*, Stellungnahme zum Entwurf des Gesetzes zur Erhöhung der Sicherheit informationstechnischer Systeme, online abrufbar unter https://www.bundestag.de/blob/369962/584bab2bd8e0fd525f08ac0cd2c2d506/18-4-284-b-data.pdf, Zugriff am 28.02.2017; *Tschersich* (Deutsche Telekom AG), Stellungnahme zum Referentenentwurf des Gesetzes zur „Erhöhung der Sicherheit informationstechnischer Systeme" (ITSG).

2087 Zur Zusammensetzung des IKT-Sektors *BSI*, KRITIS-Sektorstudie, IKT, S. 11 f.

2088 Zu den Begriffen *BSI*, KRITIS-Sektorstudie, IKT, S. 26 ff.

2089 *BSI*, KRITIS-Sektorstudie, IKT, S. 29 f.

2090 Zu den Wechselwirkungen innerhalb der Branche *BSI*, KRITIS-Sektorstudie, IKT, S. 26. Zu dieser Pflicht iRd § 8a BSIG BT-Drs. 18/4096, S. 26.

2091 *Müller-Broich*, in: ders. (Hg.), TMG, 1. Aufl., § 1 Rn. 6.

2092 *Roßnagel*, DVBl. 2015, 1206 (1209).

Aufgrund der Begrenztheit der Ressourcen legen regelmäßig nicht die Betreiber von Telekommunikationsnetzen, sondern Energieversorger die Trassen für Stromnetze und damit zugleich für Telekommunikationsnetze. Die Redundanz der Leitungen liegt dadurch nicht in den Händen der Telekommunikations-, sondern der Energieversorger. Diese sind aber nicht nach dem TKG verpflichtet. Deshalb bestünde die Gefahr erheblicher Lücken in der Sicherheitsgewährleistung, wären die Energieversorger nicht nach § 11 Abs. 1a) EnWG ebenso dazu verpflichtet, für angemessenen Schutz der Telekommunikationsnetze zu sorgen. Insofern wurde bei der Schaffung des IT-Sicherheitsgesetzes, obwohl manche Regelungen als „Fremdkörper" erscheinen, vermehrt auf die Interdependenzen zwischen Branchen geachtet. Umso fragwürdiger erscheint es, weshalb datenverarbeitende Unternehmen und digitale Infrastrukturen als Teil der Branche von der Regulierungswelle bisher größtenteils verschont geblieben sind.

b) Sicherheitsmaßnahmen

Nur § 8a BSIG nennt ausdrücklich das Schutzziel IT-Sicherheit, namentlich die Verfügbarkeit, Integrität, Authentizität und Vertraulichkeit informationstechnischer Systeme.[2093] Da die IT-Sicherheit als Schutzziel im allgemeinen Teil der Gesetzesbegründung aufgenommen wurde, ist davon auszugehen, dass auch die spezielleren Regelungen dieses Ziel verfolgen.[2094] In der Begründung zu § 109 TKG wird überdies auf diese Schutzziele verwiesen.[2095] Dennoch unterscheiden sie sich erheblich in ihrem Wortlaut: Während § 8a Abs. 1 BSIG die Schutzziele nennt, zählt § 109 Abs. 1 und 2 TKG die einzelnen Schutzgüter auf (Fernmeldegeheimnis, personenbezogene Daten, Verfügbarkeit der Telekommunikationsinfrastruktur). Daraus kann im Vergleich zu § 8a BSIG eine Begrenzung gesehen werden: Die Integrität der Daten soll zwar gewährleistet werden. Da § 109 Abs. 1 Nr. 2 TKG allerdings nur von „personenbezogene[n] Daten" (§ 3 Nr. 30a TKG) spricht, können auch nur diese gemeint sein.[2096]

Ein wesentlicher Unterschied zwischen den Verpflichtungen der Betreiber liegt darin, dass Betreiber Kritischer Infrastrukturen nach § 8a Abs. 1 S. 2 BSIG den Stand der Technik „einhalten" sollen, während dieser nach § 109 Abs. 1 S. 2 TKG zu „berücksichtigen" ist.[2097] Nur im letzten Fall ist ein Unterschreiten des Standes der Technik erlaubt.[2098] Da der Stand der Technik nach § 8a Abs. 1 S. 2 BSIG wiederum

---

2093 *Hornung*, NJW 2015, 3334 (3336); *Roos*, MMR 2015, 636 (637). Ausführlich zu den Schutzzielen *Heckmann*, MMR 2006, 280 (281 f.).

2094 BT-Drs. 18/4096, S. 1.

2095 BT-Drs. 18/4096, S. 35.

2096 Zu den personenbezogenen Daten *Mozek*, in: Säcker (Hg.), TKG, 3. Aufl., § 109 Rn. 14.

2097 BGBl. I 2015, S. 1324; *Roßnagel*, DVBl. 2015, 1206 (1208).

2098 *Hornung*, Stellungnahme zur öffentlichen Anhörungen des Innenausschusses des Deutschen Bundestages am 20.04.2015, S. 8; *Roßnagel*, Stellungnahme zum Entwurf des Gesetzes zur Erhöhung der Sicherheit informationstechnischer Systeme.

nur eingehalten werden „soll", sind einzelne Abweichungen möglich.[2099] In Anbetracht dessen, dass in einem früheren Gesetzesentwurf auch bei § 8a Abs. 1 S. 2 BSIG nur eine Berücksichtigung erforderlich war, im Rahmen von Stellungnahmen im Bundestag auf diese notwendige Differenzierung des Wortlauts hingewiesen wurde, eine Änderung aber nur bei § 8a Abs. 1 S. 2 BSIG vorgenommen wurde,[2100] kann es nur bedeuten, dass unterschiedliche Anforderungen an die Verpflichteten durch das BSIG und das TKG zu stellen sind.[2101]

Beträchtliche Differenzen bezüglich der durchzuführenden Sicherheitsmaßnahmen sind insbesondere zwischen dem TKG und dem Energiewirtschaftsgesetz (EnWG) festzustellen: Dem Sicherheitskatalog nach § 109 Abs. 6 TKG fehlt nicht nur jegliche Bindung im Sinne einer Verpflichtung zur Übernahme der in diesem Katalog zusammengestellten Maßnahmen bei der Erstellung des Sicherheitskonzepts. Überdies kann der Betreiber oder Diensteanbieter von den im Sicherheitskonzept aufgeführten Maßnahmen abweichen, sofern er andere Sicherheitsvorkehrungen vornimmt, die ebenso den Stand der Technik berücksichtigen. Anders dagegen bei § 11 Abs. 1 EnWG, wonach der Energieversorger nur dann seine gesetzliche Verpflichtung erfüllt, wenn er die Anforderungen aus dem Katalog umsetzt (§ 11 Abs. 1a) S. 4 EnWG).[2102]

c) Selbstregulierungselement

Das Element der Selbstregulierung unterscheidet sich bei den Kritischen Infrastrukturen nach wie vor wesentlich: Nach § 8a Abs. 2 BSIG können die Betreiber und Branchenverbände Sicherheitsstandards vorschlagen, woraufhin sie vom BSI akzeptiert werden.[2103] Es handelt sich um einen Verwaltungsakt,[2104] der eine Selbstbindung der Verwaltung zur Folge hat.[2105] Weitere Behörden, namentlich das Bundesamt für Bevölkerungsschutz und Katastrophenhilfe (im „Benehmen") sowie die zuständige Aufsichtsbehörde („im Einvernehmen") werden einbezogen.[2106] Dies weicht insbesondere erheblich von § 11 Abs. 1b S. 2 EnWG ab, wonach die Regulierungsbehörde im Einvernehmen mit dem BSI die Sicherheitsstandards festlegt.[2107] Eine Mitwirkung der Unternehmen ist ausgeschlossen,[2108] sodass an dieser Stelle kaum von einer Selbstregulierung gesprochen werden kann. Der Katalog an Sicherheitsanforderungen nach Telekommunikationsrecht wird gemäß § 109 Abs. 6 TKG eben-

---

2099 *Roßnagel*, DVBl. 2015, 1206 (1208).
2100 BT-Drs. 643/14, S. 4; *Roos*, MMR 2015, 636 (638).
2101 *Roßnagel*, DVBl. 2015, 1206 (1208).
2102 *Roos*, MMR 2015, 636 (643).
2103 *Hornung*, NJW 2015, 3334 (3336); *Roßnagel*, DVBl. 2015, 1206 (1209).
2104 *Roos*, MMR 2014, 723 (726).
2105 *Spindler*, CR 2016, 297 (299 f.).
2106 BT-Drs. 18/4096, S. 26; *Hornung*, NJW 2015, 3334 (3336).
2107 *Hornung*, NJW 2015, 3334 (3336).
2108 *Hornung*, NJW 2015, 3334 (3336).

so von staatlicher Seite, nämlich von der Bundesnetzagentur, im Einvernehmen mit dem BSI und dem Bundesbeauftragten für Datenschutz und Informationssicherheit, erstellt.[2109] Präziser gesagt sollte durch das IT-Sicherheitsgesetz, durch die Änderung des Wortlauts von „Benehmen" zu „Einvernehmen", ihre Rolle sogar ausdrücklich gestärkt werden.[2110] Den Herstellern und Verbänden der Unternehmer wird ausschließlich ein Recht zur Stellungnahme gewährt.[2111]

d) Sicherheitsaudits

Die Kontrollbefugnisse der Behörden weichen ebenso erheblich voneinander ab: Nach § 8a Abs. 3 BSIG haben die Betreiber Kritischer Infrastrukturen alle zwei Jahre die Einhaltung der Anforderungen nach Abs. 1 z. B. durch Audits nachzuweisen.[2112] Eine Befugnis zur Anordnung eines Sicherheitsaudits ist allerdings ausschließlich im TKG (§ 109 Abs. 7 TKG) vorgesehen.[2113]

e) Pseudonyme Meldung

§ 8b Abs. 4 S. 3 BSIG sieht die Möglichkeit einer anonymen Meldung vor, sofern es nicht tatsächlich zu einem Ausfall oder einer Beeinträchtigung der Funktionsfähigkeit der Anlage gekommen ist.[2114] Der Unternehmer hat selbst die Entscheidung darüber zu treffen, ob eine anonyme Meldung ausreicht.[2115] Ausdrücklich ist diese Form der Meldung § 109 Abs. 5 TKG nicht zu entnehmen.[2116] Allerdings informiert das Unternehmen die Bundesnetzagentur (§ 109 Abs. 5 S. 1 TKG).[2117] Das BSI wird nur informiert, soweit es sich um Sicherheitsverletzungen handelt, welche die Informationstechnik betreffen (§ 109 Abs. 5 S. 5 TKG).[2118] Letztlich ist aber keine Kontaktstelle zwischen Wirtschaft und Staat geschaltet, sodass Betriebs- und Geschäftsgeheimnisse einer Gefährdung ausgesetzt sind.[2119] Informationen können dem BSI durch die Energieversorgungsunternehmen nicht vorenthalten werden,

---

2109 S. *Mozek*, in: Säcker (Hg.), TKG, 3. Aufl., § 109 Rn. 48.

2110 BT-Drs. 18/4096, S. 36.

2111 *Mozek*, in: Säcker (Hg.), TKG, 3. Aufl., § 109 Rn. 48.

2112 BT-Drs. 18/4096, S. 26 f.; *Roos*, MMR 2015, 636 (639); *Roßnagel*, DVBl. 2015, 1206 (1209).

2113 *Spindler*, CR 2016, 297 (300).

2114 *Hornung*, NJW 2015, 3334 (3337); *Roos*, MMR 2014, 723 (726 f.).

2115 *Bräutigam/Wilmer*, ZRP 2015, 38 (40).

2116 Vgl. *Mozek*, in: Säcker (Hg.), TKG, 3. Aufl., § 109 Rn. 42 ff.; *Tschersich* (Deutsche Telekom AG), Stellungnahme zum Referentenentwurf des Gesetzes zur „Erhöhung der Sicherheit informationstechnischer Systeme" (ITSG).

2117 *Bräutigam/Wilmer*, ZRP 2015, 38 (38); *Mozek*, in: Säcker (Hg.), TKG, 3. Aufl., § 109 Rn. 42.

2118 *Bräutigam/Wilmer*, ZRP 2015, 38 (38); *Mozek*, in: Säcker (Hg.), TKG, 3. Aufl., § 109 Rn. 45. Kritisch *Roßnagel*, Stellungnahme zum Entwurf des Gesetzes zur Erhöhung der Sicherheit informationstechnischer Systeme.

2119 *Hornung*, NJW 2015, 3334 (3338).

da sie die Meldung nach § 11 Abs. 1c) EnWG unmittelbar an das BSI zu richten haben.[2120] Es besteht daher die Gefahr, dass das BSI auch Informationen erhält, die für ihn nicht bestimmt sein dürften.

f) Reichweite der Meldung

Die Meldepflichten weichen ebenso in ihrem Wortlaut voneinander ab: Nach § 8b Abs. 4 BSIG ist die Meldepflicht bei „erhebliche[n] Störungen", die zu einem „Ausfall oder [einer] Beeinträchtigung der Funktionsfähigkeit [...] führen können oder geführt haben" ausgelöst.[2121] Eine erhebliche Störung soll vorliegen, wenn sie nicht automatisiert oder mit wenig Aufwand abgewehrt werden kann.[2122] Mit dem Begriff der Störung wird auf den Störungsbegriff des § 100 TKG verwiesen.[2123] § 109 Abs. 5 TKG setzt hingegen „Beeinträchtigungen [...], die zu beträchtlichen Sicherheitsverletzungen führen oder [...] führen können", voraus.[2124] In Anbetracht dessen, dass § 11 Abs. 1c) EnWG ebenso „erhebliche Störungen" zur Bedingung macht und seinem Wortlaut nach an § 8b Abs. 4 BSIG angepasst ist, während § 44b AtG wiederum anders gefasst ist und eine „Gefährdung oder Störung der nuklearen Sicherheit" voraussetzt, ist davon auszugehen, dass verschiedene Anforderungen an die Meldepflicht gesetzt sind.[2125] Die Meldepflicht des § 109 Abs. 5 TKG erfasst auch Vorfälle, die zu einem unerlaubten Zugriff auf Nutzersysteme führen können (S. 2), sodass die telekommunikationsrechtliche Meldepflicht jedenfalls in dieser Hinsicht weiter als die der anderen Adressaten des IT-Sicherheitsgesetzes ausgestaltet ist.[2126] Noch umfassender ist die Pflicht des § 109a Abs. 1 S. 2 TKG, die, obwohl regelmäßig Massenmails oder eine Information auf der Website ausreichen werden, auf eine unmittelbare Information Privater durch den Betreiber gerichtet ist.[2127]

2120 *Hornung*, NJW 2015, 3334 (3337); *Hornung*, Stellungnahme zur öffentlichen Anhörungen des Innenausschusses des Deutschen Bundestages am 20.04.2015, S. 12; *Roßnagel*, Stellungnahme zum Entwurf des Gesetzes zur Erhöhung der Sicherheit informationstechnischer Systeme.

2121 *Hornung*, NJW 2015, 3334 (3337); *Roßnagel*, Stellungnahme zum Entwurf des Gesetzes zur Erhöhung der Sicherheit informationstechnischer Systeme.

2122 BT-Drs. 18/4096, S. 28; *Bräutigam/Wilmer*, ZRP 2015, 38 (40); *Spindler*, CR 2016, 297 (300).

2123 BT-Drs. 18/4096, S. 27; *Roos*, MMR 2015, 636 (642); *Spindler*, CR 2016, 297 (300).

2124 *Hornung*, NJW 2015, 3334 (3338); *Hornung*, Stellungnahme zur öffentlichen Anhörungen des Innenausschusses des Deutschen Bundestages am 20.04.2015, S. 11; *Spindler*, CR 2016, 297 (301).

2125 Zu den verschiedenen Anforderungen ausführlich *Hornung*, NJW 2015, 3334 (3338).

2126 *Roos*, MMR 2015, 636 (642); *Roßnagel*, Stellungnahme zum Entwurf des Gesetzes zur Erhöhung der Sicherheit informationstechnischer Systeme.

2127 *Roos*, MMR 2015, 636 (642 f.); *Roßnagel*, Stellungnahme zum Entwurf des Gesetzes zur Erhöhung der Sicherheit informationstechnischer Systeme.

g) Information der Öffentlichkeit

Weder in § 8a Abs. 4 BSIG noch in § 11 Abs. 1c) EnWG ist, anders als in § 109 Abs. 5 S. 7 TKG, eine stetige Unterrichtung der Öffentlichkeit vorgesehen.[2128] Nach § 8d Abs. 1 BSIG haben Dritte immerhin einen Informationsanspruch, wenn keine schutzwürdigen Interessen des Betreibers der Kritischen Infrastruktur entgegenstehen.[2129] Der Gesetzesbegründung nach ist der Anspruch desungeachtet und den Kreis der Anspruchsberechtigten eingrenzend, für andere Unternehmen gedacht.[2130] Die Beseitigung von uneinheitlichen Standards ist dem IT-Sicherheitsgesetz als Ziel gesetzt.[2131] Hinzu kommt, dass die „Security Awareness", d. h. die Sensibilisierung der Betreiber, aber auch anderer Akteure, erreicht werden soll.[2132] Dabei gilt, dass je mehr Akteure sensibilisiert sind, desto widerstandsfähiger nicht nur die Infrastruktur, sondern auch die Gesellschaft insgesamt werden kann.[2133] Dazu muss bei wesentlichen Sicherheitsvorfällen auch die Unterrichtung der Öffentlichkeit gehören, sodass nicht nachvollziehbar ist, weshalb diese Option ausschließlich dem TKG zu entnehmen ist.[2134] Weiterreichend ist auch in dieser Hinsicht § 109a TKG, der eine Meldepflicht im Verhältnis „Betreiber-Nutzer" statuiert, wonach der Nutzer zu benachrichtigen ist, wenn Störungen von seinem IT-System ausgehen (z. B. wenn er Bestandteil eines Botsnetzes ist).[2135] Darüber hinaus sind den Nutzern Hinweise zur Beseitigung der Störung an die Hand zu geben (§ 109a Abs. 4 S. 3).[2136]

II. Die Ausführung – ein gemeinsamer Beitrag des Privaten und der Exekutive

Das Fundament für das Sicherheitskonzept sowie die spezifischen einzelnen Maßnahmen legen die Bundesnetzagentur im Einvernehmen mit dem BSI sowie dem Bundesbeauftragten für den Datenschutz und die Informationsfreiheit, indem sie

---

2128 *Hornung*, NJW 2015, 3334 (3338); *Leisterer/Schneider*, K&R 2015, 681 (685).

2129 *Roßnagel*, Stellungnahme zum Entwurf des Gesetzes zur Erhöhung der Sicherheit informationstechnischer Systeme.

2130 BT-Drs. 18/4096, S. 26; *Hornung*, Stellungnahme zur öffentlichen Anhörungen des Innenausschusses des Deutschen Bundestages am 20.04.2015, S. 14.

2131 BT-Drs. 18/4096, S. 1 f.

2132 *BSI*, KRITIS-Sektorstudie, IKT, S. 93.

2133 Dies ist auch der Gesetzesbegründung zu entnehmen, vgl. BT-Drs. 18/4096, S. 2.

2134 I.E. *Hornung*, NJW 2015, 3334 (3338).

2135 *Eckhardt*, in: Auer-Reinsdorff/Conrad (Hg.), HdB IT- und Datenschutzrecht, 2. Aufl., § 33 Rn. 240; *Emmert*, DuD (1) 2016, 34 (35); *Könen*, DuD (1) 2016, 12 (13); *Roos*, MMR 2014, 723 (727); *Roßnagel*, Stellungnahme zum Entwurf des Gesetzes zur Erhöhung der Sicherheit informationstechnischer Systeme.

2136 *Könen*, DuD (1) 2016, 12 (13); *Roos*, MMR 2014, 723 (727); *Roßnagel*, Stellungnahme zum Entwurf des Gesetzes zur Erhöhung der Sicherheit informationstechnischer Systeme.

einen Katalog von Sicherheitsanforderungen erstellen (§ 109 Abs. 6 TKG).[2137] Werden die Anforderungen dieses Sicherheitskataloges eingehalten, entsprechen sie dem Stand der Technik.[2138] Der Sicherheitskatalog ist indessen nicht als abschließende Grundlage für die Konzepterstellung gedacht: Es kann auch auf andere Regelwerke gestützt werden, so z. B. die BSI-Standards, BSI-Grundschutzkataloge und DIN[2139]/ ISO bzw. IEC-Normen.[2140] Hintergrund dessen ist insbesondere der für die gesetzliche Regelung gewählte Wortlaut „der Stand der Technik ist zu berücksichtigen" (§ 109 Abs. 1 S. 2 TKG). „Stand der Technik" bedeutet „der Entwicklungsstand fortschrittlicher Verfahren, Einrichtungen und Betriebsweisen, der die praktische Eignung einer Maßnahme zum Schutz der Funktionsfähigkeit informationstechnischer Systeme, Komponenten oder Prozesse gegen Beeinträchtigungen der Verfügbarkeit, Integrität, Authentizität und Vertraulichkeit gesichert erscheinen lässt".[2141] Damit kann nicht mehr gemeint sein als die Kenntnisnahme und das in Betracht ziehen seiner Einhaltung.[2142] Kann der Stand der Technik sogar unterschritten werden, folgt aus einem Erst-recht-Schluss, dass die Einhaltung jeglicher sonstiger Regelwerke, die national und international anerkannt sind, für die Erfüllung der gesetzlichen Vorschrift genügen muss.[2143] Maßgeblich sind dabei indessen wohl insbesondere der IT-Grundschutz des BSI und die ISO/IEC 27000-Reihe.[2144] Einem Verweis auf ISO 27001 wird hingegen entgegengesetzt, sie sei zu sehr auf organisatorische Vorkehrungen und deshalb nicht als Maßstab für technische Vorkehrungen geeignet.[2145] Ist das Sicherheitskonzept festgesetzt, steht es dem Betreiber nach wie vor frei, eigene Maßnahmen zu ergreifen, soweit sie dem Stand der Technik entsprechen.[2146]

Zusammengefasst umfasst das Konzept des §§ 109 f. TKG zunächst das Bezeichnen des Telekommunikationsnetzstrukturplans, die Darstellung der Telekommunikationsdienste, inklusive der hierfür eingesetzten Anlagen sowie die Bildung von

---

2137 *BNetzA*, Katalog von Sicherheitsanforderungen, S. 5.

2138 *Roos*, MMR 2015, 636 (642).

2139 Zu den einschlägigen DIN-Normen zur IT-Sicherheit s. *Conrad*, in: Auer-Reinsdorff/ Conrad (Hg.), HdB IT- und Datenschutzrecht, 2. Aufl., § 33 Rn. 302.

2140 *BNetzA*, Katalog von Sicherheitsanforderungen, S. 5.

2141 BT-Drs. 18/4096, S. 26; *Spindler*, CR 2016, 297 (299).

2142 *Eckhardt*, ZD 2014, 599 (600); *Hornung*, Stellungnahme zur öffentlichen Anhörungen des Innenausschusses des Deutschen Bundestages am 20.04.2015, S. 8; *Roßnagel*, Stellungnahme zum Entwurf des Gesetzes zur Erhöhung der Sicherheit informationstechnischer Systeme.

2143 Zur Anwendbarkeit anderer Regelwerke für das BSIG BT-Drs. 18/4096, S. 26; *Könen*, DuD (1) 2016, 12 (14).

2144 *Schiller*, Stellungnahme zum Entwurf des Gesetzes zur Erhöhung der Sicherheit informationstechnischer Systeme, S. 5, online abrufbar unter http://www.bundestag.de/blob/370160/b820bfd1949d230e5856d0c0774acbce/18-4-284-c-data.pdf, Zugriff am 28.02.2017.

2145 *Spindler*, CR 2016, 297 (299). Ebenso ablehnend *Eckhardt*, in: Auer-Reinsdorff/ Conrad (Hg.), HdB IT- und Datenschutzrecht, 2. Aufl., § 33 Rn. 235.

2146 BT-Drs. 18/4096, S. 26; *Roos*, MMR 2014, 723 (726); *Roos*, MMR 2015, 636 (638).

Sicherheitsteilsystemen.[2147] Ist dies erfolgt, können die einzelnen Gefährdungen und Sicherheitsziele den Teilsystemen zugeordnet werden, woraus sich schließlich die Anforderungen an die zu treffenden Maßnahmen ergeben.[2148] Erst dann können Maßnahmen zum Schutz der Systeme festgelegt, beschrieben und umgesetzt werden.[2149] Die genannten Maßnahmen lassen sich wiederum in Maßnahmen bzgl. der Infrastruktur, organisatorische Regelungen, Personalregelungen, technische Maßnahmen sowie Notfallmaßnahmen unterteilen.[2150] Das Sicherheitskonzept wird der Bundesnetzagentur von Betreibern öffentlicher Telekommunikationsnetze zwingend und unverzüglich nach Beginn der Tätigkeit vorgelegt.[2151] Unternehmer, die öffentlich zugängliche Telekommunikationsdienste erbringen, müssen ihr Sicherheitskonzept erst nach einer Aufforderung durch die Bundesnetzagentur unterbreiten.[2152] Schließlich ist das Gesamtsystem zu bewerten und stätig zu verfeinern.[2153] Droht dennoch eine beträchtliche Sicherheitsverletzung, kommt die Meldepflicht zum Einsatz.[2154] Nur, wenn dieses Gesamtsystem intakt funktioniert, sind die gesetzlichen Verpflichtungen aus § 109 Abs. 1 und 2 TKG erfüllt.[2155]

Eine Anlehnung an die BSI-Standards 100–1 bis 4 ist denkbar, sogar empfehlenswert.[2156] BSI-Standard 100–1 umfasst Managementsysteme für die Informationssicherheit (ISMS); 100–2 die IT-Grundschutz Vorgehensweise; 100–3 die Risikoanalyse; 100–4 das Notfallmanagement.[2157] Deren Einhaltung ist zertifizierungsfähig.[2158] Ergänzend tritt der IT-Grundschutzkatalog hinzu.[2159] Dieser setzt sich aus verschiedenen Elementen zusammen, namentlich den „Bausteinen", „Gefährdungs-" und „Maßnahmekatalogen".[2160] Auf dessen Grundlage kann baukastenartig ein nicht nur für die Branche, sondern auch für das Unternehmen zugeschnittenes Sicherheitskonzept, entwickelt werden.[2161] Als branchenübergreifend gilt z.B. der

2147 *BNetzA*, Katalog von Sicherheitsanforderungen, S. 9.
2148 *BNetzA*, Katalog von Sicherheitsanforderungen, S. 9.
2149 *BNetzA*, Katalog von Sicherheitsanforderungen, S. 9.
2150 *BNetzA*, Katalog von Sicherheitsanforderungen, S. 12 f.
2151 *BNetzA*, Katalog von Sicherheitsanforderungen, S. 16.
2152 *BNetzA*, Katalog von Sicherheitsanforderungen, S. 16.
2153 *BNetzA*, Katalog von Sicherheitsanforderungen, S. 9.
2154 *BNetzA*, Katalog von Sicherheitsanforderungen, S. 9.
2155 *BNetzA*, Katalog von Sicherheitsanforderungen, S. 18.
2156 *BNetzA*, Katalog von Sicherheitsanforderungen, S. 13.
2157 *BSI*, BSI-Standard 100–1, S. 10, online abrufbar unter https://www.bsi.bund.de/SharedDocs/Downloads/DE/BSI/Publikationen/ITGrundschutzstandards/BSI-Standard_1001.pdf?__blob=publicationFile, Zugriff am 06.03.2018.
2158 *Schmidl*, in: Hauschka u. a. (Hg.), Corporate Compliance, 3. Aufl., § 28 Rn. 119.
2159 *Schmidl*, in: Hauschka u. a. (Hg.), Corporate Compliance, 3. Aufl., § 28 Rn. 119.
2160 *Schmidl*, in: Hauschka u. a. (Hg.), Corporate Compliance, 3. Aufl., § 28 Rn. 119. Kataloge online abrufbar unter https://www.bsi.bund.de/DE/Themen/ITGrundschutz/ITGrundschutzKataloge/itgrundschutzkataloge_node.html, 15. EL, Zugriff am 28.02.2017.
2161 *Schmidl*, in: Hauschka u. a. (Hg.), Corporate Compliance, 3. Aufl., § 28 Rn. 120.

Baustein „B.1 – Übergreifende Aspekte“.[2162] Umgekehrt fordert § 109 Abs. 1 TKG zum Schutz personenbezogener Daten insbesondere Schutzmaßnahmen nach § 9 BDSG und der entsprechenden Anlage.[2163] Die Anlage zu § 9 BDSG differenziert zwischen Zutrittskontrolle (Nr. 1), Zugangskontrolle (Nr. 2), Zugriffskontrolle (Nr. 3) usw., nennt indessen keine konkreten Maßnahmen.[2164] Infolgedessen muss ein Rückgriff auf den BSI-Grundschutz, namentlich den Baustein B.1.5. „Datenschutz“, der ebenso unmittelbar nach BSIG verpflichteten Betreibern wie Unternehmern der Telekommunikationsbranche als Leitlinie für den Stand der Technik dient, erfolgen.[2165]

Es besteht die Möglichkeit, mit der Erlangung einer Zertifizierung nach IT-Grundschutz zeitgleich eine Zertifizierung nach ISO/IEC 27001 zu erlangen.[2166] Diese internationale Norm beinhaltet insbesondere allgemeine Anforderungen an die IT-Sicherheit sowie an das Sicherheitsmanagement; Compliance-Richtlinien; Maßnahmen zur Sicherstellung spezifischer Ziele der Informationssicherheit; die Klärung der Begrifflichkeiten „Informationssicherheits- und Managementtätigkeiten“ und die Auditierung zur Prüfung der Umsetzung von Sicherheitsstandards.[2167]

C. Fazit

Das IT-Sicherheitsgesetz samt seiner zahlreichen Eigensicherungspflichten ist mit Sicherheit ein grundlegender Schritt für die Verbesserung der IT-Sicherheit.[2168] Dennoch bleiben zahlreiche offene Fragen. Gerade aufgrund der Interdependenzen zwischen den Kritischen Infrastrukturen ist nicht nachvollziehbar, weshalb, trotz erheblicher Kritik bei den Stellungnahmen im Bundestag, nicht die Anforderungen an

---

2162 Online abrufbar unter https://www.bsi.bund.de/DE/Themen/ITGrundschutz/ITGrundschutzKataloge/Inhalt/_content/baust/b01/b01.html, 15. EL, Zugriff am 28.02.2017.

2163 *Graulich*, in: Arndt u. a. (Hg.), TKG, 2. Aufl., § 109 Rn. 14; *Mozek*, in: Säcker (Hg.), TKG, 3. Aufl., § 109 Rn. 15.

2164 Fassung aufgrund von BGBl. I 2009, S. 2814; *Conrad*, in: Auer-Reinsdorff/Conrad (Hg.), HdB IT- und Datenschutzrecht, 2. Aufl., § 33 Rn. 243.

2165 Z.T. wird dieser Baustein sogar als Mindeststandard im Sinne des § 9 BDSG gesehen, was aber aufgrund des ausdrücklichen Wortlauts nicht für § 109 Abs. 1 TKG gelten kann, vgl. hierzu *Conrad*, in: Auer-Reinsdorff/Conrad (Hg.), HdB IT- und Datenschutzrecht, 2. Aufl., § 33 Rn. 243. Baustein B.1.5. „Datenschutz“ online abrufbar unter https://www.bsi.bund.de/DE/Themen/ITGrundschutz/ITGrundschutzKataloge/Inhalt/_content/baust/b01/b01005.html?nn=6604926, 15. EL, Zugriff am 29.02.2017.

2166 *Conrad*, in: Auer-Reinsdorff/Conrad (Hg.), HdB IT- und Datenschutzrecht, 2. Aufl., § 33 Rn. 305.

2167 *Conrad*, in: Auer-Reinsdorff/Conrad (Hg.), HdB IT- und Datenschutzrecht, 2. Aufl., § 33 Rn. 307.

2168 *Bräutigam/Wilmer*, ZRP 2015, 38 (41 f.); *Hornung*, NJW 2015, 3334 (3340); *Roos*, MMR 2015, 636 (645); *Roßnagel*, DVBl. 2015, 1206 (1212).

die verschiedenen Betreiber vereinheitlicht wurden.[2169] Dies wäre nur gerechtfertigt, wenn sachliche Unterschiede bzgl. der Auswirkungen der einzelnen Infrastrukturen bestünden. Eine Differenzierung zwischen den technischen Basisinfrastrukturen und den sozioökonomischen Dienstleistungsinfrastrukturen erscheint sinnvoll, denn ein Krankenhaus ist von der Energieversorgung und der Telekommunikationsinfrastruktur abhängig, nicht aber vice versa:[2170] Es macht für den einzelnen Patienten keinen Unterschied, ob sein Notruf infolge einer Störung der Telekommunikationsinfrastruktur das Krankenhaus nicht erreicht oder ob die Stromgeräte infolge eines Stromausfalls auf der Intensivstation ausfallen. Beide Störungen in den Basisinfrastrukturen wirken sich auf das Gesundheitswesen aus. In beiden Fällen kann dies für den Patienten tödlich enden. Infolge der Vernetzung wirkt sich eine weniger strenge Anforderung zugunsten des einen Infrastrukturbetreibers im Fall des Gefahreneintritts automatisch auch nachteilig auf Betreiber anderer Kritischer Infrastrukturen aus. Führt man diesen Gedankengang fort, erscheint es auch im Hinblick auf Artikel 3 Abs. 1 GG problematisch, dass ein Infrastrukturbetreiber mehr Sicherheit schaffen muss als ein anderer Infrastrukturbetreiber und im Ergebnis beide nur gleich viel von dem Gesamtprodukt profitieren. Hinzu kommt, dass im IT-Sicherheitsgesetz die Interdependenzen innerhalb eines Sektors nicht hinreichend berücksichtigt wurden, im IKT Bereich z. B. zwischen Netz- und Rechenzentrumsbetreiber. Auch dies führt wieder zu neuen Sicherheitslücken.[2171] Ab 2018 sind datenverarbeitende Unternehmen nach der Datenschutzgrundverordnung verpflichtet, technische und organisatorische Maßnahmen (Art. 32) zu treffen und Sicherheitsvorfälle zu melden (Art. 33), was zu einer Lückenschließung beitragen sollte.[2172]

Obwohl viele Punkte des IT-Sicherheitsgesetzes mit der NIS-Richtlinie übereinstimmen, müssen die Abweichungen zwischen der Richtlinie und dem IT-Sicherheitsgesetz beseitigt werden.[2173] Dazu zählen insbesondere die Einbeziehung ausdifferenzierter Verpflichtungen zur Vornahme von Sicherheitsvorkehrungen für digitale Infrastrukturen sowie die Einrichtung von CERTS. Obwohl der letzte Punkt nicht ausdrücklich der Rahmenrichtlinie zu entnehmen ist und daher nicht für Telekommunikationsunternehmen gilt, ist eine überschießende Auslegung der Richtlinie zu befürworten und diese Pflicht damit für alle Kritischen Infrastrukturen gesetzlich zu verankern. Dies wird in Anbetracht dessen, dass bereits auf freiwilliger Basis CERTS im Bereich der Telekommunikation eingerichtet wurden, keine wesentlichen Veränderungen in diesem Bereich zur Folge haben.

2169 So auch z. B. *Hornung*, NJW 2015, 3334 (3337).

2170 Zu den zwei Infrastrukturtypen *BMI*, Nationale Strategie zum Schutz Kritischer Infrastrukturen, S. 5.

2171 IT-Sicherheitsrecht ist nämlich überall relevant, wo Informationstechnologie angewandt wird, s. *Heckmann*, MMR 2006, 280 (282).

2172 ABl. (EU) L 119/1 v. 04.05.2016.

2173 *Bräutigam/Wilmer*, ZRP 2015, 38 (41 f.); *Roßnagel*, DVBl. 2015, 1206 (1212).

Trotz heftiger Kritik, dass neben den Sicherheitskatalogen z. B. nach § 109 Abs. 6 TKG die Sicherheitskonzepte auch auf Grundlage anderer national und international anerkannter Vorschriften erstellt werden könnten bzw. auch jene Regelwerke eine Vermutung für die Einhaltung des Standes der Technik begründen würden, ist dies ausdrücklich zu befürworten. Für die Regelung des § 109 Abs. 1 S. 2 TKG gilt dies bereits deshalb schon, weil der Stand der Technik lediglich zu „berücksichtigen" ist. In den Fällen, in denen von einer „Einhaltung" des Standes der Technik gesprochen wird (§ 8a Abs. 1 S. 2 BSIG) muss dies aus Praktikabilitätsgesichtspunkten erfolgen: Es würde für die Unternehmer einen erheblichen Mehraufwand mit sich bringen, müssten sie aus Wettbewerbsgründen und Rationalitätsgesichtspunkten ohnehin eine Zertifizierung nach BSI-Standards oder ISO/IEC-2700-Normen benötigen und deshalb vorweisen können, aber dennoch andere Standards einhalten müssen. Diese decken sich nicht zwingender Weise mit den bereits zertifizierten Standards. Ein anderes Verschlüsselungsverfahren, das möglicherweise weder besser noch schlechter zur Erreichung des Zwecks geeignet ist, kann durch andere Standards vorausgesetzt sein. Rechtlich kann diese Erwägung schon mit dem Verhältnismäßigkeitsprinzip begründet werden.

Kapitel 7 – Eigensicherungspflichten als Produkt von Resilienz?

Der Begriff „*Kritische Infrastruktur*" ist eng mit dem der „*Resilienz*" verknüpft.[2174] Einerseits stehen Kritische Infrastrukturen für Vulnerabilität,[2175] andererseits schaffen sie, namentlich die Kommunikationsinfrastruktur, Resilienz.[2176] Eigensicherungspflichten werden zum Schutz Kritischer Infrastrukturen auferlegt.[2177] Somit stellt sich die Frage, ob Eigensicherungspflichten Voraussetzung für Resilienz sind oder ob sie nicht vielmehr das Produkt einer resilienten Gesellschaft sind. Der Unterscheidung bedürfen die Resilienz Kritischer Infrastrukturen sowie die Resilienz der Gesellschaft.[2178] Resilienz findet auf verschiedenen Stufen bis hin zu der des Individuums statt.[2179] Während der gesellschaftlichen Resilienz subsidiärer Charakter zukommt, weil sie erst bei einem Versagen der bestehenden Katastrophenschutzmechanismen gefragt ist,[2180] sind Maßnahmen zum Aufbau von Resilienz Kritischer Infrastrukturen Teil der Katastrophenprävention.[2181]

A. Resilienz Kritischer Infrastrukturen

Nicht neu ist das Bewusstsein über die Verwundbarkeit Kritischer Infrastrukturen.[2182] Neu ist hingegen der Umgang mit ihr im Sinne eines sog. „All-Gefahren-Ansatzes", der das System der Kritischen Infrastrukturen und seine Abhängigkeiten

2174 *Baban*, BIGS Standpunkt (6) 2014, S. 9 ff.; *Christmann* u. a., Die resiliente Stadt in den Bereichen Infrastrukturen und Bürgergesellschaft, S. 34 ff.; *Kaufmann*, in: Daase u. a. (Hg.), Sicherheitskultur, S. 109 (111); *Würtenberger*, in: Baumeister u. a. (Hg.), FS f. Schenke, S. 561 (561).

2175 *Kaufmann*, in: Hempel u. a. (Hg.), Sichtbarkeitsregime, S. 101 (107 ff.).

2176 *Baban*, BIGS Standpunkt (6) 2014, S. 16 ff.; *Trachsler*, CSS Analysen zur Sicherheitspolitik (60) 2009, 1 (2); *Würtenberger*, in: Baumeister u. a. (Hg.), FS f. Schenke, S. 561 (576 f.).

2177 Z.B. § 109 Abs. 2 TKG.

2178 Für Zivile Sicherheit *Baban*, BIGS Standpunkt (6) 2014, S. 10.

2179 *Dunn Cavelty* u. a., Security Dialogue (46) 2015, 3 (4, 7); *Kaufmann*, in: Daase u. a. (Hg.), Sicherheitskultur, S. 109 (127); *Trachsler*, CSS Analysen zur Sicherheitspolitik (60) 2009, 1 (1, 2).

2180 *Gusy*, in: Heckmann u. a. (Hg.), FS f. Würtenberger, S. 995 (998 ff.).

2181 *Gusy*, in: Heckmann u. a. (Hg.), FS f. Würtenberger, S. 995 (998 f.).

2182 *Kaufmann*, in: Hempel u. a. (Hg.), Sichtbarkeitsregime, S. 101 (107 f.); *Kaufmann*, in: Gusy u. a. (Hg.), Rechtshandbuch Zivile Sicherheit, Kap. 1 Rn. 2; *Kaufmann*, in: Daase u. a. (Hg.), Sicherheitskultur, S. 109 (116). Zur Komplexität *Dörner*, in: Zoche u. a. (Hg.), Zivile Sicherheit, S. 71 (72).

analysiert anstatt einzelne Bedrohungen im Einzelfall zu bekämpfen.[2183] Der Versuch Resilienz zu schaffen ist bedingt durch die allgemeine Akzeptanz, dass ein Zustand der Invulnerabilität nicht herstellbar ist.[2184] Besonders problematisch für dieses neue Sicherheitskonzept ist allerdings, dass das objektive und subjektive Sicherheitsempfinden teilweise erheblich voneinander abweichen.[2185] Verstärkt wird dieses ohnehin bekannte Phänomen durch die Anknüpfung an die Vulnerabilität. Es sind nicht mehr die konkreten Bedrohungen, die in das Visier der Gesellschaft gelangen, denn der Blick ist auf die Verletzlichkeit des Systems insgesamt gerichtet.[2186] Die Ursache für diese neue Anknüpfung ist in einem Wandel des Sicherheitsbegriffs zu sehen.[2187]

I. Veränderter Sicherheitsbegriff

Die Sicherheit bezieht sich nicht mehr ausschließlich auf den Schutz der Allgemeinheit vor militärischen Bedrohungen, sondern vielmehr auf den Schutz lebenswichtiger Funktionen für den Einzelnen infolge verschiedenster Arten von Bedrohungen, die nicht mehr an den Grenzen des Territoriums des Nationalstaates Halt machen.[2188] Die Veränderung der Gefahrenlage geht soweit, dass nicht mehr festgemacht werden kann, wer tatsächlich „Angreifer" ist.[2189] Hinzu kommt, dass kaum Berechnungen existieren, die sog. „high impact/low probability risks" erfassen.[2190] Überdies verlieren die Gefahrenquellen an Definierbarkeit und Abgrenzbarkeit.[2191] Infolgedessen muss der Schutz anders hergestellt werden, nämlich durch die

---

2183 *BMI*, Nationale Strategie zum Schutz Kritischer Infrastrukturen, S. 7; *Wiater*, in: Gusy u. a. (Hg.), Rechtshandbuch Zivile Sicherheit, Kap. 12 Rn. 12.

2184 *Münkler/Wassermann*, in: Gerhold/Schiller (Hg.), Perspektiven der Sicherheitsforschung, S. 77 (87).

2185 Dazu ausführlich *Gusy*, KritV 2010, 111.

2186 *Wiater*, in: Gusy u. a. (Hg.), Rechtshandbuch Zivile Sicherheit, Kap. 12 Rn. 12.

2187 Dazu *Daase*, in: Zoche u. a. (Hg.), Zivile Sicherheit, S. 139 (142 ff.); *Daase*, in: ders. u. a. (Hg.), Sicherheitskultur, S. 23 (24 ff.); *Daase* u. a., in: dies. (Hg.), Verunsicherte Gesellschaft-Überforderter Staat, S. 9 (13 ff.).

2188 *Bonss*, in: Zoche u. a. (Hg.), Zivile Sicherheit, S. 43 (61); *Daase*, in: Zoche u. a. (Hg.), Zivile Sicherheit, S. 139 (143 ff.); *Daase*, in: ders. u. a. (Hg.), Sicherheitskultur, S. 23 (24 ff.); *Daase* u. a., in: dies. (Hg.), Verunsicherte Gesellschaft-Überforderter Staat, S. 9 (13 ff.); *Münkler/Wassermann*, in: Gerhold/Schiller (Hg.), Perspektiven der Sicherheitsforschung, S. 77 (80). Speziell zur Cyber-Bedrohung *Kaufmann*, in: Hempel u. a. (Hg.), Sichtbarkeitsregime, S. 101 (105).

2189 *Münkler/Wassermann*, in: Gerhold/Schiller (Hg.), Perspektiven der Sicherheitsforschung, S. 77 (80).

2190 *Daase* u. a., in: dies. (Hg.), Verunsicherte Gesellschaft-Überforderter Staat, S. 9 (17). Zum Begriff z. B. *Kaufmann*, in: Gusy u. a. (Hg.), Rechtshandbuch Zivile Sicherheit, Kap. 1 Rn. 19.

2191 *Daase*, in: Zoche u. a. (Hg.), Zivile Sicherheit, S. 139 (147 f.). Zur Veränderung der potenziellen Gefahren im Luftverkehr *Bonß/Wagner*, in: Gerhold/Schiller (Hg.), Perspektiven der Sicherheitsforschung, S. 41 (48).

Ergreifung von Maßnahmen im Vorfeld der Gefahrentstehung[2192] und zwar durch die Lenkung der Blickrichtung auf eigene Schwachstellen, die es nach Möglichkeit zu schließen gilt.[2193]

II. Vulnerabilität

Während Bedrohungen äußere Gefahrenquellen zum Inhalt haben, meint Vulnerabilität die innere Anfälligkeit für Störungen.[2194] Sie ist ursachenunabhängig zu denken.[2195] Ein Schutzkonzept, das die Detektion und die Behebung innerer Sicherheitslücken vorsieht, tritt zeitgleich äußeren und inneren Schadensursachen entgegen.[2196] Ein klassisches Beispiel für die Vulnerabilität einer Gesellschaft im 21. Jahrhundert ist die Anfälligkeit ihrer Kritischen Infrastrukturen.[2197] Auf der Makroebene steht die Robustheit der Gesellschaft im Mittelpunkt.[2198] Auf der Mesoebene wird die Widerstandsfähigkeit der einzelnen Kritischen Infrastruktur als Ziel definiert.[2199] Die Resilienz Kritischer Infrastrukturen wird als konstituierend für die Herstellung Ziviler Sicherheit[2200] gesehen.[2201] Somit unterliegt die klassische Gefahrenabwehr, kaschiert hinter den Begriffen „precaution" und „preparedness", einem Wandel zum Schutz lebenswichtiger Infrastrukturen.[2202] Gefährdet sind sie z.B. durch Cyber-Terror,[2203] der weder der inneren noch der äußeren Sicherheit

---

2192 *Albrecht*, in: Zoche u.a. (Hg.), Zivile Sicherheit, S. 111 (115); *Daase*, in: ders. u.a. (Hg.), Sicherheitskultur, S. 23 (26); *Gusy*, in: ders. u.a. (Hg.), Rechtshandbuch Zivile Sicherheit, Kap. 3 Rn. 3; *Krasmann*, in: Hempel u.a. (Hg.), Sichtbarkeitsregime, S. 53 (54).

2193 *Daase*, in: Zoche u.a. (Hg.), Zivile Sicherheit, S. 139 (147 f.).

2194 *Münkler/Wassermann*, in: Gerhold/Schiller (Hg.), Perspektiven der Sicherheitsforschung, S. 77 (79).

2195 *Kaufmann*, in: Hempel u.a. (Hg.), Sichtbarkeitsregime, S. 101 (103); *Münkler/Wassermann*, in: Gerhold/Schiller (Hg.), Perspektiven der Sicherheitsforschung, S. 77 (79).

2196 *Kaufmann*, in: Hempel u.a. (Hg.), Sichtbarkeitsregime, S. 101 (103); *Münkler/Wassermann*, in: Gerhold/Schiller (Hg.), Perspektiven der Sicherheitsforschung, S. 77 (79 f.).

2197 *Kaufmann*, in: Daase u.a. (Hg.), Sicherheitskultur, S. 109 (115); *Münkler/Wassermann*, in: Gerhold/Schiller (Hg.), Perspektiven der Sicherheitsforschung, S. 77 (79).

2198 *Münkler/Wassermann*, in: Gerhold/Schiller (Hg.), Perspektiven der Sicherheitsforschung, S. 77 (80).

2199 Zur Resilienz Kritischer Infrastrukturen *Baban*, BIGS Standpunkt (6) 2014, S. 10 f.

2200 Zum Begriff s. Kap. 1.

2201 *Baban*, BIGS Standpunkt (6) 2014, S. 11.

2202 *Gusy*, in: ders. u.a. (Hg.), Rechtshandbuch Zivile Sicherheit, Kap. 3 Rn. 12; *Kaufmann*, in: Hempel u.a. (Hg.), Sichtbarkeitsregime, S. 101 (103); *Würtenberger*, in: Gusy u.a. (Hg.), Rechtshandbuch Zivile Sicherheit, Kap. 30 Rn. 9.

2203 *Dunn Cavelty*, in: Daase u.a. (Hg.), Verunsicherte Gesellschaft-Überforderter Staat, S. 133 (139).

zugerechnet werden kann, nicht mit Maßnahmen zur Abwehr physischer Angriffe abgewehrt werden kann und nicht an Ländergrenzen Halt macht.[2204] Hinzu kommt, dass Kritische Infrastrukturen voneinander insbesondere aber von der Telekommunikationsinfrastruktur abhängig sind und deshalb die Gefahr sog. „Dominoeffekte" besteht.[2205]

III. Subjektives Sicherheitsempfinden

Zivile Sicherheit verstärkt allerdings die ohnehin auseinanderdriftende Tendenz von objektivem und subjektivem Sicherheitsempfinden.[2206] Eine Konsequenz daraus ist, dass das Kriterium der Unbeherrschbarkeit, das zum Ausgangspunkt von Resilienz gemacht wird, eine subjektive Prägung erhält: Es kommt für die Ingangsetzung von Resilienzstrategien maßgeblich darauf an, ob das Risiko als unbeherrschbar „erlebt" wird, womit ein erhebliches Auseinanderfallen von Sicherheitsmaßnahmen im Straßen- und Luftverkehr zu erklären ist.[2207] Hinzu kommt, dass dort Maßnahmen erlassen werden, wo deren Durchführung am einfachsten erscheint.[2208] Daraus folgen zwei bedenkliche Entwicklungen, die es in Zukunft zu beobachten gilt:

1. Der Schutz Kritischer Infrastrukturen wird immer weiter vorverlagert, wofür mehr Ressourcen benötigt werden und wodurch mehr private Akteure in das Risikomanagement einbezogen werden müssen.[2209] Jede gesetzlich festgesetzte Einbeziehung des Privaten, die der Sicherheit dient, ist aber zugleich ein Eingriff in die Freiheit dieses Privaten, zum Teil auch Dritter.[2210] Die Freiheit darf die Sicherheit nicht überwiegen, doch die Sicherheit darf auch nicht die Freiheit

---

2204 *Kaufmann*, in: Hempel u. a. (Hg.), Sichtbarkeitsregime, S. 101 (105).

2205 *BMI*, Nationale Strategie zum Schutz Kritischer Infrastrukturen, S. 7.

2206 *Gusy*, KritV 2010, 111. Zu den objektiven Todesursachen in den USA s. *Spencer*, in: Daase u. a. (Hg.), Verunsicherte Gesellschaft-Überforderter Staat, S. 57 (67).

2207 *Albrecht*, in: Zoche u. a. (Hg.), Zivile Sicherheit, S. 111 (119); *Bonss*, in: Zoche u. a. (Hg.), Zivile Sicherheit, S. 43 (58 f.); *Daase*, in: Zoche u. a. (Hg.), Zivile Sicherheit, S. 139 (150); *Spencer*, in: Daase u. a. (Hg.), Verunsicherte Gesellschaft-Überforderter Staat, S. 57 (66 f.).

2208 *Schneckener*, in: Daase u. a. (Hg.), Verunsicherte Gesellschaft-Überforderter Staat, S. 35 (42).

2209 *Albrecht*, in: Zoche u. a. (Hg.), Zivile Sicherheit, S. 111 (115); *Gusy*, in: ders. u. a. (Hg.), Rechtshandbuch Zivile Sicherheit, Kap. 3 Rn. 11; *Kaufmann*, in: Hempel u. a. (Hg.), Sichtbarkeitsregime, S. 101 (116 f.); *Wiater*, in: Gusy u. a. (Hg.), Rechtshandbuch Zivile Sicherheit, Kap. 12 Rn. 16 ff. Allgemein zur Vorverlagerung der Maßnahmen *Daase*, in: ders. u. a. (Hg.), Sicherheitskultur, S. 23 (26). Bzgl. des Luftverkehrs *Bonß/Wagner*, in: Gerhold/Schiller (Hg.), Perspektiven der Sicherheitsforschung, S. 41 (48).

2210 S. Kap. 3 – B.I.2.; *Bonß/Wagner*, in: Gerhold/Schiller (Hg.), Perspektiven der Sicherheitsforschung, S. 41 (46).

überwiegen.[2211] Es darf nur so viel Sicherheit gefordert werden, wie für die Freiheit erforderlich ist.[2212]

2. Auch Resilienz muss von einem Zusammenspiel aus objektivem und subjektivem Sicherheitsbedürfnis geleitet sein. Der Blick auf die eigene Störanfälligkeit muss anhand sachlicher Maßstäbe erfolgen und darf nicht von Hysterie geleitet sein.[2213] Denn die Anzahl erkannter Schwachstellen korrespondiert nicht mit der Anzahl an Bedrohungen und schon gar nicht mit der Anzahl eintretender schädigender Ereignisse. Versucht eine Gesellschaft nämlich da, wo es objektiv nicht zwingend notwendig ist, Vulnerabilität zu minimieren, kann sie diese auch vergrößern, da sie Ressourcen zur falschen Zeit am falschen Ort bindet und dadurch im Ergebnis die Schaffung von Resilienz verhindert.[2214] Überdies zieht eine objektive Verbesserung der Sicherheit zugleich ein erhöhtes Sicherheitsbedürfnis nach sich,[2215] was dazu führt, dass Ansprüche an Sicherheit irgendwann nicht mehr erfüllbar sind.[2216]

IV. Eigensicherungspflichten als Instrument zur Herstellung von Resilienz

Infolge der Unberechenbarkeit der Bedrohungen geht es nicht mehr einzig um die Abwendung der Gefahr, sondern vielmehr um den Umgang mit ihr.[2217] Die vollständige Beseitigung von Unsicherheit wäre, wenn überhaupt, mit einer Stagnation des Fortschritts erreichbar, weshalb sie nicht ernsthaft infrage kommt.[2218] Da Verwundbarkeit also nicht vollständig aufgehoben werden kann und soll, kommen Resilienzstrategien zum Tragen.[2219] Die Widerstandsfähigkeit des Systems rückt in den Mittelpunkt.[2220]

2211 Bzgl. der Luftsicherheit *Hüttig*, in: Giemulla/Rothe (Hg.), Recht der Luftsicherheit, S. 19 (20).

2212 Zur Ambivalenz zwischen Sicherheit und Freiheit *Gusy*, in: ders. u. a. (Hg.), Rechtshandbuch Zivile Sicherheit, Kap. 3 Rn. 7 ff.

2213 Zur Symbolpolitik im Luftverkehr *Bonß/Wagner*, in: Gerhold/Schiller (Hg.), Perspektiven der Sicherheitsforschung, S. 41 (45 ff.).

2214 *Münkler/Wassermann*, in: Gerhold/Schiller (Hg.), Perspektiven der Sicherheitsforschung, S. 77 (90).

2215 *Albrecht*, in: Zoche u. a. (Hg.), Zivile Sicherheit, S. 111 (117).

2216 *Daase* u. a., in: dies. (Hg.), Verunsicherte Gesellschaft-Überforderter Staat, S. 9 (9).

2217 *Kaufmann*, in: Daase u. a. (Hg.), Sicherheitskultur, S. 109 (114).

2218 Dazu *Bonss*, in: Zoche u. a. (Hg.), Zivile Sicherheit, S. 43 (56 mit Verweis auf die Bayerische Rückversicherung, 1987; 65).

2219 *Münkler/Wassermann*, in: Gerhold/Schiller (Hg.), Perspektiven der Sicherheitsforschung, S. 77 (87).

2220 *Münkler/Wassermann*, in: Gerhold/Schiller (Hg.), Perspektiven der Sicherheitsforschung, S. 77 (86); *Thoma* u. a., in: Gerhold/Schiller (Hg.), Perspektiven der Sicherheitsforschung, S. 155 (156); *Trachsler*, CSS Analysen zur Sicherheitspolitik (60) 2009, 1 (1).

Resilienz ist dabei zweistufig zu denken: Primär sind Maßnahmen zur Aufrechterhaltung der Kritischen Infrastruktur („prevention") und erst sekundär zu ihrer Wiederherstellung („recovery") zu fassen.[2221] Teilweise wird sie kleiner gedacht, nämlich mit der Strategie „Prevent, Protect, Prepare, Respond [and] Recover".[2222] Es geht durch sie indessen nicht ausschließlich um die Erhaltung eines bestimmten Zustands, sondern auch um dessen Anpassung an andere Einflüsse.[2223] Diversität, Redundanz, Dezentralisierung, Adaptivität sowie Flexibilisierung liegen ihr zugrunde.[2224]

Wesentlich für die Resilienz Kritischer Infrastrukturen ist die Kooperation zwischen Staat und Wirtschaft.[2225] Private Betreiber öffentlicher Telekommunikationsnetze führen ihr Unternehmen nach wirtschaftlichen Grundsätzen und sind nicht dem Allgemeinwohl verpflichtet.[2226] Die Infrastrukturgewährleistung unterliegt dem Staat.[2227] Die Gemeinwohlbindung bei der Erbringung der wirtschaftlichen Tätigkeit ist nicht vorausgesetzt, sondern muss gesetzlich geschaffen werden.[2228] Dies ist durch § 109 Abs. 2 TKG geschehen, wonach Betreiber öffentlicher Telekommunikationsnetze sowie Anbieter öffentlich zugänglicher Telekommunikationsdienste Maßnahmen zum Schutz gegen Störungen, die zu erheblichen Beeinträchtigungen der Netze und Dienste führen können (Nr. 1) sowie zur Beherrschung von Risiken für die Sicherheit von Telekommunikationsnetzen und -diensten (Nr. 2), zu ergreifen haben.[2229] Ähnlich ist § 109 Abs. 1 TKG ausgestaltet: Der Private ist vom Grundsatz her zur Erbringung von Telekommunikationsdiensten nach wirtschaftlicher Rationalität berechtigt, aufgrund der einfachgesetzlichen Pflicht des § 109 Abs. 1 TKG aber nur unter der Prämisse der Gewährleistung eines festgelegten Maßes an Schutz

---

2221 *Würtenberger*, in: Baumeister u. a. (Hg.), FS f. Schenke, S. 561 (561). Bzgl. Kritischer Infrastrukturen *Würtenberger*, in: Gusy u. a. (Hg.), Rechtshandbuch Zivile Sicherheit, Kap. 30 Rn. 9.

2222 *Thoma* u. a., in: Gerhold/Schiller (Hg.), Perspektiven der Sicherheitsforschung, S. 155 (161).

2223 *Münkler/Wassermann*, in: Gerhold/Schiller (Hg.), Perspektiven der Sicherheitsforschung, S. 77 (87).

2224 *Kaufmann*, in: Daase u. a. (Hg.), Sicherheitskultur, S. 109 (127). Zur Flexibilität auch *Würtenberger*, in: Gusy u. a. (Hg.), Rechtshandbuch Zivile Sicherheit, Kap. 30 Rn. 18.

2225 *Würtenberger*, in: Gusy u. a. (Hg.), Rechtshandbuch Zivile Sicherheit, Kap. 30 Rn. 10; *Wiater*, in: Gusy u. a. (Hg.), Rechtshandbuch Zivile Sicherheit, Kap. 12 Rn. 16.

2226 *Cannivé*, Infrastrukturgewährleistung in der Telekommunikation zwischen Staat und Markt, S. 61 f.

2227 *Cannivé*, Infrastrukturgewährleistung in der Telekommunikation zwischen Staat und Markt, S. 61.

2228 *Cannivé*, Infrastrukturgewährleistung in der Telekommunikation zwischen Staat und Markt, S. 62.

2229 *Graulich*, in: Arndt u. a. (Hg.), TKG, 2. Aufl., § 109 Rn. 6.

des Fernmeldegeheimnisses (Nr. 1) sowie personenbezogener Daten (Nr. 2).[2230] Der ursprünglich von dem Grundrechtsschutz profitierende Nutzer (Artikel 10 GG, Artikel 2 Abs. 1 iVm Artikel 1 Abs. 1 GG) durfte durch die Privatisierung des Telekommunikationsmarktes nicht hinfällig werden, sodass infolge der staatlichen Schutzpflicht eine Pflicht des Anbieters zur Gewährleistung eines Mindestmaßes an Sicherheit für die Nutzer geschaffen wurde.[2231] Der am Maßstab des Privatrechts agierende Unternehmer wurde an ein öffentlich-rechtliches Pflichtenkonstrukt gebunden, wodurch der Versuch unternommen wurde, den ursprünglich bestehenden grundrechtlichen Schutz des Privaten auf das Verhältnis zweier Private zu übertragen.[2232] Als Folge der Privatisierung steht hingegen vielmehr ein Ausgleich der verschiedenen Grundrechtspositionen zweier Privater im Vordergrund, weshalb nicht ohne weiteres das ursprüngliche Verhältnis zwischen Staat und Private auf zwei Private übertragbar ist. Sowohl der Schutz des Fernmeldegeheimnisses sowie personenbezogener Daten als auch die Erbringung einer wesentlichen Leistung für das Allgemeinwohl sind aber deshalb Produkt sich ergänzender Regelungen des privaten und öffentlichen Rechts geworden. Überträgt man dieses zu beobachtende Paradigma auf die Makroebene, lässt sich festhalten, dass das Sicherheitsrecht ein Zusammenspiel von Vorschriften des Öffentlichen und Privatrechts zur Schaffung von Resilienz ist.[2233] Mehr noch unter einem akteursbezogenen Ansatz: Charakteristisch für das Sicherheitsrecht ist eine Vermischung von Privatheit und Öffentlichkeit.[2234]

Prägend für die Schaffung von Resilienz ist das Aufgeben bisher grundlegender Strukturen wie die Trennung von security- und safety-Aufgaben.[2235] Dieses Phänomen lässt sich anhand der Entwicklung von Eigensicherungspflichten nachvollziehen: Wird im Luftsicherheitsgesetz noch zwischen „inneren“ und „äußeren“ Gefahren differenziert,[2236] sind die Pflichten des TKG ursachenunabhängig zu verstehen.[2237] Forderungen nach einem Perspektivenwechsel sind inzwischen auch im Bereich der Luftsicherheit verbreitet.[2238] Hintergrund dieser Erwägung ist ein umge-

---

2230 *Eckhardt*, in: Geppert/Schütz (Hg.), TKG, Beck-OK, 4. Aufl., § 109 Rn. 21, 23; *Graulich*, in: Arndt u. a. (Hg.), TKG, 2. Aufl., § 109 Rn. 6.

2231 *Eckhardt*, in: Heun (Hg.), HdB TK-Recht, 2. Aufl., B Rn. 1; *Graulich*, in: Arndt u. a. (Hg.), TKG, 2. Aufl., § 109 Rn. 6.

2232 *Eckhardt*, in: Heun (Hg.), HdB TK-Recht, 2. Aufl., B Rn. 1.

2233 *Gusy/Kapitza*, in: Daase u. a. (Hg.), Sicherheitskultur, S. 45 (46).

2234 *Vasilache*, in: Daase u. a. (Hg.), Sicherheitskultur, S. 133 (141).

2235 *Kaufmann*, in: Gusy u. a. (Hg.), Rechtshandbuch Zivile Sicherheit, Kap. 1 Rn. 4.

2236 „Schutz [...] vor Angriffen auf die Sicherheit des Luftverkehrs“ (§ 8 Abs. 1 S. 1 LuftSiG). S.a. *Faust/Lienhart*, in: Hobe/von Ruckteschell (Hg.), Kölner Kompendium des Luftrechts, Bd. 2, A II Rn. 346.

2237 *Eckhardt*, in: Heun (Hg.), HdB TK-Recht, 2. Aufl., B Rn. 74; *Graulich*, in: Arndt u. a. (Hg.), TKG, 2. Aufl., § 109 Rn. 22; *Mozek*, in: Säcker (Hg.), TKG, 3. Aufl., § 109 Rn. 23.

2238 *Hüttig*, in: Giemulla/Rothe (Hg.), Recht der Luftsicherheit, S. 19 (20).

kehrtes Denken von der erforderlichen Maßnahme bis hin zur Ressourcenfrage: Kommt es zu einem Stromausfall, ist es zur Erhaltung der Funktionsfähigkeit des Netzes oder der Dienste irrelevant, ob der Stromausfall durch technisches Versagen oder einen Hackerangriff bedingt ist. Fakt ist, dass der Betrieb durch ein Notstromaggregat aufrechterhalten werden muss.[2239] Daran schließen sich zwei Fragen an, nämlich erstens, wer dazu in der Lage ist und zum anderen, wem diese Aufgabe am ressourcenschonendsten auferlegt werden kann.[2240] Die erste Frage wird für den Betreiber oder Diensteanbieter, der sich zum einen mit den Unternehmensinterna und zum anderen mit der Technik besser auskennt als staatliche Institutionen,[2241] u. U. aber auch für den Staat, zu bejahen sein. Hinzu kommt aber, dass der Nutzer ein Kündigungsrecht, im äußersten Fall sogar verbunden mit einem Schadensersatzanspruch gegen den Unternehmer (§ 43a Abs. 8, 9 TKG, § 45c TKG), erlangt, wenn die Telekommunikationsdienste regelmäßig nicht erbracht werden können oder das Netz oft instabil ist. Der Unternehmer muss somit, wenn er weiterhin Kunden halten und den Betrieb gewinnorientiert führen möchte, Maßnahmen für den Ausfall der Netze oder Dienste ergreifen. Eine dahin gehende Aufgabenverteilung, dass der Staat – im Gegensatz zu der soeben beschriebenen Konstellation – für den Fall eines äußeren Eingriffs Notstromaggregate zur Verfügung stellen muss, würde dazu führen, dass doppelt so viele von ihnen bereitgehalten werden müssten, was Ressourcenverschwendungen nach sich ziehen würde. Deshalb ist es sicherheitsrechtlich gedacht sinnvoll, dass derjenige, der ohnehin ein Notstromaggregat bereithält, diesen ursachenunabhängig für jegliche Störung, die zu einem Stromausfall führt, parat hält und gegebenenfalls einsetzt. Anhand dieser Eigensicherungspflicht kann somit das Paradigma des Denkens von der Ressource zur Kompetenz, das für die Zivile Sicherheit typisch ist, bildlich veranschaulicht werden.[2242]

Weiterhin steht die Kommunikation im Mittelpunkt der Zivilen Sicherheit.[2243] Wie in der Literatur bereits zutreffend festgestellt, ist die Kommunikation einerseits Voraussetzung für die Herstellung Ziviler Sicherheit und andererseits ihr Referenzobjekt.[2244] Eine dritte Dimension tritt hinzu, denn Kommunikation ermöglicht oft-

---

2239 Zu den Auswirkungen einer Unterbrechung der Stromzufuhr im TK-Bereich *BNetzA*, Katalog von Sicherheitsanforderungen, S. 29. Zur Bereitstellung des Notstromaggregates als erforderliche Maßnahme *Graulich*, in: Arndt u. a. (Hg.), TKG, 2. Aufl., § 109 Rn. 22.

2240 Vgl. *Gusy*, in: ders. u. a. (Hg.), Rechtshandbuch Zivile Sicherheit, Kap. 3 Rn. 14.

2241 *Bracher*, Gefahrenabwehr durch Private, S. 167; *Ehlers*, in: Leßmann u. a. (Hg.), FS f. Lukes, S. 337 (347); *Schneider*, Die Abwehr äußerer Gefahren im Luftverkehr, S. 97. *Wiater*, Sicherheitspolitik zwischen Staat und Markt, S. 257. Zum Wissensvorsprung des Privaten in Bezug auf Sicherheitslücken *Würtenberger*, in: Gusy u. a. (Hg.), Rechtshandbuch Zivile Sicherheit, Kap. 30 Rn. 23.

2242 Zu diesem umgekehrten Denken *Gusy*, in: ders. u. a. (Hg.), Rechtshandbuch Zivile Sicherheit, Kap. 3 Rn. 16, 33.

2243 *Kugelmann*, in: Gusy u. a. (Hg.), Rechtshandbuch Zivile Sicherheit, Kap. 31 Rn. 31 ff.

2244 *Kugelmann*, in: Gusy u. a. (Hg.), Rechtshandbuch Zivile Sicherheit, Kap. 31 Rn. 32 ff.

mals erst Kriminalität.[2245] An diese Dreidimensionalität knüpft § 109 Abs. 5 TKG an. Danach hat derjenige, der ein öffentliches Telekommunikationsnetz betreibt oder öffentlich zugängliche Telekommunikationsdienste erbringt, der Bundesnetzagentur solche Beeinträchtigungen der Netze mitzuteilen, die zu beträchtlichen Sicherheitsverletzungen führen oder führen können.[2246] Die durch die Meldepflicht ermöglichte Kommunikation versetzt den Staat dazu in die Lage, seinen Aufsichtsbefugnissen und damit auch seiner Gewährleistungsverantwortung nachzukommen.[2247] Erst anhand der von dem Privaten gelieferten Angaben ist eine Analyse der tatsächlichen Bedrohung von staatlicher Seite möglich. Infolge dieser Informationen können bei Bedarf andere Behörden (S. 5) oder die Öffentlichkeit unterrichtet werden.[2248] Die Meldepflicht ist insofern charakteristisch für die Vernetzung der Akteure von staatlicher und privater Seite.[2249] Die Kommunikation erfolgt nicht im Sinne einer Informationskette, sondern kreisförmig:[2250] Jährlich legt die Bundesnetzagentur der Europäischen Kommission, der Europäischen Agentur für Netz- und Informationssicherheit sowie dem BSI einen Bericht über die eingegangenen Meldungen und ergriffenen Maßnahmen vor (§ 109 Abs. 5 S. 9 TKG).[2251] Hintergrund dessen ist erstens, dass aus dieser Mitteilung neue politische Impulse zur Verbesserung der vorgegebenen Sicherheitsmaßnahmen gesetzt werden sollen.[2252] Durch Kommunikation wird folglich Kommunikation geschützt. Zweitens muss die Kommunikation so organisiert sein, dass der Private an den Staat Informationen derart übermitteln kann, dass die Mitteilung dem Betreiber nicht aufgrund der Eigenschaft der staatlichen Einrichtungen als Aufsichtsinstanzen zum Nachteil gedeiht.[2253]

2245 *Maurer*, in: Daase u. a. (Hg.), Verunsicherte Gesellschaft-Überforderter Staat, S. 77 (79).

2246 Zur Risiko- und Krisenkommunikation *BNetzA*, Katalog von Sicherheitsanforderungen, S. 20.

2247 *Graulich*, in: Arndt u. a. (Hg.), TKG, 2. Aufl., § 109 Rn. 42.

2248 *Eckhardt*, in: Geppert/Schütz (Hg.), Beck-OK, 4. Aufl., § 109 Rn. 82 ff.; *Graulich*, in: Arndt u. a. (Hg.), TKG, 2. Aufl., § 109 Rn. 42, 45 f.; *Mozek*, in: Säcker (Hg.), TKG, 3. Aufl., § 109 Rn. 45 f.

2249 *Würtenberger*, in: Gusy u. a. (Hg.), Rechtshandbuch Zivile Sicherheit, Kap. 30 Rn. 12.

2250 *BDI*, Stellungnahme zum Entwurf des Gesetzes zur „Erhöhung der Sicherheit informationstechnischer Systeme“ (ITSiG), S. 2.

2251 *Graulich*, in: Arndt u. a. (Hg.), TKG, 2. Aufl., § 109 Rn. 47; *Mozek*, in: Säcker (Hg.), TKG, 3. Aufl., § 109 Rn. 47.

2252 *Graulich*, in: Arndt u. a. (Hg.), TKG, 2. Aufl., § 109 Rn. 42.

2253 *Wiater*, EJJR (2) 2015, 255 (257).

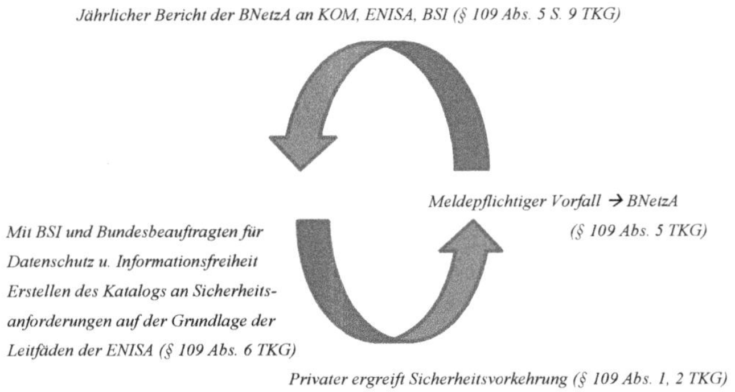

Der dritten Dimension, welche die Kriminalität durch und aufgrund von IT- und Telekommunikationsinfrastruktur umfasst, wird insbesondere durch die sachliche Reichweite der Meldepflicht, die durch das IT-Sicherheitsgesetz erweitert wurde, entgegengewirkt:[2254] Zum einen sind auch Störungen, die zu einem unerlaubten Zugriff auf die Telekommunikations- und Datenverarbeitungssysteme der Nutzer führen können (§ 109 Abs. 5 S. 2 TKG) meldepflichtig.[2255] Dadurch können Cyberangriffe insbesondere durch Botnetze frühzeitig eingeebnet werden und das System insgesamt robuster gemacht werden.[2256] Zum anderen tritt in den Vordergrund, dass die Sicherheitsvorkehrungen immer weiter nach vorne verlagert werden sollen. Dies bestätigt auch die durch das IT-Sicherheitsgesetz vorgenommene Änderung des § 109 Abs. 5 TKG, wonach die Meldepflicht bereits bei einer „Beeinträchtigung" von Telekommunikationsnetzen und -diensten, die zu einer beträchtlichen Sicherheitsverletzung führt oder aber führen kann, ausgelöst ist.[2257] Dieser Kommunikationskreislauf birgt die Gefahr der Realisierung des sog. „Vulnerabilitätsparadoxon".[2258] Wird die Annahme zugrunde gelegt, dass im IT-Bereich die Schließung einer Sicherheitslücke wieder zehn neue Sicherheitslücken öffnet, veranlasst jede neu entdeckte Schwachstelle, wenn es zu einem meldepflichtigen Vorfall gekommen ist, die

2254 BGBl. I 2015, S. 1324. S. zur Erweiterung der Meldepflicht *Graulich*, in: Arndt u. a. (Hg.), TKG, 2. Aufl., § 109 Rn. 47a ff.

2255 *Eckhardt*, in: Auer-Reinsdorff/Conrad (Hg.), HdB IT- und Datenschutzrecht, 2. Aufl., § 33 Rn. 240; *Graulich*, in: Arndt u. a. (Hg.), TKG, 2. Aufl., § 109 Rn. 47a; *Roos*, MMR 2014, 723 (727).

2256 *Eckhardt*, in: Auer-Reinsdorff/Conrad (Hg.), HdB IT- und Datenschutzrecht, 2. Aufl., § 33 Rn. 240; *Graulich*, in: Arndt u. a. (Hg.), TKG, 2. Aufl., § 109 Rn. 47a; *Roos*, MMR 2014, 723 (727); *Roos*, MMR 2015, 636 (642).

2257 *Eckhardt*, in: Auer-Reinsdorff/Conrad (Hg.), HdB IT- und Datenschutzrecht, 2. Aufl., § 33 Rn. 240; *Graulich*, in: Arndt u. a. (Hg.), TKG, 2. Aufl., § 109 Rn. 47b.

2258 Ausführlich *Münkler/Wassermann*, in: Gerhold/Schiller (Hg.), Perspektiven der Sicherheitsforschung, S. 77 (87, 90).

Festsetzung neuer Sicherheitsmaßnahmen.[2259] Diese führen aber nicht zwingend eine objektive Verbesserung der Sicherheitslage herbei.[2260] Für den zwanghaften Versuch der Schließung von Sicherheitslücken im IT-Bereich werden im Gegenzug Ressourcen gebunden, die in Maßnahmen zur Verbesserung der Robustheit des Systems besser angelegt wären.[2261] Insoweit besteht die Gefahr, dass die auf Risikokommunikation und dadurch auch auf Prävention und ein Plus an Sicherheit zielende Regelung des § 109 Abs. 5 TKG ein Ausmaß annimmt, das ihrem eigentlichen Zweck, der Schaffung von Resilienz durch Vernetzung und Risikokommunikation, entgegenlaufen kann.

Zusammenfassend lässt sich sagen, dass durch Eigensicherungspflichten die privaten Betreiber und Diensteanbieter mit den verschiedenen staatlichen Behörden vernetzt sind. Anknüpfungspunkt ist die Ressource, die oftmals in privater Hand liegt und von welcher aus Aufgaben- und Verantwortungen verteilt werden.[2262] Überdies wird im Vorfeld der Gefahrentstehung ein Kommunikationsregime etabliert, das die notwendige Grundlage für eine Informationsübermittlung zwischen den Akteuren und der Öffentlichkeit schafft. Insofern lassen sich Eigensicherungspflichten als Instrument zur Schaffung von Resilienz Kritischer Infrastrukturen deklarieren. Es bedarf hingegen der Wiederholung, dass eine Eigensicherungspflicht, die zunächst darauf gerichtet ist, die Vulnerabilität der Infrastruktur zu minimieren, ebenso den dahinterstehenden Zweck der Resilienz verfolgen muss und nicht einzig die Herstellung von Invulnerabilität, die gerade nicht erreichbar ist, erstreben darf.[2263] Lässt sich das Schadensereignis also nicht vermeiden, gilt es die Pflicht dahin gehend zu formulieren, dass die Widerstandsfähigkeit der Kritischen Infrastruktur gestärkt wird.[2264] Dahin gehend geht § 109 Abs. 2 S. 2 TKG, der darauf abzielt, „Auswirkungen" infolge von Sicherheitsverletzungen für Nutzer und zusammengeschaltete Netze soweit wie möglich zu reduzieren. Dieser Ansatz muss in Zukunft weiter verfolgt werden.

Zu Schwierigkeiten führt ebenso, dass die Eigensicherungspflicht die Vermeidung hypothetischer schädigender Ereignisse bezweckt. Es können nur Vermutungen angestellt werden, welche Gestalt der Zwischenfall, im Falle seines Eintritts, tatsächlich annehmen wird. Sachverhalte, die nicht vorhersehbar sind, können nicht bis in das letzte Detail, das für die Bewältigung der Situation erforderlich wäre,

---

2259 Zur Unmöglichkeit der Herstellung absoluter Sicherheit im IKT-Bereich *BSI*, KRITIS-Sektorstudie, IKT, S. 93 f.

2260 Zur Unmöglichkeit der Herstellung absoluter Sicherheit im IKT-Bereich *BSI*, KRITIS-Sektorstudie, IKT, S. 93 f.

2261 Zur dieser Problematik *Münkler/Wassermann*, in: Gerhold/Schiller (Hg.), Perspektiven der Sicherheitsforschung, S. 77 (90). Zum Ressourcenproblem im IKT-Bereich *BSI*, KRITIS-Sektorstudie, IKT, S. 94.

2262 *Gusy*, in: ders. u. a. (Hg.), Rechtshandbuch Zivile Sicherheit, Kap. 3 Rn. 16.

2263 *Münkler/Wassermann*, in: Gerhold/Schiller (Hg.), Perspektiven der Sicherheitsforschung, S. 77 (87).

2264 *Würtenberger*, in: Gusy u. a. (Hg.), Rechtshandbuch Zivile Sicherheit, Kap. 30 Rn. 9.

geregelt werden.[2265] Es können zwar flexible Regelungen geschaffen werden, wie es bei Eigensicherungspflichten der Fall ist. Vollständige Resilienz wird indessen allein aufgrund gesetzlicher Regelungen niemals erreichbar sein. Umso wichtiger sind deshalb auf Freiwilligkeit beruhende Krisenkommunikations- und -bewältigungsmechanismen.[2266] Eigensicherungspflichten können demnach nur bis zu einem bestimmten Grad tatsächlich Sicherheit produzieren. Sie können ihr aber ebenso schnell entgegenstehen. Deshalb dürfen sie nur soweit gehen, wie sie unter Kosten-Nutzen-Gesichtspunkten unter Einbeziehung der Freiheit des Privaten objektiv sinnvoll sind.[2267]

B. Resiliente Gesellschaft?

Lässt sich für die Mesoebene sagen, dass sich Kritische Infrastrukturen auf dem Weg zur Resilienz befinden, stellt sich nach wie vor die Frage, ob sich dies auf der Makroebene auch für die Resilienz unserer Gesellschaft verallgemeinern lässt. Zweck von Resilienzbestrebungen ist es, den Bürger in die Verantwortung zu ziehen.[2268] Voraussetzung hierfür ist eine Risikokommunikation zwischen Bürger, Staat und Unternehmen.[2269] Zweifelhaft ist hingegen, ob von einer resilienten Gesellschaft gesprochen werden kann, wenn Private zum Selbstschutz mit dem Ziel, Aufgaben und Verantwortung zu verteilen, in die Pflicht genommen werden.[2270] Es findet eine Responsabilisierung des Individuums statt.[2271] Dieser Regulierungsrahmen geht jedoch über Kooperation hinaus: Die Privaten sind zur Wahrnehmung von Sicherheitsvorkehrungen verpflichtet und zwar unter staatlicher Aufsicht.[2272] Soll aber die Resilienz der Gesellschaft erst dann gefragt sein, wenn staatliche Mechanismen versagen,[2273] kann sie auch nicht ihren Ursprung auf der Grundlage staatlicher Regelungen haben. Solange der staatliche Gewährleistungsmechanismus funktioniert, besteht kein Bedarf für Resilienz. Resilienz ist erst gefragt, wenn der staatliche Re-

2265 *Würtenberger*, in: Gusy u. a. (Hg.), Rechtshandbuch Zivile Sicherheit, Kap. 30 Rn. 20.

2266 *BNetzA*, Katalog von Sicherheitsanforderungen, S. 19 ff.

2267 *Bonß/Wagner*, in: Gerhold/Schiller (Hg.), Perspektiven der Sicherheitsforschung, S. 41 (47); *Hüttig*, in: Giemulla/Rothe (Hg.), Recht der Luftsicherheit, S. 19 (20); *Würtenberger*, in: Gusy u. a. (Hg.), Rechtshandbuch Zivile Sicherheit, Kap. 30 Rn. 41.

2268 *Kaufmann*, in: Daase u. a. (Hg.), Sicherheitskultur, S. 109 (124).

2269 *Kaufmann*, in: Daase u. a. (Hg.), Sicherheitskultur, S. 109 (124).

2270 *Kaufmann*, in: Daase u. a. (Hg.), Sicherheitskultur, S. 109 (124).

2271 *Kaufmann*, in: Daase u. a. (Hg.), Sicherheitskultur, S. 109 (125); *Kaufmann*, in: Gusy u. a. (Hg.), Rechtshandbuch Zivile Sicherheit, Kap. 1 Rn. 22; *Kreissl*, in: Zoche u. a. (Hg.), Zivile Sicherheit, S. 267 (274).

2272 *Würtenberger*, in: Gusy u. a. (Hg.), Rechtshandbuch Zivile Sicherheit, Kap. 30 Rn. 23.

2273 *Gusy*, in: Heckmann u. a. (Hg.) FS f. Würtenberger, S. 995 (997).

gulierungsrahmen versagt hat. Die Vernetzung der Sicherheitsakteure müsste aus eigener Kraft der Gesellschaft heraus erwachsen, was zu bezweifeln ist, wenn die gemeinwohlfördernde Leistung in der Vergangenheit ausschließlich aufgrund einer öffentlich-rechtlichen Verpflichtung erbracht wurde. Vielmehr sind es freiwillige Bestrebungen, ein Risikomanagement einzurichten, die Mitarbeit in Gremien z. B. des UP KRITIS zur Einrichtung entsprechender Frühwarn- und Kontrollsysteme sowie die Teilnahme an Single Points of Contact im Rahmen eines schon lange vor der Krise ausgebauten Kommunikationssystems, die Resilienz schaffen.[2274] Die Eigensicherungspflicht ist insofern nur dazu in der Lage, Resilienz auf der Mesoebene, nicht jedoch auf der Makroebene der gesamten Gesellschaft zu schaffen. Insoweit ist die Eigensicherungspflicht ein Baustein von vielen für die Schaffung von Resilienz, aber gewiss nicht Produkt einer resilienten Gesellschaft.

2274 *BNetzA*, Katalog von Sicherheitsanforderungen, S. 19 f.

Zusammenfassung

Eigensicherungspflichten sind als rechtliches Konstrukt in einem Drei- oder Mehrpersonenverhältnis, das der Schaffung von Resilienz dient, zu denken. Sie werden dort auferlegt, wo sich private Interessen mit denen der Gesellschaft decken und gleichzeitig in Konflikt zueinanderstehen. Weit verbreitet sind Eigensicherungspflichten bei Tätigkeiten, die ursprünglich unter dem Begriff der staatlichen Daseinsvorsorgeaufgaben resümiert werden konnten, nach der Privatisierung allerdings auf Private übergegangen sind. Es entstehen drei voneinander zu unterscheidende Beziehungen zwischen den Akteuren. Sie stehen in einem Konnexitätsverhältnis. Dies hat zur Folge, dass sich jede Veränderung einer Dimension auf die anderen Dimensionen niederschlägt, wodurch aus grundrechtsdogmatischer Sicht heraus ein noch weiter auszuforschendes Terrain betreten wird. Zum einen müssen das Abwehrrecht des Eigensicherungsverpflichteten mit den Schutzpflichten Dritter in Ausgleich gebracht werden. Zum anderen wird durch das Instrument der Eigensicherungspflicht der Versuch unternommen, einen Funktionswandel vom Abwehrrecht zur Schutzpflicht in den Bereichen, in denen in der Vergangenheit ausschließlich der Staat als Grundrechtsverpflichteter tätig wurde, aber nun infolge von Privatisierung dem privaten Wettbewerb überlassen wurde, zu ermöglichen. Der Private ist grundrechtsberechtigt und darf grundsätzlich im Rahmen seiner Grundrechtsausübung wirtschaftlich nach Belieben, an den Grundsätzen der Gewinnerzielung orientiert, handeln. Erbringt der Private aber eine Aufgabe der Daseinsvorsorge, die schon immer staatlich erbracht oder Gegenstand von Regulierung war, so muss er stärkere Eingriffe in seine Grundrechte hinnehmen als ein anderer Privater, der sonstige Leistungen erbringt. In diesem Sinne muss ein untrennbarer Zusammenhang, der umso intensiver ausfallen muss, je weniger leistungsfähig der Wettbewerb in dem Bereich ist und desto vernetzter und dezentraler die Leistung erbracht wird, zwischen der Privatisierung und der Regulierung angenommen werden. Umgekehrt wäre eine übermäßige Regulierung dort, wo ein starker Wettbewerb existiert und aus der Kraft des Wettbewerbs heraus hinreichender Rechtsgüter- oder Funktionsschutz besteht, mangels Erforderlichkeit unverhältnismäßig. Für die Verwirklichung von Rechtsgüter- und Funktionsschutz müssen dem Privaten allerdings die entsprechenden Mittel von staatlicher Seite zur Verfügung gestellt werden. Die Idee der Instrumentalisierung des Eigensicherungsrechts für eine Eigensicherungspflicht und des Verweisens des Privaten auf seine Notrechte oder das Hausrecht sind nicht mehr als eine Fiktion. Denn die Notrechte oder das Hausrecht sind nicht auf Eigensicherungspflichten, die sich auf die Funktionsfähigkeit von Telekommunikationsnetzen beziehen, zugeschnitten. § 100 TKG ist erst der Beginn für eine Übertragung von Instrumenten auf den Privaten. Es ist die Aufgabe des Gesetzgebers, einerseits den Privaten mit Befugnissen auszustatten, andererseits den Privaten an Pflichten zu binden, damit der Grundrechtsschutz Dritter in gleicher Weise gewährleistet bleibt, als würde der Staat selbst in dessen Rechte eingreifen. Der Staat verletzt durch die Auferlegung von Eigensicherungspflichten weder das Gewaltmonopol, das keinesfalls als staatliches Monopol zur Gewaltanwendung verstanden werden darf, sondern vielmehr ausschließlich dem Staat das Recht vorbehält, zu bestimmen, wer in legitimer Weise Gewalt ausüben darf, noch seine staatliche Schutzpflicht. Die Schutzpflicht ist nicht nur im Verhältnis zu Dritten, solange der Staat regulierend tätig wird und ausreichende Kontroll- und Durchsetzungsmechanismen bereithält, sondern auch gegenüber dem Eigensicherungsverpflichteten, gewahrt. Letzteres setzt aber voraus, dass sich die Eigensicherungspflicht auf den Bereich der Vorfeldgefahrenabwehr beschränkt oder sich als „überbrückende" oder „supplementäre" Pflicht zur staatlichen Gefahrenabwehr darstellt.

Durch die Auferlegung einer Eigensicherungspflicht konkretisiert der Staat die von Verfassung wegen bestehende Eigenverantwortlichkeit des Privaten. Eigenverantwortung muss gesetzlich erst geschaffen werden. Gleichzeitig bleibt der Staat zur Gewährleistung eines hinreichenden Rechtsgüterschutzes und zur Infrastruktursicherung verpflichtet. Daher besteht eine parallele Verantwortung des Privaten und des Staates für die Erreichung des definierten Zwecks. Diese Verantwortung kann mit dem Modell der Verantwortungsstufung systematisiert werden. Der Private ist für die Erfüllung verantwortlich. Der Staat dagegen steht in der Gewährleistungsverantwortung. Die Eigenverantwortung des Privaten kann soweit reichen wie es diesem zumutbar ist. Bis dahin kann der Private aber dazu verpflichtet werden, Sicherungsmaßnahmen zum Schutz Dritter zu ergreifen. Es gibt keine verfassungsrechtliche Regelung, die es dem Privaten gestattet, unter Gefährdung der Rechte Dritter, Profit zu ziehen. Im Gegenteil: Artikel 12 Abs. 1 GG ist zugunsten von Artikel 2 Abs. 2 S. 1 GG einschränkbar. Problematischer gestaltet sich der Fall, dass der Zurechnungszusammenhang zur Tätigkeit des Privaten, z.B. durch einen vorsätzlichen, rechtswidrigen Angriff oder durch eine Naturkatastrophe, unterbrochen wird. Bei der Infrastruktursicherung wird wiederum dem Privaten grundsätzlich verfassungsrechtlich das Recht gewährt, gewinnorientiert zu handeln, vgl. Artikel 87f. Abs. 2 GG. Dieses Recht ist Teil der grundrechtlich gewährleisteten Freiheit aus Artikel 12 Abs. 1 GG. Die Eigensicherungspflicht möchte insofern ebenso die Fälle erfassen, dass über die gängigen Zurechnungsgründe hinaus ein Privater Rechtsgüterschutz auch bzw. überwiegend zum Schutz Dritter betreibt oder über die wirtschaftliche Rentabilität hinaus Beiträge für das Allgemeinwohl erbringt. Die Eigensicherungspflicht schafft „Eigenverantwortung". Und Eigenverantwortung hört nicht da auf, wo Exkulpationsmöglichkeiten bestehen oder wirtschaftliche Interessen entfallen. Sie knüpft an die verfassungsrechtliche Erwartung an, der Mensch übernehme zum einen für sich selbst und zum anderen für Dritte Verantwortung. Dies muss der Mensch aber nicht alleine tun. Eigensicherungspflichten sind Ausdruck der „verteilenden Gerechtigkeit". Muss der Private eine Sicherheitsvorkehrung erbringen, die weniger auf den Schutz seines eigenen Rechtsguts, als auf die von Dritten gerichtet ist, und kann die Gefahr diesem Privaten nicht mehr unmittelbar zugerechnet werden, sind von Verfassung wegen keine weiteren Sicherheitsmaßnahmen durch den Privaten gefragt. Bedient sich der Staat des Privaten zur Infrastruktursicherung und ist dies wirtschaftlich für diesen nicht mehr sinnvoll, geht die Pflicht ebenso über das hinaus, was der Private verfassungsrechtlich erbringen muss. Der Staat bedient sich in beiden Fällen eines Privaten bei der Wahrnehmung seiner Gewährleistungsverantwortung. In diesen Fällen handelt der Private als Verwaltungshelfer für den Staat. Die Verantwortungsstufung zwischen dem Staat und dem Privaten findet nicht auf der Rechtsfolgenebene statt, sondern liegt dem potentiellen Schadensereignis weit voraus. Hintergrund dessen ist, dass der hypothetische Schaden, da er nicht voll beherrschbar ist, möglichst gar nicht erst eintreten soll. Der Rechtsgrund für die Auferlegung einer Eigensicherungspflicht ist in der erhöhten Risikolage zu sehen. Für die Qualifikation einer Risikolage als erhöht kommen sowohl qualitative als auch quantitative Aspekte in Betracht, solange sie sich dadurch auszeichnet, dass sie nicht voll beherrschbar ist. Zurechnungsgründe für eine Eigensicherungspflicht sind entweder die besondere Nähe zum Referenzobjekt oder alternativ das Vorteil-Nachteil-Prinzip. Wer aus einer wirtschaftlichen Tätigkeit die Vorteile zieht, hat hierfür auch die Nachteile zu tragen, wozu auch Sicherheitsvorkehrungen gehören können. Hintergrund der Ausweitung eines solchen Instruments der verteilenden Gerechtigkeit ist die Zugrundelegung des neuen Sicherheitsbegriffs sowie die Verfolgung von Resilienzstrategien, denen Eigensicherungspflichten nur dann ein sinnvoller Beitrag sein können, wenn sie an Fakten orientiert und nicht allein an dem subjektiven Sicherheitsempfinden orientiert auferlegt werden. Sie müssen Ergebnis einer Gleichung aus Sicherheit und Freiheit bleiben.

Literaturverzeichnis

Aberle, G., Motive und Instrumente der Bahnreform von 1994, in: Miram, F./Schmoeckel, M. (Hg.), Eisenbahn zwischen Markt und Staat in Vergangenheit und Gegenwart, Tübingen 2015, S. 49 ff.

Albrecht, H.-J., Neue Bedrohungen? Wandel von Sicherheit und Sicherheitserwartungen, in: Zoche, P./Kaufmann, S./Haverkamp, R. (Hg.), Zivile Sicherheit, Gesellschaftliche Dimensionen gegenwärtiger Sicherheitspolitiken, Bielefeld 2011, S. 111 ff.

Alexy, R., Theorie der Grundrechte, 2. Aufl., Frankfurt a. M. 1994.

Ammicht-Quinn, R., Die Ethik Ziviler Sicherheit, in: Gusy, C./Kugelmann, D./Würtenberger, T. (Hg.), Rechtshandbuch Zivile Sicherheit, Berlin u. a. 2017, Kap. 2, S. 23 ff.

Arndt, H.-W./Fetzer, T./Scherer, J./Graulich, K. (Hg.), Telekommunikationsgesetz. Kommentar, 2. Aufl., Berlin 2015.

Arnhold, J., Die Zuverlässigkeitsüberprüfung nach § 7 Luftsicherheitsgesetz, Hamburg 2012.

Assaf, D., Models of critical information infrastructure protection, International Journal of Critical Infrastructure Protection 2008, 6 ff.

Auer-Reinsdorff, A./Conrad, I. (Hg.), Handbuch IT- und Datenschutzrecht, 2. Aufl., München 2016.

Baban, C. P., Standpunkt zivile Sicherheit. Gesellschaftliche Resilienz – Grundlagen für die zivile Sicherheit, BIGS Standpunkt (6) 2014, Potsam 2014, online abrufbar unter http://www.bigs-potsdam.org/images/Standpunkt/BIGS%20Standpunkt%20Nr.%206%20-%20Gesellschaftliche%20Resilienz%20Bildschirmversion.pdf, letzter Zugriff am 28.02.2017.

Badura, P., Rechtsfragen der Telekommunikation, in: Becker B./Bull, H. P./Seewald, O. (Hg.), Festschrift für W. Thieme zum 70. Geburtstag, Köln 1993, S. 877 ff.

Bälz, U., Ersatz oder Ausgleich? – Zum Standort der Gefährdungshaftung im Licht der neuesten Gesetzgebung –, JZ 1992, 57 ff.

Bälz, U., Zum Strukturwandel des Systems zivilrechtlicher Haftung. Mangelschaden, Mangelfolgeschaden und weiterfressender Schaden – eine Aufgabe für den Gesetzgeber?, Tübingen 1991.

Bamberger, H. G./Roth, H. (Hg.), Beck`scher Online Kommentar BGB, 41. Edition Stand: November 2016, München 2016.

Bar, C. v., Verkehrspflichten. Richterliche Gefahrsteuerungsgebote im deutschen Deliktsrecht, Köln u. a. 1980.

Bardt, H./Puls, T., Markt und Staat im Schienenverkehr – Die Führung der DB als Wirtschaftsunternehmen, in: Miram, F./Schmoeckel, M. (Hg.), Eisenbahn zwischen Markt und Staat in Vergangenheit und Gegenwart, Tübingen 2015, S. 67 ff.

Battis, U., Terroristische Angriffe auf Kernkraftwerke – Die rechtliche Sicht, in: Ossenbühl, F. (Hg.), Deutscher Atomrechtstag 2002, Baden-Baden 2003.

Bauer, H., Privatisierung von Verwaltungsaufgaben, VVDStRL 54 (1995), S. 234 ff.

Bauer, M., Erweiterung der Gefährdungshaftung durch Gesetzesanalogie, in: Flume, W./Raisch, P./Steindorff, E. (Hg.), Beiträge zum Zivil- und Wirtschaftsrecht: Festschrift für K. Ballerstedt zum 70. Geburtstag am 24. Dezember 1975, Berlin 1975, S. 305 ff.

Bäumer, W., Das preußische Kleinbahngesetz, Die Museums-Eisenbahn (4) 1989, 23 ff.

BDI (Bundesverband der deutschen Industrie), BDI-Stellungnahme zum Entwurf eines Gesetzes zur Erhöhung der Sicherheit informationstechnischer Systeme (IT-Sicherheitsgesetz) (BT-Drs. 18/4096), Berlin 2015, online abrufbar unter https://www.bundestag.de/blob/370300/8c907d1750439b380668c12f98a80d1b/18-4-284-e-data.pdf, letzter Zugriff am 28.02.2017.

Becker, B., Gefährdungshaftung und unternehmerische Entscheidung. Analyse und Modellierung am Beispiel der Umwelthaftung, Wiesbaden 1996.

Benda, E./Maihofer, W./Vogel, H.-J. (Hg.), Handbuch des Verfassungsrechts der Bundesrepublik Deutschland, 2. Aufl., Berlin 1994.

Benndorf, M., Zur Bestimmung der „hoheitsrechtlichen Befugnisse“ gemäß Art. 33 Abs. 4 GG, DVBl. 1981, 23 ff.

Berndt, A./Michalczik, R., Einleitung: Die Eisenbahn zwischen Markt und Staat, in: Miram, F./Schmoeckel, M. (Hg.), Eisenbahn zwischen Markt und Staat in Vergangenheit und Gegenwart, Tübingen 2015, S. 1 ff.

Beschorner, J. H., Das deutsche Eisenbahnrecht. Mit besonderer Berücksichtigung des Aktien- und Expropriationsrechts, Erlangen 1958.

Beutel, H., Wirtschaftlich vorteilhafte Gefahrenverursachung. Zur Reichweite der staatlichen Sicherheitsgarantie und den Grenzen ihrer wirtschaftlichen Ausnutzung, Berlin 2014.

BfDI (Die Bundesbeauftragte für den Datenschutz und die Informationsfreiheit), Datenschutz ist Grundrechtsschutz, Bonn 2016, online abrufbar unter http://www.bfdi.bund.de/SharedDocs/Publikationen/Faltblaetter/Datenschutz-ist.pdf?__blob=publicationFile, letzter Zugriff am 23.02.2017.

Blaschczok, A., Gefährdungshaftung und Risikozuweisung, Köln u. a. 1993.

BMI (Hg.), Empfehlungen zur Sicherstellung des Zusammenwirkens zwischen staatlichen Ebenen des Krisenmanagements und den Betreibern Kritischer Infrastrukturen, Berlin 2010, online abrufbar unter http://www.bmi.bund.de/SharedDocs/Downloads/DE/Broschueren/2010/Empfehlungen_Staat_Wirtschaft.pdf;jsessio nid=F05DD222E9AC991464C7A8411EF85C8D.2_cid295?__blob=publicationFile, Zugriff am 06.02.2017.

BMI (Hg.), Nationale Strategie zum Schutz Kritischer Infrastrukturen (KRITIS-Strategie), Berlin 2009, online abrufbar unter https://www.bmi.bund.de/SharedDocs/Downloads/DE/Broschueren/2009/kritis.pdf?__blob=publicationFile, Zugriff am 03.02.2017.

BMI (Hg.), Schutz Kritischer Infrastrukturen – Basisschutzkonzept, 2. Aufl., Berlin 2005, online abrufbar unter https://www.bmi.bund.de/SharedDocs/Downloads/DE/Broschueren/2005/Basisschutzkonzept_kritische_Infrastrukturen.pdf?__blob=publicationFile, Zugriff am 06.02.2017.

BMI (Hg.), Schutz Kritischer Infrastrukturen – Risiko- und Krisenmanagement. Leitfaden für Unternehmen und Behörden, Bonn 2011, online abrufbar unter http://www.bbk.bund.de/SharedDocs/Downloads/BBK/DE/Publikationen/PublikationenKritis/Leitfaden_Schutz-Kritis.pdf?__blob=publicationFile, letzter Zugriff am 24.02.2017.

BMI (Hg.), Sektoren- und Brancheneinteilung Kritischer Infrastrukturen, online abrufbar unter https://www.bbk.bund.de/SharedDocs/Downloads/BBK/DE/Downloads/Kritis/neue_Sektoreneinteilung.pdf?__blob=publicationFile, Zugriff am 06.03.2018.

BMWi (Hg.), Bundesbericht Energieforschung 2016. Forschungsförderung für die Energiewende, Berlin 2016, online abrufbar unter https://www.ptj.de/lw_resource/datapool/_items/item_6610/bundesbericht-energieforschung-2016.pdf, letzter Zugriff am 21.02.2017.

BNetzA (Hg.), Katalog von Sicherheitsanforderungen für das Betreiben von Telekommunikations- und Datenverarbeitungssystemen sowie für die Verarbeitung personenbezogener Daten nach § 109 TKG, Version 1.1., Stand: 01.01.2016, Bonn 2016, online abrufbar unter http://www.certigo.de/wordpress/wp-content/uploads/2016/03/KatalogSicherheitsanforderungen.pdf, letzter Zugriff am 23.02.2017, (zitiert als: Katalog von Sicherheitsanforderungen).

BNetzA (Hg.), Mitteilung nach § 109 Absatz 5 Telekommunikationsgesetz – Umsetzungskonzept, Stand: 27.07.2016, Version: 3.0., online abrufbar unter https://www.bundesnetzagentur.de/SharedDocs/Downloads/DE/Sachgebiete/Telekommunikation/Unternehmen_Institutionen/Anbieterpflichten/OeffentlicheSicherheit/mitteilungeinersicherheitsverletzung/Umsetzungskonzept_%C2%A7_109_%285%29_TKG_Mitteilung_Sicherheitsverletzung.pdf;jsessionid=EEB73FBD35A7671666E44F9F74B7DFFD?__blob=publicationFile&v=6, letzter Zugriff am 28.02.2017.

BNetzA (Hg.), Tätigkeitsbericht Telekommunikation 2014/15. Bericht gemäß § 121 Abs. 1 Telekommunikationsgesetz, Bonn 2015, online abrufbar unter https://www.bundesnetzagentur.de/SharedDocs/Downloads/DE/Allgemeines/

Bundesnetzagentur/Publikationen/Berichte/2015/TB_TK_2015.pdf?__blob=publicationFile&v=3, letzter Zugriff am 21.02.2017.

Bonss, W., (Un-)Sicherheit in der Moderne, in: Zoche, P./Kaufmann, S./Haverkamp, R. (Hg.), Zivile Sicherheit. Gesellschaftliche Dimensionen gegenwärtiger Sicherheitspolitiken, Bielefeld 2011, S. 43 ff.

Bonß, W./Wagner, K., Risiken und symbolische Politik: Anmerkungen zu einem Konzept und seiner Bedeutung für die Luftsicherheit, in: Gerhold, L./Schiller, J. (Hg.), Perspektiven der Sicherheitsforschung. Beiträge aus dem Forschungsforum Öffentliche Sicherheit, Frankfurt a. M. 2012, S. 41 ff.

Bott, P., Die Verantwortlichkeit wegen des Verhaltens Dritter im allgemeinen Sicherheits- und Polizeirecht, Würzburg 1986 (zitiert als: Verantwortlichkeit wegen des Verhaltens Dritter).

Bracher, C.-D., Anmerkung zu BVerwG, Urteil vom 19.01.1989–7 C 31.87 –, DVBl. 1989, 517 ff.

Bracher, C.-D., Gefahrenabwehr durch Private. Eine verfassungsrechtliche Untersuchung zu den Grenzen der Übertragung von Aufgaben der Gefahrenabwehr auf Private und der staatlichen Zulassung privater Gefahrenabwehr, Berlin 1987.

Braun, F., Die Finanzierung polizeilicher Aufgabenwahrnehmung im Lichte eines gewandten Polizeiverständnisses, Stuttgart 2008 (zitiert als: Die Finanzierung polizeilicher Aufgabenwahrnehmung).

Bräutigam, P./Wilmer, S., Big brother ist watching you? – Meldepflichten im geplanten IT-Sicherheitsgesetz, ZRP 2015, 38 ff.

Breucker, M., Sicherheitsmaßnahmen für die Fußballweltmeisterschaft 2006 – Prävention durch Polizei und Deutschen Fußball Bund, NJW 2006, 1233 ff.

Breuer, R., „Altlasten“ als Bewährungsprobe der polizeilichen Gefahrenabwehr und des Umweltschutzes – OVG Münster, NVwZ 1985, 355, JuS 1986, 359 ff.

Broß, S., Zur Erstattung der Kosten von Einsätzen der Polizei, VerwArch 74 (1983), 388 ff.

Broß, S., Zur Erstattung der Kosten von Polizeieinsätzen, DVBl. 1983, 377 ff.

Brüggemeier, G., Deliktsrecht: Ein Hand- und Lehrbuch, Baden-Baden 1986.

BSI (Hg.), BSI-Standard 100–1. Managementsysteme für Informationssicherheit (ISMS), Version 1.5., Bonn 2008, online abrufbar unter https://www.bsi.bund.de/SharedDocs/Downloads/DE/BSI/Publikationen/ITGrundschutzstandards/BSI-Standard_1001.pdf?__blob=publicationFile, letzter Zugriff am 06.03.2018.

BSI (Hg.), Die Lage der IT-Sicherheit in Deutschland 2014, Bonn 2014, online abrufbar unter https://www.bsi.bund.de/SharedDocs/Downloads/DE/BSI/Publikationen/Lageberichte/Lagebericht2014.pdf?__blob=publicationFile&v=2, letzter Zugriff am 21.02.2017.

BSI (Hg.), Die Lage der IT-Sicherheit in Deutschland 2015, Bonn 2015, online abrufbar unter https://www.bsi.bund.de/SharedDocs/Downloads/DE/BSI/Publikationen/

Lageberichte/Lagebericht2015.pdf?__blob=publicationFile&v=5, letzter Zugriff am 21.02.2017.

BSI (Hg.), Die Lage der IT-Sicherheit in Deutschland 2016, Bonn 2016.

BSI (Hg.), KRITIS-Sektorstudie. Informationstechnik und Telekommunikation (IKT), Revisionsstand: 05.02.2015, Bonn 2014, online abrufbar unter http://www.kritis.bund.de/SharedDocs/Downloads/Kritis/DE/Sektorstudie_IKT.pdf?__blob=publicationFile, letzter Zugriff am 27.02.2017 (zitiert als: KRITIS-Sektorstudie, IKT).

Büge, D., Anmerkung zu VG Düsseldorf, Urteil vom 08.03.2012–6 K 254/11 – Grenzen der Eigensicherungspflichten nach Hafensicherheitsgesetz NRW (HaSiG), DVBl. 2012, 1315 ff.

Bull, H.-P., Die Staatsaufgaben nach dem Grundgesetz, 2. Aufl., Kronberg 1977.

Bundesministerium der Finanzen, Die Beteiligungen des Bundes. Beteiligungsbericht 2015, Berlin 2016, online abrufbar unter https://www.bundesfinanzministerium.de/Content/DE/Standardartikel/Themen/Bundesvermoegen/Privatisierungs_und_Beteiligungspolitik/Beteiligungspolitik/Beteiligungsberichte/beteiligungsbericht-des-bundes-2015.pdf?__blob=publicationFile&v=6, letzter Zugriff am 24.02.2017.

Burgi, M., Funktionale Privatisierung und Verwaltungshilfe. Staatsaufgabendogmatik – Phänomenologie – Verfassungsrecht, Tübingen 1999.

Caemmerer, E. v., Wandlungen des Deliktsrechts, Karlsruhe 1964.

Caemmerer, E., v., Wandlungen des Deliktsrechts, in: ders./Friesenhahn, E./Lange, R. (Hg.), Hundert Jahre deutsches Rechtsleben: Festschrift zum hundertjährigen Bestehen des Deutschen Juristentages 1860–1960, Band 2, Karlsruhe 1960, S. 49 ff.

Cannivé, K., Infrastrukturgewährleistung in der Telekommunikation zwischen Staat und Markt. Eine verfassungsrechtliche Analyse des Universaldienstkonzepts im TKG, Berlin 2001.

Christmann, G./Kilper, H./Ibert, O., Die resiliente Stadt in den Bereichen Infrastrukturen und Bürgergesellschaft, Forschungsforum Öffentliche Sicherheit, Berlin 2016.

Coing, H., Grundzüge der Rechtsphilosophie, 4. Aufl., Berlin u. a. 1985.

Collin, P., Nahverkehr als Staats- und Privataufgabe. Verteilung von Gestaltungskompetenzen zwischen staatlichen und privaten Akteuren im 19. und 20. Jahrhundert, in: Miram, F./Schmoeckel, M. (Hg.), Eisenbahn zwischen Markt und Staat in Vergangenheit und Gegenwart, Tübingen 2015, S. 123 ff.

Czaja, F., Eigensicherungspflichten von Verkehrsflughäfen. Die Beteiligung der Verkehrsflughäfen an der Abwehr äußerer Gefahren für die Sicherheit des Luftverkehrs, Köln u. a. 1995.

Czychowski, M., Ordnungsbehördliche Maßnahmen nach Ölunfällen, DVBl. 1970, 379 ff.

Daase, C., Der Wandel der Sicherheitskultur – Ursachen und Folgen des erweiterten Sicherheitsbegriffs, in: Zoche P./Kaufmann, S./Haverkamp, R. (Hg.), Zivile Sicherheit. Gesellschaftliche Dimensionen gegenwärtiger Sicherheitspolitiken, Bielefeld 2011, S. 139 ff.

Daase, C., Sicherheitskultur als interdisziplinäres Forschungsprogramm, in: ders./ Offermann, P./Rauer, V. (Hg.), Sicherheitskultur. Soziale und politische Praktiken der Gefahrenabwehr, Frankfurt a. M. 2012, S. 23 ff.

Daase, C./Engert, S./Junk, J., Gesellschaftliche Verunsicherung als Herausforderung des Staates: Eine Einführung, in: dies. (Hg.), Verunsicherte Gesellschaft – Überforderter Staat. Zum Wandel der Sicherheitskultur, Frankfurt a. M. 2013, S. 9 ff.

Danwitz, T., v., Genehmigungsrechtliche Fragen terroristischer Angriffe auf Kernkraftwerke, RdE 2002, 113 ff.

Danwitz, T., v., Rechtsfragen terroristischer Angriffe auf Kernkraftwerke, Stuttgart u. a. 2002.

Dederer, H-G., Kernkraftwerke im Visier des Terrorismus – Das atomrechtliche Instrumentarium zum Schutz von Kernkraftwerken vor terroristischen Gewaltakten, DÖV 2005, 621 ff.

De Maizière, T., Nationale Strategie zum Schutz Kritischer Infrastrukturen – Leitschnur moderner Sicherheitspolitik (Rede), Berlin 2009, online abrufbar unter http://www.bmi.bund.de/SharedDocs/Reden/DE/2009/12/kritis.%20html, letzter Zugriff am 27.02.2017.

Denninger, E., Der Präventionsstaat, KJ 1988, 1 ff.

Deutsch, E., Methode und Konzept der Gefährdungshaftung, VersR 1971, 1 ff.

Deutsch, E., Zurechnung und Haftung im zivilen Deliktsrecht, in: Festschrift für M. Honig zum 80. Geburtstag, 03.01.1970, Göttingen 1970, S. 33 ff.

Dietlein, J., Die Lehre von den grundrechtlichen Schutzpflichten, Berlin 1992.

Di Fabio, U., Privatisierung und Staatsvorbehalt. Zum dogmatischen Schlüsselbegriff der öffentlichen Aufgabe, JZ 1999, 585 ff.

Di Fabio, U., Verwaltung und Verwaltungsrecht zwischen gesellschaftlicher Selbstregulierung und staatlicher Steuerung, VVDStRL 56 (1997), S. 235 ff.

Dörner, D., Über die Schwierigkeiten des Umgangs mit Komplexität, in: Zoche, P./ Kaufmann, S./Haverkamp, R. (Hg.), Zivile Sicherheit. Gesellschaftliche Dimensionen gegenwärtiger Sicherheitspolitiken, Bielefeld 2011, S. 71 ff.

Dreier, H. (Hg.), Grundgesetz. Kommentar, Band 1, 3. Aufl., Tübingen 2013; Band 2, 2. Aufl., Tübingen 2006; Band 2, 3. Aufl., Tübingen 2015; Band 3, 2. Aufl., Tübingen 2008.

Drews, B. (Begr.)/*Wacke, G.* (Fortf.)/*Vogel, K./Martens, W.*, Gefahrenabwehr. Allgemeines Polizeirecht (Ordnungsrecht) des Bundes und der Länder, 9. Aufl., Köln u. a. 1986.

Dunn Cavelty, M., Gesellschaft in Daueralarm: Gefahrendarstellungen im Cybersecurity-Diskurs, in: Daase, C./Engert, S./Junk, J. (Hg.), Verunsicherte Gesellschaft – Überforderter Staat. Zum Wandel der Sicherheitskultur, Frankfurt a. M. 2013, S. 133 ff.

Dunn Cavelty, M., Zusammenbruch kritischer Infrastrukturen und die Antizipation von TEOTWAWKI: Narrative Praktiken im Falle einer erzählten Superkatastrophe, in: Siedschlag, A. (Hg.), Jahrbuch für europäische Sicherheitspolitik 2009/2010, Baden-Baden 2010, S. 85 ff.

Dunn Cavelty, M./Kaufmann, M./Kristensen K. S., Resilience and (in)security: Practices, subjects, temporalities, Security Dialogue (46) 2015, 3 ff.

Ebeling, C., Zivile Sicherheit in Kritischen Infrastrukturen – Private Infrastrukturen, in: Gusy, C./Kugelmann, D./Würtenberger, T. (Hg.), Rechtshandbuch Zivile Sicherheit, Berlin u. a. 2017, Kap. 15, S. 303 ff.

Eckhardt, J., Der Referentenentwurf zum IT-Sicherheitsgesetz – Schutz der digitalen Zukunft? – Eine erste Bestandsaufnahme, ZD 2014, 599 ff.

Eckhardt, J./Schmitz, P., Datenschutz in der TKG-Novelle, CR 2011, 436 ff.

Eger, G., Handbuch des Preußischen Eisenbahnrechts. Band 2, Breslau 1890.

Ehlers, D, Der Schutz wirtschaftlicher Unternehmen vor terroristischen Anschlägen, Spionage und Sabotage, in: Leßmann, H./Großfeld, B./Vollmer, L. (Hg.), Festschrift für R. Lukes zum 65. Geburtstag, Köln u. a. 1989, S. 337 ff.

Ehlers, D./Fehling, M./Pünder, H. (Hg.), Besonderes Verwaltungsrecht, Band 1: Öffentliches Wirtschaftsrecht, 3. Aufl., Heidelberg u. a. 2012.

Eifert, M., Grundversorgung mit Telekommunikationsdienstleistungen im Gewährleistungsstaat, Baden-Baden 1998.

Emmert, U., Europäische und nationale Regulierungen. Konsequenzen für den Datenschutz nach dem Ende von Safe Harbor, DUD (1) 2016, 34 ff.

Endemann, W., Das Recht der Eisenbahnen nach den Bestimmungen des Deutschen Reichs und Preußens, Leipzig 1886.

Engelhardt, H. (Begr.)/*Schlatmann, A.* (Hg.), Verwaltungsvollstreckungsgesetz Verwaltungszustellungsgesetz. Kommentar, 10. Aufl., München 2014.

Engels, A., Zivile Sicherheit in Kritischen Infrastrukturen – Öffentliche Netze, in: Gusy, C./Kugelmann, D./Würtenberger, T. (Hg.), Rechtshandbuch Zivile Sicherheit, Berlin u. a. 2017, Kap. 14, S. 273 ff.

ENISA, Technical Guideline on Incident Reporting. Technical guidance on the incident reporting in Article 13a, Version: 2.2.1., Stand: Oktober 2014, online abrufbar unter https://www.rtr.at/de/tk/Netzsicherheit/Article_13a_ENISA_Technical_Guideline_On_Incident_Reporting_v2_1.pdf, letzter Zugriff am 23.02.2017.

Epping, V., Grundrechte, 6. Aufl., Berlin u. a. 2015.

Epping, C./Hillgruber, C. (Hg.), Beck`scher Online-Kommentar Grundgesetz, 31. Edition, Stand: 01.12.2016, München 2016.

Erbguth, W., Neues Hafensicherheitsrecht: Erstellung der Risikobewertung und des Gefahrenabwehrplans, DVBl. 2007, 1202 ff.

Erichsen, H.-U., Der Schutz der Allgemeinheit und der individuellen Rechte durch die polizei- und ordnungsrechtliche Handlungsvollmachten der Exekutive, VVDStRL 35 (1977), S. 171 ff.

Erichsen, H.-U., Grundrechtliche Schutzpflichten in der Rechtsprechung des Bundesverfassungsgerichts, Jura 1997, 85 ff.

Esser, J., Grundlagen und Entwicklung der Gefährdungshaftung, 2. Aufl., München 1969.

Esser, J./Weyers, H.-L., Schuldrecht, Band II: Besonderer Teil, Teilband 2: Gesetzliche Schuldverhältnisse, 8. Aufl., Heidelberg 2000.

Europäische Kommission, Bericht der Europäischen Kommission an das Europäische Parlament und den Rat. Jahresbericht 2015 über die Durchführung der Verordnung (EG) Nr. 300/2008 über gemeinsame Vorschriften für die Sicherheit in der Zivilluftfahrt, Brüssel 2016.

Finger, H.-J., Eisenbahngesetze. Textsammlung mit Erläuterungen und Sachverzeichnis, 5. Aufl., München 1968.

Finger, H.-J., Kommentar zum Allgemeinen Eisenbahngesetz und Bundesbahngesetz mit Bundesbahnvermögensgesetz und Verwaltungsordnung, Darmstadt 1982.

Fischer, T. (Hg.), Strafgesetzbuch mit Nebengesetzen, 64. Aufl., München 2017.

Fischerhof, H. (Hg.), Deutsches Atomgesetz und Strahlenschutzrecht. Kommentar mit Berücksichtigung des internationalen Rechts, Band 1, 2. Aufl., Baden-Baden 1978.

Fischer-Lescano, A./Maurer, A., Grundrechtsbindung von privaten Betreibern öffentlicher Räume, NJW 2006, 1393 ff.

Flex, F./Lamker, C., Verantwortung, Versorgung, Entwicklung – Daseinsvorsorge zwischen Kooperation und Entwicklung, in: Growe, A./Heider, K./Lamker, C./ Paßlick, S./Terfrüchte, T. (Hg.), Polyzentrale Stadtregionen – Die Region als planerischer Handlungsraum, Hannover 2012.

Focke, K., Wem dient die Sicherheitsüberprüfung der Flugpassagiere? Einige Anmerkungen zur Zulässigkeit der Luftsicherheitsgebühr, ZLW (41) 1992, 240 ff.

Forsthoff, E./Münch, I., v./Schick, W./Thieme, W./Ule, C. H./Mayer, F. (Hg.), Verfassungsrechtliche Grenzen einer Reform des Öffentlichen Dienstrechts, Baden-Baden 1973.

Freise, R., Die Deutsche Bundesbahn zwischen Staat und Markt, in: Miram, F./ Schmoeckel, M. (Hg.), Eisenbahn zwischen Markt und Staat in Vergangenheit und Gegenwart, Tübingen 2015, S. 33 ff.

Freund, B., IT-Sicherheitsgesetz. Zum neuen Entwurf eines Gesetzes gegen Cyberattacken, ITRB 2014, 256 ff.

Freund, M., Infrastrukturgewährleistung in der Telekommunikation, NVwZ 2003, 408 ff.

Freund, M., Infrastrukturgewährleistung in der Telekommunikation. Staatliche Gewährleistungsverantwortung, Universaldienst, Wegerechte, München 2002.

Friauf, K. H. (Hg.), Kommentar zur Gewerbeordnung – GewO. Gewerberechtlicher Teil nebst Ausführungsverordnungen, Losebl., Band 2, Köln Stand: April 2015.

Gaisbauer, G., Die allgemeine Verkehrssicherungspflicht des Hausbesitzers, Neuwied 1970.

Gallwas, H.-U., Die Erfüllung von Verwaltungsaufgaben durch unentgeltliche Dienstleistung Privater, BayVBl. 1971, 245 ff.

Gantner, V., Verursachung und Zurechnung im Recht der Gefahrenabwehr, Tübingen 1983.

Gärditz, K. F. (Hg.), Verwaltungsgerichtsordnung (VwGO) mit Nebengesetzen, Köln 2013.

Gaycken, S., Cybersicherheit in der Wissensgesellschaft: Zum Zusammenhang von epistemischer und physischer Unsicherheit, in: Daase, C./Engert, S./Junk, J. (Hg.), Verunsicherte Gesellschaft – Überforderter Staat. Zum Wandel der Sicherheitskultur, Frankfurt a. M. 2013, S. 109 ff.

Geier, W., Paradigmenwechsel in der zivilen Sicherheitsvorsorge – der Bevölkerungsschutz zu Beginn des 21. Jahrhunderts, in: BBK (Hg.), 50 Jahre Bevölkerungsschutz in Deutschland, Bonn 2008, S. 115 ff.

Geppert, M./Schütz, R. (Hg.), Beck'scher TKG-Kommentar, 4. Aufl., München 2013.

Gercke, M., Der Entwurf für eine EU-Richtlinie über Netz- und Informationssicherheit (NIS). Was kommt auf deutsche Unternehmen zu?, CR 2016, 28 ff.

Gersdorf, H., Der Staat als Telekommunikationsunternehmer. Zur verfassungsrechtlichen Problematik der sogenannten Rückverstaatlichung im Telekommunikationssektor, AfP 1998, 470 ff.

Giemulla, E. M./Rothe, B. R. (Hg.), Recht der Luftsicherheit, Berlin u. a. 2008.

Giemulla, E./Schmid, R., Sicherheitsmaßnahmen im Luftverkehr. Aufgaben und Haftung der am Luftverkehr Beteiligten, NZV 1989, 415 ff.

Giemulla, E./Schyndel, H., van (Hg.), Luftsicherheitsgesetz, Neuwied 2006.

Gierke, O., v., Die soziale Aufgabe des Privatrechts, Vortrag, gehalten am 5. April 1889 in der juristischen Gesellschaft zu Wien, Berlin 1889.

Glavic, J. J. (Hg.), Handbuch des privaten Sicherheitsgewerbes, Stuttgart u. a. 1995.

Gola, P./Klug, C./Körffer, B./Schomerus, R. (Hg.), Bundesdatenschutzgesetz, 12. Aufl., München 2015.

Götz, V., Allgemeines Polizei- und Ordnungsrecht, 15. Aufl., München 2013 (zitiert als: Allgemeines POR).

Götz, V., Die Entwicklung des allgemeinen Polizei- und Ordnungsrechts (1981–1983), NVwZ 1984, 211 ff.

Götz, V., Grundpflichten als verfassungsrechtliche Dimension, VVDStRL 41 (1983), S. 7 ff.

Götz, V., Kostenrecht der Polizei und Ordnungsverwaltung, DVBl. 1984, 14 ff.

Grabherr, E., Rechtsgrundlagen für Sicherungsmaßnahmen im Luftverkehr, ZLW (27) 1978, 171 ff.

Graf, T., § 34a GewO: Anforderungen an Gewerbebetreibende und deren Angestellte, Aachen 1997.

Gramlich, L., Entwicklungen der staatlichen Wirtschaftsaufsicht – Das Telekommunikationsrecht als Modell?, VerwArch 88 (1997), 598 ff.

Gramm, C., Privatisierung und notwendige Staatsaufgaben, Berlin 2001.

Grimm, D., Verfassungsrechtliche Anmerkungen zum Thema Prävention, KritV 1986, 38 ff.

Groh, K., Die Logiken des „neuen Sicherheitsrechts“ im Waffengesetz: Vorsorge und Kostenüberwälzung, JöR 62 (2014), 235 ff.

Gropp, W., Strafrecht Allgemeiner Teil, 4. Aufl., Berlin u. a. 2015.

Gurlit, E., Grundrechtsbindung von Unternehmen, NZG 2012, 249 ff.

Gusy, C., Der Wandel präventiver Schutzgewährung in der staatlichen Finanzkrise, in: Hoffmann-Riem, W./Schmidt-Aßmann, E. (Hg.), Effizienz als Herausforderung an das Verwaltungsrecht, Baden-Baden 1998, S. 175 ff.

Gusy, C., Gewährleistung von Freiheit und Sicherheit im Lichte unterschiedlicher Staats- und Verfassungsverständnisse, VVDStRL 63 (2004), S. 151 ff.

Gusy, C., Grundpflichten und Grundgesetz, JZ 1982, 657 ff.

Gusy, C., Jenseits von Privatisierung und „schlankem“ Staat: Duale Sicherheitsverantwortung, in: Schuppert, G. F. (Hg.), Jenseits von Privatisierung und „schlankem“ Staat. Verantwortungsteilung als Schlüsselbegriff eines sich verändernden Verhältnisses von öffentlichem und privatem Sektor, Baden-Baden 1999, S. 115 ff.

Gusy, C., Polizeikostenüberwälzung auf Dritte, DVBl. 1996, 722 ff.

Gusy, C., Polizei- und Ordnungsrecht, 10. Aufl., Tübingen 2017 (zitiert als: *Gusy*, POR).

Gusy, C., Rechtsgüterschutz als Staatsaufgabe – Verfassungsfragen der „Staatsaufgabe Sicherheit“ –, DÖV 1996, 573 ff.

Gusy, C., Rechtsstellung und Betätigung von V-Leuten der Nachrichtendienste, RiA 1982, 101 ff.

Gusy, C., Resilient Societies – Staatliche Katastrophenschutzverantwortung und Selbsthilfefähigkeit der Gesellschaft, in: Heckmann, D./Schenke, R. P./Sydow, G. (Hg.), Verfassungsstaatlichkeit im Wandel. Festschrift für T. Würtenberger zum 70. Geburtstag, Berlin 2013, S. 995 ff.

Gusy, C., Sicherheitskultur – Sicherheitspolitik – Sicherheitsrecht, KritV 2010, 111 ff.

Gusy, C., Vom Polizeirecht zum Sicherheitsrecht, StWStP 1994, 187 ff.

Gusy, C., Ziele, Aufträge und Maßstäbe der Sicherheitsgewährleistung, in: Gusy, C./ Kugelmann, D./Würtenberger, T. (Hg.), Rechtshandbuch Zivile Sicherheit, Berlin u. a. 2017, Kap. 3, S. 55 ff.

Gusy, C./Eichenhofer, J., Die Einzelnen im Recht der Zivilen Sicherheit, in: Gusy, C./ Kugelmann, D./Würtenberger, T. (Hg.), Rechtshandbuch Zivile Sicherheit, Berlin u. a. 2017, Kap. 10, S. 185 ff.

Gusy, C./Kapitza, A., Sicherheitsrecht, -politik und -kultur im demokratischen Verfassungsstaat, in: Daase, C./Offermann, P./Rauer, V. (Hg.), Sicherheitskultur. Soziale und politische Praktiken der Gefahrenabwehr, Frankfurt a. M. 2012, S. 45 ff.

Hammer, F., Private Sicherheitsdienste, staatliches Gewaltmonopol, Rechtsstaatsprinzip und „schlanker Staat“, DÖV 2000, 613 ff.

Hannak, K., Die Verteilung der Schäden aus gefährlicher Kraft. Grundsätze einer Schadensordnung für die Gefahren der modernen Technik, Tübingen 1960.

Hannich, R. (Hg.), Karlsruher Kommentar zur Strafprozessordnung mit GVG, EGGVG und EMRK, 7. Aufl., München 2013.

Hauschka, C. E./Moosmayer, K./Lösler, T. (Hg.), Corporate Compliance. Handbuch der Haftungsvermeidung im Unternehmen, 3. Aufl., München 2016.

Heckmann, D., Rechtspflichten zur Gewährleistung von IT-Sicherheit im Unternehmen. Maßstäbe für ein IT-Sicherheitsgesetz, MMR 2006, 280 ff.

Hefekäuser, H.-W., Die Deutsche Telekom-AG – Von der öffentlich-rechtlichen zur privatrechtlichen Zielsetzung in Unternehmen der öffentlichen Hand, ZGR 1996, 385 ff.

Heintschel-Heinegg, B., von (Hg.), Beck'scher Online-Kommentar StGB, 33. Edition Stand: 01.12.2016, München 2017.

Helmbrecht, U., Die aktuelle Bedrohungslage durch Ausfall von IT-Infrastrukturen, in: Kloepfer, M. (Hg.), Schutz kritischer Infrastrukturen, IT und Energie, Baden-Baden 2010, S. 39 ff.

Hermes, G., Das Grundrecht auf Schutz von Leben und Gesundheit. Schutzpflicht und Schutzanspruch aus Art. 2 Abs. 2 S. 1 GG, Heidelberg 1987.

Herrmann, N., Verantwortlichkeit im allgemeinen Polizei- und Ordnungsrecht, DÖV 1987, 666 ff.

Heun, S. E. (Hg.), Handbuch Telekommunikationsrecht, 2. Aufl., Köln 2007.

Heun, W., Verfassungsrechtliche Direktiven für die Risikoprävention, in: Yamanaka, K./Schorkopf, F./Jehle, J.-M. (Hg.), Präventive Tendenzen in Staat und Gesellschaft zwischen Sicherheit und Freiheit, Ein deutsch-japanisches Symposium, S. 21 ff.

Hobbes, T., Leviathan. Aus dem Englischen übertragen von J. Schlösser, Hamburg 1996.

Hobe, S./Ruckteschell, N., von (Hg.), Kölner Kompendium des Luftrechts. Band 2: Luftverkehr, Köln 2009.

Hoffmann-Riem, W., Öffentliches Recht und Privatrecht als wechselseitige Auffangordnungen – Systematisierung und Entwicklungsperspektiven, in: Hoffmann-Riem, W./Schmidt-Aßmann, E. (Hg.), Öffentliches Recht und Privatrecht als wechselseitige Auffangordnungen, Baden-Baden 1996, S. 261 ff.

Hoffmann-Riem, W., Tendenzen in der Verwaltungsrechtsentwicklung, DÖV 1997, 433 ff.

Hoffmann-Riem, W., Übergang der Polizeigewalt auf Private? Überlegungen zur Entwicklung gewerblicher Sicherheitskräfte, ZRP 1977, 277 ff.

Hoffmann-Riem, W./Schmidt-Aßmann, E./Voßkuhle, A. (Hg.), Grundlagen des Verwaltungsrechts, Band 1, 2. Aufl., München 2012.

Hofmann, H., Atomgesetz und Recht auf Leben und Gesundheit, BayVBl. 1983, 33 ff.

Hofmann, P., Das System des privatrechtlichen Hausrechts, Jura 2014, 141 ff.

Hofmann, M./Grabherr, E. (Hg.), Luftverkehrsgesetz. Kommentar für die Praxis, München 1971.

Holznagel, B./Sonntag, M., Schutzpflichten in einer Informationsgesellschaft, in: Roßnagel, A. (Hg.), Sicherheit für Freiheit?. Riskante Sicherheit oder riskante Freiheit in der Informationsgesellschaft, Baden-Baden 2003, S. 59 ff.

Honigl, R., Tätigwerden von Privaten auf dem Gebiet der öffentlichen Sicherheit und Ordnung, Stuttgart 1985.

Hornung, G., Informationen über „Datenpannen“ – Neue Pflichten für datenverarbeitende Unternehmen, NJW 2010, 1841 ff.

Hornung, G., Neue Pflichten für Betreiber Kritischer Infrastrukturen: Das IT-Sicherheitsgesetz des Bundes, NJW 2015, 3334 ff.

Hornung, G., Stellungnahme zur öffentlichen Anhörungen des Innenausschusses des Deutschen Bundestages am 20.04.2015 zum Gesetzesentwurf der Bundesregierung für Gesetz zur Erhöhung der Sicherheit informationstechnischer Systeme (IT-Sicherheitsgesetz) vom 25. Februar 2015, BT-Drs. 18/4096, Passau 2015, online abrufbar unter https://www.bundestag.de/blob/370484/06b3a5ce693527f16886863d502ea7ca/18-4-284-g-data.pdf, letzter Zugriff am 28.02.2017.

Huber, F., Wahrnehmung von Aufgaben im Bereich der Gefahrenabwehr durch das Sicherheits- und Bewachungsgewerbe. Eine rechtsvergleichende Untersuchung zwischen Deutschland und den USA. Berlin 2000.

Huber, P. M., Die Verantwortung für den Schutz vor terroristischen Angriffen, ZUR 2004, 1 ff.

Hutter, R., Sicherheitsbedarf der Informationsgesellschaft, in: Roßnagel, A. (Hg.), Sicherheit für Freiheit?, Riskante Sicherheit oder riskante Freiheit in der Informationsgesellschaft, Baden-Baden 2003, S. 45 ff.

Institut der deutschen Wirtschaft (Hg.), Markt und Staat im Schienenverkehr. Gutachten im Auftrag der Deutschen Bahn AG, Köln 2014, online abrufbar unter http://www.iwkoeln.de/studien/gutachten/beitrag/thomas-puls-markt-und-staat-im-schienenverkehr-144993, letzter Zugriff am 24.02.2017.

Ipsen, H. P., Gesetzliche Bevorratungspflichten Privater. Erläutert am Modell des Gesetzes über Mindestvorräte an Erdölerzeugnissen vom 9. September 1965 (BGBl. I S. 1217), AöR 90 (1965), 393 ff.

Isensee, J., Das Grundrecht auf Sicherheit. Zu den Schutzpflichten des freiheitlichen Verfassungsstaates, Berlin u. a. 1983.

Isensee, J., Das staatliche Gewaltmonopol als Grundlage und Grenze der Grundrechte. Der Vorbehalt der Friedlichkeit als Kriterium des Grundrechtstatbestandes und der Schutzpflicht, in: Franßen, E./Redeker, K./Schlichter, O./Wile, D. (Hg.), Bürger – Richter – Staat: Festschrift für H. Sendler, München 1991, S. 39 ff.

Isensee, J., Die Friedenspflicht der Bürger und das Gewaltmonopol des Staates. Zur Legitimationskrise des modernen Staates, in: Müller, G. (Hg.), Staatsorganisation und Staatsfunktionen im Wandel, Festschrift für K. Eichenberger zum 60. Geburtstag, Basel 1982, S. 23 ff.

Isensee, J., Subsidiaritätsprinzip und Verfassungsrecht: Eine Studie über das Regulativ des Verhältnisses zwischen Staat und Gesellschaft, 2. Aufl., Berlin 2001.

Isensee, J./Kirchhof, P. (Begr.), Handbuch des Staatsrechts der Bundesrepublik Deutschland, Band III, 2. Aufl., Heidelberg 1996; Band IV, 3. Aufl., Heidelberg 2006; Band V, 3. Aufl., Heidelberg 2007; Band IX, 3. Aufl., Heidelberg 2011.

Jarass, H. D., Die verfassungsrechtliche Stellung der Post- und TK-Unternehmen, MMR 2009, 223 ff.

Jarass, H. D., Formen staatlicher Einwirkung auf die Energiewirtschaft, Der Staat (17) 1978, 507 ff.

Jarass, H. D., Grundrechte als Wertentscheidungen bzw. objektivrechtliche Prinzipien in der Rechtsprechung des Bundesverfassungsgerichts, AöR 110 (1985), 363 ff.

Jarass, H. D./Pieroth, B. (Hg.), Grundgesetz für die Bundesrepublik Deutschland. Kommentar, 14. Aufl., München 2016.

Jauernig, O. (Begr.)/*Stürner, R.* (Hg.), Bürgerliches Gesetzbuch, 16. Aufl., München 2015.

Jeand'Heur, B., Von der Gefahrenabwehr als staatlicher Angelegenheit zum Einsatz privater Sicherheitskräfte – Einige rechtspolitische und verfassungsrechtliche Anmerkungen – AöR 119 (1994),107 ff.

Jellinek, G., Allgemeine Staatslehre, 3. Aufl., Berlin u. a. 1966.

Jeserich, K. G. A./Pohl, H./Unruh, G.-C., v. (Hg.), Deutsche Verwaltungsgeschichte. Band 1, Band 2, Stuttgart 1983.

Jochum, G., Die Grundrechtsbindung der Deutschen Bahn, NVwZ 2005, 779 ff.

Joecks, W./Miebach, K. (Hg.), Münchener Kommentar zum StGB, Band 1, 3. Aufl., München 2017; Band 2, Band 5, 2. Aufl., München 2014.

John, M., Diskussionsbericht, in: Koch, H.-J./Roßnagel, A./Schneider, J.-P./Wieland, J. (Hg.), 12. Deutsches Atomrechtssymposium. 7. und 8. Oktober 2003 Köln, Baden-Baden 2004, S. 245 ff.

Jung, J., Die Zweispurigkeit des öffentlichen Dienstes: Eine Untersuchung über die Veränderungen der Personalstruktur im öffentlichen Dienst und die Verankerung des Berufsbeamtentums im Grundgesetz, Berlin 1971.

Karpen, U., Anmerkungen zum Urteil des VGH Baden-Württemberg vom 15.06. 1982–10 S 428/80 – (nicht rechtskräftig), JZ 1983, 102 ff.

Kaufmann, S., Das Themenfeld „Zivile Sicherheit", in: Gusy, C./Kugelmann, D./Würtenberger, T. (Hg.), Rechtshandbuch Zivile Sicherheit, Berlin u. a. 2017, Kap. 1, S. 3 ff.

Kaufmann, S., Resilienz als „Boundary Object", in: Daase, C./Offermann, P./Rauer, V. (Hg.), Sicherheitskultur. Soziale und politische Praktiken der Gefahrenabwehr, Frankfurt a. M. 2012, S. 109 ff.

Kaufmann, S., Zivile Sicherheit: Vom Aufstieg eines Topos, in: Hempel, L./Krasmann, S./Bröckling, U. (Hg.), Sichtbarkeitsregime. Überwachung, Sicherheit und Privatheit im 21. Jahrhundert, Wiesbaden 2011, S. 101 ff.

Kiefer, G., Die Beleihung: (K)ein unbekanntes Wesen?, NVwZ 2011, 1300.

Kirchhof, F., Die Rechtsinstitute von Verwaltungshilfe und Beleihung im Sog zunehmender funktionaler Privatisierung, in: Ipsen, J./Stüer, B. (Hg.), Festschrift für H. W. Rengeling zum 70. Geburtstag, München 2008, S. 127 ff.

Klein, H. H., Die grundrechtliche Schutzpflicht, DVBl. 1994, 489 ff.

Kloepfer, M., Die Verantwortlichkeit für Altlasten im öffentlichen Recht – dargestellt am Problem der Deponiesanierung, Umwelt- und Technikrecht, Band 1: Altlasten und Umweltrecht (zitiert als: UTR, Bd. 1), Düsseldorf 1986, S. 17 ff.

Kloepfer, M., Einleitung, in: ders. (Hg.), Schutz kritischer Infrastrukturen, IT und Energie, Baden-Baden 2010, S. 9 ff.

Klose, P., Notrecht des Staates aus staatlicher Rechtsnot. Zum rechtlichen Funktionszusammenhang zwischen Notwehr und Gefahrenabwehr, ZStW 89 (1977), 61 ff.

Koch, H.-J., Bodensanierung nach dem Verursacherprinzip, Heidelberg 1985.

Koch, H.-J., Vorsorge gegen terroristische Angriffe, in: ders./Roßnagel, A./Schneider, J.-P./Wieland, J. (Hg.), 12. Deutsches Atomrechtssymposium. 7. und 8. Oktober 2003 Köln, Baden-Baden 2004, S. 167 ff.

Koch, H. J./John, M., Atomrechtliche Fragen der Sicherheit und Sicherung von Kernkraftwerken nach den Terroranschlägen vom 11. September 2001 in den USA, DVBl. 2002, 1578 ff.

Koch, W., Deutschlands Eisenbahnen, Band 2, Marburg 1858.

Köck, W., Risikovorsorge als Staatsaufgabe, AöR 121 (1996), 1 ff.

Könen, A., IT-Sicherheit gesetzlich geregelt. Kooperationen gestalten, Umsetzung starten, DUD (1) 2016, 12 ff.

König, A.-V./Papsthart, C. (Hg.), Waffengesetz, 2. Aufl., Baden-Baden 2013.

Kötz, H., Haftung für besondere Gefahr – Generalklausel für die Gefährdungshaftung –, AcP 170 (1970), 1 ff.

Kramer, U., Die Betriebspflicht im Eisenbahnrecht und ihre Grenzen. Ein allgemeines Problem netzgebundener Infrastrukturen lösbar mit Hilfe der Widmung?, in: Gornig, G. H./Kramer, U./Volkmann U. (Hg.), Staat – Wirtschaft – Gemeinde: Festschrift für W. Frotscher zum 70. Geburtstag, Berlin 2007, S. 529 ff.

Krasmann, S., Der Präventionsstaat im Einvernehmen. Wie Sichtbarkeitsregime stillschweigend Akzeptanz produzieren, in: Hempel, L./Krasmann, S./Bröckling, U. (Hg.), Sichtbarkeitsregime. Überwachung, Sicherheit und Privatheit im 21. Jahrhundert, Wiesbaden 2011, S. 53 ff.

Krautzberger, M., Die Erfüllung öffentlicher Aufgaben durch Private. Zum Begriff des staatlichen Bereichs, Berlin 1971.

Kreissl, R., Privatisierung von Sicherheit, in: Zoche, P./Kaufmann, S./Haverkamp, R. (Hg.), Zivile Sicherheit, Gesellschaftliche Dimensionen gegenwärtiger Sicherheitspolitiken, Bielefeld 2011, S. 267 ff.

Krölls, A., Die Privatisierung der inneren Sicherheit, GewArch 1997, 445 ff.

Krüger, H., Allgemeine Staatslehre, 2. Aufl., Stuttgart 1966.

Krüger, R., Verfassungsrechtliche Aspekte einer gesetzlichen Pflicht zur Eigentumssicherung von Betrieben, DÖV 1977, 263 ff.

Kugelmann, D., Bausteine und Perspektiven des Rechts der Zivilen Sicherheit, in: Gusy, C./Kugelmann, D./Würtenberger, T. (Hg.), Rechtshandbuch Zivile Sicherheit, Berlin u. a. 2017, Kap. 31, S. 639 ff.

Kunz, K. L., Die organisierte Nothilfe. Möglichkeiten und Grenzen der Inanspruchnahme von Notrechten durch gewerbliche Sicherheitsunternehmen und „Bürgerwehren“, ZStW (95) 1983, 975 ff.

Lackner, K./Kühl, K./Heger, M. (Hg.), Strafgesetzbuch. Kommentar, 28. Aufl., München 2014.

Landmann, R., von/Rohmer, G. (Begr.), Gewerbeordnung und ergänzende Vorschriften, Beck-OK, Band 1 und 2, 73. EL Stand: August 2016, München 2016.

Landmann, R., von/Rohmer, G. (Begr.), Umweltrecht, Beck-OK, Band 1, 81. EL. Stand: September 2016, München 2016.

Lang, M., Die Grundrechtsberechtigung der Nachfolgeunternehmen im Eisenbahn-, Post-, und Telekommunikationswesen, NJW 2004, 3601 ff.

Lange, M., Zweckveranlassung, Ein Beitrag zur Zurechnung des Verhaltens Dritter im Öffentlichen Recht, Berlin 2014.

Larenz, K. (Begr.)/*Canaris, C.-W.* (Hg.), Lehrbuch des Schuldrechts. Zweiter Band: Besonderer Teil. Zweiter Halbband, 13. Aufl., München 1994.

Lege, J., Polizeieinsätze bei Fußball-Bundesligaspielen. Zugleich ein Beitrag zum Begriff der Gefahrverursachung, VerwArch 89 (1998), 71 ff.

Leidinger, T., Die Verantwortung des Betreibers für den Schutz vor Einwirkungen Dritter, DVBl. 2004, 95 ff.

Leisner, W., Berufsbeamtentum und Entstaatlichung, DVBl. 1978, 733 ff.

Leisterer, H./Schneider, F., Staatliches Informationshandeln im Bereich der IT-Sicherheit, K&R 2015, 681 ff.

Lindgen, E., Der Funktionsvorbehalt des Art. 33 Abs. 4 GG und seine Durchbrechungen, DÖD 1972, 1 ff.

Lisken, H. (Begr.)/*Denninger, E./Rachor, F.* (Hg.), Handbuch des Polizeirechts, 5. Aufl., München 2012.

Lübbe-Wolff, G., Die Grundrechte als Eingriffsabwehrrechte. Reichweite und Struktur der Eingriffsdogmatik im Bereich staatlicher Leistungen, Baden-Baden 1988.

Lukes, R., Werkschutz für Kernenergieanlagen, ET 1975, 23 ff.

Lukes, R./Backherms, J., Die Berücksichtigung von Kriegseinwirkungen im atomrechtlichen Genehmigungsverfahren, AöR 103 (1978), 334 ff.

Mahlberg, L., Gefahrenabwehr durch gewerbliche Sicherheitsunternehmen, Berlin 1988.

Majer, D., Die Kostenerstattungspflicht für Polizeieinsätze aus Anlaß von privaten Veranstaltungen. Ein Beitrag zur Inanspruchnahme öffentlicher Einrichtungen für privatnützige Zwecke, VerwArch 73 (1982), 167 ff.

Mangoldt, H., v. (Begr.)/*Klein, F./Starck, C.* (Hg.), Grundgesetz, Band 1, Band 3, 6. Aufl., München 2010 (zitiert als: v. MKS, GG).

Maume, P., Bestehen und Grenzen des virtuellen Hausrechts, MMR 2007, 620 ff.

Maunz, T./Dürig, G. (Begr.), Grundgesetz, Kommentar, Bände 1–6, 78. EL, Stand: September 2016, München 2016 (zitiert als: MD, GG).

Maurer, H., Allgemeines Verwaltungsrecht, 18. Aufl., München 2011.

Maurer, J., Sicherheit ohne Angst: Terrorismusbekämpfung im 21. Jahrhundert, in: Daase, C./Engert, S./Junk, J. (Hg.), Verunsicherte Gesellschaft – Überforderter Staat. Zum Wandel der Sicherheitskultur, Frankfurt a. M. 2013, S. 77 ff.

Meder, S., Risiko als Kriterium der Schadensverteilung, JZ 1993, 539 ff.

Merkel, A., Juristische Enzyklopädie, 6. Aufl., Berlin u. a. 1920.

Merten, D., Grundpflichten im Verfassungssystem der Bundesrepublik Deutschland, BayVBl. 1978, 554 ff.

Merten, D., Rechtsstaat und Gewaltmonopol, Tübingen 1975.

Meyer, A., Zur Frage der Rechtsgrundlagen für die Durchsuchung von Passagieren im Luftverkehr im Interesse der Abwehr von Gefahren für die Sicherheit des Luftverkehrs, ZLW (22) 1973, 169 ff.

Michael, L./Morlok, M., Grundrechte, 5. Aufl., Baden-Baden 2016.

MIK (Ministerium für Inneres und Kommunales des Landes Nordrhein-Westfalen) (Hg.), Verkehrsunfallstatistik Nordrhein-Westfalen 2014, Düsseldorf 2015, online abrufbar unter https://polizei.nrw/sites/default/files/2016-11/VU_Statistik_2014_0.pdf, letzter Zugriff am 06.03.2018.

Möllers, C./Pflug, L., Verfassungsrechtliche Rahmenbedingungen des Schutzes kritischer IT-Infrastrukturen, in: Kloepfer, M. (Hg.), Schutz kritischer Infrastrukturen, IT und Energie, Baden-Baden 2010, S. 47 ff.

Möstl, M., Die staatliche Garantie für die öffentliche Sicherheit und Ordnung. Sicherheitsgewährleistung im Verfassungsstaat, im Bundesstaat und in der Europäischen Union, Tübingen 2002.

Möstl, M./Kugelmann, D. (Hg.), Beck`scher Online-Kommentar Polizei- und Ordnungsrecht Nordrhein-Westfalen, 4. Edition, Stand: 01.02.2017, München 2017.

Motzke, G., Verkehrssicherheit in Fußballstadien – Forderungen der Panikforschung an der Schnittstelle zwischen Bauordnungsrecht und Privatrecht mit Auswirkungen auf die Planung, NZBau 2004, 297 ff.

Müller-Broich, J. D. (Hg.), Telemediengesetz, 1. Aufl., Baden-Baden 2012.

Müller-Eiselt, G., Die Gewährleistung der Sicherheit bei Fußballspielen. Eine rechtliche Analyse unter besonderer Berücksichtigung des DFL-Sicherheitskonzepts „Stadionerlebnis“, Baden-Baden 2015.

Müller-Eiselt, G., Sachkundeprüfung für Bundesliga-Ordner? Zur Notwendigkeit eines Sachkundenachweises für zum Schutz von Großveranstaltungen eingesetzte Mitarbeiter privater Sicherheitsdienste, GewArch 2014, 232 ff.

Münkler, H./Wassermann, F., Von strategischer Vulnerabilität zu strategischer Resilienz: Die Herausforderung zukünftiger Sicherheitsforschung und Sicherheitspolitik, in: Gerhold, L./Schiller, J. (Hg.), Perspektiven der Sicherheitsforschung. Beiträge aus dem Forschungsforum Öffentliche Sicherheit, Frankfurt a. M. 2012, S. 77 ff.

Murswiek, D., Die staatliche Verantwortung für die Risiken der Technik. Verfassungsrechtliche Grundlagen und immissionsschutzrechtliche Ausformung, Berlin 1985.

Nelken, S. (Hg.), Das Bewachungsgewerbe. Ein Beitrag zur Geschichte des Selbstschutzes, Berlin 1926.

Neu, C., Daseinsvorsorge – Eine Einführung, in: dies. (Hg.), Daseinsvorsorge. Eine gesellschaftliche Annäherung, Wiesbaden 2009, S. 9 ff.

Niemeier, F., Gefahrenabwehrrechtliche Möglichkeiten der Bekämpfung ritualisierten Gewaltverhaltens im Zusammenhang mit Fußballveranstaltungen, Berlin 2015.

Nirschl, D., Kosten der Polizei- und Sicherheitsbehörden in der Systematik des deutschen Abgabenrechts unter Berücksichtigung der „Fluggastsicherheitsgebühr", München 1993.

Nitz, G., Private und öffentliche Sicherheit, Berlin 2000.

Nolte, J., Zivile Sicherheit und Schutz staatlicher Funktionen, in: Gusy, C./Kugelmann, D./Würtenberger, T. (Hg.), Rechtshandbuch Zivile Sicherheit, Berlin u. a. 2017, Kap. 18, S. 351 ff.

Ogorek, R., Untersuchungen zur Entwicklung der Gefährdungshaftung im 19. Jahrhundert, Köln 1975.

Ossenbühl, F., Anmerkung zum Urteil des BGH v. 14.10.2004 – III ZR 169/04, JZ 2005, 568 ff.

Ossenbühl, F., Die Erfüllung von Verwaltungsaufgaben durch Private, VVDStRL 29 (1971), S. 137 ff.

Ossenbühl, F., Eigensicherung und hoheitliche Gefahrenabwehr. Rechtsgutachten zum 9. Änderungsgesetz des Luftverkehrsgesetzes vom 18. September 1980 (BGBl. I 1729). Erstattet für die Gewerkschaft ÖTV, Stuttgart 1981.

Ossenbühl, F., Terroristische Angriffe auf Kernkraftwerke, NVwZ 2002, 290 ff.

Otten, W., Eigensicherung, Köln u. a. 2006.

Papier, H.-J., Altlasten und polizeirechtliche Störerhaftung, Köln u. a. 1985.

Papier, H.-J., Die Verantwortlichkeit für Altlasten im öffentlichen Recht, NVwZ 1986, 256 ff.

Peilert, A., Das Recht des Auskunftei- und Detekteigewerbes. Empirische Untersuchung, verfassungsrechtlicher Rahmen, rechtliche Befugnisse und gewerberechtlicher Novellierungsvorschlag, Berlin 1996.

Peilert, A., Police Private Partnership – Rechtliche Vorgaben und tatsächliche Möglichkeiten für das Zusammenwirken von Sicherheitsbehörden und Sicherheitsgewerbe, DVBl. 1999, 282 ff.

Peine, F.-J., Der Funktionsvorbehalt des Berufsbeamtentums, DV 1984, 415 ff.

Pewestorf, A./Söllner, S./Tölle, O. (Hg.), Polizei- und Ordnungsrecht. Berliner Kommentar, Köln 2009.

Piendl, M., Thurn und Taxis, 1517–1867. Zur Geschichte des fürstlichen Hauses und der Thurn und Taxisschen Post, Archiv für deutsche Postgeschichte 1967, Band 1.

Pieroth, B./Schlink, B. (Begr.)/*Kingreen, T./Poscher, R.* (Hg.), Grundrechte. Staatsrecht II, 32. Aufl., Heidelberg 2016.

Pieroth, B./Schlink, B./Kniesel, M. (Begr.)/*Kingreen, T./Poscher, R.* (Fortf.), Polizei- und Ordnungsrecht mit Versammlungsrecht, 9. Aufl., München 2016 (zitiert als: *Pieroth* u. a., POR).

Pietzcker, J., Polizeirechtliche Störerbestimmung nach Pflichtwidrigkeit und Risikosphäre. DVBl. 1984, 457 ff.

Pitschas, R./Stober, R. (Hg.), Quo vadis Sicherheitsgewerberecht?, Köln 1998.

Plath, K.-U. (Hg.), BDSG/DSGVO. Kommentar zum BDSG und zur DSGVO sowie den Datenschutzbestimmungen des TMG und TKG, 2. Aufl., Köln 2016.

Plischka, H. P., Technisches Sicherheitsrecht. Die Probleme des technischen Sicherheitsrechts dargestellt am Recht der überwachungsbedürftigen Anlagen (Paragraph 24 GewO), Berlin 1969.

Pohlmann, N., Zur Entwicklung einer IT-Sicherheitskultur. Wie das IT-Sicherheitsgesetz den gesellschaftlichen Umgang mit IT-Risiken fördern kann, DUD (1) 2016, 38 ff.

Posser, H./Wolff, H. A. (Hg.), Beck`scher Online Kommentar VwGO, 40. Edition, Stand: 01.01.2017, München 2017.

Prütting, H./Wegen, G./Weinreich, G. (Hg.), BGB. Kommentar, 11. Aufl., Köln 2016.

Quantz, T., Die Rückgriffsbeschränkung des Art. 34 S. 2 GG im Innenregress gegen Private, VersR 2004, 1244 ff.

Quaritsch, H., Staat und Souveränität, Band 1, Frankfurt a. M. 1970.

Ramm, A., Die Polizei und das Hausrecht, DVBl. 2011, 1506 ff.

Rath, A./Kuss, C./Bach, S., Das neue IT-Sicherheitsgesetz, K&R 2015, 437 ff.

Rauschning, D., Staatsaufgabe Umweltschutz, VVDStRL 38 (1980), S. 167 ff.

Rehbinder, E., Immissionsschutzrechtlicher Gefahrenbegriff – Beurteilung von Störfällen durch äußere Einwirkungen, BB 1976, 1 ff.

Rengeling, H.-W., Zur Sicherung der Seehäfen gegen terroristische Anschläge aufgrund neuer internationaler, europäischer und deutscher Regelungen – Begriff, Funktionen und Kosten des „Betreibers der Hafenanlage“ in Niedersachsen, DVBl. 2004, 589 ff.

Rinck, G., v., Gefährdungshaftung, Göttingen 1959.

Rist, B., Die Abwehr von äußeren, nicht betriebsbedingten Gefahren der Luftfahrt durch die Luftaufsicht – eine Darstellung der gesetzlichen Ausgestaltung sowie der praktischen Handhabung anhand des Beispiels des Frankfurter Flughafens „Rhein-Main“ –, Mainz 1979.

Robbers, G., Sicherheit als Menschenrecht. Aspekte der Geschichte, Begründung und Wirkung einer Grundrechtsfunktion, Baden-Baden 1987.

Ronellenfitsch, M., Der Beitrag der Eisenbahnunternehmen zur Terrorismusabwehr, DVBl. 2005, 65 ff.

Ronellenfitsch, M., Die Eigensicherung von Verkehrsflughäfen, VerwArch 77 (1986), 435 ff.

Ronellenfitsch, M., Die Luftsicherheitsgebühr, VerwArch (86) 1995, 307 ff.

Roos, P., Das IT-Sicherheitsgesetz. Wegbereiter oder Tropfen auf den heißen Stein, MMR 2015, 636 ff.

Roos, P., Der neue Entwurf eines IT-Sicherheitsgesetzes – Bewegung oder Stillstand?, MMR 2014, 723 ff.

Roßnagel, A., Das IT-Sicherheitsgesetz, DVBl. 2015, 1206 ff.

Roßnagel, A., Radioaktiver Zerfall der Grundrechte? Zur Verfassungsverträglichkeit der Kernenergie, München 1984.

Roßnagel, A., Schriftliche Stellungnahme zur Sachverständigenanhörung am 20. April 2015 zum Entwurf eines Gesetzes zur Erhöhung der Sicherheit informationstechnischer Systeme (IT-Sicherheitsgesetz), Kassel 2015, online abrufbar unter https://www.bundestag.de/blob/369962/584bab2bd8e0fd525f08ac0cd2c2d506/18-4-284-b-data.pdf, letzter Zugriff am 28.02.2017 (zitiert als: Stellungnahme zum Entwurf des Gesetzes zur Erhöhung der Sicherheit informationstechnischer Systeme).

Roßnagel, A., Zum Schutz kerntechnischer Anlagen gegen Angriffe von außen, ZRP 1983, 59 ff.

Rother, W., Der Begriff der Gefährdung im Schadensrecht, in: Pawlowski, H.-M. (Hg.), Festschrift für K. Michaelis zum 70. Geburtstag am 21. Dezember 1970, Göttingen 1972, S. 250 ff.

Rott, J., Gesetzliche Eigensicherungspflichten im Luftsicherheitsrecht – Anmerkungen zur Luftsicherheitsverordnung –, ZLW 34 (1985), 225 ff.

Rudolf, W./Hill, H./Schmidt-Jortzig, E./Kimme, J., Verhinderung und Bekämpfung von Gewalt aus öffentlich-rechtlicher Sicht. Gutachten der Unterkommission VIII, in: Schwind, H.-D./Baumann, J. (Hg.), Ursachen, Prävention und Kontrolle von Gewalt. Analysen und Vorschläge der Unabhängigen Regierungskommission zur Verhinderung und Bekämpfung von Gewalt (Gewaltkommission), Band II, Erstgutachten der Unterkommission, 1. Aufl., S. 961 ff.

Rudolf, W., Der öffentliche Dienst im Staat der Gegenwart, VVDStRL 37 (1979), S. 175 ff.

Rümelin, G., Culpahaftung und Causalhaftung, AcP 88 (1898), 285 ff.

Rümelin, M., Schadensersatz ohne Verschulden, Tübingen 1910.

Sachs, M. (Hg.), Grundgesetz. Kommentar, 7. Aufl., München 2014.

Säcker, J. (Hg.), Telekommunikationsgesetz. Kommentar, 3. Aufl., Frankfurt a.M. 2013.

Säcker, F. J./Rixecker, R./Oetker, H./Limperg, B. (Hg.), Münchener Kommentar zum Bürgerlichen Gesetzbuch, Band. 1, 7. Aufl., München 2015.

Saenger, I. (Hg.), Zivilprozessordnung, 7. Aufl., Baden-Baden 2017.

Saipa, A./Wahlers, H./Germer, K., Gewaltmonopol, Gefahrenabwehrauftrag, und private Sicherheitsdienste: Ergänzung oder Beeinträchtigung staatlicher Kernaufgaben?, NdsVBl. 2000, 285 ff.

Schäuble, W., Schutz kritischer Infrastrukturen als Aufgabe der Politik, in: Kloepfer, M. (Hg.), Schutz kritischer Infrastrukturen, IT und Energie, Baden-Baden 2010, S. 21 ff.

Schenke, W.-R., Anmerkung zum Urteil des BVerwG vom 04.10.1985–4 C 76.82 –, DVBl. 1986, 360 ff.

Schenke, W.-R., Polizei- und Ordnungsrecht, 9. Aufl., Heidelberg 2016 (zitiert als: *Schenke*, POR).

Scheurle, K.-D./Mayen, T., Telekommunikationsgesetz (TKG), 1. Aufl., München 2002.

Schickedanz, E., „Mieterschutz“: Die Gefahrenabwehr auf dem Mietgrundstück, ZMR 2011, 11 ff.

Schiller, J., Stellungnahme zum Entwurf eines Gesetzes zur Erhöhung der Sicherheit informationstechnischer Systeme/Drucksache 18/4096 vom 25.02.2015, Berlin 2015, online abrufbar unter http://www.bundestag.de/blob/370160/b820bfd1949d230e5856d0c0774acbce/18-4-284-c-data.pdf, letzter Zugriff am 28.02.2017.

Schiller, S./Drettmann, F., Probleme einer gesetzlichen Verpflichtung zur Eigensicherung gefährdeter Objekte, DVBl. 1977, 956 ff.

Schimikowski, P., Ersatzvornahme und Amtshaftung – Haftung des Staates für unternehmerische Tätigkeit im Auftrag der öffentlichen Hand –, VersR 1984, 315 ff.

Schmid, R., Die Verkehrsbeeinträchtigungen der §§ 315, 315a StGB aus der Sicht des Luftverkehrs, NZV 1988, 125 ff.

Schmidt, R., Grundrechte sowie Grundzüge der Verfassungsbeschwerde, 18. Aufl., Grasberg bei Bremen 2015 (= zitiert als *Schmidt*, Grundrechte).

Schmidt, R., Staatshaftung für Waldschäden, ZRP 1987, 345 ff.

Schmidt-Aßmann, E., Verwaltungsverantwortung und Verwaltungsgerichtsbarkeit, VVDStRL 34 (1976), S. 221 ff.

Schmidt-Aßmann, E., Zur Reform des Allgemeinen Verwaltungsrechts – Reformbedarf und Reformansätze –, in: Hoffmann-Riem, W./Schmidt-Aßmann, E. (Hg.), Reform des Allgemeinen Verwaltungsrechts: Grundfragen, Baden-Baden 1993, S. 11 ff.

Schmidt-Bleibtreu, B./Klein, F. (Begr.)/*Hofmann, H./Henneke, H.-G.* (Hg.), Kommentar zum Grundgesetz, 13. Aufl., Köln 2014.

Schmidt-Futterer, W./Blank, H. (Hg.), Mietrecht: Großkommentar des Wohn- und Gewerberaummietrechts, 12. Aufl., München 2015 (zitiert als: Schmidt-Futterer (Hg.), BGB).

Schmidt-Preuß, M., Verwaltung und Verwaltungsrecht zwischen gesellschaftlicher Selbstregulierung und staatlicher Steuerung, VVDStRL 56 (1997), S. 160 ff.

Schmitt Glaeser, W., Private Gewalt im politischen Meinungskampf. Zugleich ein Beitrag zur Legitimität des Staates, Berlin 1990.

Schneckener, U., Bedingt abwehrbereit: Politische und administrative Reaktionsmuster auf das „Terrorrisiko", in: Daase, C./Engert, S./Junk, J. (Hg.), Verunsicherte Gesellschaft – Überforderter Staat. Zum Wandel der Sicherheitskultur, Frankfurt a. M. 2013, S. 35 ff.

Schneider, P., Die Abwehr äußerer Gefahren im Luftverkehr. Die Sicherheitsmaßnahmen von Luftfahrtbehörden, Flughafenbetreibern sowie Luftverkehrsunternehmen und ihre rechtliche Problematik, Frankfurt a. M. 1993.

Schneider, P., Die Abwehr äußerer Gefahren im Luftverkehr – Eine Abgrenzung von hoheitlicher Gefahrenabwehr und Eigensicherung, NVwZ 1988, 605 ff.

Schnekenburger, F., Rechtsstellung und Aufgaben des Privaten Sicherheitsgewerbes, Köln u. a. 1999.

Schoch, F. (Hg.), Besonderes Verwaltungsrecht, 15. Aufl., Berlin u. a. 2013.

Schoch, F., Gewährleistungsverantwortung: Stärkung der Privatrechtsgesellschaft?, NVwZ 2008, 241 ff.

Scholz, R., Staatliche Sicherheitsverantwortung zu Lasten Privater?, in: Wendt, R./Höfling, W./Karpen, U./Oldiges, M. (Hg.), Staat, Wirtschaft, Steuern, Festschrift für K. H. Friauf zum 65. Geburtstag, Heidelberg 1996, S. 439 ff.

Scholz, R., Unentgeltliche Durchleitungsrechte für Zwecke der Telekommunikation – Verfassungsgemäßes Korrelat zum Grundversorgungsauftrag, Archiv PT 1996, 95 ff.

Scholz, R., Verkehrsüberwachung durch Private?, NJW 1994, 14 ff.

Schönke, A. (Begr.)/*Schröder, F.* (Fortf.), Strafgesetzbuch. Kommentar, 29. Aufl., München 2014.

Schönleiter, U., Das neue Bewacherrecht, GewArch 2003, 1 ff.

Schulte, M., Gefahrenabwehr durch private Sicherheitskräfte im Lichte des staatlichen Gewaltmonopols, DVBl. 1995, 130 ff.

Schulz, G., Das Eisenbahnwesen des Bundes und die Stellung der deutschen Bahnen auf dem Europäischen Binnenmarkt, Berlin 1995.

Schulze, G., Das private Hausrecht. Schutzrecht für die Gebrauchsnutzung von Räumen, JZ 2015, 381 ff.

Schuppert, G. F., Die öffentliche Verwaltung im Kooperationsspektrum staatlicher und privater Aufgabenerfüllung: Zum Denken in Verantwortungsstufen, DV 31 (1998), 415 ff.

Schuppert, G. F., Staatsaufsicht im Wandel, DÖV 1998, 831 ff.

Schuppert, G. F., Zur notwendigen Neubestimmung der Staatsaufsicht im verantwortungsteilenden Verwaltungsstaat, in: ders. (Hg.), Jenseits von Privatisierung und „schlankem" Staat, Baden-Baden 1999, S. 299 ff.

Schwenk, W./Giemulla, E. (Hg.), Handbuch des Luftverkehrsrechts, 4. Aufl., Köln 2013.

Schwerdtfeger, G., Grundrechtlicher Drittschutz im Baurecht. Dogmatische Grundlegungen zur Rechtsprechung des BVerwG, NVwZ 1982, 5 ff.

Simitis, S. (Hg.), Bundesdatenschutzgesetz, 8. Aufl., Baden-Baden 2014.

Smets, C., Staatsgleiche Grundrechtsbindung Privater aus Funktionsnachfolge? Zur Aufhebung eines Hausverbots für eine Versammlung auf privatem Grund, NVwZ 2016, 35 ff.

Sorge, S., Kostentragung für den Schutz vor Anschlägen. Zugleich ein Beitrag zum verfassungsrechtlichen System der Legitimation von Sonderlasten der Finanzierung von Staatsaufgaben, München 1991.

Spencer, A., Haben wir gewonnen? Die Messbarkeit von Sicherheit im Anti-Terror-Kampf, in: Daase, C./Engert, S./Junk, J. (Hg.), Verunsicherte Gesellschaft – Überforderter Staat. Zum Wandel der Sicherheitskultur, Frankfurt a. M. 2013, S. 57 ff.

Spindler, G., IT-Sicherheit und kritische Infrastrukturen – Öffentlich-rechtliche und zivilrechtliche Regulierungsmodelle, in: Kloepfer, M. (Hg.), Schutz kritischer Infrastrukturen, IT und Energie, Baden-Baden 2010, S. 85 ff.

Spindler, G., IT-Sicherheitsgesetz und zivilrechtliche Haftung. Auswirkungen des IT-Sicherheitsgesetzes im Zusammenspiel mit der endgültigen EU-NIS-Richtlinie auf die zivilrechtliche Haftung, CR 2016, 297 ff.

Starck, C., Frieden als Staatsziel, in: Börner, B./Jahrreiß, H./Stern, K. (Hg.), Einigkeit und Recht und Freiheit. Festschrift für K. Carstens zum 70. Geburtstag am 14. Dezember 1984, Band 2, Köln 1984, S. 867 ff.

Staudinger J., v. (Hg.), Kommentar zum Bürgerlichen Gesetzbuch mit Einführungsgesetz und Nebengesetzen, Saarbrücken Neubearbeitung 2009, 2014.

Steiner, U. (Hg.), Besonderes Verwaltungsrecht, 8. Aufl., Heidelberg u. a. 2006.

Stelkens, U., Amtshaftung und Regress bei Schädigungen durch Verwaltungshelfer, JZ 2004, 656 ff.

Stern, K. (Hg.), Das Staatsrecht der Bundesrepublik Deutschland, Band 1, 2. Aufl., München 1984, Band 3, Teilband 1, München 1988.

Stern, K., Postreform zwischen Privatisierung und Infrastrukturgewährleistung, DVBl. 1997, 309 ff.

Stober, R., Allgemeines Wirtschaftsverwaltungsrecht, 18. Aufl., Stuttgart 2015.

Stober, R., Der Beitrag der Sicherheitswirtschaft und der Unternehmenssicherheit zum Schutz kritischer Infrastrukturen, in: Kloepfer, M. (Hg.), Schutz kritischer Infrastrukturen, IT und Energie, Baden-Baden 2010, S. 121 ff.

Stober, R./Olschok, H. (Hg.), Handbuch des Sicherheitsgewerberechts, München 2004.

Stober, R./Olschok, H./Gundel, S./Buhl, M. (Hg.), Managementhandbuch Sicherheitswirtschaft und Unternehmenssicherheit, Stuttgart 2012.

Straßburg, W., Juristische Aspekte eines künftigen Sicherungssystems kerntechnischer Anlagen – zugleich eine Stellungnahme zu A. Roßnagel „Bedroht die Kernenergie unsere Freiheit?", ET 1984, 137 ff.

Strauß, T., Funktionsvorbehalt und Berufsbeamtentum. Zur Bedeutung des Art. 33 Abs. 4 GG, Berlin 2000.

Strohschneider, S., Technisierungsstrategien und der Human Factor, in: Zoche, P./Kaufmann, S./Haverkamp, R. (Hg.), Zivile Sicherheit. Gesellschaftliche Dimensionen gegenwärtiger Sicherheitspolitiken, Bielefeld 2011, S. 161 ff.

Stümper, A., Verlust des staatlichen Gewaltmonopols?, Kriminalistik 1975, 193 ff.

Thiel, M., Anmerkung zum Urteil des BGH vom 14.10.2004 – III ZR 169/04, JR 2005, 412 ff.

Thiel, M., Die „Entgrenzung" der Gefahrenabwehr. Grundfragen von Freiheit und Sicherheit im Zeitalter der Globalisierung, Tübingen 2011.

Thoma, K./Hiller, D./Leismann, T., Technische Sicherheit und resiliente Gesellschaft, in: Gerhold, L./Schiller, J. (Hg.), Perspektiven der Sicherheitsforschung. Beiträge aus dem Forschungsforum Öffentliche Sicherheit, Frankfurt a. M. 2012, S. 155 ff.

Trachsler, S., Resilienz: Konzept zur Krisen- und Katastrophenbewältigung, CSS Analysen (60) 2009, 1 ff., online abrufbar unter http://www.css.ethz.ch/content/dam/ethz/special-interest/gess/cis/center-for-securities-studies/pdfs/CSS-Analysen-60.pdf, letzter Zugriff am 03.02.2017.

Trute, H.-H., Die Verwaltung und das Verwaltungsrecht zwischen gesellschaftlicher Selbstregulierung und staatlicher Steuerung, DVBl. 1996, 950 ff.

Trute, H.-H., Verantwortungsteilung als Schlüsselbegriff eines sich verändernden Verhältnisses von öffentlichem und privatem Sektor, in: Schuppert, G. F. (Hg.), Jenseits von Privatisierung und „schlankem Staat". Verantwortungsteilung als Schlüsselbegriff eines sich verändernden Verhältnisses von öffentlichem und privatem Sektor, Baden-Baden 1999, S. 13 ff.

Trute, H.-H., Verzahnungen von öffentlichem und privatem Recht – anhand ausgewählter Beispiele –, in: Hoffmann-Riem, W./Schmidt-Aßmann, E. (Hg.), Öffentliches Recht und Privatrecht als wechselseitige Auffangordnungen, Baden-Baden 1996, S. 167 ff.

Tschersich, T. (Deutsche Telekom AG), Stellungnahme zum Referentenentwurf des Gesetzes zur „Erhöhung der Sicherheit informationstechnischer Systeme"

(ITSiG), Berlin 2015, online abrufbar unter https://www.bundestag.de/blob/367988/5e1da4e4d1152266e8c409dcad15364a/18-4-284-a-data.pdf, letzter Zugriff am 28.02.2017.

Unruh, A., v., Flughafenrecht, Königsberg Preußen/Berlin 1934.

Vasilache, A., Sicherheit, Entgrenzung und die Suspendierung des Privaten. Ein grenzanalytischer Versuch, in: Daase, C./Offermann, P./Rauer, V. (Hg.), Sicherheitskultur. Soziale und politische Praktiken der Gefahrenabwehr, Frankfurt a. M. 2012, S. 133 ff.

Vollmuth, J., Unmittelbare und rechtswidrige Verursachung als Voraussetzungen der Störerhaftung im allgemeinen Polizei- und Ordnungsrecht, VerwArch 68 (1977), 45 ff.

Voss, M., Resilienz, Vulnerabilität und transdisziplinäre Katastrophenforschung, in: Siedschlag, A. (Hg.), Jahrbuch für europäische Sicherheitspolitik 2009/2010, Baden-Baden 2010, S. 67 ff.

Voßkuhle, A., Beteiligung Privater an der Wahrnehmung öffentlicher Aufgaben und staatliche Verantwortung, VVDStRL 62 (2003), S. 266 ff.

Waechter, K., Das „Gebührenmodell“ zur Finanzierung der inneren Sicherheit unter besonderer Berücksichtigung kommerzieller Aktivitäten, in: Jachmann, M./Stober, R. (Hg.), Finanzierung der inneren Sicherheit unter Berücksichtigung des Sicherheitsgewerbes, Köln 2003, S. 65 ff.

Waechter, K., Polizei- und Ordnungsrecht, Baden-Baden 2000 (zitiert als: *Waechter*, POR).

Waechter, K., „Seesicherheit“ – Sicherheit im gewerblichen Schiffsverkehr, in: Kluth, W./Müller, M./Peilert, A. (Hg.), Wirtschaft – Verwaltung – Recht: Festschrift für R. Stober zum 65. Geburtstag, Köln u. a. 2008, S. 685 ff.

Waechter, K., Verwaltungsrecht im Gewährleistungsstaat, Tübingen 2008.

Weber, M., Wirtschaft und Gesellschaft. Grundriss der verstehenden Soziologie, 5. Aufl., Tübingen 1972.

Weber, W., Die Dienst- und Leistungspflichten der Deutschen, Hamburg 1943.

Wegmann, W., Regulierte Marktöffnung in der Telekommunikation: Die Steuerungsinstrumente des Telekommunikationsgesetzes (TKG) im Lichte „regulierter Selbstregulierung“, Baden-Baden 2001.

Wendt, H., Recht zur Versammlung auf fremdem Eigentum? Überlegungen zur mittelbaren Drittwirkung der Versammlungsfreiheit nach dem Fraport-Urteil des BVerfG und unter Berücksichtigung der US-amerikanischen Rechtsprechung, NVwZ 2012, 606 ff.

Wessels, J. (Begr.)/*Beulke, W./Satzger, H.* (Hg.), Strafrecht. Allgemeiner Teil, 46. Aufl., Heidelberg 2016.

Wiater, P., Bürger und Unternehmen als Akteure der Zivilen Sicherheit, in: Gusy, C./Kugelmann, D./Würtenberger, T. (Hg.), Rechtshandbuch Zivile Sicherheit, Berlin u. a. 2017, Kap. 12, S. 225 ff.

Wiater, P., On the notion of „partnership" in Critical Infrastructure Protection, EJRR (2) 2015, 255 ff.

Wiater, P., Sicherheitspolitik zwischen Staat und Markt, Der Schutz kritischer Infrastrukturen, Baden-Baden 2013.

Wieland, B., Europäische Verkehrspolitik und der Wettbewerb im Eisenbahnwesen und im Straßengüterverkehr, Wirtschaftsdienst 2010, 43 ff.

Wieland, J., Der Wandel von Verwaltungsaufgaben als Folge der Postprivatisierung, DV 28 (1995), 315 ff.

Wilke, D., Gebührenrecht und Grundgesetz. Ein Beitrag zum allgemeinen Abgabenrecht, München 1973.

Will, M. R., Quellen erhöhter Gefahr. Rechtsvergleichende Untersuchungen zur Weiterentwicklung der deutschen Gefährdungshaftung durch richterliche Analogie oder durch gesetzliche Generalklausel, München 1980.

Wolff, H. A., Zivile Sicherheit als Infrastrukturgewährleistung und Daseinsvorsorge, in: Gusy, C./Kugelmann, D./Würtenberger, T. (Hg.), Rechtshandbuch Zivile Sicherheit, Berlin u. a. 2017, Kap. 32, S. 657 ff.

Würtenberger, T., Grundzüge eines Rechts der Zivilen Sicherheit, in: Gusy, C./Kugelmann, D./Würtenberger, T. (Hg.), Rechtshandbuch Zivile Sicherheit, Berlin u. a. 2017, Kap. 30, S. 611 ff.

Würtenberger, T., Resilienz, in: Baumeister P./Roth, W./Ruthig, J. (Hg.), Staat, Verwaltung und Rechtsschutz. Festschrift für W.-R. Schenke zum 70. Geburtstag, Berlin 2011, S. 561 ff.

Würtenberger, T. (Hg.), Risikosportarten, Heidelberg 1991.

Würtenberger, T., Zurückbehaltungsrechte und Schadensersatzansprüche beim Abschleppen verbotswidrig parkender Kraftfahrzeuge, DAR 1983, 155 ff.

Yang, C.-Y., Risiko als Zurechnungsgrund. Zur Bestimmung der Gefährdungshaftung bei der Selbstgefährdung des Geschädigten insbesondere am Beispiel der Tierhalterhaftung, Trier 1966.

Zintel, V., Sicherheit zwischen Anspruch und Wirklichkeit: Ein Praxisbericht aus dem Luftverkehr, in: Daase, C./Engert, S./Junk, J. (Hg.), Verunsicherte Gesellschaft – Überforderter Staat. Zum Wandel der Sicherheitskultur, Frankfurt a. M. 2013, S. 93 ff.

Zippelius, R., Juristische Methodenlehre, 11. Aufl., München 2012.

www.ingramcontent.com/pod-product-compliance
Ingram Content Group UK Ltd.
Pitfield, Milton Keynes, MK11 3LW, UK
UKHW020714041026
15590UKWH00002B/661

9 783631 747568